Le Guide Vert

J. Malburet/MICHELIN

Berlin
et Potsdam

Direction	David Brabis
Rédaction en chef	Nadia Bosquès
Rédaction	Michael Hertlein, Stephan Goetz
Traduction	Michael Brammer, Christine Mignot, Blandine Lecomte, Jean-Claude Saturnin
Cartographie	Alain Baldet, Geneviève Corbic, Virginie Bruno, Michèle Cana
Iconographie	Catherine Guégan
Secrétariat de rédaction	Mathilde Vergnault, Danièle Jazeron
Correction	Florence Michel
Mise en pages	Michel Moulin, Alain Fossé
Maquette de couverture	Agence Carré Noir
Fabrication	Pierre Ballochard, Renaud Leblanc
Marketing	Hervé Binetruy
Ventes	Antoine Baron (France), Robert Van Keerberghen (Belgique), Christian Verdon (Suisse), Nadine Audet (Canada), Pascal Isoard (grand export)
Relations publiques	Gonzague de Jarnac
Pour nous contacter	Le Guide Vert Michelin – Éditions des Voyages 46, avenue de Breteuil 75324 Paris Cedex 07 ☎ 01 45 66 12 34 Fax : 01 45 66 13 75 www.ViaMichelin.fr LeGuideVert@fr.michelin.com

Parution 2004

Note au lecteur

Ce guide tient compte des conditions de tourisme connues au moment de sa rédaction. Certains renseignements (prix, adresses, numéros de téléphone, horaires...) peuvent perdre de leur actualité, de même que des établissements ou des curiosités peuvent fermer. Michelin Éditions des Voyages ne saurait être tenu responsable des conséquences dues à ces éventuels changements.

À la découverte de Berlin

« Berlin vaut le voyage » – cette affirmation est plus vraie que jamais. La chute du mur a déclenché en cette ville une explosion urbaniste encore inégalée en Europe – on ne comptait pas moins de 270 projets de construction de grande envergure. C'est ainsi que Berlin est aujourd'hui une ville fascinante, dynamique, où l'on ne s'ennuie jamais. Comment s'ennuyer d'ailleurs dans une ville qui abonde de cafés les plus divers ? Une architecture ultramoderne, à laquelle ont participé 150 architectes de renom international, s'allie au classicisme de Schinkel en un contraste au charme irrésistible. Sillonné de voies d'eau, Berlin possède plus de ponts que Venise et ses rives sont plus longues que la Côte d'Azur. Pourtant, la ville est incomparable : débordante de jeunesse au Prenzlauer Berg, elle se montre exotique à Kreuzberg, fastueuse au château de Charlottenburg, époustouflante dans ses musées de renommée mondiale. Nombre d'édifices et de quartiers délabrés ont été restaurés avec circonspection, des éléments nouveaux y ont été intégrés ; divisée pendant quarante ans, la ville retrouve sa cohérence tout en conservant sa sensibilité et son hospitalité. Aux portes de Berlin, un autre joyau à ne pas manquer : Potsdam, la résidence de Frédéric le Grand, et le château de Sans-Souci. Merci d'avoir choisi le Guide Vert et bon voyage à Berlin !

L'équipe du Guide Vert Michelin
Le GuideVert@fr.michelin.com

Sommaire

Informations pratiques

H. Champollion/MICHELIN

Parc de Sans-Souci : statue de la Chinesisches Haus.

H. Champollion/MICHELIN

Pause au soleil sur la rive du Reichstag.

Invitation au voyage

Centre-ville

Arrondissements extérieurs

Potsdam 348

Ph. Gajic/MICHELIN

L'animal héraldique de Berlin au zoo.

H. Champollion/MICHELIN

Il se passe toujours quelque chose sous les pointes du toit du Tempodrom.

Cartes et plans

Les cartes routières qu'il vous faut

Plans de Berlin

– Stadtplan Michelin n° **33**, plan au format 11,5 x 25 cm, un plan complet de Berlin au 1/15 000, avec les grands axes de circulation, les sens uniques, les principaux parkings, les stations de tramway et de métro, les bureaux de poste, ainsi qu'un répertoire alphabétique de toutes les rues et des numéros de téléphone utiles. Sa grande échelle rend ce plan du centre-ville particulièrement lisible et clair.

– Stadtplan Michelin n° **2033**, un atlas à spirales au format 12 x 19 cm et au contenu identique à celui du plan n° 33.

Pour se rendre à Berlin

– Cartes Michelin n° **542** Allemagne Nord-Est, échelle 1/350 000, et n° **544** Allemagne Centre-Est, échelle 1/300 000, avec informations touristisques et répertoire alphabétique des localités. La carte n° **542** inclut également un plan de l'agglomération berlinoise.

– Carte Michelin n° **718** Allemagne, plan des rues à l'échelle 1/750 000 avec informations touristiques et répertoire alphabétique des localités.

– Carte Michelin n° **719** Allemagne, Autriche, Benelux, République tchèque, plan des rues avec informations touristiques échelle 1/1 000 000.

– Carte Michelin n° **705** Europe, plan des rues à l'échelle 1/3 000 000 avec informations touristiques et répertoire alphabétique des localités.

Atlas routiers et touristiques

– Atlas routier et touristique Michelin Allemagne, atlas à spirales au format 23 x 30 cm, l'Allemagne à l'échelle 1/300 000, le Benelux, l'Autriche et la Suisse à l'échelle 1/400 000, la

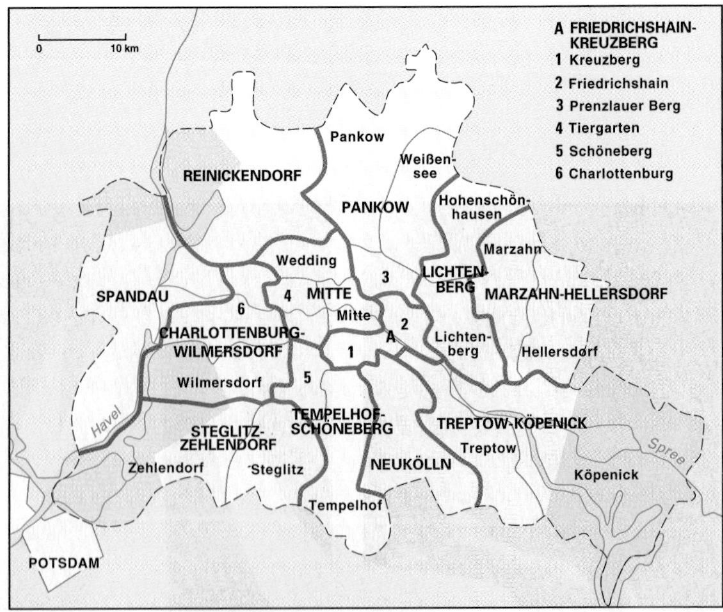

Les 12 grands arrondissements de Berlin après la réforme administrative de 2001 et les 23 précédentes.

République tchèque à l'échelle 1/600 000. 94 plans de ville (dont Berlin), répertoire des localités.

– Atlas routier Michelin Europe, atlas à spirales au format 23 x 30 cm, échelle 1/1 700 000 à 1/1 300 000. Répertoire des localités, plus de 40 États, 73 plans de ville et cartes des environs, dont également Berlin.

www.ViaMichelin.fr

En complément de ces cartes et pour aider le voyageur dans 43 pays d'Europe, le site Internet www.ViaMichelin.fr permet le calcul d'itinéraires et offre bien d'autres services : une cartographie complète (des cartes de pays aux plans de villes), une sélection d'hôtels et de restaurants du *Guide Rouge Michelin*, etc.

Cartes thématiques

Plans de villes

Plans de sites

Légende

Monuments et sites

- Itinéraire décrit, départ de la visite
- Église
- Temple
- Synagogue - Mosquée
- Bâtiment
- Statue, petit bâtiment
- Calvaire
- Fontaine
- Rempart - Tour - Porte
- Château
- Ruine
- Barrage
- Usine
- Fort
- Grotte
- Habitat troglodytique
- Monument mégalithique
- Table d'orientation
- Vue
- Autre lieu d'intérêt

Sports et loisirs

- Hippodrome
- Patinoire
- Piscine : de plein air, couverte
- Cinéma Multiplex
- Port de plaisance
- Refuge
- Téléphérique, télécabine
- Funiculaire, voie à crémaillère
- Chemin de fer touristique
- Base de loisirs
- Parc d'attractions
- Parc animalier, zoo
- Parc floral, arboretum
- Parc ornithologique, réserve d'oiseaux
- Promenade à pied
- Intéressant pour les enfants

Signes particuliers

P R	Parking relais
P	Parking couvert
19	Route fédérale (Bundesstraße)
S	Station de S-Bahn
U	Station de U-Bahn

Abréviations

R	Hôtel de ville (Rathaus)
J	Palais de justice (Justizgebäude)
M	Musée (Museum)
POL.	Police (Polizei)
T	Théâtre (Theater)
U	Université (Universität)
L	Gouvernement provincial (Landesregierung)
8 EX	Numéro de page et coordonnées situant la curiosité sur les plans de Berlin

très vivement recommandé ★★★
recommandé ★★
intéressant ★

Autres symboles

	Information touristique
	Autoroute ou assimilée
❶ ❶	Échangeur : complet ou partiel
	Rue piétonne
	Rue impraticable, réglementée
	Escalier - Sentier
	Gare - Gare auto-train
S.N.C.F.	Gare routière
	Tramway
	Métro
P R	Parking-relais
♿	Facilité d'accès pour les handicapés
	Poste restante
	Téléphone
	Marché couvert
	Caserne
	Pont mobile
	Carrière
⚒	Mine
B F	Bac passant voitures et passagers
	Transport des voitures et des passagers
	Transport des passagers
③	Sortie de ville identique sur les plans et les cartes Michelin
Bert (R.)...	Rue commerçante
AZ B	Localisation sur le plan
►►	Si vous le pouvez : voyez encore...
	Conditions de visite en fin de volume

Carnet pratique

	Catégories de prix :
	À bon compte
	Valeur sûre
	Une petite folie !
20 ch. :	Nombre de chambres :
120€	Prix minimum de la chambre pour une personne, petit déjeuner généralement compris
15€	Prix du petit déjeuner lorsqu'il n'est pas indiqué dans le prix de la chambre
(Rest.) 8€	Prix minimum du plat principal proposé sur la carte (restaurant d'hôtel), boisson non comprise
Reserv.	Réservation obligatoire
Reserv. empf.	Réservation recommandée
	Cartes bancaires non acceptées
P	Parking réservé à la clientèle de l'hôtel
	Piscine
	Chambres réservées aux non-fumeurs
♿	Chambres accessibles aux handicapés physiques

Les plus beaux quartiers et monuments Agglomération
Sanssouci ★★★ Très vivement recommandé
Großer Müggelsee ★★ Recommandé
Olympiastadion ★ Intéressant
Borsigwerke Autre site décrit dans ce guide.
Les noms en capitales encadrés indiquent les têtes de chapitres de la partie "Quartiers et monuments"
HAMBURG, ROSTOCK
A111 - E 26
96
Gartenstadt Frohnau
Berliner Forst Tegel
Tegel
Borsigwerke
Berliner Forst Spandau
HAVEL
Tegeler See
Volkspark Jungfernheide
Berlin-Tegel
FALKENSEE
Gartenstadt Staaken
Zitadelle
SPANDAU
Siemensstadt
Gedenkstätt Plötzensee
SPREE
5
CHARLOTTENBURG
Olympiastadion
Glockenturm
Funkturm
Weinmeisterhorn
MESSEGELÄNDE
KURFÜRSTE DAMM
Berliner Forst Grunewald
A 115-E 51
WILMERSDORF
Grunewaldturm
GRUNEWALD
2
Brücke-Museum
Ethnologisches Museum
DAHLEM
Strandbad Wannsee
Onkel Toms Hütte
Botanischer Garten
Pfaueninsel
HAVEL
WANNSEE
Mexikoplatz
Lichterfelde
Neuer Garten
Volkspark Klein-Glienicke
ZEHLENDORF
Teltowkanal
POTSDAM
Berliner Forst Düppel
Glienicker Brücke
Sanssouci
Park Babelsberg
Filmpark Babelsberg
TELTOW
GROSSBEEREN
BRANDENBURG, LEIPZIG
0
6 km

HAMBURG, ROSTOCK
SZCZECIN
BERNAU
A 10 - E 55
109
Bucher Forst
A11 - E 28
Lübars
96a
A 114
Panke
A 10 - E 55
LINDENBERG
2
Maria-Magdalenen-Kirche
WEISSENSEE
REINICKENDORF
PANKOW
Weißensee
158
WEDDING
PRENZLAUER BERG
Jüdischer Friedhof Weißensee
Brandenburger Tor
MOABIT
SPANDAUER VORSTADT
MARZAHN-HELLERSDORF
TIERGARTEN
MUSEUMSINSEL
Zoo
UNTER DEN LINDEN
FRIEDRICHSHAIN
1-5
KULTURFORUM
Tierpark Berlin-Friedrichsfelde
LICHTENBERG
Gründerzeitmuseum
POTSDAMER PLATZ
KREUZBERG
SCHÖNEBERG
Sowjetisches Ehrenmal
Deutsch-Russisches Museum Berlin-Karlshorst
Berlin-Tempelhof
SPREE
NEUKÖLLN
A 102
A 100
Oberschöneweide
KÖPENICK
TEMPELHOF
Ullstein-Druckhaus
Hufeisensiedlung
TREPTOW
Kunstgewerbemuseum Schloß Köpenick
STEGLITZ
Teltowkanal
Britzer Garten
96a
Großer Müggelsee
Siedlung Falkenberg
Marienfelde
179
101
96
Berlin-Schönefeld
MAHLOW
A 113
COTTBUS, DRESDEN

Berlin-Tegel
Kurt- Schumacher- Damm
Müller- str.
A 111 - E 26
Volkspark Rehberge
Hohenzollernkanal
Saatwinkler Damm
See- str.
Volkspark Jungfernheide
Gedenkstätte Plötzensee
WEDDING
Siemensstadt
Westhafen
Siemensdamm
Siemensstr.
Perleberger Str.
AEG-Turbinenfabrik
MOABIT
Schloßgarten Charlottenburg
Kaiserin- Augusta- Allee
Turmstr.
Alt- Moabit
SPREE
CHARLOTTENBURG
Levetzowstr.
Hansaviertel
Franklinstr.
Sammlung Berggruen - Picasso und seine Zeit
Ägyptisches Museum
Bellevue
TIERGARTEN
KPM
Bröhan-Museum
Technische Universität
Siegessäule
Haus des Rundfunks
Bismarckstr.
Mexikanische Botschaft
Savignyplatz
Lietzensee
Kantstr.
Zoologischer Garten
Bauhaus-Archiv
ICC
Europa-Center
Funkturm
DAMM
Fasanenstraße
KaDeWe
KURFÜRSTEN-
Kaiser-Wilhelm-Gedächtniskirche
Schaubühne
Ludwigkirchplatz
SCHÖNEBERG
Halensee
Brandenburgische Str.
damm
Bundesallee
WILMERSDORF
Grunewaldstr.
Potsdamer
Hohenzollern- damm
Hauptstr.
A 100
Mecklenburgische Str.
Ceciliengärten
Hundekehlestr.
Korso
Südwest-
Rheinstraße
Natur-Park Schöneberger Südgelände
0
1km

Les plus beaux quartiers et monuments
Centre

A Haus der Kulturen der Welt
B Ehem. Postfuhramt
C Berliner Dom
D Gemäldegalerie
R Rotes Rathaus
E Friedrichswerdersche Kirche

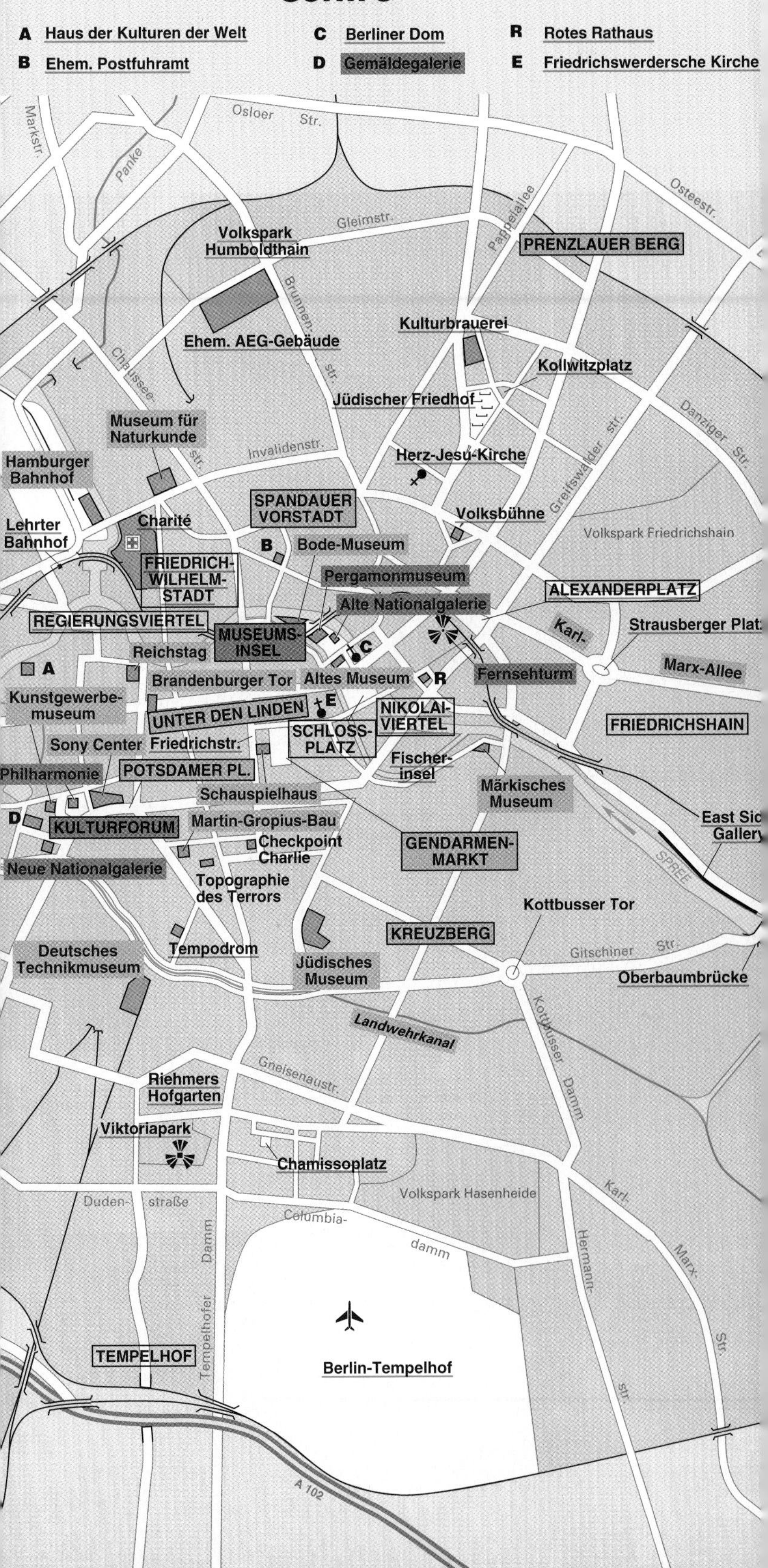

Les Hackesche Höfe.

Informations pratiques

Avant le départ

adresses utiles

Internet

Vous pouvez trouver sur Internet une quantité d'informations et de conseils fort utiles pour l'organisation de votre voyage à Berlin. Grâce aux moteurs de recherche actuels, tels que www.yahoo.fr ou www.google.fr, toutes vos questions (ou presque) trouveront une réponse. Pour en savoir plus sur la capitale allemande, consultez le site **www.berlin.de**. Ce dernier vous propose à la fois des renseignements sur la ville, une série de photos et des pages spécialement destinées aux visiteurs qui se rendent à Berlin contenant, entre autres, un service de réservation en ligne. Le site **www.berlinonline.de** vous sera également d'une grande utilité. Vous y trouverez notamment la **version en ligne de la Berliner Zeitung** et du **Stadtmagazins tip**. Pour en savoir plus sur les deux autres journaux importants de la capitale, consultez les sites **www.berliner-morgenpost.de** et **www.tagesspiegel.de**. Quant à l'autre magazine de la ville, vous le trouverez sur le site **www.zitty.de**. D'autres sites méritent également une petite visite, tels que www.berlin-info.de, www.meinberlin.de, www.berlinstreet.de, www.berlin030.de, www.art-in-berlin.de, www.leonce.de, www.people-in-berlin.de, ou encore www.berlin-programm.de

Informations touristiques

Sur Internet : www.btm.de ; www.berlin.de

À BERLIN

Berlin Tourismus Marketing GmbH – Am Karlsbad 11, 10785 Berlin, ☎ 25 00 25, (190) 01 63 16 (annonce de service parlée relative au coût de la communication, puis 0,40€ à 1,20€ la minute), ☎ (00 49 18 05) 75 40 40 (depuis l'étranger), fax 25 00 24 24 ; information@btm.de

Offices du tourisme

Europa Center – Entrée par la Budapester Straße 45. 8h30-20h30, dim. 10h-18h30.

Brandenburger Tor – Aile Sud. 9h30-18h.

Fernsehturm am Alexanderplatz – Tourist Info Café. 10h-18h.

EN FRANCE

Office national allemand du Tourisme – 47 av. de l'Opéra, F-75002 Paris, ☎ 01 40 20 01 88, fax 01 40 20 17 00, 3615 Allemagnetour (0,34€/mn).

EN SUISSE

Deutsches Verkehrsbüro – Talstraße 62, CH-8001 Zürich, ☎ (01) 213 22 00, fax (01) 212 01 75 ; gntozrh@d-z-t.com

EN BELGIQUE

Office national allemand du Tourisme – 92 Gulledelle, B-1200 Bruxelles, ☎ (02) 245 97 00, fax (02) 245 39 80.

AU CANADA

German National Tourist Office – P.O. Box 65162, Toronto, Ontario M4K 3Z2, ☎ 416 968 0 372, fax 416 968 19 86.

Représentations diplomatiques

Ambassade de France – Parizer Platz 5, 10117 Berlin, ☎ 590 03 90 00, fax 590 03 91 10 ; www.botschaft-frankreich.de

Ambassade de Belgique – Jägerstrasse 52-53, 10117 Berlin, ☎ 20 64 20, fax 20 64 22 00.

Ambassade de Suisse – Otto-von-Bismarck-Allee 4a, 10557 Berlin, ☎ 390 40 00, fax 391 10 30 ; vertretung@botschaft-schweiz.de

Ambassade du Canada – Friedrichstrasse 95, 10117 Berlin, ☎ 20 31 20, fax 20 31 25 90 ; brlin@dfait-maeci.gc.ca

Centres culturels allemands

Chaque **Goethe-Institut** dispense des cours d'allemand et organise des manifestations culturelles. Pour plus d'informations, consultez le site www.goethe.de

Bordeaux – 35 cours de Verdun, ☎ 05 56 48 42 60, fax 05 56 48 42 61.

Colmar – 4 r. du Rhin, ☎ 03 20 57 02 44, fax 03 20 42 81 45.

Lille – 98 r. des Stations, ☎ 03 89 20 22 00, fax 03 89 41 57 78.

Lyon – 18 r. François-Dauphin, Lyon 2e, ☎ 04 72 77 08 88, fax 04 72 40 91 55.

Nancy – 39 r. de la Ravinelle, ☎ 03 83 35 44 36, fax 03 83 32 43 45.

Paris – 17 av. d'Iéna, ☎ 01 44 43 92 30, fax 01 44 43 92 40.

Strasbourg – 234 av. de Colmar, ☎ 03 88 43 08 00, fax 03 88 43 08 35.

Toulouse – 4 bis r. Clémence-Isaure, ☎ 05 61 23 08 34, fax 05 61 21 16 66.

Bruxelles – 58 r. Belliard, ☎ (2) 230 39 70, fax (2) 230 77 25.

Montréal – 418, Sherbrocke, Montréal Est, Québec, ☎ 514 499 0159, fax 514 499 0905.

formalités d'entrée

Pièces d'identité

Bien que depuis l'accord de Schengen, en avril 1998, l'Allemagne n'effectue plus de contrôle d'identité aux frontières des États européens, il est recommandé aux ressortissants de l'Union européenne de se munir d'une carte d'identité ou d'un passeport en cours de validité pour se rendre en Allemagne.
Si vous conduisez un véhicule en Allemagne, vous devez être en possession du permis de conduire national correspondant ou du permis de conduire international. Il est, en outre, recommandé de posséder la carte verte d'assurance.

Santé

Les citoyens de l'Union européenne doivent se procurer le formulaire international d'assurance E 111 auprès de leur organisme de Sécurité sociale. Une assurance maladie suisse couvre également en principe les voyages en Allemagne. Les frais médicaux doivent être réglés sur place, puis la facture correspondante adressée à votre assurance.
Pour plus de précisions et toute autre question, veuillez vous adresser directement à votre organisme d'assurance maladie.

Animaux domestiques

L'entrée des animaux domestiques est soumise à la présentation d'un certificat de vaccination en langue allemande. La vaccination doit avoir eu lieu au moins 30 jours avant l'arrivée dans le pays et ne doit pas dater de plus d'un an.

Réglementations douanières

L'Allemagne applique les dispositions de l'accord de Schengen, aucun contrôle n'étant effectué lors du passage de la frontière de l'un des États de l'Union européenne. Si vous arrivez d'un pays ne faisant pas partie de l'Union européenne, vous devez passer la douane et déclarer les marchandises que vous apportez. Pour plus de renseignements, s'adresser à la douane principale de Berlin (Hauptzollamt Berlin), ☎ 690 09 01, fax 69 00 92 09.

quand partir

Le climat

La ville se situe à la frontière entre climat océanique et climat continental. Pendant l'été les températures atteignent en moyenne 22 à 23 °C la journée, des pointes à plus de 30 °C n'étant pas inhabituelles en période de fortes chaleurs. L'hiver, la moyenne des températures avoisine les 2 à 3 °C mais les périodes de grand froid avec neige et glace ne sont pas rares. La saison hivernale n'est pas non plus épargnée par les vents. Quant aux précipitations, elles sont régulièrement réparties sur l'année et atteignent en moyenne 580 mm.

La bonne période

Les mois de mai à septembre sont les plus favorables à la découverte de Berlin, lorsque la ville est la plus verte et que ses rues sont les plus animées. Il faut toutefois noter que nombre de théâtres sont fermés durant l'été.
Avec ses multiples musées, magasins et boutiques, Berlin mérite par ailleurs le détour, quelle que soit la saison. Et, à quelques exceptions près (telles que la Love-Parade un week-end de juillet, la Saint-Sylvestre, ou encore les grandes foires, comme l'ITB en mars), la ville est très rarement surchargée.

Jours fériés légaux

Nouvel An (1er janvier), Vendredi saint, dimanche et lundi de Pâques, fête du Travail (1er mai), Ascension, dimanche et lundi de Pentecôte, fête nationale (3 octobre), jour de la Réforme (31 octobre, uniquement dans le Land de Brandebourg), 25 et 26 décembre.

G. Schneider/PRESSE- UND INFORMATIONSAMT DES LANDES BERLIN

Berlin en été : les terrasses des cafés de l'avenue Unter den Linden.

À emporter dans vos bagages

Quelle que soit la saison, il est recommandé de prévoir un vêtement pour se protéger de la pluie. Veillez également à emporter de bonnes chaussures car Berlin, comme la plupart des villes, doit être découverte à pied. Si vous souhaitez vous rendre au théâtre, assister à un concert ou à un opéra, vous pouvez prévoir un vêtement un peu plus habillé, bien que de nombreux Berlinois ne portent pas de tenue particulière pour cette occasion.

budget

Berlin n'est, bien évidemment, pas une destination bon marché. Toutefois, en comparaison des autres capitales européennes, telles que Londres, elle est loin d'être hors de prix. Pour profiter de certaines réductions et voyager ainsi à meilleur marché, il est important d'acheter des billets valables plusieurs jours dans les transports en commun et les musées *(voir Informations pratiques : « Transports » et « Berlin au quotidien »).*
Si vous optez pour un hébergement de la catégorie *À bon compte* (⊖, *voir Informations pratiques : « Hébergement »* ; petit-déjeuner généralement inclus dans le prix de la chambre) et que vous mangez midi et soir dans des restaurants « standard » (compter en moyenne environ 20€ par repas, boisson incluse), votre budget quotidien devrait s'élever à 90-110€ pour le logement et la nourriture. Si vous passez la nuit dans une auberge de jeunesse ou un hôtel réservé aux jeunes, vous pouvez alors vous débrouiller avec un budget de 60€. Il est aussi possible de réaliser quelques économies en remplaçant l'un de vos repas par un simple casse-croûte (beignets, hot dog, hamburger, sandwich, etc. ; compter 4 à 7€ par repas, boisson comprise). Ajoutez à cela environ 20€ par jour pour les transports et entrées dans les musées et autres monuments. Vous pouvez, bien sûr, dépenser également une petite fortune en très peu de temps à Berlin si vous optez, par exemple, pour un hôtel luxueux et que vous prenez vos repas dans des restaurants gastronomiques.

tourisme et handicapés

Nombre des curiosités de Berlin disposent d'un accès spécialement réservé aux personnes handicapées, représenté, dans les conditions de visite du Guide vert, par le symbole ♿. Dans le Guide Rouge Michelin sont également repérés les restaurants et hôtels accessibles aux fauteuils roulants.
Au cours de ces dernières années, les sociétés de transports publics se sont efforcées de faciliter l'accès des bus et métros aux personnes handicapées. Il subsiste toutefois de nombreux arrêts auxquels il est impossible de descendre ou monter seul, bien que de plus en plus de stations de métro et de tramway soient aujourd'hui accessibles aux fauteuils roulants (les plans du réseau des transports indiquent toutes les gares adaptées aux personnes à mobilité réduite). Les nouveaux omnibus de la BVG disposent d'une rampe spéciale à leur niveau d'accès intermédiaire, facilitant la montée des fauteuils roulants dans plus de 100 lignes de transports. Dans les tramways, certains véhicules ont également été équipés de telles rampes.

Le **Berliner Behindertenverband e. V. (Association berlinoise des personnes handicapées)** publie un guide culturel de la ville intitulé *Berlin ohne Hindernisse* (Berlin sans handicaps), ainsi que *Berlin für Gäste mit Handicap* (Berlin pour les personnes handicapées).
Renseignements sur les associations berlinoises réservées aux personnes handicapées : Bizetstraße 51-55, 12681 Berlin, ☎ 545 87 00 ; www.beschaeftigungswerk.de

Transports

comment arriver

En avion

Aéroports

Les principales villes d'Allemagne et d'Europe sont reliées directement à Berlin.
En attendant la construction prévue d'un grand aéroport Berlin-Brandenburg-International, Berlin dispose actuellement de trois aéroports : Tegel (TXL) et Tempelhof (THF), à l'intérieur de la ville, et Schönefeld (SXF), à l'extérieur.
Renseignements sur les aéroports au ☎ (018 05) 00 01 86 ; www.berlin-airport.de

Accès au centre-ville

Si vous optez pour l'avion, vous arriverez plutôt à Tegel. À partir de l'aéroport, vous pouvez emprunter, entre autres, les bus **X9** (bus express qui permet d'atteindre l'Ouest du centre-ville) et le **TXL** (bus express-jet qui permet d'atteindre l'Est du centre-ville). Les appareils plus petits atterrissent à Tempelhof, très bien relié au réseau de transports-suburbain par la ligne U6 du métro, station Platz der Luftbrücke (U6), ainsi que de nombreuses lignes de bus. Depuis l'aéroport de Schönefeld, surtout desservi par les charters, emprunter le métro-express S-Bahn (lignes S 45 et S 9) ou le train régional en direction du centre-ville (temps de trajet à prévoir entre Schönefeld et la gare de Friedrichstraße : 25mn environ, 30mn environ jusqu'à la gare Zoo).

COMPAGNIES AÉRIENNES

Air France – Agence Opéra, 14 av. de l'Opéra, 75001 Paris, renseignements, réservations : ☎ 0 820 820 820, 3615 Airfrance (0,34€/mn) ; www.airfrance.com

En Belgique : 48-50 bd Adolphe-Max, 1000 Bruxelles, ☎ (2) 220 08 00.
En Suisse : 2 r. du Mont-Blanc, 1201 Genève, ☎ (22) 731 33 30, réservations : ☎ (22) 827 87 87.
Au Canada : 2000 r. Manfield, 15e étage, Montréal H3A-3A3, ☎ 514 847 11 06, réservations : ☎ 800 667 27 47.

Lufthansa – On trouve des agences de la Lufthansa dans la plupart des grandes villes allemandes. Renseignements, réservations : ☎ (018 03) 80 38 03, www.lufthansa.de ou www.lufthansa.com
À Berlin : Lufthansa City Center Reisebüro, Kurfürstendamm 21, 10719 Berlin, ☎ 88 75 38 00, fax 88 75 38 01 ; info@lccberlin.de ; Lufthansa City Center Travel und Touristik GmbH, Friedrichstraße 185-190, 10117 Berlin, ☎ 203 91 90, fax 203 19 20.
En France : Âgence Star Alliance, 106 bd Haussmann, 75008 Paris, ☎ 0 820 816 816, fax 01 55 60 42 08 ; **3615 LH** (0,34€/mn) ; www.lufthansa.fr
Informations et réservations **Numéro Azur** (prix appel local) ☎ 08 01 63 38 38 (tjl sf dim. 8h30-19h30, sam. 8h30-13h ; fax 01 42 68 07 01).
En Autriche : Mariahilfer Straße 123, A-1060 Wien, ☎ 08 00 90 08 00, fax (01) 599 11 90.
En Suisse : Gutenbergstraße 10, CH-8027 Zürich, ☎ (01) 286 70 70, fax (01) 286 72 07.
En Belgique : 130 r. du Trône, 1050 Bruxelles, ☎ (2) 627 40 88/65, fax (2) 627 40 12.
Au Canada : ☎ (n° vert) 1 800 563 59 54.

Deutsche BA – ☎ (018 05) 35 93 22, fax (21) 557 51 69 ; www.deutsche-ba.de
À Berlin : British Airways Travel Shop, Budapester Straße 18B, 10787 Berlin, ☎ 254 00 00, fax 254 00 00 49 ; British Airways Travel Shop, Poststraße 4-5, 10178 Berlin, ☎ 247 36 80, fax 247 36 71.

Austrian Airlines – En Autriche : ☎ (05) 17 89, fax (05) 17 66 42 30 ; www.aua.com
À Berlin : ☎ (018 03) 00 05 20, fax (018 03) 00 05 23.

Swiss – En Suisse : ☎ (08 48) 80 07 00, fax (01) 258 34 40 ; www.fly-swiss.com
À Berlin : ☎ (018 03) 00 03 34, fax (018 03) 00 04 40.

En train

GARES

En attendant l'achèvement de la future gare centrale, dans le coude de la Spree (Spreebogen), les deux gares principales de Berlin sont Zoologischer Garten, à l'Ouest de Berlin, et Ostbahnhof, à l'Est de la ville. Il existe d'autres gares, au trafic essentiellement régional : Wannsee, Spandau, Charlottenburg, Friedrichstraße, Alexanderplatz et Lichtenberg.

SNCF – ☎ 08 92 35 35 35/08 36 35 35 35 ; 3615 (0,34€/mn) et 3616 SNCF (0,20€/mn) ; www.voyages-sncf.com ou www.sncf.fr

Deutsche Bahn (DB) – ☎ (018 05) 99 66 33 ; www.bahn.de
En France : 47 av. de l'Opéra, 75002 Paris, ☎ 01 44 58 95 50.
En Autriche : Bösendorfer Straße 2/1, A-1010 Wien, ☎ (01) 505 83 00, fax (01) 505 96 12 85.
En Suisse : Schwarzwaldallee 200, CH-4058 Basel, ☎ (061) 690 11 64.

Österreichische Bundesbahnen (ÖBB) – ☎ (05) 17 17 ; www.oebb.at

Schweizerische Bundesbahnen (SBB) – ☎ (09 00) 30 03 00 ; www.sbb.ch

Trains auto-couchettes – Des trains auto-couchettes circulent, entre autres, de Lörrach/Bâle, Munich, Salzbourg et Innsbruck à Berlin-Wannsee. Renseignements ☎ (018 05) 24 12 24 ; www.autozug.de

G. Schneider/PRESSE- UND INFORMATIONSAMT DES LANDES BERLIN

Dans la gare Friedrichstraße.

En autocar

Gare routière – La Zentraler Omnibusbahnhof (ZOB, gare routière centrale) est située près du parc des expositions (Messegelände), Masurenallee 4-6, 14057 Berlin, ☎ 30 10 01 75, fax 30 10 02 44.

Berlin Linien Bus – Mannheimer Straße 33-34, 10713 Berlin, ☎ 861 93 31 et 351 95 20 ; www.berlinlinienbus.de
Cette réunion de plusieurs compagnies de bus berlinoises

propose, en collaboration avec des compagnies partenaires internationales (surtout issues de l'organisation Eurolines) des liaisons avec plus de 350 localités d'Allemagne et d'Europe.

Eurolines – L'organisation Eurolines regroupe diverses compagnies de transport européennes présentes dans différents pays et son réseau couvre toute l'Europe. Renseignements en France : ☎ 08 36 69 52 52, www.eurolines.fr ; en Autriche : ☎ (01) 712 04 53, www.eurolines.at ; en Suisse : ☎ 900 57 37 47, www.eurolines-schweiz.ch

EN VOITURE OU À MOTO

Carte routière – Michelin propose aux conducteurs de voitures et de motos une carte routière gratuite sur le site **www.ViaMichelin.fr**
Pour un voyage déterminé, vous pouvez préciser votre point de départ et d'arrivée et définir également un certain nombre de critères (durée, distance, utilisation ou non de l'autoroute, péages, etc.). Vous obtiendrez alors des indications quant au nombre de kilomètres, à la durée et au coût de votre voyage, ainsi qu'aux hôtels et restaurants (sélection du Guide Rouge Michelin) présents sur votre parcours. Vous pourrez même imprimer la portion de carte Michelin correspondant précisément à votre itinéraire.
Vous trouverez également dans cet ouvrage d'autres produits Michelin utiles à votre voyage, pages 6 et 7 dans la partie intitulée Cartes et plans.

Accès – Berlin est bien relié au réseau de transports grande distance allemand et européen, grâce à plusieurs autoroutes. Pas moins de cinq autoroutes se rejoignent sur le Berliner Ring A 10, qui englobe l'ensemble de l'agglomération berlinoise : l'A 13, à partir du Sud-Est (Dresde), l'A 9, à partir du Sud (Munich, Nuremberg, Leipzig), l'A 2, à partir de l'Ouest (Hanovre, région de la Ruhr), l'A 24, à partir du Nord-Ouest (Rostock, Hambourg) et l'A 11, à partir du Nord-Est (Szczecin, Stettin).

Code de la route – Le port de la ceinture de sécurité est obligatoire en Allemagne. Le taux d'alcoolémie limite est de 0,5 ‰. Lorsque vous êtes au volant, vous devez vous munir d'un triangle de signalisation et de boîtes de pansements.
La vitesse maximale autorisée en ville est de 50 km/h. Sur les autoroutes, la vitesse recommandée pour les voitures, motos et camping-cars de 3,5 t maximum, est de 130 km/h, 100 km/h sur les autres routes (à moins qu'un panneau de signalisation n'indique autre chose). Pour les véhicules tractant des remorques, elle est toutefois limitée à 80 km/h. Les enfants âgés de moins de 12 ans et mesurant moins de 1,50 m doivent être assis dans des sièges-autos prévus à leur usage.
Le téléphone n'est autorisé en voiture que si vous disposez d'un dispositif main-libres.
Le port d'un casque de protection est obligatoire pour les conducteurs de véhicules à deux roues. Les motocyclistes doivent également laisser leur feu de code allumé pendant la journée.

Carburants – Toutes les stations-service proposent du gazole (diesel), de l'essence sans plomb indice d'octane 91, ainsi que du super (essence sans plomb indice d'octane 95). Si vous avez besoin d'essence avec plomb pour votre véhicule, vous devez consulter le pompiste et vous procurer un additif, différent selon la marque de votre véhicule.

Mitfahrzentrale – Citynetz, Joachimsthaler Straße 17, 10719 Berlin, ☎ 194 44, fax 882 44 20 ; www.citynetz-mitfahrzentrale.de. Des particuliers proposent leur véhicule à une ou plusieurs personnes qui partagent les frais du voyage. Autres adresses sur les sites Internet www.mitfahrzentrale.de et www.mitfahrgelegenheit.de

sur place

AVEC LES TRANSPORTS EN COMMUN

Réseau urbain – Bien que la circulation routière de Berlin n'ait rien de comparable avec celle de Londres ou de Paris, il est recommandé d'emprunter les transports en commun. Le réseau de circulation berlinois est très dense, tous les arrondissements de la ville étant accessibles 24h/24 avec les transports en commun. Des bus et des trains circulent régulièrement dans le centre-ville. Les tramways, bus et métros sont regroupés dans les **BVG (Berliner Verkehrsbetriebe)**. Les compagnies de transports urbains et le S-Bahn (équivalent du RER parisien) sont regroupés avec les BVG dans le **VBB (Verkehrsverbund Berlin-Brandenburg)**.

Renseignements – ☎ 194 49, www.bvg.de (BVG) ; ☎ 25 41 41 41, www.vbbonline.de (VBB) ; ☎ 29 74 33 33, www.s-bahn-berlin.de (S-Bahn). Renseignements au BVG-Pavillon, devant la gare Zoo (tlj 6h-20h) et dans de nombreuses stations de métro et de S-Bahn.

En raison des multiples travaux en cours, des navettes et un trafic ferroviaire de remplacement sont souvent mis en place. Faites bien attention aux éventuels panneaux et annonces !

Tarifs – Berlin et ses environs (tels que Potsdam) sont divisés en trois zones tarifaires ; pour les trajets effectués au sein de l'agglomération berlinoise, quel que soit le moyen de transport utilisé, un seul et même billet est requis pour la zone AB. Vous pouvez vous procurer des tickets dans toutes les stations, ainsi que dans les distributeurs automatiques des gares de S-Bahn et auprès des conducteurs de bus. Il est, en outre, possible d'acquérir des billets dans de nombreux kiosques et chez les marchands de journaux (ceci peut s'avérer particulièrement utile si vous n'avez, par exemple, pas de monnaie, seules les pièces étant acceptées dans les gares de S-Bahn). Tous les tickets, excepté ceux achetés dans les S-Bahn et les bus, doivent être compostés avant le début du voyage pour être valables. Ils sont utilisables à la fois dans les zones tarifaires de Berlin et dans les trains régionaux. Billets **trajet unique** *(Normaltarif)* 2,10€ (valable pendant 2 heures), **trajet court** *(Kurzstrecke)* 1,20€ (valable pour 3 stations de métro/S-Bahn ou 6 stations de bus/S-Bahn), **carte journalière** (*Tageskarte*, valable à partir de l'oblitération et jusqu'au lendemain à 3h) 6,10€ 🚲 **carte hebdomadaire** 22€. Il existe également une **carte « petits groupes »** *(Kleingruppenkarte)* valable pour cinq personnes maximum (et durant toute une journée) que vous pouvez vous procurer pour 15€ (pour la zone tarifaire AB). La **WelcomeCard** (19€, valable 72 heures à partir de l'oblitération dans la zone tarifaire ABC) permet, à un adulte et trois enfants (jusqu'à 15 ans), d'utiliser tout le réseau de transports en commun durant trois jours, à Berlin et Potsdam, et de bénéficier, en outre, de réductions pouvant atteindre 50 % dans divers lieux touristiques, ainsi qu'à certaines manifestations culturelles et visites des deux villes.

Transports nocturnes – Les stations de jonction du réseau de transports nocturnes sont celles de Zoologischer Garten et de Hackescher Markt. Il n'y a pas de tarification spéciale pour l'utilisation des transports nocturnes, tous les billets sont valables. Les nombreux bus et S-Bahn de nuit circulent régulièrement entre 0h30 et 4h30. Le S-Bahn, ainsi que les lignes U12 (combinaison des lignes U1 et U2 entre Ruhleben et Schlesischer Tor) et U9 circulent, en outre, durant les nuits de vendredi à samedi et de samedi à dimanche.

Taxis

Tarifs – Le tarif de base s'élève à 2,50€ ; jusqu'à 7 km, le kilomètre coûte 1,50€, puis 1€, chaque minute d'attente étant facturée 41 cents. Pour les trajets de 2 km maximum, après consultation du chauffeur de taxi, un tarif « trajet court » s'applique, pour un montant de 3€ : le *Winketarif* (ou « tarif à signe »), non valable si vous avez réservé votre taxi au préalable ou que vous montez dans un taxi à une station.

Numéros d'appel – Würfelfunk ☎ 080 02 22 22 55, Spreefunk ☎ 44 33 22, Citifunk Berlin ☎ 21 02 02, Funktaxi Berlin ☎ 26 10 26, Taxifunk Berlin ☎ 690 20.

Vélotaxis – D'avril à octobre, des vélotaxis, semblables à des cyclo-pousses, parcourent Berlin de 13h à 20h sur quatre lignes de taxi. Ils peuvent transporter deux passagers et leur numéro d'appel est le ☎ (01 72) 328 88 88.

J. Malburet/MICHELIN

Berlin à vélotaxi.

Berlin à vélo

En dépit du manque de pistes cyclables, Berlin se prête tout à fait à une visite à vélo, les montées difficiles étant rares. De plus, l'agglomération berlinoise étant particulièrement étendue et ses curiosités réparties un peu partout, le vélo semble un moyen de locomotion idéal pour la découvrir. Les nombreux espaces verts et forêts invitent également à des balades en vélo. Il est possible de transporter son vélo dans les S-Bahn et métro durant toute la journée, ainsi que dans le tramway s'il n'est pas trop bondé (la priorité est toutefois donnée aux poussettes et fauteuils roulants). Pour le vélo, il est nécessaire d'acheter un billet supplémentaire (ou une carte journalière), à moins que vous ne possédiez déjà la WelcomeCard qui permet le transport gratuit de votre vélo. Renseignements sur le vélo à Berlin (et ailleurs) auprès de l'ADFC

(Allgemeiner Deutscher Fahrrad-Club, Club allemand du vélo), Landesverband Berlin, Brunnenstraße 28, 10119 Berlin, ☎ 448 47 24, fax 44 34 05 20 ; www.adfc-berlin.de

Sociétés de location de vélos – Elles sont situées dans les Hackesche Höfe, Bergmannstraße 9, Auguststraße 29a (tlj sf dim. 10h-19h, sam. 10h-15h) et dans la gare de Friedrichstraße (10h-19h, w.-end 10h-16h), ☎ (018 05) 510 80 00 ou 28 38 48 48, fax 28 38 88 77 ; www.fahrradstation.de. Il existe, en outre, de nombreuses autres sociétés de location plus petites dans d'autres arrondissements de la ville.

Call a bike – Avec 2 000 « callbikes », DB Rent a tout pour séduire les amateurs de balades improvisées ou de plus longues excursions à bicyclette. Des vélos rouge et argent « high-tech » sont disponibles aux grands carrefours et dans les principales gares de S-Bahn. Les personnes intéressées doivent être âgées de 18 ans au moins et s'inscrire lors de la première utilisation d'un callbike, afin d'obtenir un numéro de client. Il suffit pour cela de composer le numéro de téléphone (tarif local) qui figure sur le couvercle du cadenas du callbike choisi, puis d'entrer le code d'ouverture à quatre chiffres que l'on vous aura communiqué sur le clavier du cadenas pour le déverrouiller. La procédure à suivre est la même lorsque vous rapportez le vélo. À la première utilisation, un montant de base fixé à 15€ est prélevé, au choix, sur votre carte de crédit ou votre compte bancaire. Une fois ce « crédit » épuisé, l'utilisation d'un callbike vous coûtera entre 3 et 5 cents la minute (3 cents si vous possédez une Bahn-Card) et un maximum de 15€ la journée. Ce montant sera prélevé une fois par mois, au choix, sur votre carte de crédit ou votre compte bancaire. Les callbikes fonctionnent 24h/24 ! Renseignements et inscription au ☎ (0800) 522 55 22 ou www.callabike.de

Information – Piste cyclable du mur de Berlin : cette piste de 160 km de long surplombe en grande partie les anciens « Kolonnenwege » fortifiés des troupes frontalières de la RDA. L'ADFC publie un plan détaillé du parcours.

Au volant

Parkings – Les places de stationnement font défaut, surtout dans le centre de Berlin. La quasi-totalité du centre-ville est réglementée en matière de stationnement. Ceci signifie que le stationnement est payant dans les rues ou nécessite une carte de résident. Une fois votre véhicule garé, rendez-vous à l'un des distributeurs automatiques pour vous procurer un ticket correspondant à votre durée de stationnement. Berlin dispose également d'un certain nombre de parkings souterrains. Le plan Michelin n° 33 indique les plus importants. Vous pouvez également avoir un aperçu des lieux de stationnement possibles sur le site Internet www.vmz-berlin.de/vmz

Voitures de location – Outre quelques petites sociétés, les grandes sociétés de location de voitures internationales sont également représentées à Berlin. **Budget** : ☎ (018 05) 24 43 88, www.budg et.de ; **Avis** : ☎ (061 71) 68 18 00, www.avis.de ; **Hertz** : ☎ (018 05) 33 35 35, www.hertz.de ; **Europcar** : ☎ (018 05) 580 00, www.europcar. La société de location berlinoise est **Robben & Wientjes** : représentations à Kreuzberg (☎ 61 67 70), Neukölln (☎ 68 37 70), Prenzlauer Berg (☎ 42 10 36) et Reinickendorf (☎ 40 99 98 80) ; www.robben-wientjes.de

Hébergement

les adresses du guide

Vous trouverez dans ce guide une sélection d'hébergements vérifiés sur place que nous avons répartis en trois catégories :

– **À bon compte** : « ⊖ » contient des adresses d'hôtels également abordables lorsque vous disposez d'un petit budget. Le prix de la chambre simple n'excède pas 70€.

– **Valeur sûre :** « ⊖⊖ » contient des adresses d'établissements plus chers et également plus confortables. Le prix de la chambre simple est compris entre 70 et 100€.

– **Une petite folie ! :** « ⊖⊖⊖ » contient des adresses d'établissements particulièrement luxueux ; un luxe qu'on ne peut peut-être pas se permettre tous les jours. Le prix de la chambre simple dépasse les 100€.

Outre le nom de l'établissement, l'adresse et le code postal, sont indiqués des renseignements relatifs aux transports publics permettant de gagner l'hôtel, un numéro de téléphone et de fax, ainsi qu'une adresse de site Internet (ou, le cas

H. Champollion/MICHELIN

Un hôtel luxueux – l'Adlon.

échéant, une adresse de courrier électronique), divers symboles (dont la signification est expliquée p. 8 et 9 de ce guide), le nombre de chambres de l'établissement, ainsi que le prix le moins cher pour une chambre simple. Le prix indiqué inclut généralement le petit-déjeuner. Si tel n'est pas le cas, le prix du petit-déjeuner est indiqué à part (introduit par le symbole ☕).
Si l'hôtel possède également un restaurant, le prix du plat principal le moins cher de la carte est alors indiqué. Un texte bref vous donne, en outre, quelques informations sur l'établissement et son intérêt, qu'il s'agisse de sa situation géographique, de son équipement, de son rapport qualité-prix, etc.
Les adresses indiquées sont triées par quartier, afin de faciliter votre choix. Les intitulés correspondent aux noms de chapitres utilisés pour les descriptions des curiosités. Une distinction est effectuée entre le centre-ville et les arrondissements extérieurs. Les hôtels étant particulièrement nombreux dans les arrondissements entourant le Kurfürstendamm (Charlottenburg, Wilmersdorf), nous avons également choisi de vous indiquer un grand nombre d'établissements méritant le détour.
Nous serions ravis de partager votre expérience à l'issue de votre séjour à Berlin et d'enrichir ainsi notre carnet d'adresses. Que vous ayez apprécié l'un des établissements que nous vous avons conseillé ou que vous en ayez découvert un nouveau par vous-même, il serait intéressant d'en faire part à tous les lecteurs de ce Guide Vert. Pour toute correspondance, vous trouverez en page 2 l'adresse postale et électronique à utiliser.
Si vous ne parvenez pas à trouver l'un des établissements recommandés ou si celui que vous avez choisi est déjà complet, vous trouverez également ci-après des renseignements sur les autres possibilités en matière d'hébergement, notamment meilleur marché, tels que les Bed & Breakfast, campings ou auberges de jeunesse, en sachant que les chambres comportent généralement plusieurs lits dans ce type d'établissement.

... et aussi

Le Guide Rouge Michelin Deutschland

Mis à jour chaque année, il recommande un large choix d'hôtels à Berlin et dans les environs, avec indication de leur classe. Cette sélection a été établie après visites et enquêtes sur place.

Centrales de réservation

Hotel Reservation Service – Drususgasse 7-11, 50667 Köln, ☎ (0221) 207 70, fax (0221) 207 76 66 ; www.hrs.de

Berlin Tourismus Marketing GmbH – Réservation et informations (réservation de chambres en hôtels et pensions, ainsi que de locations de vacances), ☎ (030) 25 00 25, fax (030) 25 00 24 24 ; www.btm.de

Bed & Breakfast

L'agence « Bed & Breakfast » (Ahlbeckerstraße 3, 10437 Prenzlauer Berg, ☎ 440 505 82, fax 440 505 83 ; www.bed-and-breakfast-berlin.de) fournit des adresses de chambres d'hôtes simples ou plus luxueuses. Certains loueurs offrent également sur demande des services de baby-sitting et de garde de chiens. Prix de la chambre avec salle de bains commune : à partir de 32€, 39€ avec salle de bains individuelle. Locations de vacances (avec possibilité de ménage sur demande) : à partir de 52€.

Hébergements pour les jeunes

La brochure *Preiswerte Pensionen, Jugendherbergen und Campingplätze in Berlin* (hôtels bon marché, auberges de jeunesse et campings à Berlin), que vous pouvez vous procurer dans les Offices de tourisme, contient la liste des différentes auberges de jeunesse.
Pour acquérir la carte internationale, s'adresser au **Deutsches Jugendherbergswerk,** Hauptverband : Bismarckstraße 8, D-32756 Detmold, ☎ (052 31) 740 10 ; www.jugendherberge.de
Vous trouverez ci-dessous une sélection d'auberges de jeunesse à Berlin (classées d'après le prix de la chambre meilleur marché qu'elles proposent) :

Internationales Jugendcamp Fließtal – Ziekowstraße 161, 13509 Reinickendorf, Ⓢ + Tram Alt-Tegel ou BUS 222 Titusweg, ☎ 791 30 40 ; www.berlin-info.de. Nuit sous votre propre tente ou sous une tente de 20 personnes (tente exclusivement à la disposition des femmes) à partir de 6€. Ce camp international est ouvert tous les ans, du 15 juin au 30 août.

Jugendherberge Ernst Reuter – Hermsdorfer Damm 48-50, 13467 Reinickendorf, BUS 125 Jugendherberge, ☎ 262 30 24, fax 262 95 29 ; www.djh-berlin-brandenburg.de. Nuit à partir de 14,40€ (chambres à six lits uniquement).

City Hostel Meininger 10 – Meininger Straße 10, 10823 Schöneberg, ' Rathaus Schöneberg/Bayerischer Platz, ☎ 78 71 74 14, fax 78 71 74 12 ; www.meininger-hostels.de. Nuit à partir de 17€. Chambres individuelles également disponibles.

Jugendgästehaus Am Wannsee – Badeweg 1, 14129 Zehlendorf, S Nikolassee, BUS 118 Badeweg, ☎ 262 30 24, fax 262 95 29. Nuit à partir de 18€ (chambres à quatre lits uniquement).

Karl-Renner-Haus – Ringstraße 76-77, 12205 Steglitz, S Lichterfelde West, ☎ 83 20 39 28 ; www.naturfreundejugend.de/berlin. Nuit à partir de 18€.

Jugendherberge Berlin International – Kluckstraße 3, 10785 Schöneberg, BUS 129 Gedenkstätte Deutscher Widerstand, ☎ 262 30 24, fax 262 95 29. Nuit à partir de 18,50€.

City Hostel Meininger 12 – Hallesches Ufer 30, 10936 Kreuzberg, Tram Hallesches Tor, ☎ 78 71 74 14, fax 78 71 74 12 ; www. meininger-hostels.de. Nuit à partir de 19€. Chambres individuelles également disponibles.

Jugendgästehaus der Deutschen Schreberjugend – Franz-Künstler-Straße 10, 10969 Kreuzberg, Tram Hallesches Tor ou Moritzplatz, ☎ 615 10 07 ; www.gaestehaus-berlin.de. Nuit à partir de 20€.

Jugendgästehaus Nordufer – Nordufer 28, 13351 Wedding, Tram Seestraße et Westhafen, ☎ 433 30 46 ; www.berlin-info.de. Nuit à partir de 20€.

Jugendgästehaus Tegel – Ziekowstraße 161, 13509 Reinickendorf, S + Tram Alt-Tegel ou BUS 222 Titusweg, ☎ 433 30 46 ; www.berlin-info.de. Nuit à partir de 20€.

Hotel Kolumbus – Genslerstraße 18, 13055 Hohenschönhausen, Tram 6 Genslerstraße, ☎ 98 19 70, fax 986 45 12 ; www.hotel-kolumbus.de. Nuit à partir de 21€.

Jugendgästehaus Central – Nikolsburger Straße 2-4, 10717 Wilmersdorf, Tram Hohenzollernplatz, ☎ 873 01 88, fax 861 34 85 ; www.jugendgaestehaus-central.de. Nuit à partir de 21€. Chambres individuelles également disponibles.

Jugendgästehaus Feurigstraße – Feurigstraße 63, 10872 Schöneberg, S Schöneberg, ☎ 781 52 11 ; www.jgh.de. Nuit à partir de 23€ (prix pour personne voyageant seule sur demande).

Haus Vier Jahreszeiten – Bundesallee 31a, 10719 Wilmersdorf, Tram Güntzelstraße, ☎ 873 20 14, fax 87 82 23. Nuit 24,50€. Chambres individuelles également disponibles.

Jugendhotel Berlin – Kaiserdamm 3, 14057 Charlottenburg, Tram Sophie-Charlotte-Platz, ☎ 322 10 11, fax 322 10 12 ; www.sportjugend.org. Nuit à partir de 24,60€.

Camping

Le Deutsche Camping Club-Landesverband Berlin (☎ 218 60 71, fax 213 44 16 ; www.dccberlin.de) informe sur les terrains de camping de Berlin. La ville compte quatre terrains de camping, tous situés dans la verdure et bien reliés au reste de la ville :

Campingplatz Kladow – Krampnitzer Weg 111-117, 14089 Spandau, ☎ 365 27 97. Ouvert toute l'année, réservation possible.

Campingplatz Gatow – Kladower Damm 207-213, 14089 Spandau, ☎ 365 43 40. Ouvert toute l'année, réservation possible.

Campingplatz « Am Krossinsee » – Wernsdorfer Straße 38, 12527 Köpenick, ☎ 675 86 87. Ouvert toute l'année, réservation possible.

Campingplatz Dreilinden – Albrechts Teerofen, 14109 Wannsee, ☎ 805 12 01. Ouvert de mars à octobre, réservation possible.

Alexanderplatz, Friedrich-Wilhelm-Stadt, Nikolaiviertel, Spandauer Vorstadt

Hotel Künstlerheim Luise – *Luisenstraße 19 - 10117 - S + Tram Friedrichstraße - ☎ 28 44 80 - fax 28 44 84 48 - www.kuenstlerheim-luise.de* - *32 ch. : 51€*. Ce palais municipal très classique, construit en 1825 et classé monument historique, héberge aujourd'hui un hôtel original, nombre d'artistes ayant apporté une touche de créativité à chacune de ses chambres. Vous pouvez également opter pour des chambres au confort plus modeste et meilleur marché, équipées de douches.

Hotel Hackescher Markt – *Große Präsidentenstraße 8 - 10178 - S Hackescher Markt - ☎ 28 00 30 - fax 28 00 31 11 - www.hackescher-markt.de - 31 ch. : 120€ - : 15€*. Bâtiment récent à la façade d'aspect historique dans le nouveau Szeneviertel (quartier branché) de Berlin. Chambres spacieuses au mobilier en bois naturel clair. Les chambres avec terrasse donnant sur la petite cour intérieure sont très calmes, malgré la situation centrale de l'hôtel.

Gendarmenmarkt, Museumsinsel, Regierungsviertel, Schlossplatz, Unter den Linden

Hotel Riverside – *Friedrichstraße 106 - 10117 - S + Tram Friedrichstraße - ☎ 28 49 00 - fax 284 90 49 - www.tolles-hotel.de - 21 ch. : 60€*. Sa situation, près du Friedrichstadtpalast, en bordure de la Spree, et ses prix raisonnables font l'intérêt de cet hôtel. Du mobilier Jugendstil et des accessoires de théâtre décorent l'intérieur du bâtiment. Chambres personnalisées au confort modeste.

Hotel Adlon – *Unter den Linden 77 - 10117 - S Unter den Linden - ☎ 226 10 - fax 22 61 22 22 - www.hotel-adlon.de - 336 ch. : 240€ - 29€*. Une légende vivante ! Depuis 1997, il est de nouveau possible de loger dans ce somptueux édifice restauré près de la porte de Brandebourg et de l'avenue Unter den Linden. Le luxe est partout, dans les chambres et les suites, comme dans les trois restaurants.

Kulturforum, Moabit, Potsdamer Platz, Tiergarten

Hotel Delta – *Pohlstraße 58 - 10785 - Tram Kurfürstenstraße - ☎ 26 00 20 - fax 26 00 21 11 - www.delta-hotel.de - 50 ch. : 78€ - 10€*. Une adresse agréable et pratique, non loin du célèbre jardin d'hiver des Variétés. Chambres bien entretenues, fonctionnelles et de bonne taille, munies d'un balcon à l'étage supérieur.

Fjord Hotel – *Bissingzeile 13 - 10785 - Tram Mendelssohn-Bartholdy-Park - ☎ 25 47 20 - fax 25 47 21 11 - www.fjordhotelberlin.de - P - 57 ch. : 85€*. Hôtel familial situé à deux pas de la Potsdamer Platz et toutefois relativement calme. Intérieur moderne. Si le temps s'y prête, le petit-déjeuner vous sera même servi sur la terrasse couverte !

Hotel Adrema – *Gotzkowskystraße 20 - 10555 - Tram Turmstraße - ☎ 20 21 34 00 - fax 20 21 34 44 - www.hewahotels.de - 53 ch. : 94€*. Hôtel situé le long d'un bras de la Spree, à proximité du Tiergarten. Décoration intérieure à dominante moderne et aux lignes claires – des services, tels qu'un coffre-fort, un presse-pantalons et une connexion modem, contribuent au confort de l'établissement. Une vitre blanche sépare la salle de bains de la chambre.

Alfa-Hotel – *Ufnaustraße 1 - 10553 - S Beusselstraße - ☎ 343 49 40 - fax 34 34 94 50 - www.hewa-hotels.de - 33 ch. : 118€*. Cet hôtel à la façade moderne, situé dans une zone résidentielle mais toutefois proche du centre-ville et bien desservie, vous accueille dans une ambiance conviviale. Chambres modernes et fonctionnelles équipées de salles de bains en marbre.

Hotel Madison – *Potsdamer Straße 3 - 10785 - S + Tram Potsdamer Platz - ☎ 590 05 00 00 - fax 590 05 05 00 - www.madison-berlin.de - 169 ch. : 140€ - 20€*. Cet hôtel est installé dans le quartier de la communication et des médias, non loin du siège de Sony, du complexe de cinémas et du centre commercial. L'établissement abrite à la fois un hôtel « classique » et une « Boarding House » (chambres avec cuisine).

Hotel Grand Hyatt – *Marlene-Dietrich-Platz 2 - 10785 - S + Tram Potsdamer Platz - ☎ 25 53 12 34 - fax 25 53 12 35 - www.berlin.hyatt.com - 342 ch. : 190€ - 20€*. Édifice à la forme trapézoïdale situé sur la Potsdamer Platz. L'architecture, comme la décoration intérieure, est résolument moderne : lignes claires, chambres très fonctionnelles et salles de bains ouvertes. Espace de remise en forme au dernier étage, offrant une vue magnifique sur le nouveau centre de la ville.

Grand Hotel Esplanade – *Lützowufer 15 - 10785 - Tram Nollendorfplatz - ☎ 25 47 80 - fax 254 78 82 22 - www.esplanade.de - 386 ch. : 225€ - 20€*. Les lieux culturels des environs ont déteint sur ce grand hôtel qui ressemble à une exposition consacrée à la décoration moderne. Collection de tableaux des « Berliner Wilden ». Chambres très modernes et en partie luxueuses.

Schloss Charlottenburg, Kurfürstendamm, Wilmersdorf

Atrium-Hotel – *Motzstraße 87 - 10779 - Tram Güntzelstraße - ☎ 21 49 10 - fax 211 75 63 - www.atrium-hotel-garni.de - 22 ch. : 55€*. Établissement soigné situé en centre-ville et depuis lequel vous pouvez facilement gagner le Ku'damm ! Chambres au mobilier noueux en érable foncé. Certaines des chambres sur cour sont munies d'un balcon.

Hotel Lichtburg – *Paderborner Straße 10 - 10709 - Tram Adenauerplatz - ☎ 890 29 40 - fax 892 61 06 - www.hotel-lichtburg.de - P -*

64 ch. : 58€. Hôtel classique particulièrement bien situé dans la partie Ouest de Berlin. Il propose, à quelques pas du Ku'damm, des chambres propres et soignées, à l'équipement moderne et fonctionnel avec fenêtres anti-bruit.

Kotel Brandies – *Kaiserdamm 27 - 14057 - Tram Kaiserdamm - ☎ 302 40 61 - fax 302 56 57 - hotel-brandies@t-online.de - 37 ch. : 66€*. Établissement particulièrement apprécié par les visiteurs de la foire, en raison de sa situation. Des chambres fonctionnelles au mobilier varié accueillent le voyageur dans un cadre propre et soigné.

Pension Wittelsbach – *Wittelsbacherstraße 22 - 10707 - Tram Konstanzer Straße - ☎ 864 98 40 - fax 862 15 32 - ⅍ - 31 ch. : 67€*. Cette pension est située en périphérie du centre-ville, dans une petite rue bordée d'arbres, non loin du Ku'damm. Dans cet établissement familial et convivial, vous logerez dans des chambres d'hôte fonctionnelles et vous pourrez profiter d'une pièce spécialement réservée aux enfants.

Hotel Savigny – *Brandenburgische Straße 21 - 10707 - Tram Konstanzer Straße - ☎ 881 30 01 - fax 882 55 19 - hotelsavignygmbh@t-online.de - 50 ch. : 69€*. Cet établissement typique du vieux Berlin, situé au cœur de la ville, est une adresse pratique pour le voyageur. Quelques minutes de marche suffisent, en effet, à gagner le célèbre Kurfürstendamm pour y flâner.

Hotel-Pension Kurfürst – *Bleibtreustraße 34 - 10707 - S Savignyplatz, Tram Uhlandstraße - ☎ 885 68 20 - fax 883 13 76 - www.kurfuerst.com - 39 ch. : 72€*. Vous recherchez un hébergement soigné en plein centre de Berlin ? Très central et bien relié au parc des expositions par le bus, le métro et le Schnell-Bahn, cet hôtel vous propose des chambres d'hôte fonctionnelles, dont certaines modernes et particulièrement confortables.

Propeller Island City Lodge Hotel – *Albrecht-Achilles-Straße 58 - 10709 - Tram Adenauerplatz - ☎ 891 90 16 - fax 892 87 21 - www.propeller-island.com - 30 ch. : 75€*. Une « sculpture habitable » ou un « musée où l'on peut passer la nuit », voici comment décrire au mieux cet établissement. Une architecture et des matériaux variés font de chaque chambre une œuvre d'art originale et unique.

Hotel Wilmersdorf – *Schaperstraße 36 - 10719 - Tram Spichernstraße, Augsburger Straße - ☎ 217 70 74 - fax 217 70 77 - info@hotel-wilmersdorf-berlin.de - P - 41 ch. : 76€*. Un hôtel choisi par les groupes de touristes comme le point de départ de toutes les visites de la ville, en raison de sa situation centrale. Les chambres sont propres, bien entretenues et équipées d'un mobilier simple et confortable. Le petit-déjeuner vous sera servi dans une pièce moderne aux allures de bistrot.

Olivaer Apart Hotel – *Konstanzer Straße 1 - 10707 - Tram Adenauerplatz - ☎ 88 58 60 - fax 88 58 62 22 - olivaer-apart@onlinehome.de - 73 ch. : 79€*. Situé au cœur de la ville, à proximité immédiate du Ku'damm, cet hôtel est un établissement idéal pour les touristes qui souhaitent découvrir Berlin. Les chambres sont de diverses tailles et équipées de mobilier fonctionnel.

Econtel Berlin Charlottenburg – Sömmeringstraße 24 - 10589 - Tram Mierendorffplatz - ☎ 34 68 10 - fax 34 68 11 63 - www.econtel.de - P - 205 ch. : 80€ - restaurant 8€. Cet établissement, à mi-chemin entre le centre-ville et la foire, est particulièrement adapté aux groupes. Vous pouvez choisir entre trois catégories de chambres : Economy, Business ou Comfort. Et si le cœur leur en dit, les enfants pourront, en outre, être maquillés en Mickey Mouse. Le château de Charlottenburg est situé à quelques pas de l'hôtel.

Hotel Agon – *Xantener Straße 4 - 10707 - Tram Adenauerplatz - ☎ 885 99 30 - fax 885 99 31 23 - www.hotel-argon.de - P ⅍ - 60 ch. : 82€*. Cet hôtel est situé dans une petite rue latérale du centre de Berlin, à l'angle même du Kurfürstendamm. Une façade intemporelle et quelque peu dépouillée cache des chambres aménagées à l'identique et équipées de mobilier fonctionnel.

Hotel Franke – *Albrecht-Achilles-Straße 57 - 10709 - Tram Adenauerplatz - ☎ 893 60 20 - fax 891 16 39 - frankehotel@t-online.de - P - 68 ch. : 85€*. Parmi les petits « plus » de cet établissement, on notera le mobilier fonctionnel des chambres et sa proximité par rapport au Ku'damm. Cet hôtel est, en outre, bien entretenu et propre. Le restaurant vous propose une carte internationale, ainsi que de la cuisine bourgeoise.

Comfort Hotel Frühling am Zoo – Kurfürstendamm 17 - 10719 - Tram Kurfürstendamm - ☎ 881 80 83 - fax 881 64 83 - www.fruehling.com - ⅍ - 75 ch. : 88€. En dépit de sa situation centrale, à proximité immédiate de la Gedächtniskirche et du Ku'damm, cet établissement bien insonorisé reste calme et propice au repos la nuit. Les chambres, équipées de mobilier fonctionnel, sont en partie réservées aux non-fumeurs.

Hotel Kurfürstendamm am Adenauerplatz – *Kurfürstendamm 68 - 10707 - Tram Adenauerplatz - ☎ 88 46 30 - fax 882 55 28 - www.hotel-kurfuerstendamm.de - P - 34 ch. : 94€*. Chambres équipées à l'identique, de meubles en bois de cerisier. Cet établissement abrite également l'Ausbildungszentrum für den gastronomischen Nachwuchs (Centre de formation pour la relève gastronomique), dont on peut tester les « expériences » à midi.

Hotel Alexander – *Pariser Straße 37 - 10707 - Tram Uhlandstraße, Hohenzollernplatz - ☎ 887 16 50 - fax 88 71 65 65 - www.hotelalexander.de -*

fermé de fin déc. à mi-janv. - 18 ch. : 95€. Ce petit hôtel simple se distingue par sa proximité du Ku'damm et de la foire qui en fait une adresse idéale pour les touristes et les hommes d'affaires. Les hôtes sont accueillis dans des chambres équipées à l'identique d'un mobilier fonctionnel.

Hotel Boulevard – *Kurfürstendamm 12 - 10719 - Tram Kurfürstendamm - ☏ 88 42 50 - fax 88 42 54 50 - www.hotel-boulevard.com - - 57 ch. : 95€.* L'hôtel tient son nom de sa situation donnant sur le très célèbre boulevard de la capitale. Vous y serez reçu dans des chambres soignées. Petit-déjeuner servi sur la terrasse couverte qui abrite un café et offre une belle vue sur la vie animée de Berlin.

Hotel Domicil – *Kantstraße 111a - 10627 - Tram Wilmersdorfer Straße - ☏ 32 90 30 - fax 32 90 32 99 - www.hotel-domicil-berlin.de - - 70 ch. : 102€ - restaurant 12€.* Cette maison d'angle surprend par sa façade arrondie en verre. Leurs beaux meubles en pin donnent aux chambres de cet hôtel un parfum d'Italie et de soleil. Les salles de bains au carrelage clair et au lavabo en mosaïque verte sont particulièrement agréables. À l'étage supérieur, ne pas manquer le restaurant « roof-top » à la vue splendide.

Hotel Berliner Hof – *Tauentzienstraße 8 - 10789 - Tram Kurfürstendamm, Wittenbergplatz - ☏ 25 49 50 - fax 262 30 65 - www.berliner-hof.com - P - 76 ch. : 105€.* Parmi les avantages de cette adresse, on notera sa situation centrale, juste à côté de l'Europa-Center, à quelques pas seulement du KaDeWe et du Ku'damm. Les touristes tout comme les hommes d'affaires trouvent dans les chambres fonctionnelles de cet hôtel, en partie réaménagées, un nouveau « chez-soi ».

Hollywood Media Hotel – *Kurfürstendamm 202 - 10719 - Tram Uhlandstraße - ☏ 88 91 00 - fax 88 91 02 80 - www.filmhotel.de - - 185 ch. : 130€.* Hollywood à Berlin, à même le Ku'damm ! Cet hôtel rénové au site idéal est dédié au monde du cinéma, de par ses tableaux et autres accessoires. Le nom du propriétaire, Artur Brauner, ne surprendra donc personne. L'établissement abrite naturellement un petit cinéma maison !

Kanthotel – *Kantstraße 111 - 10627 - Tram Wilmersdorfer Straße - ☏ 32 30 20 - fax 324 09 52 - www.kanthotel.com - - 70 ch. : 135€.* Cet hôtel, situé dans une rue parallèle au Ku'damm, abrite des chambres tantôt neuves et tantôt rénovées dans un style intemporel. Depuis cet établissement, une petite balade vous permet de traverser le quartier de Charlottenburg pour gagner directement le château.

Bleibtreu-Hotel – *Bleibtreustraße 31 - 10707 - S Savignyplatz, Tram Uhlandstraße - ☏ 88 47 40 - fax 88 47 44 44 - www.bleibtreu.com - P - 60 ch. : 142€ - 15€ - restaurant 15€.* Cette maison restaurée du « Gründerzeit » (années post 1870) séduit par sa décoration hors du commun. Du lit à la baignoire, des manufactures italiennes et allemandes ont réalisé ce mobilier moderne spécialement pour l'hôtel. L'établissement compte également un bistrot chic !

Hotel Brandenburger Hof – *Eislebener Straße 14 - 10789 - Tram Augsburger Straße - ☏ 21 40 50 - fax 21 40 51 00 - www.brandenburger-hof.com - 82 ch. : 165€.* La façade très classique se marie étonnamment et parfaitement avec l'intérieur de ce noble édifice. Le style Bauhaus est particulièrement marqué. Le restaurant et son jardin d'hiver baignés de lumière encadrent une cour intérieure de style japonais.

Schöneberg, Tempelhof

Comfort Hotel Auberge – *Bayreuther Straße 10 - 10789 - Tram Wittenbergplatz - ☏ 235 00 20 - fax 23 50 02 99 - www.hotel-auberge.de - 29 ch. : 79€.* Établissement situé en plein centre-ville, à quelques pas du célèbre KaDeWe. Une pièce haute, en partie décorée de stucs, avec un escalier sculpté en bois, permet d'accéder aux chambres confortables de style vieux Berlin.

Friedrichshain, Kreuzberg

Hotel Am Anhalter Bahnhof – *Stresemannstraße 36 - 10963 - Tram Hallesches Tor - ☏ 251 03 42 - fax 251 48 97 - www.hotel-anhalter-bahnhof.de - P - 33 ch. : 45€.* Cet établissement très central, situé à proximité de la Potsdamer Platz, accueille les voyageurs dans un cadre sobre. Un arrêt de bus se trouve juste devant la porte. Chambres au confort modeste, en partie équipées de douches, mais très propres et bon marché.

Hotel Transit – *Hagelbergerstraße 53 - 10965 - Tram Mehringdamm, Platz der Luftbrücke - ☏ 789 04 70 - fax 78 90 47 77 - welcome@hotel-transit.de - 49 ch. : 52€.* Cette maison, avec sa façade claire en briques hollandaises vernissées et ses nombreuses cours intérieures, est une ancienne manufacture de tabac du « *Gründerzeit* » (années post 1870). Les chambres de l'hôtel se caractérisent par leur style jeune et leur confort modeste. En bref, un endroit propre et soigné à un prix raisonnable.

Hotel Ibis Ostbahnhof – *An der Schillingbrücke 2 - 10243 - S Ostbahnhof - ☏ 25 76 00 - fax 25 76 03 33 - www.ibishotel.com - - 135 ch. : 71€ - 9€.* Les chambres de cet hôtel sont équipées d'un mobilier fonctionnel et confortable pour satisfaire les exigences des voyageurs. Bien entretenu et propre, l'établissement se distingue également par ses prix raisonnables.

Hotel Tulip Inn – *Gürtelstraße 41 - 10247 - S + Tram Frankfurter Allee - ☏ 29 38 30 - fax 29 38 32 22 - www.tulip-inn-berlin.com - - 60 ch. : 85€ - restaurant 9€.* Situé à proximité directe de la station de S-Bahn et de métro Frankfurter Allee, cet hôtel constitue un bon point de départ pour découvrir la ville ; magasins et cafés sont facilement accessibles à pied. Intérieur équipé de meubles de style et décoration très recherchée.

Hotel Astron Heinrich Heine City-Suites – *Heinrich-Heine-Platz 11 - 10179 - Tram Moritzplatz, Heinrich-Heine-Straße - ☎ 27 80 40 - fax 27 80 47 80 - www.astron-hotels.com - 38 suites : 100€*. Les voyageurs trouvent en ce lieu un établissement agréable, aménagé dans le style maison de campagne, muni de belles chambres au mobilier en rotin, avec une cuisine moderne encastrée et un bureau, en partie équipées d'une connexion fax. Donnant sur une cour intérieure, cet hôtel vous garantit, en outre, des nuits calmes.

Inn Side Residence-Hotel – *Lange Straße 31 - 10243 - S Ostbahnhof - ☎ 29 30 30 - fax 29 30 31 99 - www.innside.de - 133 ch. : 160€ - 14€ - restaurant 16€*. Les vastes chambres de cet établissement se distinguent par un mélange plein de fantaisie des couleurs et des formes. Laissez-vous inspirer par les nombreux objets d'art répartis sur les six étages de l'hôtel ! Le sous-sol abrite le restaurant et son jardin d'hiver avec vue sur la cour intérieure.

Prenzlauer Berg, Wedding

Transit-Loft Hotel – *Greifswalder Straße 219 (accès par la Immanuelkirchstraße) - 10405 - S Greifswalder Straße - ☎ 48 49 37 73 - fax 44 05 10 74 - www.transit-loft.de - 47 ch. : 61,50€*. Depuis août 2001, cet ancien bâtiment d'usine situé au beau milieu du Szeneviertel (quartier branché) de Berlin, a été transformé pour accueillir sur deux étages un « hôtel pour les jeunes ». Toutes les chambres sont simples mais très bien entretenues et équipées de mobilier moderne. Cafés, clubs et magasins invitent à la flânerie.

Hotel du Centre français de Berlin – *Müllerstraße 74 - 13349 - Tram Rehberge, Afrikanische Straße - ☎ 304 72 90 - fax 30 41 72 91 99 - www.hotel-centre-francais-berlin.de - 50 chambres : 65€*. Cet hôtel fait partie du Centre français de Berlin, institution d'intérêt public franco-allemande. Outre des séminaires et des programmes culturels et réservés aux jeunes, cet établissement propose à ses hôtes des chambres claires et fonctionnelles au confort moderne.

Hotel Kastanienhof – *Kastanienallee 65 - 10119 - Tram Senefelderplatz, Rosenthaler Platz - ☎ 44 30 50 - fax 44 30 51 11 - www.hotel-kastanienhof-berlin.de - 36 ch. : 73€*. Hôtel aménagé dans une maison située en périphérie du Prenzlauer Berg, très soigné et à l'équipement récent.

Hotel Jurine – *Schwedter Straße 15 - 10119 - Tram Senefelderplatz - ☎ 443 29 90 - fax 44 32 99 99 - www.hotel-jurine.de - 53 ch. : 80€ - 12€*. Hôtel familial situé au pied du Prenzlauer Berg et qui constitue un bon point de départ pour découvrir l'art, le quartier des Clochards (Kiez) et les cafés de la ville. Dans le jardin de l'hôtel a été aménagée une belle terrasse pour l'été.

Hotel Ibis – *Prenzlauer Allee 4 - 10405 - Tram Rosa-Luxemburg-Platz - ☎ 44 33 30 - fax 44 33 31 11 - www.ibishotel.com - 198 ch. : 84€ - restaurant 10€*. Cet hôtel « pratique » se caractérise par son mobilier clair et récent, incluant un bureau et une connexion modem, et son bon rapport qualité-prix.

arrondissements extérieurs

Pankow, Weissensee

Businesshotel – *Pasewalker Straße 97 - 13127 - Tram 50 Pasewalker Straße/Blankenburger Straße - ☎ 47 69 80 - fax 47 69 84 53 - www.businesshotel.de - 97 ch. : 50€*. Que vous souhaitiez y séjourner pour affaires ou que vous soyez en vacances, cet hôtel met à votre disposition des chambres fonctionnelles et une petite salle de réunion, ainsi que tout ce dont vous pourriez avoir besoin.

Hotel Alt-Karow – *Alt-Karow 2 - 13125 - BUS 150 Alt-Karow - ☎ 942 09 40 - fax 94 20 94 23 - 12 ch. : 82€ - restaurant 11€*. La belle façade de ce petit hôtel dissimule un mélange de tradition et de modernisme. Douze chambres personnalisées au confort moderne accueillent les voyageurs dans une ambiance agréable.

Köpenick, Lichtenberg, Marzahn-Hellersdorf, Neukölln, Treptow

Pension Lydia – *Kyllburger Weg 24 - 13051 - S Hohenschönhausen - ☎ 92 79 47 50 - fax 92 79 47 80 - www.hotel-lydia.de - 16 ch. : 50€*. Cet établissement, inauguré en 1992, est situé au beau milieu d'une zone résidentielle occupée par de petites maisons privées, à l'écart de l'agitation de la grande ville et malgré tout bien reliée au centre-ville. Des chambres d'hôte conviviales de style moderne accueillent les visiteurs.

Hotel Nova – *Weitlingstraße 15 - 10317 - S + Tram Lichtenberg - ☎ 525 24 66 - fax 525 24 32 - www.hotel-nova.de - 41 ch. : 75€*. Avec sa façade de style « *Gründerzeit* » (années post 1870), l'hôtel se distingue nettement de la gare de Lichtenberg. Les chambres se différencient par leur taille et leur mobilier. Un solarium et un petit parking sont également à la disposition des clients.

Euro-Hotel – *Sonnenallee 6 - 12047 - Tram Hermannplatz - ☎ 61 38 20 - fax 61 38 22 22 - info@euro-hotel.net - 70 ch. : 95€.* Hôtel central situé sur la Hermannplatz et bien desservi par les transports en commun. Les chambres fonctionnelles, meublées à l'identique, sont également équipées d'un bureau et de fenêtres anti-bruit. Le petit-déjeuner vous sera servi à l'étage supérieur de l'établissement.

Dahlem, Grunewald, Messegelände, Steglitz, Wannsee, Zehlendorf

Hotel Morgenland – *Finckensteinallee 23 - 12207 - BUS 211 Karwendelstraße - ☎ 843 88 90 - fax 84 38 89 79 - www.hotel-morgenland.de - P - 57 ch. : 45€.* Les visiteurs ont le choix entre des chambres confortables et d'autres, plus simples mais toutefois bien entretenues. Situé dans un petit parc privé, cet hôtel vous garantit le calme et une vue sur la verdure depuis nombre de ses chambres.

Raststätte-Motel Grunewald – *Kronprinzessinnenweg 120 - 10551 - S Nikolassee - ☎ 80 30 40 - fax 80 30 41 00 - hotel-grunewald@t-online.de - P - 44 ch. : 70€ - restaurant 8€.* Établissement pratique aux chambres bien entretenues, situé à proximité du centre-ville, près de l'AVUS et de la forêt de Grunewald. Les chambres donnant sur l'arrière, vous ne serez pas dérangé par la circulation automobile. Profitez aussi de l'occasion pour découvrir le Wannsee !

Concorde Hotel Forsthaus – *Stölpchenweg 45 - 14109 - BUS 118 Hubertusbrücke - ☎ 805 30 54 - fax 805 34 24 - www.concordehotel-forsthaus.de - P - 20 ch. : 77€.* Cette adresse, le long du canal du Wannsee, est surtout agréable pour son calme. Les chambres sont propres et bien confortables. Vous pourrez, en outre, profiter du café de l'établissement, aux couleurs claires et offrant une terrasse sur l'eau.

Hotel Villa Toscana – *Bahnhofstraße 19 - 12207 - S Lichterfelde Ost - ☎ 768 92 70 - fax 773 44 88 - www.villa-toscana.de - 16 ch. : 80€.* Un grand portail en fer permet d'accéder à cet établissement soigné, ancienne villa en briques hollandaises vernissées du début du 20e s. à l'ambiance italienne, avec ses meubles vernis et son jardin à la toscane. Des carpes koï s'ébattent dans une grande pièce d'eau.

Michels Apart Hotel Berlin – *Heerstraße 80 - 14055 - S Olympiastadion - ☎ 300 00 60 - fax 304 82 55 - www.aparthotelberlin.de - P - 37 ch. : 95€.* Cet établissement propre et impeccable se situe en périphérie du centre-ville et malgré tout dans la verdure. Des chambres et des appartements de grand style au mobilier solide et au sol en marbre ou parquet des plus élégants accueillent les visiteurs.

Reinickendorf, Spandau

Hotel Ibis – *Alt-Reinickendorf 4 - 10407 - Tram Residenzstraße, Paracelsus-Bad - ☎ 49 88 30 - fax 49 88 34 44 - www.ibishotel.com - 116 ch. : 57€ - 9€ - restaurant 10€.* L'hôtel est situé un peu à l'écart du bruit de la rue, équipé de chambres fonctionnelles et constitue, avec son agréable restaurant-bistrot, un hébergement de qualité à Reinickendorf.

Hotel Lindenufer – *Breite Straße 36 - 13597 - Tram Rathaus Spandau - ☎ 353 77 00 - fax 35 37 70 55 - www.hotel-lindenufer-berlin.de - 35 ch. : 60€.* Cet hôtel est situé au cœur de la vieille ville historique de Berlin-Spandau. Pour accéder aux chambres rénovées avec beaucoup de goût et d'originalité, vous emprunterez un escalier tout simple. Établissement bien relié au centre-ville par le métro.

Hotel Ibis-Spandau – *Klosterstraße 4 - 13581 - S Spandau - ☎ 33 50 20 - fax 33 50 21 00 - www.ibishotel.com - 132 ch. : 61€ - 8€.* Un immeuble-tour, conçu comme une partie d'un centre commercial animé, abrite cet hôtel récent similaire aux célèbres hôtels Ibis, équipé de chambres modernes et propres pour un prix raisonnable.

Hotel Bärlin – *Scharnweberstraße 17 - 13405 - Tram Kurt-Schumacher-Platz - ☎ 417 07 40 - fax 417 07 43 30 - www.hotel-baerlin.de - P - 28 ch. : 74€.* Cet édifice -des années 1950 est aujourd'hui classé monument historique. Les chambres, aménagées avec soin, sont équipées de meubles solides et modernes. Cette adresse est également intéressante pour sa situation centrale, aussi bien pour les hommes d'affaires que pour les touristes.

Hotel Achat – *Heidereuterstraße 37 - 13597 - S Stresow - ☎ 33 07 20 - fax 33 07 24 55 - www.hotel-achat.de - P - 69 ch. : 90€.* Pour vous reposer, vous pourrez profiter de l'une des chambres aménagées avec goût ou du solarium. Le petit-déjeuner vous sera servi dans le jardin d'hiver ou en terrasse, avec vue sur la verdure.

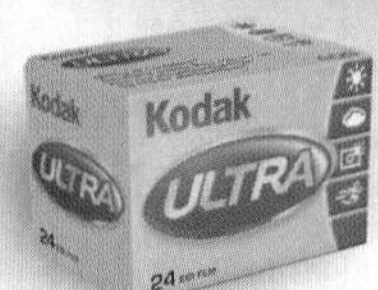

Conseils photos Kodak

Bien s'équiper lorsqu'on voyage

> Prévoir un sac pour votre appareil photo avec des piles de rechange, un chiffon pour nettoyer l'objectif et des pellicules en nombre suffisant pour vous éviter le souci d'en trouver sur place. Vous aurez bien d'autres choses à faire !

> Aujourd'hui, vous avez le choix entre différents types d'appareils photo : Compact et reflex 135, numérique et APS. La technologie APS s'adapte particulièrement bien aux photos de voyage avec ses 3 formats de prise de vue au choix : classique (10x15 cm), 16/9e (10x18 cm) et panoramique (10x25 cm).

> Pensez à prendre des films de différentes sensibilités car vous allez sûrement rencontrer des situations et des conditions d'éclairage variées. Vous pouvez également utiliser un film très polyvalent, tel que Kodak Ultra, qui s'adapte à toutes les conditions : en plein soleil, par une faible luminosité, sur des sujets en mouvement ou immobiles. Il est également particulièrement recommandé lors de prises de vue avec le flash car il permet d'augmenter sa portée.

> Garder vos pellicules dans leur étui en plastique avant et après utilisation pour une meilleure protection de vos négatifs (contre le sable, la poussière, les écarts de température, l'humidité...).

> Lors de vos voyages en avion, pensez à prendre vos pellicules avec vous dans votre bagage à main. Les rayons X utilisés pour inspecter les bagages de soute risquent d'endommager vos films. Ils sont beaucoup plus puissants que ceux utilisés pour les bagages à main pour lesquels les pellicules supportent 8 à 10 passages sans se voiler.

> Pensez à prendre un appareil photo jetable en complément de votre équipement :
• Léger et compact, il peut être emporté partout (escalade, randonnée...) pour prendre des photos même dans les situations les plus risquées (Kodak Ultra Compact).
• Il existe maintenant des appareils jetables étanches jusqu'à 10 mètres (Kodak Ultra Sport) particulièrement adaptés pour la plongée, la navigation ou les temps très pluvieux...
• Entièrement mécaniques, les appareils jetables sont moins sensibles aux très basses températures que les appareils électroniques.

Les astuces pour réussir ses photos

> **Utilisation du flash**. Ne pas hésiter à utiliser le flash en extérieur pour raviver les couleurs de vos photos et atténuer les ombres sur les visages. Le flash permet également d'augmenter la vitesse d'obturation de votre appareil et donc de figer le mouvement. Il évite ainsi l'effet de flou du sujet en action.

> **Filtres**. L'utilisation permanente d'un filtre UV protègera l'objectif de votre appareil des chocs et de la poussière. De plus, lorsque vous photographiez des paysages, il permet de diminuer l'effet du voile atmosphérique et d'augmenter la netteté de votre photo. Vous pouvez aussi utiliser un filtre polarisant, qui vous permettra de diminuer certains reflets dans les vitres et de raviver les couleurs de vos sujets.

> **Conditions de lumière et de prise de vue**. Les conditions de lumière sont importantes : préférez la matinée ou la fin de journée. Le soleil bas dans le ciel, crée des ombres profondes qui donnent de la texture aux images. En milieu de journée, le soleil donne au contraire une lumière écrasante qui aplatit l'image.
Si vous voulez prendre des photos à travers une vitre (bus, voiture, avion) :
• Placez-vous de préférence du côté de l'ombre, afin d'avoir le soleil derrière vous.
• Approchez l'objectif le plus près possible de la vitre, afin que l'autofocus ne fasse pas la mise au point dessus. Surtout, ne le collez pas à la vitre pour éviter que les vibrations du véhicule ne rendent votre photo floue.
• Débrayez votre flash pour éviter de photographier les reflets de l'éclair dans la vitre.

> **Composition des photos**. Pour composer vos images, vous pouvez suivre la "loi du tiers", vos photos seront ainsi plus dynamiques. Par exemple : placez la ligne d'horizon au tiers haut ou tiers bas du cadre, ou placez le pic de la montagne au tiers gauche ou tiers droit de l'image. Lorsque vous composez votre cadre, pensez à utiliser un premier plan pour donner de la profondeur à vos images.

Restauration

Depuis que Berlin est devenu la capitale de l'Allemagne et surtout depuis le déménagement du gouvernement, le paysage gastronomique berlinois s'est largement modifié. La diversité culinaire n'a aujourd'hui presque plus de limites. On trouve, entre autres, à Berlin des restaurants russes, japonais, arabes, turcs, cambodgiens et indonésiens. Et si vous avez des envies de kangourou, d'autruche ou de crocodile, vous pourrez sans problème les satisfaire dans les restaurants berlinois. De plus en plus de restaurants célèbres à étoiles s'installent également dans la capitale, de telle sorte que Berlin peut aujourd'hui rivaliser avec la quasi-totalité des autres capitales en matière de gastronomie raffinée. Il subsiste, par ailleurs, des restaurants et des cafés qui proposent une cuisine traditionnelle, c'est-à-dire berlinoise. Les plats servis sont généralement très riches et consistants, et les portions copieuses. On trouve également tous les styles de restaurants, cafés, bistrots et bars à Berlin, du plus classique au plus moderne, en passant par le plus chic ou le plus branché. Quel que soit votre choix, tous ont leur charme.

M. Chaput/MICHELIN

« Schlachtplatte » et « Eisbein » – Bon appétit !

Les habitudes alimentaires berlinoises

À Berlin, tous les plats sont variés et copieux, y compris le **petit-déjeuner** : où que vous soyez, on vous servira certainement de la saucisse, du fromage, des œufs et du café. Les hôtels proposent souvent un buffet où l'on peut également choisir entre divers muslis, yaourts, jus de fruits, thés, etc. Le dimanche, de nombreux établissements organisent aussi des buffets-brunchs ouverts jusqu'à 14h environ, parfois même plus. À midi, certains restaurants offrent à leurs hôtes, outre les plats présents sur la carte, des **menus du jour** à des prix vraiment avantageux. Le soir enfin, vous pourrez faire de véritables découvertes gastronomiques dans d'innombrables cafés et bars. Beaucoup d'établissements servent, par ailleurs, des plats chauds jusque tard dans la nuit.

Les spécialités berlinoises

La viande fait quasiment partie de tous les repas, naturellement sous la forme des célèbres **boulettes**. Mais le porc se cuisine également de multiples façons : morceaux d'échine aux légumes variés, *Schweinekamm* à la mode berlinoise, poitrine de porc aux carottes, jarret de porc en croûte avec du chou rouge et le fameux **« Eisbein »**, jarret de porc salé servi avec de la choucroute et une purée de pois. Le boudin est appelé *Frische Wurst* ; accompagné de saucisses de foie frais *(Leberwurst)*, de porc bouilli et de rognons, il compose la **« Berliner Schlachtplatte »**. On apprécie également l'oie sous forme d'abats *(Gänseklein grün)* ou de confits *(Gänsepökelkeule)*. La carte des poissons est tout aussi variée : anguilles *(Aal grün)* et brochets *(Hecht grün)*, servis avec une salade de concombres préparée à la manière de la **forêt de la Spree** *(Spreewald)*, brochet rôti avec une salade au lard *(Brathecht mit Specksalat)*, carpes (pêchées dans les lacs qui entourent Peitz, près de Cottbus), gardons, perches à la bière, tanche avec une sauce à l'aneth *(Schleie in Dillsoße)*, sandre de la Havel, écrevisse à la berlinoise, harengs frits ou marinés *(Rollmöpse)*. Le **« Schusterjunge »** est un petit pain noir relevé d'épices différentes selon les festivités et que l'on mange tartiné avec du saindoux contenant des rillons *(Griebenschmalz)* et des petits concombres de la forêt de la Spree. Parmi les pâtisseries, on citera les gâteaux à base de pâte brisée recouverte de grumeaux de sucre, de farine et de beurre *(Streuselkuchen)* ou aux fruits (*Himbeerschnitte*, à la framboise ; *Erdbeerschnitte*, à la fraise), le roulé en forme de bûche *(Baumkuchen)*, les tartes en pâte sablée jaune *(Sandtorte)*, les petits sablés *(Spritzkuchen)* de l'Eberswalde et naturellement les beignets *(Pfannkuchen)*.

Des plats pour tous les goûts et toutes les bourses

À Berlin, on trouve des baraques à la plupart des coins de rue, où l'on peut manger à toute heure, non seulement des saucisses au curry et des frites *(Currywurst und Pommes)*, mais aussi des plats étrangers, tels que les *döner* ou les hamburgers, particulièrement intéressants pour les petits budgets. Quelques restaurants proposent à leurs hôtes des menus à trois plats pour 10 à 15€. Faites toutefois preuve de prudence : selon la situation de l'établissement (particulièrement dans le centre-ville), les prix annoncés peuvent être beaucoup plus élevés. Il en est de même pour les boissons. Il est donc préférable de jeter un œil à la carte et aux prix affichés à l'entrée de l'établissement pour éviter les mauvaises surprises... Dans les restaurants gastronomiques, compter plus de 60 à 70€ le menu. Les prix s'entendent bien sûr, comme dans tous les autres établissements, TVA et service inclus. Il est toutefois habituel d'arrondir la note et de laisser un **pourboire** de 5 à 10 %.

Nos recommandations

Tout comme pour les hébergements, nous vous proposons ci-après une sélection de restaurants répartis en trois catégories, afin de faciliter votre choix. Nous nous basons pour cela sur le prix du plat principal le meilleur marché de la carte (généralement une viande ou un poisson et sa garniture).

– **À bon compte :** « ⊜ » le prix du plat principal n'excède pas 12€.

– **Valeur sûre :** « ⊜⊜ » le prix du plat principal est compris entre 12 et 20€.

– **Une petite folie ! :** « ⊜⊜⊜ » il faut compter plus de 20€ pour le plat principal.

De la même manière que pour les hébergements, nous vous indiquons également pour chaque établissement son nom exact, son adresse et son code postal, ainsi que des informations complémentaires, telles que les transports publics permettant d'y accéder, un numéro de téléphone et une éventuelle adresse de site Internet (ou, le cas échéant, une adresse de courrier électronique), divers symboles (dont la signification est expliquée aux pages 8 et 9 de ce guide), ainsi que le plat principal le meilleur marché à la carte. Les adresses indiquées sont également triées par quartier.

Le Guide Rouge Michelin Deutschland (guide d'hôtels et de restaurants), mis à jour chaque année, recommande une large sélection de restaurants à Berlin et dans les environs, établie par des enquêteurs indépendants en visite sur place.

centre-ville

Alexanderplatz, Friedrich-Wilhelm-Stadt, Nikolaiviertel, Spandauer Vorstadt

⊜ **Panasia** – *Rosenthaler Straße 38 - 10178 - Ⓢ Hackescher Markt, Tram Weinmeisterstraße - ☎ 27 90 88 11 - www.panasia.de - 5€.* La cuisine ouverte, le restaurant, le salon et la terrasse ont été admirablement conçus dans le plus pur style asiatique. Vous pourrez, par ailleurs, goûter à divers plats marqués par des influences extrême-orientales, tout en regardant des vidéos et des mangas.

⊜ **Zur letzten Instanz** – *Waisenstraße 14 - 10179 - Ⓢ + Tram Jannowitzbrücke, Tram Klosterstraße - ☎ 242 55 28 - 9€.* Cette auberge très ancienne de la ville doit son nom au bâtiment du tribunal, situé juste en face. L'intérieur de l'édifice, érigé en 1621, séduit par son cadre rustique et son ambiance décontractée.

⊜ **Ephraim's** – *Spreeufer 1 - 10178 - Tram Klosterstraße, Märkisches Museum - ☎ 24 72 59 47 - www.ephraims.de - 9,50€.* Restaurant situé en périphérie du Nikolaiviertel. L'intérieur a été décoré dans le style « *Gründerzeit* » (années post 1870). Lorsqu'il fait chaud, la terrasse avec vue sur la Spree constitue un petit endroit intime.

⊜ **Hasir** – *Oranienburger Straße 4 - 10178 - Ⓢ Hackescher Markt - ☎ 28 04 16 16 - www.hasir.de - 10€.* Un beau portail permet d'accéder à ce restaurant. L'intérieur a été décoré de mosaïques, de sculptures sur bois et de carreaux en émail, dans le style des somptueux édifices d'Istanbul. Un gril au charbon de bois et un poêle en pierre vous garantissent une authentique cuisine turque.

⊜ **Maxwell** – *Bergstraße 22 - 10115 - Ⓢ Nordbahnhof, Tram Rosenthaler Platz - ☎ 280 71 21 - www.restaurant-maxwell.de - le soir seulement - 12€.* Ce restaurant est installé dans l'arrière-cour d'une ancienne brasserie. L'édifice, avec sa belle façade néogothique, mérite le détour. Un style moderne et des lignes nettes caractérisent l'intérieur de ce restaurant aménagé sur deux étages.

⊜⊜ **Oxymoron** – *Rosenthaler Straße 40 - 10178 - Ⓢ Hackescher Markt, Tram Weinmeisterstraße - ☎ 28 39 18 86 - www.oxymoron-berlin.de - 13€.* Cet établissement du quartier branché de Berlin abrite un restaurant et un beau salon de thé, dans les Hackesche Höfe. Le soir, vous pourrez goûter à des spécialités d'inspiration italienne et, un peu plus tard, profiter des plaisirs de la danse dans ce night-club mondain (*voir également Informations pratiques : « Sortir »*).

⊜⊜ **Rutz** – *Chausseestraße 8 - 10115 - Tram Oranienburger Tor, Zinnowitzer Straße - ☎ 24 62 87 60 - www.rutz-weinbar.de - fermé dim. - 15€.* Le décor moderne de cet établissement gastronomique installé sur deux étages est des plus élégants : des chaises avec coussins en cuir et des bois précieux ornent le restaurant, tandis que des bouteilles de vin décorent les étagères du bistrot. Un point fort : la carte des vins et ses 1001 crus différents.

Gendarmenmarkt, Museumsinsel, Regierungsviertel, Schlossplatz, Unter den Linden

Die Eins – *Wilhelmstraße 67a - 10117 - S + Tram Friedrichstraße, S Unter den Linden - ☎ 22 48 98 88 - die.eins@p-soft.de - 9,50€.* Ce restaurant est aménagé dans le studio berlinois de l'ARD, en bordure de la Spree, d'où il tire également son nom. Un grand comptoir et une décoration moderne donnent à la salle de restaurant son air de bistrot. Vous serez accueilli avec convivialité de 9h à 24h.

Trenta Sei – *Markgrafenstraße 36 - 10117 - Tram Hausvogteiplatz - ☎ 20 45 26 30 - trentasei@t-online.de - 12€.* Dans le cadre au style très pur de cette maison moderne, vous goûterez essentiellement à des spécialités d'inspiration méditerranéenne. Le midi, vous pourrez choisir entre plusieurs « plats rapides ».

Dressler – *Unter den Linden 39 - 10117 - S Unter den Linden, Tram Französische Straße - ☎ 204 44 22 - www.dressler-berlin.de - 12,50€.* Cet établissement connu, aménagé dans le style bistrot, se trouve sur l'avenue Unter den Linden, à quelques pas de la porte de Brandebourg. Vous pourrez goûter à des spécialités françaises à l'intérieur ou, si le temps s'y prête, manger en terrasse avec vue sur la célèbre avenue pour vous imprégner de l'atmosphère de la capitale.

Borchardt – *Französische Straße 47 - 10117 - Tram Französische Straße - ☎ 20 38 71 10 - veranstaltung@gastart.de - fermé dim. - 15€.* Vous serez impressionné par les colonnes aux chapiteaux dorés et les plafonds ornés de stucs de ce restaurant. Rien d'étonnant à ce qu'il fasse partie des adresses « chic et branchées » de la ville, avec son mobilier de style bistrot. On y vient pour « voir et être vu ! ». Vous y dégusterez une cuisine au goût du jour d'inspiration française.

Lindenlife – *Unter den Linden 44 - 10117 - S + Tram Friedrichstraße, Tram Französische Straße - ☎ 206 29 03 33 - www.lindenlife.de - 15€.* Un établissement bien géré et très bien situé ! Le restaurant a été aménagé dans un bâtiment utilisé par le Bundestag allemand et son intérieur décoré dans un style moderne des plus purs. Le *Weinlife*, un bistrot agrémenté de caves à vin, constitue une alternative quelque peu plus sobre.

Brasserie – *Taubenstraße 30 - 10117 - Tram Hausvogteiplatz - ☎ 20 45 35 01 - 16,20€.* Le bâtiment en grès qui abrite cet établissement, ainsi que des bureaux, n'est situé qu'à quelques pas du Gendarmenmarkt. La salle de restaurant est décorée dans le Jugendstil (style Art nouveau) et rappelle les brasseries françaises. Vous pouvez également manger en plein air, sur la terrasse donnant sur l'arrière-cour.

Aigner – *Charlottenstraße 50 - 10117 - Tram Französische Straße, Stadtmitte - ☎ 20 37 50 – www.dorint.de/berlin-gendarmenmarkt - 17€.* Près du Gendarmenmarkt, cet édifice classique à la façade en grès est accolé à l'hôtel Dorint. Le mobilier Jugendstil original du café viennois Aigner a été transféré dans ce restaurant et confère à son intérieur une certaine intimité.

Lutter und Wegner – *Charlottenstraße 56 - 10117 - Tram Französische Straße, Stadtmitte - ☎ 202 95 40 - www.lutter-wegner-gendarmenmarkt.de - 17€.* Cette maison d'angle à la façade en grès se trouve près du Gendarmenmarkt. À l'intérieur, des boiseries sombres donnent à l'établissement son caractère de taverne. Trois grandes colonnes, peintes par des artistes contemporains, soutiennent la devise de ce restaurant : le vin, les femmes et la chanson. Son propre débit de vin lui est d'ailleurs accolé.

Bocca di Bacco – *Friedrichstraße 167 - 10117 - Tram Französische Straße - ☎ 20 67 28 28 - www.boccadibacco.de - 18€.* Cette maison en grès à la grande façade vitrée se trouve dans l'ancienne partie Est du centre-ville. L'intérieur est moderne, avec un bar en son centre. Un personnel convivial et qualifié vous servira des plats italiens.

Lorenz Adlon – *Unter den Linden 77 – 10117 - S Unter den Linden - ☎ 22 61 19 60 - fermé dim., lun. et 15 jours en janv. - le soir seulement - 25€.* Ce restaurant classique de bon goût est aménagé au premier étage du grand hôtel. Remarquer ses belles peintures au plafond et sa décoration de bibliothèque. Un personnel qualifié et attentif vous servira d'excellents plats qui ne manqueront pas de vous étonner.

Margaux – *Unter den Linden 78 - 10117 - S Unter den Linden - ☎ 22 65 26 11 - www.margaux-berlin.de - fermé dim., lun., de fin mars à mi-avr. et de mi-juil. à déb. août - 25€.* De la cuisine « avant-gardiste » à la cuisine « classique » ! Des murs en onyx couleur miel et un sol en marbre noir, ainsi que de l'érable rose et des coussins en velours confèrent son chic à la salle de restaurant. Des panneaux lumineux en feuilles d'or donnent une lumière agréable et de grands tableaux se chargent d'apporter des notes colorées.

VAU – *Jägerstraße 54 - 10117 - Tram Hausvogteiplatz - ☎ 202 97 30 - www.vau-berlin.de - fermé dim. - 35€.* Pour le plaisir des yeux aussi ! Ce restaurant est parvenu à mêler harmonieusement une architecture intéressante, une décoration moderne et une cuisine innovante et appétissante. N'hésitez pas à poser des questions sur l'histoire de l'édifice ! On vous répondra avec plaisir, assis sur la petite terrasse de la cour intérieure.

Kulturforum, Moabit, Potsdamer Platz, Tiergarten

Diekmann im Weinhaus Huth – *Alte Potsdamer Straße 5 - 10785 - S + Tram Potsdamer Platz - ☎ 25 29 75 24 - 11€.* Ce petit bâtiment restauré de la Weinhaus Huth historique est situé entre les immeubles de la Potsdamer Platz. Il abrite un bistrot bien tenu, ouvert aux visiteurs depuis novembre 1998. Décoration claire agrémentée de chaises aux coussins sombres, de miroirs et d'une façade vitrée.

Edd's Thailändisches Restaurant – *Lützowstraße 81 - 10785 - Tram Kurfürstenstraße - ☎ 215 52 94 - fermé lun. - le soir seulement - ⊭ - 13,85€.* Derrière la façade grise de cette maison, vous serez transporté dans le monde de la cuisine extrême-orientale. Décor plutôt moderne et sobre mais carte proposant une large sélection des meilleurs plats de Thaïlande.

Schloss Charlottenburg, Kurfürstendamm, Wilmersdorf

Grüne Ente – *Dahlmannstraße 20 - 10629 - Tram Adenauerplatz - ☎ 31 01 65 15 - ⊭ - 7,50€.* Ce restaurant aménagé dans une maison de campagne rustique est situé dans une rue transversale bordée d'arbres. Si le temps s'y prête, vous pourrez vous installer sur la terrasse et goûter à la cuisine bourgeoise ainsi qu'aux délicieuses spécialités à base de canard.

Leibniz-Klause – *Leibnizstraße 46 - 10629 - S Savignyplatz - ☎ 323 70 68 - 8,50€.* Cet établissement apprécié au décor typique de café berlinois se trouve entre le Kaiserdamm et le Ku'damm. On déguste ici les plats favoris des Berlinois : une cuisine régionale consistante, honnête et sans chichi.

Biscotti – *Pestalozzistraße 88 - 10625 - S Savignyplatz, Tram Wilmersdorfer Straße - ☎ 312 39 37 - fermé dim. - le soir seulement - 9€.* Des murs en briques, un sol au motif noir et blanc et des sièges modernes font la particularité de ce restaurant italien. Un casier à bouteilles et des bouteilles servent de décoration. Une vinothèque est, par ailleurs, installée dans la cave de l'établissement.

Heinrich – *Sophie-Charlotten-Straße 88 - 14059 - S Westend - ☎ 321 65 17 - le soir seulement - 10€.* Heinrich Zille, célèbre pour avoir dépeint le « Milljöh » (milieu populaire) berlinois, habita dans cette maison jusqu'à sa mort en 1929. Un hommage est rendu à l'artiste à travers une exposition permanente de photos et dessins dans un cadre « vieux Berlin » (alt-Berliner).

Diekmann – *Meinekestraße 7 - 10719 - Tram Uhlandstraße - ☎ 883 33 21 - www.j-diekmann.de – fermé dim. midi -11€.* Des parquets, de beaux sièges sobres et des éléments de décor historiques font ressembler ce restaurant à une boutique de produits coloniaux et lui donnent un parfum de nostalgie. Outre une cuisine internationale, des plats du jour rapides sont également proposés à midi.

Marjellchen – *Mommsenstraße 9 - 10629 - S Savignyplatz - ☎ 883 26 76 - fermé dim. - 11€.* Adresse berlinoise agréable et typique, où l'on vous servira des plats consistants de Prusse orientale et de Silésie. Le chef du Marjellchen a hérité ses recettes de sa grand-mère. Vrai cadre rustique aux allures de salon.

Moevenpick – *Tauentzienstraße 9 (Europa-Center) - 10789 - S + Tram Zoologischer Garten, Tram Kurfürstendamm - ☎ 264 76 30 - www.moevenpick.com - 11€.* Sa situation attrayante, au premier étage de l'Europa-Center, fait le succès de cette adresse. Aménagé sur plusieurs étages, le restaurant ressemble à la fois à un salon de thé et à une galerie avec vue sur l'agitation de la ville ou la salle du restaurant, plus rustique.

Maothai – *Meierottostraße 1 - 10719 - Tram Spichernstraße - ☎ 883 28 23 - maothai@snafu.de - tlj sf w.-end - le soir seulement - 12€.* Cette maison classique à l'élégante façade se trouve juste à l'angle de la Fasanenplatz. Une carte complète et de la musique thaïlandaise invitent à s'y arrêter.

Filou – *Bleibtreustraße 7 - 10623 - S Savignyplatz - ☎ 313 55 43 - filou-berlin@t-online.de - le soir seulement - ⊭ - 13,50€.* Cette maison grise se trouve à proximité de la très animée Savignyplatz. L'intérieur surprend par sa maçonnerie champlevée et son décor rustique. La carte propose des grillades, des plats saisonniers, ainsi que des spécialités méditerranéennes.

Ottenthal – *Kantstraße 153 - 10623 - S + Tram Zoologischer Garten, Tram Kurfürstendamm - ☎ 313 31 26 - www.ottenthal.de - le soir seulement - réservation conseillée - 14€.* Cette maison classique, qui abrite aujourd'hui un restaurant bien décoré à la cuisine autrichienne, servit autrefois de résidence à Rudolf Diesel, inventeur du moteur de même nom.

Zwiwwel-Weinstuben – *Bruchsaler Straße 6 - 10715 - S + Tram Bundesplatz - ☎ 853 25 78 - fermé lun. - le soir seulement - 14€.* Cet établissement se trouve dans une rue pavée du quartier de Wilmersdorf et vous accueille, dès l'entrée, dans un décor nostalgique. L'aménagement agréable et la belle décoration vont également dans ce sens. Si le temps s'y prête, profitez de la petite terrasse située juste devant le restaurant !

Don Camillo – *Schloßstraße 7 - 14059 - Tram Sophie-Charlotte-Platz - ☎ 322 35 72 - www.don-camillo-berlin.de - fermé dim. - le soir seulement - ⊭ - 15€.* Cet établissement est installé ici depuis 1979, le long d'une large allée qui mène au château de Charlottenburg. Le restaurant est divisé en deux salles et décoré de peintures à l'huile. À la belle saison, vous pourrez également profiter de la belle terrasse avec jardin.

Bacco – *Marburger Straße 5 - 10789 - Tram Augsburger Straße, Wittenbergplatz - ☎ 211 86 87 - www.bacco.de - tlj sf dim. midi, juil.-août : tlj sf dim. - 16€.* Petit établissement familial rustique installé près de l'Europa-Center. Le patron lui-même vous recommande ses spécialités italiennes du jour. Vous trouverez le vin qui accompagnera chacune d'entre elles parmi une carte de 250 crus issus de toute l'Italie.

Trio – *Klausenerplatz 14 - 14059 - Westend - 321 77 82 - fermé lun., mar., 3 sem. en janv. et 3 sem. en août - le soir seulement - - réservation conseillée - 16€.* Ce petit restaurant est situé dans un parc, à proximité du château de Charlottenburg. Son personnel vous réserve un accueil convivial devant des plats internationaux et saisonniers.

Ponte Vecchio – *Spielhagenstraße 3 - 10585 - Tram Bismarckstraße - 342 19 99 - fermé mar., 4 sem. en juil. et août - 17€.* Pas besoin d'aller très loin ! Vous trouverez également un parfum d'Italie à Berlin. La carte de ce restaurant, avec ses nombreuses spécialités toscanes, vous rappellera vos vacances italiennes. Les tableaux et le style maison de campagne donnent à la salle de l'établissement un air méridional.

Die Quadriga – *Eislebener Straße 14 - 10789 - Tram Augsburger Straße - 21 40 56 50 - www.brandenburger-hof.com - 20€.* Ce restaurant est intégré à la cour de Brandebourg. On s'assoit ici dans des chaises Lloyd-Wright en bois de cerisier et on déguste, au son du piano, de délicieux plats originaux dans des assiettes de la Manufacture royale de porcelaine (KPM).

Daimlers – *Kurfürstendamm 203 - 10719 - S Savignyplatz, Tram Uhlandstraße - 39 01 16 98 - 21€.* Cet établissement est installé dans les salles de vente et d'exposition de Mercedes-Benz. Derrière une façade vitrée, on vous accueille dans un cadre moderne. Une petite terrasse sur le Ku'damm, entourée d'arbustes, a également été aménagée.

Ana e Bruno – *Sophie-Charlotten-Straße 101 - 14059 - S Westend - 325 71 10 - www.ana-e-bruno.de - fermé dim., lun., 15 jours en janv. et 15 jours en juil.-août - 28€.* Le cuisinier chef et maître de maison Bruno Pellegrini explique en expert à ses hôtes la composition des menus et leur recommande le vin adéquat pour chacun de ses plats méditerranéens très appréciés. Décoration moderne et élégante.

First Floor – *Budapester Straße 45 - 10787 - S + Tram Zoologischer Garten, Tram Kurfürstendamm - 25 02 10 20 - www.palace.de - fermé sam. midi et de fin juil. à fin août - 30€.* « First Class » au « First Floor » de l'hôtel Palace. Une splendide décoration confère à la pièce son élégance : vous mangez ici avec des couverts en argent. Le cuisinier chef Matthias Buchholz se distingue par sa cuisine française différente selon les saisons.

Schöneberg, Tempelhof

Storch – *Wartburgstraße 54 - 10781 - Tram Eisenacher Straße - 784 20 59 - www.storch-berlin.de - le soir seulement - 14,50€.* Dans cet immeuble collectif des années 1920, on vous servira de la cuisine bourgeoise. Une profusion de bois et des murs peints d'une couleur claire font ressortir la sobriété de l'intérieur de ce restaurant. D'anciens panneaux publicitaires décorent la salle et lui confèrent un parfum de nostalgie.

Friedrichshain, Kreuzberg

Le Cochon Bourgeois – *Fichtestraße 24 - 10967 - Tram Südstern - 693 01 01 - fermé dim. - - 17€.* Un établissement au caractère bien particulier : un plancher qui craque sous les pieds et une décoration sobre aux allures de bistrot soulignent le style rustique de ce petit restaurant. L'intérieur est en harmonie avec la cuisine française qui vous est proposée, à base de délicieux produits.

Altes Zollhaus – *Carl-Herz-Ufer 30 - 10961 - Tram Prinzenstraße - 692 33 00 - www.altes-zollhaus.de - fermé lun. et mar. – menus à partir de 38€.* Cette ancienne petite maison à colombages, autrefois utilisée comme bureau de douane, se trouve en bordure du Landwehrkanal et est également accessible via le bateau de l'établissement. Des plats internationaux vous seront proposés.

Prenzlauer Berg, Wedding

Zander – *Kollwitzstraße 50 - 10405 - Tram Senefelderplatz - 44 05 76 79 - rolalbrecht@aol.com - 14€.* Ce restaurant à la sobre décoration est aménagé sur deux étages. Un sol en parquet et des chaises bistrot en bois sombre lui confèrent son caractère coquet. Vous pourrez goûter à de la nouvelle cuisine internationale et essayer des plats différents toutes les semaines.

arrondissements extérieurs

Dahlem, Grunewald, Messegelände, Steglitz, Wannsee, Zehlendorf

Blockhaus Nikolskoe – *Nikolskoer Weg 15 - 14109 - BUS 216 Nikolskoer Weg - 805 29 14 - blockhaus-nikolskoe@gmx.de - nov.- avr. jusq. 19h, fermé jeu. - - 10€.* Le roi Guillaume III avait perdu courage à St-Pétersbourg en 1818 dans un blockhaus qu'il fit reconstruire ici, fidèle à l'original. À l'intérieur, du bois sombre et un poêle en faïence soulignent le caractère rustique de l'établissement. Lieu d'excursion apprécié en bordure du Wannsee.

Funkturm-Restaurant – *Messedamm 22 – 14055 - S Messe Nord/ICC - 30 38 29 96 - fermé lun. et de fin juin à fin août - réservation conseillée - 10€.* Ce restaurant se distingue surtout par sa vue splendide sur la capitale. Vous pouvez vous asseoir à des tables bien dressées et laisser votre regard vagabonder, tout en dégustant des spécialités internationales.

Wirtshaus Halali – *Königstraße 24 - 14109 - Ⓢ Wannsee - ☎ 805 31 25 - www.wirtshaus-halali.de - fermé mar. et 15 jours. en juil.-août - seulement le soir, du lun. au ven. - 11€.* Cet établissement a élu domicile dans un sobre bâtiment ancien. Un mobilier de bois sombre et un vieux plancher confèrent au restaurant, composé de trois pièces en enfilade, son caractère bourgeois et rustique.

Landhaus Soehnel – *Neue Kreisstraße 50 (via la Königstraße) - 14109 - Ⓢ Griebnitzsee - ☎ 805 20 72 - landhaussoehnel@aol.com - fermé lun. et mar. - 12€.* Ce restaurant construit en 1918, en partie avec une façade à colombages, est de nouveau ouvert aux visiteurs après d'importantes rénovations. Sa situation idéale sur le canal de Teltow, à proximité immédiate du Griebnitzsee, fait de cet établissement un lieu particulièrement agréable.

Diekmann im Chalet Suisse – *Clayallee 99 - 14195 - Tram Dahlem Dorf - ☎ 832 63 62 - www.j-diekmann.de - 13€.* Les visiteurs apprécient cette adresse de Grunewald depuis avril 2001. Ce « restaurant dans la verdure » vous accueille dans une salle claire et propre, et dans un vaste Biergarten de 300 places. Au menu, des plats internationaux.

Wirtshaus Moorlake – *Moorlakeweg 6 - 14109 - BUS 216 Moorlake - ☎ 805 58 09 - 13€.* Cette ancienne maison, située en bordure du Moorlake, existe depuis 1842, agréablement nichée dans une petite anse du Wannsee. Pour les touristes, ce restaurant à mi-chemin entre Berlin et Potsdam constitue, surtout par beau temps, une halte agréable.

Cristallo – *Teltower Damm 52 - 14167 - Ⓢ Zehlendorf - ☎ 815 66 09 - 14€.* Ce restaurant confortable et chic est une petite institution depuis 20 ans. Plusieurs niches offrent au visiteur un lieu de halte agréable. Lorsque le soleil brille, vous pouvez également profiter de la terrasse.

Schloß Glienicke Remise – *Königstraße 36 - 14109 - BUS 116 Schloß Glienicke - ☎ 805 40 00 -www.schloss-glienicke.de - fermé en fév. - 14€.* Ce restaurant est dissimulé derrière le château, dans un parc joliment aménagé par Lenné et Schinkel le long de la Havel. L'intérieur est classique, avec un sol pavé de dalles et un soupçon d'élégance. L'endroit se prête également à la célébration de fêtes.

Villa Medici – *Spanische Allee 1 - 14129 - Ⓢ Mexikoplatz - ☎ 802 89 21 - fermé lun. - 14€.* Au menu de cet agréable restaurant, des pizzas, des pâtes et d'autres plats italiens. Intérieur bien décoré dans le style maison de campagne mariant harmonieusement tissus et couverts. À midi, vous pourrez également déguster des plats du jour bon marché.

Edogawa – *Lepsiusstraße 36 - 12063 - Tram Schloßstraße - ☎ 79 70 62 40 - sino.com@t-online.de - fermé lun. - 16€.* Restaurant aménagé au sous-sol d'une maison de la ville. Le cadre symbolise la sobriété du minimalisme japonais. On vous servira des spécialités originaires du pays du Soleil levant.

Reinickendorf, Spandau

Kolk – *Hoher Steinweg 7 - 13597 - Tram Altstadt Spandau - ☎ 333 88 79 - www.kolk.im-netz.de - fermé lun. - 11€.* Après avoir visité la citadelle, faites un détour par l'ancien poste d'incendie. Dans la salle bourgeoise et rustique de cette maison, en partie ornée de bois, ou sur la terrasse, vous pourrez choisir entre de nombreux plats.

Berlin au quotidien

voyager moins cher

Pièces d'identité – La plupart des curiosités nécessitant un billet d'entrée, dont certains théâtres, possèdent un tarif réduit accordé sur justificatif aux chômeurs, élèves, étudiants (sur présentation de la carte d'étudiant internationale) et personnes âgées.

Trafic suburbain – Les transports en commun suburbains proposent des billets à tarif réduit aux jeunes âgés de 6 à 14 ans révolus (transports gratuits avant l'âge de 6 ans). *Voir également Informations pratiques : « Transports ».*

Ticketservice – Hekticket propose des billets de théâtre et de concert à prix réduit (généralement 50 %) le jour de la représentation à partir de 15h. Hekticket am Alex, Karl-Liebknecht Straße 12, 10718 Berlin, ☎ 24 31 23 41, fax 24 32 24 32 ; Hekticket am Zoo, Hardenbergstraße 29d, 10623 Berlin, ☎ 230 99 30, fax 23 09 93 32 ; www.berlinonline.de/kultur/hekticket/homepage

Billets valables plusieurs jours

Outre la **WelcomeCard**, qui permet de bénéficier de réductions dans plusieurs établissements, *(voir Informations pratiques : « Transports »)*, on trouve également à Berlin une carte valable trois jours, que vous pouvez vous procurer auprès du Berlin Tourismus Marketing : la **SchauLust-MuseenBERLIN**, au prix de 10€ (tarif réduit 5€). Cette carte permet de visiter pendant trois jours consécutifs plus de 50 collections et musées berlinois, parmi lesquels

BERLIN TOURISMUS MARKETING GmbH

les bâtiments des musées publics de Berlin (Häuser der Staatlichen Museen zu Berlin), les musées de la Stiftung Stadtmuseum Berlin et le Deutsches Technikmuseum. Renseignements auprès du Berlin Tourismus Marketing GmbH.

Staatliche Museen – Dans les musées publics de Berlin, l'entrée aux expositions permanentes est gratuite le premier dimanche du mois.
Le **billet journalier**, au prix de 6€ (tarif réduit 3€), est valable dans tous les bâtiments des musées le jour de la visite (seul ce billet permet, par ailleurs, d'accéder au Musée égyptien, à la collection Berggruen – Picasso et son époque, au musée de Pergame, au Vieux Musée, à l'Ancienne Galerie nationale, à la Nouvelle Galerie nationale, à la Pinacothèque et à la Hamburger Bahnhof). Un **billet valable trois jours** est également proposé pour 10€ (tarif réduit 5€), permettant de visiter les expositions permanentes durant trois jours consécutifs ; renseignements au ☎ 20 90 55 66, www.smb.spk-berlin.de.

Stiftung Preußische Schlösser und Gärten Berlin-Brandenburg – La Fondation des châteaux prussiens et des jardins de Berlin-Brandebourg propose pour 15€ un **billet journalier Premium**, valable pendant deux jours consécutifs pour les sites suivants : le parc et le château de Sans-Souci, le Nouveau Jardin, la « mosquée » de la ville et le parc de Babelsberg. Ce ticket permet également d'accéder au parc et au château de Charlottenburg, à l'île aux Paons, au domaine de Klein-Glienicke, au pavillon de chasse de Grunewald et à divers châteaux de Brandebourg. Renseignements auprès de la Stiftung Preußische Schlösser und Gärten Berlin-Brandenburg, ☎ (03 31) 96 94-0, www.spsg.de. Vous ne pouvez vous procurer ce ticket qu'à l'entrée du château de Sans-Souci.
Il est également possible d'acheter un billet journalier « simple » pour 12€ dans les autres curiosités citées, donnant les mêmes avantages à l'exception de la visite du château de Sans-Souci.

bon à savoir

Urgences

Numéros d'appel – police ☎ 110, pompiers ☎ 112, urgences médicales ☎ 31 00 31, permanence dentaire ☎ 89 00 43 33, aide aux femmes en difficulté ☎ 615 42 43 et 615 75 96, aide aux enfants ☎ 61 00 61, urgences empoisonnement ☎ 192 40, service de dépannage de l'ADAC ☎ (018 02) 22 22 22.

Objets trouvés – Zentrales Fundbüro, Platz der Luftbrücke 6, 12101 Berlin, ☎ 69 93 64 44 ; Fundbüro der BVG, Potsdamer Straße 182, 10783 Berlin, ☎ 25 62 30 40.

Argent

L'euro (€) a été introduit en Allemagne le 1er janvier 1999. Depuis le 1er janvier 2002, tout comme dans les 11 autres pays de l'Union européenne, les pièces et billets de la monnaie européenne circulent en Allemagne et ont remplacé le mark comme moyen de paiement légal unique en Allemagne. 1€ équivaut à 100 cents. On trouve des pièces de 1, 2, 5, 10, 20 et 50 cents et de 1 et 2€, ainsi que des billets de 5, 10, 20, 50, 100, 200 et 500€. Le dos des pièces et des billets varie d'un pays à l'autre de l'UE. Ils peuvent toutefois être utilisés indifféremment dans tous les pays membres. L'Allemagne a opté pour les dessins suivants : 1, 2, 5 cents : feuilles de chêne, 10, 20, 50 cents : porte de Brandebourg, 1, 2€ : l'aigle fédéral.
Les marks qu'il vous reste peuvent être échangés sans limite dans le temps à la Banque centrale : Kurstraße 40, 10117 Berlin, tlj sf w.-end 8h30-12h30, ☎ 347 50, fax 34 75 26 01.

Transactions monétaires

Banques – Outre les bureaux de change, qui se trouvent pour la plupart à proximité des gares et des aéroports, toutes les grandes banques sont représentées par plusieurs agences dans la capitale. Les horaires d'ouverture diffèrent d'une agence à l'autre. Dans le centre-ville, de nombreuses banques sont ouvertes en semaine jusqu'à 18h. Certaines agences ferment plus tôt le mercredi et le vendredi. Berlin dispose, en outre, d'un important réseau de distributeurs automatiques.

Cartes de crédit – La carte Visa, l'Eurocard et les cartes EC constituent un moyen de paiement largement répandu à Berlin. Les cartes acceptées sont généralement représentées sur la porte d'entrée des magasins et restaurants. De nombreux supermarchés n'acceptent que la carte EC, et les cafés et bars préfèrent souvent être payés en liquide.

Chèques de voyage – Les chèques de voyage étant rarement reconnus comme moyen de paiement, il est préférable de les échanger contre de l'argent liquide. Les hôtels et les banques prélèvent souvent une taxe lors de la transaction. American Express Friedrichstraße 56, 10117 Berlin, ☎ 201 74 00 et Bayreuther Straße 37, 10787 Berlin, ☎ 21 47 62 92 ; Thomas Cook Friedrichstraße 56, 10117 Berlin, ☎ 20 16 59 16.

Perte de cartes – Carte EC ☎ (069) 74 98 87, Amex ☎ (069) 97 97 10 00, Eurocard et carte Visa ☎ (069) 79 33 19 10.

Poste

Timbres – L'envoi d'une carte postale à l'intérieur de l'Allemagne ou dans le reste de l'Europe coûte 0,51€, la lettre « standard » 0,56€.

Horaires d'ouverture – La plupart des bureaux de poste ouvrent du lundi au samedi entre 8h et 9h et ferment du lundi au vendredi entre 18h et 19h, le samedi à 13h. Bureaux de poste aux horaires particuliers : Joachimsthaler Straße 7 (près de la gare Zoo), 10623 Berlin, ouv. lun.-sam. 8h-24h, dim. 10h-24h ; Georgenstraße 12 (gare Friedrichstraße), 10117 Berlin, ouv. lun.-ven. 6h-22h, sam.-dim. 8h-22h.

Téléphone

Indicatifs téléphoniques – L'indicatif de Berlin est le : ☎ 030. Pour appeler Berlin depuis la France, l'Autriche et la Suisse, composer le : ☎ 00 49 30. De Berlin vers la France : ☎ 00 33 + indicatif de la zone (de 1 à 5) sans le 0 + le numéro du correspondant ; vers l'Autriche : 00 43 ; vers la Suisse : 00 41 ; vers la Belgique : 00 32 ; vers le Canada : 001.
Renseignements – Allemagne : ☎ 118 33, étranger : ☎ 118 34.

Journaux et télévision

Quotidiens – Les principaux quotidiens berlinois sont le *Tagesspiegel*, la *Berliner Zeitung* et le *Berliner Morgenpost*. Un calendrier festif est publié une fois par semaine.

Magazines de la ville – Les magazines *Tip* et *Zitty*, qui paraissent tous les 15 jours, incluent, outre divers articles, des informations sur les spectacles berlinois.

Télévision – L'émetteur de l'ARD pour Berlin est le Sender Freies Berlin (SFB), B1 pour la télévision. On parle d'une éventuelle fusion entre le SFB et l'Ostdeutscher Rundfunk Brandenburg (ORB). Le concurrent privé de B1 est l'émetteur TV Berlin.

Radio – Berlin dispose d'un grand nombre d'émetteurs radio privés et publics : 88acht, UKW 88,8 (informations et musique) ; BBC, UKW 90,2 (émetteur anglais) ; Berliner Rundfunk, UKW 91,4 (musique, essentiellement des vieux succès) ; Radio Kultur, UKW 92,4 (programme culturel et de musique classique) ; InfoRadio, UKW 93,1 (informations 24h/24) ; rs2, UKW 94,3 (musique rock et pop) ; Radyo Metropol, UKW 94,8 (radio turque) ; Radio Eins, UKW 95,8 (un mélange réussi de toutes sortes de musiques, d'interviews et d'informations, ainsi que de nombreux conseils) ; Deutschlandradio Berlin, UKW 97,7 (informations) ; Klassik Radio, UKW 101,3 (musique classique de tous les styles) ; Jazz Radio, UKW 101,9 (toutes les facettes du jazz) ; Fritz, UKW 102,6 (radio jeune et innovante) ; RFT, UKW 106,0 (émetteur français) ; Radio Multikulti, UKW 106,8 (rap du Sénégal, musique carélienne de Finlande, flamenco, musique klezmer et autres).

Achats

Horaires d'ouverture – Dans les principales rues et les passages commerçants les plus fréquentés, les magasins sont généralement ouverts de 10h à 20h, 16h le samedi. Ailleurs, les magasins sont généralement ouverts en continu toute la journée et ferment vers 18h30. Des horaires d'ouverture particuliers sont aménagés certains week-ends, renseignements auprès du Berlin Tourismus Marketing.

Information – L'Edeka Supermarkt, dans la gare Friedrichstraße, est ouvert tous les jours jusqu'à 22h.

horaires de visite

Lorsqu'ils nous ont été communiqués, nous avons mentionné dans les descriptions des curiosités leurs horaires de visite ainsi que le prix des billets d'entrée.
Le symbole ♿ signale des curiosités également accessibles avec un fauteuil roulant.
Le symbole ▤ indique que la curiosité se prête particulièrement bien à une visite familiale.
Lorsque nous avons disposé d'une adresse de site Internet ou, le cas échéant, d'une adresse de courrier électronique, nous l'avons également précisée.
Veuillez, par ailleurs, noter que la plupart des musées de Berlin sont fermés le lundi.
Nous avons minutieusement vérifié les conditions de visite mentionnées auprès des musées ou sites concernés, mais il est bien évidemment possible que des modifications aient eu lieu une fois l'impression de ce guide achevée. Si tel était le cas, Michelin Éditions des Voyages ne pourrait alors être tenu pour responsable.

Propositions de séjour

Si vous n'êtes à Berlin que pour quelques jours, vous allez, bien évidemment, devoir faire des choix difficiles. Que faut-il donc absolument voir pour profiter « au mieux » de votre séjour ? Que ne faut-il manquer en aucun cas si vous n'êtes là que pour une journée, un week-end ou une semaine ? Les étoiles du Guide Vert et la carte des principales curiosités vous seront certainement d'une grande utilité pour organiser votre séjour rapidement et simplement.
Nous vous proposons, en outre, dans les pages qui suivent, quelques idées de visites en fonction de la durée de votre séjour berlinois.

Une journée à Berlin

Si vous ne disposez que d'une seule journée, le centre-ville est naturellement un lieu touristique idéal. Vous pouvez l'atteindre facilement grâce aux transports en commun et les distances entre les différentes curiosités sont tout à fait réalisables à pied. Nous vous proposons de commencer votre visite de la capitale par le **Reichstag**. Vous avez là devant vos yeux tout ce qui fait la fascination de Berlin : la symbiose entre l'ancien et le moderne, le triomphe de la division au temps de la guerre froide. Depuis la plate-forme panoramique, vous pouvez également avoir un bon aperçu de la ville. On aperçoit le quartier gouvernemental avec les bâtiments de la Chambre des députés et la chancellerie fédérale, à l'Ouest le poumon vert de la ville, le Tiergarten, et à l'Est le centre-ville historique.
À partir du Reichstag, poursuivez votre balade par la porte de Brandebourg et l'avenue **Unter den Linden** (en faisant éventuellement un petit crochet par le **Gendarmenmarkt**). Cette avenue de prestige, riche en tradition, invite à la flânerie le long des édifices importants de divers siècles. Sur la Pariser Platz se trouve la direction générale de la DZ-Bank (ne manquez pas non plus de jeter un œil au foyer), l'une des constructions nouvelles les plus représentatives du récent passé. Vous longerez aussi le Forum Fridericianum et l'ancien Arsenal, illustres monuments du Berlin historique. Le pont du Château (Schloßbrücke) permet d'accéder à la cathédrale de Berlin (Berliner Dom) et à l'île des Musées **(Museumsinsel)**, où vous pourrez visiter l'un des grands musées berlinois. Selon votre humeur, vous pourrez alors opter pour les

W. Krase/DZ BANK AG

Le siège de la DZ-Bank, une œuvre de Gehry.

antiquités du musée de Pergame ou pour l'impressionnante collection de tableaux de l'Ancienne Galerie nationale.
Pour finir la journée, plongez-vous dans l'ambiance du **quartier de Spandau** avec la mosaïque bigarrée des Hackesche Höfe et ses boutiques, galeries et restaurants gastronomiques qui vous donneront un bon aperçu de la vie trépidante de la métropole de la Spree.

Un week-end à Berlin

Si vous disposez d'une journée supplémentaire, profitez-en pour goûter également à la **vie nocturne** de la capitale. Optez pour une revue au Friedrichstadtpalast, l'un des cabarets les plus célèbres de Berlin, ou pour un concert dans l'un des trois illustres opéras de la capitale.
Après avoir visité le centre historique de Berlin le premier jour, vous pourrez découvrir le visage du nouveau Berlin lors de votre seconde journée et admirer la **Potsdamer Platz**, le siège européen de Sony (Sony Center), ainsi que d'autres curiosités situées plus à l'écart du centre.
De nombreux musées intéressants méritent une visite : de la Potsdamer Platz, vous n'êtes pas loin du Kulturforum et de sa splendide *Gemäldegalerie* (Pinacothèque). Vous pouvez aussi gagner Charlottenburg et admirer le buste de Néfertiti dans l'*Ägyptisches Museum* (Musée égyptien). Si vous préférez l'art moderne, rendez-vous à la *Hamburger Bahnhof - Museum für Gegenwart* (gare de Hambourg - musée d'Art contemporain de Berlin), en périphérie de Moabit. À Dahlem, vous étudierez, en revanche, l'art et les cultures du monde, notamment à l'*Ethnologisches Museum* (musée d'Ethnographie). Vous pouvez aussi vous laisser

tenter par le *Deutsches Technikmuseum Berlin* (musée des Transports et des Techniques), le *Jüdisches Museum* (Musée juif), installé dans un édifice spectaculaire de Libeskind à Kreuzberg, ou le *Naturhistorisches Museum* (musée d'Histoire naturelle) de la Friedrich-Wilhelm-Stadt. Il y en a vraiment pour tous les goûts, à vous de faire votre choix.
Pour finir la journée, vous pourrez encore flâner sur le **Kurfürstendamm** et visiter l'église du Souvenir, église commémorative dédiée à Guillaume Ier (Kaiser-Wilhelm-Gedächtniskirche), l'un des emblèmes les plus illustres de Berlin.

M. Büsing/Ägyptishes museum/PREUSSISCHER KULTURBESITZ

Ägyptisches Museum : « Promenade dans le jardin » (détail).

Une semaine à Berlin

Si vous séjournez durant une semaine à Berlin, vous aurez la chance de faire amplement connaissance avec la ville. Les plus grandes distances vous poseront moins de problèmes et vous pourrez en profiter pour découvrir des curiosités plus petites ou moins célèbres, qui attirent certes un nombre moins impressionnant de visiteurs, mais méritent toutefois une visite. Votre programme de visites sur une semaine sera naturellement également marqué par les illustres curiosités de la capitale, un « must » pour tous les visiteurs de Berlin. Mais vous pourrez également vous accorder des pauses ou découvrir simplement les arrière-cours du quartier de Spandau ou du Prenzlauer Berg, et vous écarter des sentiers touristiques pour vous faire votre propre idée de la ville.
Pour votre semaine de séjour, ci-dessous un exemple de programme quotidien *(pour en savoir plus, reportez-vous aux descriptions correspondantes contenues dans la partie principale de ce Guide Vert)* :
Le centre historique entre le Reichstag et l'Alexanderplatz (Regierungsviertel, Unter den Linden, Gendarmenmarkt, Schloßplatz, Museumsinsel, Alexanderplatz) ;
La Potsdamer Platz, le Kulturforum et Kreuzberg ;
Le Tiergarten et le Kurfürstendamm avec le ZoologischerGarten ;
Le quartier de Spandau et le Prenzlauer Berg ;
Le château de Charlottenburg et ses environs ;
Potsdam et le château de Sans-Souci ;
Un « jour de détente » dans la verdure : Grunewald, Wannsee ou Großer Müggelsee, ou encore découverte des boutiques du centre-ville (la plupart des musées étant fermés le lundi, pourquoi ne pas consacrer cette journée au shopping ?).

Si vous aimez...

Pour faciliter l'organisation de votre séjour dans la capitale, nous avons classé ci-dessous les différentes curiosités présentées dans ce guide par thèmes. *Pour les différentes curiosités, reportez-vous à l'index en fin de volume.*

Les antiquités

Les musées de Berlin recèlent un nombre impressionnant d'antiquités. Les trésors de l'**Ägyptisches Museum et de la Papyrussammlung** (Musée égyptien et collection de papyrus), près du château de Charlottenburg, et les collections de l'**Altes Museum** (Vieux Musée) et du **Pergamonmuseum** (musée de Pergame), sur l'île des Musées, justifient à eux seuls un voyage à Berlin.

L'architecture

Voir à ce sujet « Invitation au voyage » : « Le plus grand chantier du monde » et « Une ville aux multiples facettes ».

Les points de vue

Vous jouirez de la plus belle vue sur Berlin depuis la **Funkturm** (tour de la Radio) ou la **Fernsehturm** (tour de la Télévision), qui dominent de très loin le paysage urbain. D'autres points de vue sont également intéressants, tels que la **plate-forme panoramique du Reichstag** (qui mérite à elle seule un détour en raison de son dôme spectaculaire), la **Grunewaldturm** et son panorama sur la Havel, la **Glockenturm** (tour du Carillon), près de l'Olympiastadion dans la partie Ouest de Berlin, ou la

Müggelturm (sur le Großer Müggelsee, au Sud-Est de Berlin). Dans le centre-ville, le **Kuppelturm de l'église française** (dôme), sur le Gendarmenmarkt, permet de jouir d'une vue superbe sur le centre historique de Berlin.

La sculpture

Vous pouvez admirer des chefs-d'œuvre du 19e s. dans l'**Alte Nationalgalerie** (Ancienne Galerie nationale), sur l'île des Musées. Vous pouvez également découvrir, dans des petits musées berlinois qui leur sont consacrés, les œuvres d'artistes dont l'histoire est liée à celle de la capitale, tels que **Käthe Kollwitz** (sur le Kurfürstendamm) et **Georg Kolbe** (au parc des expositions).

KÄTHE-KOLLWITZ-MUSEUM

« La Plainte » de Käthe Kollwitz.

Les forteresses et les châteaux

De nombreux châteaux témoignent du prestigieux passé de Berlin. Le **château de Charlottenburg** est, certes, le plus imposant d'entre eux, mais des châteaux plus petits, tels que celui de l'**île aux Paons**, le **château de Glienicke**, le **pavillon de chasse de Grunewald** (et son importante collection de tableaux), au Sud-Ouest, ou le **château de Köpenick**, qui hébergera de nouveau, une fois sa rénovation achevée, une dépendance du Kunstgewerbemuseum (musée des Arts décoratifs), au Sud-Est, méritent également une visite. Le **château de Niederschönhausen**, à Pankow, qui ne se visite pas, est toutefois un témoignage d'une histoire architecturale très mouvementée. Aux frontières de la capitale, Potsdam vous accueille avec plusieurs édifices particulièrement remarquables, dont, bien évidemment, le splendide **château de Sans-Souci**. À côté, on trouve également le **Nouveau Palais**, le **château de Charlottenhof**, le **château de Lindstedt**, le **château de Cecilienhof**, ainsi que le **Marmorpalais** et le **château de Babelsberg** avec son superbe petit parc.

Un peu moins majestueuse que tous ces châteaux mais non moins imposante, admirez également la massive **citadelle de Spandau**.

L'ethnologie

Si vous vous intéressez à l'histoire des peuples, vous trouverez aisément votre bonheur à Berlin : toutes les collections ont été rassemblées dans les **musées de Dahlem - art et cultures du monde**.

L'architecture industrielle

Le développement industriel a durablement marqué de son empreinte le paysage urbain de la capitale allemande. La **Siemensstadt** de Spandau ou les **usines Borsig** de Reinickendorf, avec leurs logements ouvriers, témoignent aujourd'hui encore de cet important chapitre de l'histoire de la ville. La **zone industrielle de Moabit**, l'**Oberbaum-City** de Friedrichshain et le domaine industriel d'**Oberschöneweide** constituent d'autres exemples représentatifs de l'architecture industrielle du début du 20e s.

L'histoire plus récente de la capitale

Plus récemment, Berlin fut à plusieurs reprises le point de mire de la scène mondiale. Le régime nazi est le thème de l'exposition « **Topographie des Terrors** » (topographie de la terreur), présentée au Sud-Est de la Potsdamer Platz, tandis que les deux mémoriaux **Gedenkstätte Plötzensee** et **Gedenkstätte Deutscher Widerstand** sont dédiés à la Résistance. Les relations avec les puissances d'occupation alliées sont évoquées dans le **Alliierte Museum** (musée des Alliés), à Dahlem, et le **Deustch-Russisches Museum Berlin-Karlshorst** (Musée germano-soviétique). La construction du mur de Berlin est, quant à elle, présentée dans le **Mauermuseum am Checkpoint Charlie** (musée du Mur) et le **Dokumentationszentrum Berliner Mauer** (Centre de documentation sur le mur de Berlin) de la Bernauer Straße. On peut, par ailleurs, y voir, ainsi que dans l'**East Side Gallery**, près de la Ostbahnhof, des pans de mur originaux. Le passé de l'ex-RDA est évoqué dans le **Gedenstätte Hohenschönhausen**, le **Forschungs- und Gedenkstätte Normannenstraße** (mémorial et centre de recherche), ainsi que l'**Informations- und Dokumentationszentrum der Bundesbeauftragten für die Stasi-Unterlagen der ehemaligen DDR** (Centre d'information et de documentation des chargés de mission fédéraux pour les dossiers de la Stasi de l'ancienne RDA), près du

Gendarmenmarkt. Le mémorial des socialistes, avec les tombes de Karl Liebknecht et Rosa Luxemburg, se trouve dans le **Städtisches Zentralfriedhof Friedrichsfelde** (cimetière central). Au Sud de Tempelhof, l'**Erinnerungstätte Notaufnahmelager Marienfelde** (mémorial du camp d'admission d'urgence) commémore ceux que l'on appelait les réfugiés de la République, qui passèrent de Berlin-Est à Berlin-Ouest durant la guerre froide. Le **Deutsches Historisches Museum** (musée d'Histoire allemande, après sa réouverture), Unter den Linden, l'**exposition « Fragen an die deutsche Geschichte »** (« Interrogeons l'histoire allemande »), dans la cathédrale allemande (Deutscher Dom), sur le Gendarmenmarkt, et l'exposition **« The Story of Berlin »**, sur le Kurfürstendamm, présentent d'autres documents relatifs au passé de la capitale en général.

L'histoire du cinéma

Le **Filmmuseum Berlin**, installé dans le Sony Center, sur la Potsdamer Platz, mérite surtout une visite pour ses souvenirs sur Marlene Dietrich. Aux portes de Berlin, on trouve également le **Filmmuseum Potsdam** et le **Filmpark Babelsberg** qui, s'il est avant tout un parc de loisirs, présente également des décors et accessoires historiques.

La peinture

Les plus magnifiques collections sont sans aucun doute celles des musées nationaux de la Berlin-Stiftung Preußischer Kulturbesitz, dans la **Gemäldegalerie** (13ᵉ-18ᵉ s.) et la **Neue Nationalgalerie** (19ᵉ-20ᵉ s.), au Kulturforum, et l'**Alte Nationalgalerie**, sur l'île des Musées (19ᵉ s.). Une petite mais belle collection d'œuvres de Cranach est exposée dans le **pavillon de chasse de Grunewald**. Vous pourrez admirer des œuvres modernes et contemporaines dans le **Brücke-Museum**, la **Sammlung Berggruen-Picasso und seine Zeit** (collection Berggruen-Picasso et son époque) et le **Hamburger Bahnhof-Museum für Gegenwart** (gare de Hambourg-musée d'Art contemporain). Le **Neues Pavillon**, dans le Schloßgarten (parc) de Charlottenburg, abrite essentiellement des œuvres de peintres allemands du 19ᵉ s. À Potsdam, la **Bildergalerie** (galerie de tableaux) du parc de Sans-Souci mérite également le détour.

Les musées originaux, à l'écart des touristes

Vous pourrez visiter quelques musées, certes un peu à l'écart, mais qui méritent vraiment le détour, dans la mesure où ils éclairent certains aspects du passé ou de l'histoire culturelle de Berlin : le **Gründerzeitmuseum**, à Mahlsdorf, le **Handwerks- und Friseurmuseum/Stadtmuseum Berlin** (musée de l'Artisanat et de la Coiffure), à Marzahn, et le **Zuckermuseum** (musée du Sucre), à Wedding. La **Polizeihistorische Sammlung** (musée de la Préfecture de police), à Tempelhof, constitue également une exposition d'un intérêt rare. Le **Museum im Wasserwerk Friedrichshagen** (centrale hydraulique) mérite un détour par la seule architecture de son bâtiment.

Les animaux

On pense ici tout d'abord au **Zoologischer Garten** (Jardin zoologique), à l'Ouest de la ville. Mais le **Tierpark Berlin-Friedrichsfelde** (parc zoologique) mérite également une visite, surtout en raison de son vaste aménagement comme parc zoologique paysager. Non loin du Märkisches Museum (musée de la Marche de Brandebourg), se trouve dans le Köllnischer Park le **Wusterhauser Bär** et son petit enclos d'ours. On trouve également des enclos dans le **Volkspark Rehberge**, à Wedding. Les paons qui font la roue sur la **Pfaueninsel** (île aux Paons) sont toujours matière à de belles photos. Pour finir, vous pourrez visiter le **Naturhistorisches Museum** (musée d'Histoire naturelle) et y admirer, entre autres, d'impressionnants squelettes de dinosaures.

Ph. Gajic/MICHELIN

Le Zoologischer Garten présente le monde animal dans toute sa splendeur.

Circuits de découverte

tours de la ville

Les **City-Circle Touren** sont des visites de la ville de 2 heures environ, organisées tous les jours, avec une douzaine d'arrêts permettant de découvrir la capitale. Des explications sont données via une bande sonore. Ces visites sont organisées d'avril à septembre de 10h à 18h (dernière visite complète à 16h) toutes les 15mn et d'octobre à mars de 10h à 17h (dernière visite complète à 15h) toutes les 30mn. Le coût du billet pour la journée est de 18€. Les différents points de départ possibles sont le Kurfürstendamm (côté Sud), entre la Rankestraße et la Fasanenstraße, et l'Alexanderplatz (Forumhotel). Les City-Circle Fahrten sont organisées par les compagnies **Berolina Sightseeing**, ☎ 88 56 80 30, fax 882 41 28, www.berolina-berlin.com ; **Berliner Bären Stadtrundfahrten** (BBS), ☎ 35 19 52 70, fax 35 19 52 90, www.sightseeing.de ; **Bus-Verkehr-Berlin** (BVB), ☎ 88 59 880, fax 68 38 91 50, www.bvb.net et **Severin + Kühn**, ☎ 880 41 90, fax 882 56 18, www.severin-kuehn-berlin.de. Ces compagnies proposent également des visites de la ville durant 3h30, à 10h et pour 21,50€. Severin + Kühn prévoit un second départ à 14h. Contrairement aux autres compagnies, qui accompagnent cette longue visite de commentaires enregistrés, Severin + Kühn met à la disposition des touristes un guide touristique assis avec eux dans le bus. Les **BVG** (Berliner Verkehrsbetriebe), ☎ 256 265 70, fax 256 265 73, www.bvg.de/service/citytours.html, proposent plusieurs visites quotidiennes de la ville entre avril et octobre. Le Sightseeing Top Tour, avec présence d'un guide touristique, dure environ 2h30, peut être interrompu aux différents arrêts et coûte 20€ : départ à partir de 10h toutes les 30 à 60mn du Kurfürstendamm (côté Nord)/ Joachimsthaler Straße. Une visite d'une heure, départ toutes les 45mn à partir de 10h, dans un **nostalgischer Zille-Bus** (bus péniche d'antan), accompagnée d'un guide touristique, part également de la Potsdamer Platz (Marlene-Dietrich-Platz) et coûte 10€. Le Straßenbahn City Tour (visite de la ville en tramway, uniquement proposée le week-end et les jours fériés) permet de découvrir la ville en une heure et pour 8€, au départ de la station de métro Alexanderplatz à 10h58, 12h58 et 14h58.

Ph. Gajic/MICHELIN

Information – Les lignes de bus régulières 100 et 200, qui circulent entre les gares Zoo et Alexanderplatz, respectivement via le Reichstag et la Potsdamer Platz, passent également devant de nombreuses curiosités berlinoises. Le S-Bahn, entre les mêmes gares, permet aussi de jouir d'un bon aperçu du « Nouveau Berlin ».

BVG-Bild

à pied

Un grand nombre d'agences se sont spécialisées dans les **balades en ville** de deux heures environ pour la plupart, balades « classiques » ou plus « spécialisées », sur des thèmes historiques, régionaux ou actuels. Le prix par personne est généralement de 8 à 10€. Renseignements sur les visites guidées, les dates et les points de rendez-vous dans la presse quotidienne et les magazines de la ville, ou directement auprès de : **Stattreisen**, ☎ 455 30 28, fax 45 80 00 03, www.stattreisen.de ; **Berliner Autoren Führung**, ☎/fax 281 33 76 ; **Ansichtssachen**, ☎ 42 99 133, fax 42 23 108, www.ansichtssachen-berlin.de ; **Gangart Berlin-Erkundungen**, ☎ 32 70 37 83, fax 32 70 37 62 ; **Kultur Büro Berlin**, ☎ 444 09 36, 444 09 39 ; **art:berlin** ☎ 28 09 63 90, fax 28 09 63 91, www.berlin.de/artberlin

E. Baret / Michelin - (06 - Roubion)

☐ a. ***Départementale D17***
☐ b. ***Nationale N202***
☐ c. ***Départementale D30***

Vous ne savez pas comment vous y rendre ?
Alors ouvrez vite une Carte Michelin !

Les cartes NATIONAL, REGIONAL, LOCAL ou ZOOM et les Atlas Michelin, par leur précision et leur clarté vous permettent de choisir votre itinéraire et de trouver facilement votre chemin, en vous repérant à chaque instant.

Le **City Guide Berlin** propose également des visites de la ville « sur mesure ». Selon les souhaits des visiteurs, sont organisés des tours de Berlin et du Brandebourg (à pied, à vélo, sur des Inline-Skates, avec les transports en commun, en bateau à vapeur, en montgolfière, etc.). ☎ (033 29) 61 43 97, www.c.-g.-b.de

à vélo

Des visites guidées de Berlin à vélo (et des locations de vélo) sont proposées par : **Fahrradstation**, ☎ 018 05 10 80 00, www.fahrradstation.de, et **Pedalpower**, ☎ 555 80 98, www.pedalpower.de
Pour les autres possibilités en matière de location, *voir également Informations pratiques : « Transports ».*
berlINsight propose une variante moins fatigante sur des vélomoteurs électriques légers (sans gaz d'échappement) : ☎ 81 89 20 71, www.berlin-sight.de

sur l'eau

La perspective qui s'offre sur Berlin depuis l'eau est tout à fait intéressante. Le plus grand spécialiste de la croisière à Berlin est la **Stern- und Kreis-Schiffahrt**, ☎ 536 36 00, fax 53 63 60 99, www.sternundkreis.de. Des croisières d'une heure sont organisées dans le centre-ville au départ du Nikolaiviertel et pour 8€, ainsi qu'une croisière de 3h1/2 sur la Spree et le Landwehrkanal pour 15€. Vous pourrez également vous détendre en optant pour une croisière sur la Havel et le lac de Havel (jusqu'à Potsdam) en direction de Potsdam ou sur la Spree et le Müggelsee. Les autres compagnies spécialisées dans les croisières sont les **Reederei Bruno Winkler**, ☎ 349 95 95, fax 349 00 11, www.reedereiwinkler.de ; **Reederei Riedel**, ☎ 691 37 82, fax 694 21 91, www.reederei-riedel.de et **Berliner Wassertaxi-Stadtrundfahrten**, ☎ 65 88 02 03, fax 65 88 02 04, www.berlinerwassertaxi.de

Spectacles

Berlin offre un choix quasiment infini de spectacles. Trois opéras célèbres sont à votre disposition, ainsi que les multiples scènes de la ville où a lieu un nombre impressionnant de représentations théâtrales. Il faut ajouter à cela divers théâtres d'avant-garde qui, par leurs mises en scène parfois peu conventionnelles et le choix de leurs pièces, donnent un éclat supplémentaire au programme culturel de la capitale. Des concerts de musique classique, d'église, ou encore rock, sont, en outre, donnés dans plusieurs salles de la ville. Il ne faut pas manquer non plus les très anciens cabarets caustiques de Berlin, les revues chatoyantes et le théâtre de variétés, où vous pouvez être certain de passer une agréable soirée. Si le cœur vous en dit, vous pourrez également vous distraire dans l'un des nombreux cinémas de la capitale. Ci-après, vous trouverez une petite sélection de cinémas qui se distinguent, soit par leur nombre important de salles, soit par leur sélection originale de films. Et Berlin compte, pour finir, toute une série d'associations sportives très actives au niveau national ou international. Il est donc tout à fait intéressant de compléter votre visite de la capitale en assistant à l'une des grandes manifestations sportives qui s'y déroulent.

Opéra et danse

Deutsche Oper Berlin – *Bismarckstraße 35 - 10627 Charlottenburg - Tram Deutsche Oper - ☎ 343 84 01 - www.deutscheoperberlin.de.* Le Deutsche Oper a élu domicile dans un bâtiment moderne situé à la place de l'ancien opéra de Charlottenburg. Son répertoire est durablement marqué par la longue intendance de Götz Friedrich.

Hebbel Theater – *Stresemannstraße 29 - 10963 Kreuzberg - Hallesches Tor - ☎ 25 90 04 27 - www.hebbeltheater.de.* Le bâtiment de ce théâtre d'Oscar Kaufmann (1908), épargné par les bombardements de la Seconde Guerre mondiale, accueille des productions allemandes et internationales avant-gardistes dans les domaines du théâtre, de la danse et du théâtre musical. Son festival de danse, Tanz im August, est le plus grand de ce genre en Allemagne.

Komische Oper – *Behrenstraße 55-57 - 10117 Mitte - S Unter den Linden, Tram Französische Straße - ☎ 47 99 74 00 - www.komische-oper-berlin.de.* Le nom

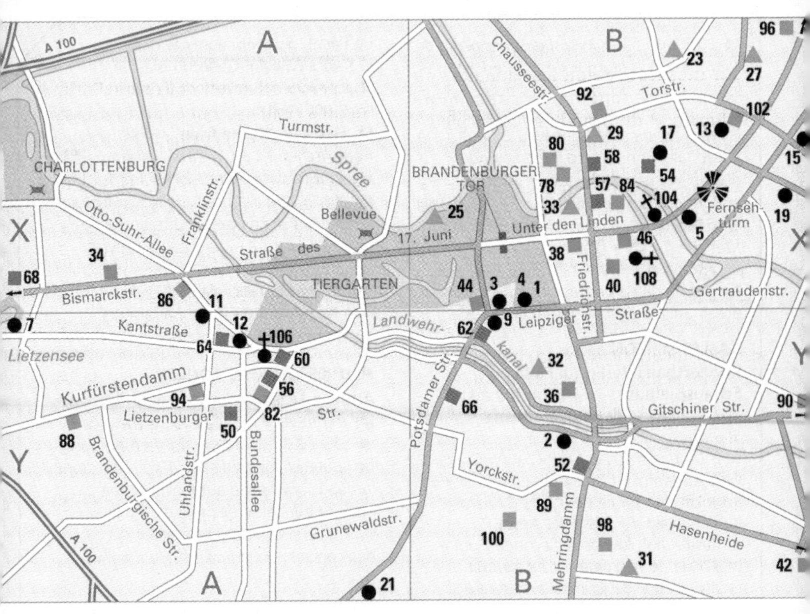

● CINÉMAS

Arsenal	BX	1
Berliner Kinomuseum	BY	2
CinemaxX am Postdamer Pl.	BX	3
Cinestar im Sony Center	BX	4
CUBIX UFA-Palast Alexanderpl.	BX	5
Delphi	AY	7
Discovery Channel IMAX Theater Berlin	BY	9
Filmbühne am Steinplatz	AY	11
UCI Kinowelt Zoopalast	AY	12
Filmkunsthaus Babylon	BX	13
Freiluftkino Friedrichshain	BX	15
Hackesche Höfe	BX	17
International	BX	19
Odeon	AY	21

▲ CENTRES CULTURELS

Acud	BX	23
Haus der Kulturen der Welt	BX	25
Kulturbrauerei	BX	27
Tacheles	BX	29

▲ SALLES DE CONCERTS

Columbiahalle	BY	31
Tempodrom	BY	32
Tränenpalast	BX	33

■ OPÉRA, DANSE, MUSIQUE CLASSIQUE

Deutsche Oper Berlin	AX	34
Hebbel-Theater	BY	36
Komische Oper	BX	38
Konzerthaus (Schauspielhaus)	BX	40
Neuköllner Oper	BY	42
Philharmonie-Kammermusiksaal	BX	44
Staatsoper Unter den Linden	BX	46

■ CABARETS, MUSIC-HALLS, REVUES, VARIÉTÉS

Bar Jeder Vernunft	AY	50
BKA	BY	52
Chamäleon Varieté	BX	54
Chez Nous	AY	56
Distel	BX	57
Friedrichstadtpalast	BX	58
Stachelschweine	AY	60
Theater am Potsdamer Pl.	BY	62
Theater des Westens	AY	64
Wintergarten Varieté	BY	66
Wühlmäuse am Theo	AX	68

■ SALLES DE SPECTACLES, THÉÂTRE D'AVANT-GARDE

Berliner Ensemble	BX	78
Deutsches Theater, Kammerspiele	BX	80
Kriminal Theater	AY	82
Maxim-Gorki-Theater	BX	84
Renaissance-Theater	AX	86
Schaubühne	AY	88
Tanzfabrik	BY	89
Theaterforum Kreuzberg	BY	90
Theater 89	BX	92
Theater und Komödie am Kurfürstendamm	AY	94
Theater unterm Dach	BX	96
Theater Zerbrochene Fenster	BY	98
Theater zum westlichen Stadthirschen	BY	100
Volksbühne	BX	102

✝ MUSIQUE RELIGIEUSE

Berliner Dom	BX	104
Kaiser-Wilhelm-Gedächtniskirche	AY	106
St. Hedwigs-Kathedrale	BX	108

de cet opéra fait référence aux tentatives progressistes qui émanèrent de l' « opéra-comique » français à la fin du 18e s. et qui inspirèrent également l'opéra allemand. Toutes les représentations sont données en langue allemande.

Neuköllner Oper – *Karl-Marx-Straße 131-133 - 10243 Neukölln - Tram Karl-Marx-Straße - ☎ 68 89 07 77 - www.neukoellneroper.de.* Le Neuköllner Oper s'est fait connaître comme une alternative aux théâtres déjà établis. Cet ensemble existe depuis 1976 et propose un théâtre musical intelligent et amusant, à mi-chemin entre le spectacle et l'opéra. Son répertoire comprend aussi bien des représentations contemporaines et avant-gardistes que de joyeuses opérettes au ton insolent.

Staatsoper Unter den Linden – *Unter den Linden 5-7 - 10117 Mitte - S + Tram Friedrichstraße, Tram Hausvogteiplatz -*

☎ *20 35 45 55 - www.staatsoper-berlin.de.* Cet opéra du Forum Fridericianum est le plus ancien des opéras berlinois. Le bâtiment qui l'héberge compte parmi les plus beaux et les plus luxueux de la capitale. Son répertoire comprend des opéras datant de quatre siècles, ainsi que des ballets classiques et modernes.

Tanzfabrik – *Möckernstraße 68 - 10965 Kreuzberg -* Ⓢ + Tram *Yorckstraße -* ☎ *786 58 61 - www.tanzfabrik-berlin.de.* Centre de danse contemporaine proposant divers ateliers et représentations.

Salles de concerts

Konzerthaus Berlin (dans la Schauspielhaus) – *Gendarmenmarkt 2 - 10117 Mitte -* Tram *Hausvogteiplatz, Stadtmitte -* ☎ *203 09 21 01 - www.konzerthaus.de.* La Schauspielhaus du Gendarmenmarkt, réalisée par Karl Friedrich Schinkel, fait partie des chefs-d'œuvre de l'architecture classique. Après sa destruction lors de la Seconde Guerre mondiale, le bâtiment fut reconstruit en 1984 pour devenir la Konzerthaus, accueillant initialement la Großer Saal et la Kleiner Saal. Depuis, l'Orchestre symphonique de Berlin (Berliner Sinfonie-Orchester) y a également élu domicile.

Thie/PRESSE- UND INFORMATIONSAMT DES LANDES BERLIN

La Konzerthaus dans la Schauspielhaus de Schinkel.

Philharmonie – *Herbert-von-Karajan-Straße 1 - 10785 Tiergarten -* Ⓢ + Tram *Potsdamer Platz -* ☎ *25 48 81 32 - www.berlin-philharmonic.com.* Le Philharmonie de Hans Scharoun (1960-63), siège de l'illustre Orchestre philharmonique de Berlin (Berliner Philharmonisches Orchester), est l'un des édifices berlinois à l'architecture la plus volontaire. Il fut rejoint, plus de 20 ans plus tard, par la Kammermusiksaal toute proche.

Musique d'église

Berliner Dom – *Am Lustgarten - 10718 Mitte -* Ⓢ + Tram *Friedrichstraße -* ☎ *20 26 91 36.* Cette église guillaumienne accueille régulièrement le Staats- und Domchor (Chœur de l'État et de la cathédrale) et la Berliner Domkantorei (Chorale de la cathédrale).

Kaiser-Wilhelm-Gedächtniskirche – *Breitscheidplatz - 10789 Charlottenburg -* Ⓢ + Tram *Zoologischer Garten -* ☎ *218 50 23.* Le Bachchor (Chœur de Bach), qui a élu domicile dans la Kaiser-Wilhelm-Gedächtniskirche, se consacre naturellement à l'œuvre du grand maître.

St. Hedwigs-Kathedrale – *Hinter der Katholischen Kirche 3 - 10117 Mitte -* Tram *Hausvogteiplatz, Französische Straße -* ☎ *208 24 08.* Le chœur de la St. Hedwigs-Kathedrale se consacre, outre au service divin, à l'exécution de grandes œuvres symphoniques. Certains groupes particuliers, comme la Choralschola et l'Ensemble für Alte Musik, s'intéressent, par ailleurs, à d'autres styles de musique.

Autres lieux de concerts

Arena – *Eichenstraße 4 - 12435 Treptow -* Ⓢ *Treptower Park,* Tram *Schlesisches Tor -* ☎ *533 20 30.* L'Arena, située en bordure de la Spree, fut édifiée en 1927 pour abriter le dépôt principal d'autobus. Elle fait aujourd'hui partie des grands lieux de concerts berlinois, accueillant des concerts de rock ainsi que d'autres grandes manifestations. Ne pas confondre avec la Berlin-Arena de Friedrichshain, ancien vélodrome.

Columbiahalle – *Columbiadamm 13-21 - 10965 Tempelhof -* Tram *Platz der Luftbrücke -* ☎ *698 09 80 -www.columbiahalle.de.* Cet endroit, situé en face de l'aéroport de Tempelhof, était autrefois une salle de sport des Alliés. Il fut transformé en salle de spectacle pour accueillir de grands concerts.

Tempodrom – *Möckernstraße 10 - 10963 Kreuzberg -* Ⓢ *Anhalter Bahnhof -* ☎ *69 53 38 85 - www.tempodrom.de.* Après avoir occupé un chapiteau de cirque pendant plus de 20 ans, le Tempodrom a maintenant trouvé un domicile fixe dans un nouveau bâtiment tape-à-l'œil, près de la gare d'Anhalt. À proximité de la Große Arena, sous un chapiteau, on trouve la Kleine Arena, qui accueille d'autres établissements, tels que le Liquidrome, espace de remise en forme.

H. Champollion/MICHELIN

Le Tempodrom.

Tränenpalast – *Reichstagufer 17 - 10117 Mitte -* Ⓢ + Tram *Friedrichstraße -* ☎ *20 61 00 11 - www.traenenpalast.de.* La gare de Friedrichstraße constituait, au temps de la division du monde et de la capitale, une gare frontière en plein centre de Berlin-Est. L'ancienne halle d'expédition, située juste à côté et où l'on peut encore trouver des vestiges de son affectation d'origine, propose aujourd'hui un programme varié de concerts et de comédies.

Waldbühne – *Am Glockenturm - 14053 Charlottenburg - Ⓢ + Tram Olympiastadion - ☎ 23 08 82 30.* La Waldbühne, qui ressemble à un amphithéâtre antique, près de la Glockenturm (tour du carillon) de l'Olympiastadion, également érigée pour les Jeux olympiques de 1936, est un endroit splendide en été, principalement pour les grands concerts de rock, mais aussi pour ceux de musique classique. Vous pouvez vous procurer des billets auprès des différents organisateurs de spectacles et en prévente. L'été, on peut en outre y voir des films de cinéma sur un grand écran.

Théâtres

Remarque : Les scènes de théâtre officielles sont fermées en été.

Berliner Ensemble – *Bertolt-Brecht-Platz 1 - 10117 Mitte - Ⓢ + Tram Friedrichstraße - ☎ 28 40 81 55 - www.berliner-ensemble.de.* Le Berliner Ensemble, abrégé en BE, fut fondé par Bertolt Brecht et son épouse, la comédienne Helene Weigel. Le bâtiment actuel, sur le Schiffbauerdamm, ouvrit ses portes en 1954. Depuis le début de la saison théâtrale 1999-2000, le théâtre est dirigé par l'ancien intendant du Wiener Burgtheater, Claus Peymann, qui amena avec lui quelques illustres *Burgschauspieler*.

Deutsches Theater – *Schumannstraße 13a - 10117 Mitte - Ⓢ + Tram Friedrichstraße, Oranienburger Tor - ☎ 28 44 12 25 - www.deutschestheater.de.* Le Deutsches Theater, fondé en 1883, est le plus ancien théâtre parlé de Berlin. Cette scène a acquis sa notoriété sous la direction de Max Reinhardt. Tout comme le *Kammerspiele* (théâtre intime) du bâtiment voisin, le répertoire de ce théâtre comprend à la fois des classiques allemands et internationaux et des drames contemporains.

Kriminal Theater – *Nürnberger Straße 33 - 10777 Wilmersdorf - Tram Augsburger Straße - ☎ 47 99 74 88 - www.kriminaltheater-berlin.de.* Ce théâtre policier, inauguré en avril 2000, se consacre exclusivement à la mise en scène de crimes. Et le jardinier n'est pas toujours le coupable...

Maxim-Gorki-Theater – *Am Festungsgraben 2 - 10117 Mitte - Ⓢ + Tram Friedrichstraße - ☎ 20 22 11 15 - www.gorki.de.* Il s'agit du plus petit des théâtres berlinois, qui se consacre avant tout à l'œuvre dramatique du 20e s. et aux pièces d'auteurs russes. De jeunes metteurs en scène et de nouveaux talents, dont c'est souvent la première prestation, se produisent dans ce théâtre, installé dans le bâtiment de l'ancienne académie de chant de Berlin.

Renaissance-Theater – *Hardenbergstraße 6 - 10623 Charlottenburg - Tram Ernst-Reuter-Platz - ☎ 312 42 02 - www.renaissance-theater.de.* À l'affiche du Renaissance-Theater, on trouve des pièces divertissantes d'auteurs dramatiques contemporains. La splendide décoration intérieure des années 1920 est unique en son genre.

Schaubühne am Lehniner Platz – *Kurfürstendamm 153 - 10709 Wilmersdorf - Ⓢ Charlottenburg, Tram Adenauerplatz - ☎ 89 00 23 - www.schaubuehne.de.* Jusqu'au début des années 1980, la Schaubühne, alors sous la direction de Peter Stein, passait pour être l'un des théâtres les plus renommés de la République fédérale d'Allemagne. Depuis le début de l'an 2000, Thomas Ostermeier et la chorégraphe Sasha Waltz ont repris la direction artistique de la Schaubühne. À l'affiche de ce théâtre, on trouve aujourd'hui des pièces contemporaines, à la fois parlées et dansées. L'édifice qui l'héberge a été construit par Erich Mendelsohn.

Ph. Gajic/MICHELIN

La Schaubühne sur la Lehniner Platz.

Theater und Komödie am Kurfürstendamm – *Kurfürstendamm 206-209 - 10719 Charlottenburg - Tram Uhlandstraße - ☎ 88 59 11 88 - www.theater-am-kurfürstendamm.de.* Du vrai théâtre de boulevard dans ces deux salles du Kurfürstendamm, avec la participation fréquente d'artistes du grand et du petit écran.

Volksbühne am Rosa-Luxemburg-Platz – *Rosa-Luxemburg-Platz 2 - 10178 Mitte - Tram Rosa-Luxemburg-Platz - ☎ 247 76 94 - www.volksbuehne-berlin.de.* Depuis 1992, lorsque Frank Castorf reprit la direction de la Volksbühne, ce théâtre accueille des pièces provocantes. Outre la Hauptbühne (Scène principale) et la salle du Prater, la Volksbühne possède avec le Salon rouge et le Salon vert deux autres salles de spectacle, proposant un programme très varié, allant du théâtre aux animations de disc-jockeys).

Théâtres « Off »

Sophiensaele – *Sophienstraße 18 - 10178 Mitte - Ⓢ Hackescher Markt, Tram Weinmeisterstraße - ☎ 283 52 66 - www.sophiensaele.de.* La Sophiensaele, installée dans l'ancien bâtiment de l'Association des artisans (Handwerkerverein), accueille depuis 1996 la nouvelle salle de production et de spectacle de la scène libre du théâtre et de la danse. Outre certains artistes du pays, s'y produisent également divers ensembles internationaux en tournée.

Theater 89 – *Torstraße 216 - 10115 Mitte - S Oranienburger Straße, Tram Oranienburger Tor - ☎ 282 46 56 - www.theater89.de.* Le Theater 89, fondé à Berlin-Est en 1989, est une scène « off » très active qui compte actuellement parmi les groupes de comédiens indépendants les plus ambitieux de Berlin et qui s'est fait une renommée bien au-delà des frontières de la capitale. Les productions sont avant tout celles d'auteurs ayant vécu ou travaillé à l'Est.

Theater unterm Dach – *Danziger Straße 101 - 10405 Prenzlauer Berg - S Greifswalder Straße, Tram Eberswalder Straße - ☎ 42 40 10 80.* Le petit Theater unterm Dach, avec ses 99 places, est depuis 1986 un lieu de représentation et de communication pour des projets de théâtre indépendants, tout comme des productions étrangères d'acteurs en tournée, son but avoué étant d'instaurer un dialogue entre les artistes et le public.

Theater Zerbrochene Fenster – *Schwiebusserstraße 16 - 10965 Kreuzberg - Tram Platz der Luftbrücke - ☎ 694 24 00 - www.tzf-berlin.de.* Cette salle fut fondée en 1986 pour accueillir des groupes de théâtre indépendants. Ils sont plusieurs à s'y produire, proposant des mises en scène intéressantes et variées.

Theater zum westlichen Stadthirschen – *Kreuzbergstraße 37 - 10965 Kreuzberg - S + Tram Yorkstraße - ☎ 785 70 33 - www.stadthirsch.berlin.de.* Ce théâtre, fondé en 1982 par des diplômés de l'École d'art dramatique, est l'un des théâtres indépendants les plus renommés de la ville. Les pièces, peu conventionnelles et très « professionnelles », sont jouées à l'étage d'une usine de Kreuzberg et visent un public amateur d' « expériences théâtrales ».

Theaterforum Kreuzberg – *Eisenbahnstraße 21 - 10997 Kreuzberg - Tram Schlesisches Tor - ☎ 61 10 89 33.* Le Theaterforum Kreuzberg accueille des représentations d'acteurs en tournée et des productions nationales des petites scènes « off » de Berlin. Elles ont pour cadre la salle de bal de l'ancien club des officiers de la Köpenicker Hof avec son somptueux plafond à caissons décoré de stucs.

Cabaret et spectacles de variétés

Bar Jeder Vernunft – *Schaperstraße 24 - 10719 Wilmersdorf - Tram Spichernstraße - ☎ 883 15 82 - www.bar-jeder-vernunft.de.* Le répertoire de ce cabaret, installé sous une tente historique du début du 20e s., sur le parking de l'ancien théâtre de plein air (Freie Volksbühne), s'étend de la chanson au cabaret et à la comédie, en passant par les conférences. Parmi les patrons de ce lieu, on trouve Alfred Biolek, Harry Rowohlt, Otto Sander et Wim Wenders. En 2002 fut inaugurée une deuxième salle de spectacle avec *Tipi – Das Zelt* (entre la Chancellerie et la Maison des cultures).

BKA – *Mehringdamm 34 - 10961 Kreuzberg - Tram Mehringdamm - ☎ 202 20 07 - www.bka-luftschloss.de.* Outre une salle « fixe », au cinquième étage du Mehringdamm, le BKA possède aussi une tente (BKA-Luftschloß), l'avenir du lieu dépendant de la décision relative à l'aménagement de la place. Au programme de cette salle, outre du cabaret, on trouve toutes sortes de spectacles de variétés. Le BKA héberge, comme son nom l'indique, le Bundeskriminalamt, mais aussi la Berliner Kabarett Anstalt (Institution du cabaret berlinois).

Distel – *Friedrichstraße 101 - 10117 Mitte - S + Tram Friedrichstraße - ☎ 204 47 04 - www.distel-berlin.de.* Le Distel, fondé en 1953, était le cabaret le plus célèbre de la RDA et le seul de la capitale est-allemande. Les différents programmes proposés aujourd'hui ont pour thème central le sentiment existentiel propre aux Allemands.

Stachelschweine – *Tauentzienstraße 9 - 10789 Charlottenburg - S + Tram Zoologischer Garten, Tram Kurfürstendamm - ☎ 261 47 95 - www.die-stachelschweine.de.* Le Stachelschweine existe depuis plus de 50 ans ; il a élu domicile dans l'Europa-Center depuis 1965. Ce cabaret, très intéressé par le « Milljöh » local, fut dirigé pendant des années par Wolfgang Gruner, décédé il y a peu de temps.

Wühlmäuse am Theo – *Pommernallee 2-4 - 14052 Charlottenburg - Tram Theodor-Heuss-Platz - ☎ 30 67 30 11 - www.wuehlmaeuse.de.* La direction artistique de ce cabaret satirique et politique est depuis toujours assurée par le cofondateur du lieu, Dieter Hallervorden. Depuis quelque temps, cette salle de spectacle a élu domicile dans l'ancien Naafi-Club de la puissance d'occupation britannique.

Le Wühlmäuse am Theo.

H. Champollion/MICHELIN

Comédies musicales, revues, variétés

Chamäleon Varieté – *Hackesche Höfe/ Rosenthalerstraße 40-41 - 10178 Mitte - S Hackescher Markt, Tram Weinmeisterstraße - ☎ 282 71 18 - www.chamaeleonberlin.de.* Cette salle des fêtes Jugendstil, aménagée dans les Hackesche Höfe, propose un programme de variétés très complet, mélange de comédies, farces et acrobaties.

Chez Nous – *Marburger Straße 14 - 10789 Charlottenburg - Tram Augsburger Straße, Kurfürstendamm - ☎ 213 18 19 - www.cabaret-chez-nous.de.* Fastueuse revue de travestis avec musique, danse et causeries. Le public est surtout composé de touristes de passage à Berlin.

Friedrichstadtpalast – *Friedrichstraße 107 - 10117 Mitte - S + Tram Friedrichstraße - ☎ 23 26 23 26 - www.friedrichstadtpalast.de.* Le Friedrichstadtpalast, installé dans une *Plattenbau* (construction en plaques de béton préfabriquées industriellement) peu conventionnelle de la ville, est le plus grand théâtre de revue d'Europe. Il propose d'excellents divertissements avec de somptueux décors et costumes. Une technique très au point permet de situer certains tableaux dans les bassins, l'arène de glace et le manège de cirque.
En novembre-décembre, une revue d'enfants est également à l'affiche.

Theater am Potsdamer Platz – *Marlene-Dietrich-Platz - 10785 Tiergarten - S + Tram Potsdamer Platz - ☎ 018 05 11 41 13 - www.stageholding.de.* De grandes productions sont à l'affiche de ce théâtre, aménagé sur la Potsdamer Platz pour accueillir des comédies musicales avec une technique de scène des plus modernes (architecte Renzo Piano, 1 800 places).
La première pièce, jouée ici pendant plusieurs années, s'intitulait Le « Sonneur de Notre-Dame ».

Theater des Westens – *Kantstraße 12 - 10623 Charlottenburg - Tram Zoologischer Garten - ☎ 018 05 99 89 99 - www.theater-des-westens.de.* Depuis l'abandon de la partie opérette en 1990, ce somptueux édifice guillaumien accueille des productions musicales variées.

Wintergarten Varieté – *Potsdamer Straße 96 - 10785 Tiergarten - Tram Bülowstraße, Kurfürstenstraße - ☎ 25 00 88 88 - www.wintergarten-variete.de.* Ce théâtre propose sous un « ciel étoilé bleu nuit » un programme de divertissements qui change quatre à cinq fois par an, comportant à la fois des variétés, des acrobaties et de la magie de haut niveau. Les vitrines murales de la salle abritent la somptueuse collection privée du directeur artistique du Wintergarten, Bernhard Paul, avec des pièces de genre.

Centres culturels

Acud – *Veteranenstraße 21 - 10119 Mitte - Tram Rosenthaler Platz - ☎ 449 10 67 - www.acud.de.* L'association culturelle Acud propose sur six étages, dans une ancienne maison de rapport avec remise, un programme varié : cinéma, expositions, café-concert, théâtre et club.

Haus der Kulturen der Welt – *John-Foster-Dulles-Allee 10 - 10557 Tiergarten - S Unter den Linden, Tram 100 Haus der Kulturen der Welt - ☎ 39 78 70 - www.hkw.de.* Cette ancienne salle de congrès est aujourd'hui utilisée pour de multiples manifestations de cultures extra-européennes. L'été, l'endroit séduit par sa terrasse donnant directement sur la Spree, en face de la Chancellerie fédérale (Bundeskanzleramt).

Kulturbrauerei – *Knaackstraße 97 - 10435 Prenzlauer Berg - Tram Eberswalder Straße - ☎ 44 31 50 - www.kulturbrauerei.de.* Le concept de la Kulturbrauerei, aménagée à la place d'une brasserie réparée et rénovée, dans le Prenzlauer Berg, mêle culture commerciale et alternative.
On y trouve des lieux de restauration, un petit multiplex, des clubs de musique, des salles de concerts, des galeries et des boutiques.

Tacheles – *Oranienburger Straße 54-56 - 10117 Mitte - S Oranienburger Straße, Tram Oranienburger Tor - ☎ 28 09 68 35 - www.tacheles.de.* Cet ancien passage commerçant de l'Empire devint un fief de la culture alternative après la chute du mur. Après des années d'incertitude, l'existence du Tacheles est aujourd'hui assurée. Plusieurs entrées (couvertes de graffitis) mènent à des ateliers, studios, cinémas, cafés et salles de spectacle.

Ufa-Fabrik – *Viktoriastraße 10-18 - 12105 Tempelhof - Tram Ullsteinstraße - ☎ 75 50 30 - www.ufafabrik.de.* L'ancien « territoire » riche en histoire de l'UFA-Film-fabrik s'est largement transformé en plus de 20 ans pour devenir une oasis culturelle de 18 000 m^2 empreinte de créativité.
On vous proposera des chansons, des variétés, des comédies, du cabaret, de la danse, des musiques du monde et du cirque pour enfants, le tout dans deux salles de théâtre et sous un même pavillon-tente.

Cinémas

Arsenal – *Potsdamer Straße 2 - 10785 Tiergarten - S + Tram Potsdamer Platz - ☎ 26 95 51 00.* L'Arsenal der Freunde der Deutschen Kinemathek (Arsenal des amis de la cinémathèque allemande), anciennement situé à Schöneberg, a emménagé sur la Potsdamer Platz et diffuse au sous-sol de la maison du cinéma son ambitieux programme de films internationaux.

Berliner Kinomuseum – *Großbeerenstraße 57 - 10965 Kreuzberg - Tram Mehringdamm.* Dans cette minuscule cabine de projection sont diffusés des classiques de l'époque du film muet. Des informations de fond relatives à chaque film sont communiquées aux spectateurs avant les projections. Séances les mardi, mercredi, vendredi et dimanche.

CinemaxX am Potsdamer Platz – *Potsdamer Straße 5 - 10785 Tiergarten - S + Tram Potsdamer Platz - ☎ 018 05 24 63 62 99.* Le CinemaxX am Potsdamer Platz, tout récent, comprend 19 salles, le MaxX-Bar faisant également partie de ce complexe.

Cinestar im Sony Center – *Potsdamer Platz 4 - 10785 Tiergarten -* Ⓢ + Tram *Potsdamer Platz - ☎ 26 06 62 60.* Le Multiplex am Potsdamer Platz, avec ses 8 écrans, s'est spécialisé dans les films en version originale. Il compte également un cinéma IMAX, où l'on peut voir des films en trois dimensions.

CUBIX UFA-Palast Alexanderplatz – *Rathausstraße 1 - 10178 Mitte -* Ⓢ + Tram *Alexanderplatz - ☎ 25 76 10.* Le complexe de cinémas CUBIX et ses 9 salles a remplacé depuis peu le légendaire Alextreff.

Delphi – *Kantstraße 12a - 10623 Charlottenburg -* Ⓢ + Tram *Zoologischer Garten.* Ce palais du cinéma mérite à lui seul le détour. Un agréable café avec une grande terrasse lui est accolé.

Discovery Channel IMAX Theater Berlin – *Marlene-Dietrich-Platz 4 - 10785 Tiergarten -* Ⓢ+ Tram *Potsdamer Platz - ☎ 25 92 72 59.* Des films IMAX et des films en trois dimensions sont projetés dans ce cinéma de la Potsdamer Platz, sous un immense dôme (visible de l'extérieur).

Filmbühne am Steinplatz – *Hardenbergstraße 12 - 10623 Charlottenburg -* Ⓢ + Tram *Zoologischer Garten - ☎ 312 90 12.* L'histoire de la Filmbühne am Steinplatz (et du salon de thé-café qui en fait partie) remonte aux années 1920. Au programme de ce cinéma on trouve, notamment, d'intéressantes séries de films.

Filmkunsthaus Babylon – *Rosa-Luxemburg-Straße 30 - 10178 Mitte -* Tram *Rosa-Luxemburg-Platz - ☎ 242 50 76.* Ce complexe de cinémas, imaginé par Hans Poelzig, propose aujourd'hui des films ambitieux sur divers aspects de l'histoire du cinéma et de son actualité. Ce cinéma présente, en outre, la particularité de projeter des films muets, accompagnés par le propre orgue du cinéma ou par de la musique jouée au piano.

Hackesche Höfe – *Hackesche Höfe/Rosenthaler Straße 40-41 - 10178 Mitte -* Tram *Hackescher Markt, Weinmeisterstraße - ☎ 283 46 03.* Dans les 5 salles de cinéma des Hackesche Höfe (dans la toute première cour, à gauche, monter jusqu'au dernier étage) sont projetés des films récents et ambitieux.

International – *Karl-Marx-Allee 33 - 10178 Mitte -* Tram *Schillingstraße - ☎ 24 75 60 11.* Le Kinopalast International, érigé au début des années 1960, faisait partie intégrante du projet de construction est-berlinois de l'ancienne Stalinallee.

Odeon – *Hauptstraße 116 - 10827 Schöneberg -* Ⓢ + Tram *Innsbrucker Platz,* Tram *Schöneberg - ☎ 78 70 40 19.* Le grand cinéma Odeon est le plus ancien de Berlin pour la projection de films en version originale.

UCI Kinowelt Zoo Palast – *Hardenbergstraße 29a - 10623 Charlottenburg -* Ⓢ + Tram *Zoologischer Garten - ☎ 25 41 47 77.* Le Zoopalast, qui accueillait autrefois le festival de cinéma des Berlinale, comprend 9 salles. Dans la première d'entre elles (Kino 1), un spectaculaire show laser précède chaque projection.

Cinéma de plein air

Le cinéma de plein air fait partie des plaisirs estivaux de Berlin. On peut en profiter à la Waldbühne, devant l'Ancienne Galerie nationale (Alte Nationalgalerie), dans le cadre du Festival de l'île des Musées (Museumsinselfestival, *voir Informations pratiques : « Calendrier festif »*), ainsi qu'au cinéma de plein air de Friedrichshain, idéalement situé dans le parc de Friedrichshain (Volkspark Friedrichshain).

Freiluftkino Friedrichshain – *Volkspark Friedrichshain - 10249 Friedrichshain -* Ⓢ *Platz der Vereinten Nationen - ☎ 29 36 16 00.*

Waldbühne – *Am Glockenturm - 14053 Charlottenburg -* Ⓢ *Olympiastadion - ☎ 23 08 82 30.*

Manifestations sportives

BASKET-BALL

Alba Berlin – *Max-Schmeling-Halle, Falkplatz - 10437 Prenzlauer Berg -* Ⓢ + Tram *Schönhauser Allee - ☎ 308 78 56 85 - www.albaberlin.de.* Les « Albatros » ont depuis longtemps acquis une certaine renommée dans le basket-ball allemand et européen.

FOOTBALL AMÉRICAIN

Berlin Thunder – *Friedrich-Ludwig-Jahn-Sportpark, Cantianstraße - 10437 Prenzlauer Berg -* Tram *Eberswalder Straße - ☎ 30 06 44 44 - www.berlin-thunder.de.* Le Berlin Thunder est l'une des six équipes de la NFL-Europe, affiliée à la National Football League des États-Unis. Trois heures avant le coup d'envoi commence la *power-party* américaine.

HOCKEY SUR GLACE

EHC Eisbären Berlin – *Sportforum Hohenschönhausen, Konrad-Wolf-Straße - 13055 Hohenschönhausen -* Tram *23 Sportforum, 5, 15 Simon-Bolivar-Straße - ☎ 97 18 40 40 - www.eisbaeren.de.* Équipe de hockey sur glace professionnelle de Berlin, dans la DEL ; il est actuellement question que les « Ours blancs » (Eisbäre) abandonnent leur salle d'entraînement d'origine, le « Wellblechpalast », pour rejoindre une nouvelle salle de hockey.

FOOTBALL

1. FC Union Berlin – *Stadion an der Alten Försterei - 12555 Köpenick -* Ⓢ *Köpenick - ☎ 656 68 80 - www.fc-union-berlin.de.* Ce club de football culte de l'Est de la ville joue jusqu'à présent au stade situé près de l'ancienne maison forestière (Alte Försterei). Ce dernier étant toutefois considéré comme inadapté pour la Bundesliga (Ligue fédérale du football), il se pourrait qu'un changement de division implique également que les matchs nationaux se disputent dans un autre stade berlinois.

Hertha BSC Berlin – *Olympiastadion, Olympischer Platz - 14053 Charlottenburg - Ⓢ + Tram Olympiastadion - ☎ 018 05 43 78 42 - www.herthabsc.de.* Ce très ancien club de football, plus ou moins brillant dans la Bundesliga au cours des dernières années, a depuis longtemps élu domicile sur les pelouses du stade olympique (Olympiastadion).

COURSES HIPPIQUES

Trabrennbahn Mariendorf – *Mariendorfer Damm 198-222 - 12107 Mariendorf - À partir de la station Tram Mariendorf avec les BUS 176 + 179 (arrêt Trabrennbahn) - ☎ 740 12 12 - www.berlintrab.de.* Le Trabrennbahn Mariendorf fut fondé en 1913, les courses ayant généralement lieu le dimanche. En été, le **Trabrennbahn in Karlshorst** *(Treskowallee 129, Ⓢ Karlshorst, ☎ 50 01 71 21)* accueille d'autres courses au trot monté le mercredi.

Sortir

Outre des opéras, des concerts classiques, des théâtres, des cinémas et des manifestations sportives, Berlin compte également un grand nombre de salles de spectacle où l'on peut écouter de la musique rock, pop ou jazz. Les **salles de bal**, très anciennes, constituent l'une des spécialités de Berlin et bénéficient aujourd'hui d'un grand regain d'intérêt qui n'est pas uniquement lié au nombre croissant de tubes. On y vient essentiellement pour guincher et flirter au son de la musique live.
Contrairement aux traditionnelles salles de bal, les **clubs berlinois** subissent un perpétuel changement, ce qui contribue également à leur animation. Des clubs qui ouvrent aujourd'hui peuvent tout à fait fermer le mois suivant. C'est pourquoi il est conseillé de consulter le magazine de la ville *(Stadtmagazine)* ou les magazines gratuits, tels que *030* ou *Flyer*, disponibles dans les cafés, pour s'informer sur les clubs du moment. Considérez donc également avec beaucoup de prudence notre sélection de salles ci-dessous.
Enfin, s'il vous reste un peu d'argent à la fin de votre séjour berlinois (ou si vous avez tout perdu), vous pouvez tenter votre chance aux jeux de hasard de la capitale : le casino et la maison de jeu *(Spielbank)* ouvrent leurs portes dès l'après-midi.

MUSIQUE LIVE

Café Harlem – *Rodenbergstraße 37 - 10439 Prenzlauer Berg - Ⓢ + Tram Schönhauser Allee - ☎ 444 56 54 - www.cafe-harlem.de.* Les styles de musique les plus divers sont ici joués sur une petite scène. Sur les murs et au plafond, sur les rebords de fenêtre et le comptoir, dans tous les coins et niches, on peut apercevoir des photos, des instruments de musique et nombre d'autres objets intéressants.

Flöz – *Nassauische Straße 37 - 10717 Wilmersdorf - Tram Blissestraße, Berliner Straße - ☎ 861 10 00 - www.floez-berlin.de.* Dans le Flöz, une institution berlinoise de plus de 25 ans, on peut écouter tous les jours divers styles de musique live ; en bref : un café au charme d'antan avec des musiciens d'aujourd'hui. Entrée généralement libre en semaine. On peut, par exemple, assister chaque mardi à des démonstrations de musique blues et rock.

Junction Bar – *Gneisenaustraße 18 - 10961 Kreuzberg - Tram Gneisenaustraße - ☎ 694 66 02 - www.junction-bar.de.* Cet endroit est célèbre à Kreuzberg. La soirée commence avec de la musique live (du jazz est toujours au programme le dimanche), puis les disc-jockeys optent pour de la black music, du funk, du hip-hop et du soul jusqu'au petit matin.

Quasimodo – *Kantstraße 12a - 10623 Charlottenburg - Ⓢ + Tram Zoologischer Garten - ☎ 312 80 86 - www.quasimodo.de.* Le Quasimodo, qui fait partie du Delphi Filmpalast, est un club très renommé pour la musique live ; bien que le jazz soit à l'honneur, on peut aussi y écouter du blues, ainsi que de la musique soul et folk. Outre des musiciens de concerts de renommée internationale, s'y produisent également des musiciens locaux le mardi et le mercredi.

Wild at Heart – *Wiener Straße 20 - 10999 Kreuzberg - Tram Görlitzer Bahnhof - ☎ 611 70 10 - www.wildatheartberlin.de.*

Ce club de musique installé dans un ancien cinéma propose, outre des concerts (rock 'n' roll, punk, independent, soit tous les styles de musique avant la naissance de la musique électronique), des soirées animées par des disc-jockeys.

Jazz

A-Trane – *Bleibtreustraße 1 - 10623 Charlottenburg - Ⓢ Savignyplatz - ☎ 313 25 50 - www.a-trane.de.* Le A-Trane est un club de jazz chic et décontracté à l'excellente réputation. Nombre de musiciens célèbres, tels que Herbie Hancock, Ray Brown, Wynton Marsalis et bien d'autres encore, se sont produits sur sa scène. La nuit du samedi au dimanche, après les concerts habituels, ont lieu des séances de free-jazz jusqu'à l'aube.

b-flat – *Rosenthaler Straße 13 - 10119 Mitte - Tram Weinmeisterstraße - ☎ 280 63 49.* Bar à cocktails et club de jazz proposant des concerts cinq fois par semaine (salsa le jeudi, tango le dimanche). Le b-flat mêle tradition et modernité, réflexion et détente, tout en mettant en valeur la diversité de la musique jazz.

Badenscher Hof – *Badensche Straße 29 - 10715 Wilmersdorf - Tram Berliner Straße, Blissestraße - ☎ 861 00 80 - www.badenscher-hof.de - tlj sf dim.* Des concerts s'y déroulent plusieurs jours par semaine (généralement le week-end), avec une préférence pour le modern jazz et la « cajun food » de La Nouvelle-Orléans.

Kunstfabrik Schlot – *Chausseestraße 18 - 10115 Mitte - Ⓢ Nordbahnhof, Tram Zinnowitzer Straße - ☎ 448 21 60 - www.kunstfabrik-schlot.de.* Cette usine, où furent autrefois fabriquées les premières lampes à incandescence allemandes, est aujourd'hui dédiée au jazz. Certains soirs, ce club accueille également des spectacles de cabaret.

Salles de bal

Ballhaus Berlin – *Chausseestraße 102 - 10115 Mitte - Ⓢ Nordbahnhof, Tram Zinnowitzer Straße - ☎ 287 75 75 - www.ballhaus-berlin.de.* Cette salle de bal berlinoise au parfum des années 1920 ouvre ses portes le vendredi et le samedi. On s'assoit autour de la piste de danse ou au balcon ; les invitations à danser (et plus) ont lieu via les téléphones de table. La musique est jouée par un orchestre live ou un disc-jockey se charge de changer les disques, alternant tubes et succès d'antan.

Ballhaus Walzerlinksgestrickt – *Am Tempelhofer Berg 7d - 10965 Kreuzberg - Tram Platz der Luftbrücke - ☎ 69 50 50 00 - www.walzerlinksgestrickt.de.* Cette salle de bal possède la plus célèbre piste de la scène de danse libre de Berlin. La grande salle de cette ancienne brasserie accueille des danseurs de tous âges le mercredi et le vendredi pour des spectacles de danse principalement latino-américains.

Café Keese – *Bismarkstraße 108 - 10625 Charlottenburg - Tram Ernst-Reuter-Platz - ☎ 312 91 11 - www.cafekeese-berlin.de - tlj sf mar. et mer. (thé dansant dim. et lun. ap.-midi).* Le café Keese est un lieu de danse apprécié qui propose de la musique live et compte 700 sièges répartis autour de quelque 135 tables (avec téléphones de table). Ce sont (presque) toujours les femmes qui choisissent leur cavalier, la règle de la maison étant la suivante : « Un homme invité à danser par une dame ne peut pas refuser. »

Clärchen's Ballhaus – *Auguststraße 24-25 - 10117 Mitte - Ⓢ Oranienburger Straße, Tram Weinmeisterstraße - ☎ 282 92 95 - www.claerchen-ballhaus.de.* Cette très traditionnelle salle de bal du quartier de Spandau appartient à la même famille depuis 1913. Ses haut-parleurs diffusent à la fois des succès d'antan et des tubes sur lesquels on peut danser. Le mercredi est consacré à une initiation aux pas du tango et la salle de bal est également ouverte le vendredi et le samedi.

Clubs et discothèques

Casino – *Mühlenstraße 26-30 - 10243 Friedrichshain - Ⓢ + Tram Warschauer Straße - ☎ 29 00 97 99 - www.casino-bln.de.* Ces anciens bâtiments du chemin de fer et de l'industrie, situés dans l'East Side Gallery, sont devenus un lieu important de la scène des clubs berlinois au cours des dernières années. Le Casino (généralement ouvert le vendredi et le samedi à partir de 23h) est un immense club (725 m^2) dédié aux musiques techno et house, avec des projections de diapositives pleines de créativité.

Delicious Doughnuts – *Rosenthaler Straße 9 - 10119 Mitte - Ⓢ Hackescher Markt, Tram Weinmeisterstraße - ☎ 28 09 93 74.* Salle de style à tendance club ouverte tous les jours et accueillant des disc-jockeys variés ; des couleurs chaudes, des rideaux en velours, des jeux de lumières et de miroirs, ainsi que des sièges confortables disposés en petits groupes font la particularité de ce lieu.

Duncker – *Dunckerstraße 64 - 10439 Prenzlauer Berg - Ⓢ Prenzlauer Allee - ☎ 445 95 09.* La sombre façade en briques de ce bâtiment cache le club Duncker, ouvert tous les jours sauf le mercredi. Chaque jour a son thème, tel que le « Dark Monday » (musiques dark et wave) le lundi, ou la « Hippie Shake » le mardi, avec de la musique des années 1960 et 1970, le week-end étant consacré à la musique independent. On apprécie également les concerts gratuits du jeudi.

Far Out – *Kurfürstendamm 156 - 10709 Wilmersdorf - Tram Adenauerplatz - ☎ 32 00 07 17.* Cette discothèque, située en face de la Schaubühne, accueille chaque mardi à partir de 19h une « After Work Party » ; entrée gratuite le mercredi pour toutes les personnes âgées de plus de 30 ans. Des disc-jockeys « d'avant-garde » proposent les styles de musique les plus divers tous les jours de la semaine (sauf le lundi), touchant ainsi un public varié.

Knaack Club – *Greifswalder Straße 224 - 10405 Prenzlauer Berg - Ⓢ + Tram Alexanderplatz, Tram 2, 3, 4 Am Friedrichshain -*

☎ 441 11 47 - *www.knaack-berlin.de.* Le Knaack Club, installé dans une maison sur cour du Prenzlauer Berg, existait déjà à l'époque de la RDA. Il est réparti sur plusieurs niveaux, chacun d'entre eux ayant son propre caractère : le Dizzy Lounge organise un karaoké le lundi, tandis que la salle de concerts accueille régulièrement des concerts d'un genre plutôt bruyant avec, par exemple, les Berliner Bands le mercredi ; le week-end, plusieurs pistes accueillent les danseurs.

Oxymoron – *Hackesche Höfe/Rosenthaler Straße 40-41 - 10718 Mitte - Ⓢ Hackescher Markt, Tram Weinmeisterstraße - ☎ 28 39 18 86 - www.oxymoron-berlin.de.* L'Oxymoron, installé au premier étage des Hackesche Höfe, abrite un restaurant et un café le jour (ouverts à partir de 11h) avec un salon-bar et un night-club chic et mondain la nuit (le mercredi à partir de 20h, le vendredi et le samedi à partir de 23h). D'autres manifestations s'y déroulent également de temps à autre, telles que des défilés de mode et des concerts, *voir également Informations pratiques : « Restauration ».*

Sage Club – *Brückenstraße 1 - 10179 Mitte - Tram Heinrich-Heine-Straße - ☎ 278 98 30 - www.sage-club.de.* Le Sage Club est l'un des clubs les plus beaux et les plus innovants de la capitale ; il dispose de plusieurs pistes de danse et salons, ainsi que d'une zone de plein air avec piscine. Sa décoration intérieure est pleine de fantaisie et très colorée, avec des citations architecturales, des personnages fantastiques et, au-dessus de la piste de danse, un dragon crachant du feu. Ses portes sont ouvertes du jeudi au dimanche de 22h à 23h. La file d'attente est souvent longue.

Soda Club – *Knaackstraße 97 - 10435 Prenzlauer Berg - Tram Eberswalder Straße - ☎ 44 05 87 09 - www.soda-berlin.de.* Le très moderne Soda Club est installé dans la Kulturbrauerei, au-dessus du restaurant du même nom. Les amateurs de musique house, soul, R & B et black music trouveront leur bonheur ici le week-end, tandis que la salsa est à l'honneur le jeudi et le dimanche.

Sophienclub – *Sophienstraße 6 - 10178 Mitte - Ⓢ Hackescher Markt, Tram Weinmeisterstraße - ☎ 282 45 52.* Ce petit club sans prétention, situé à l'arrière des Hackesche Höfe, est aujourd'hui, avec ses deux pistes de danse, l'un des tout premiers night-clubs du quartier de Mitte. Ses portes sont ouvertes du mardi (britpop) au samedi (on y entend principalement de la black music et du mainstream le week-end).

Tresor/Globus – *Leipziger Straße 126a - 10117 Mitte - Ⓢ + Tram Potsdamer Platz - ☎ 229 06 11 - www.tresorberlin.de - mer., ven. et sam. à partir de 23h.* Le Tresor est l'un des clubs créés après la chute du mur et qui vit l'arrivée et le développement de la musique techno à Berlin. Au rez-de-chaussée, on y joue de la house music. Le sous-sol, ancienne salle des coffres du grand magasin Wertheim où se trouvent encore, entre autres, les compartiments des coffres-forts rouillés, est dédié à la musique techno et rien d'autre.

Trompete – *Lützowplatz 9 - 10785 Tiergarten - Tram Nollendorfplatz - ☎ 23 00 47 94 - www.trompete-berlin.de - tlj sf lun.* À l'affiche du Trompete – un club avec musique live et disc-jockeys, salon chic et jardin d'été – un programme très souvent remanié. Un élément qui ne change toutefois jamais : l'After-Work-Lounge de Radio Eins à 19h le jeudi. Aucun panneau pour indiquer l'endroit dont on repère seulement l'entrée grâce à une trompette du cofondateur Ben Becker en vitrine.

JEUX DE HASARD

Casino Berlin – *Alexanderplatz - 10178 Mitte - Ⓢ + Tram Alexanderplatz - ☎ 23 89 31 44 - www.casino-berlin.de.* Le casino de Berlin (ouvert tous les jours à partir de 15h) occupe l'étage supérieur du Forum Hotel, sur l'Alexanderplatz, à 127 m d'altitude.

Spielbank Berlin – *Marlene-Dietrich-Platz 1 - 10785 Tiergarten - Ⓢ + Tram Potsdamer Platz - ☎ 25 59 90 - www.spielbank-berlin.de.* La maison de jeu (Spielbank) de Berlin se trouve au cœur du tout nouveau siège de Daimler-Chrysler, avec le Casino Royal et le Casino Leger qui ouvrent leurs portes tous les jours à 14h.

Cafés, bistrots et bars

Berlin ne possède pas une scène unique regroupée autour d'un lieu central. Tous les quartiers de la capitale proposent, en effet, aux visiteurs un grand nombre de bistrots, de cafés et de bars. Chacun peut y trouver son bonheur, quel que soit son budget et surtout sans être perturbé par des horaires de fermeture contraignants. Les établissements également ouverts de jour sont énumérés dans les carnets d'adresses propres aux différents chapitres consacrés à la description des curiosités. Vous pouvez ainsi organiser plus facilement vos visites en prévoyant une halte, plus ou moins longue, dans l'un d'entre eux.

Les établissements aux horaires de fermeture plus tardifs sont, en revanche, répertoriés ci-dessous.

Quartiers de la scène

CHARLOTTENBURG

La Savignyplatz constitue le cœur de l'ancien et très varié « quartier des sorties » de Charlottenburg. Les Schlüterstraße, Bleibtreustraße, Knesebeckstraße et Gormannstraße abritent surtout de nombreux établissements gastronomiques.

Gainsbourg-Bar américain – *Savignyplatz 5 - Ⓢ Savignyplatz - ☎ 313 74 64 - à partir de 17h.* Ce bar à cocktails discret de la Savignyplatz, la plupart du temps bien rempli, est dédié au célèbre chanteur Serge Gainsbourg. On se retrouve ici dans l'une des deux petites salles en demi-jour ou sur la terrasse avec pergola.

Terzo Mondo – *Grolmanstraße 28 - Ⓢ Savignyplatz - ☎ 881 52 61 - à partir de 18h.* Le Terzo Mondo n'a heureusement pas beaucoup changé en 30 ans. La décoration intérieure date encore de l'époque avant laquelle les designers s'attelèrent à la décoration des cafés, bars et bistrots. Le patron barbu est célèbre pour sa participation à la série *Lindenstraße* ; dans son restaurant grec de la Savignyplatz, il monte régulièrement lui-même sur scène pour y jouer de la guitare.

Galerie Bremer – *Fasanenstraße 37 - Tram Spichernstraße - ☎ 881 49 08 - à partir de 20h.* À l'arrière de la très renommée Galerie Bremer, que l'on remarque à peine de l'extérieur, se trouve un bar à cocktails discret. Sa décoration intérieure a été réalisée par Hans Scharoun en 1955.

Vous trouverez d'autres adresses utiles dans le carnet d'adresses du chapitre KURFÜRSTENDAMM (Centre-ville).

FRIEDRICHSHAIN

La Simon-Dach-Straße de Friedrichshain et ses rues latérales forment le tout dernier né des quartiers de la Scène de la capitale. Il attire essentiellement les jeunes et les alternatifs.

J. Gläser/PRESSE- UND INFORMATIONSAMT DES LANDES BERLIN

Un café de Friedrichshain.

Astro-Bar – *Simon-Dach-Straße 40 - Ⓢ + Tram Warschauer Straße, Tram Frankfurter Tor - ☎ 29 66 16 15 - www.astro-bar.de - à partir de 18h.* La façade de l'Astro-Bar ne se remarque pas particulièrement dans la Simon-Dach-Straße mais l'arrière-salle de l'établissement, souvent bruyante et enfumée, avec ses meubles en plastique des décennies passées, contribue d'une manière unique à nourrir le thème du cosmos. Tard le soir, des disc-jockeys se chargent souvent de créer un « état cosmique ».

Die Tagung – *Wühlischstraße 29 - Ⓢ + Tram Warschauer Straße, Tram Frankfurter Tor - www.die-tagung.de - à partir de 19h.* Le charme de ce bistrot sombre et quelque peu démodé réside dans sa décoration intérieure composée de souvenirs de la RDA, avec des bustes, panneaux et affiches en tout genre qui occupent jusqu'au dernier coin de la salle.

Vous trouverez d'autres adresses utiles dans le carnet d'adresses du chapitre FRIEDRICHSHAIN (Centre-ville).

KREUZBERG

Les légendaires « nuits de Kreuzberg » sont aujourd'hui encore d'actualité. Après avoir joui d'une réputation plutôt mauvaise dans les années qui suivirent la chute du mur, l'ancien fief de la « Scène » de Berlin-Ouest jouit aujourd'hui d'un regain d'intérêt. La vie de la Scène est plutôt décentralisée mais deux quartiers principaux se distinguent toutefois : le premier autour des Oranienstraße et Wiener Straße, le second près de la Bergmannstraße, entre la Chamissoplatz et la Marheinekeplatz.

Intertank – *Manteuffelstraße 47 - Tram Görlitzer Bahnhof - ☎ 611 64 81 - www.intertank.org - à partir de 20h.* Une musique forte et parfois des diffusions de matchs de football attirent des amateurs endurcis à l'Intertank. Déconseillé aux âmes sensibles.

Matto – *Chamissoplatz 4 - Tram Mehringdamm, Platz der Luftbrücke - ☎ 691 40 21 - www.mattoserviert.de - à partir de 18h.* « Matto regiert » est le titre d'un roman de Friedrich Glausner, dont le portrait orne les salles accueillantes de ce café-restaurant de la Chamissoplatz. L'été, on peut également s'asseoir dehors. Parfois, des manifestations musicales et littéraires s'y déroulent aussi.

Wiener Blut – *Wiener Straße 14 - Tram Görlitzer Bahnhof - ☎ 618 90 23 - à partir de 18h, dim. à partir de 16h.* Quel changement ! Ce bistrot autrefois fréquenté par des générations d'étudiants de Kreuzberg est aujourd'hui devenu un salon meublé de canapés en cuir orange foncé en demi-cercle. Des disc-jockeys y animent certaines soirées et on peut même y écouter de la musique live.

Würgeengel – *Dresdner Straße 122 - Tram Kottbusser Tor - ☎ 615 55 60 - www.wuergeengel.de - à partir de 19h.* Des lustres embellissent la décoration intérieure rouge sombre de cet agréable bar à cocktails au nom quelque peu étrange (Ange exterminateur). Il s'agit en fait d'une référence à l'un des films de Luis Buñuel.

Vous trouverez d'autres adresses utiles dans le carnet d'adresses du chapitre KREUZBERG (Centre-ville).

MITTE

Le quartier de Spandau est le plus varié de la scène berlinoise, y compris quant à ses habitués. L'Hackescher Markt, les arcades du métro express (S-Bahnbögen), l'Oranienburger Straße et ses rues adjacentes, ainsi que la nouvelle Schönhauser Straße sont bordés d'innombrables cafés bigarrés. Ces rues sont particulièrement animées l'été.

Anna Koschke – *Krausnickstraße 11 - Tram Oranienburger Straße, Hackescher Markt - ☎ 283 55 38 - à partir de 17h.* Cet agréable bistrot familial du quartier des Clochards (Kiez) est installé dans une rue adjacente à l'Oranienburger Straße. L'établissement doit son nom à la grand-mère poméranienne de la propriétaire. Les murs sont décorés de portraits de famille et de témoignages d'époque datant de 1905, année d'arrivée de la propriétaire dans cet endroit.

The Pip's – *Auguststraße 84 - S Oranienburger Straße, Tram Oranienburger Tor - ☎ 282 45 12 - www.thepips.de - tlj sf dim. à partir de 20h, ven.-sam. à partir de 21h.* The Pip's est un bar à cocktails chamarré et moderne au comptoir en rond décoré de boules scintillantes. Tous les soirs des disc-jockeys (musique soul, latino et funk) font bouger les habitués sur la petite piste de danse.

Vous trouverez d'autres adresses utiles dans le carnet d'adresses du chapitre consacré au QUARTIER DE SPANDAU (Centre-ville).

PRENZLAUER BERG

La vie nocturne du Prenzlauer Berg se déroule dans plusieurs endroits : tout d'abord sur la Kollwitzplatz et dans les rues qui l'entourent, mais également sur la Helmholzplatz et dans ses environs, ainsi que dans les rues situées autour de la Kastanienallee et de l'Oderberger Straße. Depuis la chute du mur, cet ancien quartier ouvrier est l'un des plus appréciés de Berlin pour les sorties.

Bla-Bla – *Sredzkistraße 19a - Tram Eberswalder Straße - ☎ 44 05 20 08 - à partir de 19h.* Très vieux bistrot aménagé dans le salon d'un ancien appartement situé au rez-de-chaussée (près de la Kulturbrauerei). Une fois la nuit tombée, les habitants et visiteurs du Prenzlauer Berg, après avoir fait le tour de tous les bistrots, viennent s'affaler dans les fauteuils et canapés usés de cet établissement ou s'accouder à son comptoir, éclairé par une guirlande lumineuse.

Drei – *Lychener Straße 30 - Tram Eberswalder Straße - ☎ 44 73 84 71 - à partir de 18h, dim. à partir de 10h.* Cet endroit porte bien son nom (Trois), puisqu'il abrite à la fois un restaurant asiatique à la mode, un bar décontracté et un salon douillet. Remarquer le style très pur de la décoration, avec un sol en pierre couleur crème, des banquettes en cuir marron-beige et un comptoir en demi-cercle baigné par une discrète lumière rouge.

Hausbar – *Rykestraße 54 - Tram Eberswalder Straße, Senefelder Platz -☎ 44 04 76 06 - à partir de 19h.* Sympathique « mini bar » rouge-orange au plafond orné de stucs dorés et d'anges, fréquenté par les habitués plus chic de la Scène du Prenzlauer Berg.

La Bodeguita del Medio – *Lychener Straße 6 - Tram Eberswalder Straße - ☎ 442 96 98 - à partir de 18h.* Tout comme ceux de l'original, situé à la La Havane, les murs de cet établissement sont décorés de commentaires plus ou moins artistiques de ses hôtes. Les bons cocktails, la musique cubaine et le service donnent à l'endroit un véritable parfum de Caraïbes au beau milieu du Prenzlauer Berg (où les bistrots cubains sont par ailleurs nombreux).

Müller-Lüdenscheid – *Sredzkistraße 45 - Tram Eberswalder Straße - ☎ 20 18 71 77 - tlj sf lun. à partir de 18h.* Cette taverne claire et conviviale propose à ses hôtes plus de 150 vins différents, dont plusieurs en dégustation libre, les cépages allemands étant à l'honneur.

Vous trouverez d'autres adresses utiles dans le carnet d'adresses du chapitre PRENZLAUER BERG (Centre-ville).

SCHÖNEBERG

À Schöneberg, le quartier des sorties s'étend de la Nollendorfplatz à la Winterfeldtplatz et de la Goltzstraße à l'Akazienstraße. Il constitue également un point de rendez-vous traditionnel pour la Scène gay et lesbienne.

Green Door – *Winterfeldtstraße 50 - Tram Nollendorfplatz - ☎ 215 25 15 - www.greendoor.de - à partir de 18h.* On entre par une porte verte dans ce bar à cocktails à la décoration vraiment singulière. Il attire essentiellement la bohème de Schöneberg.

Pinguin Club – *Wartburgstraße 54 - Tram Eisenacher Straße - ☎ 781 30 05 - à partir de 21h.* Des objets issus de l'histoire cinématographique et musicale des années 1950 et 1960, ainsi que, bien évidemment, des pingouins décorent l'intérieur de ce sympathique petit bistrot-club de Schöneberg.

Vous trouverez d'autres adresses utiles dans le carnet d'adresses du chapitre SCHÖNEBERG (Centre-ville).

WILMERSDORF

Les bars et bistrots de Wilmersdorf, chic pour la plupart, sont répartis autour de la Ludwigkirchplatz et le long de la Pariser Straße. On note une grande concentration d'établissements de style américain.

Castro's – *Pfalzburger Straße 72a - Tram Hohenzollernplatz, Uhlandstraße - ☎ 882 18 08 - www.castros.de - à partir de 18h.* Bar-restaurant chic et discret aux parfums caraïbes et créoles.

Zur weißen Maus – *Ludwigkirchplatz 12 - Tram Hohenzollernplatz, Uhlandstraße - ☎ 88 67 92 88 - à partir de 20h.* La « Weiße Maus » (Souris blanche) est un petit bar à cocktails que l'on pourrait presque qualifier de « douillet », situé sur la Ludwigkirchplatz. Il est fréquenté par de nombreux habitués de la Scène de Wilmersdorf, ce qui lui confère son ambiance familière et intime.

Vous trouverez d'autres adresses utiles dans le carnet d'adresses du chapitre WILMERSDORF (Centre-ville).

Un parfum de « vieux Berlin »

Dicke Wirtin – *voir Kurfürstendamm.*
Gambrinus – *voir Spandauer Vorstadt.*
Gasthaus Ranke – *voir Kurfürstendamm.*
Großbeerenkeller – *voir Kreuzberg.*
Metzer Eck – *voir Prenzlauer Berg.*
Mutter Hoppe – *voir Nikolaiviertel.*
Wirtshaus Wuppke – *voir Kurfürstendamm.*

Biergarten

Café am Neuen See – *voir Tiergarten.*
Golgatha – *voir Kreuzberg.*
Pfefferberg – *voir Prenzlauer Berg.*
Prater Biergarten – *voir Prenzlauer Berg.*
Schleusenkrug – *voir Tiergarten.*

Bars à cocktails et salons

Bar am Lützowplatz – *voir Tiergarten.*
Harry's New York Bar – *voir Tiergarten.*
lore.berlin – *Neue Schönhauser Straße 20 - 10718 Mitte - S Hackescher Markt, Tram Weinmeisterstraße - ☎ 28 04 51 34 - www.lore-berlin.de - à partir de 19h, ven.-sam. à partir de 21h.* Les deux camions de l'entrée rappellent que ce lieu, où l'on boit aujourd'hui des cocktails dans une ambiance de club à la mode et sur la petite piste duquel on danse, accueillait autrefois la cave à charbon des Kurt-Berndt-Höfe, située juste au-dessus. 33 m, telle est la longueur record du comptoir du lore.berlin, qui a conservé ses teintes anthracite.
925 Loungebar – *Taubenstraße 19 - 10117 Mitte - Tram Hausvogteiplatz, Stadtmitte - ☎ 20 18 71 77 - à partir de 17h.* Un bar à cocktails rouge flamboyant situé sur le Gendarmenmarkt : la salle, le mobilier et la lumière sont rouges, l'attraction principale du lieu étant son comptoir rectangulaire couleur argent, composé de Sterling Argent 925, qui expliquent son nom.
Paris 15 – *Pariser Straße 15 - 10719 Wilmersdorf - Tram Hohenzollernplatz, Uhlandstraße - ☎ 881 87 51 - à partir de 22h.* Au Paris 15, les cocktails sont de véritables œuvres d'art – à 11€ pièce, ils ne font certes pas partie des moins chers de la ville, mais les hôtes sont au moins assurés d'en avoir pour leur argent. La lumière bleu soutenu de la fenêtre rafraîchit quelque peu l'atmosphère de cette salle chaude aux tons bruns et rouille.
Riva Bar – *Dircksenstraße/S-Bahnbogen 142 - 10178 Mitte - S Hackescher Markt - ☎ 24 72 26 88 - à partir de 18h.* Ce bar à cocktails a élu domicile dans l'une des arcades du métro express (S-Bahnbögen), à proximité immédiate du Hackescher Markt. Bien que le Riva Bar ne soit pas du tout un bar des sports, son nom est un hommage au champion de football Luigi Riva. On s'assoit sous une voûte particulièrement colorée et baignée par une agréable lumière, autour du comptoir ovale situé au centre de la salle ou sur de confortables banquettes en cuir.
Universum Lounge – *voir Kurfürstendamm.*
Viktoria-Bar – *Potsdamer Straße 102 - 10785 Tiergarten - Tram Kurfürstenstraße, Bülowstraße - ☎ 25 75 99 77 - www.victoriabar.de - à partir de 18h.* Des vitres sombres dissimulent cette salle de cocktails au charme discret en forme de tuyau. On remarque derrière le comptoir le contraste entre la décoration volontaire des murs, couverts de vagues blanc-gris ajourées de discrets contreplaqués, et le grand tableau noir et blanc, point de mire du bar.

Achats

La principale artère commerçante de Berlin est aujourd'hui encore le **Kurfürstendamm** (et la Tauentzienstraße qui le prolonge) avec le KaDeWe, l'Europa-Center et nombre d'autres magasins et centres commerciaux. Plusieurs de ses rues adjacentes, telles que la Uhlandstraße, sont également bordées de magasins ; la Wilmersdorfer Straße est une zone piétonnière très centrale ; les toutes récentes **Leibnizkolonnaden**, entre la Leibnizstraße et la Wielandstraße, accueillent des magasins exclusifs indépendants ; les belles boutiques se concentrent dans la **Fasanenstraße**, tandis que les antiquaires ont élu domicile dans la Keithstraße et la Kalckreuthstraße. Les **Postdamer Platz Arkaden** (arcades de la Postdamer Platz) constituent le cœur commercial de la nouvelle Potsdamer Platz. Vous pouvez également faire des achats intéressants dans la **Friedrichstraße**, où se trouvent les Galeries Lafayette, et les **Friedrichstadtpassagen**. Les abords de l'**Alexanderplatz** et de la Galeria Kaufhof sont aussi propices au shopping, tout comme le Nikolaiviertel. Les différents quartiers de la capitale possèdent, par ailleurs, leurs propres rues commerçantes, telles que la Schloßstraße de Steglitz, qui abritent à la fois des grands magasins et des petites boutiques. Les principaux quartiers de la scène répertoriés pour leurs cafés, bars et

H. Champollion/MICHELIN

Friedrichstadtpassagen.

bistrots, ne sont pas seulement appréciés pour leur vie nocturne, ils sont également très animés en journée grâce à leurs nombreuses boutiques. Ils ne comptent, en effet, pas beaucoup de grands magasins et d'enseignes illustres, mais plutôt d'innombrables petites boutiques et magasins indépendants, ou encore originaux, qui invitent au shopping. Ces derniers se concentrent surtout autour du **Hackescher Markt**, des Hackeschen Höfe et de la Neue Schönhauser Straße, ainsi qu'aux abords de la **Savignyplatz** (qui compte un grand nombre d'antiquaires) et de la **Bergmannstraße**. Ne manquez pas les deux premiers quartiers cités si vous vous intéressez à la **Galerie-Szene de Berlin**, qui se concentre ici (pour plus de détails et de renseignements : Landesverband der Berliner Galerien e.V., Uhlandstraße 184, 10623 Berlin, ☎ 88 62 91 13, fax 881 86 10 ; www.berliner-galerien.de). Mais les alentours de la **Kollwitzplatz**, de la **Winterfeldtplatz** et de l'**Oranienstraße** mettent aussi à la disposition des visiteurs de multiples boutiques et magasins attrayants.

Centres commerciaux

Europa-Center – *Tauentzienstraße 9 - 10789 Charlottenburg - Ⓢ + Tram Zoologischer Garten, Tram Kurfürstendamm - ☎ 348 00 88 - www.europacenter.de - tlj sf dim. 9h-20h.* L'Europa-Center n'abrite pas seulement des bureaux mais également un centre commercial. Lorsqu'il ouvrit ses portes dans les années 1960, il était l'un des premiers du genre. La mode constitue le point fort de ses boutiques. Outre des enseignes illustres, on y trouve aussi d'innombrables petits commerces indépendants.

Friedrichstadtpassagen (Quartier 205-207) – *Friedrichstraße 67-76 - 10117 Mitte - Tram Französische Straße, Stadtmitte - tlj sf dim. 10h-20h, sam. 10h-16h.* Les Friedrichstadtpassagen se composent de trois ensembles de bâtiments, reliés les uns aux autres sous terre. Chacun des trois dits « quartiers » a son propre concept, non seulement en matière d'architecture, mais également quant à son atmosphère et aux magasins qu'il abrite.

Potsdamer Platz Arkaden – *Alte Potsdamer Straße 7 - 10785 Tiergarten - Ⓢ + Tram Potsdamer Platz - ☎ 255 92 70 - www.potsdamer-platz-arkaden.de - tlj sf dim. 9h30-20h, sam. 9h-16h.* Les arcades de la Potsdamer Platz abritent quelque 120 boutiques, essentiellement dans les domaines de la mode et de l'habillement, ainsi que plusieurs établissements gastronomiques, répartis sur trois étages, dans le nouveau siège social de DaimlerChrysler (architecte Renzo Piano).

Stilwerk – *Kantstraße 17 - 10623 Charlottenburg - Ⓢ Savignyplatz - ☎ 31 51 50 - www.stilwerk.de - tlj sf dim. 10h-20h, sam. 10h-16h.* Un centre commercial à l'architecture intéressante qui mérite à elle seule le coup d'œil. Dans le Stilwerk, on peut admirer sur plusieurs étages un choix impressionnant de beaux meubles, accessoires et bibelots, et bien d'autres choses encore.

Grands magasins

Department Store – *Friedrichstraße 71 - 10117 Mitte - Tram Französische Straße, Stadtmitte - ☎ 20 94 68 00 - www.quartier206.com - tlj sf dim. 9h30-20h, sam. 9h-16h.* Le très élégant Department Store constitue le cœur du Quartier 206. On ne trouve nulle part ailleurs dans Berlin une telle concentration de produits de luxe, notamment dans les domaines de la mode, des chaussures, des accessoires, des bijoux ou encore des cigares.

Galeria Kaufhof – *Alexanderplatz 9 - 10178 Mitte - Ⓢ + Tram Alexanderplatz - ☎ 24 74 30 - www.galeria-kaufhof.de - tlj sf dim. 9h-20h, sam. 9h-16h.* Le grand magasin Galeria Kaufhof, situé à proximité immédiate de la gare d'Alexanderplatz, est le plus important de ce quartier. À l'époque de la RDA, ce bâtiment abritait déjà un grand magasin apprécié.

Galeries Lafayette – *Französische Straße 23 - 10117 Mitte - Tram Französische Straße, Stadtmitte - ☎ 20 94 80 - www.galeries-lafayette.de - tlj sf dim. 9h30-20h, sam. 9h-16h.* Le locataire principal du Quartier 207 des Friedrichstadt-passagen est le magasin berlinois des Galeries Lafayette, célèbre enseigne parisienne. On y trouve principalement des articles de mode (trois étages) et les gourmets ne manqueront pas de prévoir un passage au sous-sol qui propose une riche sélection de spécialités françaises et internationales. Le cône lumineux, imaginé par l'architecte Jean Nouvel, à l'intérieur du magasin, mérite à lui seul le coup d'œil.

KaDeWe – *Tauentzienstraße 21-24 - 10789 Schöneberg - Tram Wittenbergplatz - ☎ 212 10 - www.kadewe.de - tlj sf dim. 9h30-20h, sam. 9h-16h.* Ce grand magasin de l'Ouest, âgé de près de 100 ans, propose quelque 380 000 articles, répartis sur huit étages, et constitue incontestablement, aujourd'hui encore, la principale enseigne de la capitale. Ne pas manquer le légendaire étage des gourmets qui propose une incroyable sélection de produits.

Ph. Gajic/MICHELIN

Au KaDeWe.

Wertheim – *Kurfürstendamm 231 - 10719 Charlottenburg - S + Tram Zoologischer Garten, Tram Kurfürstendamm - ☎ 88 00 30 - www.wertheim.de - tlj sf dim. 9h30-20h, sam. 9h-16h.* Le Wertheim am Ku'damm, très ancien magasin modernisé, est le plus important de cette chaîne à Berlin. Vous y trouverez tout ce que vous cherchez.

Magasins et boutiques

ARTICLES DE LUXE

Bulgari – *voir Kurfürstendamm.*
Cartier – *voir Kurfürstendamm.*
Cerruti 1881 – *voir Kurfürstendamm.*
Chanel – *voir Kurfürstendamm.*
Escada – *voir Gendarmenmarkt.*
Gucci – *voir Kurfürstendamm.*
Jean Paul Gaultier – *voir Gendarmenmarkt.*
Louis Vuitton – *voir Kurfürstendamm.*
Prada – *voir Kurfürstendamm.*
Yves Saint Laurent – *voir Kurfürstendamm.*

ARTICLES DE MODE

Benetton – *Kurfürstendamm 12 - 10719 Charlottenburg - S + Tram Zoologischer Garten - ☎ 88 71 33 30 - www.benetton.com - tlj sf dim. 10h-20h.* Cette célèbre enseigne est également représentée dans d'autres magasins, tels qu'au n° 209 du Kurfürstendamm (Charlottenburg) ou dans les arcades de la Potsdamer Platz.

GAP – *Tauentzienstraße 13 - 10789 Charlottenburg - S + Tram Zoologischer Garten, Tram Kurfürstendamm - ☎ 219 00 90 - tlj sf dim. 10h-20h, sam. 9h30-16h.* On trouve chez GAP, variante américaine de H & M, des vêtements décontractés et à la mode aux États-Unis.

Hennes & Mauritz – *Kurfürstendamm 237 - 10719 Charlottenburg - S + Tram Zoologischer Garten, Tram Kurfürstendamm - ☎ 884 87 60 - www.hm.com - tlj sf dim. 10h-20h, sam. 10h-16h.* On trouve à Berlin 23 magasins H & M qui proposent des vêtements jeunes et bon marché, entre autres aux adresses suivantes : Kurfürstendamm 20, Wilmersdorfer Straße 115, Tauentzienstraße 13 (Charlottenburg), Friedrichstraße 79-80 (Mitte) et dans les Potsdamer Platz Arkaden (arcades de la Potsdamer Platz).

Lacoste – *Kurfürstendamm 206-209 - 10719 Charlottenburg - S Savignyplatz, Tram Uhlandstraße - ☎ 88 67 69 45 - www.lacoste.de - tlj sf dim. 10h-20h, sam. 10h-16h.* On trouve une autre boutique Lacoste au n° 26 de l'avenue Unter den Linden (Mitte).

Mango – *Tauentzienstraße 17 - 10789 Charlottenburg - Tram Wittenbergplatz - ☎ 21 28 01 00 - www.mangoshop.de - tlj sf dim. 10h-20h, sam. 9h30-16h.* On peut acheter les articles « jeunes » et à la mode de Mango dans cette boutique, ainsi que sur le Kurfürstendamm (19-24, Charlottenburg) et dans les Potsdamer Platz Arkaden (arcades de la Potsdamer Platz).

Peek & Cloppenburg – *Tauentzienstraße 19 - 10789 Charlottenburg - Tram Wittenbergplatz - ☎ 21 29 00 - www.peekundcloppenburg.de - tlj sf dim. 10h-20h, sam. 9h-16h.* Le plus grand P & C de Berlin est installé sur six étages dans un bâtiment à l'intéressante architecture de verre ; les autres magasins P & C sont, entre autres, situés au n° 123 de la Schloßstraße (Steglitz) et au n° 109 de la Wilmersdorfer Straße (Charlottenburg).

Zara – *Tauentzienstraße 7a - 10789 Charlottenburg - S + Tram Zoologischer Garten, Tram Kurfürstendamm - ☎ 21 01 62 47 - tlj sf dim. 10h-20h, sam. 9h30-16h.* La mode espagnole chic est également représentée à Berlin depuis 2001, aussi bien dans cette boutique qu'au n° 236 du Kurfürstendamm (Charlottenburg), dans l'ancien cinéma de la maison de Marbre (Marmorhaus).

STYLISTES BERLINOIS

Babe Berlin – *voir Prenzlauer Berg.*
Bramigk – *voir Kurfürstendamm.*
Eisdieler – *voir Prenzlauer Berg.*
Friederike Fiebelkorn & Nanna

La mode berlinoise chez Lisa D.

H. Champollion/MICHELIN

Kuckuck – *voir Kurfürstendamm.*
GB – *voir Spandauer Vorstadt.*
Herz + Stöhr – *voir Schöneberg.*
Lisa D – *voir Spandauer Vorstadt.*
Luzifer – *voir Kreuzberg.*
Molotow – *voir Kreuzberg.*
Thatcher's Store – *voir Prenzlauer Berg.*
Vera Breitenbach – *voir Kreuzberg.*

BOUTIQUES DE MODE
Essenbeck – *voir Spandauer Vorstadt.*
Groopie deluxe – *voir Schöneberg.*
Hirschmann – *voir Schöneberg.*
Hotel – *voir Spandauer Vorstadt.*
Levi's Flagship Store – *voir Kurfürstendamm.*
Mey & Edlich – *voir Kurfürstendamm.*
Planet – *voir Kurfürstendamm.*
Respectmen – *voir Spandauer Vorstadt.*
Retro – *voir Spandauer Vorstadt.*
Tandem – *voir Gendarmenmarkt.*
To die for – *voir Spandauer Vorstadt.*
Veronika Pohle – *voir Kurfürstendamm.*
Vivaverde – *voir Schöneberg.*
Zeppelin – *voir Spandauer Vorstadt.*

ACCESSOIRES DE MODE
Bree – *voir Kurfürstendamm.*
Cover b – *voir Kurfürstendamm.*
Katharina Siegwart – *voir Spandauer Vorstadt.*
Kaufhaus Schrill – *voir Kurfürstendamm.*
Moda Mo – *voir Kurfürstendamm.*
Swatch – *voir Kurfürstendamm.*

CHAUSSURES
barfuss oder lackSCHUH – *voir Spandauer Vorstadt.*
Görtz – *voir Kurfürstendamm.*
Luccico – *voir Schöneberg.*
Oxford & Co. – *voir Schöneberg.*
Schuhbar – *voir Prenzlauer Berg.*
Schuhtick – *voir Kurfürstendamm.*
Trippen – *voir Spandauer Vorstadt.*

BIJOUX
Aqua Marin – *voir Kreuzberg.*
Axel Sedlatzek – *voir Kurfürstendamm.*
Bucherer – *voir Kurfürstendamm.*
Lalic – *voir Kurfürstendamm.*
Oona – Galerie für Schmuck – *voir Spandauer Vorstadt.*
Schmuckwerk – *voir Spandauer Vorstadt.*
Schwermetall – *voir Schöneberg.*
Scuderi – *voir Prenzlauer Berg.*

AUTRES ARTICLES
Adidas Originals Store – *voir Spandauer Vorstadt.*
Ararat – *voir Kreuzberg.*
Authentics Shop/Galerie – *voir Spandauer Vorstadt.*
Ave Maria – *voir Tiergarten.*
Berliner Zinnfiguren – *voir Kurfürstendamm.*
British Shop – *voir Spandauer Vorstadt.*
Bürgelhaus – *voir Unter Den Linden.*
DOM – *voir Spandauer Vorstadt.*
Form + design – *voir Kurfürstendamm.*
Galerie Jeanne Koepp – *voir Prenzlauer Berg.*
Gipsformerei – *voir Schloß Charlottenburg.*
KPM – *voir Tiergarten.*
Meißener Porzellan Unter den Linden *voir Unter Den Linden.*
Niketown – *voir Kurfürstendamm.*
Sony Style Store – *voir Potsdamer Platz.*

LIBRAIRIES
Artificium Kunstbuchhandlung – *voir Spandauer Vorstadt.*
Autorenbuchhandlung – *voir Kurfürstendamm.*
Berlin Story – *voir Unter Den Linden.*
Books in Berlin – *voir Kurfürstendamm.*
Buchladen im Kunsthof – *voir Spandauer Vorstadt.*
Bücherbogen – *voir Kurfürstendamm.*
Georg Büchner Buchladen – *voir Prenzlauer Berg.*
Grober Unfug – *voir Kreuzberg.*
Hammett – *voir Kreuzberg.*
Hugendubel – *voir Kurfürstendamm.*
Kulturkaufhaus Dussmann – *voir Unter Den Linden.*
Romanische Buchhandlung Andenbuch – *voir Kurfürstendamm.*

MARCHÉS

MARCHÉS COUVERTS
Arminius-Markthalle – *voir Moabit.*
Marheinicke-Halle – *voir Kreuzberg.*

MARCHÉS HEBDOMADAIRES
Chamissoplatz – *sam. 8h-14h - voir Kreuzberg.*
Hohenzollernplatz – *mer. et sam. 8h-13h - voir Wilmersdorf.*
Kollwitzplatz – *jeu. 12h-19h, sam. 9h-16h - voir Prenzlauer Berg.*
Maybachufer – *mar. et ven. 12h-18h30 - voir Kreuzberg.*
Winterfeldtplatz – *mer. et sam. 8h-14h - voir Schöneberg.*

MARCHÉS AUX PUCES
Berliner Antikmarkt – *tlj sf mar. 11h-18h - voir Unter Den Linden.*
Berliner Kunst- und Nostalgiemarkt – *w-end. 11h-17h - voir Unter Den Linden.*
Flohmarkt am Arkonaplatz – *dim. 10h-16h - voir Spandauer Vorstadt.*
Großer Trödelmarkt – *w.-end 8h-16h - voir Schöneberg.*
Trödel- und Kunstmarkt – *w.-end 10h-17h - voir Tiergarten.*

Détente et loisirs

Berlin est sans conteste une ville verte. À proximité immédiate du centre-ville historique se trouve le Tiergarten, « poumon vert » de la capitale. De nombreux et vastes parcs ont, en outre, été aménagés dans l'ensemble de l'agglomération berlinoise. Des forêts s'étendent aussi aux abords de la ville. Les lacs de Berlin sont, par ailleurs, propices à la baignade et offrent ainsi de nombreuses possibilités pour se détendre, tout en étant très proche du cœur de la ville, rendant ainsi une visite de Berlin en été tout à fait agréable. L'hiver, lorsque les étendues d'eau sont gelées, vous pourrez échanger votre maillot de bain contre des patins à glace. En bref, si vous séjournez un certain temps à Berlin, quelle que soit la saison, vous pourrez aussi en profiter pour découvrir la nature environnante.

FORÊTS ET PARCS

Les 15 562 ha de forêt berlinoise se concentrent à la périphérie de la ville, où se succèdent cinq zones forestières importantes. Les conifères dominent, l'arbre le plus représenté étant le pin, suivi du bouleau.
La plus grande forêt berlinoise est celle de Köpenick (Köpenicker Forst) qui entoure le Großer Müggelsee, paysage varié abritant le plus grand parc protégé de Berlin. En terme de taille, la deuxième forêt est celle de Grunewald (ancienne réserve de chasse), au Sud-Ouest, avec les lacs de Grunewald (Grunewaldseen), forêt reliée à celle de Düppel (Düppeler Forst). Au Nord-Est se trouvent les forêts de Tegel et de Spandau (Tegeler Forst et Spandauer Forst, la région forestière de Berlin la plus riche en faune et flore). Enfin, la plus petite des cinq forêts est la forêt de Buch (Bucher Forst), située au Nord de la ville, dans le quartier de Pankow.
Le plus traditionnel des parcs berlinois est le **Lustgarten**, aménagé devant la cathédrale de Berlin au 15e s., en même temps que le château de la Ville (Stadtschloß), et redevenu un « espace vert » après la réunification. Le plus ancien, le plus grand et le plus apprécié des parcs de Berlin est le **Tiergarten**, issu d'une réserve de chasse dès le 18e s. Les autres parcs sont les anciens jardins des domaines et châteaux autrefois situés à l'extérieur des frontières de la ville, tels que le parc du château de Charlottenburg (Schloßpark Charlottenburg), le parc du château de Niederschönhausen ou le parc du domaine de Biesdorf (Gutspark Biesdorf). L'idée des parcs communaux date de l'époque de l'industrialisation, lorsque l'espace urbain commença à se densifier et que les effets négatifs des logements de masse devinrent de plus en plus manifestes. L'ouverture du **Volkspark Friedrichshain** en 1848 fut suivie par celle d'autres parcs, tels que le Volkspark Humboldthain, à Wedding, et le Treptower Park et le Viktoriapark, à Kreuzberg. On commença alors à planter systématiquement des arbres le long des rues, de telle sorte que les 5 000 km de rues berlinoises sont aujourd'hui bordés de quelque 400 000 arbres (le plus représenté étant le tilleul, suivi de l'érable et du chêne). L'aménagement des parcs publics se poursuivit sous la république de Weimar (avec, par exemple, le Volkspark Jungfernheide, le Volkspark Rehberge et le Wuhlheide). Le parc de loisirs de Marienfelde (Freizeitpark Marienfelde), aménagé sur l'emplacement d'une ancienne décharge, le Görlitzer Park, sur le terrain de l'ancienne gare de Görlitz, et le parc de loisirs de Marzahn (Erholungspark Marzahn), avec le Trümmerberg Kienberg, constituent des exemples de parcs fondés depuis la fin de la guerre.

Köpenicker Forst – S *Köpenick avec le* BUS *169 ;* S *Friedrichshagen avec le* Tram *61 (plusieurs arrêts).*
Forst Düppel – S *Wannsee. Prendre ensuite le* BUS *216, pour atteindre, entre autres, l'île aux Paons et le* BUS *116 jusqu'au parc public de Klein-Glienicke.*
Grunewald – S *Grunewald ;* S *Schlachtensee ;* S *Nikolassee ; à partir de la station de métro* Tram *Theodor-Heuss-Platz ou de la station de S-Bahn* S *Wannsee, le* BUS *218 circule toutes les heures pleines (toutes les 30mn pendant les mois d'été) le long du Havelchaussee et à travers la forêt de Grunewald, en passant, entre autres, près de la Grunewaldturm.*
Schloßpark Charlottenburg – S *Westend,* Tram *Richard-Wagner-Platz.*
Tiergarten – S *Tiergarten,* S + Tram *Potsdamer Platz,* S *Bellevue,* S *Unter Den Linden,* BUS *100 + 200.*
Volkspark Friedrichshain – BUS *200,* Tram *5, 6, 7, 8, 15, 27 (station Platz der Vereinten Nationen).*
Volkspark Humboldthain – S + Tram *Gesundbrunnen,* S *Humboldthain.*
Wuhlheide – S *Wuhlheide.*

Plans d'eau

Les nombreux plans d'eau de Berlin caractérisent le paysage urbain de la capitale. Outre 50 grands lacs, Berlin compte, en effet, 100 étangs et mares. Les deux principaux fleuves, la Spree et la Havel, ont été « complétés » par le système de canaux aménagé depuis le 17e s., avec le Landwehrkanal, le Teltowkanal, le Hohenzollernkanal et le Berlin-Spandauer Schiffahrtskanal. Près de 7 % de la superficie de la ville sont occupés par les eaux, dont quelque 170 km par des voies navigables.

La **Spree** dessine ses méandres à travers la ville sur 46 km d'Est en Ouest. Elle traverse à Köpenick le Kleiner Müggelsee, puis le **Großer Müggelsee** (8 m de profondeur maximum) qui est, avec une superficie de 740 ha, le plus grand lac de Berlin. Elle rejoint ensuite dans la vieille ville de Köpenick la **Dahme**, dont le cours inférieur est élargi par les lacs de Zeuthener See et de Langer See puis, un peu plus tard, par le petit fleuve de la **Wuhle**.

Le Rummelsburger See dessine une excavation arrondie en haut de la presqu'île de Stralau. Dans le quartier de Mitte, la Spree et le canal de la Spree (Spreekanal), un bras latéral du fleuve aménagé au 17e s. et qui bifurque vers l'Ouest, délimitent l'île de la Spree (Spreeinsel) ; sa partie Nord est occupée par les musées de l'île des Musées (Museumsinsel).

Un autre fleuve traverse également Berlin près de la gare de Friedrichstraße (en face du Berliner Ensemble), le **Panke**, affluent de la Spree aux canaux en partie souterrains. À hauteur de Spandau (vieille ville), la Spree se jette dans le second fleuve principal de Berlin, la **Havel**, qui traverse la partie Ouest de la ville du Nord au Sud sur 27 km. Les **Havelseen** (lacs de la Havel), en partie couverts d'îles, qui se trouvent sur son chemin, forment la plus grande chaîne de lacs de la ville. Les plus vastes d'entre eux sont le **Tegeler See** (408 ha), à Reinickendorf, et le **Großer Wannsee** (260 ha), à Zehlendorf.

Thie/PRESSE- UND INFORMATIONSAMT DES LANDES BERLIN

Le Großer Müggelsee.

La chaîne des lacs très étendus de Grunewald **(Grunewaldseen)** se jette dans une rigole glaciaire de la Havel. Leur superficie varie entre 1 et 43 ha et leur profondeur est en moyenne de 2 à 4 m. De Wilmersdorf, au Nord, à Zehlendorf se succèdent, entre autres, le Halensee, le Königssee, le Grunewaldsee, le Krumme Lanke et le Schlachtensee. Vers le Sud, le Nikolassee, le Kleiner Wannsee, le Stölpchensee et le Griebnitzsee sont également reliés à cette rigole, tandis qu'elle se prolonge au Nord par le Lietzensee. L'apparition de formations naturelles de dépôts alluvionnaires et les modifications de la nappe phréatique ont rendu nécessaire le raccordement des Grunewaldseen par un système de canaux alimenté par les eaux de la Havel. Le Weißer See et l'Orankesee sont des lacs plutôt ronds, également formés à l'époque glaciaire, sans affluent naturel dans la partie Nord-Est de la ville. Berlin compte aussi des lacs artificiels : le Neuer See, aménagé dans le Tiergarten au 19e s., le Flughafensee, de 30 m de profondeur, aménagé après la Seconde Guerre mondiale (à proximité immédiate de l'aéroport de Tegel), et les lacs du Britzer Garten, aménagés pour l'exposition d'horticulture de 1985 (Bundesgartenschau).

Pour les amateurs de baignade

Informations sur les piscines de la ville au ☎ 018 03 10 20 20, www.bbb.berlin.de

Lieux de baignade

Les fleuves et lacs de Berlin offrent de nombreuses possibilités de baignade (gratuite) :

Flughafensee – Tram *Seidelstraße.*

Havel/Große Steinlake und Lieper Bucht (près de Lindwerder) – BUS *218 à partir de* Tram *Theodor-Heuss-Platz ou* S *Wannsee.*

Krumme Lanke – Tram *Krumme Lanke.*

Schlachtensee – S *Schlachtensee.*

Spree und Müggelsee/ Müggelschlößchenweg – BUS *X 69 à partir de* S *Köpenick.*

Tegeler See/Nähe Baumwerder – BUS *133 à partir de* Tram *Holzhauser Straße ou* Tram *Haselhorst.*

Teufelssee – *uniquement accessible en voiture ou à pied (* S *Heerstraße ou* S *Grunewald).*

PLAGES
Plage de Grünau – *voir Köpenick.*
Plage du Müggelsee – *voir Köpenick.*
Plage du Wannsee – *voir Wannsee.*

PISCINES À CIEL OUVERT
Olympia Schwimmstadion – *voir Messegelände.*
Sommerbad Kreuzberg – *voir Kreuzberg.*
Sommerbad Wilmersdorf – *voir Wilmersdorf.*

PISCINES COUVERTES
Stadtbad Charlottenburg (Jugendstilhalle) – *voir Schloß Charlottenburg.*
Stadtbad Charlottenburg (Neue Halle) – *voir Schloß Charlottenburg.*
Stadtbad Mitte – *voir Spandauer Vorstadt.*
Stadtbad Schöneberg – *voir Schöneberg.*
SSE im Europa-Sportpark – *voir Prenzlauer Berg.*

PARCS AQUATIQUES
Bad am Spreewaldplatz – *voir Kreuzberg.*
Blub Badeparadies – *voir Neukölln.*
Thermen am Europacenter – *voir Kurfürstendamm.*

PATIN À GLACE
Remarque : lorsque les températures baissent beaucoup en hiver, les lacs gelés de Berlin se prêtent au patinage. Il est toutefois absolument nécessaire de s'informer sur les lacs effectivement praticables (en lisant par exemple la presse quotidienne).
Les patinoires répertoriées ci-dessous ne sont accessibles qu'en hiver.
Erika-Heß-Eisstadion – *voir Wedding.*
Horst-Dohm-Eisstadion – *voir Wilmersdorf.*

Kiosque

histoire

Les Chevaliers teutoniques, par Henry Bogdan, Éd. Perrin, 2002 - L'épopée des Chevaliers, de la Terre sainte à la Prusse en passant par la Hongrie, remet en place bien des idées reçues.
Berlin, par Cyril Buffet, Éd. Fayard, 1993 - L'auteur fait aimer la ville dont il retrace l'histoire, à travers ses contradictions, avec un style enlevé.
Louise de Prusse, par Joël Schmidt, Éd. Perrin, 1995 - Biographie bien documentée de « La Reine qui défia Napoléon ». Pour tous les amateurs de destins de têtes couronnées.
L'Or et le fer. Bismarck et son banquier Bleichröder, par Fritz Stern, Éd. Fayard, 1990 - Un « pavé » écrit avec une grande clarté qui le rend parfois légèrement ennuyeux. L'auteur manifeste de l'humour envers ce personnage un peu pathétique, essentiel pour comprendre l'époque de la fondation de l'empire allemand.
Berlin 1919-1933, Éd. Autrement, 1993 - Les thèmes abordés (la plupart des auteurs sont allemands) montrent les tensions qui agitaient la République de Weimar.
Berlin, carrefour des années 20 et 30, Institut d'allemand de la Sorbonne nouvelle, 1992 - Différents essais sur des points précis : *Berlin et la psychanalyse*, *Entre Vienne et Berlin*, *L'Amérique, modèle paradoxal*, apportent un éclairage précieux sur la complexité de cette période foisonnante.
Berlin 1933-1945, Éd. Autrement, 1995 - Berlin sous le IIIe Reich ou la transformation d'une ville qu'Hitler n'aimait pas.
La Chute de Berlin, par Antony Beevor, Éd. de Fallois, 2002 - Le récit de l'effondrement du IIIe Reich et du rêve hitlerien.
Les Collines de Berlin, par Stéphane Roussel, Éd. Mazarine, 1985 - Récit qui a valeur de témoignage au moment de la prise de pouvoir d'Hitler, par la correspondante du *Matin*.

beaux-arts

Le Château de Charlottenbourg - Berlin, coll. Museen, Schlösser und Denkmäler in Deutschland, Éd. Fondation Paribas, 1995 - L'histoire du château y est retracée par règnes. Informations précises et belles illustrations sur papier glacé.
Schinkel, par Werner Szambien, Éd. Hazan, 1989 - Une présentation du grand architecte de la Prusse, la seule actuellement disponible en français. Illustrations en noir et blanc.
Potsdam, par Gert Streidt et Klaus Frahm, Könemann, 1996 - Un beau livre, édité en trois langues, sur les souverains qui ont créé la magnifique collection de châteaux et de jardins de Potsdam ; nombreuses et belles illustrations.
L'Art de vivre à Berlin, par Barbara Sichtermann, Roe Ingo et Deidi von Schwaegen, Flammarion, 2001 - Un ouvrage bien illustré et très pratique sur les multiples facettes d'une capitale européenne.

Berlin au quotidien

Berlin, années 1970-1980 : Le ciel partagé, Éd. Autrement, 1983 – Les articles sur les Turcs, les Français à Berlin, la « deuxième culture » et les témoignages de divers personnages : alternatif, punk ou transsexuel brossent le portrait d'une ville entre passé et avenir.
Berlin capitale, Éd. Autrement, 1992 – L'unité a été un bouleversement parfois durement ressenti.
Jeunesse perdue, Éd. Autrement, 1995 – Le témoignage d'un néo-nazi repenti.
Berlin, 9 novembre, Éd. Avant-scène théâtre, 2002 – Dialogue entre deux hommes au soir de la chute du mur.

tourisme

Berlin, par Gerd schnürer et Ernst Dahlke, coll. Voir et Savoir, Vilo, 1993 – Un bon équilibre images/textes.
L'ABCdaire de Berlin, par Katja Hunsiger, coll. L'ABCdaire, Flammarion, 2001 – Découverte des hauts lieux historiques de Berlin.
Berlin et sa région, par Pierrette Letondor et Peter Stephen, coll. Vacances secrètes, Arthaud, 2002 – Itinéraires et idées de promenades dans les différents quartiers de Berlin forment l'essentiel de ce livre pratique et bien illustré.

littérature

Berlin, anthologie littéraire, Éd. Quai Voltaire, 1993 – Heinrich Heine, Bettina von Arnim, Yvan Goll, Else Lasker-Schüler, Erich Kästner, Wolf Biermann, Günter Grass et bien d'autres sont au rendez-vous...
Berlin, la cour et la ville, par Jules Laforgues, Éd. de la Sirène, 1922 – Un regard sans complaisance sur le Berlin wilhelmein, par le lecteur de français de l'impératrice.
Berlin Alexanderplatz, par Alfred Döblin, Gallimard Folio.
Adieu à Berlin, par Christopher Isherwood, Hachette.
Mr Norris change de train, par Christopher Iherwood, 10/18.
La Conscience des mots, par Elias Cantti, Albin Michel, 1984 – Série d'essais qui comporte une analyse des rapports que Speer, le bâtisseur officiel du Führer, a entretenus avec ce dernier.

Films sur Berlin

Le Dernier des hommes (*Der letzte Mann*, Friedrich Wilhelm Murnau, 1924) – Étude psychologique d'un portier de nuit vieillissant (Emil Jannings), relégué à la surveillance des toilettes par la direction de l'hôtel dans lequel il travaille et qui décide de taire la situation à son entourage.

Berlin – Symphonie d'une grande ville (Walter Ruttmann, 1927) – Un portrait de la capitale allemande, grande ville moderne à la vie trépidante, avec des images enivrantes présentées en rythme sur une musique d'Edmund Meisel.

M le Maudit – Une ville cherche un meurtrier (*M – Eine Stadt sucht einen Mörder*, Fritz Lang, 1931) – Ce film policier dépeint la dramatique chasse de la police, de la population et de la pègre, lancées sur les traces d'un assassin d'enfants (Peter Lorre).

Sur le pavé de Berlin (*Berlin Alexanderplatz*, Phil Jutzi, 1931) – Histoire de Franz Biberkopf (Heinrich George) et de sa quête d'une vie honnête dans la capitale.

Berlin, wie es war (Leo de Laforgue, 1943) – Des images de la métropole berlinoise avant sa destruction ; un film réalisé en 1943, mais seulement présenté au public en 1950. Information : le film est à l'affiche du Steglitzer Kino Adria, Schloßstraße 48, ☎ 792 50 50, S + Tram Rathaus Steglitz, dimanche matin à 11h.

CAT'S COLLECTION

M le Maudit.

Les assassins sont parmi nous (*Die Mörder sind unter uns*, Wolfgang Staudte, 1946) – Discussion impressionnante sur la question de la culpabilité de la plus jeune génération (avec Hildegard Knef).

Irgendwo in Berlin (Gerhard Lamprecht, 1946) – Ce film a pour thème la vie, entre apathie et nouveau départ, dans les ruines de la capitale détruite.

Allemagne année zéro (*Germania anno zero*, Roberto Rossellini, 1947-1948) – Cette histoire tragique d'une famille allemande met en scène un jeune garçon du nom d'Edmund, encore influencé par l'idéologie nazie, qui assassine son père, infirme et incapable de travailler.

La Scandaleuse de Berlin (*A Foreign Affair*, Billy Wilder, USA 1948) – Histoire triangulaire entre un officier d'occupation américain, une chanteuse de night-club (Marlene Dietrich) et un député du Congrès, dont la mission est de vérifier la moralité des troupes d'occupation américaines.

Ballade berlinoise (*Berliner Ballade*, Robert Stemmle, 1949) – L'histoire d'« Otto Normalverbraucher » (Otto, consommateur ordinaire, Gert Fröbe) ou la période de l'après-guerre vue de l'an 2048.

Die Halbstarken (Georg Tressler, 1956) – Ce film très populaire dans les années 1950, avec Horst Buchholz et Karin Baal, a pour thème central les bandes de jeunes et la criminalité.

Der Hauptmann von Köpenick (Helmut Käutner, 1956) – Évasion du cordonnier Voigt, incarné par Heinz Rühmann, prisonnier d'un cycle bureaucratique infernal ; revêtant l'uniforme d'un capitaine, il occupe, avec l'aide de quelques soldats et grâce à l'aide de ses semblables, l'hôtel de ville de Köpenick.

Berlin, Ecke Schönhauser (Gerhard Klein, 1957) – Cette étude de milieu d'un groupe de jeunes à Berlin-Est dépeint les problèmes de société de la RDA pour aboutir à la conclusion suivante : la « supériorité du socialisme ».

Un, Deux, Trois (*One, Two, Three*, Billy Wilder, USA 1961) – Scarlett, la fille du PDG de Coca-Cola, épouse le jeune communiste Otto ; son hôte, le gérant de la succursale locale McNamara (James Cagney), doit alors mettre tout en œuvre pour faire d'Otto un parfait capitaliste.

L'espion qui venait du froid (*The spy who came in from the cold*, Martin Witt, GB 1966) – Intrigues des services secrets dans le Berlin divisé, avec Richard Burton en agent britannique.

Le Rideau déchiré (*Torn Curtain*, Alfred Hitchcock, USA 1966) – Film d'espionnage, dont la plus grande partie fut tournée dans un studio aux États-Unis et qui raconte la tentative de vol de la formule secrète mise au point par un physicien atomiste de la RDA ; avec Paul Newman, Julie Andrews et Günter Strack.

Cabaret (Bob Fosse, USA 1972) – Adaptation cinématographique d'une comédie musicale de Broadway ; cette histoire d'amour entre la chanteuse Sally (Liza Minelli) et un jeune anglais se déroule à Berlin à la fin de la république de Weimar.

La légende de Paul et Paula (Heiner Carow, 1973) – Magnifique film d'amour culte de la DEFA (Deutsche Film AG) sur une musique de Puhdys (avec, dans les rôles principaux, Angelika Domröse et Winfried Glatzeder).

Solo Sunny (Konrad Wolf, 1978-1979) – Sunny est une chanteuse à succès du Prenzlauer Berg qui cherche sa place dans la vie.

Berlin Chamissoplatz (Rudolph Thome, 1980) – Cette histoire d'amour entre l'étudiante Anna et l'architecte Martin (Hanns Zischler) se déroule sur fond de politique de rénovation de la ville à Kreuzberg.

Meier (Peter Timm, 1986) – Cette comédie raconte l'histoire du tapissier décorateur Meier et met en évidence les manques des deux systèmes sociaux allemands.

Les Ailes du désir (Wim Wenders, 1987) – Ce film raconte l'histoire de Damiel (Bruno Ganz), un ange, qui doit devenir un homme pour rencontrer l'artiste Marion dont il est tombé amoureux.

Coming Out (Heiner Carow, 1989) – Premier film de la RDA, avec pour thème principal l'homosexualité, dans l'ivresse de la chute du mur ; première projection le 9 novembre 1989.

Wedding (Heiko Schier, 1989) – Histoire triangulaire sur le quartier des ouvriers, au Nord de Berlin.

Ostkreuz (Michael Klier, 1991) – Étude sociale de Berlin, histoire d'une jeune fille et d'un jeune homme de 16 ans et de leur triste vie dans un monde froid.

Si loin, si proche (*In weiter Ferne, so nah,* Wim Wenders, 1993) – Suite des **Ailes du désir** : une fois encore, un ange (Otto Sander) choisit de devenir un homme, cette fois-ci non par amour mais par curiosité.

La vie est un chantier (*Das Leben ist eine Baustelle*, Wolfgang Becker, 1996) – Le titre de ce film est à lui seul tout un programme ; tous ses protagonistes sont, d'une manière ou d'une autre, en quête ; d'eux-mêmes, des autres, d'un peu de bonheur.

Berlin-Babylon (Hubertus Sieger, 1996) – Des images intéressantes d'une ville en plein bouleversement, sur fond du bruit des nouvelles constructions qui s'effondrent.

Le Petit Ange (*Engelchen,* Helke Misselwitz, 1997) – Sur l'escalier usé de la station de tramway Ostkreuz, Ramona, plutôt intimidée, est enlacée, puis embrassée par un inconnu ; il s'agit d'Andrzej, contrebandier de cigarettes polonais qui choisit ce moyen pour échapper à la police. S'ensuit un bonheur de courte durée, symbole d'un amour hors du commun.

Cours Lola cours ! (*Lola rennt*, Tom Tykwer, 1998) – Pour sauver son ami en se procurant 100 000 DM en 20mn, Lola (Franka Potente) court à perdre haleine à travers tout Berlin ; un film monté à la manière d'un clip musical.

Rencontres nocturnes (*Nachtgestalten,* Andreas Dresen, 1998) – Ce film, à la fois amusant et bouleversant, décrit plusieurs odyssées nocturnes le jour de la visite du pape à Berlin en 1996.

Sonnenallee (Leander Haußmann, 1999) – Un aperçu satirique de la vie à Berlin-Est avant la chute du mur.

Emil und die Detektive (Franziska Buch, 2000) – Nouvelle adaptation du roman d'Erich Kästner dans le Berlin multiculturel de la fin des années 1990, avec Jürgen Vogel en gangster, escaladant la façade de l'hôtel Adlon.

Majestät brauchen Sonne (Peter Schamoni, 2000) – Documentaire avec des photos en grande partie inconnues (y compris de Berlin) de l'empereur Guillaume II, par là même première vedette de cinéma allemande ; le monarque, qui s'était autrefois enthousiasmé pour le cinématographe, encouragea vivement son évolution.

Berlin is in Germany (Hannes Stöhr, 2000) – Après onze années d'emprisonnement, Marin est libéré de prison. Il était derrière les barreaux au moment de la chute du mur et doit donc maintenant doublement s'adapter à de nouvelles conditions de vie.

Taking Sides – Le cas Furtwängler (Istvan Szabo, 2001) – L'interrogatoire de Furtwängler après la Seconde Guerre mondiale par un officier d'occupation américain constitue l'action de ce « film intimiste » et soulève la question de la responsabilité politique de l'artiste en tant que personnage public.

Calendrier festif

JANVIER

Internationale Grüne Woche – Salon de l'hygiène alimentaire, de l'agriculture et du jardinage au parc des expositions (seconde moitié du mois). ☎ 383 80 ; www.gruenewoche.com

Schauplatz Museum – De mi-janvier à début février, plus de 20 musées organisent des manifestations qui touchent tous les domaines de l'art : musique, littérature, théâtre, cinéma (renseignements au ☎ 28 39 73 ; www.schauplatz-museum.de). Ces manifestations s'achèvent par la :

Lange Nacht der Museen (Longue Nuit des musées) – Manifestations (concerts, représentations, visites guidées spéciales) dans plus de 100 musées de Berlin, exceptionnellement ouverts jusqu'à 2h du matin. Un billet combiné et des navettes sont proposés à toutes les institutions participantes. Autre manifestation de ce type fin août. Dates pour 2003 : 1er fév. et 30 août ; 2004 : 31 janv. et 28 août. ☎ 28 39 73 ; www.lange-nacht-der-museen.de

FÉVRIER

Internationale Filmfestspiele (**Berlinale**, Festival international du cinéma) – Avec Cannes et Venise, il s'agit du festival de cinéma européen le plus important (première moitié du mois), sur la Potsdamer Platz et dans de nombreux cinémas berlinois. ☎ 25 92 00 ; www.berlinale.de

G. Schneider/PRESSE- UND INFORMATIONSAMT DES LANDES BERLIN

La foule au Festival international du cinéma.

MARS

Internationale Tourismus Börse (**ITB**, Foire internationale du tourisme) – Une des plus importantes foires aux voyages du monde au parc des expositions (première moitié du mois). ☎ 383 80 ; www.itb-berlin.com

MaerzMusik – Ce festival de musique moderne, organisé par les Festivals berlinois (Berliner Festspiele), se déroule dans différents lieux. ☎ 25 49 01 00 ; www.berlinerfestspiele.de

MAI

Theatertreffen (Rencontres théâtrales) – Les Rencontres théâtrales de Berlin sélectionnent chaque année, parmi les quelque 2 000 représentations en langue allemande des théâtres allemands, autrichiens et suisses, dix pièces à la mise en scène « remarquable » ; les troupes choisies sont invitées par les Festivals berlinois (Berliner Festspielen) à venir donner une représentation à Berlin. ☎ 25 48 91 00 ; www.berlinerfestspiele.de

Museumsinselfestival (Festival de l'île des Musées, tout l'été jusqu'en septembre) – Cinéma, concerts, conférences et autres manifestations, dans la Kolonnadenhof, devant l'Ancienne Galerie nationale. ☎ 24 72 78 03 ; www.freiluftkinomuseumsinsel.de

JUIN

Karneval der Kulturen (Carnaval des cultures) – Fête de rue étalée sur trois jours avec défilé dans Kreuzberg (a lieu parfois également en mai). ☎ 609 77 00 22 ; www.karneval-berlin.de

Fête de la musique – Journée internationale de la musique (20-21 juin, divers lieux de manifestations dans tout Berlin). ☎ 44 34 09 40 ; www.fetedelamusique.com

Christopher Street Day – Parade des homosexuels et lesbiennes dans le centre-ville (quatrième samedi du mois). ☎ 21 75 06 72 ; www.csd-berlin.de

Schaustelle Berlin – Programme varié de manifestations dans tout Berlin (concerts, visites guidées avec découverte des coulisses, etc.) de juin à septembre. ☎ 28 01 85 02 ; www.schaustelle.de

Juillet

Classic Open Air – Concerts sur le Gendarmenmarkt (début du mois). ☎ 308 78 56 85 ; www.classicopenair.de

Love Parade – La plus grande parade techno du monde dans le Tiergarten (deuxième samedi). ☎ 28 46 20 ; www.loveparade.de

Heimatklänge (Sonorités de la région, jusqu'en août) – Festival de musique multiculturel dans le Tempodrom. ☎ 318 61 40 ; www.piranha.de

Walk of Fashion – Le faubourg de Spandau transformé en passerelle. ☎ 28 04 62 88 ; www.walk-of-fashion.de

Août

Museumssommer – Manifestations communes (y compris en plein air) des musées de Berlin. ☎ 28 39 73 ; www.museumssommer.de. Elles s'achèvent également par la :

Lange Nacht der Museen (Longue Nuit des musées) – *voir Janvier.*

Tanz im August – Festival international de danse, spectacles se déroulant avant tout dans le Hebbel-Theater. ☎ 259 00 40 ; www.hebbel-theater.de

Potsdamer Schlössernacht (Nuit des châteaux de Potsdam) – Illumination des châteaux et jardins, feu d'artifice, visites nocturnes du château, concerts et stands gastronomiques dans le parc de Sans-Souci. ☎ (03 31) 280 15 33 ; www.schloessernacht.de

Septembre

Berliner Festwochen – Manifestations culturelles variées (avec un accent mis sur la musique). ☎ 25 48 91 00 ; www.berlinerfestspiele.de

Berlin Marathon (un des derniers dimanches du mois) – La plus importante manifestation sportive de Berlin. ☎ 302 53 70 ; www.berlin-marathon.de

G. Schneider/PRESSE- UND INFORMATIONSAMT DES LANDES BERLIN

Le marathon de la capitale.

Art Forum Berlin (en partie également en octobre) – Foire internationale d'art contemporain au parc des expositions. ☎ 30 38 18 33 ; www.art-forum-berlin.com

Octobre

Tag der deutschen Einheit (3 octobre, Jour de l'unité allemande) – Une grande fête se déroule de la porte de Brandebourg au Rotes Rathaus, avec de nombreux stands, scènes et spécialités gastronomiques. ☎ 20 24 01 54 ; www.berlin-partner.de

Novembre

JazzFest Berlin (début du mois) – Ce festival a pour point fort le jazz contemporain et européen (concerts dans des clubs de jazz et dans d'autres salles). ☎ 25 48 91 00 ; www.berlinerfestspiele.de

Décembre

Nuit de la Saint-Sylvestre (31 décembre) – Immense fête entre la porte de Brandebourg et la colonne triomphale avec feu d'artifice. ☎ 24 60 32 52 ; www.silvester-berlin.de

MANIFESTATIONS AYANT LIEU TOUS LES DEUX ANS

Berlin-Biennale (au printemps 2004) – L'art contemporain au Kunst-Werke et dans d'autres endroits. ☎ 28 44 50 44 ; www.berlinbiennale.de

ILA Berlin-Brandenburg – Exposition internationale d'avions (en mai 2004) à l'aéroport de Schönefeld. ☎ 303 80 ; www.ila-berlin.com

IFA – Salon international de la radio (fin août/début septembre 2005) au parc des expositions. ☎ 303 80 ; www.ifa-berlin.de

aaa – Berlin Motor Show (fin octobre/début novembre 2004) au parc des expositions. ☎ 303 80 ; www.aaa-berlin.com

Patrimoine mondial de l'UNESCO

En 1972 l'Unesco (United Nations Educational, Scientific and Cultural Organization, www.unesco.de) adopta une convention pour la conservation des biens culturels et naturels de l'humanité, au total plus de 700, qui possèdent une valeur universelle extraordinaire et dont la ruine représenterait une perte irremplaçable pour toute l'humanité. À Berlin et dans ses environs, il s'agit de la **Museumsinsel** (île des Musées, depuis 1999) et des **Schlößer- und Parklandschaft in Potsdam und Berlin** (châteaux et parcs de Potsdam et Berlin, depuis 1990).

Le château de Charlottenburg.

Invitation au voyage

Une ville qui ne se repose jamais...

« Berlin est condamné à sans cesse devenir et à ne jamais être » : cette expression souvent citée de Karl Scheffler au début du 20ᵉ s. est encore d'actualité pour décrire la capitale aujourd'hui. Une dynamique unique et fascinante est née du changement, faisant de Berlin une ville à la fois multiple, innovante et palpitante, mais aussi tellement complexe, contradictoire et inachevée – une perpétuelle hésitation, balancement entre l'euphorie et la désillusion, entre l'ambition d'être une métropole et un provincialisme certain. Berlin se compose de plusieurs centres, chacun ayant ses propres caractères et spécificités. La capitale est royale dans le château de Charlottenburg, rurale à Lübars, avant-gardiste sur la Potsdamer Platz, muséale sur l'île des Musées, morbide dans les anciennes régions industrielles, reposante près du Wannsee, créative dans le faubourg de Spandau, noble à Grunewald, jeune à Friedrichshain, chic dans la Friedrichstraße, multiculturelle à Kreuzberg...

Rien ne demeure

Avec une superficie de 891 km^2, une lisière de 234 km de long, 5 377 km de rues, une largeur maximale de 45 km d'Est en Ouest et de 38 km du Nord au Sud, et 3,4 millions d'habitants (dont 435 000 étrangers originaires de plus de 180 pays différents), Berlin est la plus peuplée et la plus grande ville d'Allemagne. C'est une capitale dynamique, toujours en mouvement, et les distances à parcourir sont importantes. Sa taille, mais surtout sa structure polycentrique, rendent la ville insaisissable et incompréhensible au premier regard. Le paysage urbain est plein de contrastes et de tensions : à côté des fouilles de construction, des échafaudages et des grues, on peut déjà distinguer les contours du « Nouveau Berlin ». D'innombrables nouvelles constructions ont été et seront encore érigées pour faire sortir du sol un centre-ville complètement nouveau, fait de pierre, de verre et de béton; les anciennes constructions ont été démolies et les terrains qui les accueillaient couverts d'immeubles. Des bâtiments inoccupés aux tristes façades continuent toutefois de côtoyer d'anciennes constructions soigneusement rénovées et aujourd'hui habitées. Certains plans en sont restés au stade du projet, et on continue à se disputer parfois sur la définition et l'avenir des locaux de la ville. Mais une chose est claire : Berlin changera encore – rien ne demeure.

J. Malburet/MICHELIN

Une vedette sur la Spree.

P. Adenis/SONY CENTER

Sous le toit du Sony Center, sur la Potsdamer Platz.

On ne peut pas vraiment dire que Berlin soit une belle ville ; il serait plus juste de la décrire comme une ville intéressante. La particularité de cette capitale ne vient pas seulement de sa dynamique, de sa culture et de sa nature omniprésentes, mais également de son extraordinaire histoire. On la découvre avec toutes ses ruptures dans le paysage urbain, que ce soit en observant certains bâtiments ou l'organisation décentralisée de ses points forts et le développement de ses différents quartiers. Berlin est couvert de plaies et de cicatrices qui correspondent aux différentes phases de son histoire. On devine ainsi son évolution, des villes de commerce médiévales de Berlin et Cölln aux deux îles de la Spree qui forment aujourd'hui la capitale fédérale de l'Allemagne unie. Au cours de son histoire, Berlin a connu de nombreux changements de fonction, des réorientations, ainsi que des phases de développement très tendu. Il existe toutefois un point commun aux différents régimes, époques et souverains : des efforts ont toujours été faits pour faire naître un sentiment de fierté dans les domaines de l'architecture et de l'urbanisme, ainsi que pour rénover, réorganiser, voire réinventer Berlin.

Tout est possible

Le Berlin d'aujourd'hui ne connaît plus de frontières et ses possibilités sont également infinies. Le développement dynamique de la ville s'explique aussi par la vivacité de sa population. La vie culturelle tout comme la vie nocturne de Berlin n'ont pas leur pareille. La capitale compte plusieurs dizaines de théâtres (et même trois grands opéras) et des centaines de troupes de théâtre libres, 150 musées et près de 300 galeries. L'office statistique du pays répertorie plus de 7 500 établissements gastronomiques, du petit bistrot du coin traditionnel à forte couleur locale aux clubs excentriques, en passant par le temple des gourmets au parfum métropolitain, ainsi que les salons et bars à cocktails exclusifs.

Malgré son côté « grande ville », il ne faut pas oublier que Berlin est aussi une ville très verte où la nature est extrêmement présente. La forêt occupe, en effet, 18 % de la superficie de la capitale : outre les quelque 400 000 arbres qui bordent les rues, cinq zones boisées de grande taille se succèdent pour compléter le paysage. Les espaces verts représentent, quant à eux, 12 % de la ville (et 5 % de la surface agricole utile) – soit au total plus d'un tiers de toute l'agglomération berlinoise. Il faut ajouter à cela de nombreux plans d'eau (7 % de la superficie de la ville) : les deux fleuves principaux, la Havel et la Spree, avec leurs affluents, la Dahme, la Wuhle et la Panke, complétés par un système de canaux étendu. Outre 50 lacs de bonne taille, Berlin compte également plus de 100 étangs et mares. Il est donc important de ne pas négliger l'aspect-détente de la capitale.

Tradition et modernité

Avant le déménagement du Parlement et du gouvernement, Berlin avait déjà été cinq fois capitale et siège de gouvernement : de Prusse, de l'Empire allemand, de la république de Weimar, des nationaux-socialistes et de la RDA. Après la chute du Mur et la restauration de l'unité allemande, les débats autour de la question de la capitale animent le monde politique et l'opinion publique. En juin 1991, le Bundestag décide à une courte majorité de faire également de Berlin, le siège du gouvernement. En janvier 1994, le Bundespräsident (président fédéral) de l'époque, Richard von Weizsäcker, premier organe constitutionnel, établit son siège dans le château de Bellevue. Depuis le 1er septembre 1999, le Bundestag (Diète fédérale) et le Bundesregierung (gouvernement fédéral) ont également emménagé dans la capitale. En septembre 2000, le Bundesrat (Conseil fédéral) est la dernière institution à quitter Bonn pour Berlin. Les ambassades et les représentations nationales, les médias et les syndicats leur emboîteront le pas par la suite. Il se passe ainsi presque dix ans avant que la politique de toute l'Allemagne ne soit officiellement menée depuis à Berlin.

Le Bund à Berlin

Lorsque la décision de déménager est prise le 20 juin 1991 au terme de débats très engagés qui durèrent près de onze heures, on ne sait pas encore précisément comment, quand et à quel endroit le Bund s'installera à Berlin. Il se passe un certain temps, riche en réserves et résistances, avant que les 24 trains et leurs 16 doubles voitures respectives à 40 containers ne roulent vers l'Est en juillet 1999. Il fallut mettre d'accord les différents architectes, apaiser les revendications des Bonnois et les craintes des Berlinois, et surmonter les nombreuses aversions contre la métropole de la Spree. Le rapprochement avec la municipalité berlinoise s'avéra particulièrement difficile.

En 1994 des dates précises et une enveloppe financière de 10 milliards d'euros sont définies – alors que l'on avait évoqué auparavant des sommes pouvant atteindre 65 milliards d'euros – et on décide également de la répartition des tâches entre Bonn et Berlin. La « Bonn-Berlin-Gesetz » (loi Bonn-Berlin) établit que, outre quelques autorités fédérales, six ministères conserveront également leur siège principal sur le Rhin – tout en étant aussi représentés à Berlin par une antenne ministérielle. Pourtant, à peine le déménagement achevé, les premières voix se font entendre pour transférer également les sièges principaux de ces ministères à Berlin et d'autres déménagements pourraient encore avoir lieu à l'avenir.

Les discussions relatives au futur siège du gouvernement furent donc très longues. Tout commence par des concours organisés pour le Reichstag et le « Spreebogen », l'idée étant d'installer la Chancellerie fédérale, le Parlement et les députés du Bundestag dans le coude de la Spree (« Spreebogen »). Des concours débouchent sur le « Band des Bundes » d'Axel Schultes et de Charlotte Frank, ainsi que sur le réaménagement du Reichstag par Norman Foster.

Les projets d'origine prévoyaient de nombreuses constructions nouvelles. La réorientation fondamentale de la politique de la capitale est menée par Klaus Töpfer,

H. Champollion/MICHELIN

La Chancellerie fédérale.

ministre de la Construction. En charge du déménagement d'octobre 1994, il choisit de préserver, la structure de la ville en utilisant des bâtiments historiques pour héberger les ministères. Les changements d'orientation dans la politique, pas seulement dus à des raisons de coût, signifient également que le Bund, à l'exception du « Spreebogen », renonce, avec le Band des Bundes, à d'autres projets de construction de grande envergure et à toute autre intervention modifiant la structure de la ville. À l'exception du ministère de l'Intérieur, tous les ministères transférés à Berlin s'établissent dans des anciens bâtiments du centre-ville déclarés monuments historiques. Certains de ces ministères ont une histoire particulièrement mouvementée : l'actuel ministère de la Santé était ainsi autrefois un palais princier, qui accueillit ensuite le ministère de la Propagande du Reich, puis servit, après la guerre, de Conseil national du front national (Nationalrat der Nationalen Front) à la RDA. À l'exception du double siège du ministère de la Défense, dans le Bendler-Block, on veille précisément à ce qu'il ne reste rien de l'ancienne fonction des bâtiments occupés.
Dans les bâtiments utilisés, on cherche à la fois à entretenir et améliorer ce qui existe, et à satisfaire les exigences nouvelles des ministères en matière de fonction et de sécurité. Le ministère des Affaires étrangères et le ministère commun de la Construction et des Transports reçoivent, par exemple, des bâtiments annexes; plusieurs bâtiments sont également mis à la disposition du ministère de la Justice ou encore de l'Économie. Une valeur particulière est, en outre, également accordée aux aspects écologiques (par exemple via la mise en place d'installations photovoltaïques).

Le Land de Berlin

Outre sa fonction de capitale fédérale, la ville de Berlin est également, depuis le 3 octobre 1990, un Land fédéral à part entière. La Constitution de Berlin-Ouest, qui date de 1950, est adoptée par la ville réunifiée de Berlin, moyennant quelques modifications. À la tête de l'Administration, on trouve le bourgmestre régnant (Regierender Bürgermeister) (depuis 2001, Klaus Wowereit, SPD), qui a son siège dans l'hôtel de ville rouge (Rotes Rathaus). Le sénat de Berlin, le Landesregierung (gouvernement du Land), y a également élu domicile. Le Parlement de Berlin, la Chambre des députés, est, quant à elle, installée dans l'ancienne Diète prussienne (Preußisches Landtag).
Le Land de Berlin est divisé en arrondissements (Bezirke), qui ne possèdent toutefois pas le statut de communes indépendantes. Ils ne peuvent ainsi pas dire le droit et percevoir des impôts, et ne possèdent pas d'autonomie financière. Leur organisation politique est toutefois semblable à celle des communes, avec des maires d'arrondissement (Bezirksbürgermeister) et des conseils municipaux (Bezirksverordnetenversammlungen). La loi de réforme régionale (Gebietsreformgesetz) entraîne le remplacement des 23 anciens arrondissements de Berlin par 12 nouveaux « grands arrondissements » en 2001.

Le Rotes Rathaus.

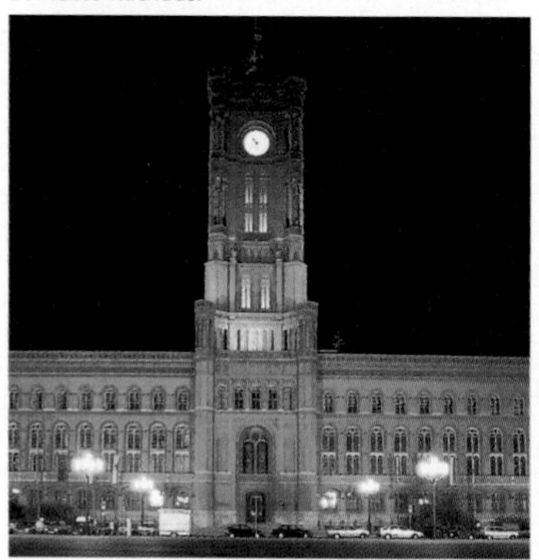

Ph. Gajic/MICHELIN

Le plus grand chantier du monde

Des centaines de milliards ont déjà été investis dans des constructions à Berlin depuis 1989. On ne connaît pas – et on ne s'est jamais d'ailleurs vraiment amusé à les compter – le nombre de chantiers en cours. On parle déjà de plusieurs centaines de grands chantiers, auxquels il faut ajouter des milliers de projets de construction moyens et petits, souterrains et aériens. Le nombre considérable de bâtiments et la diversité des projets font de Berlin « la Mecque des architectes » qui ont ici la fantastique opportunité de recréer presque en totalité une grande ville européenne au seuil du 21ᵉ s.

Le « no man's land » du point de jonction entre l'Est et l'Ouest constitue la base de la future capitale unie après 1989. Berlin a alors de grands espoirs pour l'avenir : dans l'euphorie des débuts, on imagine la ville comme une future métropole, aux côtés de New York, Londres et Paris. D'importants investisseurs financiers, comme Sony et Daimler-Benz, se pressent dans la ville lorsque le gouvernement décide d'y emménager. Berlin commence par connaître une croissance sensible de sa population, ce qui explique l'énergie considérable dépensée au début des années 1990 pour construire des logements à la périphérie de la capitale. On doit, en outre, investir dans la modernisation nécessaire des infrastructures et des services techniques de la ville. La question cruciale qui préoccupe l'opinion publique, le monde politique et les spécialistes internationaux juste après la chute du Mur, concerne l'aspect du « Nouveau Berlin ». Peu d'autres lieux au monde sont l'objet d'idées aussi contrastées en matière d'urbanisme et d'architecture. Les projets et les constructions sont véritablement au cœur de toutes les préoccupations.

Le conflit architectural berlinois

C'est en 1993 qu'éclate le violent conflit architectural berlinois, parfois très polémique ; un débat qui compte bien plus d'un point de désaccord. Certains souhaitent que Berlin devienne la vitrine de l'avant-garde architecturale, en mettant à l'épreuve la « Nouvelle Place ». La ville est ainsi choisie comme précurseur d'un urbanisme visionnaire. D'autres désirent, en revanche, épargner à la ville blessée des expériences hasardeuses et essayer de la guérir en se référant à la tradition de l'architecture conservatrice d'avant guerre, c'est-à-dire d'avant le Bauhaus. Les idées des artistes modernes ayant été discréditées dans la pratique, on choisit de se référer aux projets du passé, seuls capables de rallier tous les suffrages. On essaye de respecter une certaine « tradition berlinoise » (Hans Stimmann), typiquement régionale et porteuse d'identité, qui doit permettre à Berlin de se distinguer des *downtowns* des autres grandes villes modernes. Ces deux conceptions architecturales font partie de la tradition berlinoise : la volonté d'une refonte radicale de la ville, d'une part, et la référence à des modèles historiques, d'autre part.

Le dôme du Reichstag de Foster.

Malgré l'enthousiasme des « avant-gardistes » qui souhaitent créer un « Nouveau Berlin », les « traditionalistes », qui se centrent sur les structures historiques de la ville, s'inscrivent davantage dans l'esprit du siècle. Il faut ajouter à cela que Berlin se trouve quelque peu pressé par le temps. La dynamique du changement ne laisse, en effet, pas beaucoup de temps pour de nouveaux projets visionnaires. La « **reconstruction critique** », née de l'IBA 1987 (Internationale Bau-Ausstellung) et appliquée par **Josef Paul Kleihues** à certaines parties de Berlin-Ouest, puis également à Berlin-Est, est ensuite étendue à l'ensemble du centre-ville. La reconstruction critique part de l'idée que la ville conserve dans son plan et la typologie de ses constructions ses souvenirs historiques qu'il serait bon de préserver dans les nouvelles constructions, à condition qu'elles soient en harmonie avec le plan de la ville et se réfèrent aux traditions urbanistiques existant en matière d'alignement, de hauteur et de tracé. On s'interroge alors sur le modèle historique de référence, la prétendue typologie de la ville historique ressemblant plutôt à un tapis rapiécé auquel on ajouterait des pièces et qui changerait selon les circonstances, situations et époques.

Le « Nouveau Berlin »

Tout ce qui fut planifié dans les années 1990 et ensuite réalisé tient compte de ce champ de contraintes. Pour (re)créer le caractère réputé particulier de la ville, les pouvoirs publics compétents définissent, pour la plupart des projets de construction, toute une série de critères, le but étant de parvenir à une certaine unité - jamais atteinte auparavant - du paysage urbain jugé trop hétérogène. La reconstruction critique implique le respect de paramètres essentiels dans les différents projets de construction, concernant : la taille et les proportions des bâtiments (par exemple constructions en blocs à la périphérie et définition d'une certaine hauteur de façade), ainsi que la configuration des façades (façades perforées en pierre, sobres et si possible droites). Il faut ajouter à cela que les constructions nouvelles doivent disposer d'une part habitable de 20 %, l'objectif étant de créer, à l'intérieur de la ville, un espace à la fois dédié au travail, au logement et aux loisirs, plutôt que de grandes zones monofonctionnelles. Parmi les principaux représentants de la tradition architecturale berlinoise s'appuyant sur l'utilisation de la pierre, on remarque : Josef Paul Kleihues, père de la reconstruction critique (immeuble de bureau et d'habitation Triangel Friedrichstraße/Mauerstraße, Haus Liebermann et Haus Sommer sur la Pariser Platz, Torhäuser sur la place située devant la Neues Tor, reconstruction du ministère de la Santé et participation au projet de l'Hofgarten sur le Gendarmenmarkt avec Kollhoff, Dudler et Sawade), **Hans Kollhoff** (immeuble de la Potsdamer Platz, Leibnizkolonnaden, maison d'habitation et de commerce de l'Oranienburger Tor, Friedrichstraße/ Hannoversche Straße,

Delbrück-Haus sur la Potsdamer Platz, réaménagement du ministère des Affaires étrangères), **Max Dudler** (agrandissement du ministère des Transports), **Oswald Mathias Ungers** (Quartier 205 des Friedrichstadtpassagen, extension Sud de la foire) et **Jürgen Sawade** (Haus Pietzsch, Unter den Linden/Neustädtische Kirchstraße, participation au A & T sur la Potsdamer Platz).
Après le démontage des échafaudages, une ville de contrastes est toutefois apparue : une sorte de coexistence urbaine qui donne au Berlin d'aujourd'hui un nouveau visage unique. La référence à des traditions oubliées depuis longtemps a entraîné une étonnante « diversité dans l'unité ». Des modèles historiques côtoient ainsi une architecture innovante et passionnante. On peut, par exemple, citer la DZ Bank de **Frank Gehry** sur la Pariser Platz, qui allie respect des critères de construction, architecture individuelle et décoration spectaculaire à l'intérieur, la construction déconstructiviste de **Daniel Libeskind** pour le Jüdisches Museum, l'édifice en verre des Galeries Lafayette de **Jean Nouvel** ou le Quartier 206 d'**Henry Cobb**, qui se réfère à la tradition expressionniste. On peut également évoquer les nombreux nouveaux bâtiments des ambassades qui ont envahi le paysage urbain berlinois, dont surtout les ambassades des pays nordiques, de l'Inde, du Mexique ou encore la représentation des Pays-Bas. Il ne faut enfin pas oublier que beaucoup d'édifices médiocres ont également été construits, parfois en raison de restrictions budgétaires des pouvoirs publics. On critiqua alors ces « nouveaux bâtiments avec leurs façades ternes collées de pierres naturelles, leurs épuisantes et interminables rangées de fenêtres et leurs ennuyeuses références néoclassiques » (Peter Conradi).

Le Band des Bundes

Le « Band des Bundes » d'**Axel Schultes** et de **Charlotte Frank** échappe à un certain nombre de règles avec sa réinvention avant-gardiste d'un plan urbain dans le « coude de la Spree », entre la Luisenstraße et les îles de Moabit. Il crée également le bâtiment de la chancellerie fédérale, envisage le réaménagement du Reichstag par **Norman Foster** et les bâtiments du Bundestag, édifiés par **Stephan Braunfels** (Paul-Löbe-Haus et Marie-Elisabeth-Lüders-Haus). C'est Berlin qui connaît la plus grande rupture avec la tradition architecturale. Le Band des Bundes prévoit également la séparation des pouvoirs à l'échelon de la ville, « l'État » devant être montré au peuple, ce qui est désigné par beaucoup comme des intentions autoritaires.

Pariser Platz

Les critères à respecter sont particulièrement stricts pour la Pariser Platz. Les édifices doivent, en effet, ressembler à des palais avec un soubassement reconnaissable et un équilibre entre les murs et les ouvertures. Toutes les nouvelles constructions, de l'ambassade à la banque, doivent prendre exemple sur les dimensions, proportions et matériaux de la Porte de Brandebourg. Des bâtiments à l'architecture intéressante voient toutefois le jour, tels que la DZ Bank de Frank Gehry. Cet édifice original présente un charmant contraste avec la façade éclectique et historicisante du nouveau bâtiment de l'hôtel Adlon (Patzschke, Klotz et Partner).

Potsdamer Platz

La Potsdamer Platz constitue un cas à part. Un plan général de construction avait, certes, été défini par Hilmer et Sattler, fixant certains paramètres basés sur l'interprétation de typologies historiques de villes européennes, mais les investisseurs et leurs architectes respectifs furent autorisés à établir et exécuter librement leur propre plan de construction. Les investisseurs n'avaient jamais acheté auparavant de terrains aussi vastes et aussi centraux, la concertation avec l'opinion publique avait rarement été aussi faible et, paradoxalement, l'intérêt aussi grand pour un projet de construction. Le siège social de DaimlerChrysler et le Sony Center sont, certes, complètement différents, mais ils constituent tous deux des ouvrages d'architecture uniques de la fin du 20e s.
Alors que le siège social de DaimlerChrysler, composé de 19 bâtiments différents, fut réalisé par plusieurs architectes (Richard Rogers, Hans Kollhoff, José Rafael Moneo, Ulrike Lauber/Wolfram Wöhr, Arata Isozaki) sous la direction de **Renzo Piano**, **Helmut Jahn** fut le seul et unique architecte du Sony Center. La nouvelle conception unique de l'espace urbain par Jahn dans sa « Trutzburg futuriste », dont les attraits se déploient à l'intérieur sous le toit spectaculaire, fait face à un assemblage d'édifices les plus divers, qui ont trouvé leur harmonie grâce aux critères définis par Piano. Les différences dans la réalisation de ces projets architecturaux sont pourtant manifestes, si l'on compare, par exemple, les édifices de Rogers (qui

L'atrium du bâtiment de la DZ Bank de Gehry.

représente plutôt l'architecture d'acier et de verre) de la Linkstraße avec ceux de Kollhoff en cours de construction, plus traditionnels et utilisant des briques vernissées et du granit (Hochhaus Potsdamer Platz 1).

La référence à l'héritage

Les projets d'aménagement urbain concernant de vastes terrains et de nouvelles constructions, ainsi que des remises en état d'édifices existants, constituent le cœur de la politique de construction berlinoise dans les années 1990. La prise en considération et la préservation du patrimoine architectural historique sont également essentiels pour caractériser le « Nouveau Berlin ». De nombreux édifices, datant surtout de l'après-guerre, ont déjà été démolis et d'autres encore sont victimes de restructurations urbaines, de modifications esthétiques et de considérations politiques. De nombreux efforts sont toutefois faits pour utiliser et/ou réhabiliter d'anciens édifices, maisons d'habitation, immeubles commerciaux ou installations industrielles, datant pour la plupart de l'époque wilhelmienne. Le plus grand projet de construction ancienne, si on peut l'appeler ainsi, est sans aucun doute l'**île des Musées**, inscrit au patrimoine culturel mondial de l'Unesco depuis 1999. L'achèvement de l'ancienne Galerie nationale (Alte Nationalgalerie, sous la direction de **HG Merz**) et sa réouverture fin 2001 constituent la première phase de la politique de restructuration générale. Ils donnent également une première idée de l'aspect des différents édifices de l'île des Musées, une fois complètement reconstruits d'après les plans de **David Chipperfield**. Ces reconstructions obéissent à un concept architectural de préservation des monuments qui consiste à accepter, et, autant que faire se peut conserver, à côté de bâtiments contemporains, les édifices existants et les vestiges architecturaux du passé. Le gouvernement fédéral (Bundesregierung) donne l'exemple en installant la quasi-totalité de ses ministères dans des bâtiments classés monuments historiques. Le déménagement du gouvernement fait ainsi également partie du coûteux programme de protection et d'utilisation des monuments historiques. Les anciennes installations industrielles situées en périphérie du centre-ville suscitent, quant à elles, un intérêt croissant, le « Nouveau Berlin » s'étend. L'**Oberbaumcity**, en bordure de la Spree, compte parmi les principales zones de reconversion. Un passionnant processus de transformation a fait d'un établissement industriel spécialisé dans les lampes à incandescence, et classé monument historique, un centre industriel et tertiaire moderne, un « endroit propice à la créativité ».

Et c'est loin d'être fini...

Le « Nouveau Berlin » est encore loin d'être achevé. Le projet de concentration urbaine et de construction d'immeubles de Hans Kollhoff pour l'Alexanderplatz, qui date pourtant de la première moitié des années 1990, est ainsi toujours en attente. On continue également à discuter de la configuration future des environs de l'église Notre-Dame (Marienkirche), entre la tour de la Télévision (Fernsehturm) et la Spree, des solutions semblant seulement commencer à se dessiner pour cette zone importante du centre-ville.
Et la reconstruction du château des Hohenzollern sur la Schloßplatz, également dans l'arrondissement de Mitte, vient seulement d'être enfin décidée.

De la ville double à la métropole

Ces images d'hommes et de femmes en liesse sur le Mur, devant la porte de Brandebourg, ont fait le tour du monde. Berlin devenait alors le symbole de la fin de la guerre froide. La chute du Mur marque le début d'une nouvelle ère, une nouvelle étape de l'histoire berlinoise, passionnante et déjà riche en rebondissements dramatiques : la ville symbole de la confrontation Est/Ouest devient la capitale de l'Allemagne unie. Bien que les événements et les évolutions soient particulièrement spectaculaires depuis 1989, les changements et les redéfinitions de tâches, de fonctions et même d'identité ont toujours fait partie de l'histoire berlinoise. Berlin est d'abord une ville de commerce à la fin du 12e *s., puis une résidence princière au 15*^e^ *s. avec l'arrivée des Hohenzollern. Elle subit ensuite de grands changements au début du 18*^e^ *s., lorsqu'elle devient ville royale prussienne. Au 19*^e^ *s., Berlin s'étend pour former l'une des principales villes industrielles du continent européen et connaît, une fois encore, de profonds bouleversements dus à son statut de capitale impériale. Au 20*^e^ *s. se succèdent coup sur coup : la république de Weimar, le national-socialisme, la destruction et la division, et le dernier chapitre de l'histoire vient juste de s'ouvrir, celui du Berlin réunifié, capitale de l'Allemagne.*

Fondation de Berlin et de Cölln

Les Ascaniens

Entre le premier et le deuxième millénaire, un essor économique s'amorce dans le Saint Empire romain. La population augmente sensiblement, les terrains commencent à se construire et les villes à se multiplier; les régions slaves situées près de la frontière orientale de l'Empire suscitent un intérêt croissant. La colonisation de l'Est est également favorisée par le fait que l'église, renforcée par les grands mouvements de réforme, se sent de plus en plus appelée à prêcher la mission aux païens. En 1134, l'empereur Lothar III nomme l'Ascanien **Albert l'Ours** comte de la Marche du Nord. Ses bonnes relations avec l'ancien souverain slave de Brandebourg, le prince Pribislav, constituent un élément décisif dans l'ascension de cette dynastie. Lorsque, malgré les dispositions testamentaires d'Albert l'Ours, le prince Pribislav de Brandebourg est remplacé après sa mort par le prince slave Jaxa, un conflit militaire s'ensuit qui s'achève par la victoire des Ascaniens. La victoire du Brandebourg en 1157 marque la naissance de la Marche de Brandebourg et le début de la consolidation du pouvoir des Ascaniens qui portent dès lors le titre de « margraves de Brandebourg ». Leur domination est également favorisée par la colonisation progressive du pays à la fin du 12e s. et au 13e s., ainsi que la fondation de monastères comme, en 1180, le monastère cistercien de Lehnin, au Sud-Ouest de l'actuel Berlin.

P. Wysocki/EXPLORER-HOA QUI

La fête de la Saint-Sylvestre sur le mur de Berlin en 1989.

La ville double de la Spree

La fondation des villes ascaniennes s'accompagne également de celle de la ville double de Berlin et de Cölln sur deux îles de la Spree. Comme aucun acte constitutif ou autre document ne fait état de cette fondation, sa date précise demeure inconnue. On suppose que son aménagement a commencé à la fin du 12e s. Cölln se trouve alors entre la Spree et le canal de la Spree, Berlin entre la Spree et les voies actuelles du S-Bahn, entre les gares du Hackescher Markt et du Jannowitzbrücke. Contrairement aux plus anciennes colonies slaves (8e s.) de l'actuelle agglomération berlinoise, Spandau et Köpenick, qui avaient essentiellement une importance stratégico-militaire, sont des facteurs géographico-économiques décisifs pour Berlin et Cölln. Les principales routes commerciales, dans les sens Nord-Sud et Est-Ouest, traversent les deux villes. Elles constituent ainsi un nœud du trafic et une importante place commerciale interurbaine. Leur essor est également favorisé par la politique douanière et fiscale des souverains ascaniens. Autour de Berlin et de Cölln, d'autres villes, villages, fermes et monastères voient le jour. Trente-quatre des cinquante-cinq anciennes églises de village de l'actuelle agglomération berlinoise ont été édifiées au Moyen Âge. De nombreux arrondissements et quartiers portent aujourd'hui encore le nom de ces villages englobés dans la commune de Berlin au fil des siècles.

La fulgurante ascension

L'autonomie des villes est favorisée par la faiblesse politique du souverain du pays lorsque, une fois le règne des Ascaniens terminé en 1319, plusieurs familles tentent de s'emparer de l'héritage. La ville double entre alors dans le combat opposant les Wittelsbacher et les Luxembourgeois pour l'obtention de la couronne impériale et le conflit plus général entre l'empereur et le pape. Pour sauvegarder leur indépendance, les villes forment des associations au 14e s (Berlin-Cölln s'allie aux villes hanséatiques). Elles cherchent, d'une part, à défendre les droits acquis face au pouvoir du prince et, d'autre part, à maintenir la paix dans le pays, en luttant contre les chevaliers brigands, voleurs de grand chemin et autres fauteurs de troubles. En dépit de tensions à l'intérieur et de désordres à l'extérieur, Berlin-Cölln occupe à cette époque une position économique dominante. Au cours du 14e s., la ville acquiert de plus en plus de droits et de revenus. Il faut également noter l'importance économique des environs de la ville : ces derniers constituent un marché et un lieu de vente pour les biens produits sur place et Berlin acquiert également plusieurs villages entiers des alentours. Dans l'enceinte de la ville double, entourée de murs, de remparts et de fossés, vivent quelque 8 000 hommes à la fin du 14e s.

• **1237** – Première information écrite sur l'histoire de Berlin; un contrat évoque le spirituel Syméon de Cölln.

• **1244** – Berlin est mentionné pour la première fois; un document cite le même Syméon, prieur à Berlin.

• **1251** – Berlin est pour la première fois désigné par écrit comme une « ville ».
• **1261** – Un document évoque pour la première fois la cour des margraves, Aula Berlin, dans le quartier des Monastères.
• **1307** – Berlin et Cölln s'unissent autour d'un conseil commun mais chaque cité conserve son autonomie administrative. Sur le Lange Brücke (l'actuel Rathausbrücke) qui sépare les deux villes est alors bâti un hôtel de ville commun.
• **1319** – Consolidation de l'union de la ville double ; union des églises et structures juridiques également communes.
• **1323** – Début du règne des Wittelsbach. Le roi Louis de Bavière donne la Marche de Brandebourg en fief à son fils Louis, encore mineur.
• **1325** – Assassinat du prieur de Bernau devant l'église Notre-Dame (Marienkirche) ; pour cet acte, on infligea à Berlin et Cölln une excommunication de plus de deux décennies.
• **1373** – Moyennant une compensation, les Wittelsbach renoncent définitivement à la Marche de Brandebourg en faveur de l'empereur Charles IV de Luxembourg.
• **1376 et 1380** – Des incendies dévastateurs détruisent presque entièrement Berlin et Cölln.

Le « faux Woldemar »

Le conflit autour de la Marche de Brandebourg prend une allure de mascarade au cours de l'été 1348 lorsqu'un vieil homme se présente à l'archevêque Otto von Magdeburg comme le dernier margrave ascanien Woldemar. Sa mort (1319) aurait seulement été simulée et il aurait effectué depuis un pèlerinage en Terre sainte pour expier ses péchés. Le « faux Woldemar » – en dépit de nombreux éléments qui plaidaient en faveur de l'imposture, la preuve réelle n'en a jamais été apportée – fait alors valoir ses droits à la souveraineté, largement soutenu par la population de la Marche et de Berlin, nostalgique de la bonne époque du règne ascanien et espérant la paix en ces temps troubles. Berlin-Cölln lui rend hommage pour avoir octroyé à la ville de nombreux privilèges. Woldemar est également soutenu par les Luxembourgeois. Charles IV, par animosité envers les Wittelsbach, lui donne en fief la Marche de Brandebourg, provoquant de violents conflits. En 1349, Woldemar est invité au Reichstag à Nuremberg, où ses prétentions doivent, une fois encore, faire l'objet d'un examen. Suite à un accord entre les Wittelsbacher et les Luxembourgeois, et à la non-comparution de Woldemar au Reichstag un an plus tard, ce dernier est déclaré imposteur. La plus grande partie du Brandebourg lui reste pourtant fidèle dans un premier temps. Ce n'est qu'en 1351, après que la ville fut encerclée par des forces militaires ennemies, que Berlin-Cölln décide de faire la paix avec la maison de Bavière et de reconnaître la souveraineté du Wittelsbacher Louis l'Ancien sur la Marche de Brandebourg.

Début du règne des Hohenzollern

Une époque mouvementée

Au début du 15e s., la situation politique s'aggrave et des désordres de plus en plus importants affectent le commerce et les transports. Les querelles entre les nobles et les chevaliers brigands font sombrer la Marche de Brandebourg dans le chaos. La situation devient de plus en plus menaçante pour la ville double lorsque, en 1402, les ducs de Poméranie s'effondrent et que la ville de Berlin devient le théâtre de la guerre. Dans cette situation critique, les Berlinois décident de conclure une alliance avec la famille de chevaliers brigands des Quitzow – auparavant alliés aux Poméraniens – et de lui confier également le commandement militaire des opérations. Après quelques succès communs contre les Poméraniens, les désaccords se font toutefois ressentir pour aboutir en 1410 à une rupture ouverte entre Berlin-Cölln et les Quitzow. Le peu recommandable **Dietrich von Quitzow** occupe, en effet, de nombreux châteaux, détruit des villages brandebourgeois et chasse les citoyens impuissants qui errent aux portes de la ville.
Un changement fondamental intervient en 1411, lorsque le roi et futur empereur Sigismond fait administrer la Marche par son neveu **Frédéric de Hohenzollern**, burgrave de Nuremberg. Ce dernier parvient à mettre fin au pouvoir des Quitzow, à chasser les Poméraniens et à pacifier la région. Au concile de Constance, quatre années plus tard, il devient margrave et Électeur du Brandebourg. Avec lui commence le règne des Hohenzollern qui durera près de cinq siècles, ainsi qu'une longue lutte pour l'autonomie de la ville entre les nouveaux détenteurs du pouvoir avec leurs prétentions à la souveraineté et Berlin-Cölln. La ville double devient la résidence de l'Électeur du Brandebourg et les fonctions gouvernementales et

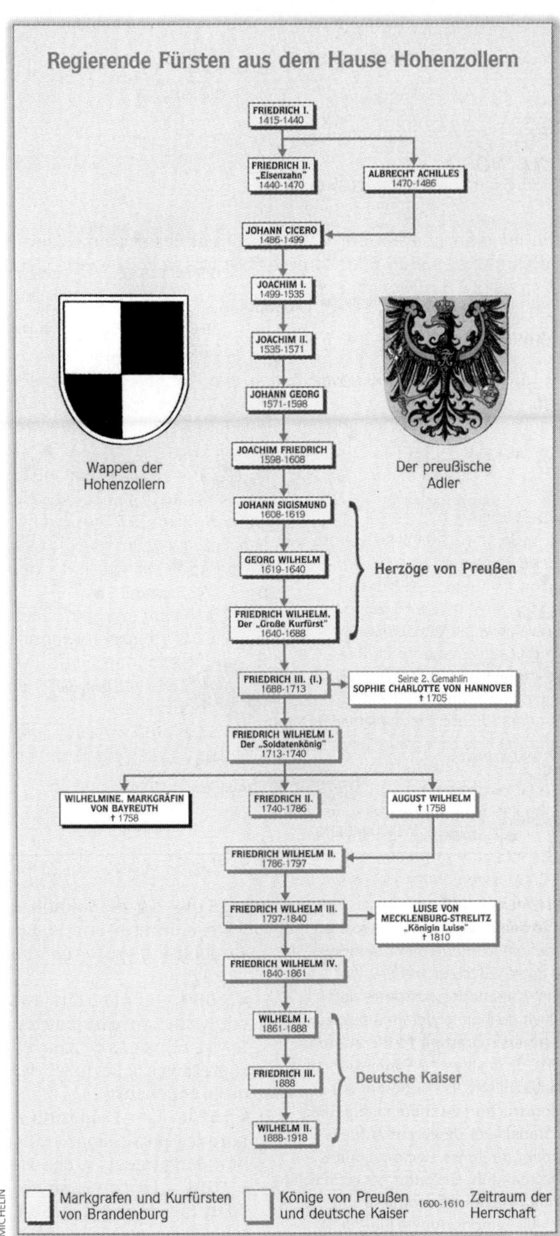

administratives y sont transférées. Les institutions symboles de l'autonomie de la ville perdent leur importance en faveur d'une sous-administration de l'Électeur. S'ensuit un changement fondamental dans les structures sociales, culturelle et économique de la ville. Le nombre d'habitants augmente, en raison de l'immigration, aussi bien en provenance des environs de la ville que de Saxe, de Thuringe et de Franconie, si bien que le premier quart du 16e s. est marqué par l'édification de constructions suburbaines.

• **1432** – Berlin et Cölln mettent fin à leurs différends internes et concluent une alliance quasiment équivalente à une union, l'idée étant de consolider leur position face aux Hohenzollern.

• **1442** – L'Électeur Frédéric II « Dent de Fer » réprime une révolte urbaine de la bourgeoisie de Berlin-Cölln, abroge le traité d'union et supprime les privilèges. Les bourgeois sont alors contraints de céder à l'Électeur un terrain situé sur la rive de la Spree pour y faire bâtir un château. Un an plus tard, la première pierre de l'édifice est posée.

• **1448** – Mécontentement berlinois.

• **1486** – L'Électeur Jean-Cicéron fait de Berlin-Cölln la résidence permanente de l'Électorat de Brandebourg.

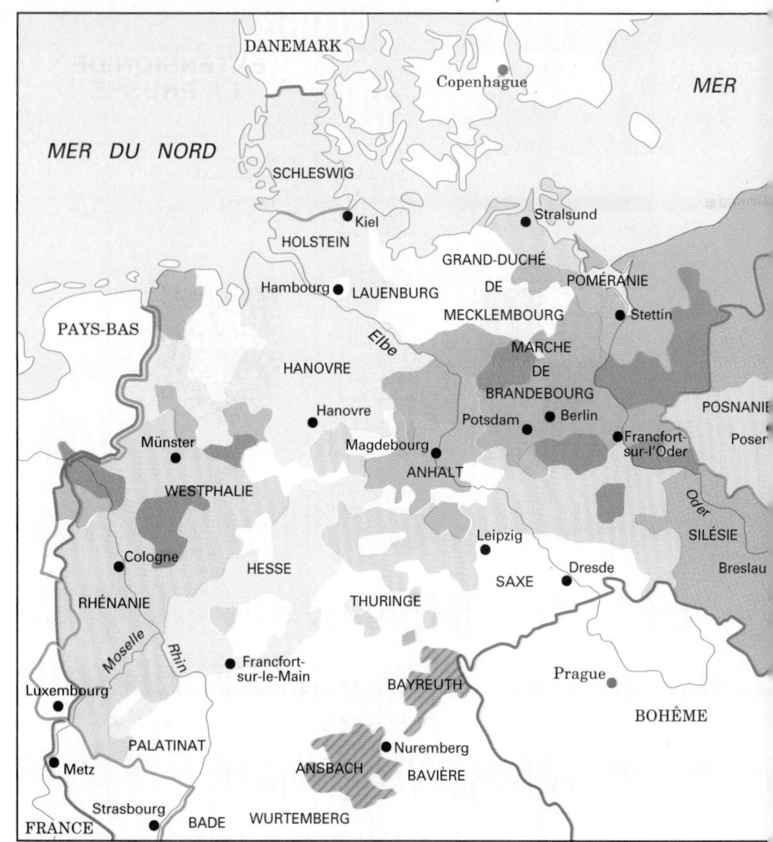

Le mécontentement berlinois

Avant même le début de ce que l'on connaît sous le nom de « mécontentement berlinois », le conflit couve entre l'Électeur Frédéric II et la ville de Berlin-Cölln. L'animosité croissante des Berlinois vis-à-vis de leur souverain a plusieurs causes. Ces derniers regrettent tout d'abord la perte de liberté de la ville et la soumission au souverain Hohenzollern, ils s'opposent par ailleurs à la construction du château, envisagé comme une citadelle, et déplorent enfin l'emménagement des juges électoraux dans l'hôtel de ville commun. Le conflit ouvert n'éclate toutefois qu'en 1448, lorsque toute la bourgeoisie s'allie, emprisonne le juge de la Marche Balthasar Hake et chasse le minotier et douanier de l'Électeur. On reprend alors le contrôle de l'hôtel de ville du Lange Brücke. L'ouverture du barrage permet aux citoyens d'accéder au chantier de construction du château sous l'eau. Ils envahissent en outre la résidence de l'Électeur et détruisent une grande partie des lettres, documents et livres qui s'y trouvent. Les habitants de Berlin-Cölln ne reçoivent aucun soutien des autres villes, l'Électeur ayant réussi à les écarter de leur obligation de soutien par des menaces et des promesses. La ville double se voit ainsi contrainte de répondre à la demande qui lui est faite d'apparaître devant le tribunal de la petite ville de Spandau : devant toute la noblesse brandebourgeoise, Berlin-Cölln doit alors se soumettre officiellement au souverain. Les instigateurs du soulèvement, tels que Bernd Ryke, bourgmestre de Cölln, sont condamnés et leurs biens confisqués.

- **1514** – La démolition de l'hôtel de ville commun sur le Lange Brücke symbolise la perte de l'autonomie de la ville.
- **1539** – L'Électeur Joachim II se convertit ; on parvient toutefois à éviter les effusions de sang et les mesures répressives, à Berlin et dans la Marche de Brandebourg.
- **1573** – La « Dispositio Achillea » sépare les possessions franconiennes et brandebourgeoises des Hohenzollern.
- **1613** – La conversion de l'Électeur Jean Sigismond au calvinisme et sa tentative pour rapprocher le peuple et la noblesse provoquent le « tumulte berlinois » deux ans plus tard ; le souverain se voit dès lors contraint de laisser se côtoyer les deux confessions protestantes à droits égaux.

Le Grand Électeur

Guerre et paix

Lorsque la guerre de Trente Ans éclate en 1618, l'Électeur Georges-Guillaume mène une politique de neutralité indécise. Contrairement à la Marche, Berlin-Cölln, à l'exception de ses faubourgs, est épargné par les destructions. Les épidémies de peste, les cantonnements, ainsi que les contributions financières et les livrai-

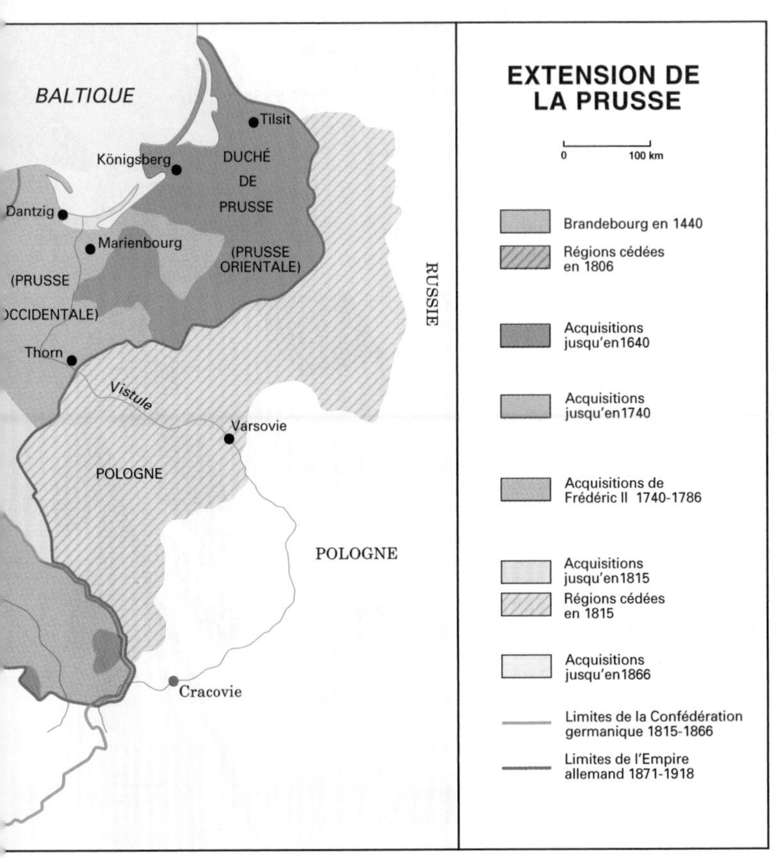

sons de marchandises aux belligérants ont toutefois des conséquences dévastatrices pour la vie urbaine. L'Électeur et la cour se retirent à Königsberg. Lorsque l'Électeur **Frédéric-Guillaume** (surnommé le « Grand Électeur » à partir de 1675), successeur de Georges-Guillaume, vient pour la première fois dans sa résidence, il découvre une bien triste image de la ville. Trois cents des 845 maisons de Berlin et 150 des 364 maisons de Cölln ont, en effet, été détruites. La population a été réduite de moitié, passant de 12 000 à 6 000 habitants, le commerce et l'artisanat sont ruinés. Le nouvel Électeur doit alors à la fois se charger de la reconstruction et de la mise en place d'un nouvel État unique et de structures politiques centralisées pour son Électorat agrandi par le traité de Westphalie de 1648. Ceci implique également de retirer son pouvoir politique à la noblesse et continuer à limiter les droits des classes et des villes.

Berlin-Cölln devient une ville de garnison, puis une ville fortifiée, le gouvernement militaire étant l'une des institutions les plus importantes de la politique communale. Le Grand Électeur prend alors un certain nombre de mesures économiques et d'encouragement à la construction des villes, pour agrandir la résidence et faire de Berlin-Cölln une ville commerciale et industrielle. Des manufactures sont construites et le système de navigation intérieur largement étendu. L'année 1667 voit l'introduction d'un nouvel impôt d'impôt, l'Akzise, impôt indirect sur la consommation touchant tous les produits alimentaires et marchandises importés, particulièrement utile pour remettre à flot les finances désorganisées et favoriser la reprise économique.

L'extension de la ville

Dans la région marécageuse située juste à l'Ouest de Cölln, un nouveau quartier, issu de la construction suburbaine de bâtiments, voit le jour : Friedrichswerder (entre le canal de la Spree et les Oberstraße et Niederwallstraße), élevé au rang de troisième résidence, après Berlin et Cölln, en 1670.

Sous la direction de l'ingénieur et architecte Johann Gregor Memhardt, une enceinte fortifiée est érigée autour de Berlin, Cölln et Friedrichswerder pour remplacer l'enceinte médiévale. Cette nouvelle enceinte, sur laquelle travaillent chaque jour 4 000 hommes, est achevée en 1683 après 25 années de travail; elle ressemble à une grande étoile autour de laquelle gravitent 13 énormes bastions. À l'Ouest de la forteresse sont fondées deux autres villes : Dorotheenstadt en 1674, avec l'axe Unter den Linden (entre la Spree, la Schadowstraße et la Behrenstraße)

Porte-drapeau du 7e régiment d'infanterie prussien au temps de Frédéric le Grand.

P. Boussard/MICHELIN

et Friedrichstadt en 1688, avec le futur Gendarmenmarkt (entre la Behrensstraße, la Mauerstraße et la Schützenstraße). La ville est alors systématiquement étendue en direction de l'Ouest, tandis que des faubourgs désordonnés voient le jour au Nord et à l'Est (Spandauer Vorstadt, Königstadt, Stralauer Vorstadt).

Les mesures démographiques sont au cœur de la politique économique du Grand Électeur. Les colons, dont nombre excellaient dans leur spécialité, d'abord originaires des Pays-Bas, puis de France, de Suisse et du Palatinat, s'installent à Berlin et dans le Brandebourg. Leur rôle dépasse le cadre de l'économie. Ils ont, en effet, également une influence scientifique et culturelle sur l'évolution future de la ville. Le Grand Électeur favorise parallèlement l'enseignement et les sciences, ainsi que l'art (sa collection d'art constitue la base des musées de Berlin d'aujourd'hui). Berlin connaît sous Frédéric-Guillaume un véritable élan de modernisation et la population atteint alors les 20 000 habitants. Lorsqu'il meurt en 1688, il a posé les bases sur lesquelles ses successeurs s'appuieront pour le développement futur de l'État des Hohenzollern.

- **1640** – Après la mort de Georges-Guillaume à Königsberg, l'Électeur Frédéric-Guillaume entre au gouvernement. Il est surnommé le « Grand Électeur » après sa victoire sur les troupes suédoises, une puissance militaire que l'on croyait alors invincible, à Fehrbellin (1675).
- **1669** – Avec l'achèvement du Müllroserkanal, ou Friedrich-Wilhelm-Kanal, au terme de sept ans de travaux, Berlin dispose d'un canal reliant la Spree à l'Oder, soit la Nordsee à l'Ostsee.
- **1671** – 98 ans après la dernière expulsion, l'édit du 21 mai accorde protection et droit de séjour à Berlin aux familles juives chassées de Vienne.
- **1685** – Avec l'édit de Potsdam, les huguenots arrivent à Berlin et dans le Brandebourg, et établissent leurs propres colonies avec une administration indépendante dans les nouvelles résidences électorales.
- **1688** – Après la mort de Frédéric-Guillaume, lui succède son fils Frédéric III.
- **1695** – Le château de plaisance de Lietzenburg est érigé à Lützow pour l'Électrice Sophie-Charlotte. Après sa mort il prend le nom de Charlottenbourg.
- **1696** – Fondation de l'Académie des arts par l'Électeur Frédéric III.
- **1700** – Fondation de la Société électorale brandebourgeoise des sciences (future Académie des sciences).

Résidence des rois prussiens

De Berlin-Cölln à la résidence Berlin

Le successeur du Grand Électeur, l'Électeur Frédéric III, est couronné en 1701 à Königsberg et devient le roi **Frédéric Ier** « en » Prusse. Avec cette accession à la couronne, les Hohenzollern acquièrent le rang de puissance européenne et Berlin reçoit la fonction de résidence royale. En 1709 le roi unifie Berlin, Cölln, Friedrichswerder, Dorotheenstadt et Friedrichstadt pour en faire la résidence Berlin, qui compte alors près de 60 000 habitants. Sa réorganisation représentative, autour de son château et de sa luxueuse et somptueuse cour baroque, fait grimper la dette de la ville à 20 millions de thalers au moment de la mort de Frédéric Ier en 1713. On rapporte qu'à l'époque une affiche anonyme placardée sur le château affirmait : « Ce château est à louer, et la résidence Berlin est à vendre. »

Le « Roi-Sergent »

Alors que le roi Frédéric Ier accordait la priorité au développement et à l'accroissement de la splendeur royale, ainsi qu'au soutien des arts et des sciences, son fils et successeur **Frédéric-Guillaume Ier**, le « Roi-Sergent », s'intéresse essentiellement à la puissance militaire de l'État prussien. Berlin devient alors de plus en plus une ville militaire, ce qui modifie considérablement son aspect, son caractère et son évolution. Des mesures politiques importantes visent à établir la ville sur une base financière solide. On essaye alors de réaliser un maximum d'économies, de réduire sérieusement le train de vie de la cour et du roi, ce qui signifie, également dans un premier temps, une diminution considérable des recettes de l'économie berlinoise. La croissance économique est avant tout tirée par les besoins croissants dans le domaine militaire. La multiplication des manufactures, surtout dans le secteur de la fabrication de textiles (laine, soie, lin), entraîne de nouveau l'installation de main-d'œuvre étrangère (par exemple en provenance de Saxe et de Bohême). Dans le cadre de ses activités politico-économiques, le Roi-Sergent décide également d'importantes réformes de l'administration publique et municipale, et donne naissance à la bureaucratie royale et prussienne.

Frédéric-Guillaume Ier agrandit Dorotheenstadt et Friedrichstadt, et fait édifier à partir de 1734 une enceinte de 16 km autour de la ville. Cette enceinte, faite de pierre et de bois, sert d'abord à empêcher les désertions, puis à percevoir l'Akzise. Les faubourgs et des terrains non construits y sont également intégrés, de telle sorte que ces remparts laissent suffisamment de place pour l'expansion de la ville jusqu'à leur démolition au 19e s. Les nombreux noms qui comportent le mot « porte » *(Tor)* que l'on rencontre à Berlin font référence aux anciennes portes de la ville (telles que la Neues Tor, la Kottbusser Tor ou la Frankfurter Tor). À l'Ouest, la ville est ainsi délimitée par la Brandenburger Tor (unique porte de la ville préservée) et la Potsdamer Tor de la Potsdamer Platz. Au Sud, les remparts suivent le tracé de la ligne de métro n° 1, entre la Halleschem Tor et la Schlesischem Tor. La frontière Est est délimitée par l'actuel Oberbaumbrücke, la Warschauer Straße et la Frankfurter Tor. Au Nord enfin, les remparts s'étendent le long de la Torstraße, « rue des Portes », ce nom signifiant, naturellement, que se trouvait autrefois ici un grand nombre des portes de la ville.

Le vieux Fritz, alors qu'il était encore un jeune homme (portrait d'A. Pesne, 1739).

J. Anders/Gemälde galerie/PREUSSISCHER KULTURBESITZ

Le vieux Fritz

L'avènement au pouvoir de **Frédéric II le Grand**, également surnommé plus tard le « vieux Fritz », en 1740, marque le début du Siècle des lumières à Berlin ; la science et la recherche, l'art et la culture connaissent alors une nouvelle prospérité. Le roi de Prusse n'est toutefois pas seulement un philosophe qui communique avec Voltaire et favorise l'art, mais également un adepte de la politique de force, tout comme ses prédécesseurs. On évoque aujourd'hui encore les contradictions de ce personnage et son surnom « le Grand » demeure controversé. Il abolit la torture et limite la censure, mais étend et consolide l'organisation administrative et militaire absolutiste. Pendant son règne, le pays doit toute-

fois subir de nombreuses guerres européennes. Berlin même est d'abord épargné, mais la troisième guerre silésienne (guerre de Sept Ans, 1756-1763) place l'État prussien et sa capitale Berlin au bord d'une crise économique et militaire.
L'État doit prendre un certain nombre de mesures économiques pour amortir et éliminer les conséquences de la guerre. Parmi ces mesures, on note une législation commerciale protectionniste, des programmes en faveur de l'emploi, une poursuite des mesures démographiques, un soutien gouvernemental aux manufactures, ainsi que la création d'entreprises publiques. Outre les meilleures manufactures dans le domaine du textile, les manufactures royales d'or, d'argent et de porcelaine connaissent également un essor important. Berlin se développe pour devenir un centre de plus en plus important de l'économie industrielle. Il faut également évoquer le nombre croissant d'activités sur le plan de la construction et la multiplication des mesures favorables à la réorganisation des villes. Alors qu'au début du règne de Frédéric l'aménagement de l'axe Unter den Linden est au centre de ses préoccupations, il lui préfère ensuite la résidence royale de Potsdam. À la mort de Frédéric le Grand en 1786, la Prusse est une grande puissance politique européenne et un État moderne au sens de l'absolutisme éclairé. Sa capitale, Berlin, alors habitée par quelque 150 000 hommes, compte indiscutablement parmi les grandes villes d'Europe.

Les guerres napoléoniennes

Frédéric n'ayant pas laissé d'héritier derrière lui, la couronne revient à Frédéric-Guillaume II, le fils de son frère aîné. Ce dernier est à la fois un grand mécène et un ferme adversaire des lumières. Marquée par la censure et des problèmes économiques et sociaux importants, la fin du 18e s. est toutefois également une période de prospérité culturelle. Les académies se multiplient et les salons littéraires sont très respectés. Berlin est devenu un centre culturel et intellectuel.
L'État de Frédéric II se trouve parallèlement dans une situation de crise en raison de ses dettes considérables et finit par s'effondrer définitivement au début du 19e s. En 1806, l'occupation de Berlin par les troupes françaises, qui dure deux ans, constitue un événement radical. Peu avant leur entrée, le gouverneur de Berlin publie la célèbre affiche murale : « Le roi a perdu une bataille. Le calme est désormais le premier devoir du citoyen. J'y invite les habitants de Berlin. Vive le roi et ses frères! ». Le roi est alors réfugié à Königsberg.
Pendant la période d'occupation, Napoléon prend un certain nombre de mesures, qui marquent profondément la structure politique et économique de la ville. Les saisies de biens publics et nobles, les cantonnements, dont souffrent, entre autres, les propriétaires, les livraisons destinées à l'armée d'occupation et les contributions aux frais d'entretien pèsent lourdement sur les Berlinois. À la fin de la période d'occupation, en 1808, les dettes s'élèvent à 4,5 millions de thalers; ce n'est qu'en 1861 que ces dettes peuvent enfin être remboursées.

Les réformes de Stein-Hardenberg

Les réformes prussiennes menées après l'occupation par Stein et Hardenberg visent surtout Berlin à travers la nouvelle organisation municipale décidée en 1808 et ouvrant la voie à l'autonomie administrative des villes prussiennes. Les innovations les plus importantes concernent la séparation des tâches de l'État et des communes, la justice et l'Administration, ainsi que l'institution d'un conseil municipal en tant qu'organe de décision. La clarification des compétences propres à l'État et aux communes s'étend toutefois sur plusieurs années. Il est, en effet, difficile de définir les attributions réelles de la ville en dehors du mur d'octroi (Akzisemauer). Outre celle touchant l'enseignement, les réformes prussiennes eurent également leur importance pour le développement futur de la capitale, telles que l'affranchissement des paysans, la liberté industrielle et l'émancipation des Juifs.

La période Biedermeier

La fin des guerres de libération marque pour Berlin le début d'une longue période de paix, mais les espoirs politiques des forces progressistes quant à la poursuite des réformes intérieures demeurent insatisfaits. La promesse d'une constitution n'est pas tenue et, à la place de l'État national tant espéré, au Saint Empire romain de la nation allemande succède la Confédération germanique (Deutsches Bund). À Berlin, on se retire résigné, on cultive les intérêts artistiques et littéraires et on suit la vie sociale apolitique. La science et l'enseignement, ainsi que l'art et la culture, connaissent leur période de splendeur. Le mauvais côté de cette époque

Biedermeier au mode de vie urbain et bourgeois est la politique réactionnaire du nouvel État autoritaire qui a vu le jour. La préfecture de police, subordonnée au ministère de l'Intérieur, avec les nombreuses tâches qui lui sont confiées, devient l'une des principales institutions municipales.

L'industrialisation

Tandis que les idées libérales sont réprimées dans le domaine politique, le libre-échange et le marché sont au cœur de la politique industrielle et économique, dont l'objectif est de mettre en place une industrie compétitive. Sans abandonner pour autant les idées libérales, **Christian Beuth**, directeur du département commercial et industriel du ministère des Finances prussien, présente un intéressant « programme d'information, d'encouragement et d'aide » pour l'économie. Les années 1830 voient le développement de la révolution industrielle, favorisée par l'union douanière (Zollverein). L'industrie textile est la première grande branche de l'économie à dépasser le cadre artisanal en terme de production. La construction mécanique et la métallurgie deviennent rapidement les principaux secteurs de l'industrie berlinoise, rejointes par l'industrie électrique dans la seconde moitié du 19e s. Les usines avec leurs fumées de cheminée marquent alors de plus en plus le paysage urbain.

La révolution de Mars

Lorsque **Frédéric-Guillaume IV**arrive au pouvoir en 1840, Berlin est devenu la quatrième plus grande ville d'Europe. Tous les Berlinois espèrent alors une libéralisation politique générale. Intellectuellement doué, familiarisé avec les œuvres des romantiques, le nouveau roi a un idéal, celui d'un « État chrétien » qui prendrait la forme d'un État de classes (Ständestaat). Toutefois, en dépit de quelques mesures positives, telles que l'atténuation de la censure et plusieurs amnisties, les espoirs de la population sont vite déçus. Le roi ne se montre, en effet, pas du tout disposé à honorer sa promesse de constitution de 1815. La persécution des forces impopulaires et d'opposition s'intensifie, et le roi se détourne de plus en plus de la population, surtout dans la capitale. Parallèlement, les tensions sociales, conséquences de l'industrialisation progressive, se multiplient.

Le 18 mars 1848, après d'autres villes européennes, Berlin connaît la révolution. Dans la ville, les combats sur les barricades aboutissent à l'octroi d'une constitution, qui entre en vigueur le 5 décembre. La Prusse devient alors une monarchie

Adolph Menzel : « Le Laminoir » (1872-1875).

Wilhelm von Humboldt.

AKG Paris

constitutionnelle avec le droit de vote pour les trois classes. Le préfet de police en fonction, **Carl Ludwig von Hinkeldey**, commence alors à mettre fin au conflit de compétence qui oppose la ville à l'État et à moderniser la politique urbaine.

Berlin prend de l'importance et voit sa population augmenter

À partir de 1857, Frédéric-Guillaume IV, malade, est contraint de laisser la régence à son frère, couronné roi **Guillaume Ier** en 1861, à l'âge de 65 ans. Un an plus tard, il nomme, dans le cadre du conflit constitutionnel qui entoure la réforme de l'armée, **Otto von Bismarck** ministre-président prussien. Berlin se prépare alors à devenir le centre politique de la Confédération germanique. L'industrialisation progresse rapidement et la ville se trouve en même temps confrontée à un problème d'explosion démographique. Berlin attire, en effet, plus que toutes les autres villes, les immigrants à la recherche d'un travail dans l'une de ses usines de plus en plus nombreuses. La population atteint les 800 000 habitants. Une crise du logement s'amorce alors et le nombre de sans-abri augmente, favorisant la multiplication des « cages à poules » *(Mietskasernen)* aux conditions de logement très précaires à la périphérie du centre-ville, dans le Prenzlauer Berg, à Friedrichshain, Kreuzberg et Wedding.

- **1709** – Dans le cadre des mesures politiques affectant la commune, jusqu'ici globales et interférant considérablement avec l'autonomie urbaine, le roi ordonne la création d'une commune unique Berlin; un an plus tard, les communes de Berlin, Cölln, Friedrichswerder, Dorotheenstadt et Friedrichstadt fusionnent (seule la colonie française conserve son indépendance).
- **1723** – Création d'une autorité supérieure unique pour l'économie, les finances et l'armée : le « Comité directeur général » (Generaldirektorium), avec son siège à Berlin.
- **1740-1742/1744-1745** – Première et seconde guerres de Silésie.
- **1744** – Fondation nouvelle de l'Académie des sciences par Frédéric II.
- **1756** – Déclenchement de la troisième guerre de Silésie (guerre de Sept Ans).

Du Brandebourg à la Prusse

L'année 1231 marque le début de l'Ordre allemand (Deutsches Orden) avec la conquête du pays des Pruzze. Une promesse impériale permet à la Prusse qui en résulte de ne jamais subir l'autorité religieuse d'un vassal de l'Empire. Le dernier grand maître de l'Ordre affirme ses préférences pour la Réforme, sécularise sans hésiter l'État de l'Ordre et se place en 1525, en tant que nouveau duc de Prusse, sous la suzeraineté du roi polonais. En 1618, les Hohenzollern brandebourgeois héritent de ce duché séculier, ayant manifesté leur intérêt pour ce dernier depuis 1569. Il continue toutefois à appartenir aux Polonais jusqu'en 1657-1660 (traité de Wehlau et paix d'Oliva). Ce n'est, en effet, qu'à cette date que le Grand Électeur obtient la reconnaissance de sa souveraineté en Prusse. Jusqu'en 1672, il réussit également à s'imposer face aux classes prussiennes.

Le 18 janvier 1701, Königsberg, capitale de la Prusse, accueille l'autocouronnement solennel arrangé par le margrave Frédéric III. Ce Brandebourgeois ne peut, en effet, ni être couronné par l'empereur, la Prusse étant située en dehors du Saint Empire, ni recevoir sa couronne des mains du pape, étant donné sa confession religieuse, le protestantisme. Il n'a donc pas d'autre choix que de s'autocouronner roi Frédéric Ier, contraint toutefois d'obtenir l'autorisation de l'empereur. Après des négociations diplomatiques difficiles, un arrangement est trouvé : les Hohenzollern apportent leur soutien militaire aux Habsbourg dans la guerre de Succession d'Espagne et reçoivent en contrepartie l'accord de l'empereur, ainsi que l'approbation du roi de Pologne et de Saxe. Étant donné qu'il ne peut régner que sur la partie Ouest de la Prusse, Frédéric Ier porte le titre d'un roi « en » Prusse, le titre de roi étant réservé au duché de Prusse (la future Prusse orientale, excepté l'Ermland). Sont ainsi exclus la « capitale » des Hohenzollern brandebourgeois dans le Brandebourg et Berlin. Au cours du 18e s., toutes les régions du Brandebourg sont bientôt considérées comme appartenant à la Prusse, ce nom désignant alors le territoire de plus en plus grand de l'État national. Frédéric le Grand, petit-fils de Frédéric Ier, est le premier à porter le titre de « roi de Prusse ».

- **1757-1760** – Berlin est occupé par les troupes autrichiennes et russes.
- **1793** – La première machine à vapeur est mise en service dans la Manufacture de porcelaines (KPM).
- **1805** – La Fonderie royale (Königliche Eisengießerei) commence à produire à Berlin, à la place de l'ancien Schleifmühle (qui héberge aujourd'hui le ministère des Transports, de la Construction et du Logement).
- **1809** – Dans le cadre de la nouvelle organisation municipale, Leopold Gerlach est élu premier maire et président du conseil municipal.
- **1810** – Fondation de la Friedrich-Wilhelms-Universität (par **Wilhelm von Humboldt**), pour contribuer au renouveau spirituel; lors de la première année d'apprentissage, le corps enseignant compte 52 membres auprès de 256 étudiants.
- **1812** – Alors que Napoléon est en route vers la Russie, Berlin est occupé une seconde fois par les troupes françaises entre 1806 et 1808.
- **1814-1815** – Au congrès de Vienne, la Prusse perd une grande partie des terres polonaises du partage de 1795, mais reçoit la Rhénanie et la Westphalie.
- **1818** – Une loi douanière transforme la Prusse en une zone économique et douanière unique.
- **1826** – L' « Imperial Continental Gas Association » ouvre la première usine à gaz de Berlin avec pour objectif d'éclairer toutes les rues et places; 22 ans plus tard, une usine à gaz municipale voit le jour.
- **1828** – Avec la fondation de la « Nouvelle Fonderie royale » par Jakob Franz Anton Eggels, la Chausseestraße devient la première zone industrielle de Berlin.
- **1831** – Une épidémie de choléra provoque la mort de plus de 1 400 personnes.
- **1838** – Inauguration solennelle de la ligne de chemin de fer Berlin-Potsdam; quatre autres lignes de chemin de fer seront inaugurées d'ici à 1846, Berlin devenant le point central d'un réseau ferroviaire en pleine extension.
- **1841** – Berlin se sépare de la province de Brandebourg pour constituer un arrondissement urbain indépendant. Incorporation communale des faubourgs d'Oranienburg et de Rosenthal, ainsi que de parties du Tiergarten.
- **1845** – Début du creusement du Landwehrkanal qui devait durer cinq ans et décharger les eaux naturelles de Berlin.
- **1847** – Fondation de l'industrie électrique par Siemens et Halske avec le « Bureau d'installation de lignes télégraphiques », à Kreuzberg (Schöneberger Straße).
- **1855** – Réorganisation de l'affichage municipal. Ernst Litfaß met en place des colonnes publiques d'affichage avec l'approbation de la police **(« colonnes Litfaß »)**.
- **1856** – Mise en service de la première usine hydraulique (société anonyme anglaise).
- **1861** – Extension des frontières de la ville incorporant les faubourgs de Wedding, Gesundbrunnen, Schöneberg et Tempelhof. Les années 1867-1868 voient la démolition de son ancienne enceinte.
- **1865** – Le premier tramway à chevaux voit le jour, prédécesseur du tramway qui reliera ensuite Kupfergraben à Charlottenburg.
- **1867** – Berlin devient le lieu du congrès du Bundestag de la Confédération d'Allemagne du Nord.

Berlin devient la capitale impériale

Les années de fondation

En 1871, le roi de Prusse est proclamé empereur allemand dans la galerie des Glaces du château de Versailles. Avec la création de l'Empire allemand, Berlin acquiert une fonction de capitale étendue. Elle connaît alors, une fois encore, de profonds bouleversements dans son paysage urbain et son administration municipale : une grande partie du patrimoine architectural est victime de la réorganisation de la capitale de l'Empire. Le centre est restructuré et de nombreux quartiers se forment, chacun d'entre eux regroupant des activités spécifiques; on distingue ainsi le quartier gouvernemental, celui des diplomates, celui des banques, celui des journaux et celui de la confection. La vie politique, sociale, culturelle et économique bat son plein. Tout ceci s'explique par la formidable dynamique économique de la ville. Les 5 milliards de francs de réparations versés par la France vaincue après la guerre de 1870-1871 servent l'essor économique des années de fondation *(« Gründerjahre »)*, toutefois interrompu par le krach de 1873.

Le boom industriel

Berlin devient le centre de l'industrie électrique allemande, l'industrie chimique gagnant également de l'importance. Les nouvelles sociétés se multiplient, les banques et les compagnies d'assurances berlinoises prennent une part de plus en plus grande à l'économie financière du pays et la spéculation s'accroît. L'extension du réseau des transports permet le déplacement des industries à la périphérie de la ville, le long des cours d'eau, là où les terrains sont plus nombreux pour

ROGER-VIOLLET

La Friedrichstraße en 1878.

accueillir des centres de production de plus en plus vastes. La population de la région correspondant au Berlin d'aujourd'hui augmente sensiblement et connaît une croissance de près de 72 000 habitants par an. En 1877, le million d'habitants est, pour la première fois, dépassé, cette explosion démographique résultant en grande partie de l'immigration massive en provenance des régions rurales, des environs de la capitale et des provinces orientales de l'Empire.

Le dernier empereur

Après la mort de Guillaume Ier et les 99 jours de règne de l'empereur Frédéric III, le dernier d'une longue série de souverains Hohenzollern est couronné empereur en 1888, la dite « année des trois Empereurs » (« Dreikaiserjahr »). Le désir de **Guillaume II** de montrer sa puissance et sa supériorité marque ses décisions politiques. Ce dernier souhaite, en effet, être à la tête d'un « gouvernement personnel » et mener une politique mondiale : « Je vous conduis vers des temps glorieux ». Berlin entre ainsi dans l'ère du Wilhelminisme, qui se manifeste dans le paysage urbain par de somptueux édifices représentatifs, privés et publics, l'ornementation publique étant l'une des caractéristiques du Wilhelminisme. Le « Berlin de pierre » commence alors à ressembler en grande partie au Berlin que l'on connaît aujourd'hui encore. À la fin du 19e s., la capitale acquiert, avec 2,7 millions d'habitants, le rang de métropole.

Un chaos administratif

L'agglomération berlinoise devient de plus en plus soudée, mais le « Grand Berlin » ne possède toutefois pas encore d'unité administrative, les villes et communes voisines réclamant leur indépendance. Les territoires communaux de Berlin et de Cölln, ainsi que des landes, des dépendances et des colonies, faisaient autrefois partie de la ville. L'influence croissante de l'État affecte également les compétences de l'administration berlinoise et les domaines d'intervention de la municipalité, plusieurs administrations devant renoncer à certains de leurs biens et de leurs compétences, ce qui provoque des frictions permanentes. Cette coexistence concurrentielle est surtout inefficace et coûteuse. À l'époque, on dénombre ainsi dans l'agglomération berlinoise 17 usines hydrauliques, 43 usines à gaz et centrales électriques, et près de 60 réseaux de canalisation qui fonctionnent parallèlement et se retrouvent souvent en concurrence. Ni Guillaume Ier ni Guillaume II ne savent comment assumer les tâches urbanistiques considérables nées de l'expansion, et le paysage urbain berlinois foisonne ainsi sans ligne directrice. Une sorte de solution minimale est envisagée en 1912 avec la fondation du « groupement intercommunal du Grand Berlin ». Les domaines de compétence qui lui sont attribués ne concernent toutefois que les projets de construction, les lieux de détente et le réseau de communication; ce ne sont pas les domaines les plus importants, tels que l'assistance publique et l'assistance médicale gratuite, les entreprises d'utilité publique et l'enseignement.

- **1870-1871** – Guerre franco-allemande.
- **1871** – Mise en activité du secteur Est du Ringbahn (ligne de ceinture), la totalité de la ligne étant achevée six ans plus tard.
- **1874** – L'hôpital de Friedrichshain est le premier d'une série d'hôpitaux municipaux destinés à l'assistance médicale de la population.

• **1876** – Après trois années consacrées à l'élaboration de plans, est mis en service le premier grand secteur du système de canalisations conçu par l'architecte **James Hobrecht**.
• **1879** – Fondation de l'École royale supérieure d'enseignement technique (Königlich-Technische Hochschule) à Charlottenburg.
• **1880** – La piste cavalière du Kurfürstendamm est aménagée en boulevard (fin des travaux en 1889).
• **1881** – Installation du grand abattoir municipal central (Zentral-Vieh- und Schlachthof). À Lichterfelde, mise en circulation de la première ligne de tramway électrique. Les 45 premiers abonnés sont raccordés aux télécommunications.
• **1882** – Achèvement du chemin de fer métropolitain sur les viaducs du centre-ville.
• **1883** – Emil Rathenau fonde la « Deutsche Edison-Gesellschaft für angewandte Elektrizität » (société allemande Edison pour l'électricité appliquée), qui deviendra plus tard l'AEG.
• **1884** – Ouverture du marché couvert central (Zentralmarkthalle).
• **1885** – Mise en service de la première grande centrale électrique de la ville ; l'éclairage électrique des rues avait commencé trois ans auparavant.
• **1890** – Retraite de Bismarck suite à d'importants désaccords avec l'empereur Guillaume II.
• **1902** – Mise en service du premier chemin de fer aérien et souterrain électrique, entre la Warschauer Straße et le « Knie » (l'actuelle Ernst-Reuter-Platz) avec une bifurcation vers la Potsdamer Platz.
• **1905** – Mise en circulation des deux premiers omnibus à moteur.
• **1914** – Devant le château de Berlin, l'empereur proclame au soir de la déclaration de guerre : « Je ne connais plus de partis, je ne connais que des Allemands ». Les problèmes d'approvisionnement s'accroissent à mesure que le pays s'enfonce dans la guerre.
• **1916-1917** – Le plus pénible des hivers de la guerre, connu sous le nom d'« hiver des rutabagas », sévit. Pour de nombreuses familles, l'approvisionnement auprès des soupes populaires constitue le seul repas chaud de la journée.
• **1918** – Le 9 novembre, la révolution atteint également Berlin ; des conseils d'ouvriers et de soldats sont formés ; le « Conseil des mandataires du peuple » (Rat der Volksbeauftragten) fait fonction de gouvernement ; Philipp Scheidemann (SPD) proclame la république depuis le Reichstag.

La république de Weimar

Le Grand Berlin

Après la chute de l'empire et les désordres révolutionnaires, Berlin devient la capitale de la première démocratie allemande. Le SPD et l'USPD (Unabhängige Sozialdemokratische Partei Deutschlands, parti social-démocrate d'Allemagne indépendant, constitué à Gotha en 1917) font voter au Parlement prussien la « loi sur la formation d'une nouvelle municipalité de Berlin », grâce à l'abstention du centre et en dépit de la résistance de la plupart des députés des autres partis bourgeois. Cette loi entre en vigueur le 1er octobre 1920 et fait du « Grand Berlin » une commune et une métropole moderne. La nouvelle structure politique s'appuie sur les secteurs de l'économie et des transports depuis longtemps liés et met en place des conditions favorables au développement futur de la ville comme métropole de la république de Weimar. Berlin voit le regroupement de ses sept villes (Charlottenburg, Wilmersdorf, Lichtenberg, Köpenick, Spandau, Schöneberg et Neukölln), 59 communes rurales et 27 Gutsbezirken sous une administration unique. Les secteurs des transports et des infrastructures peuvent maintenant se rapprocher. La superficie de la ville a été multipliée par 13 et le nombre des habitants a quasiment doublé (3,8 millions en 1920). Parallèlement à son unification administrative, la ville est divisée en 20 arrondissements – le « Vieux Berlin » compte maintenant plusieurs arrondissements : Mitte, Prenzlauer Berg, Friedrichshain, Wedding, Kreuzberg et Tiergarten.

Un centre culturel et économique

Après la fin de l'inflation en 1923, Berlin connaît une reprise et l'on parle, bien qu'il faille y mettre certains bémols, des « glorieuses années 1920 ». Berlin ne devient pas seulement le centre spirituel et culturel de la République, mais également un centre culturel international qui attire les artistes et écrivains du monde entier. Pendant un court laps de temps, la ville incarne le modernisme culturel du continent. Le Kurfürstendamm s'est établi comme une seconde « city ». Cet arrondisse-

AKG Paris

Rosa Luxemburg en 1914.

ment et les quartiers qui l'entourent constituent le centre social de Berlin. Le capital financier américain permet de financer une nouvelle reprise économique. Berlin est devenu la plus grande ville industrielle du continent et occupe la quatrième place mondiale, derrière Londres, New York et Chicago. Les deux secteurs économiques les plus florissants sont ceux de la métallurgie et du textile, avec des grands groupes comme Siemens et AEG dans le secteur de l'industrie électrique. La capitale est également un centre administratif et commercial, possédant la première place boursière et bancaire d'Allemagne, un point central dans le domaine des transports, nœud ferroviaire de 11 lignes de chemin de fer, et le point de mire des relations économiques internationales. Berlin rassemble alors un cinquième de la population allemande, un douzième de toutes les entreprises et un dixième de tous les actifs de l'Empire. Le nombre d'habitants continue parallèlement à augmenter pour atteindre les 4,24 millions en 1933.

La crise économique mondiale

La seconde moitié des années 1920 est marquée par une augmentation du chômage ; des grèves, petites ou grandes, sauvages ou officielles, secouent régulièrement les transports et la vie économique. En tant que centre économique, Berlin est durement touché par la crise mondiale de 1929. La chute des recettes fiscales et l'augmentation sensible des fonds de soutien rendent la ville presque insolvable. À la fin de la république de Weimar, les combats de rue entre les unités de combat du NSDAP (parti nazi) et du KPD sont de plus en plus fréquents. Les structures économiques étatiques, insalubres et profondément délabrées, déteignent sur la vie sociale. Les délits économiques et les infractions à la réglementation des changes, les banqueroutes et les délits bancaires, les grandes escroqueries et les affaires de corruption touchant des fonctionnaires dirigeants côtoient des délits criminels moins graves, telles que les hausses illicites de loyers et les jeux de hasard.

- **1919** – En janvier se déroulent des combats de rue (soulèvement spartakiste) ; les socialistes **Karl Liebknecht** et **Rosa Luxemburg** sont assassinés. Les désordres qui secouent la capitale de l'Empire conduisent l'Assemblée nationale à se réunir à Weimar.
- **1920** – Berlin est le lieu central de l'action lors du « putsch Kapp » radical de droite en mars.
- **1921** – L'ouverture de l'AVUS marque la mise en circulation de la première autoroute allemande.
- **1922** – Le ministre des Affaires étrangères, **Walther Rathenau**, à la tête du conseil de surveillance de l'AEG, est assassiné à Grunewald par des radicaux de droite.
- **1923** – Première émission radio dans la Vox-Haus.
- **1926** – Joseph Goebbels devient le chef de la cellule du NSDAP à Berlin-Brandebourg.
- **1928** – En charge des transports au conseil municipal de Berlin, **Ernst Reuter** procède au regroupement de toutes les lignes de tramway, de bus et de métro de Berlin dans la « Berliner Verkehrsaktiengesellschaft » (BVG), Régie des transports en commun berlinois, la plus grande entreprise communale du monde.
- **1929** – En mai, les troubles se multiplient parmi les chômeurs, la police réplique avec des lances à eau et des véhicules blindés ; au final, on compte 23 morts et 73 blessés graves.
- **1932** – En novembre, le KPD (sous l'égide de Walter Ulbricht) et le NSDAP (sous l'égide de Goebbels) organisent une grève commune contre les diminutions de salaires dans la BVG et paralysent pour un certain temps le réseau de transports berlinois.

National-socialisme et Seconde Guerre mondiale

La « prise de pouvoir »

Le 30 janvier 1933, **Adolf Hitler** est nommé chancelier à Berlin par le président Hindenburg. Les nazis célèbrent cette nomination avec une retraite aux flambeaux via la porte de Brandebourg. Les Berlinois n'avaient toutefois pas choisi majoritairement les nationaux-socialistes. Les voix obtenues par le NSDAP représentent, en effet, à peine un quart des voix avant la dite « prise de pouvoir ». À l'issue des premières élections sous Hitler, le 5 mars 1933, le parti nazi n'obtient encore qu'un tiers des voix. Avec Wilhelm Frick comme ministre de l'Intérieur et Hermann Göring comme ministre sans portefeuille, mais responsable, en tant que ministre de l'Intérieur de la Prusse à titre provisoire, de l'ensemble de l'appareil policier, la sécurité intérieure est maintenant entre les mains du parti d'Hitler. En peu de temps, plus de 50 camps de concentration « sauvages » voient le jour à Berlin, dans des casernes et des locaux d'assaut des SA et des SS. Les opposants politiques et les Juifs sont poursuivis lors d'une expédition de terreur sans précédent. Berlin n'est pas la seule ville concernée mais elle est toutefois au cœur des événements, comme lors du boycott organisé des magasins juifs le 1er avril 1933, lors de l'autodafé de livres du 10 mai 1933, ou encore de la « nuit de Cristal » du 9 novembre 1938. La capitale du Reich, siège des Sections d'assaut (SA), organisations nazies qui sèment la terreur, de la Gestapo et de l'Office central de la sécurité du Reich (Reichssicherheitshauptamt) constitue le cœur de cet État illégal. Peu de temps après le 30 janvier, la vie scientifique, culturelle et artistique de Berlin est privée de la diversité intellectuelle, qui avait fait de la capitale un centre d'attraction international. L'arrivée au pouvoir des nationaux-socialistes marque également la fin de la courte période d'autonomie administrative démocratique de Berlin ; toutes les institutions concernées, telles que le parlement municipal (Stadtparlament) et les assemblées des députés de quartier (Bezirksverordnetenversammlungen), sont rapidement éliminées.

Des projets pour Berlin

Hitler et son « Generalbauinspektor für die Reichshauptstadt » (inspecteur général de la Construction pour la capitale du Reich), l'architecte **Albert Speer**, ont de très grands projets d'avenir pour Berlin qui doit devenir « Germania », capitale d'un Reich mondial. Le gigantisme caractérise le plan général de construction de 1938, qui prévoit l'expansion de Berlin jusqu'à 10 millions d'habitants. Ce programme de réaménagement prévoit des modifications importantes de la structure de la ville, de grandes parties du paysage urbain historique devant être détruites. Les démolitions commencent avant même le déclenchement de la guerre et les premiers nouveaux monuments sont édifiés. Durant la guerre, les bunkers constituent toutefois les principaux ouvrages de construction dans la capitale du Reich.

Guerre et destruction

La Seconde Guerre mondiale s'avère catastrophique pour Berlin. Malgré le rationnement des produits alimentaires et les autres restrictions, la vie quotidienne continue à s'y dérouler presque normalement pendant les premières années de guerre. Les Juifs et les opposants politiques sont toutefois de plus en plus touchés par les persécutions nazies. Les premières bombes atteignent la capitale du Reich en 1940 et Berlin fait l'objet d'un bombardement permanent entre l'automne 1943 et mars 1945, qui coûte la vie à plusieurs dizaines de milliers d'habitants. L'intensification des raids aériens entraîne la fuite d'un nombre croissant de Berlinois, tandis que des travailleurs de force comblent les vides dans la production. Le combat pour la ville de Berlin commence après la traversée de l'Oder par l'armée rouge en février 1945. Après le suicide d'Hitler dans le bunker de la chancellerie, le commandant de place, le général Helmuth Weidling, capitule à l'issue d'un combat de 16 jours. Dans le quartier général soviétique, à Karlshorst, est signée la capitulation sans condition dans la nuit du 8 au 9 mai, après avoir également été signée la veille à Reims avec les alliés occidentaux.

- **1933** – Après l'incendie du Reichstag dans la nuit du 27 au 28 février, un décret-loi abolit les principaux droits et principes fondamentaux de la république de Weimar. Avec la loi des pleins pouvoirs du 23 mars, le Reichstag, siégeant à l'opéra Kroll, est éliminé.

Jesse Owens aux Jeux olympiques de 1936.

photos12.com - Oasis

- **1934** – Création du Tribunal du peuple (Volksgerichtshof).
- **1935** – Les lois raciales de Nuremberg privent les citoyens juifs de leurs droits civiques.
- **1936** – Les **Jeux olympiques d'été**, en août, se transforment en une parade de propagande mise en scène par les nationaux-socialistes. Le plus brillant participant est l'athlète américain **Jesse Owens** avec quatre médailles d'or.
- **1939** – Achèvement du tunnel Nord-Sud du S-Bahn.
- **1941** – Début des déportations massives de Juifs berlinois, interdiction de l'émigration.
- **1942** – La « conférence de Wannsee » décide de l'exécution massive de tous les Juifs d'Europe.
- **1943** – Goebbels annonce la « guerre totale » le 18 février au palais des sports.
- **1944** – Goebbels est nommé chef du gouvernement de Berlin et prend également en charge les fonctions de la police.
- **1945** – L' « ordre général pour la défense de la capitale du Reich », édicté le 9 mars 1945, indique la manière dont Berlin doit être aménagé en forteresse avec trois ceintures défensives. Le 2 mai, la ville, en grande partie détruite, capitule.

La ville divisée

« Berlin année zéro »

En mai 1945, la ville de Berlin est réduite en cendres, sa population décimée ne compte plus que 2,5 millions d'habitants. La nouvelle administration municipale doit combattre la misère et le chaos avec des conditions matérielles des plus précaires. Les transports publics sont arrêtés, il n'y a plus d'eau potable, plus de canalisations, ni de gaz et peu d'électricité, l'approvisionnement en produits alimentaires a été interrompu, les liaisons téléphoniques et postales ne fonctionnent plus, la situation est donc des plus catastrophiques. Le marché noir et les voyages de ravitaillement dans les environs font partie du quotidien. Les quelque 70 à 90 millions de m^3 de décombres, déblayés par les « femmes de ruines », auraient suffi pour construire un mur d'1 m de large et de 2 m de haut autour du globe terrestre. De la fin de la guerre au début du mois de juillet 1945, l'armée rouge, qui a conquis et libéré Berlin, est la seule et unique puissance d'occupation, les Américains et les Britanniques pénétrant seulement ensuite dans leurs secteurs. Ils sont suivis en août par les Français, quatrième puissance admise après coup dans le protocole de Londres du 12 septembre 1944 sur les zones d'administration de l'Allemagne et l'administration du Grand Berlin. Cette division en secteurs des puissances d'occupation se base sur les arrondissements créés en 1920. Berlin est alors administré en commun par un gouvernement interallié **(Kommandantura)**.

La guerre froide

La défaite totale implique pour la ville de Berlin des modifications radicales, dont on ne mesure pas encore l'ampleur à la fin de la guerre. Berlin devient l'un des plus dangereux foyers de crise lors des discussions de la politique de force de la guerre froide. La capitale du Reich, important centre de commerce international, est alors la balle de jeu de la politique mondiale. La reconstruction doit s'opérer au beau milieu de toutes ces tensions. Les secteurs occidentaux de Berlin sont d'abord exclus de la réforme monétaire des puissances occidentales en 1948. Lorsque l'URSS met en place sa propre réforme monétaire dans sa zone et l'étend à Berlin, les États-Unis, l'Angleterre et la France décident toutefois d'introduire le nouveau Deutsche Mark dans leurs secteurs respectifs. Les Soviétiques profitent alors de l'occasion pour provoquer la première grande confrontation avec l'Ouest : Berlin-Ouest est coupé du monde extérieur le 24 juin 1948. Les Alliés répliquent par la mise en place d'un **pont aérien**, devant permettre de maintenir Berlin-Ouest en vie jusqu'à la fin du **blocus** (qui durera onze mois), et constituant la base de l'amitié qui unira les occupants. Le blocus signifie toutefois l'effondrement du système d'administration commune de Berlin. Le 16 juin, l'URSS quitte, après le Conseil de contrôle allié (Alliierter Kontrollrat), la Kommandantura, le statut quadripartite de Berlin étant toutefois officiellement maintenu jusqu'à la fin de la division. Le 6 septembre, des manifestants mobilisés par le SED occupent le lieu de séance du conseil municipal et empêchent la poursuite de la séance, les députés non communistes gagnant alors la partie Ouest de la ville.

Le 23 mai 1949 est fondée la République fédérale d'Allemagne (RFA) et le 7 octobre la République démocratique allemande (RDA). Ceci n'est, bien évidemment, pas sans conséquences pour Berlin. La Loi fondamentale (Grundgesetz) fait de Berlin un Land de la RFA, tandis que la Constitution de la RDA revendique Berlin comme capitale, toutes deux se référant littéralement à Berlin dans son ensemble. Dans la pratique, une administration tripartite se met en place dans les secteurs occidentaux, alors que l'Union soviétique se retrouve seule à l'Est. Les deux parties de la ville sont intégrées au système de chacun des deux États allemands, Berlin-Est étant même qualifié de « capitale de la RDA ». En raison du statut quadripartite de Berlin, des systèmes complexes sont mis au point pour déterminer la manière dont les Berlinois doivent être élus dans les différents parlements et le type de droit de vote dont ils disposent. Les lois fédérales comme celles de la RDA ne font autorité qu'après certaines procédures d'adoption.

Le Mur divise la ville

Les départs qui touchent la RDA sont de plus en plus nombreux au cours des années 1950. Jusqu'à la construction du Mur, quelque trois millions d'hommes et de femmes quittent la RDA. Le 13 août 1961, tôt le dimanche matin, les rues qui relient l'Est à l'Ouest sont dépavées et un barrage provisoire, fait de poteaux, de barbelés et de fossés, hautement surveillé, est érigé le long de la frontière avec Berlin-Ouest; ce dernier est remplacé peu de temps après par un mur qui traverse la ville de part en part. La frontière entre les secteurs devient alors le seul et unique point de passage entre l'Est et l'Ouest. La construction de ce Mur, qui demeure un événement marquant pour tous les Berlinois, symbolise également la consolidation des sphères de pouvoir en Europe.

Le dégel dans les années 1970

Jusqu'à l'entrée en vigueur de l'accord quadripartite, de l'accord sur le transit et du traité fondamental entre la République fédérale et la RDA en 1972, et même encore après, la question du statut du Grand-Berlin, de Berlin-Est et de Berlin-Ouest demeure problématique. Avec le traité fondamental, la République fédérale reconnaît enfin la RDA comme un État de l'Allemagne et renonce, en outre, à empêcher les séances du Parlement à Berlin ainsi que l'élection du Bundespräsident. Elle obtient en échange l'assurance du statu quo de Berlin-Ouest, même si cette partie de la ville ne doit pas être considérée comme une partie intégrante de la République fédérale. Il est toutefois également affirmé que la liaison entre les secteurs occidentaux et la République fédérale doit être maintenue et même renforcée, d'où l'installation sur place d'autorités fédérales, telles que le Bundesverwaltungsgericht (tribunal fédéral administratif), le Bundesumweltamt (ministère de l'Environnement) et la Bundesversicherungsanstalt für Angestellte (Caisse centrale des assurances sociales des employés et des cadres). Rien ne change en fait vraiment, mais il existe enfin une base juridique de référence clairement définie.

Le développement parallèle des deux parties de la ville

L'aménagement urbain et la construction dans les parties Ouest et Est de la ville sont au cœur des discussions politiques et diffèrent de plus en plus. La division implique de recréer au plus vite les institutions et établissements manquant dans les deux parties de la ville. Les environs de la Kaiser-Wilhelm-Gedächtniskirche deviennent le centre-ville de Berlin-Ouest, tandis que l'Alexanderplatz constitue le point fort de la rénovation du centre-ville de Berlin-Est. Les deux parties de la ville

Landesarchiv Berlin/Prof. H.Ries/Presse - und informationsamt des Landes Berlin.

Le pont aérien des Alliés.

sont alors transformées, à grand renfort de subventions, en vitrines de leurs systèmes politiques respectifs, afin d'en démontrer les qualités. Les moyens financiers mis à la disposition des deux parties de la ville représentent jusqu'aux deux tiers des subventions de l'État. En dépit de toutes les difficultés, tous les désagréments et toutes les monstruosités, une certaine « normalité » s'installe dans la vie de la plupart des Berlinois, à l'Est comme à l'Ouest.

- **1945** – Le 24 avril, **Nikolai Bersarin**, général membre du Conseil supérieur de la guerre, est nommé commandant de place par l'armée rouge; son premier ordre, reçu le 28 avril, prévoit : « l'ordre dans la ville... la reprise du travail... l'interdiction du parti nazi... l'autorisation du service divin dans les églises. » La conférence de Potsdam se déroule dans le château de Cecilienhof du 17 juillet au 2 août.
- **1946** – Sous la pression de l'URSS, le KPD et le SPD sont contraints de s'unir en avril pour constituer le SED, Parti socialiste unifié d'Allemagne; le SPD ne peut réaliser un référendum sur cette fusion des partis que dans les secteurs Ouest, ce dernier étant refusé par plus de 80 % des votants. La Kommandantura s'accorde pour autoriser le SPD et le SED; les premières élections montrent le peu de soutien dont bénéficie le nouveau « parti unitaire », le SED obtenant difficilement 20 % des voix et le SPD près de 50 %.
- **1947** – L'État de Prusse est dissout par une loi du Conseil de contrôle.
- **1948** – Fondation de la FU (Freie Universität, université libre) à Berlin-Ouest.
- **1948-1949** – Blocus de Berlin (24 juin 1948-12 mai 1949).
- **1950** – Le gouvernement fédéral (Bundesregierung) inaugure la Bundeshaus à Berlin-Ouest pour accueillir la représentation de la République fédérale à Berlin.
- **1951** – **Ernst Reuter** (1889-1953) est élu bourgmestre régnant en janvier 1950 d'après la nouvelle Constitution de Berlin-Ouest de 1950. Le conseil municipal l'avait déjà nommé bourgmestre de Berlin en 1947, mais l'administration soviétique avait alors empêché son entrée en fonction. Il avait ensuite occupé la fonction de bourgmestre régnant à Berlin-Ouest entre 1948 et 1951.
- **1952** – Dissolution des entreprises d'utilité publique communales (excepté les canalisations) et du réseau téléphonique; Berlin-Ouest est isolé des environs.
- **1953** – Une grève contre les cadences de travail excessives débouche sur un soulèvement des habitants de Berlin-Est le 17 juin; seule l'intervention massive des chars soviétiques, dans le cadre de l'état d'urgence, permet de mettre fin aux désordres. Par la suite, le 17 juin sera alors considéré en République fédérale comme le jour de l'unité allemande jusqu'à la réunification.
- **1955** – Le Bundestag allemand tient sa première séance de travail à Berlin-Ouest dans le grand amphithéâtre de l'Université technique; un an plus tard, le Bundesrat se réunit dans l'hôtel de ville de Schöneberg.
- **1957** – Le futur chancelier **Willy Brandt** (SPD) est élu bourgmestre régnant à Berlin-Ouest. Le quartier de la Hanse, à Berlin-Ouest, est choisi pour l'exposition d'architecture internationale Interbau sur le thème de « La ville de l'avenir » et reconstruit en tant que projet pilote.
- **1958** – Ultimatum de Khrouchtchev en novembre : les puissances occidentales disposent de six mois pour retirer leurs troupes et accepter la transformation de Berlin-Ouest en une unité politique indépendante; l'Ouest laisse expirer l'ultimatum sans conséquences.
- **1961** – Lorsque Moscou menace de nouveau de régler le « problème de Berlin-Ouest » d'ici à un an, le président américain **John F. Kennedy** réplique par les « **Three Essentials** » : défense de la présence occidentale, sauvegarde du droit d'accès, autodétermination des habitants de Berlin-Ouest et garantie du libre choix de leur mode d'existence; les habitants de Berlin-Est ne sont, quant à eux, pas mentionnés.

• **1963** – Visite très attendue du président Kennedy à Berlin. Il conclut son discours devant la mairie de Schöneberg par la célèbre phrase : « Ich bin ein Berliner. »

• **1963-1964** – Après 28 mois de séparation totale est conclu un accord de laissez-passer, autorisant pendant 18 jours les habitants de Berlin-Ouest à se rendre à Berlin-Est ; jusqu'à la moitié de l'année 1966, trois accords semblables sont signés, permettant sept autres visites du même type à Berlin-Est.

• **1964** – La RDA introduit un change minimal pour les visiteurs de l'Ouest. Ces derniers doivent d'abord échanger 5 marks de l'Ouest contre 5 marks de l'Est. Dans les années 1980, le nombre de marks pouvant être échangés passe même à 25, toujours dans un rapport de 1 contre 1.

• **1966-1967** – Début du mouvement étudiant et de l'APO (Außerparlamentarische Opposition, opposition extraparlementaire) à Berlin-Ouest ; la mort de l'étudiant **Benno Ohnesorg**, lors d'une manifestation le 2 juin, marque le début d'une radicalisation du conflit et d'importants désordres à Berlin-Ouest. En avril 1968, le chef des étudiants, **Rudi Dutschke**, âgé de 28 ans, est grièvement blessé sur le Kurfürstendamm.

• **1971** – Reprise des communications téléphoniques directes entre les deux parties de la ville.

• **1974** – La « représentation permanente de la République fédérale d'Allemagne auprès de la RDA » commence son activité diplomatique sous la direction de Günter Gaus.

• **1979** – À Berlin-Ouest les occupations de maisons se multiplient, suite à l'occupation de maisons vides de Kreuzberg par le comité d'action et de défense SO 36. Afin de protester contre la démolition, pour des raisons de spéculation, des anciennes constructions qui pourraient être remises en état, émerge le concept de l'« **occupation de remise en état** ».

Mahrzahn devient le 21e arrondissement de Berlin-Est.

• **1981** – La Liste alternative (AL), qui donnera plus tard naissance au parti des Verts, franchit pour la première fois la barrière des 5 % aux élections de janvier et entre à la Chambre des députés de Berlin-Ouest. Suite à un scandale financier autour de l'entrepreneur de travaux publics Garski, le bourgmestre régnant Stobbe (SPD) est contraint de se retirer avec son sénat. Les nouvelles élections avancées du mois de mai permettent l'élection du Bundespräsident **Richard von Weizsäcker** (CDU, parti chrétien-démocrate) au poste de bourgmestre.

• **1985-1986** – Fondation de deux nouveaux arrondissements à Berlin-Est, Hohenschönhausen et Hellersdorf.

• **1987** – À Berlin-Est et Berlin-Ouest, plusieurs fêtes séparées se déroulent pour célébrer le 750e anniversaire de la ville. Le président américain Ronald Reagan prononce ces paroles lors d'un discours (en anglais) devant la porte de Brandebourg : « Monsieur Gorbatchev, ouvrez cette porte, Monsieur Gorbatchev démolissez ce Mur. »

De violentes querelles éclatent dans les rues de Berlin-Est, lorsque la police/sûreté de l'État chasse des jeunes qui se trouvent à proximité du Mur pour écouter un concert de rock de trois jours organisé à Berlin-Ouest.

L'IBA (Internationale Bauausstellung, exposition internationale d'architecture), à Berlin-Ouest, suscite l'intérêt du monde entier.

• **1988** – L'arrestation de plus de 120 opposants de la RDA à Berlin-Est, issus de divers groupes luttant pour la paix, la défense de l'environnement et les Droits de l'homme, est largement critiquée par l'opinion publique ; près de la moitié des personnes arrêtées sont renvoyées en République fédérale.

Willy Brandt, bourgmestre de 1957 à 1966.

ROGER-VIOLLET

Chronique de la chute du Mur

Après les élections communales de mai 1989, un mouvement de résistance inhabituel et très violent soulève Berlin-Est ainsi que toute la RDA, les défenseurs des droits civils se révoltant contre les accusations de manipulation. Les premières manifestations ont lieu contre le système politique du SED. Depuis la suppression de la clôture frontalière entre la Hongrie et l'Autriche (également en mai) les départs de la RDA sont de plus en plus nombreux. En août, la représentation permanente de l'Hannoverschen Straße est contrainte de fermer ses portes après que quelque 160 citoyens de la RDA y eurent trouvé refuge. Les ambassades d'Allemagne fédérale situées dans les « pays frères » socialistes sont, en outre, occupées par des réfugiés, qui veulent obtenir par la force leur visa de sortie du territoire. Le 11 septembre a lieu l'appel constitutif du « Neues Forum » pour la réorganisation de la société sur la base de la Constitution de la RDA, l'opposition ayant mis sur pied une superstructure organisationnelle. À grand renfort de mesures de sécurité, la RDA fête son 40e anniversaire le 7 octobre à Berlin-Est; Erich Honecker doit toutefois abandonner le SED à peine 12 jours plus tard, après l'avoir dirigé durant 18 années. Plus d'un demi-million d'hommes et de femmes se réunissent sur l'Alexanderplatz le 4 novembre, afin de réclamer des réformes démocratiques et la fin de la domination du SED. Lors d'une conférence de presse, le 9 novembre, Günther Schabowski, membre du bureau politique du SED, annonce une nouvelle réglementation en matière de voyages ; cette dernière autorise les voyages à l'étranger « sans conditions préalables, autorisation particulière, ni lien de parenté », le but étant précisément de diriger l'afflux prévisible de voyageurs vers les bureaux délivrant des visas. Interrogé sur la date d'entrée en vigueur de cette nouvelle réglementation, il répond : « Tout de suite. Immédiatement ». Une fois la nouvelle répandue par les agences et les médias, les demandeurs affluent aux passages frontaliers. Les barrières sont d'abord ouvertes au point de contrôle de la Bornholmer Straße et un nombre considérable de Berlinois de l'Est tente alors une brève incursion dans Berlin-Ouest. Un immense mouvement de liesse envahit la ville qui frôle le chaos général. Des « piverts », armés d'un marteau et d'un burin, commencent à grignoter le Mur et de nouveaux passages frontaliers sont ouverts au fil des semaines. L'ouverture de la porte de Brandebourg, le 22 décembre 1989, a une valeur particulièrement symbolique. Lors des premières élections communales libres à Berlin-Est (6 mai 1990), le SPD est la plus importante force politique, et le conseil municipal élit Tino Schwierzina bourgmestre de Berlin-Est. Le 12 juin, le sénat de Berlin-Ouest et le conseil municipal (Magistrat) de Berlin-Est se réunissent pour leur première séance de travail commune. Un jour plus tard commence la démolition du Mur et des points de contrôle frontaliers fortifiés de la Bernauer Straße. Après l'adhésion de la Chambre du peuple (Volkskammer) et la signature du traité Deux-Plus-Quatre (souveraineté de l'Allemagne et fin du statut particulier de Berlin), la République démocratique allemande adhère à la République fédérale le 3 octobre, conformément à l'article 23 de la Loi fondamentale. Le traité d'unification, signé le 31 août dans le Kronprinzenpalais, nomme Berlin « capitale de l'Allemagne » dans son article 2, la décision relative au siège du gouvernement devant être prise par un parlement commun. Parallèlement à l'élection du Bundestag, le 2 décembre, se déroule la première élection commune à tout Berlin qui voit la victoire du parti chrétien-démocrate (CDU). Eberhard Diepgen est de nouveau élu bourgmestre régnant (après avoir occupé cette fonction de 1984 à 1989 à Berlin-Ouest).

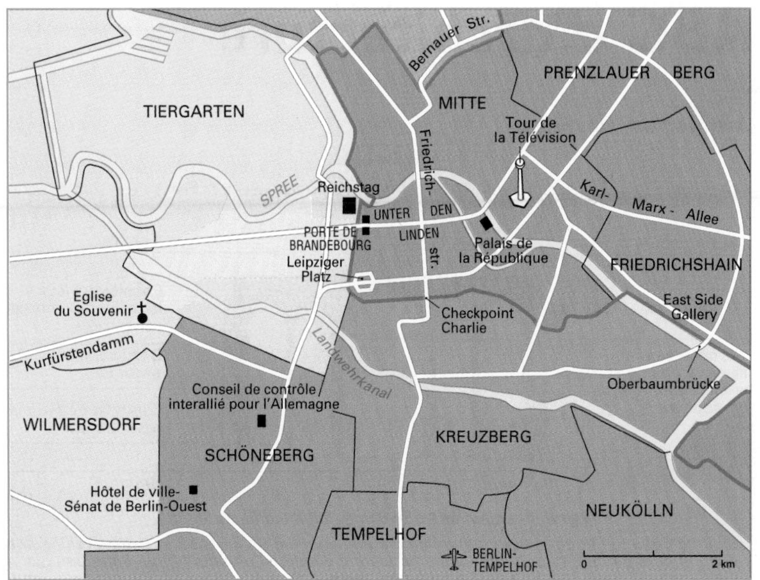

Les débuts de l'avenir

• **1989** – Ouverture du Mur le 9 novembre. Le SED se transforme en PDS sous l'égide de Gregor Gysi.

• **1990** – La centrale de la Stasi d'Erich Mielke, située dans la Normannenstraße, est assaillie le 15 janvier. Le 3 octobre marque le début officiel de la réunification allemande.

• **1991** – La demande concernant l'« achèvement de l'unité allemande » et le déménagement du siège du gouvernement à Berlin est adoptée au Bundestag le 20 juin avec 338 voix contre 320.

• **1993** – Concours d'idées international pour la construction du futur quartier gouvernemental (Spreebogen).

• **1994** – Le retrait des troupes alliées marque la fin du statut d'occupation. Pose de la première pierre du nouveau quartier sur la Potsdamer Platz.

• **1995** – **Christo** et **Jeanne-Claude** emballent le bâtiment du Reichstag ; cet événement attire plus de 5 millions de visiteurs à Berlin.

• **1996** – La première tentative d'unification des Länder de Berlin et du Brandebourg échoue par référendum.

Le pape visite Berlin et béatifie l'opposant nazi prévôt du chapitre Bernhard Lichtenberg lors d'une grand-messe au stade olympique.

• **1997** – Début de la construction du Spreebogen qui accueillera le nouveau quartier du Parlement et du gouvernement.

• **1998** – Le Bundesregierung fait son entrée dans l'ancien bâtiment du Conseil d'État pour sa première séance de cabinet. Inauguration du siège de DaimlerChrysler sur la Potsdamer Platz.

• **1999** – Le chancelier et le Bundestag déménagent à Berlin. Le 19 avril est inaugurée la nouvelle salle plénière du bâtiment du Reichstag avec la première séance.

• **2001** – Inauguration de la nouvelle chancellerie.

Un scandale financier et politique secoue la ville. Le bourgmestre en fonction depuis de longues années, **Eberhard Diepgen** (CDU), doit se retirer. De nouvelles élections s'ensuivent. Berlin est largement endetté, le service de la dette auprès des banques coûtant à lui seul chaque jour 6,3 millions d'euros à la ville.

• **2002** – Après l'échec des négociations de coalition entre le SPD, le FDP et les Verts, la Chambre des députés élit un Sénat rouge-rouge à une majorité SPD et PDS sous la direction de **Klaus Wowereit** (SPD).

ABC d'architecture

Architecture religieuse

Église-halle

Contrairement à la basilique, les collatéraux ont la même hauteur que la nef centrale et sont couverts par le même toit ; leurs fenêtres éclairent l'intérieur de l'édifice.

Voûte d'ogives
Combles
Chapiteau (historié lorsqu'il est décoré de personnages).
Arc doubleau (arcs perpendiculaires ; les arcs le long de la nef, sont dits formerets).
Demi-colonne engagée
Contrefort étayant la base du mur.
Bas-côtés
Nef

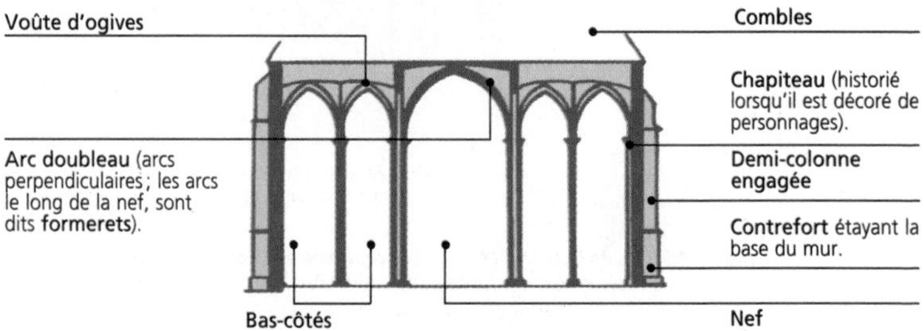

Église St-Nicolas de Berlin (Fin du 14e-2e moitié du 15e s.)

Dans le **gothique de briques**, style que l'on rencontre des Pays-Bas à la Finlande, en passant par le rivage méridional de la Baltique et la Marche de Brandebourg, la décoration est simplifiée ou évitée bien que la polychromie des briques puisse donner de surprenants décors.

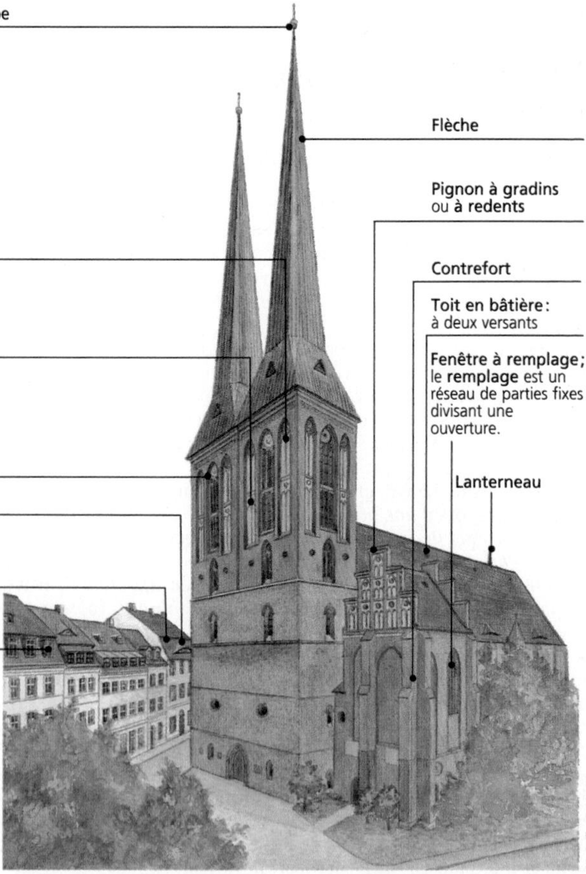

Épi de faîtage en orbe
Flèche
Pignon à gradins ou à redents
Arcs en lancette
Contrefort
Toit en bâtière : à deux versants
Arcatures aveugles
Fenêtre à remplage ; le remplage est un réseau de parties fixes divisant une ouverture.
Clocher-porche
Lanterneau
Lucarne en pavillon
Toit brisé « à la Mansart » : l'arête est appelée ligne de brisis
Fenêtre à l'étage de comble.

M. Guillou/MICHELIN

Plan d'une église

Porche
Collatéraux
ou bas-côtés
(parfois doubles).
Chapelle rayonnante
ou absidiole
Rond point
du Chœur
Chapelle absidiale
ou axiale.
Narthex :
vestibule
de l'église
Nef
Déambulatoire
Chapelle orientée
Travée
Chapelle latérale
Croisée
du
transept
Croisillons ou bras
du transept, saillants
ou non.

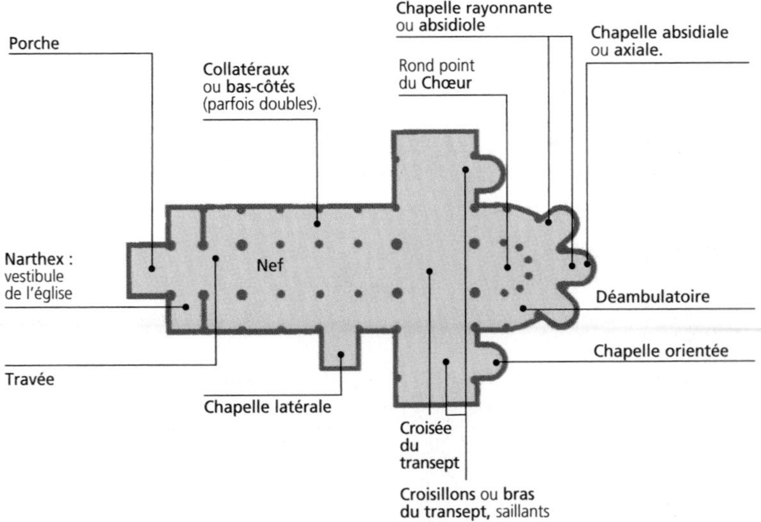

Église-St-Nicolas de Potsdam (Karl Friedrich Schinkel, Ludwig Persius et Friedrich August Stüler, 1830-1849)

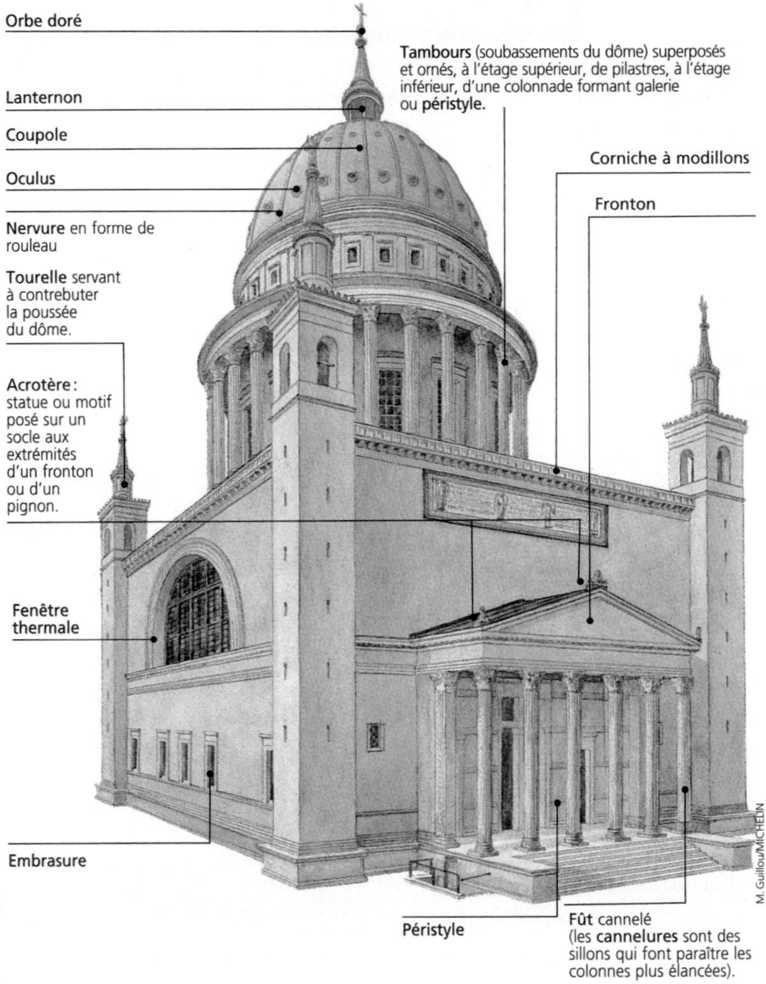

Orbe doré
Tambours (soubassements du dôme) superposés
et ornés, à l'étage supérieur, de pilastres, à l'étage
inférieur, d'une colonnade formant galerie
ou péristyle.
Lanternon
Coupole
Corniche à modillons
Oculus
Fronton
Nervure en forme de
rouleau
Tourelle servant
à contrebuter
la poussée
du dôme.
Acrotère :
statue ou motif
posé sur un
socle aux
extrémités
d'un fronton
ou d'un
pignon.
Fenêtre
thermale
Embrasure
M. Guillou/MICHELIN
Péristyle
Fût cannelé
(les cannelures sont des
sillons qui font paraître les
colonnes plus élancées).

Architecture civile

Arsenal (Johann Arnold Nering, Martin Grünberg, Andreas Schlüter, Jean de Bodt, 1695-1706)

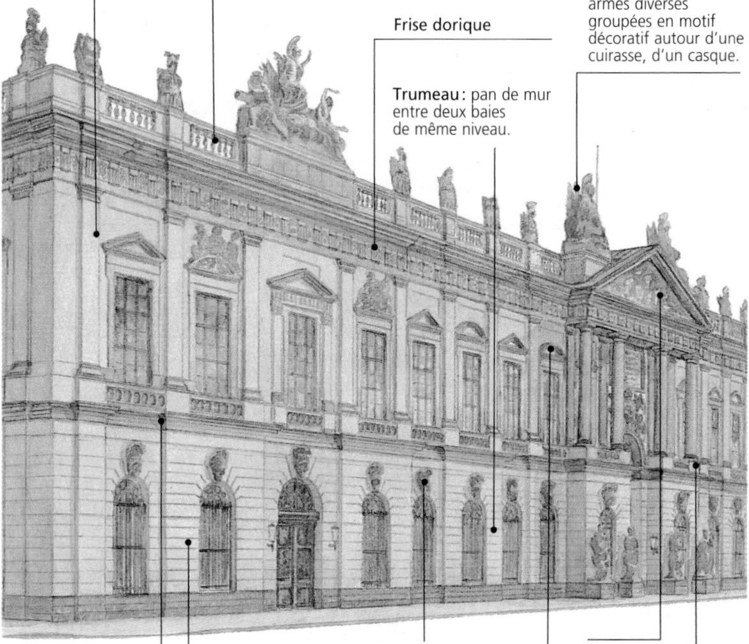

Ballustrade
Pilastre
Frise dorique
Trophée d'armes : armes diverses groupées en motif décoratif autour d'une cuirasse, d'un casque.
Trumeau : pan de mur entre deux baies de même niveau.
Corniche en ressaut : elle se prolonge en profil ininterrompu tout autour d'une avancée d'un mur.
Bossage (saillie laissée sur le parement d'une pierre taillée) continu en table.
Mascaron : masque sculpté décoratif.
Fronton curviligne
Fronton triangulaire
Stylobate : soubassement d'une colonne ou d'un pilastre.

Potsdam, château de Sans-Souci (Georg Wenzeslaus von Knobelsdorff et Frédéric II, 1745-47)

Œil-de-bœuf
Urne
Écoinçon : surface comprise entre l'arc et son encadrement.
Entablement : ensemble architrave + frise + corniche.
SANS SOUCI
Terme ou Hermès : statue dont la partie inférieure se termine en gaine.
Avant-corps central
Emmarchement

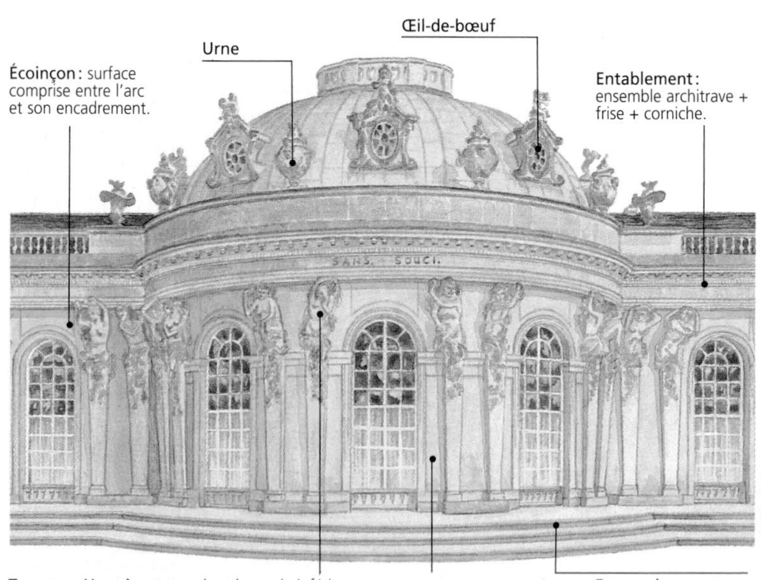

Musée de la Marche de Brandebourg (1899-1908, Ludwig Hoffmann)

Ce musée s'inspire de certains monuments célèbres de la Marche de Brandebourg, comme le pignon de la chapelle du Saint-Sang de l'église Ste-Catherine à Brandebourg.

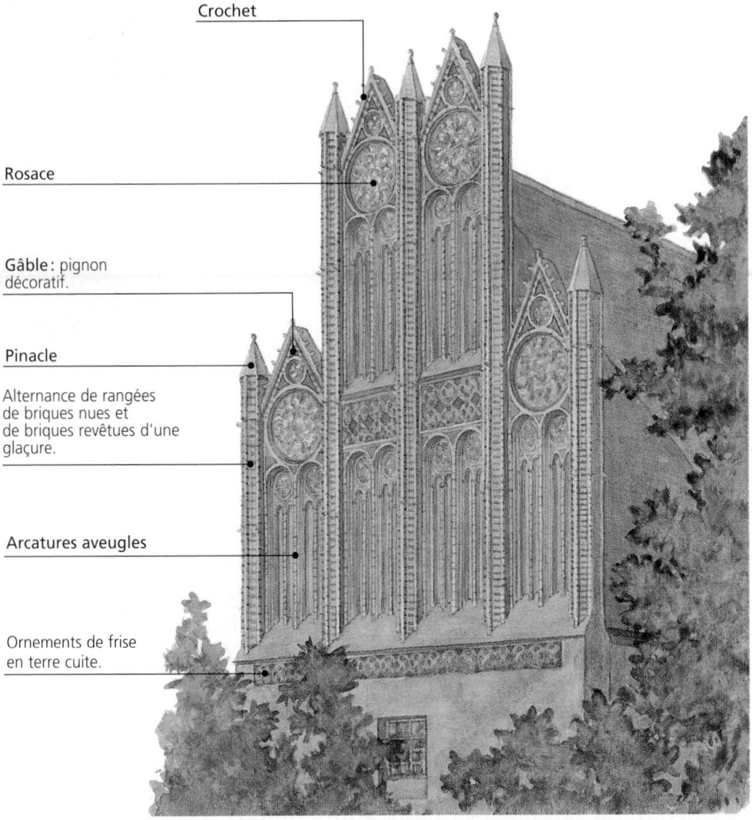

Crochet

Rosace

Gâble : pignon décoratif.

Pinacle

Alternance de rangées de briques nues et de briques revêtues d'une glaçure.

Arcatures aveugles

Ornements de frise en terre cuite.

Philharmonie (Hans Scharoun, 1960-63) et Salle de concerts de musique de chambre (Edgar Wisniewski, d'après une esquisse de Scharoun, 1984-88)

Lors d'une conférence, en 1957, H. Scharoun envisageait de « donner une forme adéquate à un lieu où l'on joue de la musique et où entendre la musique est une expérience commune. » Les rangs de mélomanes sont disposés autour de l'orchestre, situé au point le plus profond de cette « arène musicale ».

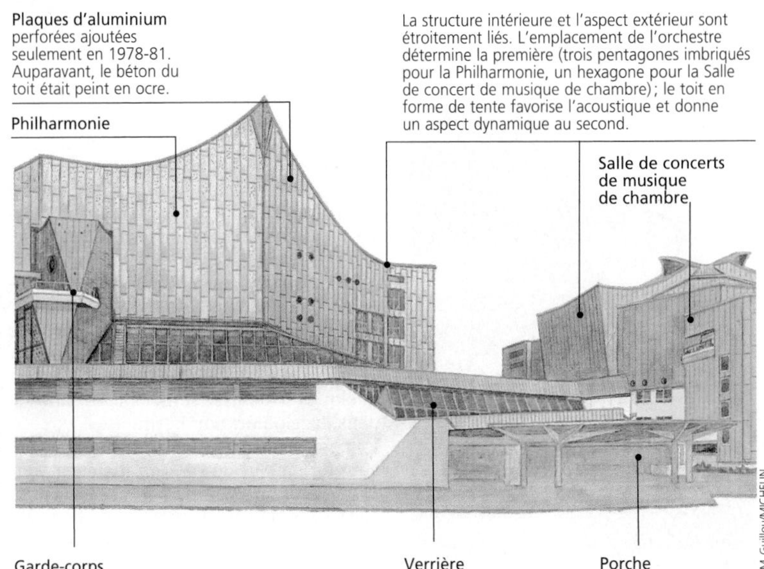
Plaques d'aluminium perforées ajoutées seulement en 1978-81. Auparavant, le béton du toit était peint en ocre.
Philharmonie
La structure intérieure et l'aspect extérieur sont étroitement liés. L'emplacement de l'orchestre détermine la première (trois pentagones imbriqués pour la Philharmonie, un hexagone pour la Salle de concert de musique de chambre) ; le toit en forme de tente favorise l'acoustique et donne un aspect dynamique au second.
Salle de concerts de musique de chambre
Garde-corps
Verrière
Porche
M. Guillou/MICHELIN

LANDESBILDSTELLE BERLIN

Une ville aux multiples facettes

« Berlin est une ville aux multiples facettes », voilà ce qu'énonce la phrase si souvent citée de l'architecte Werner Düttmann. Les projets y sont si divers, les démolitions si nombreuses et les modifications du paysage urbain si radicales qu'il est effectivement difficile d'appréhender Berlin comme une seule ville. Jusqu'à aujourd'hui, Berlin a régulièrement sacrifié sans hésitation son patrimoine architectural ancien et plus récent à des idées progressistes. Chaque nouvelle génération a laissé ainsi son empreinte sur le paysage urbain. Bien que les origines architecturales de Berlin remontent à près de 800 ans, la structure et la physionomie de l'espace urbain actuel sont essentiellement dominées par les superstructures des 150 dernières années. Les principales bases du Berlin actuel ont été établies à l'époque du Wilhelminisme. La ville est toutefois aujourd'hui encore, malgré les profonds bouleversements subis depuis 1989, l'œuvre des modernes de l'après-guerre, entre-temps tombés en disgrâce.

Le Moyen Âge

Il ne reste aujourd'hui pas grand-chose du Berlin-Cölln médiéval. Dans l'agglomération berlinoise actuelle, les nombreuses églises en pierre des anciens villages des territoires communaux de Berlin-Cölln témoignent des débuts architecturaux de l'agglomération berlinoise. Ces villages s'appellent Buckow, Dahlem, Lichtenberg, Marienfelde, Wittenau, pour n'en citer que quelques-uns. Parmi eux, on distinguait les villages de colonisation (« Angerdorf ») et les **villages-rues**. Les villages-rues se caractérisent par la route qui les traverse ; cette dernière se divise à l'entrée du village en deux bras qui dessinent ensuite une place centrale, autour de laquelle étaient autrefois situées les fermes, puis se rejoignent à la sortie du village. On peut aujourd'hui encore voir quelques structures semblables à celles-ci dans l'agglomération berlinoise.

L'église de village de Marienfelde.

Ph. Gajic/MICHELIN

Le centre médiéval de Berlin s'organisait autrefois autour de l'ancien marché (Alter Markt, futur Molkenmarkt) et de l'église St-Nicolas (St. Nikolai-Kirche), celui de Cölln autour du marché au poisson (Fischmarkt) et de l'église St-Pierre (Petrikirche). Les

La Schloßplatz en 1903 : Le Vieux Musée, la cathédrale de Berlin et le château (v. l. n. r.).

deux villes étaient reliées par un chemin en rondins. Au milieu du 13e s., dans le cadre d'une première phase d'expansion systématique de la ville, l'église Notre-Dame (Marienkirche) et le nouveau marché (Neuer Markt) voient le jour. Lors de sa période de prospérité au Moyen Âge, la ville double possède, outre ces églises et places du marché, deux monastères, trois hôpitaux, trois hôtels de ville, cinq portes, ainsi que la Hohes Haus, résidence du souverain ascanien. Un quadrillage de rues et ruelles orientées Nord-Ouest/Sud-Est caractérise le plan de la ville.
Pour la construction des églises et des monastères, des pierres taillées sont tout d'abord utilisées. Les maisons bourgeoises, servant de lieu d'habitation et de travail, possèdent pour la plupart un étage et des pignons orientés côté rue. Après les grands incendies qui touchent la ville au 14e s., son intérieur est complètement remis à neuf et étendu. Les maisons de Berlin et de Cölln sont en grande partie reconstruites à partir de briques cuites pour donner des maisons à pans de bois à un ou deux étages.
La ville médiévale de Cölln a été ensevelie, elle se trouve sous l'asphalte de la Gertraudenstraße et les nouvelles constructions de l'ex-RDA sur l'île des Pêcheurs (Fischerinsel). La place St-Pierre, Petriplatz, rappelle l'église du même nom, Petrikirche, église de Cölln victime de la Seconde Guerre mondiale et dont les débris furent déblayés jusque dans les années 1960. Côté Berlin, la ville médiévale et son quadrillage de rues caractéristique a complètement disparu dans les années 1980 avec la reconstruction du quartier St-Nicolas. De nos jours, seuls quelques noms de rues et de places (tels que la Klosterstraße et le Molkenmarkt), les vestiges architecturaux des deux églises de brique, de style gothique, typique de l'Allemagne du Nord (églises St-Nicolas, Nikolaikirche, et Notre-Dame, Marienkirche), les ruines de l'église des Franciscains (Franziskanerkirche), autrefois remarquable, et un petit morceau de l'ancien mur d'enceinte de la ville (dans l'actuelle Littenstraße) rappellent encore vaguement le Berlin médiéval.

La Renaissance

Berlin est aménagé en résidence sous les Hohenzollern, au 15e s. Les habitants sont alors contraints de céder un terrain à l'Électeur, afin qu'il fasse édifier un château côté Cölln. Situé le long du mur d'enceinte, ce terrain occupe un emplacement stratégique, précisément à la jonction des deux villes et en bordure de la Spree. Après huit années de construction, la forteresse peut enfin être occupée en 1451. À Cölln sont alors construits de nombreux bâtiments pour héberger les nobles de la cour et les employés de l'Électeur. Les constructions se multiplient aussi à Berlin, qui demeure toutefois une ville paysanne et bourgeoise à l'allure médiévale.
L'ancien château est devenu trop petit pour la représentation, les autorités publiques de plus en plus nombreuses et la cour de l'Électeur Joachim II : l'architecte du château de la cour de Saxe, **Konrad Krebs**, élabore les plans de ce deuxième château berlinois de style Renaissance ; la construction proprement dite de l'édifice (1538-1540) est ensuite confiée à son élève, l'architecte **Caspar Theiß**, également originaire de Saxe. Ce dernier se charge également, quelques années plus tard, de l'édification du pavillon de chasse de Grunewald. Le chemin qui y conduit traverse, en partie, des marécages qui expliquent l'aménagement d'un chemin en rondins, l'actuel Kurfürstendamm.

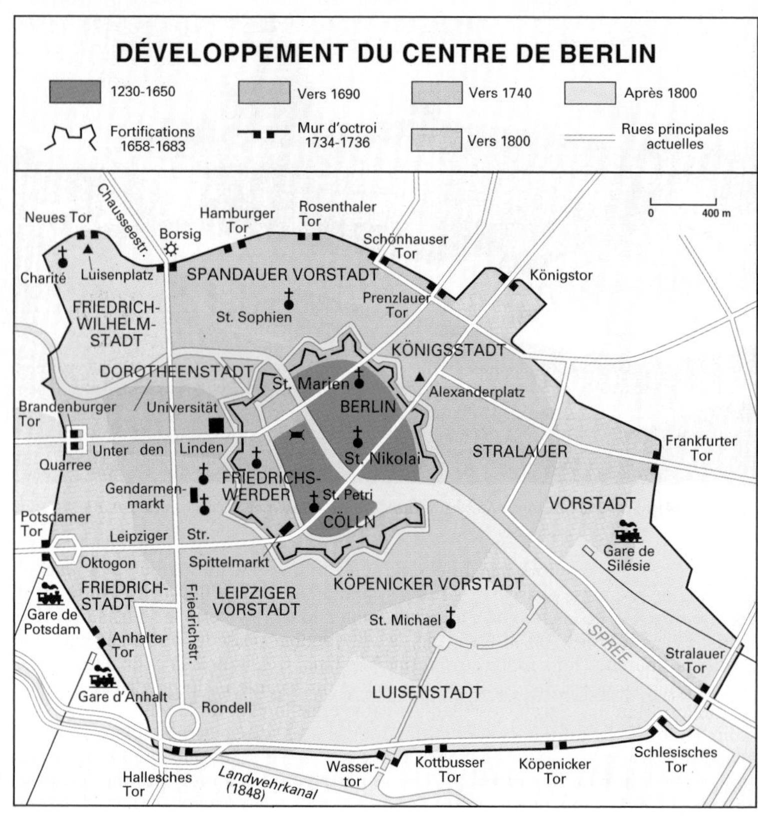

L'Électeur Johann Georg (1598-1600) confie ensuite au comte italien **Rochus zu Lynar**, au service des Brandebourgeois, l'agrandissement de la résidence. Les villes de Berlin et de Cölln, de plus en plus construites, s'alignent durablement sur la résidence de l'Électeur qui marque la silhouette de la ville double et se retrouve également au cœur de la société. Les seuls édifices de style Renaissance encore en état aujourd'hui sont, outre le pavillon de chasse de Grunewald, la Ribbeckhaus dans le centre-ville et la citadelle de Spandau.

L'ère du Grand Électeur

Avant la fin de la guerre de Trente Ans, sous l'Électeur Frédéric-Guillaume, la ville, fortement endommagée par la guerre, commence à être reconstruite et réorganisée. L'année 1641 voit la mise en place d'une nouvelle réglementation en matière de construction, ensuite complétée par d'autres décrets et mesures. Cette réglementation vise à favoriser les constructions en brique, tout comme les dispositions relatives à la protection contre les incendies et à l'hygiène. Les rues doivent être pavées et des réverbères installés pour les éclairer. La dérivation des eaux usées sur la rue est interdite, tout comme la construction de granges et d'étables sur la rue. Pour attiser la fièvre bâtisseuse des citoyens, l'Électeur leur offre du bois de construction, les exonère d'impôts pendant six ans et met à leur disposition certains terrains inutilisés. Le nouveau paysage urbain qui se dessine dans la seconde moitié du 17e s. est caractérisé par l'alignement des maisons, l'habitation individuelle en bande continue, pignon contre pignon, supplantant la maison individuelle inoccupée. Les bâtiments à deux ou trois étages se multiplient. Les égouts commencent à suivre le tracé des rues et les façades s'élargissent.
Le règlement de 1647, qui prévoit de consolider le chemin en descente reliant la résidence à la réserve de chasse et de le border de milliers de tilleuls et noyers, compte parmi les décisions importantes du Grand Électeur en matière d'urbanisme. Ceci constitue la base de la future extension de la ville vers l'Ouest (Friedrichswerder, Dorotheenstadt, Friedrichstadt), l'élément décisif étant toutefois la fortification réalisée par **Johann Gregor Memhardt**. Auteur du premier plan de construction de Berlin dès 1650, il fut également chargé de l'aménagement du quartier de Friedrichswerder. Le Grand Électeur était allé chercher Memhardt, tout comme les autres architectes participant à la réalisation de ses différents projets, à l'étranger et plus particulièrement aux Pays-Bas auxquels il était fidèle

depuis son enfance. On remarque encore certaines traces de cette forteresse autrefois immense devant le Märkisches Museum, tandis que le nom et la situation des Oberwallstraße et Niederwallstraße rappellent l'ancien tracé. Les contours de certaines places, telles que la Hausvogteiplatz, et les tracés de certaines rues, comme la nouvelle Schönhauser Straße, sont, en outre, encore délimités par les anciens bastions de l'édifice.
La tradition néerlandaise chère au Grand Électeur perdure après sa mort avec les architectes du début du baroque, **Johann Arnold Nering** et **Martin Grünberg**. Ces derniers participent, entre autres, à la construction des édifices suivants : la Parochialkirche, le cœur du château de Charlottenburg et l'arsenal. Nering édifie, en outre, la chapelle du château de Köpenick et le château de Niederschönhausen, et se charge de l'extension de Dorotheenstadt et de Friedrichstadt, tandis que Grünberg construit la Deutsche Kirche. D'autres réalisations de ces architectes seront victimes des réorientations ultérieures de la politique urbanistique de Berlin.

La période baroque

Au début du 18e s., Berlin devient également une ville royale du point de vue architectural, avec de nombreux bâtiments représentatifs. Alors qu'il est encore Électeur, le futur roi Frédéric Ier parvient à engager pour Berlin le plus célèbre des sculpteurs et architectes d'Allemagne du Nord, **Andreas Schlüter**. Son style tranche profondément avec le baroque multiforme d'inspiration italienne et française. Ses œuvres sont les premières réalisations exceptionnelles de rang international dans la ville et définissent une certaine esthétique, qui sera ensuite considérée pendant longtemps comme une référence. Schlüter hisse durablement l'artisanat et l'industrie de construction berlinois à un degré d'excellence jusqu'alors inconnu. Plusieurs de ses chefs-d'œuvre (Gießhaus, palais Wartenberg, Landhaus Kamencke) seront démolis au cours du 19e s. Ses principales réalisations encore visibles dans le Berlin d'aujourd'hui sont l'achèvement de l'arsenal (avec les « masques des guerriers mourants » dans la cour intérieure) et l'extension du château de Charlottenburg (avec la statue équestre du Grand Électeur exposée là après la Seconde Guerre mondiale et également réalisée par Schlüter).
Schlüter, nommé responsable de la construction du château de Berlin, se charge de son aménagement et de son extension dans le style baroque, ce château ayant été composé, jusqu'à la fin du 17e s., d'un ensemble varié de bâtiments regroupés autour de deux grandes cours. Ce réaménagement lui donne l'importance hors du commun qu'il eut pour le paysage urbain de Berlin jusqu'à sa démolition en 1950. La réglementation urbanistique relative à l'aménagement strictement axial du quartier du château au sens de l'absolutisme n'est toutefois pas appliquée. Après le renvoi de Schlüter en 1706, les travaux sont poursuivis par le Suédois **Johann Friedrich Eosander**, qui s'était également chargé de l'agrandissement des châteaux de Charlottenburg et de Niederschönhausen. Un autre architecte renommé du début du 18e s., le Français **Jean de Bodt**, participe pour sa part à l'achèvement de l'arsenal et construit le clocher de la Parochialkirche ainsi que le Podewils'sche Palais.
Sous le Roi-Sergent, l'agrandissement systématique de Dorotheenstadt et de Friedrichstadt favorise l'expansion vers l'Ouest. Le quadrillage des axes Est-Ouest et Nord-Sud est poursuivi et complété par un éventail de rues composé de la Friedrichstraße (déjà aménagée en 1699), de la Lindenstraße (tracé déjà existant) et de la Wilhelmstraße (réaménagée en 1732; de nobles palais représentatifs avaient été édifiés dans la partie Nord). À la périphérie de la ville, devant trois portes du mur d'octroi (Akzismauer), des places baroques voient le jour : la **Quarrée** (actuelle Pariser Platz), l'**Oktogon** (future Leipziger Platz), et la **Rondell** (actuelle Mehringplatz), qui ont conservé, dans le Berlin d'aujourd'hui, la forme géométrique qui leur donna leur nom. De nouvelles constructions sont aussi nécessaires pour accueillir les militaires. Des quartiers d'habitation voient alors le jour pour héberger des soldats et des immigrés, plus particulièrement à Friedrichstadt. Les presbytères à deux étages de la paroisse de la Trinité (Taubenstraße, Ecke Glinkastraße) sont les témoins de pierre de cette époque. Des places d'armes sont, par ailleurs, aménagées dans le Tiergarten, le Lustgarten et à Tempelhof. Les autres architectes qui s'illustrent alors sont **Philipp Gerlach** (agrandissement de Friedrichstadt, bâtiment du Kammergericht qui fait aujourd'hui partie du Musée juif) et **Martin Böhme**(extension du château de Friedrichsfelde).

L'époque frédéricienne

L'époque de Frédéric le Grand rime avec splendeur de l'architecture. Une fois les agrandissements de ville achevés, il s'agit d'aménager cet espace supplémentaire. **Georg Wenzeslaus von Knobelsdorff**, à l'origine du « rococo frédéricien », est le principal architecte de l'époque. Avec la construction du Forum Fridericianum naît une nouvelle dominante urbanistique orientée vers l'Ouest et en harmonie avec le quartier du château. Cette place monumentale, entourée de somptueux édifices, est conçue pour marquer le début des « Linden », aménagés dans les décennies suivantes en un boulevard bordé de bâtiments publics dédiés à la science et à la culture, ainsi que de magnifiques palais d'habitation. Bien qu'inachevé et réaménagé par rapport au plan d'origine (l'opéra est le seul élément du projet à avoir été réalisé), le Friedrichsforum est le plus important témoignage de l'ère Frédéric le Grand. Il compte parmi les ensembles de bâtiments les plus remarquables de Berlin. Knobelsdorff fut également chargé du réaménagement du Tiergarten en un « parc d'agrément ouvert à la population » et de la nouvelle extension du château de Charlottenburg. **Johann Boumann l'Ancien** est un autre architecte illustre de cette époque, dont la principale œuvre est l'édification d'une nouvelle cathédrale berlinoise (une fois encore remplacée pendant l'ère wilhelmienne) dans le Lustgarten (jardin d'agrément). La maison Knoblauch et le palais Ephraim de **Friedrich Wilhelm Diterichs** figurent parmi les autres édifices importants de l'époque de Frédéric le Grand.

Les grandioses réalisations de **Karl von Gontard**, telles que les colonnades du Spittelmarkt et les imposantes tours du Gendarmenmarkt (en harmonie avec les églises allemande et française) qui mettent en valeur Friedrichstadt, donnent au paysage urbain une nouvelle physionomie. Les maisons simples de nombreuses rues principales sont embellies. Plusieurs petites maisons sont accolées en bordure de rue pour former une rangée continue de somptueuses façades ; quelque 300 « constructions immédiates » voient ainsi le jour. Elles se caractérisent par leurs façades élégantes mais parfois aussi austères et classiques, tandis que leur intérieur reste marqué par les formes pures et voluptueuses du rococo d'influence française. Le manque d'habitations conduit Frédéric le Grand à essayer de faire un meilleur usage des terrains disponibles ; de nombreuses maisons à un ou deux étages sont ainsi remplacées par d'autres, à trois ou quatre étages, voire surélevées. De plus en plus de terrains sont, en outre, construits à l'arrière des maisons sur rue. L'aménagement d'ailes et de bâtiments transversaux entre les maisons sur rue et les maisons sur cour donne naissance aux typiques « **Berliner Zimmer** », caractérisées par leur faible éclairage. Alors que les Berlinois vivaient autrefois souvent ensemble, quels que fussent leur rang et leur nom, la ville s'organise maintenant de plus en plus en fonction des couches sociales.

H. Champollion/MICHELIN

Une description de Berlin à la fin du 18e s. présentait la ville ainsi :
« Berlin est une ville résidentielle, manufacturière, commerciale et rurale, un village et une métairie – le tout entouré d'un mur d'enceinte. Si vous ne voulez plus entendre le vacarme des carrosses, rendez-vous plutôt dans un faubourg et écoutez le cliquetis des métiers à tisser la laine, la soie et le lin ; si vous en avez aussi assez de ce bruit, allez donc dans les pâturages et rafraîchissez-vous les yeux avec la verdure des prairies ; si vous voulez voir des semailles et des plantations, rendez-vous dans la ville de Köpenick et promenez-vous entre les champs de maïs. »

Le classicisme et l'école de Schinkel

La fin du 18e s., marquée par les événements sociaux et politiques en France, apporte également des changements décisifs dans l'architecture de Berlin. Avec le classicisme d'inspiration antique, Berlin a gagné une certaine qualité esthétique qui fait sa célébrité en Europe. Le château de Bellevue est le premier de Prusse à représenter, avec sa façade austère, ce nouveau style architectural.
À Berlin, ce dernier est incarné par **Friedrich Gilly**. Nombre de ses projets audacieux en faveur d'une architecture bourgeoise émancipée ne se traduisent toutefois pas par des réalisations concrètes. L'un de ses successeurs, Carl **Gotthard Langhans**, réussira par la suite à imposer dans ses œuvres quelques-unes de ses idées. La construction de la porte de Brandebourg est à ce propos véritablement emblématique : elle incarne, en effet, l'image nostalgique de **« l'Athènes de la Spree »** des intellectuels bourgeois. Les Mohrenkolonnaden et le belvédère, dans le parc du château de Charlottenburg comptent parmi les autres œuvres de cet artiste. **Heinrich Gentz** et **Friedrich Wilhelm von Erdmannsdorff** sont également des architectes illustres de cette époque.
Karl Friedrich Schinkel se réserve la construction du Berlin classique et confère ainsi à la ville son caractère bourgeois. Il influence non seulement l'architecture de Berlin, mais aussi de façon durable celle de toute l'Europe, notamment avec ses nombreuses œuvres théoriques. Il est considéré par tous comme une référence lors des discussions relatives à l'aménagement du « Nouveau Berlin ». Schinkel marque de son empreinte, outre l'architecture de la ville, celle des intérieurs, ainsi que l'artisanat, puisqu'il se charge également de la décoration de ses ouvrages de construction. Schinkel, né à Neuruppin, fait ses études à l'Académie d'architecture (Bauakademie), puis est admis en 1810, sur la recommandation de Wilhelm von Humboldt, à la division supérieure de la Construction où il travaille comme fonctionnaire. En 1838, il en devient le directeur, supervisant à ce titre les transformations et les nouveaux projets de tous les bâtiments de Prusse. Il dirige parallèlement l'Académie d'architecture et reçoit ainsi de nombreux membres d'honneur d'écoles étrangères.

Le Vieux Musée de Schinkel.

La fabrique de turbines AEG (Peter Behrens, 1908-1909).

M. Guillou/MICHELIN

La Neue Wache (sa première œuvre), le remaniement de la cathédrale de Berlin, l'Académie d'architecture (démolie, sa reconstruction est encore vivement débattue), le Vieux Musée, la reconstruction du Schauspielhaus et l'église de Friedrichwerder témoignent de la diversité et de la splendeur de ses œuvres. Il édifie, en outre, de nombreuses maisons d'habitation et maisons de campagne privées, ainsi que quatre églises de faubourg (telles que l'église Ste-Élisabeth, aujourd'hui en ruines, dans le faubourg de Rosenthal). Il laisse derrière lui une trentaine d'édifices, dont ne subsistent aujourd'hui que quelques-uns. Il faut ajouter à cela son œuvre sculpturale, avec le pont du Château (Schloßbrücke) et le monument de Kreuzberg. Bien qu'il n'existât pas de plan d'ensemble proprement dit, Schinkel a toujours suivi l'aménagement urbain; en témoignent ses nombreux projets relatifs à l'amélioration des structures. Nombre de ses idées pour le centre de Berlin furent cependant peu à peu « oubliées » avec l'arrivée au pouvoir de Guillaume II.

Les édifices de Schinkel sont sobres, plutôt dépouillés et se veulent très fonctionnels, en raison d'ailleurs aussi des restrictions financières qui lui sont imposées – « Schinkel, baun' Se billig » (« Schinkel, construisez à peu de frais »). Si, par la pureté des lignes et le raffinement dans l'exécution des détails, Schinkel se rattache au classicisme, il le dépasse cependant en ouvrant la voie à l'historicisme et à l'architecture industrielle moderne. Schinkel se distingue dans la mesure où il se base sur des ouvrages existants qu'il transforme en œuvres nouvelles et originales. Voici ses propres paroles à ce sujet : « Rien n'est historique, c'est si l'on se réfère uniquement à l'ancien ou qu'on le copie que l'histoire périt. Réaliser des édifices historiques, c'est tenir compte de ce que la nouveauté apporte; c'est ainsi que l'histoire se crée. »

Les concepts artistiques et architecturaux de Schinkel seront ensuite appliqués par ses élèves, tels que **Ludwig Persius** (château de Klein-Glienicke), **Friedrich August Stüler** (Nouveau Musée, Ancienne Galerie nationale, église St-Matthieu, bâtiments actuels de la collection Berggruen et du Musée égyptien de Charlottenburg) et **Johann Heinrich Strack** (reconstruction du palais du Prince Héritier, achèvement de l'Ancienne Galerie nationale). L'école de Schinkel se caractérise par des formes cubiques, des proportions harmonieuses, une ornementation dépouillée et une exécution soignée jusque dans les moindres détails.

Parmi les autres édifices classiques de Berlin, on remarque l'Ancien Palais (Altes Palais), le Maxim-Gorki-Theater (ancienne Académie de chant), le mausolée du parc du château de Charlottenburg et les rangées de maisons de la Marienstraße (Mitte).

Historicisme et wilhelminisme

La formation du Reich marque le début d'une nouvelle époque dans l'histoire de la construction et de l'architecture berlinoises. La ville est durablement réaménagée et s'agrandit de plus en plus, incorporant les communes et villes voisines. Le centre-ville, essentiellement constitué de Friedrichstadt, devient un quartier administratif et commercial dense qui se dépeuple progressivement. Les maisons d'habitation cèdent la place à des bureaux et des commerces. Les anciennes constructions sont démolies pour faire face au besoin croissant de place, tandis que plusieurs terrains sont réunis et couverts d'édifices monumentaux.

La « migration vers l'Ouest » (de la population fortunée), déjà commencée au 19e s., se poursuit et s'intensifie parallèlement, entraînant la formation de nouveaux quartiers à l'Ouest de la ville pour héberger la moyenne et la grande bourgeoisie. On peut, par exemple, citer les luxueuses constructions du Kurfürstendamm et de ses rues adjacentes. Wilmersdorf et Charlottenburg se couvrent également de somptueux palais d'habitation. À Grunewald, Dahlem et Wannsee, de vastes quartiers de villas et de maisons de campagne voient le jour. L'explosion de la population

urbaine conduit également au peuplement des anciennes *Mietskasernen* (casernes locatives) – autrefois considérées avec mépris – jusqu'au point de saturation, par exemple à Kreuzberg, Wedding, Prenzlauer Berg et Friedrichshain.
Le classicisme, considéré comme trop dépouillé et trop strict, doit céder la place à une architecture basée sur l'apparat, qui se veut éclectique et historicisante : pour Guillaume II, l'architecture doit être « l'expression symbolique du pouvoir impérial ». Toute la ville se couvre de somptueux édifices aux façades richement décorées. Les constructions sont surchargées d'allégories, la profusion des styles pouvant être perçue comme un signe évident du manque de lien spirituel au sein de cette jeune nation. Cette évolution atteint son apogée avec la reconstruction de la cathédrale de Berlin par **Carl Julius Raschdorff**. Parmi les autres édifices importants de l'historicisme, on remarque la Bibliothèque nationale (Staatsbibliothek, Ernst von Ihne), la Zollernhof, actuel studio ZDF de la capitale (Bruno Paul), l'ancienne poste (ehemaliges Postfuhramt, Carl Schwatlo), le Theater des Westens (Bernhard Sehring), actuel Deutscher Beamtenbund (Karl von Großheim et Heinrich Joseph Kayser), le pont de l'Oberbaum (Otto Stahn), le ministère de la Défense dans l'ancien Reichsmarineamt (Heinrich Reinhardt et Georg Süßenguth), le Reichstag (**Paul Wallot**) et le musée de la Marche de Brandebourg (Märkisches Museum, **Ludwig Hoffmann**).
La sursaturation de l'historicisme qui se fait sentir vers la fin du 19e s. marque un tournant décisif de l'histoire architecturale. Bien que les préférences wilhelmiennes continuent de dominer pendant longtemps encore le paysage architectural, de nouvelles forces se dressent en faveur d'une architecture réductionniste. Un grandiose éventail de formes architecturales se déploie, entre emprunt au passé et renouveau, historicisme et modernisme. Les contradictions de l'époque se manifestent dans l'œuvre de **Franz Schwechten**. Il invente, avec la gare d'Anhalt, une architecture aux techniques nouvelles et respecte parallèlement, avec l'église du Souvenir (Kaiser-Wilhelm-Gedächtniskirche), l'architecture imposée par la cour. Alfred Messel crée un nouveau style de construction fonctionnelle avec le bâtiment du grand magasin Wertheim (qui n'existe plus aujourd'hui), dans la Leipziger Straße. **Peter Behrens** ouvre également la voie à un style nouveau de construction industrielle avec sa fabrique de turbines, faite de verre et de fer, construite pour la firme AEG dans la Huttenstraße, et Herman Muthesius incarne un style moderne inspiré des cottages anglais avec ses maisons d'habitation des faubourgs.
Jusqu'en 1910, de nombreuses personnalités influentes s'intéressent de près à l'amélioration de l'habitat de la population active. Les architectes s'efforcent ainsi d'aménager des habitations avec de meilleures conditions de logement et des plans plus fonctionnels. On commence également à redresser le « molosse » berlinois, à le réorganiser architecturellement et urbanistiquement par domaines d'activité, à faire évoluer l'urbanisme en accord avec les nouvelles questions sociales et techniques, et à adopter des réformes dans le domaine de la construction de logements. Un concours est ainsi lancé en 1906 pour trouver un plan directif pour l'évolution architecturale. Le mouvement des **cités-jardins** (« lumière, air et soleil ») voit parallèlement le jour. On voit alors dans cette nouvelle forme d'habitation la possibilité de construire des maisons individuelles, belles du point de vue architectural et abordables. Avant le début des hostilités, **Bruno Taut** (à la tête du Deutscher Werkbund) planifie et commence à construire à Grünau (Treptow) la cité-jardin de Falkenberg : des habitations individuelles en bande continue et multicolores sont bâties au beau milieu de terrains inoccupés et d'espaces verts.

Les années 1920

Le Berlin de la république de Weimar se transforme en une métropole. Les modernes, avec leur esthétique, leurs idées, leurs utopies, leurs idéaux, leurs espoirs et leur intelligence de l'art se manifestent dans les projets pour un « nouveau » Berlin et les nouvelles approches architecturales et urbanistiques. La ville devient un champ expérimental pour l'expressionnisme, la Nouvelle Objectivité et le Bauhaus (littéralement « maison du bâtiment »), qui influencera largement l'art moderne. On voit également fleurir des modèles avant-gardistes pour une restructuration radicale de la ville, ainsi que des projets de cités-jardins, socialement ambitieux, dans les régions devenues des communes. L'évolution architecturale n'est toutefois pas seulement faite de projets avant-gardistes. Nombre d'édifices restent, en effet, largement marqués par les conceptions architecturales conservatrices et traditionnelles. La brièveté de la république de Weimar et le manque de possibilités financières expliquent que de nombreux projets demeurent dans les tiroirs.

Des architectes de renom, tels que **Walter Gropius**, **Bruno et Max Taut**, **Ludwig Mies van der Rohe**, **Erich Mendelsohn**, **Hans Poelzig**, **Hans et Wassili Luckhardt**, **Peter Behrens** et **Hans Scharoun** marquent la ville de leur empreinte. Berlin acquiert la réputation de précurseur de l'urbanisme moderne. Le directeur des services de l'Urbanisme, **Martin Wagner**, qui occupa cette fonction à partir de 1926, y est pour beaucoup. Il encourage sans relâche les architectes progressistes et s'efforce de réaliser un aménagement urbain de grand style, en réservant les espaces verts et les espaces inoccupés à la détente. Parmi les principales constructions de cette époque, on remarque : la tour Borsig (Borsigturm, Eugen Schmohl), premier gratte-ciel de Berlin, la tour de la Radio (Heinrich Straumer), l'église de la Hohenzollernplatz (Fritz Höger), le théâtre expressionniste (aujourd'hui disparu, Poelzig), l'actuelle Schaubühne de la Lehniner Platz, le Mosse-Palais dans la Jerusalemer Straße et la Columbus-Haus (également disparue, Mendelsohn), la Shell-Haus (Erich Fahrenkamp), la Maison de la radio (Poelzig), ainsi que la Berolina- et Alexanderhaus dans le cadre du réaménagement de l'Alexanderplatz (Behrens) dans le style de la Nouvelle Objectivité.
Il faut également évoquer les nombreux bâtiments d'habitation construits dans les banlieues, en collaboration avec des sociétés coopératives de construction ou sous l'impulsion de grandes entreprises. On peut, entre autres, citer le lotissement du « Fer à cheval » (« Hufeisensiedlung ») à Britz (Bruno Taut et Martin Wagner), celui de la « Case de l'oncle Tom »(« Onkel-Toms-Hütte ») à Zehlendorf (Bruno Taut, Hugo Häring et **Otto Rudolf Salvisberg**), celui de Siemensstadt (« Ringsiedlung », Hans Scharoun, Walter Gropius, Hugo Häring, Otto Bartning) et celui de la « Ville blanche » (« Weiße Stadt ») à Reinickendorf (Otto Rudolf Salvisberg, Bruno Ahrends, Wilhelm Brüning). Ces lotissements constituent un type de construction complètement nouveau : les architectes abandonnent la construction en blocs des quartiers pour des bâtiments alignés ou des petits groupes d'immeubles édifiés en pleine nature. Ce modèle antiurbain s'oppose au modèle de la ville traditionnelle du 19e s.

L'urbanisme nazi : Germania

Ce Berlin qu'Hitler n'aime pas doit être transformé par **Albert Speer**, entre 1937 et 1950, pour devenir la capitale du monde ou « Germania ». Une grande partie du paysage urbain existant est alors victime des colossaux projets d'avenir imaginés pour la ville ; les édifices du 19e s., considérés comme les symboles de la « ruine sociale », sont démolis. La « Grande Halle du peuple », au cœur du projet Spreebogen, doit être le nouveau point central de la ville. Pour devenir la plus grande construction du monde, elle doit atteindre les 300 m de haut et pouvoir héberger jusqu'à 180 000 personnes. Une place de défilé est également prévue pour accueillir 1 million de personnes. À partir de cette Grande Halle est envisagé un boulevard de sept kilomètres de long et de 120 m de large, l'« axe Nord-Sud », avec à son extrémité Sud un « arc de triomphe » également surdimensionné de 170 m de large et 170 m de haut. Cet axe central, qui restructure entièrement la capitale et en constitue le nouveau cœur, doit être bordé de bâtiments administratifs, théâtres, cinémas, salles de concerts, hôtels et restaurants, ainsi que de statues et monuments aux morts. À ses extrémités, deux gares monumentales doivent voir le jour. Plus de 50 000 logements sont ainsi sacrifiés à ce somptueux projet de rue. Un « axe Est-Ouest », plus petit, doit, en outre, couper cet axe. Les frontières de Berlin doivent, par ailleurs, s'étendre de manière à former un circuit autour de la ville.
En ce qui concerne la réalisation de ces différents projets, des parties de l'axe Est-Ouest sont construites et les premières mesures de démolition touchent le « coude de la Spree » (Spreebogen) et certaines parties du quartier du Tiergarten (où se trouve aujourd'hui le Kulturforum). La Grande Étoile est ainsi agrandie, les colonnes triomphales y sont transportées et élevées (surélevées), et la future rue du 17-juin élargie.
Les nationaux-socialistes eux-mêmes considéraient l'architecture comme une « vision du monde devenue pierre ». Les monuments les plus importants de l'époque de la domination nazie, dans le style d'une adaptation du néoclassicisme monumentalisée (la plupart datant d'avant le projet de Germania), sont : l'aéroport de Tempelhof (Ernst Sagebiel), le bâtiment de la Reichsbank (Heinrich Wolff, actuel ministère des Affaires étrangères), le ministère de l'Air du Reich (Sagebiel, actuel ministère des Finances), le stade olympique (Werner March) et les bâtiments administratifs de la Fehrbelliner Platz.

« Projet pour le réaménagement de la capitale du Reich » par Albert Speer (1938-1939) : place ronde et fontaine Apollon.

AKG Paris

La guerre froide de l'architecture

Le nouveau départ de l'après-guerre

Durant la Seconde Guerre mondiale, des édifices d'une valeur de 5 millions de Reichsmark ont été détruits ou largement endommagés – plus de 30 % des quelque 245 000 bâtiments recensés, le degré de destruction dépassant les 50 % dans le centre-ville. La situation politique incertaine, qui complique des plans de construction fondamentaux pour la future orientation urbanistique de la capitale, offre aux architectes et urbanistes l'opportunité de développer entièrement sur papier l'idéal d'une « ville de l'avenir », l'idée étant de préférer les constructions nouvelles aux réhabilitations. Les idéaux avant-gardistes des modernes sont dans un premier temps considérés comme la référence en matière de plan. Les destructions de la guerre favorisent la conception d'une ville « décongestionnée » et séparant les lieux d'habitation et de travail, qui s'oppose à la ville surpeuplée de Mietskasernen. On voit dans la « décongestion mécanique » par la grêle de bombes, pour reprendre cette expression involontairement cynique de l'époque, la possibilité de recomposer entièrement le paysage urbain.

Un cercle d'experts élabore sous la direction de **Hans Scharoun**, premier chef des services de l'Urbanisme, le « plan collectif », présenté au public en 1946 lors de l'exposition « Berlin plant ». Ce projet prévoit un paysage urbain décongestionné, orienté selon la topographie du cours de la Spree et organisé d'une manière fonctionnelle, avec des domaines séparés pour le travail, le logement et la culture. Le paysage urbain doit également être sillonné d'autoroutes, à l'image de l'échiquier quadrillé de rues nord-américain. Ce projet doit être synonyme de liberté et de nouveau départ pour une Allemagne démocratique. L'application de ce plan collectif impliquerait toutefois d'importantes redistributions et réévaluations des propriétés foncières, ce qui explique qu'il en reste au stade de projet, seuls certains de ses éléments étant repris dans des projets ultérieurs. On oppose alors à ce projet le « plan Zehlendorf » de **Walter Moest** et **Willi Görgen**, qui met l'accent sur une ville soumise aux contraintes de la circulation automobile. Ce dernier est conçu pour être réalisable ; il intègre également certains éléments du plan de Speer. D'autres projets de ce type voient parallèlement le jour. Tous les grands projets doivent toutefois rester dans les tiroirs en raison des difficultés économiques. On accorde, en effet, la priorité à la mise en valeur rapide des locaux d'habitation et à la reconstruction des infrastructures. L'idéal d'une ville divisée, décongestionnée et soumise aux conditions de la circulation automobile s'imposera toutefois par la suite.

Karl Bonatz, dont les plans s'écartent de plus en plus d'une construction nouvelle de la ville, succède à Scharoun. Le « Nouveau Plan de Berlin », qu'il élabore avec Walter Moest en 1947, prévoit un réaménagement plus restreint de la ville, soumise aux conditions de la circulation automobile.

La ville divisée

La division administrative de la ville donne également naissance à deux organismes différents dans les domaines du plan et de la construction. Les relations entre les responsables des deux côtés sont plutôt au beau fixe dans un premier temps, de telle sorte que l'on se transmet des informations sur les projets de construction envisagés de part et d'autre. Le « Bonatz-Plan », en 1948, et le « plan de construction général pour la reconstruction de Berlin » à Berlin-Est, adaptation du plan collectif aux possibilités offertes en 1949, marquent une rupture urbanistique qui s'accentuera par la suite. Tandis que Berlin-Ouest est intégré au plan Marshall juste après le blocus et que le « Notopfer Berlin » (impôt « sacrifice pour Berlin ») et la « Berlinhilfegesetz » entraînent la mise à disposition d'importants moyens pour la reconstruction de Berlin, Berlin-Est ne perçoit dans un premier temps aucune subvention de l'État et demeure, au contraire, jusqu'en 1956, une collectivité contribuant à la péréquation financière de la RDA.

L'évolution architecturale et urbanistique basée sur la division, qui modifie durablement le paysage urbain dans les deux parties de la ville, fait partie de toutes les discussions relatives au système à l'Est comme à l'Ouest. Le premier grand projet de Berlin-Est est la construction de la Stalinallee à partir de 1952, « première rue socialiste sur un sol allemand ». Elle est aménagée comme un ensemble, suite à un concours urbanistique d'après les plans d'Hermann Henselmann, d'Egon Hartmann, de Richard

Détails de la salle de concerts de musique de chambre, près de la Philharmonie au Kulturforum.

H. Champollion/MICHELIN

Paulick, de Kurt Leucht, d'Hans Hopp et de Karl Souradny. On veille à respecter la structure historique de la ville, dans le cadre d'un réalisme socialiste fortement inspiré de l'URSS. Il s'agit à la fois de tenir compte de l'architecture passée en élaborant un nouveau « style national » historicisant et d'éviter le surpeuplement de la ville du Wilhelminisme. À l'Ouest, on lui oppose l'**Interbau** (Internationale Bauausstellung, exposition internationale d'architecture) sur le thème de « la ville de l'avenir ». Le quartier de l'Hanse (Hansaviertel) est construit sous la direction d'**Otto Bartning** et d'après les plans de 53 architectes, qui se voient tenus de respecter la « Nouvelle Construction » des modernes (parmi lesquels Aalvar Aalto, Egon Eiermann, Walter Gropius, Oscar Niemeyer, Hans Schwippert, Max Taut). L'habitat urbain est éparpillé dans la nature et les rangées de maisons isolées. La structure en blocs n'est plus d'actualité.
Le concours « capitale Berlin », annoncé par Bonn en 1957 après des années de préparation et visant la ville de Berlin dans son ensemble, constitue un autre chapitre de l'histoire de la guerre froide de l'architecture. Les architectes de la RDA sont, en effet, exclus du projet. En réponse à ce concours, les dirigeants de la RDA annoncent peu de temps après un concours international pour « la transformation socialiste du centre de la capitale de la RDA » excluant, cette fois-ci, les architectes de l'Ouest.
Parmi les édifices importants aujourd'hui encore en état, on remarque le théâtre Schiller (Rudolph Grosse et Heinz Völker), l'immeuble de la Weberwiese (Hermann Henselmann), la maison des cultures du monde (Haus der Kulturen der Welt, Hugh Stubbins), l'opéra (Deutsche Oper, Fritz Bornemann) et l'ancienne ambassade d'URSS (aujourd'hui ambassade russe, groupe d'architectes soviétiques).

Urbanisme à l'Ouest et à l'Est

L'urbanisme lié à la construction du mur signifie également une profonde césure entre l'évolution urbanistique de Berlin-Est et celle de Berlin-Ouest. Au fil du temps, l'urbanisme considère de plus en plus les deux moitiés de la ville comme des entités indépendantes et autonomes. Berlin-Ouest (re)devient une vitrine de l'Ouest et Berlin-Est la « capitale de la RDA ». Les deux parties connaissent les mêmes évolutions, bien qu'avec un décalage dans le temps et en dépit d'une différence quant à la disponibilité des propriétés foncières et des moyens financiers.
Tandis que dans la partie Ouest de la ville, on cherche déjà à s'inspirer des modernes après la guerre et à adopter un « International Style », Berlin-Est n'est concerné par cette tendance que dans les années 1960. Dans les deux parties de la ville, des morceaux de rues et de places existantes sont délibérément détruits et on entame la construction d'une ville soumise aux conditions de la circulation automobile et organisée d'une manière fonctionnelle. La démolition la plus controversée et la plus spectaculaire a lieu en 1950, lorsque l'on fait sauter les vestiges du château, situé à Berlin-Est, sur ordre des hommes du SED au pouvoir. La « reconstruction » qui suit est également qualifiée de « deuxième destruction ».
De nouveaux centres-villes sont aménagés dans les deux parties de Berlin (Breitscheidplatz à l'Ouest, Alexanderplatz à l'Est, avec l'église du Souvenir et la tour de la Radio comme nouveaux emblèmes) qui voient également les lotissements, construits industriellement, se multiplier en périphérie (Märkisches Viertel, Falkenhagener Feld et Gropiusstadt, ou encore Marzahn, Hellersdorf et Hohenschönhausen). On vise ainsi à décongestionner les centres-villes, dont les habitations gagnent aussi sensiblement en confort. Une politique de coupe nette brutale est menée dans les deux parties de Berlin, où de véritables « orgies de démolition » ont lieu pour liquider les *Mietskasernen* qui avaient cédé la place à des constructions nouvelles (par exemple à Wedding et sur l'île des Pêcheurs, Fischerinsel). Les deux parties découpent la ville avec de grands axes réservés à la circulation automobile.

Le tournant de l'urbanisme

Les premières critiques s'élèvent contre la politique publique de construction de la ville moderne caractérisée par l'abandon du centre-ville dès les années 1960 avec, notamment, l'ouvrage de **Wolf Jobst Siedler** au titre évocateur : « La Ville assassinée ». Dix ans plus tard, un changement s'amorce : on s'efforce de préserver et reconstruire les structures historiques de la ville, de développer les constructions en blocs à la périphérie, de restructurer et réutiliser les anciennes constructions et de refaire du centre-ville une zone résidentielle. Les principes et utopies modernes perdent alors leur fonction de leitmotiv de l'urbanisme et de l'architecture. Représentant une avant-garde critique, les modernes avaient réussi à s'imposer dans les années 1960, mais on avait également constaté leurs lacunes. La politique de coupe nette et la décongestion en bloc des arrières-cours surconstruites est abandonnée en 1973 sur la Klausener Platz (Berlin-Ouest), la plus ancienne zone de restructuration de Berlin, au profit d'une « prudente rénovation urbaine » conservant le plus souvent possible les constructions existantes et utilisables. À Berlin-Est, pour le 750e anniversaire de Berlin, le quartier St-Nicolas (Nikolaiviertel) est, entre autres, reconstruit et la Husemannstraße (Prenzlauer Berg) et la Sophienstraße (Mitte) rénovées. On assiste des deux côtés à la renaissance des Mietskasernen et de la ville organisée d'une manière fonctionnelle, Berlin-Est et Berlin-Ouest développant un nouveau modèle en harmonie avec la ville.

Sélection de constructions importantes des années 1960 aux années 1980
Ancien Staatsratsgebäude (Roland Korn, Hans-Erich Bogatzky), Neue Nationalgalerie (Ludwig Mies van der Rohe), Staatsbibliothek (Hans Scharoun, Edgar Wisniewski), Philharmonie (Hans Scharoun), Palast der Republik (Heinz Graffunder et Karl-Ernst Swora), ICC (Ralf Schüler et Ursula Schüler-Witte), Europa-Center (Helmut Hentrich, Hubert Petschnigg), Friedrichstadtpalast (Walter Schwarz, Manfred Prasser, Dieter Bankert).

L'IBA

Le projet de l'IBA (Internationale Bauausstellung, exposition internationale d'architecture), en 1979 à Berlin-Ouest, a pour thème ambitieux « le centre-ville comme résidence ». Cette exposition constitue un élément essentiel dans le style des Modernes. La rénovation urbaine rigoureuse et les constructions nouvelles sauvages cèdent la place à une utilisation prudente des constructions existantes et des structures de la ville, qui inclut également des dimensions sociales en matière de plan et de construction. À l'IBA sont formulées des positions théoriques essentielles auxquelles on pourra se référer après la chute du mur. La dernière IBA, organisée en 1987, s'articule autour de « L'IBA-Alt » et de « L'IBA-Neu ». « L'IBA-Alt », dirigée par le professeur d'architecture **Hardt-Waltherr Hämer**, vise essentiellement à rénover les régions de Kreuzberg, Luisenstadt et SO 36, tandis que « L'IBA-Neu », présidée par **Josef Paul Kleihues**, concerne la « reconstruction critique » des régions de Tegel (Tegeler Hafen), de la Prager Platz (Wilmersdorf), du Sud de Friedrichstadt (Berlin Museum, actuel Jüdisches Museum – Ritterstraße, Lindenstraße, Kochstraße, Zimmerstraße), ainsi que de la partie Sud du quartier de Tiergarten (autour de la Lützowplatz).
La **reconstruction critique** de l'IBA stipule que, pour obtenir un paysage urbain uniforme dans sa continuité historique, des règles anciennes doivent de nouveau être respectées, concernant par exemple la construction en blocs à la périphérie et la hauteur des façades, en évitant toutefois de copier les détails décoratifs. Des architectes tels que Rob Krier, Rem Koolhaas, James Stirling, Hans Hollein, Zaha Hadid et Aldo Rossi se distinguent dans les détails, ce qui entraîne de nombreuses variations des postmodernes. Les réalisations architecturales et urbaines demeurent pour longtemps au centre des préoccupations internationales.

Sélection de projets IBA
Construction de logements Fraenkelufer (Hinrich et Inken Baller), Tegeler Hafen (port de Tegel, plan d'ensemble de Charles Moore, John Ruble et Buzz Yudell), villas (Stadtvillen) le long de la Rauchstraße (entre autres Rob Krier, Aldo Rossi, Hans Hollein), Wohnhof Lindenstraße (Hermann Hertzberger), Wohnpark am Berlin Museum (plan d'ensemble de Hans Kollhoff et d'Arthur Ovaska), Wohnanlage Ritterstraße (plan d'ensemble de Rob Krier).

Construction IBA Fraenkelufer 38-44.

Ph. Gajic/MICHELIN

Avant-garde de la peinture

Les plus anciennes peintures retrouvées à Berlin sont des vestiges de peintures murales, dont l'œuvre maîtresse est la danse macabre (Totentanz) de l'église Notre-Dame (Marienkirche), réalisée en 1485. L'art vit à Berlin d'idées et d'œuvres venues de France, d'Italie et de Hollande à partir du milieu du 16e s. et jusqu'au 18e s. La peinture connaît alors son premier éclat. Des artistes allemands, tels que Michael Willmann ou Michael Conrad Hirt et des Français, hôtes de la cour, se joignent aux maîtres hollandais, tels que les portraitistes Willem van Hontholst, Frans de Hamilton ou Willem Frederik van Royen. Ce n'est toutefois que durant le règne de Frédéric III (Ier) que Berlin devient une ville des arts de rang européen et se résout au 20e s. à l'avant-garde allemande.

Le premier éclat de la peinture au 18e s.

En 1711, le huguenot **Antoine Pesne** (1683-1757), neveu du peintre de fresques français Charles de Lafosse, est le premier peintre de la cour de Prusse sous le règne de Frédéric Ier, appelé à Berlin et nommé directeur de l'Académie des beaux-arts en 1722. Il y occupe ensuite un rôle dominant et formateur pendant des décennies. Ses portraits de femmes, que l'on peut, entre autres, admirer dans le château de Charlottenburg, comptent parmi ses plus belles œuvres. Après une décennie plutôt pauvre du point du vue artistique, sous le règne de Frédéric-Guillaume Ier, les conditions de la production artistique changent durablement sous le règne de son fils Frédéric II. Le roi est un collectionneur qui encourage la peinture contemporaine. Son penchant pour l'art français s'exprime également dans ses efforts pour attirer des artistes français à la cour; le peintre Charles Amadée répond, par exemple, à son appel. Outre les Français, **Christian Bernhard Rode** (1725-1797) et **Johann Gottlieb Glume** (1711-1778) donnent le ton.
Daniel Chodowiecki (1726-1801), remarquable dessinateur d'origine franco-polonaise, est connu pour ses eaux-fortes et ses illustrations. La représentation critique et réaliste de la vie quotidienne dans des scènes de genre et des portraits apporte une composante bourgeoise à l'art. L'année de la mort du roi, en 1786, l'Académie des beaux-arts est recréée et la première exposition inaugurée.

Du romantisme à l'historicisme

Le principal artiste du 19e s., **Karl Friedrich Schinkel**, peint, entre autres, de grands panoramas et dioramas, ainsi que des décors. La peinture berlinoise de l'époque Biedermeier est largement influencée par **Caspar David Friedrich** (1774-1840), qui expose régulièrement à l'Académie et dont les toiles sont achetées par le futur Frédéric-Guillaume IV, ainsi que le futur tsar Nicolas Ier. La peinture berlinoise se partage entre le paysagiste **Carl Blechen** (1797-1840), le peintre d'architecture **Eduard Gärtner** (1801-1877), le portraitiste **Franz Krüger** (1797-1857) et le peintre de genre **Theodor Hosemann** (1807-1875). Parmi les peintres historiques, on remarque **Anton von Werner** (1843-1915).

Ernst Ludwig Kirchner : « Potsdamer Platz (1914) ».

J. Anders/Nationalgalerie/
PREUSSISCHER KULTURBESITZ

Sécession et expressionnisme

En 1898, 65 artistes, conduits par **Walter Leistikow** (1865-1908) et **Max Liebermann** (1847-1935), font « sécession » et choisissent de présenter leurs œuvres en dehors des circuits officiels. Ils prônent la liberté et le réalisme contre les mièvreries patriotiques des artistes de la cour. Les expositions organisées par la Sécession connaissent un succès foudroyant. Les galeries d'art fleurissent comme celles de **Paul Cassirer**, qui défend l'impressionnisme dans sa revue *Art et Artistes (Kunst und Künstler)* et fait découvrir les toiles de **Lovis Corinth** (1858-1925) et **Max Slevogt** (1868-1932). **Adolph (von) Menzel** (1815-1905), qui peint avec réalisme des toiles aux thèmes industriels et des représentations historiques, est également un précurseur de l'impressionnisme en Allemagne. La Sécession berlinoise trouve dans le nouveau directeur de la Galerie nationale, Hugo von Tschudi, son principal soutien officiel.

Le mouvement artistique expressionniste est en germe bien avant la guerre. Avant Munich, ville où est fondé le mouvement du Cavalier bleu *(Der Blaue Reiter)* en 1911, Dresde se place à l'avant-garde artistique. C'est là que le mouvement **Die Brücke** voit le jour. Les peintres de *Die Brücke*, **Ernst Ludwig Kirchner** (1880-1938) et **Karl Schmidt-Rottluff** (1884-1976) en tête, admirent les toiles de Van Gogh et de Gauguin, ainsi que les gravures du Norvégien Edward Munch. Une « Nouvelle Sécession » est fondée à Berlin en 1910 autour de **Max Pechstein** (1881-1955), Karl Schmidt-Rottluff et **Emil Nolde** (1867-1956). La vie trépidante de la ville durant l'âge d'or des années 1920 est restituée dans les scènes de rue de Kirchner. Des revues influentes, telles que *Der Sturm* (La Tempête, 1910-1932) d'**Herwarth Walden** ou *Die Aktion* du journaliste anarchiste Franz Pfemfert, assurent la promotion de toutes les tendances d'avant-garde. **Käthe Kollwitz** (1867-1945) et **Heinrich Zille** (1858-1929) sont les représentants d'un réalisme urbain contestataire. **Max Beckmann** (1884-1950), qui s'intéresse dans ses œuvres à l'existence humaine et à ses contraintes, est un autre artiste remarquable de l'époque.

L'entre-deux-guerres

Le dadaïsme

Des tendances cultivant la dérision et la négation de toutes les valeurs apparaissent à la fin de la Première Guerre mondiale. Né à Zurich en 1915, le mouvement Dada acquiert une dimension politique à Berlin. **George Grosz** (1893-1959), anciennement Georg Ehrenfried, renvoyé du front en 1917, devient le chef de file d'un groupe d'artistes contestataires qui rassemble le peintre et photographe **Raoul Hausmann** (1886-1971), le poète **Walther Mehring** (Walt Merin), l'éditeur **Wieland Herzfelde**, qui publie les dessins de Grosz, et son frère Helmut, qui devient **John Heartfield**. Les dadaïstes berlinois fondent leur esthétique sur la laideur pour, selon Grosz, « montrer au monde qu'il est laid, malade et menteur ».

Les dadaïstes participent à leur manière à la révolution en fondant à Nikolassee une « république dada ». En avril 1918, **Richard Huelsenbeck** organise une soirée au cours de laquelle il lance le manifeste *Dada* antimilitariste. La seule manifestation des

Gemäldegalerie/ PREUSSISCHER KULTURBESITZ

Max Liebermann : « Autoportrait » (1929).

dadaïstes qui connaît un énorme succès est la « Foire internationale dada », à la galerie *Burckart*, où sont présentés, dans un savant désordre, des objets de nature triviale. Grosz sera régulièrement condamné par la censure pour ses recueils anticléricaux et antimilitaristes, comme *Dieu avec nous* (*Gott mit uns*, 1920) et *Ecce Homo* (1923).

La liquidation des spartakistes par la social-démocratie scelle le lien entre avant-garde et extrême gauche. Les artistes retirent de l'échec de la révolution une vision pessimiste, mais ils choisissent toutefois le bolchevisme par volonté d'émancipation par rapport au pouvoir de l'argent et de la bourgeoisie, ainsi que pour échapper aux canaux traditionnels de la reconnaissance de l'artiste. Aux salons et galeries de peinture, symboles de la conception élitiste de l'art propre aux Européens, est préféré un mode de vie plébéien, démocratique.

L'avant-garde venue de l'Est

L'Allemagne de Weimar est perméable à l'avant-garde venue de l'Est que l'Europe découvre à Berlin. Peintres, écrivains, metteurs en scène d'Europe centrale et orientale, en particulier russes, viennent y travailler, collaborent avec les artistes allemands et profitent du climat de liberté qui, pour un court moment, suit la révolution d'Octobre.

À partir de 1923, débarquent les émigrés volontaires, désireux de propager la culture soviétique en Europe occidentale. Ils sont connus en Allemagne grâce au peintre suprématiste **El Lissitzky** qui organise, en octobre 1922, à la galerie *Van Diemen*, la première exposition d'art soviétique. En 1924, une exposition d'art allemand, à laquelle participent d'autres artistes est-européens, est organisée à Moscou. **Wassily Kandinsky** deviendra professeur au Bauhaus, qui déménage en 1932 à Berlin, en raison de la fermeture de Dessau pour des raisons politiques. Serge Charchoune s'adonne au cubisme, le sculpteur Alexandre Archipenko côtoie le peintre roumain Arthur Segal et le Hongrois **László Moholy-Nagy**. Pour reprendre les mots d'Elias Canetti, il est impossible de « faire dix pas sans rencontrer quelqu'un de célèbre ». Ehrenburg fonde, avec El Lissitzky, la revue *Objet* soutenue, entre 1922 et 1923, par l'État soviétique. Elle propage les concepts du constructivisme qui dégage une conception commune de l'artiste, de l'ingénieur et de l'ouvrier.

La « Nouvelle Objectivité »

Jusqu'en 1923, la culture reflète les bouleversements : la guerre, la défaite, la révolution, l'inflation. Les cinq années (1924-1929) de relative stabilisation économique et politique entraînent une vision distanciée de la réalité, qui trouve son expression dans la Nouvelle Objectivité, une orientation artistique qui remplace l'expressionnisme. La grande ville envahit toiles, scènes et écrans. L'art et la réalité du monde moderne s'interpénètrent : pour George Grosz, qui tient son pinceau comme un « fusil », la ville est un chaos cauchemardesque ; pour Max Beckmann, « c'est le grand orchestre humain » ; Otto Dix la stigmatise et en montre les plaies.

Le peintre et la guerre

Né en 1891 dans un milieu ouvrier, **Otto Dix** est l'un des rares artistes à avoir eu une expérience prolongée de la guerre. Engagé volontaire, il resta trois ans sur le front. Comme George Grosz, qu'il a connu lors de leurs études communes à Dresde, Dix s'intéresse aux individus. Il peindra, avec une acuité particulière, mutilés et « gueules cassées ». Ses tableaux, qui s'inspirent des premiers maîtres allemands comme Matthias Grunewald, sont une critique sociale que l'on peut rapprocher de certains films, comme *Die Straße* (1923) de Karl Grüne. Dix est nommé en 1927 professeur à l'Académie des beaux-arts de Dresde. De 1928 à 1932, il peint le triptyque *La Guerre*, conservé dans cette ville. En 1933, il est limogé par les nazis et s'installe près du lac de Constance.

La césure du Troisième Reich

Après la prise de pouvoir des nazis, l'Académie prussienne des arts est épurée. Albert Speer, Arno Breker et Werner March prennent la place de Oskar Kokoschka, Otto Dix, Ernst Ludwig Kirchner, Mies van der Rohe et Karl Schmidt-Rottluff. En juillet 1937, la maison de l'art allemand est inaugurée à Munich, « capitale du mouvement nazi », à laquelle Hitler est « plus attaché qu'à aucun autre lieu au monde » et qui doit retrouver une importance culturelle qu'elle a perdue au profit de Berlin qui n'a, selon lui, produit qu'un « art dégénéré ». Entre 1933 et 1939, près de 5 000 toiles et sculptures d'avant-garde sont détruites. En 1934, lors du congrès de Nuremberg, Hitler impose l'art reposant « sur le sang et le sol ». De nombreux artistes doivent émigrer ou subissent une interdiction d'exposer et de travailler, l'art berlinois cesse d'exister.

Le nouveau départ d'après 1945

Juste après la fin de la guerre, le patronat allié commence à réorganiser la vie artistique et les premières expositions rouvrent très vite leurs portes. La municipalité du Grand Berlin est le principal soutien de la vie artistique à travers des adjudications de commandes et des ventes. Les galeristes, tels que **Gerd Rosen** et **Anja Bremer**, contribuent largement à « renouer » avec les modernes, anciennement mis à l'index, et à imposer l'art nouveau. La scène artistique s'anime de nouveau et sert de pivot pour ceux qui rentrent au pays, ceux qui sont persécutés et les survivants. L'art subit de moins en moins les influences étrangères et hésite entre le réalisme critique, l'expressionnisme et l'abstraction.

La première grande « cassure » a lieu en 1960. Des peintres comme **Georg Baselitz** (né en 1938) et **Markus Lüpertz** (né en 1941) se réclament d'un nouveau réalisme, à la fois visionnaire, extatique et pathétique. Commence alors l'époque des manifestes et des galeries à programme. À partir de la fin des années 1970 apparaît le groupe des « **nouveaux Fauves** » (**Salomé**, **Helmut Middendorf**, **Rainer Fetting** et **Bernd Zimmer**). Leur style aux couleurs agressives rappelle l'expressionnisme des années 1920 et remporte un grand succès international. Dans les années 1980, Berlin-Ouest devient non seulement un sujet de peinture, mais également un lieu d'accueil pour les manifestations artistiques. À Berlin-Est, la scène artistique oscille entre la configuration du conflit, une appropriation accrue de l'héritage jusqu'ici tabou et le repli dans les bas-fonds sous-culturels, comme dans le Prenzlauer Berg. Après que Biermann a été déchu de sa nationalité en 1976, les groupes et les projets collectifs se multiplient, permettant l'essor futur des galeries à Berlin-Est.

Après la chute du Mur, l'art prend une nouvelle orientation, à l'Est comme à l'Ouest, et se voit soumis à d'autres influences, pas seulement artistiques. Mais l'art n'est pas le seul à changer ; connaissant notamment un afflux de nouveaux peintres, des bouleversements affectent également des activités annexes. L'art prend une nouvelle dimension avec un caractère événementiel. Le Berlin d'aujourd'hui se caractérise par un équilibre harmonieux entre un marché de l'art raffermi, un ensemble de galeries vitales et la renaissance des mécènes et des foires artistiques.

George Grosz : « Les Piliers de la société » (1926).

Livres et scènes

Kammerspiele et Deutsches Theater.

Que ce soit dans le domaine littéraire ou théâtral, le 18e s. voit Berlin se hisser aux premiers rangs internationaux. L'« Aufklärung » réunit des gens de lettres, des éditeurs, des libraires et des metteurs en scène de théâtre. Dès le début, la vie littéraire se développe sur fond d'une coexistence tendue entre une poésie teintée de régionalisme, à l' esthétique et au contenu originaux, et de multiples courants poétiques, toujours venus de l'extérieur. Berlin attire surtout pour son rôle de vitrine littéraire. Outre ses nombreuses scènes, la ville possède également aujourd'hui toute une série d'établissements littéraires qui proposent régulièrement des conférences et des soirées avec des auteurs.

La culture de salon berlinoise

Favorisant l'ouverture, la tolérance et le brassage social, les salons juifs jouent un grand rôle dans la vie culturelle berlinoise au tournant du 18e et du 19e s.
Celui de la belle **Henriette Herz** (1764-1847), cultivée et maîtrisant huit langues, passe pour être le lieu de naissance du romantisme berlinois. Ludwig Tieck, Jean Paul, Wilhelm von Humboldt, Friedrich Schleiermacher, Adalbert von Chamisso et Wilhelm Wackenroder s'y rencontrent. Dorothea, la fille de Moses Mendelssohn, le fréquente également et c'est dans ce salon, où les affaires de cœur se mêlent à celles de l'esprit, que Bettina Brentano, la sœur du poète Clemens Brentano, fait la connaissance d'Achim von Arnim, son futur mari.
Rahel Levin (1771-1834), devenue en 1814 **Mme Friederike Varnhagen von Ense**, reçoit à son tour, à partir de 1793, dans la mansarde de la maison familiale où elle avait coutume de se réfugier. Cette « mansarde » devient un salon cosmopolite qui, de 1801 à 1806, donne le ton dans la capitale. Mme de Staël, qui fait partie des invités étrangers comme Benjamin Constant, Thomas Young ou le prince de Ligne, parle d'un « heureux mélange » unissant ici des « gens de talent de toutes les classes ». Effectivement, on trouve autour de Rahel Levin des Juifs et des chrétiens, des nobles et des bourgeois, des princes et des philosophes : le prince Louis-Ferdinand de Prusse, les frères Schlegel, Heinrich von Kleist. Les réunions de ce premier salon cessent en 1808 et il faudra attendre 1819 pour qu'un autre salon ouvre ses portes, accueillant, entre autres, le jeune Heinrich Heine.

Renaissance et baroque

Les premiers poèmes que l'on remarque, dans un style cru et populaire, datent du 16e s. Le *Froschmäuselerkrieg* (1566) de **Gabriel Rollenhagen**, racontant le combat des grenouilles et des souris, et les poèmes d'apprentissage de Bartholomäus Ringwaldt témoignent déjà d'une forte exigence didactique. Avec **Paul Gerhardt** (1607-1676) et Michael Schirmer, les genres populaires sont complétés par des cantiques sacrés.
La première pièce de théâtre est jouée à Berlin en 1540 devant le margrave Joachim II (1535-1571), qui en était amateur. Frédéric Ier (1688-1713) s'entoure de poètes de cour qui récitent leurs vers à la gloire du souverain à l'occasion des cérémonies. Avant de devenir un centre de l'art dramatique, la ville n'est toutefois qu'une halte parmi d'autres pour les troupes de théâtre qui sillonnent le pays.

Thie/PRESSE- UND INFORMATIONSAMT DES LANDES BERLIN

« Aufklärung » et romantisme

L'étoile à trois branches de l'*Aufklärung* berlinois, qui influença profondément la vie culturelle et intellectuelle de la ville, se compose de l'éditeur **Christoph Friedrich Nicolai** (1733-1811), du philosophe **Moses Mendelssohn** (1728-1786) et de l'écrivain **Gotthold Ephraim Lessing** (1729-1781). L'élite intellectuelle berlinoise se réunit dans le Club du lundi (Montagsklub), fondé en 1749 dans un café.
Nicolai est à la fois un homme de lettres de bel esprit et un éditeur doué. Avec lui apparaît le type même de l'intermédiaire moderne entre le commerce et la culture. Sa *Description des résidences royales de Berlin et Potsdam* est le tout premier « guide de voyage » sur Berlin. En tant qu'éditeur de la Allgemeine Deutsche Bibliothek, il crée son « institution critique », organe de critique littéraire et artistique autrefois très puissant et influent. Nicolai joue un rôle important dans la défense d'une littérature nationale allemande.
Mendelssohn arrive à 14 ans à Berlin pour parachever sa formation. Il est vénéré comme un « Socrate allemand » déjà de son vivant. Nombre de ses œuvres littéraires et philosophiques ne concernent pas seulement l'Aufklärung mais également les apports des Juifs à la société. Il fournit ainsi les bases théoriques de l'émancipation des Juifs.
Les années berlinoises de Lessing sont consacrées au travail journalistique, dramatique et théâtral, qui l'amène à collaborer souvent avec son cousin Christlob Mylius. C'est là qu'il écrit également Minna von Barnhelm, dont la première représentation théâtrale est un succès triomphal. Outre ce trio, des personnalités telles que Johann Georg Sulzner, Johann Jacob Engel, Friedrich Schleiermacher, Friedrich et August Wilhelm Schlegel, Ludwig Tieck, Johann Gottlieb Fichte, Heinrich von Kleist et Georg Wilhelm Friedrich Hegel s'illustrent à Berlin.

PREUSSISCHER KULTURBESITZ

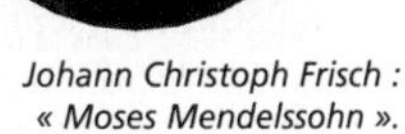
Johann Christoph Frisch : « Moses Mendelssohn ».

Tout comme dans les autres domaines, les influences étrangères contribuent à l'essor du théâtre berlinois. Outre celle de l'opéra italien, on note également celle de la comédie française. À l'ombre de cette culture protégée par la cour, des élèves de Caroline Neuber, originaire de Leipzig et aux idées réformatrices, conduisent le théâtre bourgeois à Berlin, contribuant ainsi au développement d'une culture théâtrale allemande. L'année de la mort de Frédéric II, Carl **Theophil Doebbelin**, à la tête d'un groupe de théâtre, reprend la Maison de la comédie française délaissée sur le Gendarmenmarkt et fonde le Théâtre national allemand de Berlin. Ceci marque une étape décisive dans l'établissement durable d'un art dramatique allemand.
Avec l'engagement d'**August Wilhelm Iffland** (1759-1814), dramaturge à succès, acteur populaire et imprésario doué, la scène berlinoise gagne la première place du théâtre de langue allemande avec de grandes représentations des œuvres de Goethe, Schiller et Lessing.

Époque « Biedermeier » et réalisme

Bien que les conquêtes napoléoniennes soulèvent une vague de patriotisme et influencent durablement le climat culturel, certains principes libéraux et un parfum international envahissent toutefois la culture urbaine berlinoise. Le pouvoir en place combattant toute idée libérale, de nombreux poètes ressentent le climat de restauration consécutif aux guerres de libération comme une stagnation et se retranchent dans la vie privée. Les années 1820-1830 sont empreintes d'un provincialisme littéraire qui produit, certes, une littérature berlinoise originale largement teintée de couleur locale et de personnages typiques, tels que le « l'inspecteur des pavés Nante » (un original berlinois immortalisé en histoires et pièces populaires), mais qui ne suscite guère d'intérêt au-delà des frontières régionales. Le second romantisme voue un culte à l'artiste maudit à l'exemple du poète **Heinrich von Kleist** qui se suicide en 1811 sur les bords du Großer Wannsee. **E. Th. A. Hoffmann** (1776-1822), auteur de contes grotesques, se retire totalement dans l'imaginaire fantastique. De nouvelles évolutions se font toutefois sentir : le jeune « hegelien » **Karl Marx** fait la connaissance de **Friedrich Engels** à Berlin et **Heinrich Heine** s'y rend en 1822. L'ironie de ses *Lettres de Berlin* (1824) donne une bonne idée de l'atmosphère de la ville à cette époque où les tavernes, les salons de thé, concentrés dans la Friedrichstadt, et les « cafés de lecture », qui offrent un large éventail de publications allemandes et étrangères, remplacent les salons comme lieux de débat politique. L'âge d'or des salons ayant touché à sa fin, le journaliste et écrivain **Moritz Gottlieb Saphir** fonde un nouveau lieu de débat intellectuel avec le cercle littéraire Tunnel über der Spree, dont l'un des premiers membres est le jeune aide-pharmacien Theodor Fontane, un descendant de réfugiés huguenots, qui attire l'attention avec ses premiers poèmes.

Le réalisme berlinois apparaît après les espoirs déçus de la révolution de 1848 et la reprise en main du pouvoir. La *Chronique de la Sperlingsgasse* de **Wilhelm Raabe** et les romans de **Theodor Fontane** (1819-1898), premier écrivain de talent à consacrer à Berlin et à sa région une œuvre abondante, en sont les meilleurs exemples. La ville elle-même est choisie comme thème et la vie urbaine occupe une place centrale. La ville fait encore office de décor idyllique Biedermeier, bien que parfois teinté de tragédie. Par la forme, le style et le contenu de ses romans, Theodor Fontane parvient à dépasser les frontières régionales et à s'affirmer à l'échelle internationale.

L'époque wilhelmienne

Berlin affirme ses ambitions de métropole culturelle et attire de plus en plus de jeunes écrivains et d'artistes, nombre d'entre eux réclamant une modification de l'esthétique et du contenu de la littérature. **Max Kretzer** (1854-1941), le « Zola berlinois », témoigne des bouleversements sociaux de l'ère wilhelmienne. Des pièces d'auteurs scandinaves comme Ibsen ou Strindberg sont accueillies avec enthousiasme et influencent la formation d'un naturalisme allemand, qui rassemble tous les genres et se révèle purement et simplement un éloge de la grande ville (*Errements et Tourments* de Theodor Fontane; *Avant le lever du soleil* de Gerhart Hauptmann). À Friedrichshagen, près du Müggelsee, les frère Hart, journalistes désireux de promouvoir une littérature « nationale et moderne », fondent le **Friedrichshagener Kreis** (Cercle de Friedrichshagen), dont le principal représentant est **Gerhart Hauptmann** (1862-1946). Son drame sur la misère des tisserands silésiens *(Les Tisserands, 1892)* provoque un scandale et conduit l'empereur Guillaume II à résilier sa loge privée au théâtre. Sous de vives protestations, Hauptmann reçoit le prix Nobel de littérature en 1912.

La « bohème berlinoise », entourée de légendes, et les excentriques de la stature d'un **Peter Hill** ou d'un **Theodor Däubler** réunissent autour d'eux des jeunes gens de lettres et des mécènes. Avant le début des hostilités, ces cercles donnent naissance à la nouvelle avant-garde expressionniste. Le débat avec le wilhelminisme et le naturalisme éclate en un lyrisme très explosif, rehaussé d'antibourgeoisisme, et apocalyptique, qui s'exprime publiquement dans des cercles tels que le Neopathetischer Club, l'Aktionskreis Franz Pfemferts, ou le Sturmkreis Herwarth Walden.

Représentation de « L'Opéra de quat' sous » de Bertolt Brecht au Theater am Schiffbauerdamm (1938).

Après des décennies durant lesquelles le théâtre est plutôt orienté vers le divertissement, une bourgeoisie attachée à la formation classique lui oppose dans les années 1880 un concept artistiquement ambitieux qui trouve son expression dans la fondation du Théâtre allemand (Deutsches Theater) en 1883 et du théâtre Lessing, trois ans plus tard. L'association social-démocrate *Freie Bühne*, fondée et dirigée par **Otto Brahm**, contribue à la percée du théâtre moderne. Berlin devient la plus renommée des métropoles théâtrales européennes et compte plus de 400 théâtres à la fin du 19e s.

Les années 1920

Lorsque paraît l'anthologie *« Hier schreibt Berlin »*, en 1929, Berlin a atteint le point culminant de son rayonnement littéraire et intellectuel. Il n'existe aucun auteur international illustre qui n'ait pas visité ou habité la ville, pour un temps ou durablement. Les innombrables poésies urbaines se référant à Berlin accentuent la formation d'un mythe urbain. Les nombreux cafés et salons de thé (Café des Westens, Romanisches Café, Schwanecke) constituent l'infrastructure culturelle de l'époque. Les styles représentés vont du réalisme critique à la Nouvelle Objectivité, en passant par l'expressionnisme tardif. Des revues ambitieuses, *La Tribune mondiale (Die Weltbühne), Le Monde littéraire (Die literarische Welt), Uhu* sont à l'origine d'un rapprochement fécond entre journalisme et littérature. Berlin compte jusqu'à 150 quotidiens contribuant à la diversité du paysage de la presse. On remarque particulièrement le roman de photomontage *Berlin Alexanderplatz* d'**Alfred Döblin**, les reportages et séries d'**Egon Erwin Kisch** et **Siegfried Kracauer**, les essais d' **Alfred Kerrs**, le lyrisme appliqué d'**Erich Kästner** et les pamphlets de Kurt Tucholsky. Le dialogue culturel est enrichi en permanence par de nombreux artistes et écrivains russes, français et américains. Le « rythme » de la capitale mondiale se ressent également dans la production poétique de l'époque.

Bertolt Brecht (1898-1956)
Natif d'Augsbourg, il tira profit avant-guerre, dans les cabarets munichois, des spectacles de l'humoriste Karl Valentin. Il monte à Berlin dans les années 1920 et mène une existence misérable au point d'être conduit d'urgence, sous-alimenté, à l'hôpital de la Charité. Sa pièce **Des tambours dans la nuit** (1922) est encore fortement marquée par l'expressionnisme. Il reçoit autant de critiques que Piscator. Elias Canetti se moque de cet intellectuel qui joue au « prolétaire », avec sa casquette, sa chemise bleue et son blouson de cuir. En août 1928, a lieu la première de **L'Opéra de quat'sous**, inspiré de The Beggar's opera (L'Opéra des gueux), pièce de l'anglais John Gay, et adaptée à l'écran en 1931 par Pabst. Canetti y voit une « représentation raffinée, froidement calculée ». La culture marxiste berlinoise est l'expression exacerbée de l'individualisme que l'on retrouve dans L'Opéra de quat'sous : « D'abord il faut bouffer, ensuite vient la morale ». Brecht quitte l'Allemagne en 1933 pour s'installer en Californie où il demeure entre 1941 et 1947. Une fois revenu avec Helene Weigel, il fonde en 1949 le Berliner Ensemble dans la partie Est de la ville, où il demeure jusqu'à sa mort en 1956.

Max Reinhardt (1873-1943)

L'apogée du théâtre berlinois est favorisé par un public avide, des comédiens exceptionnels, des metteurs en scène de génie et des critiques exigeants comme Alfred Kerr et son rival, le polémiste **Herbert Jhering**, défenseur du théâtre progressiste. Originaire de la région viennoise, Max Reinhardt, Maximilien Goldmann de son vrai nom, est à la tête de plusieurs salles de spectacle, dont

KURT TUCHOLSKY (1890-1935)
Né dans une famille de la bourgeoisie juive berlinoise, **Kurt Tucholsky** est poète, chansonnier, essayiste, critique littéraire et pamphlétaire aux pseudonymes multiples, l'équivalent de George Grosz en littérature. Il travaille pour **Die Vossische Zeitung** (la vieille « Tante Voss ») et **Die Weltbühne**, dont il est le correspondant à Paris entre 1924 et 1926. Ce journal abordait sur un ton très direct et polémique les problèmes les plus délicats. Tucholsky est un témoin lucide de la république de Weimar, publiant des articles contre le militarisme et le chauvinisme renaissants après la révolution de Novembre, ironisant sur les prétendues « valeurs » germaniques, ce qui lui vaut des attaques incessantes de la presse de droite. Ses livres furent brûlés par les nazis et il fut l'un des premiers militants à être déchu de sa nationalité allemande. Il se suicida en Suède le 21 décembre 1935.

PREUSSISCHER KULTURBESITZ

Kurt Tucholsky à l'âge de 18 ans.

le *Deutsches Theater* de la Schumannstraße, et devient la figure la plus importante du théâtre allemand dès 1905. Il n'avait pas son pareil pour mettre en scène les pièces les plus diverses, passant d'ouvrages classiques à l'avant-garde ou au répertoire de boulevard. Ses mises en scène exerceront une grande influence sur le cinéma muet. En mars 1918, il fonde une scène expérimentale : *La Jeune Allemagne* à laquelle succède *La Jeune Scène* en 1921. Il anime le « Großes Schauspielhaus », somptueux théâtre de 3 000 places bâti par Hans Poelzig. La représentation inaugurale, *L'Orestie* d'Eschyle, fut le premier triomphe d'une utilisation de la scène « selon des principes architecturaux » et d'un « art de la comédie bâti sur le rythme ». Reinhardt regagna Vienne en 1923.

Les successeurs de Reinhardt

Max Reinhardt laisse derrière lui un vide, rempli par divers courants, tels que la Tribüne de Karl Heinz Martin, scène ambitieuse quant à sa philosophie et son esthétique, ou le théâtre prolétarien, agitateur et représentatif de la lutte des classes, d'**Erwin Piscator**. Bertolt Brecht prône un art dramatique nouveau et un changement dans le comportement des spectateurs, le théâtre devant devenir une sorte de laboratoire expérimental pour les comportements sociaux. **Leopold Jessner** est le directeur artistique du Preußisches Staatstheater du Gendarmenmarkt entre 1920 et 1930. Sous sa direction, le théâtre classique cède la place au théâtre « d'actualité », pour reprendre les termes de Jessner : « ... vu avec les yeux de notre temps, senti avec les nerfs de notre temps, représenté avec les moyens de notre temps ». Les scènes de la ville accueillent de grands acteurs, d'Agnes Straub à Heinrich George, d'Élisabeth Bergner à Alexander Granach. Les productions théâtrales sont accompagnées et parfois même encouragées par de nombreux critiques, tels que, outre Alfred Kerr, Herbert Ihering, Siegfried Jacobson, Monty Jacobs, Emil Faktor et bien d'autres encore.

Autodafé de livres et exode

Sous le gouvernement nazi de plus en plus autoritaire, la vie culturelle berlinoise s'anémie. Des interdictions (telles que celle de la projection du film adapté du roman d'Erich Maria Remarque, *À l'Ouest, rien de nouveau*) et des arrestations (Friedrich Wolf et Carl von Ossietzky, directeurs de la revue *Weltbühne*) précèdent les premiers exils (Erwin Piscator).
La transformation de la section Poésie de l'Académie des beaux-arts dirigée par Heinrich Mann en une Académie allemande pour la poésie marque le point de départ d'une « vague d'épuration » qui culmine avec l'autodafé de triste mémoire des « écrits non allemands » sur la place de l'Opéra le 10 mai 1933. Les écrivains

qui ne voulaient pas se soumettre à la politique de mise au pas national-socialiste, et qui ne furent pas immédiatement poursuivis, avaient le choix entre quitter leur pays ou se retirer dans l'« exil intérieur ». Malgré l'exode et la poursuite de célèbres gens de théâtre, ce dernier conserve un bon niveau, tel que dans le Deutsches Theater, sous la direction de Heinz Hilpert, et dans le Preußisches Staatstheater avec Gustav Gründgens. En 1944, la guerre contraint toutefois tous les théâtres à la fermeture.

Division et union

La vie littéraire s'agite après 1945 et les premières manifestations d'écrivains laissent déjà imaginer les futurs conflits idéologiques. Avec la division formelle de Berlin, les deux parties de la ville commencent également à suivre des directions différentes dans le domaine littéraire. Dans la partie Est de la ville, la scène littéraire est dominée par Johannes R. Becher, Bertolt Brecht, Arnold Zweig et Anna Seghers. Un système de (pré)censure lie les écrivains à l'appareil politique. La scène littéraire de Berlin-Est, sous l'égide du président de l'Union des écrivains de la RDA (Schriftstellerverband) adopte plusieurs facettes littéraires teintées de subjectivité après que **Wolf Biermann** fut déchu de sa nationalité en 1976. Outre la littérature « officielle », on trouve également des cercles plus officieux fréquentés par d'importants auteurs est-allemands, tels que **Volker Braun**, **Christa Wolf**, **Christoph Hein** et **Heiner Müller**.

La partie Ouest de la ville, après une décennie caractérisée par la perte de sens, retrouve un parfum de vie littéraire à travers l'immigration de **Uwe Johnson** et **Günter Grass**. Tous deux forment le cœur d'une colonie d'écrivains à Friedenau et sont ensuite rejoints par Hans Magnus Enzensberger, Max Frisch et Ingeborg Bachmann, afin de préparer les innovations radicales des années 1960. Cette époque est également marquée par une tendance à la formation de petites maisons d'édition indépendantes. La littérature de Berlin-Ouest vit par la suite de l'immigration d'auteurs de l'Est expulsés ou émigrés (Jurek Becker, Jürgen Fuchs, Thomas Brasch). Dans les années 1970, de jeunes auteurs de Berlin-Ouest, tels que Peter Schneider, Friedrich Christian Delius, Hans Christoph Buch, Nicolas Born et Anna Jonas, adoptent la même attitude critique que dans les années 1960.

La période qui suit la chute du Mur est marquée par une méfiance mutuelle et des attributions de dettes réciproques, ce qui explique que la nouvelle littérature est alors une denrée rare. Le nouveau départ est encore compliqué par les nombreuses découvertes faites à Berlin-Est concernant la collaboration des dirigeants de la scène culturelle du Prenzlauer Berg (tels que **Sascha Anderson**) avec la Stasi. Le « Nouveau Berlin » est entre-temps redevenu un lieu d'écriture et d'édition, l'activité et le marché littéraires ont retrouvé une nouvelle jeunesse. La capitale elle-même est redevenue un thème important de la littérature. On retrouve de grands noms tels que Christa Wolf et **Thomas Brasch**, auxquels il faut ajouter de nombreux nouveaux jeunes auteurs des courants littéraires les plus divers : **Alexa Henning von Lange** (*Relax*, 1997), **Thomas Brussig** (*Am kürzeren Ende der Sonnenallee*, 1998), **Ingo Schulze** (*Simple Storys – ein Roman aus der ostdeutschen Provinz*, 1998), l'auteur lyrique **Durs Grünbein** et **Benjamin von Stuckrad-Barre** (*Deutsches Theater*, 2001), pour n'en citer que quelques-uns.

Christa Wolf.

AKG Paris

E. Salomon/AKG Paris

La musique dans l'air du temps

Avec la réunification, certaines institutions culturelles se retrouvent en double, contribuant à l'extraordinaire diversité musicale du Berlin d'aujourd'hui. La ville possède ainsi trois opéras de renom international. Ces derniers, auxquels il faut ajouter d'autres orchestres subventionnés par l'État et nombre d'ensembles plus petits, des groupes de musique de chambre et des chœurs, permettent à la longue tradition de musique classique de la métropole de la Spree de perdurer. Mais le divertissement musical léger a également sa place à Berlin, comme en témoigne le succès permanent du théâtre de revue.

Le répertoire classique

Les débuts à la cour

Le développement d'une large culture musicale, centrée sur la cour de l'Électeur, ne date que de la Réforme. La **Staatskapelle**, fondée en 1570, est l'orchestre le plus ancien de Berlin et jouit aujourd'hui encore d'une certaine renommée. Flûtiste de talent, librettiste et compositeur, Frédéric II entretient à sa cour un orchestre de musique de chambre d'excellente qualité.

Le claveciniste **Carl Philipp Emanuel Bach** (1714-1788), le compositeur officiel **Johann Joachim Quantz** (1697-1773) et le maître de chapelle **Carl Heinrich Graun** (1701-1759), qui officie également lors de l'inauguration de l'opéra au Forum Fridericianum 1742, sont les fondateurs de la tradition musicale berlinoise. Frédéric-Guillaume II est lui aussi un souverain mélomane qui donne des concerts de violoncelle dans l'orangerie du Nouveau Jardin, à Potsdam, ou dans la salle des Fêtes de son château de l'île aux Paons. Il entretient des relations personnelles avec Haydn et Mozart, qui donnera des concerts de musique allemande devant le roi, mais en attendra vainement un emploi. Boccherini et, plus tard, Beethoven joueront également à la cour de Prusse. En 1791 est fondée l'**Académie de chant de Berlin** *(Singakademie)*, signifiant ainsi l'application de l'idéal de formation classico-romantique au domaine musical.

Concert au Philharmonie.

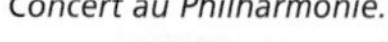

H. Maack/AKG Paris

Wilhelm Furtwängler lors d'un concert, 1932.

Le 19e s. – l'euphorie cède la place à l'ennui

Entre 1815 et 1835, dans un climat de censure, l'opéra devient un enjeu hautement politique et compense l'austérité de l'époque *Biedermeier*. L'opéra d'Unter den Linden ne peut rivaliser avec la nouvelle salle de concerts du Gendarmenmarkt, le Schauspielhaus, reconstruit par Schinkel et inauguré avec l'opéra romantique *Der Freischütz* dirigé par **Carl Maria von Weber** (1786-1826). Le succès est immédiat, mais Frédéric-Guillaume III juge Weber « populaire », donc « révolutionnaire ».
En 1842, Jacob Meyerbeer, un des principaux représentants du grand opéra français du 19e s., est nommé au poste de directeur général de la musique de Prusse. L'intensité de la vie musicale berlinoise étonne Berlioz : « Il est peu de capitales qui puissent s'enorgueillir de trésors d'harmonie comparables aux siens. La musique y est dans l'air, on la respire, elle vous pénètre (...). Les riches et les pauvres, le clergé et l'armée, les artistes et les amateurs, le peuple et le roi l'ont en égale vénération. » Après la révolution de 1848, la vie culturelle est toutefois très réglementée par l'État. Des représentants de l'armée dirigent les théâtres royaux jusqu'en 1886 ; la vie lyrique n'est plus qu'« ennuyeuse ».

Le nouveau départ du 20e s.

Pour réagir à l'inertie culturelle de l'Empire, une cinquantaine de musiciens font sécession en 1882 et donnent naissance à l'Orchestre philharmonique de Berlin (« Berliner Philharmonisches Orchester » ou, simplement, « Berliner Philharmoniker »). Son premier chef d'orchestre est **Hans von Bülow** qui invite les plus grands compositeurs de l'époque : Johannes Brahms, Piotr Tchaïkovski, Edvard Grieg, Richard Strauss, Gustav Mahler. La Philharmonie, qui contribue à ébranler la dictature culturelle de la cour, résonne comme un écho à la Sécession berlinoise des peintres. Charlottenburg construit un opéra en 1912 (à l'emplacement de l'actuel *Deutsche Oper*) qui accède rapidement à la gloire sous la baguette de **Bruno Walter**. **Richard Strauss** (1864-1949) dirige l'orchestre de l'opéra national d'Unter den Linden à partir de 1898 ; il en sera plus tard le directeur général de la musique, bien que l'empereur Guillaume II ait dénigré ses œuvres considérées comme de « l'art de caniveau ». Le peuple préfère toutefois les opérettes pétillantes de Paul Lincke, une variante de l'opérette typiquement berlinoise avec des éléments empruntés à l'opéra-comique, au vaudeville et à la farce, avec des chansons, de la danse et des mélodies simples *(voir ci-après)*.

La « capitale du monde civilisé »

C'est par ces mots que le jeune violoniste virtuose Yehudi Menuhin désigne Berlin en s'y produisant à l'âge de 13 ans en 1929. Durant les années 1920, Berlin est la capitale incontestée de la musique moderne. À partir de 1920, le pianiste italien **Ferruccio Busoni** est directeur de l'école de musique à l'Académie prussienne des beaux-arts. Traité de « péril futuriste », dès 1916, par les défenseurs de la musique traditionnelle, il forme toute une génération de musiciens allemands (dont Kurt

Weill). L'Autrichien **Arnold Schönberg** (1874-1951) lui succède de 1926 à 1933. Toutefois, ses expériences dodécaphoniques suscitent la vindicte des nationalistes antisémites. Les « premières » à l'Opéra national sont à l'époque des découvertes musicales qui provoquent toutefois également des remous, comme en décembre 1925 *Wozzeck* d'**Alban Berg** ou, en 1928, *Cardillac* de **Paul Hindemith** (1895-1963). À la Philharmonie, que dirige **Wilhelm Furtwängler** (1886-1954) depuis 1923, sont données des représentations exemplaires d'œuvres de la génération des fondateurs (Schönberg, Stravinsky, Bartok). L'Opéra Kroll (détruit en 1951), qui n'existe plus aujourd'hui, est un bastion de l'opéra d'avant-garde à partir de 1927 (et jusqu'à sa fermeture en 1931), sous la direction musicale d'**Otto Klemperer**.
Les jeunes compositeurs de la deuxième génération, tels Paul Hindemith, Ernst Krenek, Heinz Tietjen, Alois Haba, Eduard Erdmann, sont soutenus par **Hermann Scherchen**, chef d'orchestre et fondateur de la revue *Mélos*. Les créations de Krenek, Hindemith et Weill, décriées par les traditionalistes, mêlent à la musique sérieuse des éléments de jazz. La partition de **Kurt Weill** (1900-1950) n'est pas étrangère au succès de *L'Opéra de quat'sous* de Bertolt Brecht.
Mais comme pour les autres domaines artistiques, l'accession au pouvoir des nationaux-socialistes signifie également une césure brutale dans le domaine de la musique.

Théâtre musical et concerts après 1945

Après la guerre, la vie musicale de Berlin connaît une nouvelle jeunesse. Le Theater des Westens est tout d'abord choisi pour héberger l'opéra de Charlottenburg. En 1961, le Deutsche Oper s'installe dans le nouveau bâtiment de la Bismarckstraße. Sous la direction de **Götz Friedrich** âgé de 19 ans, on note à partir de 1981 une nouvelle interprétation créative du répertoire international et une redécouverte d'opéras temporairement oubliés, ainsi qu'un intérêt particulier pour les pièces de l'époque. **Udo Zimmermann** lui succède au poste de directeur et assure aujourd'hui encore la direction du lieu.
Le Lindenoper trouve d'abord refuge dans l'Admiralspalast de la Friedrichstraße, avant de pouvoir rejoindre son bâtiment d'origine en 1955. Cet opéra s'intéresse, outre au canon des plus grands opéras de l'histoire de la musique, à l'acquisition d'opéras datant de l'époque d'avant Mozart, mis en scène en se référant à ce que l'on connaît de leur exécution historique. Les modernes ne sont pas non plus oubliés et l'on s'intéresse à la fois aux œuvres du 20e s. et aux premières représentations d'opéras contemporains. **Daniel Barenboim** est le directeur artistique du Staatsoper Unter den Linden.
L'ancien Metropol-Theater de la Friedrichstraße rouvre ses portes en 1947 en tant que Komische Oper. **Walter Felsenstein**, qui en est le directeur jusqu'en 1975, s'attache à respecter la tradition d'**Hans Gregors**, directeur du premier opéra de Berlin dans le style de « l'opéra comique » français du Weidendammer Brücke (1905-1911). Avec les mises en scène d'**Harry Kupfer** (1981-2002), le Komische Oper connaît une nouvelle phase de prospérité. Il est relayé par **Andreas Homoki** durant la saison 2002-2003. Pour être d'un abord plus facile et mieux compris, tous les opéras sont exécutés en langue allemande.
Le développement des orchestres est également largement encouragé après 1945. Le **Berliner Philharmonische Orchester** acquiert bientôt de nouveau une place internationale, surtout lorsque **Herbert von Karajan** est choisi pour succéder à Furtwängler et en assurer la direction en 1954. Après le départ de Karajan pour des

La fierté du Friedrichstadtpalast : le Ballett.

H. Schulze/FRIEDRICHSTADTPALAST

raisons de santé en 1989, l'orchestre choisit **Claudio Abbado** comme nouveau directeur artistique, relayé par l'anglais **Sir Simon Rattle** lors de la saison 2002-2003. L'ancien pendant de la RDA aux orchestres philharmoniques est le célèbre **Berliner Sinfonie-Orchester**, Orchestre symphonique de Berlin, construit en 1952 et qui obtint une reconnaissance internationale sous la direction de **Kurt Sanderling** (1960-1977), spécialisé dans l'interprétation des œuvres de Schostakowitsch, Sibelius et Mahler. Le BSO, aujourd'hui (depuis l'automne 2001) dirigé par **Eliahu Inbal**, s'est établi depuis 1984 dans le Schauspielhaus du Gendarmenmarkt reconstruit. Les autres orchestres importants sont le **Deutsche Symphonie-Orchester**, Orchestre symphonique allemand (ancien RIAS-Symphonie-Orchester ensuite renommé en Radio-Symphonie-Orchester) et le **Rundfunk-Sinfonieorchester**, Orchestre symphonique de la radio (premier ensemble allemand propre à la radio fondé en 1923), aujourd'hui réunis dans la Rundfunk-Orchester und -chöre GmbH, ainsi que le **Berliner Symphoniker e. V.**

La muse légère

Berlin crée à la fin du 19e s. une forme spécifique d'opérette se rapprochant de la comédie et de la farce, et dont les mélodies n'ont guère l'élégance de ses pendants viennois et parisiens et ressemblent plutôt à des chansons de rue. La plus connue de ces opérettes est *Frau Luna* (1899) de **Paul Lincke**, dont on connaît le célèbre « Offre-moi donc un tout petit peu d'amour » et le « C'est l'air de Berlin » (Das ist die Berliner Luft), entre-temps presque devenu l'hymne de la ville de Berlin. Lincke avait à l'origine composé cet air pour une autre pièce, mais il décide ensuite de l'intégrer à son plus grand succès *Frau Luna*.

L'opérette berlinoise ressemble déjà beaucoup à la revue, renonçant à une action continue et enchaînant numéros de danse et de chant. Pour distraire le public de masse de la grande ville, les établissements dits « de variétés » poussent comme des champignons au 20e s. et offrent des spectacles de chansons, des sketchs, des numéros de danse, dans de magnifiques décors et de somptueux costumes. *La Scala*, ouverte en 1920, en est le prototype. Le rêve américain devient réalité à travers les *jazz-bands* (et leur version allemande, les *Comedian Harmonists*), les tournées des troupes de Broadway, qui inspirent les spectacles montés par **Erik Charell**, les revues à la mode hollywoodienne, dont le maître, **Rudolf Nelson**, révèle Marlene Dietrich et lui ouvre ainsi la voie de sa future carrière cinématographique. L'opérette viennoise, à laquelle la ville confère un caractère plus caustique, triomphe également avec *L'Auberge du Cheval blanc* qui reste deux ans à l'affiche du *Schauspielhaus*. **Friedrich Holländer**, vieux Berlinois dont le père était le musicien attitré du *Metropol-Theater* sous Guillaume II, a composé les airs de la *Mélodie rouge*, interprété par Rosa Valetti, et *C'est moi la fringante Lola*, que chante Marlene Dietrich dans *L'Ange bleu* de Josef von Sternberg.

Les revues et le théâtre de variétés connaissent sans aucun doute leurs plus grandes heures de gloire dans les années 1920. Mais aujourd'hui encore les revues du Friedrichstadtpalast, qui font revivre le bon vieux temps, et le Varieté Wintergarten, ressuscité en 1992 par Bernhard Paul et André Heller, attirent largement le public, dans cette métropole de la Spree où les divertissements ne manquent vraiment pas.

L'enfant heureux d'une onzième muse

Pour reprendre les termes de Friedrich Hollaender, le cabaret est « l'enfant heureux d'une onzième muse qui aurait flirté avec le théâtre, les variétés et la tribune politique ». En 1901 est fondé le premier cabaret allemand à Berlin avec le légendaire « Überbrettl » d'Ernst von Wolzogen. Il faut ensuite attendre les années 1920 pour qu'une scène de cabaret indépendante voie le jour dans la ville.

De Schall und Rauch...

Au début du 20e s., les premiers auteurs de textes de cabaret enthousiasment leur auditoire dans des établissements pour la plupart enfumés : entre autres Frank Wedekind, le poète **Christian Morgenstern** *(Monsieur Palmström)*, Richard Dehmel et Jakob van Hoddis. Hans Hyan, le « Bruant berlinois » dirige *La Terrine de Punch en Argent* où la bourgeoisie vient surtout s'encanailler. Le cabaret couvre plusieurs registres : du théâtre commercial spirituel et mondain à la critique satirique du système, en passant par le beuglant grotesque.
Dans l'entre-deux-guerres, Berlin compte déjà plus de cent cabarets. Le célèbre *Bruit et Fumée*, cabaret intellectuel, est réouvert par Reinhardt à la fin de 1919; des chansons et des sketches, dont **Walter Mehring** (1896-1981) était l'auteur le plus connu, y sont présentés. La même année 1919, le cabaret *Tribüne* acquiert une renommée internationale comme théâtre d'avant-garde. Le poète **Erich Mühsam** (1878-1934) se produit au *Septième Ciel (Siebter Himmel)*. Les autres cabarets importants sont *La Folie des Grandeurs (Kabarett Größenwahn)* de Rosa Valetti, la *Scène sauvage (Wilde Bühne)* de Trude Hesterberg, où se produisait Bertolt Brecht à l'époque où il était encore inconnu, ainsi que

J. Donderer/PREUSSISCHER KULTURBESITZ

Claire Waldoff.

le *Nelson-Theater*, situé sur le Kurfürstendamm, où Marlene Dietrich et Hans Albers célébrèrent leurs premiers succès. Le cabaret des années 1920 sert également de tribune politique pour critiquer les mauvais côtés de la république de Weimar et présenter des contre-projets politiques.

La « star » de l'époque est sans conteste **Claire Waldoff** qui présente ses chansons berlinoises salées dans le cabaret *Les Tilleuls (Linden)*. Elle fait venir de Francfort son amie **Gussy Holl** qui parodie les hommes et devient la diva du cabaret de la république de Weimar. Le satiriste Kurt Tucholsky écrit pour elle ses plus belles chansons. Dans un registre plus sarcastique, **Blandine Ebinger** est la coqueluche de l'intelligentsia expressionniste avec ses textes mordants.

Ce mélange d'humour, d'ironie et de sévère critique sociale dérange toutefois les nazis qui chassent la plupart des chansonniers, qualifiés de « littérateurs juifs de rue », de la scène et du pays. Seule exception, le *Katakombe* de Werner Finck continue ses critiques jusqu'en 1935.

... aux Stachelschweine et Wühlmäuse

Après 1945, les quelques 100 nouveaux cabarets s'attachent à la tradition de la république de Weimar, connaissant alors une phase de prospérité comme « sismographes politiques ». Les stars du cabaret de l'après-guerre à Berlin-Ouest sont **Günter Pfitzmann** et **Ralf Wolter**, qui se produisent à *La Lucarne (Dachluke)*. Le cabaret radiophonique *Les Insulaires (Die Insulaner)*, qui se moque des fonctionnaires communistes de la RDA et qui aide Berlin-Ouest à retrouver confiance en lui-même, acquiert une notoriété au-delà des frontières de la ville. Le cabaret *Stachelschweine* et l'anarchiste irrévérencieux **Wolfgang Neuss**, surnommé « l'homme à la timbale », constituent deux symboles du cabaret des années 1960. Outre les cabarets établis, on trouve à partir des années 1970 une scène de cabaret alternative, dont les *Drei Tornados* et le *Cabarett des Westens (CaDeWe)* comptent parmi les plus célèbres représentants. À Berlin-Est, *Le Chardon (Die Distel)* exerce, en tant qu'unique cabaret public, une critique prudente à l'encontre de l'État.

La tradition du cabaret berlinois et les plaisanteries politiques sont aujourd'hui encore bien vivantes dans de nombreux établissements, comme le Stachelschweine, le Wühlmäuse, le Distel, le Bar jeder Vernunft et le Sündika. Ne manquez pas une représentations

« Tout Berlin est fou de mes jambes ! »
Claire Waldoff (1884-1957), vedette de cabaret originaire de Haute-Silésie, s'installe d'abord à Friedenau, puis à Schöneberg. Dans les années 1920, et jusqu'en 1933, elle habite le *Bayerisches Viertel*. Petite, elle a la gouaille et l'humour des petites gens et chante comme « le moineau berlinois, de manière insouciante et effrontée » (Kurt Tucholsky). Son talent de chanteuse et de diseuse est comparable à celui de son modèle français, Yvette Guilbert. Malgré sa vivacité, son insolence, son sens du comique absurde, elle n'oublie pas d'être tendre. Ses refrains (*Wer schmeißt denn da mit Lehm*; *Hannelore, Hannelore*; *Warum soll eine Frau kein Verhältnis haben*), sont à l'époque repris dans la rue. Le compositeur d'opérettes Walter Kollo (1878-1940), qui habite également le « Quartier bavarois », soutiendra toute sa vie Claire Waldoff. Celle-ci a immédiatement maille à partir avec les nazis. Elle y survit et s'éteint en Bavière, presque aveugle, avec une pension honorifique dérisoire allouée par le sénat de Berlin-Ouest.

LES CAHIERS DU CINEMA

Images animées de Berlin

La conjonction favorable entre l'art et l'industrie a permis au cinéma allemand d'atteindre une sorte d'âge d'or dans les années 1920. Berlin en était la capitale avec les plus grands studios d'Europe et d'excellentes installations techniques. Après les débuts heureux du film muet, les cinéastes utilisèrent la caméra avec une liberté inconnue jusqu'alors. Le développement du film sonore (à partir de 1927) provoque des changements dans la technique de prise de vue et les thèmes choisis. L'emprise idéologique du national-socialisme et la division de l'Allemagne par la suite affectent toutefois la cité du cinéma qu'est alors Berlin. Depuis 1951, la Berlinale permet d'organiser tous les ans un festival de cinéma de rang international. Et aujourd'hui, après la réunification, Berlin est parvenu à regagner sa place nationale et internationale de cité du cinéma et des médias autour de Babelsberg.

Les débuts du cinéma

Fils d'un forain, **Max Skladanowsky** (1863-1939) pratique un peu tous les métiers : peintre sur verre, photographe, constructeur de machines de théâtre, artificier. Il voyage à travers toute l'Europe avec son frère, projetant des images fixes et des « images brumeuses », peintures sur verre que l'on anime mécaniquement. Max Skladanowsky veut que ses images vivent. Équipé d'un appareil Kodak et d'une bobine de négatif, il invente ainsi un coffret à manivelle, ancêtre de la caméra, et demande à son frère d'exécuter des gestes de clown. Les prises datent de 1892, mais ne peuvent être projetées. Max invente alors le Bioskop, appareil de projection double. La première représentation publique a lieu au jardin d'hiver de la Friedrichstraße (le Bioskop poursuivit sa carrière lors de tournées aux Pays-Bas et en Scandinavie et sert à la projection de films jusqu'en 1930). À peine deux mois plus tard, le 28 décembre 1895, les frères Lumière, dont le système s'avère techniquement plus au point, présentent leurs premiers films à Paris à grand renfort de promotion.
Entre 1910 et 1918, les bases de l'économie et de l'industrie du cinéma sont posées. Dans le nouveau Babelsberg (près de Potsdam) est édifié le premier atelier d'enregistrement de films, à l'origine de la future cité du cinéma.

Le film expressionniste

Ce sont les metteurs en scène de théâtre qui vont préparer l'essor du cinéma allemand avec, en tête, **Max Reinhardt** (1873-1943), qui tourne lui-même des films, et son élève **Ernst Lubitsch** (1892-1947), qui avait appris son métier sur les planches de music-hall.
Les pièces expressionnistes du dramaturge **Frank Wedekind** (1864-1918) et d'August Strindberg influencent largement les cinéastes du muet. L'acteur expressionniste (donc muet) évolue sous des éclairages très étudiés, dans des décors à la géométrie brisée. Sa gestuelle saccadée correspond à cet environnement scénique.

Nosferatu de Murnau.

Le film expressionniste possède une dimension métaphysique et plonge dans le passé de l'Allemagne et les légendes de l'Europe centrale. Le surnaturel, les visions de l'avenir, les peurs et le traumatisme psychologique de la Première Guerre mondiale trouvent une expression cinématographique. *Le Golem* (*Der Golem, wie er in die Welt kam,* 1914) de **Paul Wegener** (1874-1948) montre l'exemple. Le rôle prêté à l'inconscient apparaît dans *Le Cabinet du docteur Caligari* (*Das Kabinett des Doktors Caligari,* 1919) de **Robert Wiene** (1881-1938). **Friedrich Wilhelm Murnau** (1889-1938) tourne *Nosferatu*, une symphonie de l'horreur (*Nosferatu, eine Symphonie des Grauens,* 1921). *M le Maudit* (M - Eine Stadt sucht einen Mörder, 1921) de Fritz Lang (1890-1976) est également largement influencé par l'expressionnisme.

La foire aux rêves

Durant l'été 1917, le général Ludendorff demande la création d'un comité cinématographique destiné à filmer les opérations militaires et contrecarrer la propagande britannique. Fondée en novembre de la même année et mise sur pied par le magnat de la presse Alfred Hugenberg, l'**UFA** (« Universum Film Aktiengesellschaft ») est financée par le gouvernement et l'industrie privée. « Usine à rêves », l'UFA saura produire quelques créations ambitieuses.
Un soir de septembre 1919, la salle *Palast am Zoo* est inaugurée avec *Madame Dubarry*, premier film à costumes qui, avec *Le Cabinet du docteur Caligari* connaît même une audience internationale (les produits allemands étant pourtant alors boycottés par les nations victorieuses). Après la réalisation de *La Poupée* (*Die Puppe*, 1919) et un premier voyage aux États-Unis, Lubitsch s'y fixe définitivement à l'automne 1922 et y réussira dans le domaine de la comédie. Après la Première Guerre mondiale, l'Allemagne est, avec quelque 500 longs métrages, la plupart produits à Berlin, la deuxième nation du cinéma au monde après les États-Unis.
L'Autrichien **Erich Pommer** est le directeur de l'UFA de 1923 à 1926. Il avait appris son métier chez Léon Gaumont et fondé, en 1916 à Berlin, la **DECLA** (« Deustche Eclair »), plus tard rachetée par l'UFA. En collaboration avec des compagnies américaines, Erich Pommer produira *Les Nibelungen* (1923-24) et *Metropolis* (1925-26) de Fritz Lang, *Le Dernier des hommes* (1924) et *Faust* (1926) de Murnau, *L'Asphalte* (1928) de Joe May et *L'Ange bleu* (1930) de Josef von Sternberg. Mais ces chefs-d'œuvre ne rapportent pas assez. Dans une crise financière aiguë, l'UFA doit s'allier provisoirement avec des compagnies américaines et produit principalement un cinéma de divertissement. Les quatre studios de prise de son les plus modernes d'Europe à leur époque seront construits en 1929 dans le Nouveau Babelsberg. L'UFA possède bientôt une star internationale : Richard Eichberg découvre, en effet, pour le cinéma la danseuse de revue Lilian Harvey. *Un rêve blond* (*Ein blonder Traum,* 1930), *Le Chemin du paradis* (*Die drei von der Tankstelle,* 1930) et *Le Congrès s'amuse* (*Der Kongreß tanzt,* 1931) font la célébrité mondiale de cette actrice.

Images de la vie à la ville

À l'expressionnisme se substitue le *Kammerspiel* (littéralement : « théâtre de chambre »). Le débat métaphysique est abandonné et la caméra se tourne vers un cadre plus intimiste. Le scénariste **Carl Meyer** imagine des drames de la vie quotidienne (*Le Rail/Scherben,* 1921, ou *Nuit de la Saint-Sylvestre/Sylvester,* 1923) ou avec de petites gens confrontées à l'injustice sociale (*Escalier de service/Hintertreppe,* 1921). *Le Dernier des hommes* (*Der letzte Mann,* 1924) de Murnau raconte les mésaventures d'un portier de nuit, incarné par Emil Jannings, dépossédé de son bel uniforme et relégué aux lavabos, et qui choisit de cacher la situation à son entourage. Le réalisme a également débouché sur un genre plus pittoresque et moralisateur, inspiré d'histoires de Heinrich Zille, d'où le surnom de « **Zillefilme** ». Les faubourgs ouvriers misérables du Nord ou de l'Est berlinois constituent le décor des *Déshérités de la vie* (*Die Verrufenen,* 1925) de **Gerhardt**

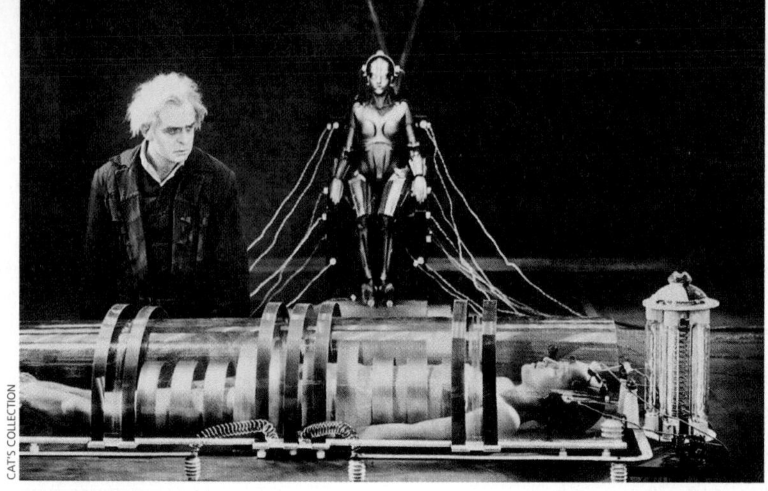
CAT'S COLLECTION

Metropolis de Fritz Lang.

Lamprecht et de *L'Enfer des pauvres* (*Mutter Krausens Fahrt ins Glück*, 1929) de Phil Jutzi. *Ventres glacés* (*Kühle Wampe*, 1932) de **Slatan Düdow**, sur un scénario de Brecht et accompagné d'une musique de Hans Eisler, est le fleuron du « cinéma prolétarien berlinois ».

Parallèlement aux expériences d'Erwin Piscator en matière de « théâtre prolétarien », un nouveau style se développe, visant le public des usines, plus abstrait, proche du reportage. Cette « Nouvelle Objectivité » cinématographique profite de la vogue créée à Berlin par la projection, en avril 1926, du *Cuirassé Potemkine* d'Eisenstein. *Berlin – Symphonie d'une grande ville* (1927), de **Walter Ruttmann**, où une musique trépidante transcrit le rythme de la vie citadine, inspire la caméra d'un groupe de jeunes cinéastes où figurent les scénaristes **Robert Siodmak**, **Fred Zinnemann** et **Billie Wilder** (qui deviendra « Billy » à Hollywood) ; *Les Hommes le dimanche (Menschen am Sonntag*, 1929) tente de saisir la vie de gens ordinaires et annonce le néoréalisme de l'après-guerre.

Dans tous les films, la ville apparaît comme un milieu hostile, menaçant, agité dans ses bas-fonds par des luttes sourdes et hanté par le crime. **Fritz Lang** et sa femme Thea von Harbou (qui choisira de rester en Allemagne après 1933) mettent au point l'intrigue à rebondissements du **docteur Mabuse** dans *Mabuse, le joueur* (*Dr. Mabuse der Spieler*, 1921-1922), suivi, en 1932, du *Testament du docteur Mabuse* et, dans les années 1960, de façon parodique, par *Les Mille Yeux du docteur Mabuse* ou *Le Diabolique docteur Mabuse*. Dans *Metropolis* (1926), un message humaniste (et une fin que Fritz Lang n'aima jamais), atténue les contrastes d'une société inégalitaire et compartimentée. La ville y est montrée à l'américaine, symbole de modernité, mais écrasante, dominée par une tour massive. M le Maudit (*M – Eine Stadt sucht einen Mörder*, 1931), inspiré des méfaits du « vampire de Düsseldorf », raconte l'histoire des habitants d'une ville, y compris la pègre, lancés sur les traces d'un assassin d'enfants. La rue est un lieu de tentation, de perdition : *La Rue* (*Die Straße*, 1923) de Karl Grüne, *L'Asphalte* (*Asphalt*, 1928) de Joe May (lui aussi un Viennois), *La Rue sans joie* (*Die Freudlose Gasse*, 1925) de Georg Wilhelm Pabst, où Greta Garbo, encore inconnue, côtoie la star danoise Asta Nielsen. Les bas-fonds constituent le décor de *Sur le pavé de Berlin* (*Berlin, Alexanderplatz*, 1931), film sonore de Piel Jutzi adapté du roman d'Alfred Döblin.

La plus douce jeune fille du monde

Lilian Harvey est née en 1907 dans les environs de Londres. En 1923, elle réussit son baccalauréat à Berlin et fréquente l'école de ballet du Deutsche Staatsoper. Elle obtient son premier rôle au cinéma dès 1924 et signe un contrat de sept ans avec le metteur en scène et producteur berlinois Richard Eichberg, pour changer toutefois dès 1928 et rejoindre l'UFA. Avec Willy Fritsch, elle forme le couple idéal du cinéma allemand, sa chanson *Das gibt's nur einmal, das kommt nie wieder (Cela n'arrive qu'une fois, cela ne revient jamais)*, extraite de *Der Kongreß tanzt*, devient un tube aujourd'hui encore célèbre. Ses films étant parfois également tournés en français et en anglais, elle acquiert rapidement une renommée internationale. En Allemagne, on parle de cette grande star de l'UFA comme de « la plus douce jeune fille du monde ». Son amitié avec des Juifs et son engagement aux côtés des personnes poursuivies par les nazis la font tomber en disgrâce auprès des hommes au pouvoir. En 1939, elle émigre en France et est décorée de la Citation à l'Ordre de l'Armée, en raison de son engagement aux côtés du service de l'assistance. Elle se rend ensuite aux États-Unis en passant par l'Espagne et le Portugal. Elle se produit dès lors essentiellement au théâtre et ne revient en Allemagne qu'en 1949 lors d'une représentation d'acteurs en tournée. Elle est récompensée par le cinéma allemand en 1965 et se voit attribuer la Pellicule d'or pour sa longue activité cinématographique. Elle meurt en 1968 à Juan-les-Pins.

Un esprit indépendant

Fils d'un architecte, le Viennois Fritz Lang (1890-1976) fit des études qui devaient le conduire au métier paternel. Elles lui furent très utiles, par la suite, pour construire et filmer ses décors, notamment ceux des « Nibelungen ». Mais, d'un tempérament frondeur, en révolte contre le milieu familial, il peint, dessine, fréquente les cabarets. Après un voyage qui le mène jusqu'en Asie, il revient à Paris, où il découvre le cinéma. Officier durant la guerre, il est gravement blessé et commence à rédiger des scénarios. En 1919, il est à Berlin et on songe à lui confier la réalisation du *Cabinet du docteur Caligari*. L'affaire ne se fait pas, mais il écrira plus tard pour des films tels que *Metropolis* et la série des Drs Mabuse. À partir de 1934, il émigre aux États-Unis, où il continue à célébrer des succès cinématographiques. Ses derniers travaux, comme *Le Tigre d'Eschnapur* (1959), *La Tombe indienne* (1959) et *Les 1 000 yeux du Dr Mabuse* (1960), voient ensuite le jour en Allemagne, dans la République fédérale.

L'Ange bleu

Né à Vienne et émigré aux États-Unis à l'âge de sept ans, **Josef von Sternberg** (1894-1969) est le metteur en scène le plus coté d'Hollywood en 1925. La star **Emil Jannings** décide le directeur de l'UFA à l'engager à travailler en Allemagne. Ils adaptèrent, avec *L'Ange bleu* (1930), un roman d'Heinrich Mann (frère aîné de Thomas Mann) datant de 1905 : *Professeur Unrat*. Un respectable professeur (de son vrai nom *Rat*, signifiant « conseil »; *Unrat*, « ordure », étant le surnom donné par ses élèves) tombe malencontreusement amoureux d'une chanteuse, *Lola-Lola*, du cabaret *L'Ange bleu*. **Marlene Dietrich** (1901-1992), en femme indépendante et sûre d'elle qui chante : « Je suis de la tête aux pieds... faite pour l'amour... » fait un triomphe avec ce film. Elle vole la vedette à Emil Jannings, qui joue le professeur trompé, ridiculisé. Elle l'accusera de tentative de meurtre après le tournage d'une scène où il essaie de l'étrangler! Le jour de la première, le 1er avril 1930 au *Gloria Palast*, elle s'embarque pour les États-Unis, afin de poursuivre sa carrière à Hollywood. Marlene Dietrich est une adversaire acharnée des nationaux-socialistes (elle est déchue de sa nationalité allemande en 1937) et, appartenant à un corps de soutien de l'US Army, elle refusera toujours de revenir en Allemagne avant la fin de la guerre. Elle ne reviendra ainsi à Berlin qu'en 1945.

À la fois séduisante et froide, Marlène Dietrich passe pour une comédienne très disciplinée. Billy Wilder, qui la fit jouer dans *La Scandaleuse de Berlin* (*A foreign affair*, 1948) dira d'elle : « Au travail, c'était un véritable soldat. » Elle passera les 16 dernières années de sa vie retirée dans un appartement parisien de l'avenue Montaigne. Elle repose, conformément à son souhait, dans le cimetière communal de Berlin-Friedenau *(Stubenrauchstraße)*.

Marlene Dietrich dans L'Ange bleu.

DR

Le cinéma sous le IIIe Reich

L'année 1933 marque un tournant important dans l'histoire du cinéma allemand. Nombre des meilleurs réalisateurs s'exilent. Ceux qui demeurent dans le Reich allemand sont contraints d'adhérer à la Reichsfilmkammer ou doivent renoncer à travailler. Fritz Lang fuit à Paris le jour même où Goebbels (bien que le metteur en scène soit d'origine juive) lui propose la direction du cinéma allemand. Il est l'une des grandes figures qui préférèrent l'exil plutôt que de se compromettre avec le nouveau régime. Un grand nombre de techniciens hautement qualifiés les imitèrent et poursuivront leur carrière à Hollywood pendant les années 1940.

Leni Riefenstahl (née à Berlin en 1902), qui joua dans plusieurs films de haute montagne, attire l'attention d'Hitler avec sa première œuvre en tant que réalisatrice et productrice, *Das Blaue Licht* (1932), qui obtient le Lion d'argent lors de la Biennale de Venise. En 1934, elle est chargée, en tant que cinéaste, de filmer à des fins de propagande le sixième congrès du parti du Reich à Nuremberg (*Triumph des Willens*, récompensé de la médaille d'or en 1935 à Venise et en 1937 lors de l'Exposition universelle de Paris), puis, plus tard, les Jeux olympiques de Berlin en 1936 : les deux films sur les olympiades, également très récompensés, *Fest der Völker* et *Fest der Schönheit*, obtiennent aussi en 1939 le diplôme olympique de l'IOC.

L'industrie cinématographique sous le IIIe Reich est un instrument de propagande de l'État. L'UFA est nationalisée en 1937. Les productions vont de la propagande provocatrice de la pire sorte avec, par exemple, *Le Juif Süß* (Jud Süß, Veit Harlan, 1940), à *Die Feuerzangenbowle* (Helmut Weiß, 1944, entièrement tourné dans les studios de l'UFA, à Babelsberg) avec Heinz Rühmann en écrivain/élève (Dr.) Pfeiffer, une des meilleures, voire la meilleure comédie jamais tournée. Mais les films de divertissement servent eux aussi le régime, faisant diversion à la guerre et à la défaite qui se profile. L'année 1941 marque le début du tournage de films en couleurs. En 1943 naît un chef-d'œuvre réalisé avec cette technique : *Les Aventures fantastiques du baron de Münchhausen* de Josef von Baky, où Hans Albers incarne le baron menteur et qui utilise des effets spéciaux déjà très étonnants pour l'époque (par exemple la cavalcade sur un boulet de canon).

Évolution depuis la Seconde Guerre mondiale

Le premier film de l'après-guerre sur Berlin, qui vit le jour pendant les hostilités, est celui d'**Helmut Käutner**, *Sous les ponts* (*Unter den Brücken*, 1944-1945). Des films tels que *Les assassins sont parmi nous (Mörder unter uns)* de **Wolfgang Staudte** (1946), *Irgendwo in Berlin* de **Gerhard Lamprecht** (1946) ou *Allemagne année zéro* de **Roberto Rosselini** (1947-1948) prennent les ruines de Berlin comme décor. En mai 1946 est créée la *Deutsche Film AG* **(DEFA)**, qui utilise les studios de Babelsberg, sur le grand terrain de 500 000 m² de l'UFA, comme lieu de production principal. Avant que le SED ne commence à imposer des directives rigoureuses et en accord avec le parti pour la production cinématographique, des films prometteurs voient le jour, tels que *la Ballade berlinoise (Berliner Ballade)*, de Robert Adolf Stemmle, 1949 ou *Pour le roi de Prusse (Der Untertan)* de Wolfgang Staudte, 1951. Dans les années qui suivent, la DEFA devient le centre du cinéma et de la télévision de la RDA. Sur fond d'une politique culturelle hésitante, des films intéressants et parfois également critiques sont réalisés, comme *Karbid und Sauerampfer* (1963, avec Gert Fröbe) et *La Trace des pierres* (*Spur der Steine*, 1966, avec Manfred Krug) de **Frank Beyer** ou encore *Le Ciel partagé (Der geteilte Himmel)* de **Konrad Wolf** (1964). Dans les années 1970, se succède toute une série de films de la DEFA très intéressants du point de vue artistique, tels que *La Légende de Paul et Paula* (*Die Legende von Paul und Paula*, d'Ulrich Plenzdorf) mis en scène par **Heiner Carow** (1973), *Jakob, le menteur* (*Jakob der Lügner*, d'après un roman de Jurek Becker) de Frank Beyer (1974) et *Solo Sunny* de Konrad Wolf (1978-1979).

Après la guerre, des centres régionaux de production cinématographique s'installent en République fédérale, entrent en concurrence avec Berlin-Ouest et relativisent nettement le statut de l'ancienne cité du cinéma, autrefois la meilleure. Depuis 1951 est toutefois organisée la **Berlinale** (festival international du cinéma),

Cours Lola court ! : Franka Potente dans le film de Tom Tykwer.

qui compte aujourd'hui parmi les plus grands festivals européens du cinéma aux côtés de Cannes et Venise. Les Ours attribués lors de ce festival sont des distinctions convoitées. Dans le courant des années 1960, avec les archives cinématographiques de la *Fondation de la cinémathèque allemande*, les *Amis de la cinémathèque allemande* et l'*Académie allemande du cinéma et de la télévision (Deutsche Film- und Fernsehakademie)*, trois institutions voient le jour, qui marqueront par la suite de leur empreinte le profil de Berlin, cité du cinéma. Le « jeune cinéma allemand » des années 1960, qui réunit des metteurs en scène tels que **Wim Wenders**, **Volker Schlöndorff**, **Rainer Werner Fassbinder**, **Werner Herzog** et **Alexander Kluge**, est toutefois plus munichois que berlinois. Vers la fin de la décennie, une nouvelle scène cinématographique voit le jour à Berlin autour de **Rudolf Thome**, **Ulrike Ottinger**, **Helma Sanders-Brahms** et **Rosa von Praunheim**, qui s'intéressent, entre autres, largement à la sous-culture urbaine. Grâce aux subventions progressivement accordées par l'État au cinéma dans les années 1970-1980, Berlin tend à devenir un lieu de tournage convoité ; des productions à succès international, telles que le *Le Tambour* (*Der Blechtrommel*, 1979) de Schlöndorff, *Allemagne, mère blême* (*Deutschland, bleiche Mutter*, 1980) de Sanders-Brahms, *Le temps de plomb* (*Die bleierne Zeit*, 1981) de **Margarete von Trottas** et *Querelle – Un pacte avec le diable* (*Querelle – Ein Pakt mit dem Teufel*, 1982) de Fassbinder sont toutes tournées dans la partie Ouest de Berlin, de même que *Les Ailes du désir* (*Himmel über Berlin*, 1987) de Wenders, où Berlin sert à la fois de lieu de tournage et de décor.

Après la chute du Mur

Dans les années 1990, un nouveau centre de production et des studios voient le jour à l'emplacement de la cité du cinéma de Babelsberg, permettant la réalisation d'une série de films ambitieux aux dimensions hollywoodiennes, tels que le film sur Stalingrad *Enemy at the Gate* (Jean-Jacques Annaud, 2000). Des productions berlinoises peu conventionnelles, réalisées par de jeunes metteurs en scène, telles que la tragicomédie *Stille Nacht* de **Dani Levy** (1996), *Cours Lola cours ! (Lola rennt)* de **Tom Tykwer** (1998, avec Franka Potente dans le rôle principal), *Sonnenallee* de **Leander Haußmann** (1999), une comédie qui se déroule dans le Berlin-Est des années 1970, ou *Berlin is in Germany* de **Hannes Stöhr** (2000), qui a pour thème l'Allemagne après la chute du mur, ont toutes été bien accueillies par le public.
Outre les sociétés de production qui travaillent depuis longtemps déjà à Berlin, d'autres sont venues s'y installer et de nouvelles y ont été fondées tout récemment. On peut aujourd'hui assister presque tous le jours à des scènes de tournage de productions pour le cinéma ou la télévision dans les rues de Berlin.

Vue sur la Spree et le quartier St-Nicolas.

S. Olivier/MICHELIN

Centre-ville

BERLIN-CENTRE

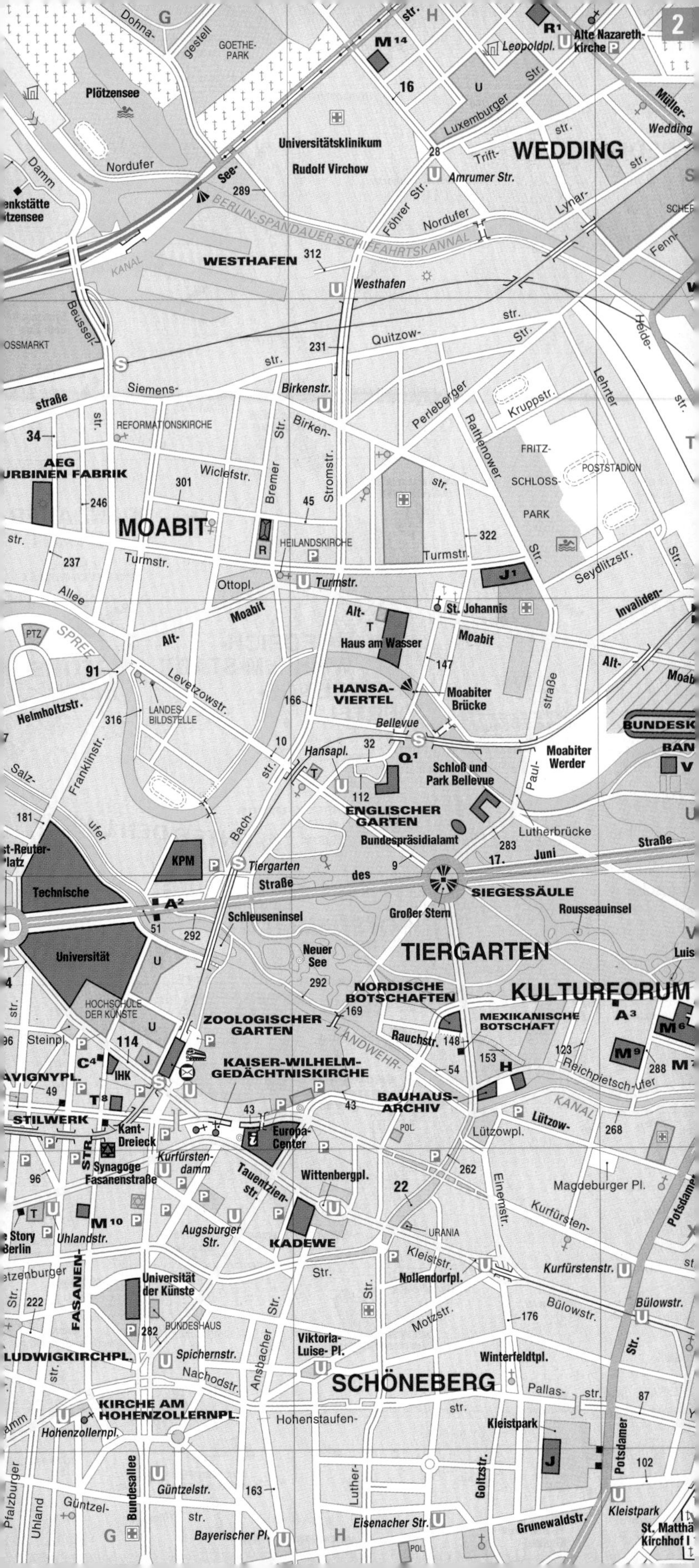

2
WEDDING
MOABIT
TIERGARTEN
KULTURFORUM
SCHÖNEBERG
Plötzensee
GOETHE-PARK
Universitätsklinikum
Rudolf Virchow
Leopoldpl.
Alte Nazareth-kirche
Luxemburger Str.
Amrumer Str.
Müller-
Nordufer
Föhrer Str.
BERLIN-SPANDAUER-SCHIFFAHRTSKANNAL
WESTHAFEN
Westhafen
Beussel-
Quitzow-str.
Siemens-straße
Birkenstr.
Perleberger
Rathenower
Lehrter
Kruppstr.
REFORMATIONSKIRCHE
AEG
TURBINEN FABRIK
Wiclefstr.
Bremer Str.
Stromstr.
HEILANDSKIRCHE
FRITZ-SCHLOSS-PARK
POSTSTADION
Turmstr.
Seydlitzstr.
Invaliden-
Ottopl.
St. Johannis
Alt-Moabit
Haus am Wasser
SPREE
Levetzowstr.
LANDES-BILDSTELLE
Helmholtzstr.
HANSA-VIERTEL
Moabiter Brücke
Bellevue
Hansapl.
Schloß und Park Bellevue
Moabiter Werder
Paul-straße
Franklinstr.
Salz-ufer
Bachstr.
ENGLISCHER GARTEN
Bundespräsidialamt
Lutherbrücke
Straße des 17. Juni
KPM
Tiergarten
SIEGESSÄULE
Großer Stern
Rousseauinsel
Technische Universität
Schleuseninsel
Neuer See
NORDISCHE BOTSCHAFTEN
HOCHSCHULE DER KÜNSTE
ZOOLOGISCHER GARTEN
MEXIKANISCHE BOTSCHAFT
Rauchstr.
LANDWEHR-KANAL
Reichpietsch-ufer
KAISER-WILHELM-GEDÄCHTNISKIRCHE
BAUHAUS-ARCHIV
Lützow-
Lützowpl.
Steinpl.
IHK
STILWERK
Kant-Dreieck
Europa-Center
Synagoge Fasanenstraße
Kurfürstendamm
Tauentzien-str.
Wittenbergpl.
Magdeburger Pl.
Einemstr.
Kurfürsten-
Augsburger Str.
KADEWE
URANIA
Uhlandstr.
Kleiststr.
Nollendorfpl.
Kurfürstenstr.
Universität der Künste
BUNDESHAUS
Motzstr.
Bülowstr.
FASANEN-STR.
LUDWIGKIRCHPL.
Spichernstr.
Nachodstr.
Ansbacher Str.
Viktoria-Luise-Pl.
Winterfeldtpl.
Pallas-str.
KIRCHE AM HOHENZOLLERNPL.
Hohenzollernpl.
Hohenstaufen-str.
Kleistpark
Potsdamer Str.
Bundesallee
Güntzelstr.
Güntzel-str.
Luther-
Goltzstr.
Pfalzburger
Uhland
Bayerischer Pl.
Eisenacher Str.
Grunewaldstr.
St. Matthä Kirchhof

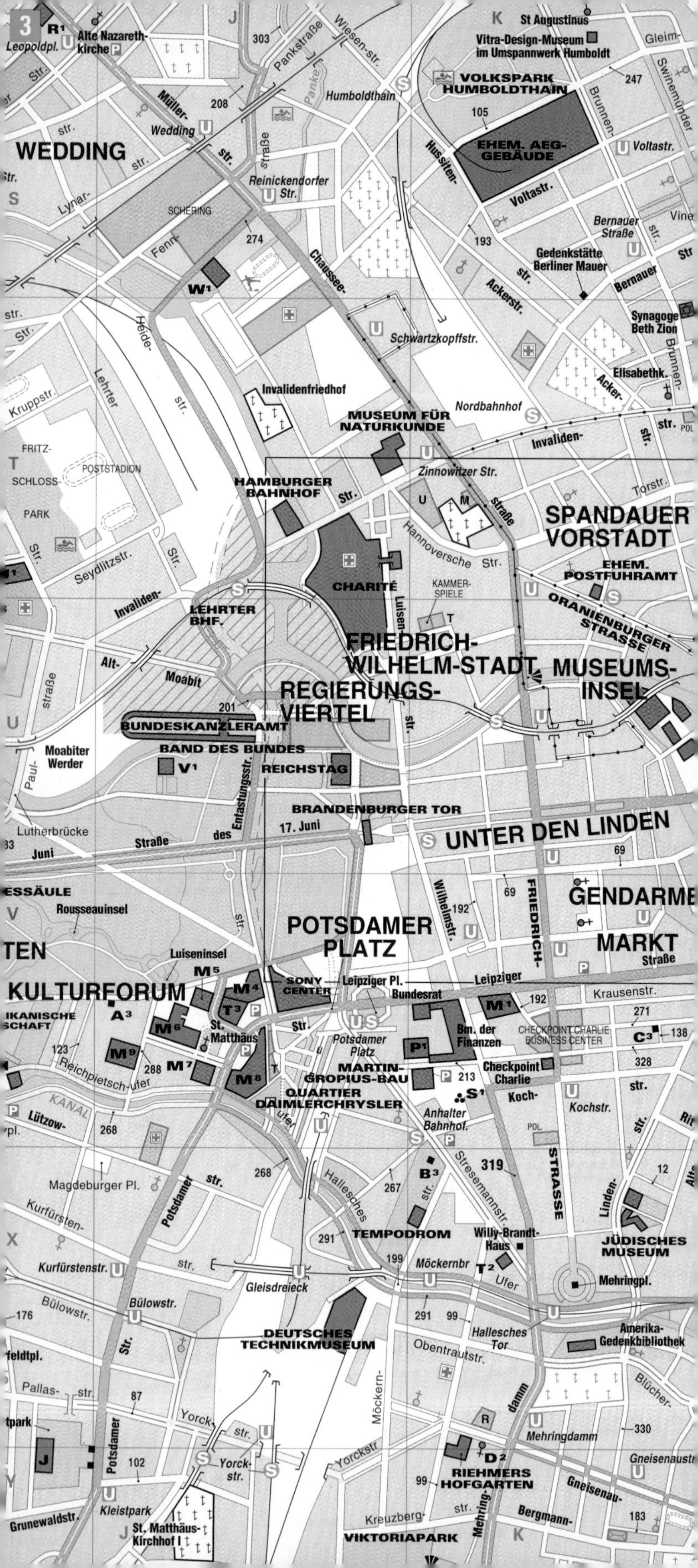
3
WEDDING
VOLKSPARK HUMBOLDTHAIN
EHEM. AEG-GEBÄUDE
Vitra-Design-Museum im Umspannwerk Humboldt
Gedenkstätte Berliner Mauer
Synagoge Beth Zion
Invalidenfriedhof
MUSEUM FÜR NATURKUNDE
HAMBURGER BAHNHOF
SPANDAUER VORSTADT
EHEM. POSTFUHRAMT
ORANIENBURGER STRASSE
CHARITÉ
LEHRTER BHF.
FRIEDRICH-WILHELM-STADT
MUSEUMSINSEL
REGIERUNGSVIERTEL
BUNDESKANZLERAMT
BAND DES BUNDES
REICHSTAG
BRANDENBURGER TOR
UNTER DEN LINDEN
GENDARMENMARKT
POTSDAMER PLATZ
KULTURFORUM
SONY CENTER
Bundesrat
Bm. der Finanzen
CHECKPOINT CHARLIE BUSINESS CENTER
Checkpoint Charlie
MARTIN-GROPIUS-BAU
QUARTIER DAIMLERCHRYSLER
Anhalter Bahnhof
TEMPODROM
Willy-Brandt-Haus
JÜDISCHES MUSEUM
Mehringpl.
DEUTSCHES TECHNIKMUSEUM
Amerika-Gedenkbibliothek
RIEHMERS HOFGARTEN
VIKTORIAPARK
St. Matthäus-Kirchhof I
Kleistpark
Gleisdreieck
Möckernbr
Hallesches Tor
Mehringdamm
Yorckstr.
Kurfürstenstr.
Bülowstr.
Magdeburger Pl.
Lützow-
Moabiter Werder
Lutherbrücke
Rousseauinsel
Luiseninsel
Poststadion
FRITZ-SCHLOSS-PARK
SCHERING
Nordbahnhof
Zinnowitzer Str.
Schwartzkopffstr.
Reinickendorfer Str.
Humboldthain
Bernauer Straße
Voltastr.
Leopoldpl.
Alte Nazareth-kirche
St Augustinus
Elisabethk.
KAMMER-SPIELE
Potsdamer Platz
Leipziger Pl.
Kochstr.
St. Matthäus

PRENZLAUER BERG
FRIEDRICHSHAIN
KREUZBERG
ALEXANDERPLATZ
NIKOLAI VIERTEL
KULTUR-BRAUEREI
KOLLWITZ-PL.
JÜDISCHER FRIEDHOF
Prenzlauer Berg Museum
HERZ-JESU-KIRCHE
VOLKSBÜHNE
FERNSEHTURM
ROTES RATHAUS
MÄRKISCHES MUSEUM
FISCHER-INSEL
Volkspark Friedrichshain
Pl. der Vereinten Nationen
STRAUSBERGER PL.
KARL-MARX-ALLEE
Ernst-Thälmann-Park
ZEISS-GROSSPLANETARIUM
FREIZEIT-PARK
Ostbahnhof
EAST SIDE GALLERY
OBERBAUM-BRÜCKE
Schlesisches Tor
St. Michael
St. Thomas
Mariannen-platz
Heinrichpl.
Lausitzer Pl.
Görlitzer Bahnhof
Görlitzer Park
LANDWEHRKANAL
Kottbusser Tor
Moritzpl.
Oranienpl.
Wassertorpl.
Südstern
Gethsemanek.
MAX-SCHMELING-HALLE
GROTERJAHN-BRAUREI
F.-L.-JAHN-SPORTPARK
STADION
Eberswalder Str.
Senefelderpl.
Schillingstr.
Strausberger Pl.
Weberwiese
Heinrich-Heine-Str.
Greifswalder Str.
Prenzlauer Allee
SPREE
FRANKFURTER TOR

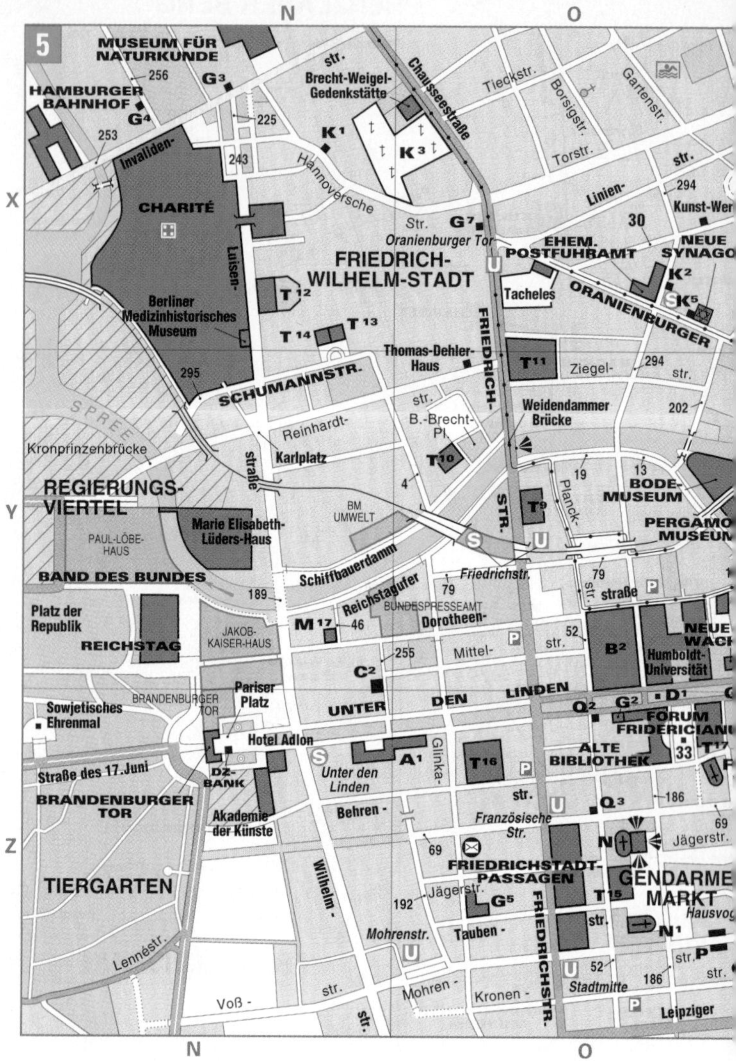

RÉPERTOIRE DES RUES ET SITES DE BERLIN

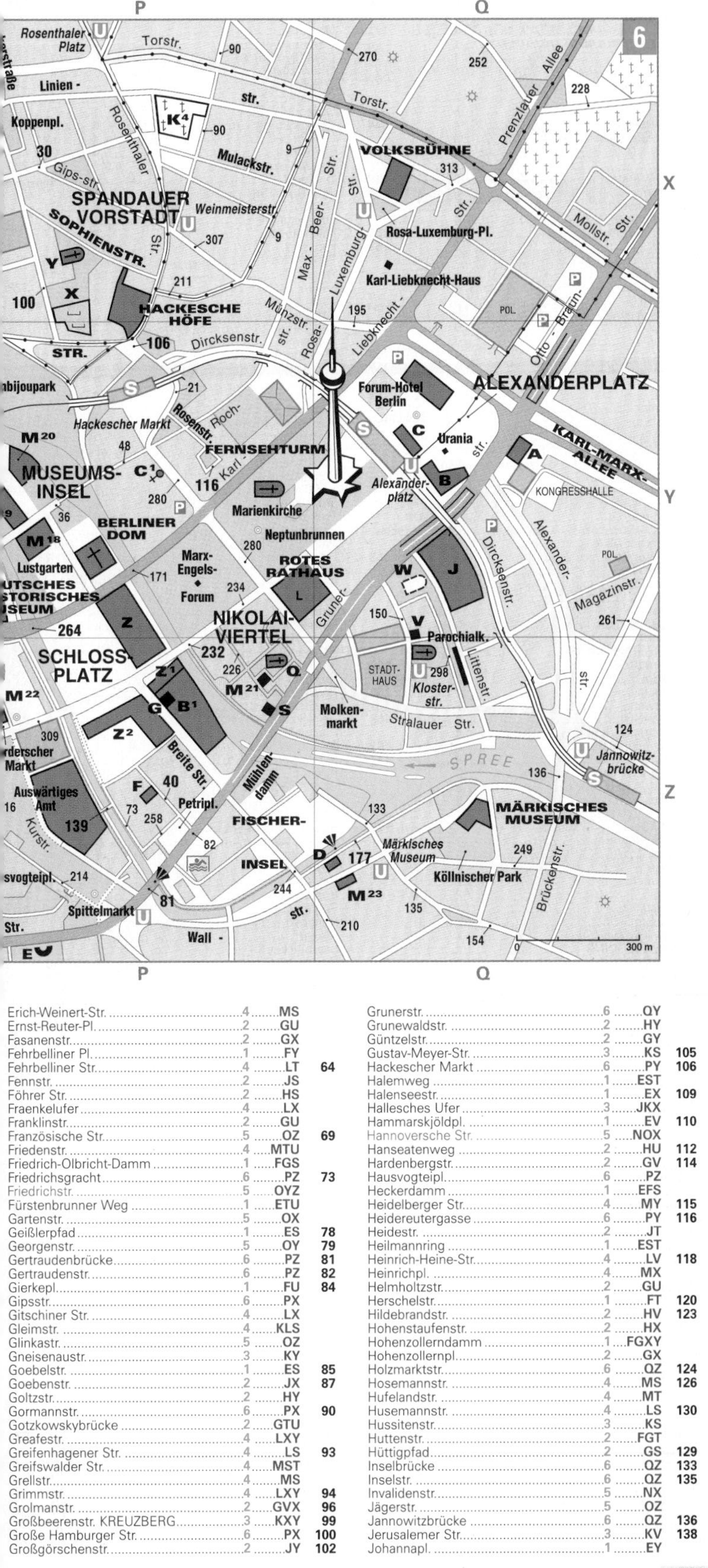

P
Q
6
X
Y
Z
Rosenthaler Platz
Torstr.
Linien - str.
Koppenpl.
Rosenthaler Str.
Mulackstr.
Gips-str.
SPANDAUER VORSTADT
SOPHIENSTR.
Weinmeisterstr.
Max - Beer - Str.
Luxemburg-Str.
VOLKSBÜHNE
Rosa-Luxemburg-Pl.
Karl-Liebknecht-Haus
Prenzlauer Allee
Mollstr.
HACKESCHE HÖFE
Münzstr.
Dircksenstr.
Rosa-
Liebknecht -
Otto - Braun-
POL.
ALEXANDERPLATZ
Forum-Hotel Berlin
Hackescher Markt
Rosenstr.
Roch-
Karl -
FERNSEHTURM
Urania
KARL-MARX-ALLEE
KONGRESSHALLE
MUSEUMS-INSEL
BERLINER DOM
Marienkirche
Neptunbrunnen
Alexanderplatz
Alexanderstr.
Dircksenstr.
Lustgarten
Marx-Engels-Forum
ROTES RATHAUS
Grunerstr.
Magazinstr.
NIKOLAI-VIERTEL
SCHLOSSPLATZ
Parochialk.
STADT-HAUS
Klosterstr.
Littenstr.
Molkenmarkt
Stralauer Str.
Breite Str.
Mühlendamm
SPREE
Jannowitzbrücke
Auswärtiges Amt
Kurstr.
Petripl.
FISCHER-INSEL
Märkisches Museum
MÄRKISCHES MUSEUM
Köllnischer Park
Brückenstr.
Spittelmarkt
Wall - str.
0
300 m

Alexanderplatz*

Cette place, conçue comme une zone piétonnière, important nœud de communication et centre commercial, a toujours été très animée et demeure le centre de la partie Est de la ville. Sa taille et son étendue masquent toutefois, au premier abord, ses qualités urbaines. Comme à côté de l'église du Souvenir, musiciens et animateurs de rue s'y produisent. L'« Alex », telle qu'on la connaît aujourd'hui, n'existera toutefois bientôt plus. Le projet d'urbanisation du « Nouveau Berlin » impliquera, en effet, de profonds changements.

La situation

*Mitte. Plan p. 148-*149 PQY *- Carte Michelin n°°33 K15.* Ⓢ *3, 5, 7, 9, 75 +* Tram *2, 5, 8 Alexanderplatz,* BUS *100+200 Spandauer Straße, Alexanderplatz.*

L'Alexanderplatz, qui constituait autrefois le cœur de la ville socialiste est une immense esplanade conçue dans les années 1960-1970, essentiellement bordée d'édifices et d'immeubles. La Karl-Marx-Allee, la somptueuse rue socialiste de Berlin-Est autrefois, part de l'Est de la place pour se diriger vers le Sud-Est *(voir Friedrichshain).* Au Sud-Ouest, s'étend une bande essentiellement verte entremêlée d'importants objets de représentation de l'urbanisme est-berlinois et correspondant à l'ancien palais de la République *(voir Schlossplatz)* érigé sur la rive opposée de la Spree.

À voir dans les environs : FRIEDRICHSHAIN, MUSEUMSINSEL, NIKOLAIVIERTEL, PRENZLAUER BERG, SCHLOSSPLATZ, SPANDAUER VORSTADT, UNTER DEN LINDEN.

comprendre

Une origine modeste - Un marché aux bestiaux et aux laines s'étendait devant la vieille porte St-Georges. Celle-ci devint « royale » (Königstor), ainsi que le pont (Königsbrücke) qui enjambait les fossés, lorsque, en 1701, Frédéric Ier, tout nouveau roi « en » Prusse couronné à Königsberg, retourna triomphalement dans sa capitale du Brandebourg. La place prit le nom du tsar **Alexandre Ier**, venu, en novembre 1805, sceller une alliance avec le roi de Prusse contre la France.

La proximité du « quartier des Granges » - L'**Alexanderplatz** marquait, jusqu'à la Première Guerre mondiale, la frontière entre le Berlin officiel et pompeux des musées et des bâtiments publics et le monde plus interlope du « quartier des Granges », la coulisse, lieu de trafics divers et réceptacle de l'immigration, souvent misérable, venue de l'Est européen. C'est dans ce décor que le romancier **Alfred Döblin** campe également les personnages et les bruits de *Berlin Alexanderplatz.*

Pour faire place nette et permettre aux transports publics de se déployer, un concours d'urbanisme réunit, à la fin des années 1920, les grands noms de l'époque de Weimar. Il est remporté par Alfons Anker et les frères Luckhardt, mais l'office chargé de la reconstruction de la place choisit, en définitive, le projet de **Peter**

L'Alexanderplatz, la tour de la Télévision et le Marx-Engels-Forum vus du ciel.

Behrens, l'architecte des usines AEG, classé second. Ce projet fut de suite entamé, toutefois la crise sévissant diminua les crédits et ralentit les travaux. L'**Alexanderhaus** *(au Sud)* et l'**immeuble Berolina** *(au Nord)* sortent alors de terre. Dans les fenêtres carrées à quatre pans, on reconnaît le goût des architectes berlinois de la Nouvelle Objectivité pour cette forme qui se retrouve dans l'architecture des années 1970 et 1980. Très endommagés pendant la guerre, les deux immeubles sont aujourd'hui restaurés et abritent un consortium de banques.

Télécafé – *Panoramastraße 1a* – Ⓢ + BUS *Alexanderplatz* – ☎ *242 33 33* – *www.berlinerfernsehturm.de* – *à partir de 9h*. Ce café, installé dans le dôme de la tour de la Télévision, effectue une rotation autour de son propre axe en 30mn (60mn avant la chute du mur). La vue sur Berlin, depuis les 207 m de la tour, est époustouflante.

La future « Alex » – Après les deux phases de réaménagement qui modifièrent radicalement l'organisation de la place au 20e s., l'Alexanderplatz devrait être, une fois encore, réaménagée dans les années à venir, impliquant de nombreux travaux de démolition. Ce nouveau projet d'urbanisation a été conçu par Hans Kolhoff qui remporta le concours d'urbanisme organisé à ce sujet en 1993. La place devrait être rétrécie et entourée, d'ici à 2013, de dix gratte-ciel de 150 m de haut, se dressant vers le ciel à partir d'un soubassement de 30 m de hauteur. Elle perdra ainsi peut-être définitivement le caractère de place des « petites gens » qu'elle avait à l'époque de Döblin.

découvrir

Alexanderplatz

La **fontaine de l'Amitié entre les peuples** occupe, depuis la fin de la Seconde Guerre mondiale, l'emplacement de la statue *Berolina*, allégorie de la ville qui fut longtemps l'emblème de la place. L'**horloge universelle « Urania »**, située au Sud-Est de la fontaine, donne les fuseaux horaires des principales villes du monde (la liste de ces dernières ayant été quelque peu modifiée après la chute du mur). Au Sud-Ouest de la place, on trouve avec l'**Alexanderhaus (B)** et la **Berolinahaus (C)** de Peter Behrens, deux autres exemples de l'architecture de la Nouvelle Objectivité de l'entre-deux-guerres. De l'autre côté de la Grunerstraße, à l'Est de la place, on peut apercevoir la **maison de l'enseignant** (**A**, *Haus des Lehrers*), ornée d'une frise illustrée de 125 m de long, en verre, émail et céramique (1962-1963), réalisée par Walter Womacka et représentant la fonction sociale du professeur dans l'idéologie communiste. Le Nord-Est de la place est dominé par le **Forum-Hotel Berlin**, relié par l'Alex-Passage à l'ancien *Centrum Warenhaus* (jadis le plus grand magasin de la RDA, actuelle *Galeria Kaufhof*).

Fernsehturm★ (tour de la Télévision)

Étage panoramique. Mars-oct. : 9h-1h ; nov.-fév. : 10h-24h. 6€. ☎ *242 33 33. www.berlinerfernsehturm.de*

Érigée entre 1965 et 1969, orgueil, à l'époque, de Berlin-Est, elle mesure 368 m et on la surnomme affectueusement « l'asperge de la télé ». La **vue★★★** est exceptionnelle sur l'agglomération berlinoise et son centre historique, dans l'axe de l'Unter den Linden, dont les monuments, ainsi que ceux de l'île des Musées, ressemblent à des jouets. La porte de Brandebourg, qui marquait la limite avec les secteurs occidentaux, paraît toute proche. L'emprise des espaces verts est impressionnante : les parcs de Friedrichshain et du Tiergarten, la forêt de Grunewald. Au Sud, on distingue l'aéroport de Tempelhof, au Sud-Est, la percée rectiligne de la Karl-Marx-Allee et le cours industriel de la Spree vers Lichtenberg et Neukölln. Au loin, on aperçoit les quartiers d'habitation bourgeois à l'Ouest et au Sud-Ouest, ainsi que les casernes locatives (Mietskasernen) de Kreuzberg et du Prenzlauer Berg. Lorsque le soleil brille, l'effet est splendide : une immense croix ensoleillée se reflète sur le dôme et illumine la ville.

Marienkirche

Le clocher de l'**église Notre-Dame** (datant de la fin du 15e s. avec des formes gothiques de Langhans, achevé en 1789-1790) contraste avec la silhouette futuriste de la tour de la Télévision. L'intérieur est sobre et clair, voûté d'ogives. Les principales œuvres d'art sont la *Danse macabre* (dans la salle du clocher, vers 1485), l'orgue de Joachim Wagner, le tombeau du maréchal von Sparr et surtout la **chaire★** (1703) sculptée par Andreas Schlüter. L'église fut construite vers 1270, en période de prospérité économique, en gothique de brique brandebourgeois dont c'est l'une des premières manifestations. Elle ne devint une église-halle à trois nefs qu'après l'incendie de 1380. Elle abritait l'autel des drapiers, les autres corporations préférant l'église St-Nicolas *(voir Nikolaiviertel)*. Derrière l'église, autrefois serrée de près par les maisons, se trouvait, au Moyen Âge, un quartier mal famé abritant une « maison de joie » assujettie à l'impôt.

Neptunbrunnen

Au milieu d'un joli jardin fleuri, se dresse la **Fontaine de Neptune**, pompeux ouvrage néo-baroque réalisé par **Reinhold Begas** (1831-1911). Elle se trouvait autrefois au Sud de la place du Château. On la voit, avec des enfants qui jouent dessus, dans le décor de ruines de *Allemagne année zéro* de Rossellini.

H. Champollion/MICHELIN

Détail de la Fontaine de Neptune.

Rotes Rathaus*

Le précédent hôtel de ville, datant de 1300, se trouvait déjà ici, à mi-chemin du *Molkenmarkt (voir Nikolaiviertel)* et du *Neumarkt* (Nouveau Marché), créé vers 1250. Cet édifice néo-roman, bâti de 1861 à 1869 par Hermann Heinrich Waesemann, est aujourd'hui le siège du bourgmestre régnant et du sénat de Berlin. Le conseil municipal s'y réunissait déjà depuis 1870. Après la Seconde Guerre mondiale, le conseil municipal de Berlin-Est s'y installa, tandis que Berlin-Ouest était dirigé depuis l'hôtel de ville de Schöneberg. On l'appelle familièrement l'« **hôtel de ville rouge** », non pas pour des raisons politiques mais à cause de la couleur de son matériau de construction, la brique. Le beffroi (97 m), dont la silhouette est affinée par des contreforts évidés, rappelle le campanile de Giotto de la cathédrale de Florence. Une frise composée de 36 panneaux en terre cuite, au-dessus du rez-de-chaussée, retrace l'histoire de Berlin, depuis ses origines jusqu'à la fondation de l'Empire par Bismarck. Le portail principal porte également une riche décoration en terre cuite.

Marx-Engels-Forum

Dans l'axe qui conduit directement de l'Alexanderplatz à l'ancien château, en passant par la tour de la Télévision, cet espace vert s'ouvre en direction de la Spree où un monument imposant est dédié aux fondateurs du communisme.

Poursuivre vers la chapelle du St-Esprit en empruntant la Spandauer Straße en direction du Nord-Ouest.

Heiliggeistkapelle (C[1])

Spandauer Straße 1. La **chapelle du St-Esprit**, gothique en brique, est le seul vestige de l'hôpital du St-Esprit *(Heiliggeistspital)*, l'un des trois hospices de Berlin démolis en 1825. Elle fut construite au 13e s., près de la porte de Spandau, mais à l'intérieur de la ville, contrairement aux deux autres hospices. Elle se trouve dans les bâtiments de l'École supérieure de commerce depuis 1905-1906 et sert aujourd'hui de restaurant universitaire.

Depuis la Spandauer Straße, on atteint, à droite, la Burgstraße, puis, en prenant de nouveau à droite, la Rosenstraße.

Rosenstraße/Heidereutergasse

Derrière les constructions d'après-guerre, le long de la Karl-Liebknecht-Straße, on trouve la Heidereutergasse, qui hébergea, à partir de 1714, la première synagogue de la communauté juive. Largement dévastée lors de la nuit de Cristal et gravement endommagée par les bombardements alliés, ses ruines furent entièrement démolies dans les années 1960. Elle a aujourd'hui été remplacée par un espace vert dominé par le ***Bloc des Femmes***, œuvre d'Ingeborg Hunzinger (1995) qui rappelle les protestations réussies des femmes non juives contre l'arrestation et l'internement de leurs époux juifs dans la Rosenstraße lors de la « Fabrik-Aktion ». Les événements de cet engagement courageux et unique en son genre sont relatés sur deux colonnes d'affiches, situées en bordure de la Rosenstraße.

Schloß Charlottenburg★★★

Le château de Charlottenburg avec ses somptueux appartements (rococo frédéricien dans la Nouvelle Aile) compte parmi les plus beaux ouvrages architecturaux de la partie Ouest de Berlin. Son parc est une synthèse des influences les plus diverses dans le domaine de l'art des jardins européen : un jardin baroque à la française, un parc paysager anglais et des références antiques. Le résultat est original, sans jamais perdre la dimension humaine qui le rend attachant. Le château lui-même, ainsi que ses bâtiments annexes abritent plusieurs musées particulièrement intéressants. L'endroit mérite donc largement une visite !

La situation

Charlottenburg-Wilmersdorf. Plan p. 144-145 EFGUV et p. 300-301 BU - Carte Michelin n° 33 G6-8, H6, J5-7, K5-8, L5-8, M5-8. Tram *7 Wilmersdorfer Straße, Bismarckstraße, Richard-Wagner-Platz, Mierendorffplatz, Jungfernheide, Jakob-Kaiser-Platz,* Tram *2, 12 Ernst-Reuter-Platz, Deutsche Oper, Bismarckstraße, Sophie-Charlotte-Platz,* S *3, 5, 7, 9, 75, Charlottenburg, Westkreuz, Messe Nord/ICC,* S *41, 42, 46, 47 Jungfernheide, Westend,* S *3, 5, 7, 9, 75 Tiergarten.* Les principales curiosités de ce quartier se situent à l'intérieur du triangle formé par la Schloßstraße, la Bismarckstraße et la Otto-Suhr-Allee.

À voir dans les environs : KURFÜRSTENDAMM, MOABIT, TIERGARTEN, WILMERSDORF, REINICKENDORF, SPANDAU.

comprendre

La cour des muses – L'Électeur Frédéric III aimait les promenades en bateau de plaisance luxueux, de château en château. Il fit don d'un terrain près du village de **Lutzow**, ou **Lietze**, dans une boucle de la Spree, facilement accessible par voie terrestre ou fluviale, à son épouse **Sophie-Charlotte** pour qu'elle y fasse bâtir une résidence d'été. L'architecte néerlandais **Johann Arnold Nering** (1659-1695) en dressa les plans et dirigea les travaux durant les cinq années que dura la construction.

Seconde épouse de Frédéric III, **Sophie-Charlotte** (1668-1705) est une femme d'esprit issue de la maison princière de Hanovre (son frère deviendra George Ier de Grande-Bretagne). Sa maîtrise du clavecin et sa passion pour la musique de chambre l'amènent à « engager » des musiciens et organiser des représentations dans une petite salle d'opéra. Son goût la porte vers la musique italienne ; mais elle attire aussi à sa cour des artistes et des savants, parmi lesquels le philosophe **Gottfried Wilhelm Leibniz** (1646-1716) qui vient souvent séjourner dans le château. Lutzenbourg est ainsi la cour des muses de la philosophie et de la musique.

Lutzenbourg devient Charlottenburg – Lorsqu'en 1701, l'Électeur prit le titre de roi « en » Prusse, le château s'avéra trop exigu pour représenter la demeure d'un monarque. L'architecte suédois **Johann Friedrich Eosander** (1669-1729), construisit deux ailes formant la cour d'honneur, deux ailes, côté jardin, de part et d'autre du corps central et, surtout, il érigea la **coupole** qui est devenue l'emblème du château. À la mort de Sophie-Charlotte, à l'âge de 37 ans, le roi Frédéric Ier ordonna de rebaptiser le château « Charlottenburg ». Une orangerie fut également construite à l'Ouest, dans le prolongement de la façade. Elle ne reçut pas son pendant à l'Est. En 1713, la construction du château fut brutalement interrompue, le « Roi-Sergent » préférant son armée à l'architecture. Ce n'est que sous Frédéric II, qui séjourna longtemps à Charlottenburg, que **Georg Wenzeslaus von Knobelsdorff** (1699-1753) construisit la « **Nouvelle Aile** »

Sophie-Charlotte (portrait de Friedrich Wilhelm Weidemann, 1705).

qui rétablit la symétrie et abrite de magnifiques salles rococo. Frédéric II suivit de loin les travaux pendant la conquête de la Silésie. Le village de Lietzow obtint, en outre, des droits municipaux et plus rien ne s'opposa donc à l'achèvement de la fondation de la ville de Charlottenburg. Un **théâtre** (1788-1790) termine, à l'Ouest, l'ensemble qui s'étire sur 505 m. Construit par **Carl Gotthard Langhans** sur ordre de Frédéric-Guillaume II, grand promoteur de l'art dramatique en langue allemande, il est actuellement occupé par le musée de la Préhistoire et de la Protohistoire (déménagement prévu dans le Nouveau Musée de l'île des Musées vers 2010-2011).

La ville s'est développée (plans urbains de 1719 et 1777) le long des axes convergeant vers le château : la **Schloßstraße**, la Alte et la Neue Berliner Straße (actuelle **Otto-Suhr-Allee**).

L'occupation française – À l'issue des batailles d'Iéna et d'Auerstaedt du 14 octobre 1806, qui virent la victoire de Napoléon, la Prusse est occupée. Napoléon entre à Berlin le 27 octobre 1806 après avoir résidé au château de Charlottenburg. Les troupes françaises, d'abord logées dans des casernes berlinoises et chez l'habitant (l'éditeur Nicolai doit héberger 22 personnes et soigner 12 chevaux !), sont transférées, à partir de l'été 1808, en dehors de la ville. Près de Charlottenburg, à l'emplacement de l'actuel quartier *Westend (voir Messegelände)* naquit

carnet pratique

Pour les petites faims

Kastanie – *Schloßstraße 22 – Tram Sophie-Charlotte-Platz – ☎ 321 50 34 – à partir de 11h.* Ce café, qui possède son propre *Biergarten*, est situé à quelques minutes à pied du château de Charlottenburg. L'agréable chemin qui y conduit longe l'allée qui monte au château, un point de rendez-vous pour les joueurs de boules. Vous pourrez déguster ici quelques petits plats.

Cafés, bistrots et Bars

Luisenbräu – *Luisenplatz 1 – Tram Richard-Wagner-Platz – ☎ 341 93 88 – www.luisenbraeu.com – à partir de 9h.* Le Luisenbräu est surtout apprécié pour sa bière naturellement trouble et brassée sur place (depuis 1987). Mais les menus du jour variés et à des prix raisonnables (11h-17h), le petit-déjeuner « gargantuesque », servi entre 9h et 12h, ou encore le petit-déjeuner-buffet familial du week-end (9h-12h) peuvent également justifier une pause.

Ph. Gajic/MICHELIN

Luisenbräu : fraîchement brassée et naturellement trouble.

Achats

Gipsformerei – *Sophie-Charlotten-Straße 17-18 – S Westend – ☎ 326 76 90.* Cet atelier de moulage de plâtre, fondé en 1819, possède quelque 6 500 moules. La salle à visiter propose des produits à la vente et offre un grand choix de copies de moulages d'œuvres d'art en plâtre et en bronze, issus de la quasi-totalité des cultures du monde.

KPM – *Wegelystraße 1 – S Tiergarten – ☎ 39 00 92 15 – www.kpm-berlin.de – tlj sf dim. 10h-19h, sam. 10h-16h.* Outre ce point de vente, on trouve deux autres boutiques de la Manufacture royale de porcelaines à Berlin, où la porcelaine est vendue avec le sceptre bleu comme marque de fabrique : Kurfürstendamm 27 (Charlottenburg) et Unter den Linden 35 (Mitte).

Marchés

Trödel- und Kunstmarkt – *Straße des 17. Juni – S Tiergarten, Tram Ernst-Reuter-Platz – w.-end 10h-17h.* Le plus grand marché aux puces de Berlin se déroule dans la rue du 17 Juin ; on y trouve un grand choix de produits, des antiquités aux œufs-surprise.

Loisirs et détente

Stadtbad Charlottenburg (Jugendstilhalle) – *Krumme Straße 9 – Tram Richard-Wagner-Platz, Deutsche Oper – ☎ 34 38 38 60 – www.bbb.berlin.de.* La façade en briques de la plus ancienne piscine publique de Berlin (1898) mêle le style gothique et les charmants motifs *Jugendstil* en céramique émaillée : coquilles St-Jacques, feuilles de nénuphar, têtes de poissons à l'allure vraiment menaçante et roseau sur les escapes. La piscine est surmontée d'une charpente métallique bleue et d'un toit en bâtière. Elle comprend un bassin de 25 m (température de l'eau 28° C), une zone réservée à ceux qui ne savent pas nager et un sauna (payant).

Stadtbad Charlottenburg (Neue Halle) – *Krumme Straße 10 – Tram Richard-Wagner-Platz, Deutsche Oper – ☎ 34 38 38 65 – www.bbb.berlin.de.* La nouvelle piscine couverte de Charlottenburg comprend un bassin de 50 m et une zone réservée à ceux qui ne savent pas nager.

« **Napoleonsburg** », un camp de 7 000 soldats. Charlottenburg ne comptait alors que 3 500 habitants. La ville devait contribuer en nature, par l'apport de vivres, à l'entretien des troupes, contrairement à d'autres villes et villages qui n'en abritaient aucune mais payaient un impôt spécial. L'occupation fut durement ressentie. En novembre 1808, les soldats français partirent pour l'Espagne.

Une commune riche et indépendante – Au 19e s., jusqu'à l'unité allemande, Charlottenburg est un lieu d'excursion aux portes de Berlin. Des villas s'y élèvent ainsi que les premières manufactures. On venait s'y divertir au **Flora**, établissement où se déroulaient des concerts, des réceptions et qui comportait une serre abritant une végétation luxuriante.

Le Charlottenburg de l'époque wilhelmienne est un quartier aisé. Durant cette période de forte expansion démographique (la commune compte 26 000 habitants en 1875, 189 000 en 1900, 335 000 en 1920), se déploie une activité architecturale intense : bâtiments publics comme l'**hôtel de ville**, fondations caritatives *(Cecilienhaus)*, écoles, industries, instituts de recherche, la **centrale électrique** *(voir ci-après)* et la fameuse **église du Souvenir**, actuellement en ruine sur le Kurfürstendamm *(voir Kurfürstendamm)*. La commune se rattache, après bien des réticences, au Grand Berlin en 1920 ; elle sera le réceptacle de l'émigration en provenance de Russie au lendemain de la révolution.

découvrir

ÄGYPTISCHES MUSEUM UND PAPYRUSSAMMLUNG★★★

BUS 145 Schloß Charlottenburg à partir de S ou BUS 210 à partir de Tram Sophie-Charlotte-Platz ou S Charlottenburg. Schloßstraße 70. Tlj sf lun. 10h-18h. Fermé 24-25 et 31 déc. 6€ (le billet à la journée est également valable dans tous les autres musées nationaux de Berlin visités le même jour, gratuit 1er dim. du mois). ☎ 34 35 73 11. www.smb.spk-berlin.de

La collection berlinoise de l'Égypte antique compte parmi les plus belles et les plus riches du monde. Elle fut fondée dès 1828 à l'instigation d'Alexandre von Humboldt sous le règne du roi Frédéric-Guillaume IV et constitue ainsi l'une des plus anciennes sections des collections d'art royales d'autrefois, la base des musées nationaux. Les collections égyptiennes furent exposées à partir de 1850 dans le Nouveau Musée de l'île des Musées, puis sans cesse enrichies, pour devenir les plus importantes de ce genre au monde. La Seconde Guerre mondiale et l'après-guerre eurent des conséquences désastreuses pour les pièces de ces collections ; nombre d'entre elles furent, en effet, détruites et la division de Berlin entraîna une nouvelle répartition des collections entre le pavillon Stüler, dans la partie Ouest, et le musée Bode de l'île des Musées, dans la partie Est. La réunification a permis de rassembler de nouveau les pièces des collections égyptiennes. Depuis la fermeture du musée Bode, on ne peut toutefois admirer qu'une petite partie des pièces de ces collections rassemblées dans le pavillon Stüler. Les deux collections fusionneront définitivement en 2009, lorsque sera rouvert le Nouveau Musée et que le Musée égyptien regagnera alors son emplacement d'origine sur l'île des Musées.

À l'heure actuelle, quelque 2 000 objets nous renseignent sur les différentes époques de l'Égypte antique, des débuts, vers 3 000 avant J.-C., à l'époque romaine, vers 300 après J.-C. Les pièces relatives à l'époque du pharaon Akhénaton, au pouvoir entre 1353 et 1336 avant J.-C., constituent l'un des points forts de la visite. La collection est centrée sur les trésors trouvés à **Tell-el-Amarna**, la capitale d'**Aménophis IV-Akhénaton**. La Deutsche-Orient-Gesellschaft, qui fouilla le site de 1911 à 1914, se concentra sur le Sud et dégagea de nombreuses maisons privées. Tous les objets qui furent trouvés et qui sont aujourd'hui exposés donnent un extraordinaire et intéressant aperçu de la vie des hommes à Amarna. L'**atelier de Thoutmès**, un des sculpteurs de temples et de palais de la cour, est exceptionnellement riche en découvertes. Les pièces exposées permettent de découvrir la façon de travailler d'un artiste égyptien et soulignent le caractère unique de cette époque dans l'histoire de l'Égypte antique *(voir encadré)*.

La belle et énigmatique Néfertiti.

Rez-de-chaussée

Pavillon Stüler

La première salle, située à droite de la rotonde du pavillon Stüler, est uniquement dédiée au célèbre **buste de la reine Néfertiti★★★**, épouse d'Akhénaton. Ce portrait d'une femme à la fois jeune et mûre, d'une grande beauté, n'avait jamais quitté l'atelier de Thoutmès avant sa découverte à Amarna en 1912 et son transport à Berlin par la suite. Il servait de modèle pour les futures effigies de la reine (ce qui explique qu'un seul œil ait été incrusté). Les examens radioscopiques modernes ont montré que ce buste, construit d'une manière entièrement symétrique, est composé d'un cœur en pierre recouvert de couches de plâtre, ensuite peintes en couleur par l'artiste (œuvre jusqu'ici maintenue en état, sans restauration). Bien que la Néfertiti de Berlin soit aujourd'hui considérée comme une icône de l'Égypte antique avec sa beauté froide et parfaite, elle n'est pas représentative de l'art de l'époque comme on peut le constater en découvrant les nombreuses autres pièces du musée datant de la même époque.

La salle contiguë fournit des informations sur Akhénaton, l'histoire, l'art et la religion de l'époque d'Amarna, ainsi que des explications sur les fouilles de la Deutsche-Orient-Gesellschaft, illustrées par quelques objets.

La révolution d'Aménophis IV-Akhénaton

Le fils de Tiyi et d'Aménophis III, **Aménophis IV**, impose, dès son accession au trône, l'idée d'un dieu unique.

Toutes les formes de la divinité s'effacent devant la représentation d'**Aton**, disque solaire dont les rayons se terminent en mains humaines tenant le hiéroglyphe de la vie *(Ankh)*. Aménophis change son nom en **Akhénaton**, « celui qui sert Aton » et interdit le culte, les prêtres et les temples aux autres dieux, froissant ainsi un clergé riche et puissant.

Le règne de **Toutankhamon**, son fils, qui abandonne Tell-el-Amarna au bout de deux ou trois ans, marque le retour de la tradition.

Anciennes écuries

Quatre statues de Sekhmet (déesse lionne représentée en train de combattre), qui accompagnait le roi dans ses batailles, décorent l'entrée des anciennes écuries, dont la **porte du temple de Kalabscha★★** (20 avant J.-C.) est la clé de voûte. L'Égypte l'a offerte à la RFA en remerciement de son aide lors du transport du temple en dehors de la zone inondée par les travaux du barrage d'Assouan. Cette porte en grès provient d'une ville située à l'extrême Sud du pays, en Nubie, et date de l'époque où l'Égypte, après la victoire d'Octave, futur empereur Auguste, sur la dynastie grecque des Ptolémées, était une province romaine administrée par Cléopâtre. On y voit l'empereur en pharaon sacrifiant aux dieux traditionnels de l'Égypte. Cette représentation signifie que le nouveau souverain du pays reste perçu comme l'héritier légitime des pharaons. La porte est flanquée de statues de cette période tardive de l'art égyptien. Le style de la **statue d'Isis** en marbre (150-200 après J.-C.) semble plutôt romain, tandis que l'on remarque l'influence égyptienne dans la couronne.

Depuis 1995, les bâtiments des écuries rassemblent les pièces les plus importantes des **découvertes d'Amarna★★★**, de nouveaux réunies et présentées par thème. On remarque à la fois des œuvres d'art uniques, tels que les portraits royaux d'Akhénaton, de Néfertiti et de leur famille, et des objets intéressants, qui fournissent des éclaircissements sur la religion et la vie quotidienne de cette époque si particulière.

Le roi Aménophis III et la reine Tiyi – *Première section à droite* : deux **reliefs★** (1360 avant J.-C.) représentent Aménophis III, le père d'Akhénaton, coiffé du diadème et de la couronne. Il s'agit de représentations idéalisées mais intégrant toutefois des détails réalistes. La **tête d'Aménophis III** (découverte dans l'atelier de Thoutmès), un moulage d'une statue de pierre, témoigne de cette tendance à la représentation réaliste des traits du visage.

Première section à gauche : un peu avant la révolution amarnienne, l'art du portrait atteint un sommet avec le **portrait de la reine Tiyi★★** (vers 1355 avant J.-C.), en bois d'if, autrefois orange clair. L'expression hostile de la grande épouse royale d'Aménophis III, une roturière qui occupa une fonction essentielle à la cour du roi grâce à des parents influents, est un trait réaliste extraordinaire, notamment dans la représentation des marques de l'âge par l'artiste. Cette tête a été ornée d'une couronne (récemment découverte). Le **relief de la reine Tiyi** (vers 1360 avant J.-C.), présente un tout autre aspect, l'artiste recherchant, tout comme pour les reliefs d'Aménophis III, à concilier une image idéalisée et la réalité dans son œuvre.

La famille royale d'Akhénaton – L'intérêt de cette section réside dans le rassemblement des **effigies royales★★**, portraits et reliefs d'Akhénaton, Néfertiti, Toutankhamon et de princesses, de ce style « impressionniste » si caractéristique de l'époque d'Amarna. Les profonds bouleversements religieux connus sous le pharaon Akhénaton influencèrent largement la production artistique. L'esthétique amarnienne invente un nouveau canon de la beauté humaine, plus réaliste, qui accuse les défauts physiques et les traits de l'âge, jusqu'à des représentations presque caricaturales. Elle choisit également de représenter l'instant en figeant des situations à un moment donné.

M. Büsing/Ägyptisches Museum/PREUSSISCHER KULTURBESITZ

Relief de la famille royale d'Akhénaton.

Deuxième section à gauche : la **statue du pharaon Akhénaton★** (vers 1340 avant J.-C.), en bois peint de plusieurs couleurs, constitue un prototype du style amarnien. Contrairement aux représentations traditionnelles, idéalisées et symétriques des souverains égyptiens, le pharaon est ici très « humain », avec des épaules maigres, un buste peu avantageux et de larges hanches ; il semble presque ne pas tenir debout et son visage confirme cet état. La position asymétrique de ses bras donne l'impression qu'ils sont en mouvement, choix de l'artiste (inconnu) qui innove en la matière. La **statue de Néfertiti en habits légers**, réalisée en calcaire et provenant de l'atelier de Thoutmès (vers 1340 avant J.-C.) dépeint la reine d'une manière également très réaliste, qui s'écarte de la représentation du célèbre buste. Les ébauches au crayon noir que l'on retrouve à plusieurs endroits indiquent que cette œuvre d'art vraisemblablement conçue comme une statue modèle n'était pas tout à fait achevée.

Troisième section à gauche : le **relief de la famille royale d'Akhénaton★** (vers 1340 avant J.-C.) a son importance, non seulement parce qu'il représente le cercle familial restreint du pharaon, mais aussi en tant qu'explication de la nouvelle théologie. Tandis que le roi et Dieu se trouvaient autrefois au même niveau, Aton, le disque solaire, est représenté très haut dans le ciel. Le lien entre le couple royal comme représentant des hommes et Dieu est symbolisé par les rayons envoyés par le disque solaire et qui se terminent en mains. Akhénaton et Néfertiti avec leurs trois jeunes enfants sur les genoux sont représentés avec aisance, d'une manière familière et presque intime : il s'agit de l'immortalisation d'un moment tendre de la vie de famille. On parle, on s'embrasse et les enfants jouent même avec les boucles d'oreilles de leur mère. Le relief connu sous le nom de ***Promenade dans un jardin★*** (vers 1330 avant J.-C.) est, stylistiquement comme iconographiquement, une œuvre caractéristique d'Amarna. Il représente un jeune couple royal, identifié comme Toutankhamon et une fille d'Akhénaton et de Néfertiti. Cette identification se base non seulement sur la couronne royale avec la queue de serpent, mais également sur l'attitude des corps. On remarque que l'homme s'appuie sur une canne et ne fait reposer le poids de son corps que sur une seule jambe, tandis que son autre jambe est croisée (des examens effectués sur des momies ont confirmé que le jeune roi était infirme des jambes). On peut également admirer la **tête d'une princesse★** en quartzite (vers 1340 avant J.-C.) avec un crâne déformé, ainsi que d'autres portraits royaux dans la deuxième section à droite. Au centre de la pièce se trouve une **statue colossale** de Toutankhamon (1320 avant J.-C.).

Le Dieu Soleil – La troisième section à droite et la quatrième section à gauche sont consacrées au thème de la religion sous Akhénaton. Les différentes pièces sont dédiées au culte du Soleil décrété par le pharaon – sur quelques fragments de reliefs de scènes d'offrande, les rayons du soleil sont, une fois encore, représentés avec les mains du disque solaire Aton. La théologie officielle est symbolisée par des personnages plus petits qui représentent les dieux traditionnels interdits et vénérés en secret. Le dieu nain Bès ou Thoeris, figuré sous les traits d'un hippopotame, en constituent de magnifiques exemples.

Les hommes d'Amarna – Cette section occupe le reste de la pièce. Dans la quatrième section à droite et la cinquième section à gauche, ne pas manquer d'admirer les magnifiques **portraits d'hommes et de femmes**★★ grandeur nature, d'une extrême expressivité, un autre point fort de la collection d'œuvres amarniennes. Ces portraits sont eux aussi issus de l'atelier de Thoutmès. Cette section présente également différentes pièces relatives à la vie économique, à la vie privée et à d'autres aspects de la vie quotidienne comme des reliefs, papyrus, instruments de musique, meubles, ustensiles de ménage, récipients à onguent, etc. qui permettent de découvrir la vie de l'époque. Le **relief funéraire**, dans la sixième section à gauche, également connu sous le nom de **relief de deuil de Berlin**★ (vers 1330 avant J.-C.), symbolise la grande expressivité des représentations de l'époque à travers l'illustration quasiment effrénée du deuil et de la douleur. Contrairement au style si calme et si froid caractéristique de l'Égypte antique, la maîtrise de soi et l'ordre sont ici abandonnés. On trouve également dans cette section la splendide **stèle de Bak et de sa femme Tahere**★ (Bak supervisait le travail des sculpteurs du temple d'Aton pour le compte d'Aménophis IV). Parmi les autres objets, on remarque le **fragment d'un pavement peint** du palais de la reine Tiyi, où des oies sauvages s'envolent parmi les papyrus.

Culte des morts – Au beau milieu de l'écurie, quelques marches permettent d'accéder à une salle surélevée dans laquelle sont exposés, outre des objets sur le culte des morts, des morceaux du **temple du roi Sahu-Re** (vers 2450 av. J.-C.). Il s'agit de colonnes et d'architraves en granit rouge d'Assouan, provenant d'un temple de l'Ancien Empire.

Des sarcophages, des momies, ainsi que des portraits et des masques de momies de différentes époques, illustrent le culte des morts égyptien et l'idée égyptienne d'une vie éternelle après la fin de l'existence terrestre. L'enveloppe terrestre était caractéristique de ce désir de vie éternelle, d'où le rôle essentiel de la momification des corps, technique utilisée depuis l'Ancien Empire.

1er étage

Les salles du 1er étage sont articulées autour des différentes époques historiques de l'Égypte antique.

La « **tête verte de Berlin**★ » (vers 500 ou 50 avant J.-C.) est considérée comme l'un des chefs-d'œuvres les plus accomplis de l'époque tardive. Le réalisme stylisé de cette tête annonce l'art gréco-romain, mais demeure toutefois dans la tradition de la sculpture égyptienne. La **représentation assise de Meten** (vers 2600 avant J.-C.) provient de la tombe d'un administrateur de domaines. Elle illustre l'un des trois types de statues de l'Ancien Empire – à côté du personnage assis, on découvre un personnage debout et un scribe. La **famille de Psammétique** (vers 550 avant J.-C.) est un groupe de trois statues en bois à l'expression souriante. La traditionnelle attitude de la marche, épaules levées, poings fermés, qui remonte à l'Ancien Empire, sera reprise par les Grecs, dont les commerçants étaient à l'époque nombreux en Égypte, pour le type archaïque du *Kouros*.

Le Moyen Empire se distingue par son désir de représentation, qui se révèle, non seulement dans les sculptures royales mais également dans les sculptures privées, la **statue assise de Chertihotep**★ (vers 1850 avant J.-C.) en étant un exemple caractéristique. Son visage est sensible et vivant, avec des traits très personnels en dépit de la stylisation de l'époque. La **statuette de la prêtresse d'Amon Meres-Amun**★ (850 avant J.-C.) porte une de ces perruques ballon composées de nombreuses bouclettes stylisées, surmontée d'un diadème. À l'époque tardive, reines et princesses reçoivent le titre de « divines adoratrices et épouses d'Amon ». Certaines consacraient leur vie au dieu et détenaient souvent un pouvoir et des richesses considérables. La partie inférieure de la **statue à genoux du roi Sesostris Ier** (vers 1950 avant J.-C.) du Moyen Empire a été détruite. Son corps est marqué par de larges épaules et des bras musclés, son large visage est relativement détendu et ses lèvres légèrement serrées. Les grandes oreilles décollées sont caractéristiques de l'art du Moyen Empire.

M. Büsing/Ägyptisches Museum/PREUSSISCHER KULTURBESITZ

La famille de Psammétique.

La **chapelle funéraire d'Amenhotep**★ date de l'époque des Ramsès (1250 avant J.-C.). Le calcaire en est en partie peint : on reconnaît Horus, le dieu à tête de faucon, Thot, à tête d'ibis, dieu du temps et de l'écriture, patron des scribes, devant Osiris. Celui-ci est accroupi devant la balance de la pesée des âmes, les bras croisés avec le sceptre et le chasse-mouches ; Anubis, à tête de chacal, est le dieu des morts.

Le **couple d'Amenemipet et de sa femme Hathor** (vers 1280 avant J.-C.), qui date du règne des Ramsès, semble avoir triomphé de l'agitation parfois extrême de l'époque d'Akhénaton. L'héritage de la période amarnienne se devine toutefois dans le modelé des corps, ainsi que dans l'attention portée aux plissés des étoffes et aux perruques. Un hymne au Soleil est gravé sur le socle.

La **tête d'une statue du roi Sesostris III** (vers 1850 avant J.-C.), avec ses yeux mi-clos et ses paupières lourdes, ses joues un peu creuses, ses oreilles hautes et sa bouche légèrement tombante, est caractéristique des portraits de ce souverain. L'intérêt de cette statue réside dans l'intégration de traits de visage réalistes dans une iconographie traditionnelle. Le **sphinx de Schepenupet II**★ (vers 680 avant J.-C.) dédie à Amon un vase avec une représentation du dieu à tête de bélier. Un type de statue classique est ici associé à une nouvelle forme de visage, qui s'explique par l'origine de la fille du roi, issue du Sud profond.

SCHLOSS CHARLOTTENBURG★★

BUS 145 Schloß Charlottenburg à partir du S Westend ou du BUS 210 à partir du Tram Sophie-Charlotte-Platz ou du S Charlottenburg.

Le portail d'entrée, surmonté de deux gladiateurs, permet d'accéder à la **cour d'honneur**★. Le corps central du château est dominé par le fameux dôme de Johann Friedrich Eosander. La statue de la *Fortune*, au sommet, est une création moderne. Au centre de la cour, depuis 1952, se dresse la **statue équestre du Grand Électeur**★ par **Andreas Schlüter** (1696-1709). Autrefois sur le « long pont » *(lange Brücke)*, à côté du château de Berlin, elle fut déplacée pour être mise à l'abri durant la dernière guerre, mais coula au fond du lac de Tegel alors qu'elle regagnait son emplacement d'origine en 1947. On ne put la sauver que deux ans plus tard pour la remettre en place à cet endroit. Admirer les reliefs de bronze ainsi que les beaux personnages du socle, d'un baroque mouvementé, représentant, selon les interprétations, des captifs enchaînés ou les quatre tempéraments.

En tournant le dos au château, belle vue d'ensemble sur les casernes des gardes jumelles, construites par **Friedrich August Stüler** (1800-1865), au milieu du 19e s., qui encadrent la Schloßstraße.

Altes Schloß★★

Au rez-de-chaussée du corps central du château. Altes Schloß (visite guidée 1h), Silberkammer, Kronkabinett, Wohnung Friedrich Wilhelms IV : ♿ tlj sf lun. 9h-17h, w.-end 10h-17h. 8€ (2€ sans la visite guidée de l'Altes Schloß). ☎ (0331) 969 42 02. www.spsg.de

La **visite guidée** des **grands appartements** commence par une salle abritant deux maquettes montrant l'état du château et des jardins, ordonnés à la française, au 18e s. et au début du 19e s., après les remaniements de Lenné en faveur d'un parc paysager à l'anglaise.

Cabinet des Porcelaines.

AKG Paris

Les trois salles de l'« **appartement mecklembourgeois** » (où logeaient, au 18e s., des membres de la maison de Mecklembourg, parente de celle de Prusse) sont de petites pièces tendues de tentures aux couleurs chaudes et aux remarquables dessus-de-porte en bois sculpté, ornés de thèmes issus de la mythologie antique, dans le style baroque prussien si caractéristique. Les plafonds sont décorés d'arabesques. Remarquer la cheminée de la chambre à coucher.
Les **salles dites de « représentation »** – ancien appartement du roi – qui, en une enfilade ininterrompue de 140 m, courent le long de la façade sur jardin, ont perdu leurs peintures aux plafonds. Remarquer, au passage, les portraits de membres des familles de Prusse et de Hanovre, de beaux meubles en laque, le clavecin blanc de Sophie-Charlotte et la salle de bains, à côté de la chambre du roi. Le nombre des belles porcelaines chinoises augmente au fur et à mesure que l'on se rapproche du fameux **cabinet des Porcelaines**★★ (1706) qui abrite une somptueuse collection, reconstituée après la guerre, de porcelaines insérées dans les murs, posées sur les corniches ou sur des consoles. Pour renforcer l'illusion des peintures, des fruits et une tête de cerf en relief débordent du plafond sur la corniche.
La **chapelle du Château**★ (Schloßkapelle, 1706) est le résultat d'un travail remarquable de restauration. Au-dessus de la loge royale, une énorme couronne, portée par deux allégories de la renommée, est surmontée par l'aigle de Prusse. La chapelle sert de décor, en été, à des concerts.
La visite se termine par les pièces occidentales de l'**appartement de Sophie-Charlotte**. Dans la chambre à coucher se trouvaient plus de 65 tableaux. Le bel **escalier** en porte-à-faux construit par Johann Friedrich Eosander (1704) est le premier du genre en Allemagne.

Remonter l'escalier Eosander pour visiter le 1er étage du corps central.

Un lustre élégant orne la Salle ronde supérieure donnant sur la cour d'honneur. Une autre salle, la Salle ovale supérieure, tapissée de miroirs et possédant, elle aussi, un beau lustre surmonté d'une magnifique couronne baroque en cuivre jaune, offre une **vue**★ sur le jardin, au fond duquel, à droite, on aperçoit le toit du belvédère.

L'argenterie du Kronprinz

Ce chef-d'œuvre de l'artisanat d'art allemand du 20e s. fut offert par 414 villes prussiennes à l'occasion du mariage, en 1904, du prince héritier Guillaume, fils de Guillaume II, avec la duchesse Cécile de Mecklembourg-Schwerin. Terminé en 1914, le service n'appartint jamais au couple. Après l'abdication des Hohenzollern, il devint la propriété du sénat de Berlin et il constitue aujourd'hui un prêt de longue durée au château de Charlottenburg. Il fut emporté pour un court séjour aux USA à la fin de la Seconde Guerre mondiale. On parla alors de « l'argent des Hohenzollern ». Le service comptait à l'origine 2 600 pièces, destinées à 50 personnes, et se déployait sur une table de 16 m. Les serviettes et les verres (il y en avait de cinq types) ont disparu pour la plupart. Terrines, plats et saladiers sont exposés en un somptueux buffet derrière la table. Un comité de travail de six personnes : des architectes, des sculpteurs et le directeur du musée des Arts décoratifs supervisa la réalisation du service. Celui-ci est de style classique et *Jugendstil*. Les statuettes sont charmantes et les figures monumentales : éléphants surmontés d'un obélisque, statues équestres, candélabres appartiennent à une longue tradition des services de cour.

L'**ancien appartement de Frédéric-Guillaume IV**, dernier souverain Hohenzollern à avoir résidé régulièrement à Charlottenburg avec son épouse Élisabeth, recèle des meubles et des œuvres d'art (telles que le tableau *Parade Unter den Linden im Jahre 1837* de Franz Krüger) issus des appartements du couple à Charlottenburg et Berlin, ainsi que des châteaux de Potsdam. Les salles adjacentes abritent des tableaux, porcelaines, verrerie, orfèvrerie et médailles provenant de la collection du château de Dohna-Schlobitten, en Prusse orientale, détruit durant la Seconde Guerre mondiale. À remarquer le service de table et l'argenterie de la cour des Hohenzollern, comprenant de précieuses pièces que Frédéric le Grand commandait pour ses châteaux. L'actuelle chambre d'Argent *(Silberkammer)* héberge des pièces prêtées par la Fondation Haus Doorn, ainsi que d'importantes acquisitions réalisées au cours des dernières années. Le clou de l'exposition est sans conteste le **service de table du prince héritier**★★ *(Kronprinzsilber)*, ainsi que le cabinet de la couronne qui abrite les vestiges du trésor de la Couronne prussien.
Des hanaps décorés de monnaies (Münzhumpen) précèdent le **cabinet de la Couronne**, une petite salle qui expose les « joyaux de la couronne » de Prusse : un heaume funéraire au panache tricolore (1688, réalisé pour l'enterrement du Grand Électeur), qu'on utilisait lors de l'enterrement des membres masculins de la maison royale ; l'épée de l'Électeur du Brandebourg ; le sceptre endiamanté (le corps de l'aigle est un rubis offert par le tsar Pierre le Grand à Frédéric Ier) et le collier de l'ordre de l'Aigle noir, fondé en 1701 à la veille du couronnement de Königsberg, ainsi que le globe impérial de 1701 et des vestiges des couronnes royales de Frédéric Ier et Sophie-Charlotte.

J. Anders/Stiftung PREUSS, SCHLÖSSER UND GÄRTEN BERLIN, BRANDEBURG

La Galerie dorée.

Nouvelle Aile★★

Elle s'étend à l'Est du corps principal. ♿ *Tlj sf lun. 10h-18h, w.-end 11h-18h. 5€ (4€ sans guide audio).* ☎ *(0331) 969 42 02. www.spsg.de*

L'escalier conduit *(à gauche)* à la **Salle blanche** qui servait de salle du trône et de salle à manger à Frédéric II. Le plafond est une œuvre moderne de Hann Trier en remplacement d'une composition d'Antoine Pesne perdue en 1943.

La **Galerie dorée★★** (1746), grande salle de danse et de musique aux boiseries vert amande, rose et or, est un des exemples les plus aboutis du rococo frédéricien.

Les salles suivantes du **deuxième appartement de Frédéric II**, à l'harmonieux décor rococo blanc et or, abritent des chefs-d'œuvre de la peinture française du 18e s. qu'affectionnait le souverain : « **L'Enseigne de Gersaint★★★** » (1720), qui occupe son emplacement d'origine dans la salle de concerts, et « **L'Embarquement pour Cythère★★★** » de **Watteau**, de nombreuses toiles de Chardin *(La Cuisinière)*, de Boucher *(Mercure, Vénus et l'Amour)*, de Nicolas Lancret et toujours de Watteau *(Les Bergers)*. Remarquer aussi le beau mobilier frédéricien : commodes, armoires d'angle en bois de cèdre dans l'ancienne chambre à coucher.

Revenir sur ses pas.

Winterkammern★ – Les « **Chambres d'hiver** » composaient l'**appartement d'hiver** des successeurs de Frédéric II, Frédéric-Guillaume II et Frédéric-Guillaume III (dans les salles du rez-de-chaussée, remarquer également le tableau *Le Consul Bonaparte lors de la traversée du Grand St-Bernard*, réalisé par Jacques-Louis David en 1800-1801, rapporté à Berlin par Blücher comme butin de guerre), à la charnière des 18e et 19e s. Ces pièces donnant sur le Sud ont la raideur élégante du classicisme prussien. Elles frappent par l'éclat chaleureux des tentures et des Gobelins, des parquets marquetés refaits à neuf. Mais les poêles à l'antique, très architecturés, avec quelques motifs égyptiens, sont plus originaux et la délicatesse de certains petits meubles plus attachante. La sobre et gracieuse **chambre à coucher de la reine Louise★**, tendue de voiles blancs rayonnant dans une harmonie mauve, est le premier travail de **Schinkel** pour la famille royale (1810). Remarquer, dans une petite vitrine, la garniture de toilette en argent doré avec le *L.* gravé. Les deux dernières salles de l'enfilade abritent une belle **collection★** de portraits féminins d'**Antoine Pesne** : l'épouse de Frédéric II *(voir Pankow : « Schloß NIEDERSCHÖNHAUSEN »)* et la fort gracieuse comtesse de Voss, qui chaperonnera la future reine Louise, côtoient la danseuse *Barbarina*, que Frédéric adulait et dont le portrait ornait son bureau au château de Berlin.

Les trois salles du **premier appartement de Frédéric II** donnant sur le jardin sont décorées dans un style rococo ostentatoire, notamment la **bibliothèque**, au décor vert pâle, blanc et argent, qui expose dans une vitrine, située dans une salle à part, une partie de la collection de **tabatières**, très endiamantées, du souverain. Les autres salles (remarquer la belle pendule marquetée et dorée d'un ébéniste parisien, vers 1740) servent de galerie de tableaux.

Descendre l'escalier.

Au rez-de-chaussée, une salle abrite la maquette du **château de Berlin** détruit par les autorités est-allemandes en 1950-1951 *(voir Schlossplatz)*. De nombreux tableaux montrent ce château et son environnement architectural. Dans la salle adjacente sont exposés de somptueux tapis (18e s.), originaires de la succession du grand mogol de la Manufacture de Berlin Jean II Barraband, commandés par Guillaume II pour l'une des salles du château, ainsi que des vestiges de la collection d'antiquités.

La **Petite Galerie** et la **salle à manger** (garnies de tapisseries chinoises) qui faisaient partie de l'**appartement d'été de Frédéric-Guillaume II**, donnent sur le jardin.

Museum für Vor- und Frühgeschichte★

♿ *Tlj sf lun. 9h-17h, w.-end 10h-17h. Gratuit jusqu'à nouvel ordre pendant les travaux.* ☎ *20 90 55 66. www.smb.spk-berlin.de*

Ce **musée de Préhistoire et de Protohistoire** *(en raison de travaux, toutes ses salles ne seront de nouveau accessibles qu'à partir de 2004)* est logé depuis 1960 dans le théâtre de Langhans, à l'extrémité Ouest du château, près des jardins de l'orangerie (*réservée aux expositions temporaires*).

Ce musée, fondé en 1829, est réputé au niveau international pour sa collection européenne de découvertes archéologiques datant du paléolithique jusqu'au Moyen Âge.

Rez-de-chaussée – Le **Jugendmuseum** (musée de la Jeunesse) présente une exposition consacrée à l'évolution des techniques depuis l'âge de pierre. L'accent est mis sur le travail du textile et l'artisanat. Des applications multimédias donnent un bon aperçu de l'évolution précoce de l'humanité, qui ne devrait pas intéresser seulement les jeunes.

L'aile Est abrite la **collection d'Eurasie**. Les découvertes troyennes issues des fouilles d'Heinrich Schliemann constituent l'essentiel de ce trésor. Il comprend des objets et vases datant pour certains de plus de 4 000 ans. On peut aussi admirer une copie fidèle à l'original du célèbre trésor de Priam, que la Russie conservait depuis la Seconde Guerre mondiale comme « pièce de butin ». Les objets en provenance du Caucase, ainsi que d'Asie centrale et orientale donnent un aperçu des cultures des anciens peuples de cavaliers et des steppes. On peut, en outre, admirer des pièces issues de la vaste collection chypriote du musée.

1er étage – C'est ici que commence la visite proprement dite à travers les âges : des célèbres **découvertes sur l'homme de Neandertal de Le Moustier**, à l'âge de bronze, en passant par les premières cultures agricoles néolithiques. Une salle séparée a été aménagée tout spécialement pour accueillir les magnifiques objets en or de l'âge du bronze (dont le célèbre **chapeau en or de Berlin**). On découvre ensuite les débuts de l'âge de fer avec des objets celtes et germains, l'époque romaine et celle des grandes invasions avec l'importante collection d'objets issus de tombes du début du Moyen Âge. La visite s'achève par des pièces issues du temps des Vikings et des Slaves.

2e étage – Cet étage est utilisé pour présenter, à l'aide d'expositions temporaires, les différents objets issus de l'important fonds du musée.

Schloßgarten★★

Grâce à l'entremise de sa cousine, la fameuse « princesse Palatine » *(« Liselotte » von der Pfalz)* et duchesse d'Orléans, Sophie-Charlotte avait visité en France les grands jardins de Le Nôtre, qui corrigea les plans que son élève Siméon Godeau avait ébauchés pour le **parc de Charlottenburg**. Ce dernier associe la stricte géométrie d'un jardin baroque à la française (ou plutôt hollandais, car sans déclivité ni traitement architectural tel que terrasses, rampes ou escaliers) et l'agrément plus libre d'un parc à l'anglaise aménagé sous l'impulsion de **Lenné** entre 1819 et 1828. C'est à cette époque que les rives du carpier sont « ondulées ».

Au cours de la promenade, l'on découvre trois curiosités particulièrement intéressantes.

Contourner la Nouvelle Aile.

Le trésor de Priam ?

Entre 1871 et 1873, **Heinrich Schliemann** (1822-1890) fouille la butte d'**Hissarlik**, en Turquie, près de l'entrée du détroit des Dardanelles, à la recherche du fameux trésor de Troie. Sa principale découverte est un trésor de 4 000 ans, supposé avoir appartenu au roi Priam célébré par Homère. Schliemann emporte alors le trésor hors du pays, sans autorisation du gouvernement turc, ce qui l'amène devant le tribunal qui le condamne à une amende de 10 000 francs-or. Schliemann en ajoute 40 000 et se tient alors pour seul propriétaire du trésor et de tous les autres objets qu'il a découverts. Il lègue par la suite ses découvertes troyennes au peuple allemand « afin qu'elles demeurent éternellement dans sa capitale ». À l'issue de la Seconde Guerre mondiale, le trésor est toutefois emmené en Union soviétique comme « pièce de butin ». On ne sait toujours pas aujourd'hui s'il s'agissait réellement du célèbre trésor de Troie : des équipes d'archéologues allemands et américains ont, en effet, découvert entre-temps que le « trésor de Priam » provient d'une époque beaucoup plus ancienne que le 13e s. avant Jésus-Christ, date à laquelle Homère situe la destruction de Troie.

Neuer Pavillon (Schinkel-Pavillon)*

Tlj sf lun. 10h-17h. 2€. ☎ (0331) 969 42 02. www.spsg.de

Frédéric-Guillaume III affectionnait un mode de vie bourgeois, entouré de ses nombreux enfants, dont deux : Charlotte, la future tsarine Alexandra Feodorovna, et Charles, qui fera édifier le château de Klein-Glienicke, naissent à Charlottenburg. En 1824, le roi épouse morganatiquement la jeune comtesse **Auguste von Harrach**, faite princesse de Liegnitz, et souhaite une résidence d'été. Elle fut construite sur une esquisse de Schinkel. La forme cubique de ce pavillon s'inspire d'une villa napolitaine où le souverain avait séjourné. Les façades sont très sobres. L'intérieur, incendié le 23 novembre 1943, a été fidèlement reconstitué, à l'exception du mobilier qui est de la même époque mais vient d'ailleurs. Les pièces sont simples et élégantes, ornées de papiers peints unis de couleurs vives, bordés d'une frise ; la cage d'escalier est peinte de grotesques pompéiennes. La pièce la plus réussie est celle donnant sur le jardin **(Gartensaal)**, où l'exèdre tendue d'une étoffe de soie bleue étoilée s'harmonise avec la blancheur des marbres et la ciselure exquise du mobilier en bronze. La reconstruction a transformé le pavillon en musée de l'Art du temps de Frédéric-Guillaume III contenant, entre autres, de nombreuses œuvres de Schinkel (dessins, esquisses de décors et un mystérieux *Paysage avec des arcades gothiques*, 1811) et deux panoramas d'Eduard Gaertner : *Panorama de Berlin* (1834), vue circulaire du centre historique depuis l'église de Friedrichswerder, et *Panorama du Kremlin*. On peut également admirer des œuvres du célèbre peintre de paysages romantique Caspar David Friedrich (*Morgen im Riesengebirge*), ainsi que des représentations de paysages très expressives de Carl Blechen.

Un peu avant d'arriver au belvédère, prendre une petite allée à gauche pour se rapprocher de l'étang.

Au milieu du petit pont de fonte rouge, belle **vue**** sur le château.

Belvédère*

Avr.-oct. : tlj sf lun. 10h-17h ; nov.-mars : tlj sf lun. 12h-16h, w.-end 12h-17h. 2€. ☎ (0331) 969 42 02. www.spsg.de

Le **Belvédère** (1789-90) est une construction charmante de **Carl Gotthard Langhans**, aux détails classiques. Frédéric-Guillaume II l'utilisait pour ses réunions de spiritisme sous l'influence de l'ordre des Rosicruciens (Rosenkreuzer). Sa façade est vert amande et blanc ; des hermès encadrent les fenêtres de l'attique ; des angelots dorés soutiennent une corbeille de fleurs au faîte du toit. Le Belvédère abrite un petit **musée*** de la Manufacture royale de porcelaine de Berlin, qui illustre l'histoire de la porcelaine berlinoise aux 18e et 19e s.

Mausoleum*

Avr.-oct. : tlj sf lun. 10h-17h. 1€. ☎ (0331) 969 42 02. www.spsg.de

La reine Louise était attachée au domaine de Charlottenburg et son époux, inconsolable à sa mort, décida d'y bâtir un mausolée où il fut enterré plus tard et qui devint un peu la crypte des Hohenzollern, accueillant également le premier couple impérial allemand, formé par Guillaume Ier et son épouse Augusta. À l'origine, seul

Le Belvédère.

H. Champollion/MICHELIN

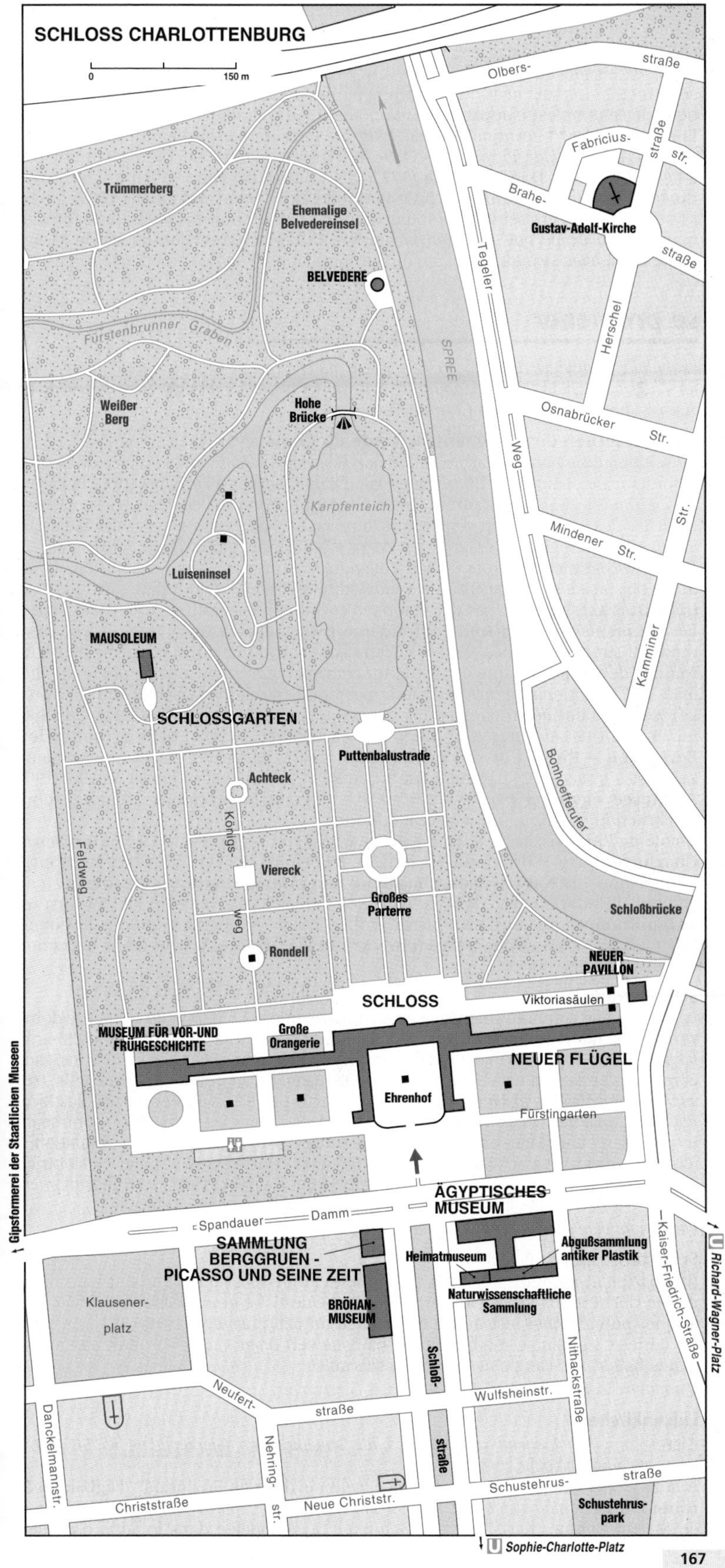
SCHLOSS CHARLOTTENBURG
0
150 m
Olbers-
straße
Fabricius-
straße
str.
Brahe-
Gustav-Adolf-Kirche
straße
Trümmerberg
Ehemalige Belvedereinsel
BELVEDERE
Tegeler
Fürstenbrunner Graben
SPREE
Herschel
Weißer Berg
Hohe Brücke
Osnabrücker
Str.
Weg
Karpfenteich
Mindener
Str.
Str.
Luiseninsel
Kamminer
MAUSOLEUM
SCHLOSSGARTEN
Puttenbalustrade
Bonhoefferufer
Achteck
Königs-
weg
Feldweg
Viereck
Großes Parterre
Schloßbrücke
Rondell
NEUER PAVILLON
SCHLOSS
Viktoriasäulen
MUSEUM FÜR VOR-UND FRÜHGESCHICHTE
Große Orangerie
NEUER FLÜGEL
Ehrenhof
Fürstingarten
Gipsformerei der Staatlichen Museen
ÄGYPTISCHES MUSEUM
Spandauer
Damm
SAMMLUNG BERGGRUEN - PICASSO UND SEINE ZEIT
Heimatmuseum
Abgußsammlung antiker Plastik
Kaiser-Friedrich-Straße
Richard-Wagner-Platz
Klausener-
platz
BRÖHAN-MUSEUM
Naturwissenschaftliche Sammlung
Schloß-
straße
Nithackstraße
Neufert-
straße
Wulfsheinstr.
Danckelmannstr.
Nehring-
str.
Schustehrus-
straße
Christstraße
Neue Christstr.
Schustehrus-park
Sophie-Charlotte-Platz

le petit temple dorique, construit en 1810 d'après les projets de **Heinrich Gentz**, servait de mausolée. La façade en grès fut remplacée par une autre en granit poli - le portique original se trouve dans l'île des Paons, *(voir Wannsee)*. L'adjonction d'une extension au 19e s. perturbe un peu les proportions et l'harmonie de la construction initiale, mais on est surpris par le mystère de l'environnement romantique de ce temple qui apparaît, soudainement, au bout d'une allée. Le **tombeau de la reine Louise**★★, terminé à Rome, parvint, après un périple de huit mois en mer, en mai 1815, à Charlottenburg. Cette œuvre en marbre de Carrare rendit son auteur, **Christian Daniel Rauch** (1777-1857), immédiatement célèbre. Le modelé fluide et sensuel du marbre, la pose naturelle et peu conventionnelle de la souveraine, les jambes croisées (le roi indiqua lui-même l'attitude du corps), la beauté des mains et du drapé que souligne la lumière diffuse, l'expression douce du visage contrastent avec la raideur des gisants de Guillaume Ier et de son épouse Augusta.

se promener

La balade commence dans la cour d'honneur du château de Charlottenburg (voir « visiter »). BUS 145 Schloß Charlottenburg à partir du S Westend ou du BUS 210 à partir du Tram Sophie-Charlotte-Platz ou S Charlottenburg.

Gardekasernen des Regiments « Garde du Corps »★★

La Schloßstraße bordée d'arbres et de bandes vertes débute juste en face de la cour d'honneur du château de Charlottenburg. Deux casernes à l'architecture classique, les bâtiments Stüler, encadrent cette allée qui mène au château. Ces célèbres casernes des gardes furent construites l'une en face de l'autre par Friedrich August Stüler pour le régiment « Garde du Corps », ancienne garde royale, entre 1851 et 1859. Ces bâtiments à trois étages s'élèvent sur un plan carré, chacun des côtés droits des façades reposant sur un soubassement articulé autour d'un portique central à trois axes soutenu par des colonnes corinthiennes et un pignon triangulaire. Les bâtiments de Stüler sont coiffés d'une petite coupole recouverte de cuivre et reposant sur des colonnes élancées. Cette lanterne (dôme vitré) en forme de petite rotonde de temple antique constitue un charmant ensemble avec le dôme du château de Charlottenburg, et souligne la position centrale de la Schloßstraße. Après la réparation des destructions de la guerre, le bâtiment le plus à l'Ouest, de 1960, fut transformé en musée d'antiquités et héberge depuis 1966 la **collection Berggruen - Picasso et son époque** (Sammlung Berggruen - Picasso und seine Zeit, *voir « visiter »*). Le bâtiment Est fut, quant à lui, aménagé à partir de 1966-1967 en **Musée égyptien** *(voir « découvrir »)*, intégrant les anciennes écuries, sobre construction en briques jaunes non enduites.
À côté de l'Ägyptisches Museum (Musée égyptien), on trouve le **Heimatmuseum Charlottenburg-Wilmersdorf** (Musée d'Histoire locale de Charlottenburg-Wilmersdorf), la **Naturwissenschaftliche Sammlung/Stadtmuseum Berlin** (collection d'Entomologie, de Géologie, etc./musée de la ville de Berlin) et l'**Abgußsammlung antiker Plastik** (collection de Moulages d'œuvres antiques, *voir « visiter »*). Le **Bröhan-Museum** est installé en face, à côté de la collection Berggruen *(voir « visiter »)*.

Schloßstraße

La promenade centrale, aménagée en 1840, offre une belle **perspective**★ sur le dôme vert-de-gris qui domine le château. La Schloßstraße était, à la fin du 17e s., la « rue large » (Breite Straße), habitée par des employés de la cour et bordée de maisons, sans étage, couvertes d'un toit à la Mansart (voir la maquette du premier hôtel de ville, bâti sur la Schloßstraße, au Heimatmuseum). À partir de 1830, villas et immeubles locatifs les remplacent. Des jardinets furent aménagés devant les immeubles, comme au **no 67**, demeure bâtie en 1873 et représentative des « années de fondation » (Gründerjahre). Aux **nos 56** et **45-47**, immeubles construits par Inken et Heinrich Baller pour l'exposition d'architecture internationale **IBA 1987** *(voir Invitation au voyage : « Une ville aux multiples facettes »)*, dont le style est reconnaissable.
Poursuivre vers l'Ouest et la Schustehrusstraße.

Schustehruspark

Il appartenait autrefois à la villa Oppenheim (1881-1882) que l'on peut voir, dissimulée derrière les arbres, dans l'angle Sud-Ouest. Le grand bâtiment à côté, en briques polychromes, est une école, édifiée un peu plus tard (1919-1922). En face, un curieux immeuble moderne, aux balcons vert-de-gris, que l'on doit aux architectes Baller, fait l'angle avec la Nithackstraße.
Poursuivre la Schustehrusstraße jusqu'à la Gierkeplatz.

Luisenkirche

Gierkeplatz. Pour la visite, retirer les clés au Gemeindebüro, Gierkeplatz 4. ☎ 341 90 61. www.gedaechtniskirche.com
À la fois église luthérienne et réformée, selon le désir de Frédéric Ier, l'**église de la reine Louise** a été bâtie entre 1712 et 1716, d'après les plans de Philipp Gerlach et de Martin Böhme. Karl Friedrich Schinkel l'a remodelée dans le style classique

entre 1823 et 1826, lui adjoignant une tour. C'est à cette époque que l'église prit le nom de la défunte reine Louise. Très endommagée par la guerre, l'église fut reconstruite entre 1950 et 1956 et son intérieur largement modernisé.

Poursuivre vers l'Est et l'Otto-Suhr-Allee.

Rathaus (R)

Otto-Suhr-Allee 100. L'**hôtel de ville**, construit de 1899 à 1905, date du bicentenaire de la fondation de Charlottenburg. La façade est massive, mais le campanile, d'une hauteur de 88 m, est intéressant. Il était le symbole de l'autonomie d'une commune aisée qui ne fut rattachée à Berlin qu'en 1920, après bien des réticences. On ne voulait pas, à l'époque, payer d'impôts pour les quartiers pauvres de la ville. Le décor *Jugendstil* peut être admiré sur le portail, le hall central et l'escalier principal.

Prendre la Warburgzeile, première rue après l'hôtel de ville en remontant l'Otto-Suhr-Allee vers l'Est.

Villa Kogge und Kraftwerk Charlottenburg

À l'angle de la Warburgzeile et de Alt-Lietzow s'élève, au bord de la petite place, une élégante villa néoclassique, la **villa Kogge** (1864). En poursuivant tout droit au bout du Lüdtgeweg, le visiteur découvre un **paysage industriel**★ assez inhabituel au bord de la Spree : l'élégante passerelle métallique *Siemenssteg* conduit à un château néogothique en brique, rouge et blanc, qui est la partie ancienne, construite en 1889-1890 et inspirée de l'architecture de la Marche de Brandebourg, de la **centrale électrique de Charlottenburg**.

Longer le Landwehrkanal en direction de l'Est.

Le **paysage fluvial**★ au confluent de la Spree, du Landwehrkanal et du Charlottenburger Verbindungskanal, sillonnés par les péniches et les bateaux de croisière, est remarquable. La berge est aménagée en promenade. On a peine à croire que l'on se trouve en plein cœur de la ville, que les cours d'eau semblent irriguer. En suivant la promenade, remarquer l'usine Siemens (Zwietuschwerk Siemens, 1925-1926, Salzufer 6-7) et son pignon à redents.

À hauteur du Marchbrücke, aller vers le Sud en empruntant la Marchstraße.

Ernst-Reuter-Platz

Cette place, qui porte le nom du bourgmestre berlinois Ernst Reuter (1947-1953), fut aménagée entre les années 1950 et 1970 pour devenir un nœud du trafic et entourée d'immeubles de bureaux. La place, dont le rayon a été conçu de telle sorte que l'on puisse en faire le tour à une vitesse de 80 km/h, constitue un exemple typique des conceptions architecturales de l'après-guerre qui visaient à faire de Berlin une ville moderne et soumise aux conditions de la circulation automobile. L'ovale central de la place abrite des jeux d'eau de Werner Düttmann.

Suivre l'avenue du 17-Juin en direction de l'Est.

Technische Universität

L'immense complexe de l'**université technique** s'étend autour de la Ernst-Reuter-Platz, ainsi que des deux côtés de l'avenue du 17-Juin. L'école, fondée en 1879 (à partir de la réunion de l'Académie d'architecture de 1799 et de l'Académie des arts et métiers de 1821, rejointes par l'École des mines en 1916), est devenue une université après la Seconde Guerre mondiale. Nombre des vastes bâtiments d'origine,

Centrale électrique de Charlottenburg.

datant de l'Empire, furent détruits durant la Seconde Guerre mondiale et remplacés par des immeubles modernes. Il est intéressant de faire le tour du campus universitaire, entre les bâtiments de Raschdorff et de Scharoun, car on découvre, un peu dissimulé derrière les bâtiments, le long de la Fasanenstraße *(à hauteur de la Hertzallee)*, des parties de constructions historiques en ruine, une sorte de petit « **musée à ciel ouvert de l'histoire architecturale berlinoise** ». On peut y voir une colonne issue du porche de l'ancien bâtiment de la cathédrale de Berlin, réalisé par Schinkel, ainsi que l'ancienne entrée de l'usine Borsig dans la Chausseestraße.

Charlottenburger Tor (A2)

Les effigies en bronze de la reine Sophie-Charlotte et de son époux, Frédéric Ier, se dressent de chaque côté de la **porte de Charlottenburg**, monumental édifice construit de 1904 à 1909. Les travaux effectués le long de l'axe Est-Ouest amenèrent à élargir la rue et à écarter ainsi les deux parties de la construction, qui perdit ainsi malheureusement ses harmonieuses proportions. Le célèbre **marché aux puces** s'étend du Charlottenburger Brücke jusqu'au pont du S-Bahn *(voir « carnet pratique »)*.

Avant d'atteindre la ligne de S-Bahn, emprunter la Bachstraße, sur la gauche, puis prendre de nouveau à gauche dans la Wegelystraße, où est installée la Manufacture royale de porcelaine (voir « visiter »).

visiter

Sammlung Berggruen – Picasso und seine Zeit★★

BUS 145 Schloß Charlottenburg à partir du S Westend ou du BUS 210 à partir du Tram Sophie-Charlotte-Platz ou du S Charlottenburg. Schloßstraße 1. Tlj sf lun. 10h-18h. 6€ (le billet à la journée est également valable dans les autres bâtiments des musées nationaux visités le même jour), gratuit 1er dim. du mois. ☎ 20 90 55 66. www.smb.spk-berlin.de

La **collection Berggruen – Picasso et son époque** est composée pour l'essentiel d'œuvres de **Pablo Picasso** qui donnent un aperçu des différentes facettes de son art. Placée sous le signe de « Picasso et son époque », la collection permet également d'admirer des œuvres de **Paul Klee** et d'**Henri Matisse**. On y trouve par ailleurs cinq œuvres d'art d'origine africaine, tel ce bronze remarquable du Bénin (vers 1600) et le *Grand Oiseau* (19e-20e s.), une sculpture de bois en provenance de Côte-d'Ivoire.

La partie de la collection consacrée à Picasso compte 85 œuvres – peintures, sculptures, gouaches et dessins – et couvre les différentes périodes d'activité créatrice de l'artiste. L'une des œuvres les plus anciennes, *Au café*, date de 1902. On accordera une attention particulière à l'étude à l'huile que Picasso réalisa pour son œuvre novatrice, *Les Demoiselles d'Avignon*. L'intéressant *Portrait de Georges Braque* (1909-1910) est exposé à proximité de deux réalisations de cet artiste (*Nature morte avec verre* et *Journal*, 1914). On peut admirer d'autres œuvres particulièrement intéressantes : *Nu assis, s'essuyant le pied*, un pastel de 1921 ; *Le Matelot* (1938), *Le Chandail jaune* (huile, 1939). L'eau-forte intitulée *Minotauromachie* (1935) porte l'inscription : « Pour mon ami Berggruen. » On peut également admirer le dessin à l'encre de Chine, *Le Peintre et son modèle*, qui date de 1971.

Au deuxième étage, plus de 50 œuvres de Paul Klee, que Heinz Berggruen appréciait tout particulièrement, sont avantageusement mises en valeur. On y trouve, entre autres, *Stadtartiger Aufbau (Structure urbaine)*, une aquarelle de 1917, l'aquarelle *Betrachtung beim Frühstück* de 1925 et le tableau *Klassische Küste* (1931). Des sculptures d'**Alberto Giacometti** (*Le Chat*, 1951 ; *Femme pour Venise IV*, 1956) viennent enrichir cette exposition. Quatorze œuvres d'Henri Matisse (telles que *Die Seilspringerin*) constituent le troisième point fort de la collection.

Un marchand d'art et un collectionneur

Natif de Berlin, **Heinz Berggruen** fait des études de lettres (il est diplômé de l'université de Toulouse) et entame une carrière de journaliste au *Frankfurter Zeitung*. D'ascendance juive, il est obligé de quitter l'Allemagne en 1936. Il reprend ses études à Berkeley, en Californie, et devient assistant de la conservatrice, avec qui il s'est lié d'amitié, du musée de San Francisco. Il est envoyé en Allemagne au lendemain de la guerre, à laquelle il a participé en tant que citoyen américain, pour collaborer à une revue destinée à réhabiliter l'« art dégénéré » aux yeux des Allemands. Sa protectrice de San Francisco lui propose de travailler avec elle à l'Unesco, à Paris. C'est là où, après avoir déniché un album de dessins de Lautrec, il ouvre une galerie, place Dauphine, dans l'île de la Cité. André Breton, Paul Éluard, Tristan Tzara servent d'intermédiaires auprès des artistes. Heinz Berggruen acquiert une renommée internationale dans le domaine des estampes, des gravures, des lithographies, après avoir organisé la première exposition de gravures de Klee en 1950 et des « papiers découpés » de Matisse en 1953. Il exporte vers l'Allemagne et les États-Unis. Lui-même commence à acheter des Klee, qu'il accumule par dizaines, et des Picasso. Il n'hésite pas à faire du troc, échangeant treize Matisse contre le *Paysage en automne* de Van Gogh.

Bröhan-Museum★

BUS 145 Schloß Charlottenburg à partir du S Westend ou du BUS 210 à partir du Tram Sophie-Charlotte-Platz ou du S Charlottenburg. Schloßstraße 1a. ♿ Tlj sf lun. 10h-18h. Fermé 24 et 31 déc. 4€. ☎ 32 69 06 00. www.broehan-museum.de

Ce musée des arts décoratifs de la période allant du *Jugendstil* (et de ses variantes française et belge l'Art nouveau) aux premiers exemples du design moderne (1889-1939), expose, dans des conditions de présentation d'une clarté remarquable, une autre collection d'origine privée : celle de **Karl H. Bröhan**. Le musée est une suite de salons. On admire l'incroyable bestiaire, non dénué d'humour, les femmes assises et les vases en forme de fleurs des porcelaines *Jugendstil* – les Danois y apportent une grande fraîcheur d'inspiration –, les verreries de Bohême, les meubles signés de tous les grands ébénistes de l'Art nouveau (Guimard, Majorelle) et de l'Art déco (Dominique Chareau, Süe et Mare, Ruhlmann, Iribe). Ces derniers sont présentés avec des porcelaines et de l'argenterie françaises ou danoises contemporaines, des tableaux de la Sécession berlinoise (Karl Hagemeister, Hans Baluschek), de la Nouvelle Objectivité (Willy Jaeckel), des toiles cubistes de Jean Lambert-Rucki et un magnifique ensemble d'œuvres en métal : luminaires, étains, chandeliers.

BRÖHAN-MUSEUM

Chandelier (Art déco-ouvrage en fer forgé) dans le Bröhan-Museum.

Prendre l'ascenseur ou l'escalier central pour parvenir au 3e étage.

Deux salles abritent des œuvres de jeunesse du Belge Henry van de Velde et de Josef Hoffmann, représentants de la Sécession viennoise. La grande salle, inondée de lumière, et sa mezzanine accueillent des expositions temporaires.

Heimatmuseum Charlottenburg-Wilmersdorf

BUS 145 Schloß Charlottenburg à partir du S Westend ou du BUS 210 à partir du Tram Sophie-Charlotte-Platz ou du S Charlottenburg. Schloßstraße 69. ♿ Tlj sf lun. et sam. 10h-17h, dim. 11h-17h. Fermé août, 24 et 31 déc. Gratuit. ☎ 902 91 32 01. www.charlottenburg-wilmersdorf.de

L'histoire de Charlottenburg est retracée dans ce petit **musée d'Histoire locale de Charlottenburg-Wilmersdorf**, situé derrière le musée égyptien. Une maquette en allumettes du corps central du château précède les gravures qui en illustrent l'extension ; l'une d'elles montre le cabinet des Porcelaines. Au centre de la salle, cloche (1646) de l'antique village de **Lutzow** et maquette de l'église de la reine Louise (Luisenkirche) avec son clocher pointu. Vous pouvez également visiter des expositions temporaires relatives à l'histoire régionale (et plus particulièrement à la culture et au rôle des femmes), ainsi que des expositions annuelles à Pâques et Noël.

Naturwissenschaftliche Sammlung/Stadtmuseum Berlin

BUS 145 Schloß Charlottenburg à partir du S Westend ou du BUS 210 à partir du Tram Sophie-Charlotte-Platz ou du S Charlottenburg. Schloßstraße 69a. ♿ Expositions temporaires tlj sf lun. 10h-18h. Gratuit. ☎ 342 50 30. www.stadtmuseum.de

Les différentes expositions temporaires des **collections d'Entomologie, de Géologie, etc./musée de la ville de Berlin** s'intéressent aux aspects de l'histoire naturelle et de la géologie de Berlin et de ses environs. Elles ont pour points forts les rapports entre l'homme et la nature, ainsi que la faune régionale (dont une collection d'œufs d'oiseaux d'Oscar Heinroth et des ours, animal héraldique de Berlin).

Abgußsammlung antiker Plastik

BUS 145 Schloß Charlottenburg à partir du S Westend ou du BUS 210 à partir du Tram Sophie-Charlotte-Platz ou du S Charlottenburg. Schloßstraße 69b. Jeu.-dim. 14h-17h. Fermé Noël. Gratuit. ☎ 342 40 54. www.abguss-sammlung-berlin.de

Cette **collection de Moulages d'œuvres antiques**, reconstituée après la guerre, perpétue une tradition vieille de trois siècles (elle fut fondée en 1695). L'éventail s'étend des idoles cycladiques du 3e s. avant J.-C. à l'art antique tardif vers 500 après J.-C., mais l'on peut surtout comparer à leurs originaux les reproductions des chefs-d'œuvre de la sculpture grecque et romaine dispersées dans les grands musées du monde. Un petit panneau renseigne très utilement sur chaque sculpture. Des expositions temporaires d'artistes modernes sont également présentées.

Lietzensee★

Ⓢ *Charlottenburg.* Le quartier qui entoure ce lac, coupé en deux par la Kantstraße, est peut-être le plus bourgeois de Berlin. Les rues et places bordées d'immeubles cossus, comme la **Leonhardtstraße** et l'Amtsgerichtsplatz, sont calmes. Pendant l'été, il est agréable d'y flâner et de s'asseoir, à l'extrémité Sud du lac, au bord de la **fontaine en cascade** qui y a été aménagée *(accès par la Dernburgstraße)*. Dans la Witzlebenstraße (nos 27-29), a été inaugurée en 2002 une intéressante église de la paroisse catholique **St. Canisius**. Les imposantes formes cubiques en béton brut de décoffrage qui rappellent la Chancellerie fédérale, forment un charmant contraste avec une chapelle en mélèze. L'énorme Christ, réalisé pour le précédent bâtiment des années 1950 qui a brûlé en 1995, dans le respect de la tradition de l'expressionnisme, par le sculpteur Gerhard Schreiter, a également retrouvé une place dans le nouveau bâtiment de l'église. Tout près de là, en retournant vers la station de S-Bahn Charlottenburg, on aperçoit le spectaculaire **immeuble IBA 1987**, Rönnestraße 17.

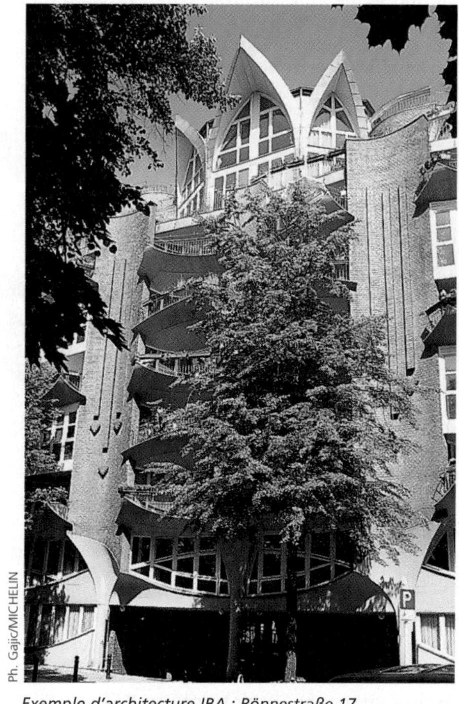

Ph. Gajic/MICHELIN

Exemple d'architecture IBA : Rönnestraße 17.

KPM

Ⓢ *Tiergarten. Wegelystraße 1. Renseignements au* ☎ *39 00 92 23. www.kpm-berlin.de. Voir également « carnet pratique ».*

La **Manufacture royale de porcelaine** (Königliche Porzellan Manufaktur ou KPM) fut créée il y a près de 250 ans. Les pièces fabriquées main par la KPM sont de qualité exceptionnelle. En 1763, **Frédéric le Grand** acquit la manufacture de porcelaine fondée par **Caspar Wilhelm Wegely** en 1751, puis celle de **Johann Ernst Gotzkowsky** et les rendit célèbres au niveau international. Le roi de Prusse dota la nouvelle manufacture de sa marque de fabrique : le sceptre bleu roi, qui garantit, jusqu'à aujourd'hui, la qualité de la maison. La manufacture bénéficie d'un nouveau concept : le visiteur peut non seulement découvrir le processus de fabrication de la porcelaine, mais également déjeuner et faire des achats sur place.

Maria Regina Martyrum★

Tram *Jakob-Kaiser-Platz. Heckerdamm 230-232* (**K**4, Carte Arrondissements extérieurs). Cet ensemble, construit dans les années 1960 à 1963 comme « église du souvenir des catholiques allemands en hommage aux martyrs pour la liberté de croyance et de conscience des années 1933-1945 » a été conçu en rapport direct avec le mémorial de Plötzensee *(voir ci-après)* par Hans Schädel et Friedrich Ebert. Sa construction fut financée par une collecte réalisée dans l'ensemble des diocèses allemands. Ce projet unique symbolisait une interpénétration entre la construction nouvelle, l'art moderne et l'interprétation théologique, faisant de cette église l'une des plus importantes du Berlin de l'après-guerre. Depuis 1984, un couvent de carmélites s'est installé juste à côté. Le campanile situé au-dessus de l'entrée fait penser à une tour de garde, le « **Feierhof** » à une place de revue. Vous pouvez y admirer un monumental chemin de croix en bronze réalisé par **Otto Hajek** (les différentes stations sont réunies en sept grands groupes). À l'extrémité de la cour, le bâtiment de l'église proprement dit ressemble à un cube qui reposerait sur trois murs transversaux. La sculpture du portail, « La Femme apocalyptique », sur le mur extérieur, est une œuvre de **Fritz Koenig**. Le chœur de l'église, bénéficiant d'un éclairage indirect, avec ses murs en béton brut, est dominé par un grand tableau de Georg Meistermann, ayant pour thème la vision de la « Jérusalem céleste ». Au cœur de la crypte, aménagée en tombeau, on remarque une pietà en mouvement, également exécutée par Fritz Koenig.

Gedenkstätte Plötzensee

BUS *123 Gedenkstätte Plötzensee (par exemple à partir du* S *Tiergarten). Hüttigpfad* (**A²**, Carte Arrondissements extérieurs). ♿ *Mars-oct. : 9h-17h ; nov.-fév. : 9h-16h. Fermé 1er janv., 23-26 et 31 déc. Gratuit.* ☎ *26 99 50 00. www.gdw-berlin.de*

Le **mémorial de Plötzensee** est un lieu de mémoire silencieuse érigé en hommage aux victimes du national-socialisme en Allemagne et à l'étranger. Entre 1933 et 1945, près de 3 000 hommes y furent exécutés après de fausses condamnations prononcées par la justice nazie. La plupart d'entre eux avaient résisté au régime, de quelque manière que ce fût, seuls ou en groupes. La salle où avaient lieu les exécutions est aujourd'hui une salle commémorative. La pièce qui lui est adjacente recèle des informations relatives à la pratique de la justice national-socialiste.

Gustav-Adolf-Kirche

S + Tram *Jungfernheide. Herschelstraße 14-15. À l'Est du parc du château, à hauteur du Belvédère.* Cette église (1932-1934) en béton armé et aux murs en briques vernissées, construite par **Otto Bartning**, compte parmi les plus originales et les plus intéressantes églises modernes de Berlin. Elle présente la forme d'un éventail, d'où sort son clocher.

Friedrich-Wilhelm-Stadt★

Aujourd'hui, derrière la Friedrichstraße commerçante, le quartier dominé par la tour de l'hôpital de la Charité est calme et retiré. Jusqu'à la chute du Mur, il mena une existence quelque peu en marge mais avec le déménagement du gouvernement, Friedrich-Wilhelm-Stadt, situé derrière le quartier du gouvernement et du Parlement, suscita de nouveau l'intérêt de l'opinion publique. Le quartier put ainsi profiter de la restructuration de nombreuses rues et de la restauration de bâtiments historiques. Outre des ministères et des partis, de nombreux cafés s'y sont également installés. Friedrich-Wilhelm-Stadt a ainsi perdu son charme d'antan, quelque peu désuet et presque provincial.

La situation

Mitte. Plan p.148-149 NOXY - Carte Michelin n° °33 H12, J12-13, K13. Tram *6 Friedrichstraße, Oranienburger Tor, Zinnowitzer Straße,* S *3, 5, 7, 9, 75 Friedrichstraße, Lehrter Bahnhof.* Friedrich-Wilhelm-Stadt, situé au Nord-Est du quartier gouvernemental, est délimité par les Friedrichstraße et Invalidenstraße, ainsi que par les canaux de navigation de la Spree et de Berlin-Spandau.

À voir dans les environs : MOABIT, MUSEUMSINSEL, REGIERUNGSVIERTEL, SPANDAUER VORSTADT, UNTER DEN LINDEN, WEDDING.

comprendre

Les militaires – Le quartier de Friedrich-Wilhelm-Stadt faisait autrefois partie du faubourg de Spandau et il demeura relativement peu construit jusqu'au 18e s. En 1710 est construit un hôpital militaire, la future Charité. Sous le règne de Frédéric II, un vaste bâtiment, l'**Invalidenhaus**, est réservé aux blessés de guerre, avec de grands terrains qui s'étendent jusqu'à la Chausseestraße et à l'enceinte de la ville. Ce nouveau quartier, entre-temps nommé **Friedrich-Wilhelm-Stadt**, connaît une période d'expansion durant l'époque Biedermeier (1830-1840). La présence de nombreux officiers, d'étudiants et de fonctionnaires lui vaut le surnom de « Quartier latin ». La **Luisenstraße** en est l'artère principale, reliée au faubourg de Dorotheenstadt par un pont (l'actuel Marschallbrücke) ; la **Friedrichstraße** est prolongée jusqu'à la porte d'Oranienbourg, devenant la rue la plus longue de la ville.

Feuerland – L'industrie berlinoise s'installe devant cette porte d'Oranienbourg, sur les terrains autrefois possédés par l'Invalidenhaus. Les invalides ne peuvent toutefois pas s'en occuper seuls, ce qui explique qu'ils la donnent en bail d'héritage, entraînant un nouveau régime de la propriété après les réformes de Stein-Hardenberg. Le mouvement est amorcé par la **Fonderie royale** au début du 19e s. Lors des guerres d'indépendance, des canons, des boulets de canon et 5 041 croix de fer y sont fabriqués. Il s'agit d'une usine modèle qui emploie alors des techniciens, des artisans et des artistes, tels que Schadow et Schinkel. Elle est toutefois fermée en 1874, sous la pression de la concurrence de fonderies privées. **Franz Egells**, compagnon serrurier, édifie en 1825 la première fonderie privée, le long de la Chausseestraße, avec l'aide de l'État, et devient ainsi le « père de la construction mécanique berlinoise ». Lui succèdent les usines de **August Borsig**, **August Pflug,**

carnet pratique

Pour les petites faims

Koffeinkombinat – *Chausseestraße 5 – Tram Oranienburger Tor – ☎ 28 09 41 00 – à partir de 8h, w.-end à partir de 10h.* Ce grand coffee shop, clair et édifié dans un style pur, situé juste en face du cimetière de Dorotheenstadt, propose, outre un grand choix de bagels, muffins et sandwiches, de nombreuses variétés de café. Son nom, Koffeinkombinat, ne fait en aucun cas référence au passé de la RDA.

Cafés, bistrots et bars

Café am Schiffbauerdamm – *Albrechtstraße 13 – S + Tram Friedrichstraße ☎ 28 38 40 49 – à partir de 10h.* Dans les salles claires ou sur la terrasse de ce café, situé dans une rue latérale calme de Friedrich-Wilhelm-Stadt, règne une agréable ambiance. On vous y servira, outre des gâteaux et des tartes, des sandwiches ainsi que des repas.

Friedrich Wöhlert et **Louis Schwarzkopff**. Ces derniers font du quartier le principal centre de la construction mécanique et du chemin de fer. La vingtaine de cheminées d'usines fumantes valent à ce quartier situé en bordure de la Chausseestraße le surnom de « Feuerland ».

Le « roi de la locomotive » – Jeune homme, charpentier de formation, **August Borsig** entre en 1825 chez Egells. Onze ans après, il fonde sa propre usine de locomotives sur un terrain voisin. Sa première commande concerne la fabrication de 116 200 vis pour les usines de chemin de fer situées entre Berlin et Potsdam. Un an plus tard, il construit un prototype de machine à vapeur puis, en 1841, les premières locomotives. Borsig devient en peu de temps le « roi de la locomotive ». En 1854 est achevé le 500e exemplaire, plus de la moitié de toutes les locomotives circulant en Prusse sortent alors de l'usine Borsig. Ces dernières représentent, avec leur vitesse élevée, de sérieuses concurrentes pour les locomotives anglaises. L'entreprise déménage en 1847-1848 à Moabit dans la plus grosse et la plus moderne usine d'Allemagne de l'époque, les installations locales étant fermées en 1886. En 1895, de nouveaux centres de production ouvrent leurs portes à Tegel. L'entrepreneur se fait construire une imposante villa au milieu d'un jardin botanique conçu par Lenné *(voir Reinickendorf : « Villa Borsig »)*.

découvrir

Remonter la Friedrichstraße vers le Nord à partir de la gare de Friedrichstraße.

La première façade que l'on aperçoit après le pont du S-Bahn, est celle de l'**Admiralspalast** (1910-1911), décorée de reliefs *Jugendstil*. Le 21 avril 1946, le SED *(Sozialistische Einheitspartei Deutschland)*, parti unique de la RDA, y fut fondé par un vote d'union des formations socio-démocrate et communiste du secteur soviétique. Le **Metropol-Theater** (T9), théâtre d'opérettes et de music-hall à l'avenir incertain, se trouve dans la cour.

Weidendammer Brücke

Le premier pont est bâti en 1685. L'ouvrage d'art actuel (1895-1897) est orné de lampadaires et d'aigles impériaux en fonte. Il offre, à l'Est et au Sud-Est, une vue sur un paysage contrasté, typiquement berlinois : le musée Bode, la tour de la Télévision et la gare de Friedrichstraße.

Schiffbauerdamm

Les constructeurs de navire (Schiffbau) eurent le droit de s'y installer en 1738.

Longer la Spree vers l'Ouest jusqu'à la Bertolt-Brecht-Platz.

Le théâtre du **Berliner Ensemble** ou « **BE** » (T10) perpétue la tradition brechtienne depuis sa fondation, en 1949, avec la représentation de *Mère courage (Mutter Courage)*. Avant-guerre s'y élevait le **Friedrichstadtpalast**, salle de théâtre au fantastique décor de stalactites de Hans Pœlzig, où Max Reinhardt et Erwin Piscator créèrent des mises en scène révolutionnaires.

Regagner la Friedrichstraße.

Friedrichstadtpalast (T11)

Cette nouvelle construction, inaugurée en 1984, est actuellement le plus grand théâtre de revues d'Europe (1 895 places) et le plus insolite bâtiment en dalles de béton (Plattenbau) de Berlin. Sa façade multicolore, décorée d'éléments orientaux et *Jugendstil*, donne déjà un avant-goût des grands shows auxquels vous pourrez assister à l'intérieur *(voir Informations pratiques : « Spectacles »)*.

Derrière, dans la Oranienburger Straße, se trouve le terrain vague qui s'étend à l'arrière de l'immeuble du **Tacheles** *(voir Informations pratiques : « Spectacles »)*.

En face du Friedrichstadtpalast commence la Reinhardtstraße.

Thomas-Dehler-Haus

Reinhardtstraße 14. Le FDP a fait de l'ancienne St. Maria-Viktoria-Stift (1912) son quartier général, qu'il put occuper à la fin des années 1990. Ce bâtiment à quatre étages a été construit dans le style de la Renaissance ouest-allemande. Sa façade tout en longueur est structurée autour de portiques ornementaux couronnés de pignons et revêtus de briques vernissées, les parties structurantes, telles que les encadrements de fenêtres, les portes et les saillies, étant richement décorées en grès travaillé. À l'angle des rues Reinhardtstraße et Albrechtstraße, on peut encore apercevoir un abri en surface datant des années 1940.

Regagner la Friedrichstraße.

Oranienburger Tor

Un mur peint, à l'angle de la Friedrichstraße et de la Torstraße, représente schématiquement l'ancienne **porte d'Oranienbourg**. Devant cette porte, le long de la Chausseestraße s'étendit, dans la 1re moitié du 19e s., la première région industrielle de Berlin, dont il ne reste aujourd'hui plus grand-chose. Avec la délocalisation de l'industrie en périphérie, les lieux de production installés à cet endroit furent, en effet, abandonnés et le terrain recouvert de *Mietskasernen.*

Bundesministerium für Bildung und Forschung (G7)

Hannoversche Straße 28-30. L'actuel **ministère de l'Éducation et de la Recherche** occupe un terrain berlinois riche en histoire et en bouleversements : sous le règne de Frédéric le Grand, on commença à ériger le long de la Hannoverschen Straße, devant le mur d'octroi (Akzisemauer), une « caserne de la garde-artillerie à cheval ». Le bâtiment et ses écuries furent achevés au début du 19e s. Ils furent ensuite remplacés peu avant la Seconde Guerre mondiale par un bâtiment collectif prévu pour deux compagnies de mitrailleuses. Après la démilitarisation forcée, la « Polizeischule Mitte » (école de police du quartier de Mitte) y élut domicile. Après la Seconde Guerre mondiale, Hans Scharoun racheta le bâtiment pour son **Institut für Bauwesen der Deutschen Akademie der Wissenschaften zu Berlin**, future Académie allemande des beaux-arts de la RDA ; d'importants plans furent élaborés ici pour la reconstruction de Berlin-Est et de la RDA. Dans les combles furent aménagés de vastes ateliers et des bureaux clairs. La période de détente entre l'Est et l'Ouest depuis l'arrivée au pouvoir de Willy Brandt entraîna la signature du Traité fondamental (Grundlagenvertrag) qui prévoyait également l'ouverture de représentations diplomatiques. La « **Représentation permanente de la République fédérale auprès de la République démocratique allemande** » s'installa alors dans ce bâtiment inoccupé. En 1974, Günter Gaus y emménagea avec ses collaborateurs ; contrairement à ces derniers, cette institution ne possédait pas de statut diplomatique de droit international. Peu avant la fin de la RDA, cette région située en dehors du territoire de la République fédérale, bien que très surveillée par la Stasi, attira les réfugiés qui souhaitaient ainsi obtenir par la force leur installation en République fédérale. Après la chute du Mur, le double siège du ministère de la Formation et de la Recherche fut installé à cet endroit. Les lieux furent restructurés, le toit de Scharoun reconstruit et le tout modernisé pour donner une construction nouvelle de six étages reposant sur des supports en biseau et se distinguant surtout du bâtiment d'origine par sa partie supérieure d'un rouge brillant.

Ministère de l'Éducation et de la Recherche.

S. Müller/BMBF Berlin

Katholische Akademie (K[1])

Chausseestraße 128/Hannoversche Straße 5. Le double terrain des Hannoversche Straße et Chausseestraße a connu un passé mouvementé. En 1777, sous le règne de Frédéric le Grand, est construit à cet endroit le premier cimetière catholique après la Réforme. Il est ensuite fermé au 19e s. en raison de difficultés financières ; les tombes sont alors déplacées et le terrain d'abord donné à bail, puis construit après 1900. Les premières entreprises du secteur automobile, essentiellement des constructeurs de fiacres, puis les premiers constructeurs automobiles, s'y installent peu de temps après ; depuis les années 1930, un garage y a également élu domicile. Après la guerre, l'Armée rouge y fait réparer ses véhicules et, plus tard, des véhicules des marques Traban, Wartburg, Moskwitsch et Wolga y seront également réparés. En 1991, le terrain de l'Église catholique est de nouveau transféré. Depuis, cet endroit accueille plusieurs constructions nouvelles reliées les unes aux autres par des cours publiques, édifiées d'après les plans du cabinet d'architectes *Höger Hare Architekten.* L'idée est, d'une part, de respecter la structure caractéristique de la ville de Berlin, articulée autour de cours et, d'autre part, de concevoir le nouveau bâtiment comme une interprétation moderne d'un bâtiment conventuel. Ces constructions abritent, entre autres, le **bâtiment de la Deutsche Bischofskonferenz** (Conférence épiscopale allemande) de Berlin, des bureaux de diverses institutions catholiques, un centre de congrès avec auditorium (qui accueillit en l'an 2000 de nombreuses audiences dans le cadre de la commission d'enquête sur les dépenses des partis) et l'Académie catholique.

L'**église St.-Thomas-d'Aquin**, construction moderne très riche en sculptures, constitue le cœur de cet ensemble inauguré en 1999. Les murs de 9 m de haut se composent de couches de dalles plates et longues en granit Silvestre, la même que celle qui fut utilisée pour la cathédrale de Saint-Jacques-de-Compostelle. Des plaques de verre de Thuringe ont été intégrées dans la maçonnerie, de telle sorte que la lumière peut percer à travers les lourds murs de pierre ; ces plaques deviennent de plus en plus nombreuses à mesure que s'élève l'édifice. Le mur de pierre se transforme ainsi en mur de verre, de plus en plus lumineux. L'édifice vit du contraste étonnant entre solidité, matérialité et simplicité de l'espace, d'une part, et dispersion, transparence et multiplicité de la lumière, d'autre part.

Chausseestraße

BUS *Schlegelstraße.*

Bien des célébrités ont habité ou exercé leur activité dans cette rue : Brecht, Borsig, Liebknecht et, plus récemment, le poète contestataire est-allemand **Wolf Biermann**. Au n° 13, on aperçoit un ancien bâtiment administratif des entreprises Borsig, de style néo-Renaissance. Son entrée est surmontée d'un forgeron grandeur nature portant les initiales A.B. (August Borsig). Un peu plus haut, sur le trottoir de gauche, un petit espace vert occupe l'emplacement de l'immeuble *(Chausseestraße 121)*, détruit pendant la guerre *(stèle)*, où l'avocat **Karl Liebknecht** avait son cabinet. Le n° 125 héberge le **Brecht-Weigel-Gedenkstätte** (maison du couple Brecht-Waigel, *voir « visiter »*).

Dorotheenstädtischer und Französischer Friedhof★ (K[3])

Le **cimetière de Dorotheenstadt** *(Chausseestraße 126)*, qui fut ouvert en 1762, abrite les sépultures de nombreuses personnalités. C'est en effet ici que reposent des artistes comme Schinkel, Schadow et Rauch, des philosophes (Hegel, Fichte), des écrivains (Bertolt Brecht, Anna Seghers, Heinrich Mann, Heiner Müller), des compositeurs (Eisler, Dessau) et de nombreux autres personnages célèbres (dont August Borsig). Le **Cimetière français** *(Chausseestraße 127)*, qui jouxte le premier, fut créé pour la communauté huguenote de Berlin en 1780. On peut y voir notamment le monument en marbre néoclassique, dessiné par Schinkel en 1840 et dédié à la mémoire du précepteur des princes de Prusse, Friedrich Ancillon.

Museum für Naturkunde★★

Construit entre 1883 et 1889 par l'architecte berlinois August Tiede, le **musée d'Histoire naturelle** appartient, avec le ministère de la Construction et des Transports (Bau- und Verkehrsministerium) à l'Ouest et l'ancien « Königlich Landwirtschaftliche Lehranstalt » (actuel Institut für Agrarwissenschaften) à l'Est, à un important complexe de bâtiments néo-Renaissance, qui constitue l'ensemble architectural le plus important réalisé par les successeurs de Schinkel *(voir description de l'exposition dans « visiter »)*.

Bundesministerium für Verkehr, Bau- und Wohnungswesen (G[3])

Invalidenstraße 44. Le **ministère des Transports, de la Construction et du Logement** fut constitué sous le chancelier fédéral Gerhard Schröder à partir de deux ministères, l'un établi dans l'aile Ouest du complexe d'August Tiede *(voir ci-avant)* et l'autre dans un bâtiment administratif nouveau et dépouillé. La partie ancienne de l'édifice fut réalisée entre 1875 et 1878 pour accueillir l'« Institut royal de géologie et des mines » (Königlich Geologische Landesanstalt und Bergakademie), avec un musée de la construction et de la métallurgie, ainsi qu'une bibliothèque, puis agrandie à deux reprises, dans les années 1890 et 1910. La construction nouvelle à l'apparence quelque peu austère, achevée en 2001, est une œuvre de l'architecte Max Dudler. La façade, qu'il a réalisée avec de grandes dalles, tranche nettement avec la partie plus ancienne du bâtiment.

Bundesministerium für Wirtschaft und Arbeit (G[4])

Scharnhorststraße 35-37. D'anciens bâtiments datant de trois siècles ont été aménagés pour héberger le **ministère de l'Économie et du Travail**, puis un nouvel édifice leur a été accolé.

Peu après la seconde guerre de Silésie, d'importantes mesures socio-politiques furent prises pour en finir avec le problème des nombreux invalides sans pension, mendiant et maraudant. Entre 1746 et 1748, on construisit ainsi devant le mur d'enceinte de la ville l'**Invalidenhaus**, qui fut pourvu de vastes terres (ensablées) devant pourvoir aux besoins des victimes de guerre et de leurs familles. Les invalides y demeurèrent jusqu'en 1939, avant de déménager à Frohnau dans le nouveau bâtiment construit pour eux. Le complexe fut sérieusement endommagé durant la Seconde Guerre mondiale. Il ne reste aujourd'hui de l'ancien édifice à trois ailes que les deux ailes latérales. La Wehrmacht, puis l'Armée rouge installèrent ensuite un hôpital (militaire) à cet emplacement.

Entre 1905 et 1910, les célèbres architectes Wilhelm Cremer et Richard Wolffenstein érigèrent dans le jardin de l'Invalidenhaus, le long de l'Invalidenstraße, une quatrième aile du bâtiment, dans le style néo-baroque du wilhelminisme, pour héberger la « **Kaiser-Wilhelm-Akademie für das militärärztliche Bildungswesen** », Académie de l'empereur Guillaume pour la formation de médecins militaires (avec des auditoriums, des laboratoires, des salles des fêtes, des bureaux et des logements de fonction). Après la guerre, la Cour suprême de la RDA se réunit, entre autres, à cet endroit, qui hébergeait également le ministère public. Des parties du bâtiment furent ensuite attribuées à l'hôpital des Diplomates et du Gouvernement (1973-1990). Après la chute du Mur, l'ancien Invalidenhaus redevint un bâtiment à trois ailes grâce à l'adjonction d'une construction nouvelle (rappelant le bâtiment historique d'origine quant à sa taille, la structure de sa façade et la forme de son toit) et le bâtiment de l'Académie fut aménagé en tenant compte à la fois des considérations historiques et des exigences de fonctionnement actuelles du ministère. Le toit fut surmonté de l'une des plus grandes installations photovoltaïques du pays.

Une promenade accueille, par ailleurs, les visiteurs entre le ministère et le canal de navigation de Spandau.

Suivre la Scharnhorststraße jusqu'au cimetière des Invalides.

Invalidenfriedhof

Une partie du **cimetière des Invalides**, ouvert en 1748, fut détruite lors de la construction du Mur, ce qui entraîna la disparition de nombreux monuments et pierres tombales remarquables, dont certains ont toutefois été restaurés depuis. La tombe monumentale du général prussien **Von Scharnhorst** (1755-1813) fut réalisée en 1834 sur des plans de Schinkel ; les bas-reliefs sont l'œuvre de Friedrich Tieck et c'est Christian Daniel Rauch qui dessina le modèle du lion de bronze.

Regagner l'Invalidenstraße.

Bundesgeschäftsstelle Bündnis 90/Die Grünen

Platz vor dem Neuen Tor 1. Les Verts de la coalition (Bündnis) ont choisi cette maison de rapport berlinoise de la fin du 19e s., plutôt simple, pour installer le bureau national de leur parti inauguré en 1999. Déjà avant la Seconde Guerre mondiale, le bâtiment n'était plus utilisé à des fins de logement, abritant alors temporairement les bureaux d'une entreprise de biscuits pour chiens. Après les destructions de la guerre, la façade d'origine en stuc ne fut pas reconstruite. Comme dans de nombreux autres bâtiments berlinois, elle fut remplacée par une façade en crépi, peinte en jaune vif dans le cadre des travaux de rénovation.

À l'angle de la Hannoversche Straße, on aperçoit encore dans la cour un petit bout de l'ancien **mur d'octroi** (Akzisemauer) à travers le grillage de la porte.

Suivre la Luisenstraße.

La tour du centre chirurgical de l'hôpital de la **Charité**, construction de prestige bâtie entre 1977 et 1982 pour une capacité de 30 000 patients par an, domine la Luisenstraße.

Tierarzneischule (T[12])

Luisenstraße 56. Le style classique de ce bâtiment à trois ailes de l'**ancienne École supérieure vétérinaire royale** (1839-1849), fondé en 1790, est représentatif de l'école de Schinkel. Les bustes en relief que l'on peut admirer dans les coins du corps central du bâtiment sont ceux de célèbres médecins vétérinaires. Le passage situé à gauche de l'école conduit à un jardin qui héberge différents pavillons, appréciés des étudiants par beau temps. Ici se dresse également l'élégant **théâtre d'anatomie★**, construit par Langhans à la fin du 18e s. L'intérieur du dôme fut décoré par Rode de personnages allégoriques et d'une architecture en trompe-l'œil.

Charité★

L'entrée principale de la clinique universitaire de la Charité se trouve à l'angle de la Luisenstraße et de la Schumannstraße.

La réunion d'un lazaret *(Pesthaus)*, établi en dehors des murs de la ville devant la porte de Spandau, avec le *Collegium Medico-Chirurgicum* conduit à la fondation de la Charité en **1710**. Ce lazaret de la garnison *(Garnisonslazarett)* devient hôpital général en 1726. Au début du 19e s., les patients en surnombre y reçoivent des soins rudimentaires ; Frédéric-Guillaume III fait le voyage de Paris pour venir y consulter un dentiste. Le Silésien **Schleiermacher**, prédicateur à la Charité, se fait remarquer en conseillant le divorce aux épouses malheureuses. Mais la Charité est annexée à l'université en 1810 et acquiert la réputation d'un centre de recherches. Tous les grands noms de la médecine du 19e s. vont y pratiquer : Christoph Wilhelm Hufeland, médecin personnel de la reine Louise, Rudolf Virchow, Robert Koch et Ferdinand Sauerbruch, spécialiste de la chirurgie du thorax.

La promenade à travers les **pavillons★**, à pignons néogothiques en brique, qui sont autant de cliniques spécialisées (on dispose également d'une belle vue depuis le S-Bahn, entre la gare de Lehrte et la Friedrichstraße), est incontournable. Le système pavillonnaire a été inventé à la Charité et appliqué à l'hôpital Rudolf Virchow *(voir Wedding)*. Le vaste terrain de la Charité héberge également le **Musée berlinois de l'histoire de la médecine** (Berliner Medizinhistorische Museum, *Schumannstraße 20-21 ; voir « visiter »*).

Schumannstraße★

Cette rue bordée de jolies façades Biedermeier, peintes de couleurs claires, conduit à deux célèbres théâtres qui se dressent, côte à côte, sur une petite place en retrait : le **Deutsches Theater** (*au n° 13,* **T**[13]) et les **Kammerspiele** (**T**[14], *voir Informations pratiques : « Spectacles »*). Fondé en 1883, le *Deutsches Theater* monte d'abord les opérettes d'Offenbach, puis rivalise avec le *Schauspielhaus (voir Gendarmenmarkt)* en créant des œuvres d'auteurs modernes, notamment Ibsen et Strindberg. Le metteur en scène viennois **Max Reinhardt** s'y illustre dans les années 1920, en même temps qu'il révolutionne la scénographie avec pour mot d'ordre : « le vrai à tout prix ».

Regagner la Luisenstraße.

Karlplatz

Le monument **Rudolf-Virchow-Denkmal** (1910) illustre l'action de ce célèbre médecin. Ses grands exploits scientifiques sont représentés par le combat d'un Titan et d'un sphinx. On aperçoit le médecin lui-même sur un relief de bronze qui orne le socle.

Ehemaliges Kaiserliches Patentamt

Luisenstraße 34. Ce bâtiment administratif à l'ambition hautement représentative fut construit pour l'autorité impériale de l'**Office des brevets** par l'architecte August Busse entre 1887 et 1891. La décoration de la façade, réalisée par Otto Lessing dans le style néobaroque, heureusement préservée, constitue un magnifique exemple du besoin de représentation de l'État wilhelminien à la fin du 19e s. Après une courte occupation de ce bâtiment, l'Office des brevets déménagea dès 1905 dans une construction nouvelle de Kreuzberg, dans la Gitschiner Straße. Ce somptueux édifice fut ensuite occupé par diverses autorités, telles que l'Office impérial de jaugeage (Kaiserliches Schiffsvermessungsamt), la Bärenlotterie (VEB Vereinigte Glücksspiele, association des jeux de hasard), ou le ministère public de la RDA. De 1998 à 1999, des bureaux des députés du Bundestag y furent installés.

Depuis cet endroit on regagne notre point de départ en passant au-dessus du Schiffbauerdamm.

visiter

Museum für Naturkunde★★

Tram *Zinnowitzer Straße. Invalidenstraße 43.* ♿ *Tlj sf lun. 9h30-17h, w.-end 10h-18h. Fermé 24-25 et 31 déc. 3,50€.* ☎ *20 93 85 91. www.museum.hu-berlin.de*

Le fonds de ce **musée d'Histoire naturelle** compte plus de 25 millions d'objets zoologiques, paléontologiques, minéralogiques et géologiques. L'exposition vise à informer le public sur l'évolution et la diversité de la vie sur la Terre. Dans la salle des sauriens, qui abrite un **squelette original du brachiosaurus brancai** (23 m de long et 12 m de haut), on découvre, outre d'autres squelettes de sauriens (dont des reptiles marins), un squelette exceptionnellement bien conservé de l'oiseau primitif **archéoptérix**, découvert dans la pierre calcaire de Solnhofen. On n'en recense que sept exemplaires dans le monde entier. De nombreux animaux naturalisés et dioramas (dont le grand diorama des Alpes bavaroises, réalisé entre 1918 et 1925) illustrent la diversité des espèces de sauriens, reptiles et poissons. Il ne faut pas non plus manquer d'admirer la plus vaste collection de météorites d'Allemagne, ainsi que plus de 1 000 minéraux (provenant également en partie de la collection historique d'Alexandre von Humboldt).

Musée d'Histoire naturelle – Squelette du brachiosaurus brancai.

Brecht-Weigel-Gedenkstätte

Tram *Oranienburger Tor. Chausseestraße 125. Visite guidée (30mn) tlj sf lun. 10h-11h30, jeu. 10h-11h30, 17h-18h30, sam. 9h30-11h30, 12h30-13h30, dim. 11h-18h. Fermé j. fériés. 3€. ☎ 283 05 70 44. www.adk.de*

Le bâtiment en façade (Brecht-Haus) abrite les archives brechtiennes, un forum littéraire et une librairie (Buchhandlung Am Brecht-Haus). La bibliothèque (avec quelque 4 000 ouvrages), le séjour et la chambre de Brecht, au premier étage du bâtiment côté cour, sont des pièces claires mais plutôt austères. Des calligraphies chinoises et des portraits de Confucius pendent aux murs. L'appartement d'Hélène Waigel, au rez-de-chaussée, de plain-pied sur le jardin, est plus accueillant ; de la vaisselle en faïence blanche et bleue décore la cuisine. Toutes les pièces ont été conservées dans leur état d'origine.

Tourner à l'Ouest dans l'Invalidenstraße.

Berliner Medizinhistorisches Museum

Tram *Oranienburger Tor. Schumannstraße 20-21. Tlj sf lun. 10h-17h, mer. 10h-19h. Fermé j. fériés. 4€. ☎ 450 53 61 56. www.bmm.charite.de*

Outre 1 000 animaux naturalisés, issus du Musée pathologique ouvert en 1899 par Rudolf Virchow dans la Charité de Berlin, on peut également découvrir dans ce **Musée berlinois de l'histoire de la médecine** des ouvrages et instruments historiques, ainsi que l'histoire de la médecine à Berlin et plus particulièrement à la Charité.

Friedrichshain

Le plus petit et le plus peuplé des 23 arrondissements berlinois d'autrefois, aujourd'hui associé à Kreuzberg du point de vue administratif et technique, présente plusieurs facettes. Il s'agit tout d'abord d'un arrondissement ouvrier et industriel traditionnel avec une grande concentration de Mietskasernen. Malgré les dommages provoqués par la guerre, particulièrement dévastateurs en raison des industries nombreuses le long de la Spree et de la situation géographique de l'arrondissement, à l'Est du centre-ville – d'où l'Armée rouge combattait pour atteindre le quartier gouvernemental rue par rue, bloc par bloc – on trouve aujourd'hui encore des pans entiers de rues bordés de Mietskasernen wilhelmiennes. À côté des terrains industriels en ruine et abandonnés, les différentes phases de l'histoire architecturale de la RDA marquent de leurs empreintes l'aspect de Friedrichshain le long de l'ancienne Stalinallee (actuelle Karl-Marx-Allee). Au cours des dernières années, après que les loyers eurent considérablement augmenté à Mitte et dans le Prenzlauer Berg, la jeune scène artistique créative a choisi de s'installer à Friedrichshain.

La situation

Friedrichshain-Kreuzberg. Plan p. 146-147 MTUVX - Carte Michelin n° 33 J 16-19, K16-20, L16-20, M17-20, N 18-20, P20-21. Tram *5 Alexanderplatz, Schillingstraße, Strausberger Platz, Weberwiese, Frankfurter Tor, Samariter Straße, Frankfurter Allee,* Tram *1, 12, 15 Warschauer Straße, Schlesisches Tor,* S *3, 5, 7, 9, 75 Alexanderplatz, Ostbahnhof, Warschauer Straße,* S *8, 41, 42 Landsberger Allee, Frankfurter Allee.* La Karl-Marx-Allee, qui part de l'Alexanderplatz et s'achève à la Frankfurter Tor, est l'axe central de Friedrichshain. Outre les gares de S-Bahn et de U-Bahn d'Alexanderplatz et de Frankfurter Allee, en périphérie du quartier, l'Ostbahnhof est également un nœud important du trafic de Friedrichshain. Le quartier branché de Friedrichshain est situé le long et autour de la Simon-Dach-Straße.

À voir dans les environs : ALEXANDERPLATZ, KREUZBERG, LICHTENBERG, NIKOLAIVIERTEL, PRENZLAUER BERG, TREPTOW.

comprendre

Les Ringvereine – Le 29 décembre 1928, deux membres de la société secrète *Norden*, dont le président est Adolf Leib, appelé « *Muskel-Adolf* », font irruption dans un restaurant de Friedrichshain et demandent de l'aide aux membres d'une autre société secrète : un des leurs a été poignardé par un charpentier travaillant sur le chantier de la station de métro Breslauer Straße (aujourd'hui Ostbahnhof) ! Le meurtrier est identifié, mais il est soutenu par ses collègues qui viennent à sa rescousse ; les membres des sociétés secrètes accourent : en tout 200 combattants armés de couteaux, revolvers, gourdins. La bagarre dure 20mn. Elle met en évidence l'activité souterraine des « **Ringvereine** ». Celles-ci, nées à la fin du 19e s., sont d'abord des réseaux d'entraide pour les prisonniers libérés, puis une association, fondée en 1898, *Ring-Berlin*, les fédère. Ces associations, 85 en 1933, dont les noms offrent une image de respectabilité : *Geselligkeit* (« convivialité »), *Immertreu* (« toujours fidèle »), font partie de la pègre. Elles dominent les établissements de plaisir, procurent des alibis, payent les avocats, font pression sur les témoins. Les enterrements de ses membres sont pompeux. La police les tolère, car elles permettent, dans une certaine mesure, de contrôler les bas-fonds et épargnent ainsi surveillances et recherches. Après la bataille de la Breslauer Straße, *Immertreu* et *Norden* sont interdites. Un procès s'ouvre à Moabit, en particulier contre « *Muskel-Adolf* » et sept membres de *Immertreu*. C'est une victoire pour les *Ringvereine* : la défense est efficace ; les témoins ne se souviennent de rien ou sont démentis. « *Muskel-Adolf* » est condamné à dix mois de prison ; l'interdiction des deux associations est levée. « *Muskel-Adolf* » inspire **Fritz Lang** pour son film *M le Maudit*, où l'acteur **Gustav Gründgens** est le chef des *Ringvereine* qui vont poursuivre, démasquer et juger l'assassin d'enfants. Les *Ringvereine* sont toutefois définitivement abolies par les nazis en 1934. Leurs membres, considérés comme des criminels professionnels, sont internés dans les camps de concentration.

Le soulèvement de juin 1953 – Berlin-Est est le centre de la première révolte survenant dans le bloc communiste. En 1952-1953, la situation se détériore en RDA, le pays continuant à subir les dommages de la guerre, les réparations, ainsi que des démontages d'installations industrielles. La collectivisation de l'agriculture (qui entraîne une augmentation des désertions des campagnes et de la République) et la consolidation forcée de l'industrie lourde dans le cadre d'un plan quinquennal entraînent des pénuries alimentaires et la dégradation des conditions de travail de tous. Le 28 mai 1953, l'augmentation de 10 % des normes de productivité met le feu aux poudres – la colère monte au sein de la population. Les dirigeants réagissent, certes, en diminuant les prix et en promettant de mener à bien la collectivisation de l'agriculture, mais l'augmentation des normes de productivité, visant avant tout les ouvriers, n'est en aucun cas remise en cause. Le 16 juin, 70 maçons du « bloc 40 » du chantier de la Stalinallee, pourtant réputés sûrs jusqu'alors, décident ainsi de débrayer et défilent sur l'Alexanderplatz avec des banderoles : « Non à la hausse des normes ! », bientôt remplacées par des slogans politiques. Les badauds s'attroupent et convergent vers les centres de pouvoir. Un appel est lancé à tous les travailleurs le **17 juin** ; 400 000 grévistes sont recensés. Les manifestants incendient le siège du journal du SED et réclament des élections libres ; les prisonniers sont libérés. Ce soulèvement touche plus de 400 localités et quelque 600 entreprises de RDA.

Le pouvoir paraissant impuissant, les Soviétiques se décident à intervenir : l'état d'urgence et le couvre-feu sont proclamés. Soutenue par les militaires soviétiques, la police populaire opère avec une extrême brutalité. Plusieurs grévistes sont tués et des milliers de « provocateurs » arrêtés. Plus de 50 membres de la police populaire et de l'Armée rouge, qui avaient refusé de tirer sur les manifestants, sont également exécutés militairement. On ne connaît pas précisément le nombre de victimes. Les Occidentaux ne bougent pas, les sphères d'influence étant bien

carnet pratique

Cafés, bistrots et bars

Voir aussi Informations pratiques : « Cafés, bistrots et bars, Quartiers de la Scène ».

Café Ehrenburg – *Karl-Marx-Allee 103 – Tram Weberwiese – ☎ 42 10 58 10 – à partir de 9h.* Les restaurants sont plutôt rares en bordure de la longue Karl-Marx-Allee ; on apprécie ainsi d'autant plus le Café Ehrenburg, aménagé dans un style pur mais élégant. Vous y dégusterez de petits en-cas, tels que des sandwiches et des *tramezzini* ; un bar à cocktails est également à votre disposition le soir.

Conmux – *Simon-Dach-Straße 35 – S + Tram Warschauer Straße, Tram Frankfurter Tor – ☎ 291 38 63 – à partir de 9h30.* Les déchets de métal et les objets paléolithiques que l'on trouve à l'intérieur font l'intérêt de ce bistrot de la Scène, qui compte parmi les plus célèbres de Friedrichshain, ce qui lui vaut également son deuxième nom : « la galerie des tableaux en tôle ».

EM-Bar – *Gabriel-Max-Straße 17 – S + Tram Warschauer Straße, Tram Frankfurter Tor – ☎ 29 00 39 29 – www.em-bar.de – à partir de 10h.* L'EM-Bar dispose d'un très long comptoir et offre un choix de cocktails en conséquence. Tous les jours entre 18h et 20h, vous pouvez déguster trois cocktails au choix pour 3,50€, 4€ ou 4,50€.

Paules Metal Eck – *Krossener Straße 15 – S + Tram Warschauer Straße, Tram Frankfurter Tor – ☎ 291 16 24 – à partir de 12h.* Ce sombre bistrot, dont les clients semblent grognons, est le plus ancien établissement de la Simon-Dach-Straße. Il porte bien son nom puisqu'on peut y entendre de la musique hard-rock et heavy-metal.

délimitées dans cette période de guerre froide. Le 17 juin sera le jour férié national en RFA jusqu'en 1990 et l'avenue du 17-Juin *(voir Tiergarten)*, qui prolonge Unter den Linden de chaque côté de la porte de Brandebourg, rappelle aujourd'hui encore ce soulèvement.

découvrir

De la Porte de Francfort au Parc de Friedrichshain

Tram *Frankfurter Tor.*

Karl-Marx-Allee★★

Le roi Frédéric Ier, tout juste couronné, emménagea à Berlin, en bordure de l'ancienne Reichsstraße 1, lorsqu'il revint de Königsberg. L'axe principal en direction de l'Est fut presque entièrement détruit au cours de la guerre. Les premières mesures de déblayage et de reconstruction dans la partie Est de la ville concernèrent ainsi cette portion de rue, qui devint à partir de 1952 une avenue de prestige de la RDA, contre-exemple et alternative de l'ancien boulevard de prestige Unter den Linden. Cet axe de la circulation de 2 km de long porta le nom de **Stalinallee** entre 1949 et 1961.

On distingue trois phases distinctes dans l'évolution de l'architecture et de l'urbanisme. En dépit de différences dans leur réalisation et leur esthétique, tous les plans étaient guidés par une même idée, à savoir la création d'un nouveau type d'habitation qui romprait avec le modèle d'autrefois jugé inhumain des

Vue sur la Karl-Marx-Allee.

H. Champollion/MICHELIN

Mietskasernen et leurs sombres logements sur cour surpeuplés. Les plus anciens bâtiments sont les édifices en berceau à cinq étages côté Sud, quelque peu dissimulés par les arbres (*nos 102-104* et *126-128*) de 1949-1950, sobres et fonctionnels, entièrement préservés dans le style des années 1920, influencé par le Bauhaus. Ils furent construits dans le cadre de plans visant à décongestionner la ville et exécutés, entre autres, par Hans Scharoun.
Ces conceptions urbaines et architecturales furent ensuite « officialisées » par une loi sur la construction en 1950, remplacée en 1951 par la « Nationales Aufbauwerk Berlin », très empreinte d'idéologie. Jusque dans les années 1960, la majorité des logements et des bureaux, tout en longueur mais étroits, furent pourvus de façades monumentales en bordure de cette portion de rue de 90 m de large. Six collectifs différents, menés par plusieurs architectes (Hermann Henselmann, Egon Hartmann, Richard Paulick, Kurt Leucht, Hans Hopp, Karl Souradny) ont réalisé ce spectaculaire ensemble de bâtiments de sept à neuf étages (5 000 logements, 200 boutiques). Le soubassement est en pierre de taille, le reste des murs habillé de plaques de céramique. Le style éclectique de tous ces complexes au plan et à l'organisation différents est, certes, influencé par des modèles staliniens de l'URSS (du fameux style « confiseur »), mais se réfère également aux modernes conservateurs des années 1920 et à une tradition architecturale propre, (prusso-)classique. La restructuration en cours, depuis les années 1990, est financée par des fonds immobiliers.
La troisième phase de construction concerna les tronçons de rue situés entre la Andreasstraße et la Koppenstraße (remplacement d'un monument à Staline et d'une salle des sports), ainsi qu'entre la Strausberger Platz et l'Alexanderplatz. Les maisons construites à cet endroit entre 1960 et 1962, au beau milieu d'espaces verts, étaient des *Plattenbau*, édifices en dalles de béton, un procédé de construction autrefois considéré comme très prometteur.
Le meilleur point de vue sur l'avenue est celui que l'on a depuis la **Porte de Francfort** (nom qui se réfère à une porte du mur d'octroi autrefois située à cet endroit), bien que les constructions s'étendent plus à l'Est. Les deux tours, couronnées de dômes d'Henselmann, imitent les dômes de Gontard sur le Gendarmenmarkt *(voir Gendarmenmarkt)*.
Suivre la Karl-Marx-Allee en direction de la ville jusqu'à la Strausberger Platz.

Strausberger Platz★
Avec la porte de Francfort, cette place contribue à accentuer l'impression d'espace sur la Karl-Marx-Allee. Les constructions sont ici en harmonie avec la forme ovale de la place et flanquées de deux immeubles.
Emprunter la Lichtenberger Straße en direction du Nord.

Platz der Vereinten Nationen
Ancienne Leninplatz, la **place des Nations unies** est le visage du « socialisme réel » : une place surdimensionnée entourée d'immeubles en béton isolés. Une monumentale statue de Lénine fut éliminée au début des années 1990 et l'on ôta ainsi à cette immense place son élément structurant.

Volkspark Friedrichshain
Friedensstraße. À Friedrichshain. Au Nord de la place des Nations unies.
Le **parc de Friedrichshain**, dont l'aménagement fut décidé pour le centenaire de l'accession au trône de Frédéric II (1840), devait être le pendant du Tiergarten et servir de poumon vert aux quartiers populaires de l'Est. À peine achevé par Gustav Meyer, un élève de Lenné, il fut le lieu de sépulture des victimes de la révolution de mars 1848. C'est une vaste étendue boisée, avec des sentiers en spirale qui permettent de gravir la colline principale (la vue est cachée par les arbres). Comme sa voisine, plus petite, elle s'appuie sur une tour de la défense antiaérienne (Flakbunker), où disparurent, en 1945, de nombreux chefs-d'œuvre des musées de Berlin qui y avaient été entreposés. À l'Ouest du parc, la **fontaine des Contes de fées** (Märchenbrunnen), néobaroque (1913), offre des jeux d'eau en cascades. Le parc de loisirs *(Freizeitpark)*, à l'Est, propose de nombreuses activités : bowling, baraque de tir, escalade libre, minigolf, ping-pong, beach-volley, inline-skate (piste de 700 m), tennis, croquet, « boccia » (jeu de boules italien) et échecs. Le café Schönbrunn avec son Biergarten accueille agréablement les visiteurs.

Entre la Spree et l'Ostbahnhof

Oberbaumbrücke★
Tram *Schlesisches Tor. Suivre l'Oberbaumstraße jusqu'à la Spree.* Le **pont de l'« Oberbaum »**, bâti dans le style néogothique (1896) est un peu le « Tower Bridge » de Berlin. Il marquait autrefois la frontière entre l'Ouest et l'Est et fut restauré dans les années 1990. Au 18e s. s'élevait à cet endroit, en amont du *Mühlendamm*, une digue à péage, l'**Oberbaum**, composée d'une rangée de troncs d'arbres (*Baum* en allemand), maintenus dans le courant par des pieux de chêne. Le dispositif était complété, en aval, par une autre digue : l'*Unterbaum*.
Traverser l'Oberbaumbrücke. Tourner à droite pour accéder à l'Osthafen ou à gauche pour atteindre l'East Side Gallery.

H. Champollion/MICHELIN

L'Oberbaumbrücke, le « Tower Bridge » de Berlin.

Osthafen

Les constructions et installations de l'Osthafen, inauguré en 1913, ancienne place centrale de transbordement de marchandises, se situent entre la Stralauer Straße et la Spree. Les deux bâtiments qui jouxtent le pont de « l'Oberbaum » ont donné naissance au complexe de bureaux Spree-Speicher. Il s'agit du grenier à blé (1913) et de l'ancien entrepôt frigorifique (1928) pouvant accueillir 75 millions d'œufs. La façade en briques vernissées autrefois décorée de losanges a été remplacée par une façade vitrée sur trois de ses côtés, plus en rapport avec sa nouvelle fonction.

East Side Gallery*

Dans la Mühlenstraße (entre l'Oberbaumbrücke et l'Ostbahnhof).

Le long de la Mühlenstraße, un pan du Mur a été conservé sur quelque 1 300 m, et orné sur sa face Est, auparavant intacte, par des artistes internationaux qui en ont fait ainsi une véritable galerie d'art à ciel ouvert. Cette œuvre d'art a depuis été classée monument historique et plusieurs fois restaurée.

Regagner la Mühlenstraße et prendre la Warschauer Straße.

Oberbaumcity

Dans les années 1990, les anciens ateliers de production de lampes à incandescence, situés près des stations de S-Bahn et de métro (U-Bahn) de la Warschauer Straße, ont déménagé dans l'Oberbaum-City, un centre industriel et tertiaire moderne. Cette zone industrielle fut aménagée en plusieurs phases à partir de 1906 pour accueillir la Deutsche Glühlicht AG, qui fusionna plus tard avec l'AEG et Siemens en Osram (*Narva* à partir des années 1960). La tour, autrefois symbole du quartier, fut surélevée d'une construction en acier et verre. Les cours intérieures sont accessibles au public.

Gendarmenmarkt**

À Friedrichstadt, avec ses dômes et son théâtre, le Gendarmenmarkt a fière allure. Ses bâtiments furent sévèrement touchés par un bombardement en 1944. Leur reconstruction s'étendit de 1977 à 1983. Le Gendarmenmarkt est considéré par beaucoup comme la plus belle place de Berlin. Plusieurs ministères se sont entre-temps installés à proximité.

La situation

Mitte. Plan p. 148-149 OPZ - Carte Michelin n° 33 L13-14, M13-14. Tram *2 Hausvogteiplatz, Stadtmitte, Mohrenstraße,* Tram *6 Stadtmitte, Französische Straße,* BUS *200 Behrenstraße/Wilhelmstraße, Mohrenstraße,* BUS *100 + 200 Unter den Linden/ Glinkastraße, Unter den Linden/Friedrichstraße.* Depuis le Gendarmenmarkt, on gagne rapidement la quasi-totalité des principales curiosités du centre-ville. La partie de la Friedrichstraße située entre l'Unter den Linden et la Leipziger Straße est devenue une rue commerçante appréciée depuis la chute du Mur.

À voir dans les environs : ALEXANDERPLATZ, KREUZBERG, NIKOLAIVIERTEL, POTSDAMER PLATZ, REGIERUNGSVIERTEL, SCHLOSSPLATZ, UNTER DEN LINDEN, PRENZLAUER BERG.

comprendre

Les huguenots, un apport français à Berlin – En cette fin du 17e s., Berlin occupe une place particulière dans l'Allemagne protestante : l'Électeur est calviniste dans un Brandebourg luthérien et il favorise l'influence de ses coreligionnaires au sein de la société. Un édit de tolérance est promulgué en 1664 ; dès 1672, une centaine de protestants français s'installent en Brandebourg.

En 1685, lors de la révocation de l'édit de Nantes par Louis XIV, le Grand Électeur répond par l'**édit de Potsdam** qui vise à attirer les calvinistes français. Les avantages sont nombreux : exemption d'impôts pendant quatre ans, bois de construction gratuit, suppression des droits d'admission dans les corporations, dispense d'hébergement des soldats.

Une vaste campagne de propagande est menée en France même et à Francfort-sur-le-Main, où transitent 100 000 huguenots en 20 ans. Ils sont 15 000 en Brandebourg, 6 000 à Berlin (le quart de la population), qui assurent le développement de **Friedrichstadt**. La communauté française bénéficie jusqu'au 19e s. de sa propre organisation ecclésiastique et juridique.

L'impulsion n'est pas seulement démographique. L'influence de cette communauté est durable dans des domaines variés : apparition d'une cinquantaine de corps de métiers, création de manufactures et essor de l'industrie textile, acclimatation de fruits et de légumes, nouvelles danses (cotillon, gavotte, menuet), naissance des premières hôtelleries.

La culture française favorise l'éclosion des lumières en Prusse. L'enseignement est un terrain privilégié : les petits princes, les futurs Frédéric III et Frédéric-Guillaume Ier ont des Français pour précepteurs. Le **Lycée français**, fondé en 1689, accueille l'élite calviniste et, aujourd'hui, les meilleurs élèves allemands. Un philosophe français, **Étienne Chauvin**, est à l'origine de la première revue scientifique berlinoise (1696), avec Leibniz comme collaborateur. Un proverbe berlinois dit : « Celui qui ne parle pas français ne peut réussir. » De mariages mixtes naîtront les **frères Humboldt** et le romancier **Theodor Fontane**. Lors de l'occupation napoléonienne, la colonie réformée se prussianise : le patronyme « *Blanc* » devient « *Weiß* ».

Architecture et urbanisme – Friedrichstadt voit le jour l'année de la mort du Grand Électeur, en 1688 ; elle s'étend alors jusqu'à la Mauerstraße, qui est jusqu'à aujourd'hui la seule rue à ne pas être organisée selon un strict quadrillage d'axes Nord-Sud/Est-Ouest. Trois « blocs » furent gardés là où se trouve aujourd'hui le Gendarmenmarkt

Ph. Gajic/MICHELIN

(autrefois Neuer Markt ou Friedrichstädter Markt). En 1710, Friedrichstadt s'allie avec Berlin, puis s'étend vers l'Ouest et le Sud sous Frédéric-Guillaume Ier, dans les années 1730 (jusqu'à la Pariser Platz, la Leipziger Platz et la Mehringplatz).
En 1700, la construction de deux églises est décidée sur des terrains inoccupés – la première pour la communauté huguenote (Französische Friedrichstadtkirche, église française de Friedrichstadt, inaugurée en 1705), la seconde pour les croyants de langue allemande (Neue Kirche, Église nouvelle, inaugurée en 1708). Économe, le « Roi-Sergent » ne passe pas pour un protecteur des arts. Il est pourtant attentif au développement de la ville nouvelle. De nombreuses églises et des maisons bourgeoises y sont bâties, et il ordonne d'y installer son régiment de cuirassiers des « Gens d'Armes » qui donne son nom au Gendarmenmarkt, les deux églises étant entourées d'écuries et de bâtiments de garde.
La place est aménagée à la fin du règne de Frédéric II : en 1773, les chevaux sont transportés sur place et, un an plus tard, est fondée une « Comédie française ». **Karl von Gontard** construit, de 1780 à 1785, à côté des églises, deux édifices jumeaux de 70 m de haut, afin d'embellir, non seulement les deux églises, mais également toute la ville de Friedrichstadt. Le roi prend pour modèle la Piazza di Popolo de Rome. Les deux dômes qui coiffent ces édifices sont purement décoratifs et n'ont aucune fonction sacrée. Ils servaient uniquement à des fins représentatives. La Comédie française deviendra le premier « théâtre national » sous Frédéric II. Langhans construit pour cela un nouveau bâtiment, qui brûle toutefois en 1817 et est remplacé par le Schauspielhaus de Schinkel (1818-1821). Il ne reste aujourd'hui rien des constructions périphériques d'origine. À la fin du 19e s. et au début du 20e s., ces anciennes constructions durent, en effet, s'effacer devant de nouvelles de style wilhelminien (dont seules quelques-unes survécurent aux destructions de la Seconde Guerre mondiale), édifiées dans le cadre de l'aménagement de Friedrichstadt en un centre de banques, d'assurances et d'établissements administratifs. Les autres édifices du Gendarmenmarkt datent de l'époque de la RDA et des années 1990.

découvrir

À l'Est du Gendarmenmarkt

Hausvogteiplatz

Tram *Hausvogteiplatz.* La forme triangulaire de la Hausvogteiplatz rappelle le bastion III de la forteresse de Memhardt édifiée au 17e s. Cette place tire son nom de la Hausvogtei, prison royale mal famée installée à cet endroit, sorte de prison d'État réservée aux prisonniers politiques (le plus célèbre des pensionnaires étant le poète Fritz Reuter, emprisonné ici pour avoir participé au « soulèvement » des associations d'étudiants en 1834 et 1838). Depuis la seconde moitié du 19e s., le secteur textile a emménagé ici : la Hausvogteiplatz, avec ses rues latérales, est devenue le centre du secteur de la mode berlinois, essentiellement dominé par des entrepreneurs et stylistes juifs. Après 1933, de nombreuses sociétés furent fermées, signifiant la fin du deuxième secteur industriel de Berlin. Depuis les années 1990, la Hausvogteiplatz occupe une nouvelle fonction en accueillant des **médias**, plusieurs émetteurs ayant choisi d'y installer leur station. La Haus am Bullenwinkel *(Hausvogteiplatz 3-4)* est un bel exemple de maison de commerce ; on remarque également le Hausvogteiplatz 12, la Taubenstraße 26 et la Mohrenstraße 42, ainsi que les bâtiments composant le ministère de la Justice. Le Jägerstraße 52-54 héberge l'**ambassade du royaume de Belgique**, la seule représentation nationale à occuper un bâtiment en dalles de béton *(Plattenbau)* de la RDA. Ce bâtiment, autrefois utilisé par la police populaire, a été préservé et sa façade repeinte en

Le Schauspielhaus et l'Église française sur le Gendarmenmarkt.

carnet pratique

Pour les petites faims

Bar del Centro – *Jägerstraße 61 – Tram Französische Straße – ☎ 20 94 75 46 – tlj sf dim. à partir de 8h30, sam. à partir de 9h.* Le Bar del Centro, situé au rez-de-chaussée du Quartier 207 (Friedrichstadtpassagen), est un lieu très décontracté. On vous servira de petites délicatesses différentes chaque jour sur de simples tables en bois et pour un prix raisonnable.

Lebensmittelabteilung Galeries Lafayette – *Französische Straße 23 – Tram Französische Straße, Stadtmitte – ☎ 20 94 80 – tlj sf dim. à partir de 9h30, sam. à partir de 9h.* Plusieurs petits stands et comptoirs différents, où vous pouvez à la fois manger et boire, s'alignent au sous-sol du rayon alimentaire des Galeries Lafayette ; un endroit idéal pour grignoter un petit en-cas.

Cafés, bistrots et bars

Newton Bar – *Charlottenstraße 57 – Tram Stadtmitte, Französische Straße – ☎ 20 29 54 21 – à partir de 10h.* Un bar et une salle de style à l'éclairage discret sur le Gendarmenmarkt. Aux murs, on peut découvrir les célèbres photographies érotiques d'Helmut Newton. On s'assoit dans les confortables fauteuils club ou au comptoir ovale, qui se prolonge l'été jusqu'au trottoir pour former un bar de plein air.

Achats

Pour d'autres adresses, voir également Informations pratiques : « Achats ».

Escada – *Friedrichstraße 176 – Tram Französische Straße, Stadtmitte – ☎ 238 64 04 – www.escada.com – tlj sf dim. 10h-19h, sam. 10h-16h.* Outre l'Escada de la Friedrichstraße, on trouve une autre boutique Escada au Kurfürstendamm 186 (Charlottenburg).

Jean Paul Gaultier – *Französische Straße 23 – Tram Französische Straße, Stadtmitte – ☎ 20 94 79 83 – tlj sf dim. 10h-20h, sam. 10h-16h.* Est-ce un hasard si la vedette française de la mode a installé son magasin dans la Französische Straße ?

Tandem – *Friedrichstraße 58 – Tram Stadtmitte – ☎ 20 45 58 88 – tlj sf dim. 10h-19h, sam. 10h-16h.* Tandem est spécialisé dans la mode à des prix abordables.

anthracite. La mansarde, que l'on aperçoit dans une ancienne maison, au Jägerstraße 54, hébergeait le célèbre salon de Rahel Levin *(voir Invitation au voyage : « Livres et scènes »).*

Hauptstadtrepräsentanz der Deutschen Telekom

Jägerstraße/Oberwallstraße/Französische Straße. Le bâtiment de la **représentation berlinoise des télécommunications** a une longue histoire. Dès 1864, un bureau des télégraphes est érigé dans l'Oberwallstraße pour assurer les premières liaisons berlinoises. De 1876 à 1878, Carl Schwatlo agrandit le bâtiment d'origine et lui ajoute une extension dans la Jägerstraße, pourvue d'une somptueuse façade en grès, imitant les palais vénitiens de style Renaissance. Cet ensemble est ensuite modernisé grâce à l'ajout d'une construction en verre, le long de la Französische Straße. Dans l'entrée, on peut admirer un grand écran qui compte parmi les plus grands du genre à Berlin.

Regagner la Hausvogteiplatz et tourner à droite dans la Mohrenstraße.

Bundesministerium der Justiz (G[6])

Mohrenstraße 37. Le **ministère de la Justice** se compose des anciens grands magasins et maisons de commerce reliés les uns aux autres entre la Hausvogteiplatz et le Gendarmenmarkt, datant de la fin du 19e s. et du début du 20e s. : la Prausenhof de 1913, la Haus Nagel de 1896, la Textilhaus Graumann & Stern de 1901 avec une extension de 1914 (c'est ici que se déroula la célèbre conférence de presse qui provoqua l'ouverture des points frontières le 9 novembre 1989), complétée par deux constructions nouvelles. La première fut édifiée dès l'époque de la RDA, tandis que la seconde vit le jour après la chute du Mur. Les **arcades de la Mohrenstraße (P)**, érigées d'après les plans de Carl Gotthard Langhans en 1787 pour former un pont enjambant les anciens fossés de la forteresse, constituent la construction historique la plus importante. Il s'agit de la seule de ce type à être restée en place (et qui sera plus tard intégrée à la Prausenhof). La sculpture décorative est une œuvre de Johann Gottfried Schadow et Bernhard Rode. Sur les tympans, on peut admirer des reliefs de divinités antiques et, au sommet, des dieux fluviaux qui incarnent les quatre continents.

La Markgrafenstraße permet d'accéder au Gendarmenmarkt.

Gendarmenmarkt**

Au centre de la place se dresse un **monument à Schiller**, réalisé d'après un projet de Reinhold Begas (1864-1869). Le poète est entouré de quatre personnages allégoriques, représentant l'histoire, la philosophie, la poésie lyrique et l'art dramatique. Ce monument fut enlevé en 1935 pour être érigé ailleurs. Ce dernier se trouvant dans la partie Ouest de la ville, il ne put rejoindre son emplacement d'origine qu'en 1988. Derrière le monument à Schiller se trouve le somptueux Schauspielhaus, au Nord *(à droite)* l'Église française *(Französische Dom)* et au Sud *(à gauche)* la Cathédrale allemande *(Deutscher Dom).*

Schauspielhaus** (T[15])

Le Schauspielhaus de Schinkel, l'une des œuvres majeures de cet illustre architecture prussien, fut inauguré en 1821 avec une représentation d'« Iphigénie en Tauride » *(Iphigenie auf Tauris)* de Goethe, suivie, peu de temps après, par la première représentation triomphale du « Freischütz » de Carl Maria von Weber. En 1848, année de la révolution, le deuxième lieu de réunion de l'Assemblée nationale prussienne, qui avait succédé à l'Académie de chant, fut finalement liquidé par le général Wrangel, qui avait occupé le centre-ville avec ses troupes. En 1984, le bâtiment, détruit au cours de la guerre, fut transformé en **salle de concerts** *(voir Informations pratiques : « Spectacles »)*. Seul l'extérieur fut reconstitué fidèlement à l'original, tandis que l'architecture intérieure fut réaménagée dans un style classique librement inspiré du modèle de Schinkel. Le Schauspielhaus fut édifié sur le soubassement rectangulaire de l'édifice précédent pour des raisons de coût. En son centre fut intégré un édifice plus large et plus haut, couronné d'un pignon avec vue sur la place, face auquel se trouve une salle hypostyle, avec un chapiteau également coiffé d'un pignon, à laquelle on accède par un grand escalier extérieur. Cet escalier n'était utilisé que par les non-nobles, les nobles empruntant l'entrée aménagée sous l'escalier, où leurs voitures pouvaient se garer. Le décor antiquisant fut en grande partie exécuté par Christian Friedrich Tieck, d'après des croquis de Schinkel, tandis que le groupe de personnages *Apollon et son char*, représenté sur le pignon du bâtiment central, est une œuvre de Christian Daniel Rauch.

Französischer Dom* (N)

De mi-mars à mi-nov. : 9h-19h ; de mi-nov. à mi-mars : 10h-18h. Fermé 24 déc. 2€. ☎ 20 16 68 83. franzoesischerdom@transmedia.de

L'**Église française** fut édifiée entre 1780 et 1785, près de celle de Friedrichstadt, à l'ancien emplacement du cimetière de l'église. La communauté française ayant dû céder des terrains pour les projets de Frédéric II, elle obtint comme cimetière de remplacement celui de la Chausseestraße, qui existe encore aujourd'hui *(voir Friedrich-Wilhelm-Stadt)*, ainsi que la jouissance du dôme pour l'Église française. Sur trois côtés, des portiques de temple corinthiens à six colonnes font face au soubassement carré. Le clocher cylindrique, qui émerge de cet ensemble, est entouré de colonnes, surplombant un poutrage à balustrades surmonté d'un chapiteau, lui-même coiffé d'un dôme. Le personnage que l'on aperçoit tout en haut symbolise le « triomphe de la religion ». De là, on jouit d'une très belle **vue**** sur le centre de Berlin. Tous les jours à 10h, 12h, 16h et 18h retentit également un **carillon**.
L'Église française abrite le **musée des Huguenots** *(voir « visiter »)*.
Derrière le dôme se trouve l'**église française**, édifice le plus ancien du Gendarmenmarkt. Les plans de cette église, inaugurée en 1705, furent élaborés par Louis Gayard d'après le modèle de la principale église des Huguenots à Charenton détruite dans les années 1680. Après sa mort, Abraham Quesnays prit la direction des travaux. Le hall fut aménagé en 1905 par Otto March dans le style néobaroque. La reconstruction, qui fut nécessaire après les destructions de la Seconde Guerre mondiale, prit modèle sur l'édifice d'origine auquel on ajouta un faux plafond, qui divise l'église en deux étages, ainsi qu'un double escalier extérieur. Cette église est aujourd'hui conjointement utilisée par la communauté française réformée et celle de Friedrichstadt ; elle abrite, en outre, un restaurant et un centre de congrès de l'Académie évangélique. La sculpture en bois de l'orgue a été réalisée au milieu du 18e s., la réplique de l'orgue elle-même datant de 1985 *(concert gratuit le 1er jeu. du mois, à 19h30). Tlj sf dim. 12h-17h. Fermé Ven. saint, 24 déc. Gratuit. ☎ 20 64 99 22.*

Deutscher Dom* (N[1])

♿ Tlj sf lun. 10h-18h (juin-août 19h), mar. 10h-22h. Fermé 24 et 31 déc. Gratuit. ☎ 22 73 04 31. ausstellungsbuero.pi5@bundestag.de

La Nouvelle Église, ou **cathédrale allemande**, fut conçue par Martin Grünberg, réalisée par Giovanni Simonetti et achevée trois années après l'Église française. L'édifice central repose sur un plan pentagonal, largement remanié dans les années 1880. Pendant les travaux du **dôme**, le clocher s'effondra ; Gontard fut alors renvoyé et les travaux poursuivis par Georg Christian Unger. Le personnage qui couronne le dôme représente le « triomphe de la vertu ». Tout comme pour l'Église française, l'édifice extérieur est orné de nombreuses sculptures s'inspirant de l'*Aufklärung*. Après les destructions de la guerre, l'église et son dôme demeurèrent pendant longtemps en ruine et laissèrent libre cours aux plantes et aux arbres, dont les branches dépassent de toutes les ouvertures des bâtiments. Dans le cadre des travaux de restauration, les deux bâtiments, à savoir l'Église allemande et le dôme, furent reliés. L'Église allemande abrite de nos jours l'exposition ***Wege Irrwege Umwege*** *(« Chemins mauvais, chemins détours »)*, autrefois au Reichstag, portant sur l'évolution de la démocratie parlementaire en Allemagne.

Wissenschaftsforum und Akademie der Wissenschaften

Markgrafenstraße 37, Taubenstraße 30 et Jägerstraße 21-23. Le **Forum scientifique et l'Académie des sciences**, association de différentes organisations scientifiques possédant leur siège berlinois dans ce nouveau bâtiment (Wilhelm Holzbauer), fondé en 1991, est situé à l'Est du Gendarmenmarkt. Ce bâtiment est contigu à celui de l'**Académie des sciences de Berlin-Brandebourg** (Brandenbourgische Akademie der Wissenschaften), qui occupe depuis 1945 le siège de l'ancienne banque d'État prussienne (Preußische Staatsbank ; Paul Kieschke, 1901-1903, agrandie en 1936-1938).

Au Nord et à l'Est du Gendarmenmarkt

Depuis le Gendarmenmarkt, suivre la Markgrafenstraße jusqu'à l'intersection avec la Behrenstraße et tourner à gauche.

Kreditanstalt für Wiederaufbau (Q³)

Behrenstraße 32-33. Cet **établissement de crédit pour la reconstruction**, institution de droit public fondée en 1948, à Francfort-sur-le-Main, finança la reconstruction après la Seconde Guerre mondiale. Il possède maintenant son siège administratif sur le Gendarmenmarkt, dans le traditionnel quartier des banques. La partie la plus ancienne de l'édifice fut réalisée en 1899-1900 par Alfred Messel, le long de la Behrenstraße, pour la Berliner Handelsgesellschaft (société commerciale berlinoise), puis agrandie en 1911 par Heinrich Schweitzer dans les Französische Straße et Charlottenstraße. Le bâtiment fut par la suite utilisé par la banque d'État de la RDA, de même que d'autres bâtiments bancaires situés à proximité. Ce monumental édifice wilhelminien s'articule autour d'imposants pilastres et colonnes. Le complexe fut complété par deux nouvelles constructions après la réunification.

Komische Oper (T¹⁶)

Behrenstraße 55-57. On se trouve ici devant un bâtiment tout à fait surprenant : de l'extérieur, l'édifice effraie par son style dépouillé de la RDA de la fin des années 1960, tandis que sa décoration intérieure étonne avec ses nombreux ouvrages en stuc, ses feuilles d'or, ses miroirs baroques et son épais velours. Le Theater Unter den Linden original fut érigé en 1892 par Ferdinand Fellner et Hermann Helmer, deux représentants de la célèbre école viennoise (Wiener Schule). D'abord théâtre des variétés, il prit le nom d'**Opéra comique** après la Seconde Guerre mondiale et il fait aujourd'hui partie des trois principaux opéras de la capitale *(voir Informations pratiques : « Spectacles »).*

Friedrichstraße★

Cette rue toute droite de 3,3 km de long, axe majeur de Friedrichstadt, relie la porte de la Halle à celle d'Orianenbourg. Autrefois défilaient ici les troupes jusqu'à la place d'armes du Tempelhofer Feld (où se trouve l'actuel aéroport de Tempelhof). Depuis la fin du 19ᵉ s., on connaissait également la Friedrichstraße sous le nom de « rue de la Soif » et elle passait pour être maudite, étant donné les nombreuses tavernes, brasseries, bars, cabarets, restaurants avec machines à sous et cafés turcs. On trouvait en outre, au Nord de la gare Friedrichstraße, d'innombrables théâtres, la Friedrichstraße passant également pour être le Broadway allemand.

À côté des quelques constructions nouvelles, on aperçoit aussi des bâtiments plus anciens, à l'intersection avec la Behrenstraße. Le sobre **n° 81** est le seul et unique exemple datant du début des constructions (1827). On remarque la façade du **n° 165** (1889, ancien débit de boisson de la brasserie Pschorr, futur dirigeant du cercle du SED ; ce bâtiment fut repris au moment de la chute du Mur par des groupes de défense des droits civiques pour devenir la Maison de la démocratie), ainsi que les maisons **n° 166** (1899) et **nᵒˢ 167-168** (1905). Un peu plus au Sud, on remarque d'autres bâtiments historiques aux **nᵒˢ 194-195** (1934-1935, ancienne Haus Friedrichstadt), **n° 61** (1909, immeuble de bureaux) et **n° 58** (1908, ancien magasin Moritz Mädler).

Friedrichstadtpassagen★

Friedrichstraße 67-76. Ce passage commerçant rassemble, entre la Französischer Straße et la Mohrenstraße, trois bâtiments reposant sur trois blocs (les « Quartiere »), reliés entre eux sous terre *(voir Informations pratiques : « Achats »).* L'immeuble en verre des **Galeries Lafayette★** (Quartier 207, *Friedrichstraße à l'angle de la Französische Straße, voir Informations pratiques : « Achats »*), conçu par **Jean Nouvel**, est le seul angle du quartier à ne pas être droit ! L'intérieur de cet immeuble aux contours fluides n'est pas moins étrange que l'extérieur. Il s'articule autour de deux grands cônes, qui peuvent être perçus comme un hommage à l'architecture des grands magasins des années 1920 et qui se distinguent par d'intéressants effets de miroir.

Le **Quartier 206★** a été imaginé par Ming Peis (architecte de la pyramide du Louvre et de l'extension du Deutsches Historisches Museum, *voir Unter den Linden*) et Cobb, Freed and Partners de New York. Il est particulièrement surprenant, la nuit, lorsque les saillies de l'immeuble sont soulignées par des barrettes lumineuses. Le hall est remarquable pour son pavement en marqueterie de marbre.

H. Champollion/MICHELIN

Le Quartier 206.

Le **Quartier 205**, de forme carrée, réalisé par **Oswald Mathias Ungers**, est le plus grand bâtiment des Friedrichstadtpassagen et occupe la totalité du bloc jusqu'au Gendarmenmarkt. Cet immeuble austère est articulé autour de blocs de différentes hauteurs et couleurs.

Emprunter la Jägerstraße jusqu'à la Glinkastraße.

Ehemalige Deutsche Bank

Behrenstraße, Glinkastraße, Jägerstraße et Mauerstraße. Les deux blocs entièrement construits de l'**ancienne Deutsche Bank** comptent parmi les complexes bancaires les plus monumentaux de Friedrichstadt. Ils furent édifiés en plusieurs phases entre 1872 et 1908. Ils sont reliés via un pont qui enjambe la Französische Straße. Ce dernier est supporté par des sculptures représentant les quatre saisons. À l'époque de la RDA, le ministère de l'Intérieur y avait élu domicile, entraînant la construction d'un troisième bloc vers la Wilhelmstraße (en direction de l'Ouest), également relié aux anciens bâtiments via un pont. Jusqu'à l'achèvement des bâtiments du Parlement *(voir Regierungsviertel)*, ce complexe bancaire fut utilisé par des députés et divers comités du Bundestag allemand. Cet endroit accueille également le bureau des délégués fédéraux en charge des dossiers des anciens services de contre-espionnage de l'ex-RDA *(Bundesbeauftragten für die Unterlagen des ehemaligen Staatssicherheitsdienstes der ehemaligen Deutschen Demokratischen Republik)*.

La partie moderne de l'ancien ministère de l'Intérieur de la RDA héberge un **centre d'information et de documentation** présentant une exposition permanente sur la Stasi *(voir « visiter »)*.

Suivre la Jägerstraße en direction du Sud.

Bundesministerium für Familie, Senioren, Frauen und Jugend (G[5])

Taubenstraße 42-43 et Jägerstraße 8-9. Le **ministère de la Famille, des Personnes âgées, des Femmes et de la Jeunesse** possède deux adresses dans la capitale, la majorité des collaborateurs étant restée à Bonn. Dans la **Jägerstraße**, il occupe l'ancien bâtiment d'une banque avec des fenêtres rondes, deux saillies à double étage et un balcon. Le bâtiment de la **Taubenstraße** fut, quant à lui, érigé à la fin des années 1920 pour héberger le département administratif d'une compagnie d'assurances. L'ancienne décoration expressionniste a disparu et la façade de l'édifice fut reconstruite sur le modèle classique après la guerre. La fenêtre centrale du deuxième étage, en saillie et encadrée de grès, et celle en arc en plein cintre du dernier étage égayent quelque peu la façade. Les petites maisons jaunes, situées à l'angle de la Taubenstraße et de la Glinkastraße, sont les seuls témoins de la première phase de construction de Friedrichstadt.

Poursuivre jusqu'à la Mauerstraße via la Taubenstraße.

Bundesministerium für Gesundheit und Soziale Sicherung

Mauerstraße 45-53. L'ancien bâtiment de la banque « Kleisthaus », qui hébergea autrefois le ministère de l'Information et de la Propagande de Joseph Goebbels, puis le Conseil national du front national de la RDA (Nationalrat der Nationalen Front der DDR), abrite aujourd'hui le **ministère de la Santé et de la Sécurité Sociale**.

Museum für Kommunikation Berlin★ (M¹)

Leipziger Straße 16. Le **musée de la Communication** a trouvé un cadre magnifique dans l'édifice historique de l'ancien musée des Postes du Reich. Ce dernier fut fondé en 1872 sur l'initiative de l'ancien maître des postes général (Generalpostmeister) **Heinrich von Stephan**, puis intégré dans une partie du grand bureau de poste central. Mais on décida rapidement d'édifier un nouveau bâtiment, plus représentatif, dans la Leipziger Straße, où il fut finalement transféré en 1898. Après une restructuration complète (d'après les plans du bureau d'architecture Henze & Vahjen) entre 1992 et 2000, il rouvrit ses portes pour accueillir un musée moderne de la communication *(voir « visiter »)*. La nuit, des effets de lumière bleutés rehaussent la façade.

visiter

Hugenottenmuseum

Tram *Französische Straße. Dans l'Église française, sur le Gendarmenmarkt.* ♿ *(S'annoncer au préalable). Tlj sf lun. 12h-17h, dim. 11h-17h. 1,60€.* ☎ *229 17 60.*

L'exposition sur l'histoire des Réformes, en particulier du calvinisme, le statut des protestants en France, la révocation de l'édit de Nantes et l'accueil des huguenots français en Brandebourg est très bien présentée. Les documents sont nombreux : livres, gravures, cartes, fac-similés *(demander à l'entrée la traduction en français des indications)*.

Informations- und Dokumentationszentrum der Bundesbeauftragten für die Stasi-Unterlagen der ehemaligen DDR

Tram *Französische Straße. Mauerstraße 34-38.* ♿ *Tlj sf dim. 10h-18h. Fermé j fériés. Gratuit.* ☎ *23 24 79 51. www.bstu.de*

Le **Centre d'information et de documentation des délégués fédéraux pour les dossiers Stasi de l'ancienne RDA** rassemble des tableaux, des documents visuels, audio et vidéo, des exemples de dossiers, ainsi que d'autres pièces qui informent sur le mode de fonctionnement et les méthodes du MfS (Ministerium für Staatssicherheit, ministère de la Sûreté de l'État).

Museum für Kommunikation Berlin★ (M¹)

Tram *Mohrenstraße, Stadtmitte. Leipziger Straße 16.* ♿ *Tlj sf lun. 9h-17h, w.-end 11h-19h. Fermé 24-25 et 31 déc. Gratuit.* ☎ *20 29 40. www.museumsstiftung.de*

Ce **musée de la Communication** abrite de nombreux objets, des débuts de la poste, au Moyen Âge, aux télécommunications modernes. Trois robots accueillent les visiteurs dans le foyer. Dans la **Kommunikationsgalerie** (au rez-de-chaussée, autour de la **cour intérieure vitrée★**), vous pouvez utiliser les terminaux interactifs mis à votre disposition pour vous familiariser avec les questions relatives à la communication. Les premier et deuxième étages relatent l'histoire de la communication et les évolutions techniques à l'aide de divers objets (en répondant à des questions, telles que : comment les médias modifient-ils la perception de l'espace et du temps ? ou comment les médias ont-ils changé la guerre et sa perception ?). Le sous-sol abrite le trésor : 17 objets d'une valeur particulière, dont le célèbre **Blaue Mauritius** ou les premiers appareils téléphoniques de Philipp Reis, sont ici présentés d'une manière détaillée.

Kreuzberg★★

L'arrondissement est devenu, avec l'unification, l'un des plus centraux de la ville. Depuis plus de dix ans, la question qui préoccupe les habitants est la suivante : que va donc devenir Kreuzberg ? Apparemment, peu de choses ont changé : on fait toujours ses emplettes au marché turc le long du Landwehrkanal ; on écoute de la musique sur la Mariannenplatz ; on flâne dans le Görlitzer Park. S'attabler à une terrasse de la Bergmannstraße ou entrer dans un bar de l'Oranienstraße : il n'y a que l'embarras du choix ! Deux Kreuzberg s'opposent : la partie Ouest, quelque peu plus chic, avec de belles façades restaurées de Mietskasernen (anciens immeubles ouvriers), et la partie Est, principalement habitée par des Turcs et presque méditerranéenne.

La situation

Friedrichshain-Kreuzberg. Plan p. 146-147 J/M V/Y - Carte Michelin n° 33 M13-17, N 12-18, P 12-16, R 13-14. Tram *1, 12, 15 Schlesisches Tor, Görlitzer Bahnhof, Kottbusser Tor, Prinzenstraße, Hallesches Tor, Möckernbrücke, Gleisdreieck,* Tram *2 Gleisdreieck,* Tram *6 Platz*

Sur le pouce

Schlotzsky's Deli – *Friedrichstraße 200 – Tram Kochstraße – ☎ 22 33 88 99 – à partir de 8h, w.-end à partir de 11h.* Quatre sortes de pain fait maison servent à composer une douzaine de sandwiches dans ce café self-service moderne, situé à proximité du Checkpoint Charlie. Cet établissement pratique également le concept du « free refill », c'est-à-dire que vous pouvez absorber autant de boissons non alcoolisées que vous le souhaitez, ou le supportez, pour 2€ seulement.

Cafés, bistrots et bars

Voir également Informations pratiques : « Cafés, bistrots et bars ».

Bergmann 103 – *Bergmannstraße 103 - Tram Mehringdamm, Gneisenaustraße – ☎ 694 83 23 – à partir de 9h30.* Ce sympathique café en marbre orange s'étend sur plusieurs étages et propose, outre quelques plats, un grand choix de petits-déjeuners et de plats du jour.

Café am Ufer – *Paul-Lincke-Ufer 42-43 – Tram Kottbusser Tor – ☎ 612 28 27 – www.cafe-am-ufer.de – à partir de 8h, w.-end à partir de 10h.* Ce café en forme de tuyau, situé sur la rive du Landwehrkanal, avec sa pergola intime, est un lieu apprécié des habitants de Kreuzberg, que ce soit pour un petit-déjeuner, un repas ou simplement un café. Attention, l'endroit est parfois pris d'assaut lorsque le marché hebdomadaire turc se déroule juste en face !

Flammende Herzen – *Oranienstraße 170 – Tram Kottbusser Tor – ☎ 615 71 02 – à partir de 11h.* Ce café-bar est un établissement typique de Kreuzberg. La salle se distingue par ses murs rouges ornés d'abat-jour métalliques. Les haut-parleurs diffusent de la musique (forte) variée, du classique au punk.

Golgatha – *Dudenstraße 48-64 – S + Tram Yorckstraße – ☎ 785 24 53 – à partir de 10h.* Ce Biergarten populaire au nom particulier se trouve dans le Viktoriapark de Kreuzberg, en contrebas du monument national. Outre deux terrasses, l'établissement possède également une petite piste de danse à l'intérieur, animée par des DJ en soirée.

Großbeerenkeller – *Großbeerenstraße 90 – S Anhalter Bahnhof, Tram Möckernbrücke – ☎ 742 49 84 – tlj sf dim. à partir de 16h, sam. à partir de 18h.* Peu après la Seconde Guerre mondiale, un quotidien fait référence à l'histoire déjà ancienne de ce restaurant souterrain. Au mur, on trouve également des témoignages historiques, à travers d'innombrables photos et cartes avec autographes jaunis, entre autres de Hans Albers.

Morena – *Wiener Straße 60 – Tram Görlitzer Bahnhof – ☎ 611 47 16 – à partir de 9h.* Il se passe toujours quelque chose dans ce café-bar agréable de la Scène, le matin, le midi, le soir et même la nuit.

Rote Harfe – *Oranienstraße 13 – Tram Görlitzer Bahnhof – ☎ 618 44 46 – à partir de 9h.* Des tapis démodés, des rideaux en velours, des banquettes en cuir rouge et des miroirs composent l'intérieur de ce café-restaurant qui vous propose une cuisine méditerranéenne. Depuis la terrasse ou les places situées près de la fenêtre, au premier étage, on jouit d'une belle vue sur la Heinrichplatz.

Yorckschlößchen – *Yorckstraße 15 – Tram Mehringdamm – ☎ 215 80 70 – www.yorckschloesschen.de – à partir de 9h.* Le Yorckschlößchen (avec son propre Biergarten) est très apprécié par les jeunes et les plus anciens pour ses concerts de musique jazz le week-end et le mercredi. L'ambiance y est toujours bonne.

H. Champollion/MICHELIN

La musique au Yorckschlößchen.

Achats

Aqua Marin – *Bergmannstraße 20 – Tram Gneisenaustraße, Mehringdamm – ☎ 693 34 40 – tlj sf dim. et lun. 11h-19h, sam. 11h-16h.* Ce magasin se distingue par sa décoration brillante, faite d'or, d'argent et de platine et réalisée par une vingtaine d'orfèvres et de décorateurs.

Ararat – *Bergmannstraße 99a – Tram Gneisenaustraße, Mehringdamm – ☎ 693 50 80 – tlj sf dim. 10h-18h30, sam 10h-16h.* On trouve ici des objets peu ordinaires, tels que de petits ours en caoutchouc ou des pantins gonflables, référence au célèbre personnage qui figurait sur les feux de l'ancienne RDA. Une grande imprimerie d'art est située en face, au n° 9 de la Bergmannstraße.

Grober Unfug – *Zossener Straße 32-33 – Tram Gneisenaustraße – ☎ 69 40 14 900 – www.groberunfug.de – tlj sf dim. 11h-19h, sam. 11h-16h.* On trouve ici, outre des bandes dessinées allemandes et internationales (grand choix de bandes dessinées japonaises Manga), une petite exposition. Un autre magasin du même type se trouve au n° 9 de la Weinmeisterstraße 9 (Mitte).

Hammett – *Friesenstraße 27 – Tram Gneisenaustraße – ☎ 691 58 34 – www.hammett-krimis.de – tlj sf dim. 10h-20h, sam. 9h-16h.* Tout est ici fait pour vous détendre. Cette boutique s'est spécialisée dans la littérature policière. Plus de 3 000 titres vous sont proposés (dont un tiers en anglais).

Luzifer – *Oranienstraße 38 – Tram Moritzplatz – ☎ 615 22 39 – www.luzifer.com – tlj sf dim. 11h-20h, sam. 11h-16h.* Vous trouverez ici des vêtements colorés et naturels, en lin, chanvre ou laine.

Molotow – *Gneisenaustraße 112 – Tram Mehringdamm – ☎ 693 08 18 – www.molotowberlin.de – lun.-ven. 14h-20h, sam. 12h-16h.* Le Molotow est, depuis les années 1980, un véritable forum pour les stylistes de la capitale. Plusieurs marques berlinoises sont vendues au sous-sol.

Vera Breitenbach – *Bergmannstraße 4 – Tram Mehringdamm – ☎ 694 77 97 – tlj sf dim. 11h-18h30, sam. 10h-15h.* Vera Breitenbach réalise et vend des articles tricotés.

Marchés

Chamissoplatz – *Tram Gneisenaustraße – www.oekomarkt-chamissoplatz.de – sam. 8h-14h.* Le marché hebdomadaire de la splendide Chamissoplatz s'est spécialisé dans les produits biologiques.

Marheineke-Halle – *Marheinekeplatz 15 – Tram Gneisenaustraße – ☎ 396 09 50 – tlj sf dim. 7h30-19h, sam. 7h30-14h.* Ce marché couvert de 1892, détruit durant la Seconde Guerre mondiale, fut reconstruit après la guerre. On peut y acheter, outre de nombreux produits internationaux, des produits biologiques.

Maybachufer – *Tram Schönleinstraße – mar. et ven. 12h-18h30.* En se rendant à ce « marché turc » très peu cher le long du Landwehrkanal, on a parfois l'impression de se trouver dans une ville orientale ; les vendeurs comme les clients sont en majorité issus de la population turque de Berlin.

H. Champollion/MICHELIN

Le « marché turc » de la Maybachufer.

Loisirs et détente

Bad am Spreewaldplatz – *Wiener Straße 59H – Tram Görlitzer Bahnhof – ☎ 69 53 52 10 – www.bbb.berlin.de.* La Bad am Spreewaldplatz est ouverte à tous les amateurs de plaisirs nautiques dans une architecture spectaculaire : outre plusieurs bassins (dont une piscine à vagues, un bassin sportif, un bassin réservé à la plongée et un autre au saut), on y trouve des cascades d'eau, un bain à remous, ainsi qu'un sauna et un solarium (tous deux payants).

Sommerbad Kreuzberg – *Prinzenstraße 113-119 – Tram Prinzenstraße – ☎ 616 10 80 – www.bbb.berlin.de.* Outre un bassin de 50 m, un bassin réservé aux débutants et une pataugeoire, on peut ici trouver de belles pelouses et se reposer à l'ombre des arbres.

der Luftbrücke, Mehringdamm, Hallesches Tor, Kochstraße, Tram 7 Hermannplatz, Südstern, Gneisenaustraße., Mehringdamm, Möckernbrücke, Yorckstraße, Tram 8 Hermannplatz, Schönleinstraße, Kottbusser Tor, Moritzplatz, S 1, 2 Anhalter Bahnhof, Yorckstraße. Kreuzberg, qui faisait autrefois partie de Berlin-Ouest, était alors entouré par le mur sur trois de ses côtés et formait comme une épine dans l'agglomération est-berlinoise. Il s'agit aujourd'hui d'un des quartiers les plus centraux de la capitale.

Pour en savoir plus sur les curiosités situées à proximité, se reporter aux chapitres suivants : GENDARMENMARKT, NIKOLAIVIERTEL, POTSDAMER PLATZ, SCHÖNEBERG, TEMPELHOF, NEUKÖLLN.

découvrir

De Checkpoint Charlie à la Mehringplatz

Tram Kochstraße.

Ancien emplacement de Checkpoint Charlie

Pendant la division de la ville, Checkpoint Charlie était l'un des points de passage entre les deux parties de Berlin. Il permettait aux membres des forces alliées ainsi qu'aux visiteurs étrangers, mais non aux habitants de Berlin-Ouest et de l'ancienne République fédérale, de passer « de l'autre côté ». Le 27 octobre 1961, les chars soviétiques et américains se faisaient face ici, séparés d'à peine quelques mètres ; on pouvait presque saisir la peur que la guerre froide ne se transforme en guerre « brûlante ». Le monde retenait sa respiration. La crise fut déclenchée par la décision des organes frontaliers de la RDA, relative au contrôle des papiers d'identité des membres de la mission militaire américaine, habillés en civil ; cette décision, qui allait à l'encontre des stipulations alliées est perçue à l'Ouest comme une tentative de noyautage du statut quadripartite. Le calme revint toutefois rapidement lorsque les chars décidèrent de se retirer. Il ne reste aujourd'hui pas grand-chose de cet ancien poste de contrôle. Une reproduction du premier poste de garde y a été installée (l'original du deuxième poste de garde se trouvant dans le musée des Alliés, à Dahlem, *voir Dahlem*), ainsi qu'un panneau avec le message suivant en quatre langues : « You are leaving the American Sector » ; de tels panneaux jalonnaient le mur de Berlin dans l'ancien Berlin-Ouest. Les deux grands portraits d'un soldat américain et d'un soldat britannique rappellent la confrontation Est-Ouest. Le complexe du **Centre d'affaires** (Business Centers) occupe aujourd'hui l'ancien emplacement du poste frontière ; la zone est essentiellement occupée par des immeubles de bureaux, construits par le célèbre architecte américain **Philip Johnson** (Friedrichstraße 200/angle de la Mauerstraße/angle de la Krausenstraße) et d'autres architectes originaires des États-Unis, ainsi que par Josef Paul Kleihues (Friedrichstraße 204/à l'angle de la Mauerstraße et aux nos 45-46). Le **musée du Mur Checkpoint Charlie** (Mauermuseum Checkpoint Charlie) est installé dans la Friedrichstraße, aux nos 43-45 *(voir « visiter », ci-après)*.

H. Champollion/MICHELIN

Checkpoint Charlie.

Kochstraße

La Kochstraße traverse l'ancien **quartier de la presse**. Le *Tageszeitung (TAZ)* occupe, au n° 18, un bel immeuble de 1909 à la façade vitrée et, au n° 19, une construction nouvelle de 1991, interprétation libre de la construction ancienne. L'empire d'**Axel Springer** (éditeur des *Bild-Zeitung, BZ, Berliner Morgenpost ; Kochstraße 50-54*) a établi son siège dans une tour (1966) bâtie à proximité immédiate du Mur. Pour *Die Welt*, dont la rédaction fut transférée à Berlin dans les années 1990, l'éditeur fit construire un immeuble de 19 étages à la façade vitrée. À l'angle de la Schützenstraße et de la Jerusalemer Straße, juste à côté de l'immeuble Springer, se trouve la **Mossehaus (C3)**. Cette dernière appartenait autrefois à la maison d'édition de Mosse (éditeur du *Berliner Tageblatt*). Le bâtiment fut édifié en 1903 dans le style néo-baroque, puis remanié et surélevé de 1921 à 1923 par **Erich Mendelsohn** (mondialement connu pour l'édification de la Einsteinturm à Potsdam), après avoir été largement endommagé lors des combats de rue de la révolution de 1918. Mendelsohn entrecoupa la façade d'un élément de construction horizontal en fer et céramique, posé sur le bâtiment existant, qu'il ne modifia pas outre mesure. Cette nouvelle construction dynamique fit alors sensation. Au n° 22a, on trouve la direction générale de la société de construction GSW. L'ensemble des années 1960 (tour et pavillon plat) fut agrandi par le couple d'architectes germano-britannique Matthias Sauerbruch et Louisa Hutton pour former un véritable « collage architectural » : ils ajoutèrent une « tour peu consommatrice d'énergie », qui se distingue surtout par ses persiennes colorées à commande individuelle.

Poursuivre par la Lindenstraße en direction du Sud.

Lindenstraße

Au n° 20, entrer dans la cour du bâtiment des assurances Victoire (Viktoria Versicherung, 1906-1913). La façade de cet immeuble de bureaux, qui hébergeait autrefois 3 200 personnes, est caractéristique de l'historicisme et du wilhelminisme. Derrière ses 130m de long se cachaient initialement douze cours. Après la Seconde Guerre mondiale, ce complexe fut simplifié et seule une partie reconstruite. Le **Wohnpark am Berlin Museum**, Lindenstraße 15-19, fut réalisé dans le cadre de l'IBA : cette construction visait à réorganiser et faire revivre le Sud de Friedrichstadt, largement marqué par les modernes de l'après-guerre. Cette zone d'habitation (311 logements, principalement sociaux) est le résultat de la coopération de huit architectes et groupes d'architectes. Le plan global du projet a été élaboré par Hans Kollhoff et Arthur Ovaska.

Jüdisches Museum Berlin★★

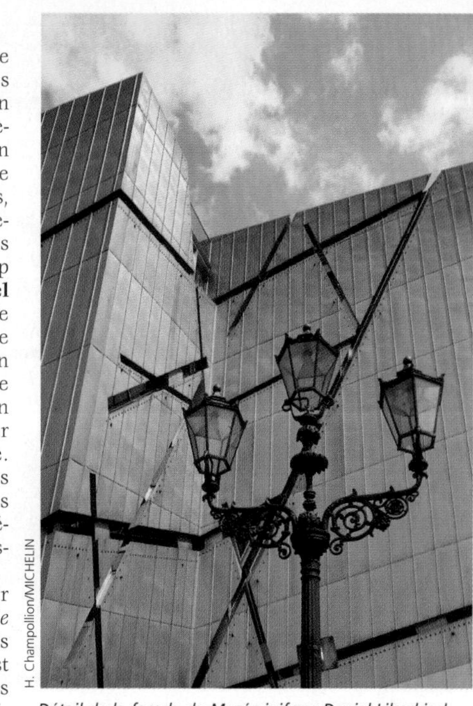

Détail de la façade du Musée juif par Daniel Libeskind.

Lindenstraße 9-14. Au Sud de Friedrichstadt, où les édifices importants sont rares, on trouve à côté de l'ancien Kollegienhaus et Kammergericht un édifice baroque en forme d'éclair et flanqué de trois ailes, un solitaire de métal irrégulièrement entrecoupé de fentes de lumière, œuvre de Philipp Gerlarch. L'architecte, **Daniel Libeskind** appela ce projet de construction « Between the Lines » (entre les lignes), son intérieur étant parcouru de part de part par une ligne en zigzag, elle-même coupée par une ligne droite fragmentée. Les intersections sont les « voids », cinq salles vides à tous les étages, symbolisant la « présence de l'absence » de l'histoire juive dans l'architecture.
L'ancien Kollegienhaus et futur Kammergericht *(Lindenstraße 14)*, dans lequel travaillait jadis l'écrivain E.T.A. Hoffmann, est une annexe du Musée juif. Les parties extérieures des bâtiments ont été restaurées dans le style baroque d'origine (1734-1735, Philipp Gerlach). Cet édifice compact à trois étages est coiffé d'un immense toit en mansarde. Au-dessus des armes de la Prusse, le mur pignon est orné des statues allégoriques de la Justice et de la Miséricorde *(voir « visiter »)*.

Mehringplatz et Friedenssäule

Cette place constitue l'extrémité Sud de la Friedrichstadt, aménagée dans le style baroque en même temps que la Pariser Platz et la Leipziger Platz, dans les années 1730. Au **Rondell**, la Belle-Alliance-Platz de l'avant-guerre (d'après une ferme située sur le champ de bataille de Waterloo), débouchaient autrefois la Wilhelmstraße, la Friedrichstraße et la Lindenstraße. Cette place fut largement détruite lors de la Seconde Guerre mondiale et complètement réaménagée en place piétonne au début des années 1960, d'après un projet de **Hans Scharoun**. L'idée d'isoler la place de cette manière s'explique par l'ancien projet d'autoroute le long du Landwehrkanal, qui prévoyait une intersection au niveau de la porte de la Halle, au Sud de la Mehringplatz. Les habitations circulaires, composées de deux cercles concentriques, qui entourent la place, furent aménagées par **Werner Düttmann** à la fin des années 1960. La **colonne de la Paix** fut érigée entre 1840 et 1843 par Christian Gottlieb Cantian, la statue de la Victoire est une œuvre de Christian Daniel Rauch et rappelle les victoires des guerres d'indépendance.
Poursuivre vers l'Ouest par la Friedrich-Stampfer-Straße.

Willy-Brandt-Haus

Stresemannstraße 28 – Wilhelmstraße 140. Le quartier de Kreuzberg ayant joué un rôle politique important, les sociaux-démocrates décidèrent d'y installer leur quartier général au début des années 1990. Les plans du bâtiment ont été élaborés par Helge Bofinger, qui les avait mis au point dès 1983 pour l'IBA, avec pour objectif de les rendre reproductibles dans le Sud de Friedrichstadt. Il s'agissait également d'ériger un pendant à l'IG-Metall-Haus (1923) d'Erich Mendelsohn, à l'angle de la Lindenstraße et de l'Alte Jakobstraße. Ce bâtiment se distingue par sa forme triangulaire et son atrium au toit de verre ouvert au public. On peut apercevoir une statue de Willy Brandt, réalisée par **Rainer Fetting**.

Hebbel Theater (T²)

Stresemannstraße 29 ; voir Informations pratiques : « Spectacles ». La construction de ce théâtre (1907-1908) fit la célébrité de son architecte Oskar Kaufmann, qui choisit ensuite de se spécialiser dans la construction de théâtres. La Volksbühne *(voir Spandauer Vorstadt)* compte également parmi ses projets. Les murs monumentaux sont garnis de coquillarts, la haute niche murale faisant la particularité de la façade. L'intérieur du théâtre est décoré de lambris en acajou, de tentures murales en soie et de lustres en cristal.

Depuis la station de métro Hallesches Tor, au Sud de la Mehringplatz, vous pouvez également entreprendre la visite suivante.

De l'Amerika-Gedenkbibliothek au Südstern

Tram *Hallesches Tor.*

Ehemalige Amerika-Gedenkbibliothek (AGB)

Tram *Hallesches Tor.*

Offerte par les Américains, cette bibliothèque rejoignit la bibliothèque municipale de Berlin *(Berliner Stadtbibliothek)* de la Breite Straße (Mitte) après la chute du Mur pour constituer avec elle la Bibliothèque centrale et nationale *(Zentral- und Landesbibliothek)*. À côté se trouve l'**église de la Sainte-Croix** (*Zum Heiligen Kreuz*, 1885-1888). Comme de nombreuses paroisses, les grandes églises wilhelmiennes, parfois sorties de terre en quatre mois, ont parfois du mal à être maintenues en état en raison du nombre décroissant de croyants. Dans l'église de la Sainte-Croix, le transept a été séparé du chœur sacré par des parois de verre, de telle sorte que des salles ont pu être aménagées pour accueillir des conférences et des manifestations culturelles, la location de ces dernières permettant d'augmenter considérablement le budget de la commune consacré à l'entretien de l'église.

Derrière l'AGB, se trouvent plusieurs importants **cimetières★** historiques de Berlin *(entrée par le plus ancien, dans la Zossener Straße)*, qui furent ouverts à partir de 1735 au-delà des enceintes de la ville, en face de la porte de Halle, puis ensuite réaménagés plusieurs fois. On y trouve les tombes de nombreuses personnalités du monde des arts et des sciences : les écrivains E.T.A. Hoffmann et Adalbert von Chamisso, les dames qui tenaient les salons berlinois, Rahel Varnhagen von Ense et Henriette Hertz, le compositeur Felix Mendelssohn-Bartholdy, le peintre Antoine Pesne ou encore les architectes Georg Wenzeslaus von Knobelsdorff, Carl Ferdinand Langhans et David Gilly.

Mehringdamm

Cette ancienne **caserne** (Kaserne des 1. Garde-Dragoner-Regiments), tout en longueur, date du milieu du 19e s. et héberge aujourd'hui la perception (Finanzamt, *Mehringdamm 20-30*). Pour égayer le long front de rue monotone, on s'inspira de l'architecture des châteaux forts du Moyen Âge pour la réalisation des façades. Les angles de l'édifice de la caserne, ainsi que sa porte cochère, sont mis en relief par des tours crénelées. Le **Mehringhof** *(Gneisenaustraße 2)*, ancien bâtiment d'usine, est un haut lieu du mouvement alternatif et de la scène politique (de gauche) de Kreuzberg. Vers l'Ouest, sur la Yorckstraße, se trouve l'église catholique **St-Boniface (D 2)**, avec sa façade néogothique surmontée d'une tour double qui culmine à 74m. **Max Hasak** (1905-1907) construisit en même temps que cette église une habitation, surnommée dans le langage populaire « **le Vatican de Kreuzberg** ». Le **Riehmers Hofgarten★** *(nos 83-86)*, aménagé entre 1880 et 1900 et comptant quelque 20 maisons d'habitation à cinq étages destinées à la haute bourgeoisie, se trouve juste à côté et s'étend sur toute la profondeur de ce grand ensemble, jusqu'à la Großbeerenstraße et la Hagelberger Straße. À l'opposé des *Mietskasernen* autrefois dominantes, les quelques bâtiments actuels ont été pourvus d'une cour intérieure aménagée à la manière d'un parc, application beaucoup plus humaine et progressiste du plan Hobrecht.

Riehmers Hofgarten.

Le bâtiment située au n° 57 de la Großbeerenstraße abrite la minuscule salle du **Berliner Kinomuseum** *(voir Informations pratiques : « Spectacles »).*

Viktoriapark★

Le parc fut aménagé à la fin du 19e s. Le **Monument national des guerres de libération★** (Kreuzbergdenkmal, 1817-1821) s'inscrit dans la **perspective★** très romantique d'une cascade. Cette flèche gothique de 22 m de haut, surmontée d'une croix de fer, a donné son nom au quartier (*Kreuzberg* : le « mont de la Croix »). L'ensemble de statues classiques, personnifiant les membres les plus importants de la maison royale et des généraux, a été réalisé par Rauch, Tieck et Wichmann. Du sommet de la colline, on jouit d'une **vue★★** sur Kreuzberg et, au Sud, sur l'ancienne brasserie *Schultheiss*. Au loin, on aperçoit l'Est du centre-ville et les nouvelles constructions de la Potsdamer Platz.

Le Mehringdamm, la Fidicinstraße et la Kopischstraße permettent d'accéder à la Chamissoplatz, puis, en poursuivant par la Nostitzstraße, à la Bergmannstraße.

Les rues bordées des façades historicisantes des *Mietskasernen* wilhelminiennes autour de l'envoûtante **Chamissoplatz★** constituent la partie la plus charmante de Kreuzberg-Ouest. La **Bergmannstraße** et la Zossener Straße, au Nord de la Chamissoplatz, sont des rues commerçantes. À leur point d'intersection se trouve le **marché couvert de Marheineke** (**F²**, *voir « carnet pratique »*) sur la Marheinekeplatz.

On peut découvrir, au Sud de la Bergmannstraße, plusieurs **cimetières★** présentant un intérêt historique et culturel. Remontant à 1825, ils abritent de nombreuses tombes et caveaux de familles, parmi ces derniers reposent ici l'écrivain Ludwig Tieck, le peintre Adolf von Menzel, le philosophe Friedrich Daniel Schleiermacher, l'historien Theodor Mommsen et l'homme politique Gustav Stresemann.

Südstern

L'aménagement de cette place fait partie du projet global de **James Hobrecht**, prévoyant une succession de boulevards et de places, partie intégrante du « plan Hobrecht » (1862). Le fisc militaire demanda à la fin des années 1890 que soient érigées à cet endroit deux **églises de garnison** pour alléger la charge d'âme des soldats stationnés sur le champ de bataille de Tempelhof (actuel aéroport de Tempelhof) tout proche. Comme souvent dans la Prusse protestante, l'église évangélique se vit attribuer le terrain le plus stratégique – au carrefour de plusieurs axes routiers – tandis que l'église catholique dut se contenter d'une église de garnison au beau milieu des bois de la Hasenheide, le long de la Lilienthalstraße. Les architectes des deux églises prirent pour référence les constructions d'églises médiévales pour les formes extérieures et utilisèrent une pierre naturelle, assez inhabituelle pour Berlin. L'architecte militaire Ernst August Roßteuscher choisit pour l'église évangélique de Südstern le style gothique primitif, tandis que l'architecte du gouvernement August Menken se référa au style roman tardif rhénan pour son pendant catholique, la basilique Saint-Jean. Sur le terrain voisin, également dans la Lilienthalstraße, le Vatican a fait ériger sa représentation diplomatique composée de trois bâtiments, la **Nonciature apostolique**.

Du Landwehrkanal à la Mariannenplatz

Tram *Kottbusser Tor. Suivre la Kottbusser Straße vers le Sud jusqu'au Kottbusser Brücke.*

Landwehrkanal★★

Des deux côtés du pont de Cottbus *(Kottbusser Brücke)*, les quais *(Ufer)* du Landwehrkanal offrent une animation et l'un des paysages urbains les plus attachants de Berlin :

Paul-Lincke-Ufer – Au début de la rue se succèdent de beaux cafés installés dans des bâtiments aux façades impressionnantes, entre autres *Jugendstil* ; remarquer la *Gewerbehof (n° 40)* avec ses quatre arrière-cours, un des nombreux complexes de ce genre dans le quartier.

Maybachufer – Le **marché turc** des mardi et vendredi après-midi *(voir « carnet pratique »)* est très pittoresque avec ses multiples saveurs et senteurs. Remarquer l'intéressante façade rayée du Kottbusser Damm 2-3, réalisée par Bruno Taut en 1910-1911. Cette dernière fut ensuite intégrée à la construction nouvelle d'Inken et de Hinrich Baller (1979-1982).

Plan Ufer – On trouve ici une autre belle succession de façades *Jugendstil* et historicisantes.

Fraenkelufer – Seule une aile de la **synagogue** orthodoxe de la Kottbusser Ufer, profanée par les nazis et détruite durant la guerre, a été préservée et est aujourd'hui de nouveau utilisée pour le culte. L'intérêt de ce quai réside aussi dans les exemples de maisons bâties pour l'**IBA 1987** et servant de modèles à la « rénovation prudente de la ville » autrefois pratiquée : immeuble d'angle du n° 26, ainsi que les **nos 38** et **44★** (Inken et Hinrich Baller). Il faut passer sous les pilotis pour accéder au jardin. Les immeubles qui y donnent, avec leurs balcons et leurs lucarnes pointues, sont encore plus réussis.

L'Erkelenzdamm permet d'accéder à la Wassertorplatz, puis à l'Oranienplatz.

Luisenstadt

Le nom de ce quartier, aménagé en 1800 et autrefois divisé par le mur, se réfère à la reine Louise, appréciée de la population. Au 19e s., il compte parmi les faubourgs industriels et manufacturiers florissants de la ville. Le Grünzug qui accompagne l'Erkelenzdamm, fut aménagé par **Peter Joseph Lenné** en 1840 en tant que voie navigable entre la Spree et le Landwehrkanal. Dans les années 1920, le **canal de Luisenstadt** fut remblayé et aménagé en parc. Devant l'**église St-Michel**, il forme un arc élégant en direction de la Mariannenplatz. Cette église est la deuxième construction catholique érigée à Berlin après la Réforme. Elle fut construite par un élève de Schinkel, August Soller, en tant qu'église de garnison, puis inaugurée en 1861. Theodor Fontane la considère comme la plus belle église de Berlin dans ses *Wanderungen durch die Mark Brandenburg (Voyages à travers la Marche de Brandebourg)*, ce qui était effectivement le cas avant les destructions de la Seconde Guerre mondiale. Cette église est aujourd'hui en partie en ruine ; seuls les murs extérieurs de la longue nef ont été préservés. Le Mur passait juste devant l'édifice jusqu'en 1989 (pour se poursuivre ensuite le long de l'Engeldamm).

On remarquera les belles cours en briques rouges et beiges **(n° 33)** et en briques vernissées blanches **(n° 38)** de la **Waldemarstraße**.

Regagner l'Oranienplatz et prendre la direction de l'Oranienstraße.

Oranienstraße★

C'est une rue à retenir pour sortir le soir *(voir Informations pratiques : « Cafés, bistrots et bars »)*. De l'Oranienplatz jusqu'à la **Heinrichplatz**, elle est bordée de nombreux cafés, bars et restaurants. Plus loin, on y trouve également de petites boutiques de vêtements pour les jeunes, des magasins de brocante et de bandes dessinées, ainsi que des bazars turcs. Remarquer deux belles *Gewerbehöfe* au **n° 25**, en briques blanches et vertes, et au **n° 183** *(Oranienhof)*.

À partir de la Heinrichplatz, emprunter la Mariannenstraße jusqu'à la Mariannenplatz.

Mariannenplatz

Ce vaste rectangle de verdure est bordé par l'ancien hôpital de Béthanie (aujourd'hui **Künstlerhaus Bethanien**, **E**[1]), centre culturel qui abrite des ateliers d'artistes, une imprimerie, ainsi que divers établissements du quartier, tels que le conservatoire de Friedrichshain-Kreuzberg et des salles d'exposition du Kunstamt. ♿ *Tlj sf lun. et mar. 14h-19h. Fermé 24 et 31 déc. Gratuit. ☎ 616 90 30. www.bethanien.de*

L'**église évangélique St-Thomas**, qui ferme la place au Nord, fut édifiée par Friedrich Adler entre 1864 et 1869, pour faire pendant à l'église St-Michel *(voir plus avant)* et est l'une des plus élégantes de Berlin. Cet important ouvrage se distingue par son portail à tour double et son remarquable tambour (la partie qui supporte la coupole, ici absente).

visiter

Jüdisches Museum★★

Tram *Hallesches Tor, Kochstraße Lindenstraße 9-14.* ♿ *10h-20h, lun. 10h-22h. Fermé j. de fêtes juives mobiles Rosch ha-Schana (16-17 sept. 2004, 4-5 oct. 2005) et Yom Kippour (25 sept. 2004, 13 oct. 2005) et 24 déc. 5€. ☎ 308 78 56 81. www.jmberlin.de*

L'entrée du musée se trouve dans l'ancien bâtiment, tandis que l'on accède aux salles d'exposition, aménagées sur deux étages dans la construction nouvelle, via un chemin souterrain, la **rue de la Continuité** (Straße der Kontinuität). Cet axe principal est croisé par deux autres axes, dont l'un a pour thème l'exil et conduit au jardin d'E.T.A-Hoffmann, tandis que le second se termine en impasse dans la tour de l'Holocauste. Le sous-sol abrite, en outre, le **Rafael-Roth-Learning Center**. Les visiteurs peuvent interroger des bases de données interactives sur l'histoire des Juifs en Allemagne.

Un grand escalier conduit au deuxième étage et au début de l'exposition permanente intitulée à « Deux siècles d'histoire germano-juive ». Treize tableaux d'époque retracent l'histoire des Juifs de l'époque romaine (lorsque les premiers Juifs émigrèrent dans des régions germaniques), en passant par les enclaves juives dans les villes médiévales, le long chemin semé d'embûches de l'émancipation et l'Holocauste, jusqu'à nos jours, avec la formation de la nouvelle communauté juive allemande et la migration actuelle, concernant principalement des Juifs russes. La présentation des événements est chronologique et structurée par blocs, ayant pour thème certaines personnalités, telles que Moses Mendelssohn *(voir Invitation au voyage : « Livres et scènes »)* et une femme d'affaires hambourgeoise du 17e s., ou certains endroits, tels que la synagogue et l'école ; le tout est illustré par des objets, documents et œuvres historiques. L'équipement multimédia permet également au visiteur d'approfondir certains aspects. Ne pas manquer la représentation virtuelle de la communauté juive dans le Worms médiéval, dans la section intitulée « Il y a mille ans ».

Le rez-de-chaussée est réservé au repos et à la méditation. Outre une salle de repos, il comporte une approche de l'**œuvre d'art « Shalechet »** *(Chute de feuilles)* de Menashe Kadishman. L'installation, qui correspond précisément à la symbolique de la pièce, comporte plus de 10 000 visages avec une bouche ouverte, grossièrement découpée dans des disques de fer circulaires qui recouvrent tout le sol de la pièce.

Deutsches Technikmuseum Berlin★★

Tram *Gleisdreieck. Trebbiner Straße 9.* ♿ *Tlj sf lun. 9h-17h30, w.-end 10h-18h. Fermé 1er mai, 24-25 et 31 déc. 3€.* ☎ *90 25 40. www.dtmb.de*

Ce **Musée allemand des transports et des techniques** occupe l'emplacement de l'ancienne gare de marchandises d'Anhalt et rassemble les sections suivantes : télévision, radio, industrie textile, ainsi que des maquettes et surtout une très importante **collection d'originaux de locomotives et de wagons★★**. Une végétation abondante a poussé sur les voies désaffectées, tout comme dans le parc naturel de Schöneberg Südgelände *(voir Schöneberg)*, et abrite une faune remarquable. Dans cet espace naturel protégé, on trouve également des moulins à eau et à vent, une brasserie historique et une forge et métallerie. Un nouveau bâtiment, inauguré au printemps 2003, permet d'accueillir sur 12 000 m² de nouvelles expositions permanentes sur la navigation et l'aéronautique.

Le **Spectrum★** *(150 m à l'Est en longeant la Tempelhofer Ufer)* est une annexe du musée installée dans un bâtiment rectangulaire en brique. Par le biais de multiples expériences manuelles, vous découvrirez les propriétés physiques de l'optique, du courant électrique, des ondes, de la radioactivité, de la lumière et du son.

Tempodrom★

Ⓢ *Anhalter Bahnhof. Möckernstraße 10 ; voir aussi Informations pratiques : « Spectacles ».* Le 1er mai 1980 fut inauguré à Kreuzberg, sous un chapiteau de cirque, le premier Tempodrom, à l'ombre du mur, sur la Potsdamer Platz. La diversité de son programme l'a transformé en quelques années en une institution essentielle et pas seulement pour la culture alternative de l'ancien Berlin-Ouest. Au milieu des années 1980, le Tempodrom déménagea dans le Tiergarten, à côté de la Maison des cultures du monde (Haus der Kulturen der Welt). La construction de la Chancellerie fédérale obligea le Tempodrom à trouver un nouvel emplacement, ce qu'il fit dans la cour de la gare postale, près de Ostbahnhof. On constate aujourd'hui avec une certaine ironie que l'ancien emplacement du Tempodrom est maintenant occupé par le « Tipi », une tente du bar Jeder Vernunft, sous laquelle se déroulent des spectacles. Le Tempodrom a, quant à lui, définitivement abandonné son statut de nomade depuis le début du siècle pour s'établir sur le terrain de l'ancienne gare d'Anhalt dans un nouveau bâtiment tape-à-l'œil de la Haus Gerkan, Marg und Partner, réalisé d'après les plans de Stefan Schütz. Ancien chapiteau de cirque, le Tempodrom est aujourd'hui un lieu de spectacle moderne qui fait partie de l'establishment culturel. Les 12 poutrelles d'acier de 42 m de long qui supportent le toit rappellent la tente

Deutsches Technikmuseum Berlin.

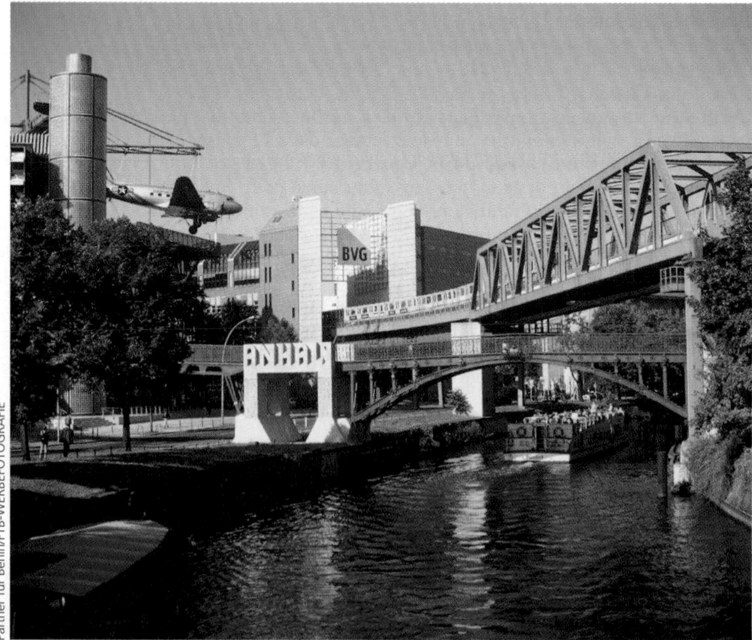

Partner für Berlin/FTB-WERBEFOTOGRAFIE

d'autrefois. Le Tempodrom abrite aujourd'hui, outre la Große Arena, qui constitue le cœur de l'endroit, un foyer vitré, la Kleine Arena, un salon et le Liquidrom, espace de remise en forme avec piscine d'eau salée et musique sous-marine.
De la **gare d'Anhalt (B³)**, autrefois la plus grande gare de Berlin (architecte Franz Schwechten), qui fut démolie après la guerre comme la plupart des gares principales, il ne reste plus aujourd'hui qu'une seule, bien qu'imposante, partie du porche d'entrée.

Mauermuseum Haus am Checkpoint Charlie

Tram *Kochstraße. Friedrichstraße 43-45. 9h-22h. 7€. ☎ 253 72 50. www.mauer-museum.com*
Les expositions du **musée du Mur** présentent des documents relatifs à l'histoire du mur qui entourait les secteurs occidentaux de Berlin sur 155 km et aux tentatives de franchissement, parfois aériennes, le tout appuyé par des objets, des récits, des œuvres d'art et des installations vidéo. Le combat mondial pour les Droits de l'homme constitue un autre thème central de ce musée.

Kreuzberg Museum

Tram *Kottbusser Tor. Adalbertstraße 95a. Tlj sf lun. et mar. 12h-18h. Gratuit. ☎ 50 58 52 33. www.kreuzbergmuseum.de*
Les différentes expositions temporaires ont pour thème l'histoire de Kreuzberg et de ses habitants depuis le 18e s. Une exposition permanente présente, en outre, le monde de l'imprimerie et de l'édition, si important pour Kreuzberg.

Abandon de la République

On arrivait souvent à l'Ouest de manière extravagante : que ce soit en tracteur, dans le coffre d'une voiture à la place du moteur ou du radiateur, dans une caisse, avec des échelles, dans un télésiège fixé à un câble, ou encore en sautant par la fenêtre. Nombre de ces tentatives de fuite s'achevèrent d'une manière tragique. On compte officiellement 250 morts mais on soupçonne un nombre encore plus élevé. La dernière victime fut Chris Gueffroy, tué le 6 février 1989. 60 000 personnes furent condamnées en RDA pour « abandon de la République » ou « tentative d'abandon de la République ».

Kulturforum★★★

Dès 1938, Albert Speer avait fait démolir des rues entières du quartier aisé entourant l'église St-Matthieu dans le cadre des grands travaux de la future « Germania ». D'autres bâtiments furent, par ailleurs, victimes des bombardements alliés, ce qui explique qu'il ne restait plus à cet endroit qu'une vaste terre en friche après la guerre. Les plans du Kulturforum furent élaborés par Hans Scharoun (voir Invitation au voyage : « Une ville aux multiples facettes »), qui choisit de diviser l'espace en plusieurs unités fonctionnelles, afin de redresser et décongestionner le paysage urbain. Ses idées urbanistiques ne furent toutefois réalisées qu'en partie et l'ensemble du Kulturforum subit de nombreuses modifications. À la construction de la Philharmonie succéda toute une série de bâtiments culturels à partir des années 1960, dont nombre de musées, certains à l'architecture spectaculaire, constituant ainsi, dans une certaine mesure, un pendant moderne à l'île des Musées. Le Kulturforum est aujourd'hui devenu l'un des principaux lieux culturels de la capitale grâce, notamment, à la Gemäldegalerie (galerie de Peinture), installée à cet endroit depuis 1998 et dont la visite s'impose si vous séjournez à Berlin.

La situation

Mitte. Plan p 146-147 JV - Carte Michelin n° 33 M11-12. S *1, 2, 25, 26 +* Tram *2 Potsdamer Platz, Mendelssohn-Bartholdy-Park,* Bus *200 Philharmonie.* Le Kulturforum se trouve au cœur de la capitale réunifiée, non loin de la **Potsdamer Platz**, à l'un des points de réduction de la fracture Est-Ouest.
À voir dans les environs : KREUZBERG, POTSDAMER PLATZ, SCHÖNEBERG TIERGARTEN, .

découvrir

Bus *200 Philharmonie.*

Philharmonie und Kammermusiksaal★★★ (T³)

L'entrée se situe à l'Ouest pour la **Philharmonie** (1960-1963 ; *voir Invitation au voyage : « ABC d'architecture »*), chef-d'œuvre de **Hans Scharoun**, au Sud pour la **Salle de concerts de musique de chambre** ou « **Kammermusiksaal** », construite deux décennies plus tard (1984-1987) par son élève Edgar Wisniewski sur une esquisse du maître - les deux salles sont reliées entre elles. La silhouette élancée, revêtue de plaques d'aluminium oxydé électriquement 20 ans plus tard, était devenue un emblème de l'ancien Berlin-Ouest. La Philharmonie fut la première construction du Kulturforum réalisée d'après les plans de Scharoun.

Des visites guidées sont également proposées (voir « visiter »).

Museumskomplex am Kulturforum

Rolf Gutbrod fut chargé, en 1968, de la construction de plusieurs bâtiments prévus pour accueillir des musées sur le Kulturforum, dans la continuité de l'idée de Scharoun. La construction ne put toutefois commencer que 10 ans plus tard. En raison d'importantes critiques, la réalisation des constructions fut ensuite interrompue en 1985, une fois le **Kunstgewerbemuseum** (musée des Arts décoratifs, **M**[5], *voir « visiter »*) achevé, pour ne reprendre que plus tard, après des modifications. La façade en briques de cet édifice massif, quasiment sans fenêtres, s'articule autour de rubans d'aluminium qui se déroulent verticalement et horizontalement. En 1988, les architectes Hilmer & Sattler se chargèrent de poursuivre la construction du Kulturforum, cherchant à constituer un ensemble harmonieux à partir des bâtiments existants. Il fallut intégrer également la « Piazetta » en montée, ainsi que des corps de bâtiments achevés issus des plans de leurs prédécesseurs. Ils conçurent, en revanche, de toutes pièces la nouvelle Galerie de Peinture. Le **complexe muséal du Kulturforum**, achevé en 1998, héberge aujourd'hui la **Kunstbibliothek** (bibliothèque des Beaux-Arts), le **Kupferstichkabinett** (cabinet des Estampes) et la **Gemäldegalerie** (galerie de Peinture, **M**[6]), qui en occupe la plus grande partie *(voir « visiter »)*. Alors que les différents édifices isolés du Kulturforum en imposent par leur aspect extérieur, ils se distinguent avant tout par la qualité de leurs expositions, particulièrement remarquables dans la galerie de Peinture.

St. Matthäus-Kirche

L'**église St-Matthieu** fut édifiée entre 1844 et 1846 par Friedrich August Stüler, qui se chargea également de la construction du Nouveau Musée (Neues Museum) sur l'île des Musées. À l'origine intégrée à une place du 19e s., elle fut également menacée par les plans d'Albert Speer. Contrairement aux bâtiments qui l'entourent, elle échappa toutefois aux mesures de démolition, bien que sévèrement endommagée par la Seconde Guerre mondiale. Entre 1956 et 1960, elle fut reconstruite, au moins à l'extérieur, avec des briques enrubannées de jaune et de rouge.

Neue Nationalgalerie★★★ (M[7])

Le bâtiment isolé de la **Nouvelle Galerie nationale**, ressemblant à un temple moderne fait d'acier et de verre, fut édifié entre 1965 et 1968 par l'architecte allemand **Ludwig Mies van der Rohe**, directeur du Bauhaus à Dessau et Berlin jusqu'à la prise de pouvoir des nationaux-socialistes. Il s'agit du seul et unique bâtiment que l'architecte réalisa en Allemagne après avoir émigré aux États-Unis. L'idée directrice de l'édifice, considéré comme pionnier de l'architecture moderne, s'inspire des plans (qui ne furent pas exécutés en raison de la Révolution cubaine) d'un immeuble de bureaux de la société Bacardi à Santiago de Cuba, datant de la fin des années 1950 (on peut en apercevoir une maquette au Museum of Modern Art de New York), ainsi que du projet d'un musée à Schweinfurt.

« Têtes et queue » de Calder, l'église St-Matthieu et la Nouvelle Galerie nationale.

Ph. Gajic/MICHELIN

L'austérité et la construction géométrique quadrillée de l'édifice tiennent du classicisme de Schinkel. Sa forme de temple rappelle, en outre, l'Ancienne Galerie nationale de l'île des Musées. Les salles proprement dites du musée se trouvent sous terre, à l'intérieur du soubassement habillé de granit. L'édifice plat, qui se trouve au-dessus, constitue une sorte de pavillon d'entrée également utilisé pour accueillir des expositions. Les éléments de construction sont réduits à l'essentiel. Huit pylônes aux parois de verre, seuls éléments séparant l'intérieur de l'extérieur, supportent un immense **toit à caissons**. À l'intérieur, l'édifice n'a pas d'autres supports, permettant ainsi à la lumière de baigner agréablement la pièce. Le toit en acier fut la plus grande dalle rigide jamais réalisée, assemblée en un seul et unique morceau au terme de neuf heures de travail. Ce toit n'est pas seulement une dalle simple mais également un chef-d'œuvre artistique dans ses moindres détails, qui semble planer au-dessus de l'édifice et ne plus sentir son poids. L'édifice est ainsi d'une extrême légèreté. Van der Rohe parvint à réaliser cet effet en un tour de main : le toit léger en son centre, que l'on ne remarque même pas, forme une voûte, tandis que ses supports tendent à se rétrécir vers le haut.
L'ensemble de sculptures modernes qui décorent le socle autour de la partie plate de la construction vous accueille dans ce musée. Devant l'entrée, on peut admirer le *Bogenschütze* (*L'archer*, 1964-1965) d'**Henry Moore** avec ses grandes formes arrondies et la sculpture cinétique *Vier Vierecke im Geviert* (*Quatre polygones au carré*, 1969) de **George Rickey** ; sur la droite, entre autres, le *Berlin-Block für Charlie Chaplin* (*Bloc de Berlin pour Charlie Chaplin*, 1978) de **Richard Serra**, un bloc de fer massif, enfoncé en diagonale dans le sol, qui forme un contraste voulu avec la transparence de la Galerie nationale ; sur la gauche, le monument de fer grandeur nature *Gudari* (1975) d'**Eduardo Chillida** (également auteur de la sculpture que l'on trouve devant la Chancellerie fédérale, *voir Regierungsviertel*). De l'autre côté, d'où l'on jouit d'une belle vue sur le jardin, des sculptures qui abritent des œuvres de Bernhard Heiliger, Otto Herbert Hajek, Auguste Rodin et Gerhard Marcks ; on remarque les *Têtes et queue* (1965) d'**Alexander Calder**, une sculpture à la fois massive et en filigrane.

visiter

Philharmonie und Kammermusiksaal★★★ (T³)

Herbert-von-Karajan-Straße 1 ; voir également Informations pratiques : « Spectacles ». Visite guidée (1h) à 13h ; rendez-vous à Künstlereingang (entrée des artistes). Fermé 24-26 et 31 déc. Gratuit. ☎ 25 48 81 56. www.berliner-philharmoniker.de

Au centre des deux salles de concerts se trouve le podium de l'orchestre, entouré par les tribunes de spectateurs qui forment une sorte de terrasse. Le plan de la salle de la **Philharmonie** se base sur trois pentagones imbriqués les uns dans les autres, tandis que la **Salle de concerts de musique de chambre** est hexagonale. La Philharmonie est mondialement célèbre pour avoir abrité de 1955 à 1989 l'Orchestre philharmonique de Berlin (Berlin Philharmoniker) dirigé par **Herbert von Karajan**. L'établissement méritait ainsi son surnom de « Zirkus Karajani », en référence au cirque Sarasani d'avant-guerre. En 1989, Karajan disparaît et est remplacé par le chef d'orchestre italien Claudio Abbado auquel succède, à l'automne 2002, Sir Simon Rattle.

Musikinstrumenten-Museum★ (M⁴)

Tiergartenstraße 1. ♿ Tlj sf lun. 9h-17h, w.-end 10h-17h. Fermé 1er janv., lun de Pâques, 1er mai, Pentecôte, 24, 25 et 31 déc., 3€ (gratuit 1er dim. du mois). ☎ 25 48 11 78. www.sim.spk-berlin.de

Un bâtiment clair et agréable, édifié en 1984, abrite le **musée des Instruments de musique**. Les différents instruments sont exposés autour d'un atrium couvert : instruments à vent de l'église St-Wenzel à Naumbourg, instruments à cordes de l'École Alémanique, clavecins de l'atelier de Rucker (décorés de précieuses peintures) et de Gottfried Silbermann, ainsi que des orgues (dont un positif d'Allemagne du Nord-Ouest du 17e s. et le célèbre clavier du *Mighty*, orgue américain Art déco appartenant à la famille Siemens).

Gemäldegalerie★★★ (M⁶)

Matthäikirchplatz 6. ♿ Tlj sf lun. 10h-18h (jeu. 22h). 6€ (le billet à la journée est également valable dans tous les autres bâtiments des musées nationaux visités le même jour), gratuit 1er dim. du mois. ☎ 20 90 55 66. www.smb.spk-berlin.de

Avec le transfert de la **galerie de Peinture** au Kulturforum et le regroupement des collections d'œuvres d'art européennes des 13e au 18e s. des deux musées au cours de l'été 1998, cinquante années de division et de solutions provisoires touchèrent à leur fin. La collection de la galerie de Peinture tire son origine de la passion commune du Grand Électeur et de Frédéric le Grand qui multiplièrent les acquisitions systématiques et ciblées à partir du début du 19e s. (on note à ce propos l'importance de l'acquisition de collections entières, telles que celle du Giustiani en 1815) ; les plus importantes sont exposées dans le Vieux Musée de l'île des Musées à partir de 1830. Ce musée doit toutefois son essor à **Wilhelm von Bode**, directeur de la galerie à partir de 1890, qui fit de nombreuses acquisitions et rassembla, jusqu'à la déclaration de la Première Guerre mondiale, une collection presque complète de peintures européennes du 13e au 18e s. (on lui doit, par exemple, la vaste collection Rembrandt). La galerie de Peinture est transférée dès 1904 dans le tout nouveau Kaiser-Friedrich-Museum, sur l'île des Musées (actuel musée Bode). Pendant la division de la ville, les différentes collections sont réparties entre le musée Bode et le complexe muséal de Dahlem.

En dépit des pertes dues à la guerre (soit 434 œuvres d'art abritées dans le bunker de la défense antiaérienne de Friedrichshain, pourtant réputé indestructible), la collection de ce musée est, aujourd'hui encore, l'une des plus importantes du monde, tous les styles et écoles de peinture y étant représentés par des œuvres d'art de choix. Les 59 salles, dans lesquelles sont exposées plus de 1 100 peintures, se succèdent en fer à cheval, autour d'un foyer central. La quasi-totalité des 18 grandes salles et 41 cabinets reçoivent la lumière du jour par le haut. La galerie des Études (Studiengalerie), au rez-de-chaussée, regroupe 300 autres véritables chefs d'œuvre.

Ci-dessous quelques-unes des principales œuvres des divers écoles ou artistes à ne pas manquer lors d'une visite du musée.

Peinture allemande, 13e-16e s. (salles I-III, cabinets 1-4) :

Maître de la Passion de Darmstadt (actif de 1440 à 1460) : panneaux d'un retable ; *Kreuzigungsretabel aus Soest (retable de la Crucifixion de Soest)*, vers 1230-1240 ; Hans Multscher : *panneau du retable de Wurzach*, 1437 (salle I).

J. P. Anders/PREUSSISCHER KULTURBESITZ

« Hieronymus Holzschuher » de Albrecht Dürer.

Hans Baldung Grien : ***Triptyque***★, 1506-1507 ; *Vierge à l'Enfant*, vers 1539 (salle II).

Œuvres de Lucas Cranach l'Ancien★★ : *Panneau de retable représentant le Jugement dernier*, vers 1524 ; *Vénus et l'Amour*, vers 1530, *La Fontaine de jouvence*, 1546 (salle III, *voir aussi cabinet 3*).

La Vie du Christ en 35 planches, école de Cologne vers 1410-1420 ; Martin Schongauer : *La Naissance du Christ*, vers 1480 (cabinet 1).

Plusieurs **œuvres d'Albrecht Dürer**★★, parmi lesquelles : portraits de *Hieronymus Holzschuher* et *Jakob Muffel* (tous les deux en 1526) ; œuvres petit format d'Albrecht Altdorfer ; Hans Baldung Grien : *Portrait d'un vieil homme*, vers 1518-1519 (cabinet 2).

Lucas Cranach l'Ancien : *Adam et Ève*, 1533 ; *Repos pendant la fuite en Égypte*, 1504 (cabinet 3).

Hans Holbein le Jeune : ***Le Marchand Georg Gisze***★★, 1532 ; *Herzog Anton der Gute von Lothringen (Le Duc Antoine le Bon de Lorraine)*, vers 1543 ; plusieurs œuvres de Hans Burgkmair ; Christoph Amberger : *Sebastian Münster*, vers 1552 (cabinet 4).

Peinture hollandaise, 15e-16e s. (salles IV-VI, cabinets 5-7) :

Plusieurs **retables** remarquables de **Rogier van der Weyden**★★★, parmi lesquels le *retable de Mittelburg*, vers 1445, et le *Johannesaltar (retable de St-Jean)*, vers 1455 (salle IV).

Œuvres de Gérard David ; Hans Memling : *Vierge à l'Enfant sur un trône*, vers 1480-1490 ; Hugo Van der Goes : *L'Adoration des Bergers*, vers 1470 (salle V).

Jan Gossaert : *Portrait d'un gentilhomme*, vers 1530 (salle VI).

Petrus Christus : ***Portrait de jeune fille***★★, vers 1470 ; Jan Van Eyck : ***Vierge dans une église***★★, vers 1425 (cabinet 5).

Quinten Massys : *Vierge sur un trône*, vers 1525 ; Joachim Patenier : *Repos pendant la Fuite en Égypte*, vers 1520 (cabinet 6).

Pieter Bruegel l'Ancien : ***Les Proverbes néerlandais***★★, 1559 (cabinet 7).

Peinture flamande et hollandaise, 17e s., Rubens, Rembrandt (salles VII-XI, cabinets 8-19) :

Pierre Paul Rubens : *L'Enfant à l'oiseau*, vers 1629-1630 ; Anton Van Dyck : *Un couple de patriciens génois*, vers 1621-1623 ; Jacob Jordaens : *L'Enlèvement d'Europe*, vers 1615-1616 (salle VII).

Pierre Paul Rubens : *Der heilige Sebastian (Saint Sébastien)*, vers 1618, *La Vierge et l'Enfant Jésus*, vers 1625-1628 ; Jan Davidsz de Heem : *Fleurs et Fruits*, 1651 (salle VIII). Matthias Stomer : ***Sarah conduit Abraham à Hagar★*** ; *Esau vend son droit d'aînesse* (salle IX).

Œuvres de Rembrandt★★ : *Autoportrait*, 1634 ; *Samson menaçant son beau-père*, 1635 ; *Moïse brandissant les Tables de la Loi*, 1659 (salle X, *voir aussi cabinet 16*).

Jacob van Ruisdael : *Chêne près d'un lac*, vers 1665-1669 ; Meindert Hobbema : *Village parmi les arbres*, vers 1663 (salle XI).

Jan Bruegel l'Ancien : *Bouquet de fleurs* ; natures mortes d'Osias Blert et de Balthasar van der Ast (cabinet 8).

Peintures de paysages petit format de Pierre Paul Rubens ; Daniel Seghers : *Guirlande de fleurs* (cabinet 9).

Œuvres de Pierre Paul Rubens et de son école (cabinet 10).

Roelant Savery : *Paradis terrestre*, 1626 (cabinet 11).

Paysages de Jan van Goyen, Pieter de Molijn, Salomon van Ruysdael (cabinet 12).

Frans Hals : ***Jeune Chanteur avec une flûte★***, vers 1623-1625 ; *Malle Babbe (« Babette la folle »)*, vers 1633-1635 ; plusieurs portraits d'hommes et de femmes (cabinet 13).

Vues de villes et peintures de paysages de Jan Van Goyen (cabinet 14).

Paysages de Jacob van Ruisdael (cabinet 15).

Rembrandt : *Suzanne et les Vieillards*, 1647 ; *Joseph accusé par la femme de Putiphar*, 1655 ; école de Rembrandt : *L'Homme au casque d'or*, vers 1650-1655 (cabinet 16).

Gerard ter Borch : *L'Admonition du père*, vers 1654-1655 (cabinet 17).

Œuvres de Jan Vermeer van Delft★★ : *Le verre de vin*, vers 1661-1662, *La Femme au collier de perles*, vers 1662-1665 (cabinet 18).

Philip van Dyk : *Joueur de luth* (cabinet 19).

Peinture anglaise, française et allemande, 18e s. (cabinets 20-23) :

Thomas Gainsborough : *Les Enfants Marsham*, 1787 ; Joshua Reynolds : *Lady Sunderlin*, 1786 (cabinet 20).

Antoine Watteau : *La Danse*, vers 1719 ; Jean-Baptiste Siméon Chardin : *Le Dessinateur*, 1737 (cabinet 21).

Plusieurs **œuvres d'Antoine Pesne★**, parmi lesquelles *Frédéric le Grand en prince héritier*, (vers 1739), *Selbstbildnis mit den Töchtern vor der Staffelei* (*Autoportrait avec ses filles devant le chevalet*, 1754) ; Johann Heinrich Tischbein l'Ancien : *Bildnis des Prinzen Heinrich von Preußen* (*Portrait du prince Henri de Prusse*, 1769), ainsi que des œuvres de Daniel Nikolaus Chodowiecki (cabinet 22).

Angelica Kauffmann : plusieurs œuvres parmi lesquelles une *Bacchante*, avant 1786 ; Anton Raphael Mengs : *Autoportrait*, vers 1778-1779 (cabinet 23).

Peinture italienne des 17e-18e s., peinture française du 17e s., peinture espagnole des 16e-17e s. (salles XII-XIV, cabinets 24-26, 28) :

Francesco Guardi : *La Montgolfière*, 1784 ; *Le Grand Canal à Venise*, vers 1745 ; Canaletto : ***Le Grand Canal avec vue sur le pont du Rialto★*** ; diverses vues de Venise (salle XII).

Diego Velásquez : *Portrait d'une dame*, vers 1630-1633 ; Francisco de Zurbarán : *Don Alonso Verdugo de Albornoz*, vers 1635 ; plusieurs peintures de Murillo (salle XIII).

Le Caravage : ***L'Amour vainqueur★★***, 1601-1602 ; Simon Vouet : *La Toilette de Vénus*, vers 1625-1627 (salle XIV).

Luigi Crespi : *Elisabetta Cellesi*, 1732 ; œuvres de Giovanni Battista Tiepolo (cabinet 24).

Claude Lorrain : *Paysage romain idéal*, vers 1635-1636 ; Nicolas Poussin : *Autoportrait*, 1649 (cabinet 25).

Georges de La Tour : ***Les Mangeurs de pois★★***, vers 1622-1625 (cabinet 26).

Scènes de la Bible par Jacopo Amigoni (cabinet 28).

Peinture italienne, fin 15e-16e s. (salles XV-XVII, cabinets 29-32) :

Le Parmesan : *Le Baptême du Christ*, vers 1519 ; le Corrège : *Léda et le Cygne*, vers 1532 (salle XV).

« L'Amour vainqueur » du Caravage.

J. P. Anders/PREUSSISCHER KULTURBESITZ

5-7-9

Le foyer à trois nefs de la galerie de Peinture à l'architecture harmonieuse abrite une seule et unique œuvre d'art : une sculpture de l'artiste américain Walter De Maria, intitulée The *5-7-9 Series*. Cette dernière se compose de 27 tiges métalliques polygonales et très brillantes, disposées sur trois rangées dans un bassin en granit peu profond. Les tiges à cinq, sept et neuf angles ont été agencées dans toutes les combinaisons mathématiques possibles. Cette sculpture est idéale pour achever votre visite de la galerie de Peinture ; elle invite à réfléchir, s'interroger, ou tout simplement s'arrêter et regarder.

Œuvres du Titien★★ : *Vénus avec l'organiste*, vers 1550-1552 ; *Portrait d'un jeune homme barbu*, vers 1525 ; le Tintoret : *Vierge à l'Enfant, vénérée par deux évangélistes*, 1570-1575 (salle XVI).

Giovanni Battista Moroni : *Le Duc d'Albuquerque*, 1560 (salle XVII).

Raphaël : plusieurs **tableaux de Madone★★**, dont la célèbre *Madonna Terranuova*, vers 1505 (cabinet 29).

Artistes florentins : Alessandro Alori, Bronzino, Giorgio Vasari (cabinet 30).

Cariani : *Portrait d'une jeune femme se reposant*, vers 1520-1524 (cabinet 31).

Lorenzo Lotto : portraits d'hommes ; Giorgione (cabinet 32).

Miniatures (cabinet 34) :
Lucas Cranach l'Ancien : *Catherine de Bora*, vers 1525.

Peinture italienne, 13e-fin du 15e s. (salle XVIII, cabinets 35-41) :
Piero di Cosimo : *Vénus, Mars et l'Amour*, vers 1505.

Œuvres de Sandro Botticelli★★ : *Vierge à l'Enfant entourée de saints*, 1484-1485 ; *Saint Sébastien*, 1474 ; *Vierge à l'enfant entourée d'un chœur d'anges*, vers 1477 ; *Vierge sur un trône*, 1484-1485 ; Antonio de Pollaiuolo : *Portrait de jeune femme*, vers 1465 (salle XVIII).

Œuvres de l'Ercole de Roberti (cabinet 35).

Marco Zoppo : *Vierge à l'Enfant sur un trône*, 1471 (cabinet 36).

Cima da Conegliano : *Marie sur un trône avec enfant et donateur*, vers 1492-1494 ; plusieurs œuvres de Giovanni Bellini (cabinet 37).

Andrea Mantegna : *Présentation de Jésus au Temple*, vers 1465-1466 ; Carlo Crivelli : *Vierge à l'Enfant sur un trône* (cabinet 38).

Fra Angelico : ***Le Jugement dernier★★*** ; Fra Filippo Lippi : *Vierge adorant l'Enfant*, vers 1459 (cabinet 39).

Lorenzo Monaco : plusieurs peintures, parmi lesquelles *La Dernière Cène*, 1390 (cabinet 40).

Giotto di Bondone : ***La Mise au tombeau de Marie★***, vers 1310 ; Taddeo Gaddi : plusieurs œuvres, parmi lesquelles un *Triptyque*, 1334 ; Maître de Madeleine : *Vierge à l'Enfant entourée d'anges sur un trône*, vers 1270 (cabinet 41).

Studiengalerie (cabinets 43-54).

Des chefs-d'œuvre de toutes les écoles sont également exposés dans la **galerie des Études**, parmi lesquels de très belles natures mortes : Jan Fyt : *Nature morte avec poissons et fruits* ; Jan Davidsz de Heem : *Nature morte avec fruits et homard* ; Pieter Claesz : *Nature morte avec verres, pichets et fruits*.

Kunstgewerbemuseum★★ (M5)

Matthäikirchplatz 8. ♿ Tlj sf lun. 10h-18h, w.-end 11h-18h. Fermé mar. suivant 24-25 et 31 déc., Pâques et Pentecôte. 3€, gratuit 1er dim. du mois. ☎ 266 29 02. www.smb.spk-berlin.de

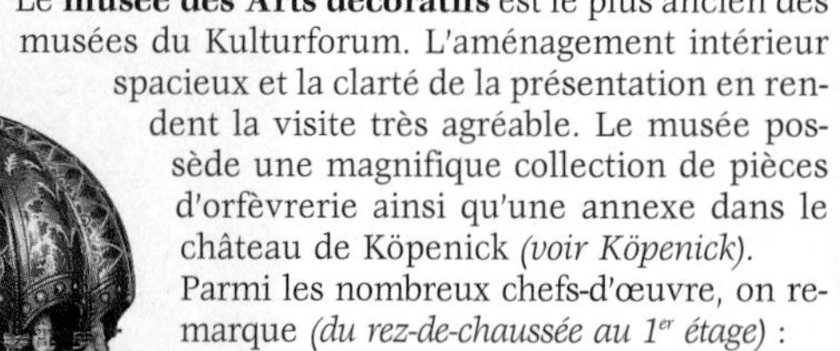

Le **musée des Arts décoratifs** est le plus ancien des musées du Kulturforum. L'aménagement intérieur spacieux et la clarté de la présentation en rendent la visite très agréable. Le musée possède une magnifique collection de pièces d'orfèvrerie ainsi qu'une annexe dans le château de Köpenick *(voir Köpenick)*.

Parmi les nombreux chefs-d'œuvre, on remarque *(du rez-de-chaussée au 1er étage)* :

- **Le trésor des Welf★★★** *(Welfenschatz)* – Les Welf, qui ont donné naissance à la dynastie de Hanovre, forment l'une des plus illustres familles princières d'Allemagne. Leur trésor médiéval contient des pièces exceptionnelles : l'**autel portatif d'Eilbertus** (Cologne, vers 1150), la **croix des Welf**, le **livre de messe du duc Otto de Milden**, le **buste-reliquaire de St-Blaise** et le **reliquaire en forme d'église à coupole** (Cologne, vers 1175-1180).

Hirmer/Kunstgewerbemuseum/PREUSSISCHER KULTURBESITZ

Reliquaire, Cologne, vers 1175-1180.

– Le **reliquaire de St-Georges★** provenant d'Elbing (vers 1480).
– La **cassette florentine à épices★** *(Florentinische Kassette für Spezereien)*, marqueterie en pierres dures (vers 1690-1695).
– Le spectaculaire **trésor de Lünebourg★★★**, dont les récipients gigantesques de vermeil appartenaient au conseil municipal de cette petite ville d'Allemagne du Nord, et des objets provenant du « **cabinet d'art** » *(Berliner Kunstkammer)* des Hohenzollern. On est séduit par la fantaisie des figures sorties des ateliers d'Augsbourg, de Prague ou de Nuremberg : verseuse en forme d'éléphant de guerre, corne à boire avec Jonas, Diane sur le cerf ou sur une coupe, calice en forme de pied de vigne.
– Collection de **tapisseries**.
– **Vase à parfums** en porcelaine de Chine à glaçure noire et aux ornements de bronze doré français, milieu du 18e s.
– Parmi les nombreuse **porcelaines** remarquer : le chandelier « aux éléphants » de Meißen (1735-1940) et le service des « métamorphoses d'Ovide » (KPM Berlin, 1783).
– Cadre en bois pour « **l'image de la Grâce** » *(Gnadenbild)* **de l'église de pèlerinage du Sonntagberg** (Basse-Autriche, 1751). Ce cadre servit de modèle à un cadre en argent réalisé à l'identique qui, avec l'image de la Sainte-Trinité entourée d'une gloire, forme le centre du maître-autel de l'église.
– **Mobilier Carlo Bugatti** pour un salon exotique (Milan, vers 1885), où se mêlent les influences de l'art japonais et de l'art arabe.
– **Objets Art nouveau français** (verre d'Émile Gallé, céramiques d'Alexandre Bigot).
– **Mode** du Jugendstil et des années 1920.
Design et artisanat du 20e s. à nos jours *(sous-sol)* :
– **Pot issu de l'atelier de potier du Bauhaus** de Weimar, d'après un projet de Theo Bogler à partir de formes simples préfabriquées, 1923.
– **« Radical Design » italien des années 1960** (fauteuil avec bout de pied « Mies », par Archizoom, 1969, lampe de table et lampadaire « Gherpe » en matière synthétique couleur rose néon, par Superstudio, 1967).
– **Design des années 1980 et 1990** (Mario Botta, Ettore Sottsass, Philippe Starck, Jasper Morrison).

Kupferstichkabinett – Sammlung der Zeichnungen und Druckgraphik★

Matthäikirchplatz. ♿ Exposition : tlj sf lun. 10h-18h, w.-end. 11h-18h. Studiensaal : tlj sf lun. et w.-end 9h-16h. Prix de l'entrée fonction de l'exposition, gratuit 1er dim. du mois ; Studiensaal gratuit. ☎ 266 20 02. www.smb.spk-berlin.de/kk

La constitution de cette collection remonte à l'époque du « Grand Électeur », qui fit l'acquisition en 1652 de 2 500 dessins et aquarelles. De là naquit un **cabinet des Estampes** bénéficiant d'un prestige international avec, à l'heure actuelle, environ 1 100 000 dessins, aquarelles, gouaches et pastels du 14e au 20e s., complétés par 540 000 estampes de la fin du Moyen Âge à nos jours. Le fonds de dessins de maîtres allemands anciens et de maîtres hollandais – dont 80 de Rembrandt – est unique au monde. Dans la salle de consultation, les visiteurs peuvent demander à voir des œuvres du fonds sans avoir trop à attendre. Plusieurs expositions temporaires sont organisées chaque année.

Kunstbibliothek

Matthäikirchplatz 6. Tlj sf w.-end 9h-16h, lun. 14h-20h. Gratuit. ☎ 266 20 28. www.smb.spk-berlin.de

Il est difficile de s'imaginer bibliothèque plus exhaustive en matière d'art. Elle est constituée de différentes sections : **bibliothèque des Beaux-Arts**, bibliothèque Lipperheide des costumes, collection de gravures ornementales, collection de dessins et de graphisme industriel, affiches publicitaires et réclames, photographies et collection sur les arts du livre. Les salles de lecture et de consultation sont ouvertes. Des expositions temporaires s'y déroulent également parfois.

Neue Nationalgalerie★★ (M7)

Potsdamer Straße 50. Tlj sf lun. 10h-18h (jeu. 22h), w.-end 11h-18h. 6€ (le billet à la journée est également valable pour tous les autres bâtiments des musées nationaux visités le même jour), gratuit 1er dim. du mois. ☎ 20 90 55 66. www.smb.spk-berlin.de

L'important fonds d'art moderne berlinois souffrit largement des mesures d'épuration issues de la politique culturelle national-socialiste. Depuis la fin de la guerre, on s'efforce de combler les lacunes du temps passé. La galerie du 20e s., fondée dès 1945 par le conseil municipal y contribue largement. Les œuvres d'art restées dans la partie Ouest de la ville, puis rapatriées, ne purent être de nouveau exposées qu'en 1959 dans la Grande Orangerie du château de Charlottenburg. La **Nouvelle Galerie nationale** abrite, quant à elle, le fonds de la Galerie nationale, en provenance de l'Ouest, ainsi que la galerie du 20e s., après achèvement du bâtiment, sans cesse agrandi.
La collection réunit des peintures et des sculptures du début du 20e s. aux années 1960 ; tous les styles sont représentés, du début des modernes, avec le cubisme, l'expressionnisme, la Nouvelle Objectivité, le surréalisme, jusqu'aux principaux

courants de l'après-guerre. Le fonds d'art contemporain depuis les années 1960 est rassemblé et exposé dans la Hamburger Bahnhof (gare de Hambourg, *voir Moabit*). Depuis 2001, le plafond à caissons de la Nouvelle Galerie nationale a été intégré dans une nouvelle œuvre d'art *via* un **éclairage★** de **Jenny Holzer** – dont l'acquisition est jusqu'à ce jour très controversée. La célèbre artiste américaine s'intéresse depuis longtemps aux thèmes de la communication à l'âge de la publicité et des signaux optiques dans l'espace public. Toute la longueur du plafond est parcourue par 13 lignes de séquences de mots et phrases (en anglais et allemand et issus des textes de l'artiste américaine) éclairées par des diodes lumineuses jaunes. Avec la soigneuse mise en scène du temps et de l'espace et les réflexions sur les surfaces vitrées, cette œuvre d'art entame un dialogue tendu avec l'édifice de Mies van der Rohe, et prend également modèle sur les lumières de la Postdamer Platz toute proche.
Les points forts de la collection (qu'on ne peut toutefois pas toujours admirer dans son ensemble, nombre des grandes expositions temporaires ayant lieu dans la Nouvelle Galerie nationale) :
Edvard Munch : *La Frise de la vie* pour le théâtre des *Kammerspiele* de Max Rheinhardt (1906-1907) et *Portrait du comte Harry Kessler* (1906) ; **Ernst Ludwig Kirchner** : *Le Pont du Rhin à Cologne* (1914), ***Potsdamer Platz★★*** (1914) ; **Karl Schmidt-Rottluff** : Selbstbildnis mit Einglas (autoportrait au monocle, 1910), Gutshof in Dangast (1910) ; **Lyonel Feininger** : *Teltow II* (1918) ; **Emil Nolde** : *Pentecôte* (1909) ; **Paul Klee** : *Sirènes de Bateaux* (1927), *Bewegliches zu Starrem* (1932) ; **Oskar Kokoschka** : *Portrait de l'architecte Adolf Loos* (1909), ***Pariser Platz in Berlin★*** (1926) ; **Pablo Picasso** : *Femme assise* (1909), *Femme couchée à la fleur* (1958) ; **Rudolf Belling** : *Triple accord* (1919), **Otto Dix** : *Portrait du marchand d'art Alfred Flechtheim* (1926), *Les Joueurs de skat* (1920), ***Flandres★*** (1934-35) ; **George Grosz** : ***Les Piliers de la société★★*** (1926) ; **Max Ernst** : *Capricorne (Steinbock*, 1948-1964) ; **Constantin Brancusi** : *Vogel* (vers 1940) ; **Robert Delaunay** : *Tour Eiffel* (1928) ; **Fernand Léger** : *Les Deux Sœurs* (1935) ; **Max Beckmann** : *Naissance* (1937), *Mort* (1938), *Portrait de la famille George* (1935) ; **Käthe Kollwitz** : ***Pietà (Mère à l'enfant mort)★*** (1937-1938) ; **Yves Klein** : *IKB* 49 (1960) ; **Barnett Newman** : *Qui a peur du rouge, du jaune et du bleu IV* (1969-1970) ; **Mark Rothko** : ***Rot Nummer 5★*** (1961). La galerie abrite aussi des tableaux de Wassily Kandinsky, Max Pechstein, Erich Heckel, Kurt Schwitters, Oskar Schlemmer, Franz Marc, Alexej von Jawlensky, Wilhelm Lehmbruck, Ernst Barlach, László Moholy-Nagy, Salvador Dalí, Joan Miró, Alberto Giacometti, Willi Baumeister, Hans Hartung, Francis Bacon, Frank Stella, Ellsworth Kelly, Werner Tübke et Bernhard Heisig.

Staatsbibliothek Preußischer Kulturbesitz★ (M[8])

Potsdamer Straße 33. ♿ Visite guidée (1h) tlj sf dim. 9h-21h, sam. 9h-19h. Fermé j. fériés. 0,50€. ☎ 26 60. www.staatsbibliothek-berlin.de
Conçue par **Hans Scharoun** et Edgar Wisniewski entre 1967 et 1978, la **Bibliothèque nationale** mérite que l'on y entre pour en admirer les espaces intérieurs (elle héberge également l'Institut ibéro-américain). La salle de lecture, lieu d'une scène des *Ailes du désir* de Wim Wenders, est un immense hall incurvé, très clair, avec des « terrasses » de lecture où les tables de travail alternent avec les fichiers. Les étudiants travaillent sur leurs ordinateurs portables. Le magasin se trouve dans la partie supérieure, aveugle comme la Philharmonie et recouverte de plaques d'aluminium.

« Flandres » d'Otto Dix.

Kurfürstendamm★★

Le Kurfürstendam (littéralement : « chaussée des Princes Électeurs ») était une route, aménagée par le margrave Joachim II (1535-1571), reliant le château de Cölln au pavillon de chasse de Grunewald (voir Grunewald). À la fin du 19e s., il devint, avec l'église du Souvenir (Gedächtniskirche), le centre des nouveaux quartiers bourgeois de l'Ouest en pleine expansion et détrôna, immédiatement avant le premier conflit mondial, l'avenue Unter den Linden et la Friedrichstraße comme centre de la vie mondaine, culturelle et nocturne. Avec ses cafés, ses théâtres, ses salons de thé sélects et surtout ses grands cinémas, le quartier était emporté dans un tourbillon de plaisirs et connaissait le bouillonnement intellectuel et artistique dans l'entre-deux-guerres. Après la guerre, le Kurfürstendamm, ruiné, se reconstruisit rapidement pour devenir la vitrine de Berlin-Ouest. Depuis la réunification, le Ku'damm n'a rien perdu de ses attraits et doit, dans tous les cas, s'inscrire dans votre programme de visites.

La situation

Charlottenburg-Wilmersdor. Plan p. 144-145 EFGX. Carte Michelin n° 33 P5, N 5-8, M9. S 3, 5, 7, 9, 75 + Tram 2, 9, 12 Zoologischer Garten, Tram 2, 12, 15 Wittenbergplatz, Tram 9, 15 Kurfürstendamm, Tram 15 Uhlandstraße, Tram 7 Adenauerplatz, S 3, 5, 7, 9, 75 Savignyplatz, S 41, 42, 46, 47 Halensee, BUS 100 + 200 Zoologischer Garten, Breitscheidplatz. Le Kurfürstendamm est, aujourd'hui encore, le vrai centre de la partie Ouest de Berlin. On y trouve de nombreux magasins et boutiques, théâtres et cinémas, cafés et restaurants. Il est agréable d'y flâner, le jour comme la nuit.

Pour en savoir plus sur les autres curiosités situées à proximité, se reporter aux chapitres suivants : Schloß CHARLOTTENBURG, TIERGARTEN, WILMERSDORF, GRUNEWALD, MESSEGELÄNDE.

se promener

Zoologischer Garten★★★

S + Tram + BUS 100 + 200 Zoologischer Garten. Accès par l'Elefantentor, en face de l'Europa-Center, ou la Löwentor, en face de la gare Zoo. ♿ Été : 9h-18h30 ; le reste de l'année : de 9h à la tombée de la nuit. 9€. ☎ 25 40 10. www.zoo-berlin.de

Le **zoo de Berlin** fut créé à la fin du 18e s. dans l'**île aux Paons**, où une ménagerie et une serre furent construites *(voir Wannsee)*. Le zoo comprenait 850 animaux : singes, kangourous, moutons, lamas, cochons, aigles et fut bientôt réputé et ouvert au public deux fois par semaine. En 1842, Frédéric-Guillaume IV décida d'en faire don au jardin zoologique de Berlin, le premier d'Allemagne. Les animaux furent donc transportés en 1844 aux portes de la ville dans un parc aménagé par le paysagiste **Peter Joseph Lenné**. Les pavillons imitaient le style des pays dont les animaux étaient originaires avant d'être rebâtis dans un style plus fonctionnel. Le jardin, rattrapé par la croissance urbaine, est au cœur des nouveaux quartiers de l'Ouest.

Les girafes au jardin zoologique.

Ph. Gajic/MICHELIN

La richesse de ce **jardin zoologique** en espèces animales rares, notamment les oiseaux, est stupéfiante : casoars, condors, harpies, à côté des phoques, okapis, castors, pandas, etc. En tout, plus de 15 000 animaux ! Les fauves sont magnifiques et très impressionnants. Un signe de leur bonne santé est la présence de petits : il n'est pas rare,

carnet pratique

Pour les petites faims

Feinschmeckeretage

KaDeWe – *Tauentzienstraße 21-24 – Tram Wittenbergplatz – ☎ 212 10 – tlj sf dim. à partir de 9h30.* Régalez-vous dans la plus grande épicerie fine d'Europe ! Quelque 33 rayons vous proposent tout ce que vous pouvez souhaiter, des boulettes aux huîtres, en passant par la bière et le champagne.

Cafés, bistrots et bars

Voir également Informations pratiques : « Cafés, bistrots et bars ».

Café Bleibtreu – *Bleibtreustraße 45 – S Savignyplatz – ☎ 881 47 56 – à partir de 9h30.* Le Café Bleibtreu, simple mais bien aménagé, accueille un public varié de tous âges ; les prix pratiqués sont, en outre, tout à fait raisonnables.

Café Wintergarten im Literaturhaus – *Fasanenstraße 23 – Tram Kurfürstendamm – ☎ 882 54 14 – à partir de 9h30.* Une oasis au beau milieu de la grande ville avec une ambiance littéraire et soignée dans de superbes salles : jardin d'hiver et jardin d'été dans une agréable villa, à quelques pas à peine du Kurfürstendamm.

H. Champollion/MICHELIN

Le Dicke Wirtin – Il y a toujours quelqu'un derrière le comptoir.

Dicke Wirtin – *Carmerstraße 9 – S Savignyplatz – ☎ 312 49 52 – www.dicke-wirtin.de – à partir de 12h.* Ce bistrot traditionnel largement décoré de bois, situé sur la Savignyplatz, est l'un des plus anciens de Berlin ; on y buvait et discutait déjà à l'époque du mouvement des étudiants. Vous pourrez goûter à la fameuse « tartine de graisse » et à quatre plats uniques différents chaque jour.

Gasthaus Ranke – *Rankestraße 2-3 – S + Tram Zoologischer Garten, Tram Kurfürstendamm – ☎ 883 88 82 – à partir de 10h.* Restaurant sombre et rustique du Vieux Berlin situé au cœur de l'Ouest du centre-ville, lieu de rencontre entre les touristes et les Berlinois. Les murs sont décorés de photos des anciens bourgmestres régnants de la ville. On vous y servira une bonne cuisine berlinoise.

Kranzler – *Kurfürstendamm 18 – S + Tram Zoologischer Garten, Tram Kurfürstendamm – ☎ 88 71 83 90 – à partir de 9h30.* « Le Kranzler est mort, vive le Kranzler ». Après la reprise du bâtiment de ce café légendaire par une maison de confection, le café rouvrit ses portes dans la rotonde du deuxième étage avec son célèbre store rayé rouge et blanc. Outre du café et des gâteaux, vous pourrez y déguster quelques plats. Bar à cocktails tôt le soir.

Leysieffer – *Kurfürstendamm 218 – S + Tram Zoologischer Garten, Tram Uhlandstraße – ☎ 885 74 80 – www.leysieffer.de – à partir de 10h, dim. à partir de 11h.* Les pâtissiers de Leysieffer sont célèbres à Berlin pour leurs gâteaux et leurs tartes. La terrasse de ce café traditionnel est l'endroit idéal pour faire une pause et observer les promeneurs qui flânent sur le Ku'damm.

Schwarzes Café – *Kantstraße 148 – S Savignyplatz – ☎ 313 80 38 – 24h/24 (sf mar. 3h-11h).* Ce café-bistrot, aménagé sur deux étages dans un ancien bâtiment, à proximité de la Savignyplatz, est un bistrot classique de Berlin. Il attire les artistes, les étudiants et des noctambules de tout genre en raison de ses horaires d'ouverture quasiment illimités.

Tiffany's – *Tauentzienstraße 9 – S + Tram Zoologischer Garten, Tram Kurfürstendamm – ☎ 25 02 11 21 – à partir de 11h.* Dans le café Tiffany's, installé sur plusieurs étages au cœur d'un beau paysage aquatique, on s'asseoit directement sous le dôme lumineux de l'Europa-Center.

Universum Lounge – *Kurfürstendamm 153 – Tram Adenauerplatz – ☎ 89 06 49 95 – à partir de 15h.* L'Universum Lounge est une nouvelle adresse sur le Kurfürstendamm, dans le même bâtiment que la Schaubühne. On remarque les banquettes en cuir artificiel couleur coquille d'œuf et les murs recouverts de teck. On peut apercevoir partout des reproductions éclairées ayant pour thèmes le premier voyage sur la Lune et l'univers. Le teck, garni de laiton, et la salle de ce café sont légèrement courbés, s'adaptant par là même à l'édifice arrondi d'Erich Mendelsohn.

H. Champollion/MICHELIN

Un cocktail à l'Universum Lounge ?

Wellenstein – *Kurfürstendamm 190 – Ⓢ Savignyplatz, Tram Adenauerplatz – ☎ 881 78 50 – à partir de 9h.* Ce bistrot clair au haut plafond et à la grande terrasse, d'où l'on peut observer l'agitation du Kurfürstendamm, est toujours animé.

Wirtshaus Wuppke – *Schlüterstraße 21 – Ⓢ Savignyplatz – ☎ 31 50 92 17 – à partir de 10h30.* Ce bistrot pas très grand et lambrissé, surtout fréquenté par des habitués, se distingue par son atmosphère particulièrement familière. Un petit choix de plats berlinois vous est également proposé.

Zillemarkt – *Bleibtreustraße 48a – Ⓢ Savignyplatz – ☎ 881 70 40 – www.zillemarkt.de – à partir de 10h.* Le Zillemarkt présente une décoration traditionnelle, avec de petites tables en bois, un comptoir éclairé par de vieilles lampes et un plafond en verre peint et illuminé. L'été, un petit *Biergarten* attire les visiteurs à l'arrière du café.

Zwiebelfisch – *Savignyplatz 7-8 – Ⓢ Savignyplatz – ☎ 312 73 63 – www.zwiebelfisch-berlin.de – à partir de 12h.* Les murs du bistrot Zwiebelfisch sont recouverts de posters, d'affiches et de photos ; la clientèle se compose essentiellement d'habitués, de la génération des anciens soixante-huitards, qui venaient déjà boire et discuter ici lorsqu'ils étaient étudiants.

Achats

Pour trouver d'autres adresses, voir également Informations pratiques : « Achats ».

Autorenbuchhandlung – *Carmerstraße 10 – Ⓢ Savignyplatz – ☎ 313 01 51 – tlj sf dim. 10h-20h, sam. 10h-16h.* Cette librairie fondée en 1976 par quelque 120 auteurs propose un grand choix d'œuvres littéraires et classiques, ainsi que d'excellentes œuvres lyriques.

Axel Sedlatzek – *Kurfürstendamm 45 – Ⓢ Savignyplatz, Tram Uhlandstraße – ☎ 881 16 27 – www.juwelier-sedlatzek.de – tlj sf dim. 10h-19h, sam. 10h-16h.* Le magasin familial Axel Sedlatzek, âgé de 100 ans, est à la fois une horlogerie et une joaillerie.

Berliner Zinnfiguren – *Knesebeckstraße 88 – Ⓢ Savignyplatz – ☎ 315 70 00 – www.zinnfigur.com – tlj sf dim. 10h-18h, sam. 10h-13h.* Ce magasin propose un grand choix de figurines en étain et de miniatures réalisées à la main. Les vitrines ont de quoi vous surprendre.

Books in Berlin – *Goethestraße 69 – Ⓢ Savignyplatz – ☎ 313 12 33 – www.booksinberlin.de – tlj sf dim. 12h-20h, sam. 10h-16h.* Cette librairie est spécialisée dans la littérature en langue anglaise ; vous pourrez même vous procurer des titres sinon impossibles à trouver sur le marché allemand. D'éminents professeurs de l'American Academy sont à l'honneur des conférences.

Bramigk – *Else-Ury-Bogen/S-Bahnbogen 598 – Ⓢ Savignyplatz – ☎ 313 51 25 – tlj sf dim. 11h-18h30, sam. 11h-16h.* Cet atelier de stylisme, installé dans le petit passage de la Savignyplatz, se consacre à la mode féminine et utilise essentiellement des matières naturelles.

Bree – *Kurfürstendamm 44 – Ⓢ Savignyplatz, Tram Uhlandstraße – ☎ 883 74 62 – www.bree.de – tlj sf dim. 10h-19h, sam. 10h-16h.* Les sacs de Bree sont sobres, beaux et d'excellente qualité. Si vous n'aimez pas vous rendre sur le Kurfürstendamm, vous pouvez également opter pour la boutique située sous les arcades de la Potsdamer Platz.

Bucherer – *Kurfürstendamm 26a – Tram Uhlandstraße – ☎ 88 04 03 10 – www.bucherer.de – tlj sf dim. 10h-20h, sam. 10h-16h.* Des montres à la précision suisse et des bijoux précieux.

Bulgari – *Fasanenstraße 70 – Tram Uhlandstraße – ☎ 885 79 20 – www.bulgari.com – tlj sf dim. 10h-19h, sam. 10h-16h.* Un bijoutier aussi exclusif que Bulgari a bien entendu sa place dans la Fasanenstraße.

Bücherbogen – *Savignyplatz/S-Bahnbogen 593 – Ⓢ Savignyplatz – ☎ 318 69 50 – tlj sf dim. 10h-20h, sam. 10h-16h.* Le Bücherbogen est l'une des meilleures adresses pour les livres d'art, d'architecture, de décoration et de photographie. Dans la boutique voisine de Tattersall, dans le S-Bahnbogen 585, l'accent est mis sur le cinéma, le théâtre, la danse, les costumes et les textiles.

Cartier – *Fasanenstraße 28 – Tram Uhlandstraße – ☎ 886 70 60 – www.cartier.com - tlj sf dim. 10h-19h, sam. 10h-16h.* Un certain Louis Cartier commença à fabriquer des bijoux précieux dès le 19e s. et les pièces réalisées aujourd'hui par la maison Cartier continuent à séduire les femmes du monde entier.

Cerruti 1881 – *Kurfürstendamm 55 – Tram Adenauerplatz – ☎ 88 62 93 75 – www.cerruti1881.de – tlj sf dim. 10h-19h, sam. 10h-16h.* La maison de haute couture franco-italienne Cerruti 1881 présente sur le Kurfürstendamm la collection femmes, la collection hommes étant rassemblée dans les Friedrichstadtpassagen (Quartier 206).

Chanel – *Fasanenstraße 30 – Tram Uhlandstraße – ☎ 885 13 24 – www.chanel.com – tlj sf dim. 10h-19h, sam. 10h-16h.* La mode exquise de la maison Chanel est naturellement représentée dans l'élégante Fasanenstraße.

Cover b – *Knesebeckstraße 76 – Ⓢ Savignyplatz – ☎ 881 14 45 – tlj sf dim. 11h-18h30, sam. 11h-16h.* Les stylistes de Cover b réalisent des sacs à la mode et aux belles formes dans (presque) toutes les tailles et couleurs imaginables.

Form + design – *Kantstraße 147 – Ⓢ Savignyplatz – ☎ 324 07 56 – tlj sf dim. 11h-19h, sam. 11h-16h.* Adresse recommandée en matière d'accessoires pour la maison, de qualité supérieure.

Friederike Fiebelkorn & Nanna Kuckuck – *Bleibtreustraße 4 – Tram Savignyplatz – ☎ 312 33 73 – tlj sf dim. 11h-19h, sam. 11h-16h.* Vêtements luxueux réalisés par deux femmes stylistes, également appréciés par des personnalités de premier plan.

Görtz – *Kurfürstendamm 13-14 – S + Tram Zoologischer Garten, Tram Kurfürstendamm – ☎ 88 68 37 52 – www.goertz-schuhe.de – tlj sf dim. 10h-20h, sam. 10h-16h.* Le magasin Görtz du Kurfürstendamm passe pour être le plus grand magasin de chaussures de Berlin ; on trouve d'autres boutiques, entre autres, Kurfürstendamm 19 (Charlottenburg) et Memhardtstraße 10 (Mitte).

Gucci – *Fasanenstraße 73 – Tram Uhlandstraße – ☎ 885 63 00 – www.gucci.com – tlj sf dim. 10h-19h, sam. 10h-16h.* La boutique de luxe Gucci dispose également d'un magasin dans le Quartier 206, dans les Friedrichstadtpassagen.

Hugendubel – *Tauentzienstraße 13 – S + Tram Zoologischer Garten, Tram Kurfürstendamm – ☎ 21 40 60 – www.hugendubel.de – tlj sf dim. 9h30-20h, sam. 9h30-16h.* Le Hugendubel, installé sur plusieurs étages en face de l'église du Souvenir, offre des sièges confortables pour lire et dispose de son propre *coffeeshop*. On trouve d'autres boutiques, toutefois sans *coffee shop*, dans les arcades de la Potsdamer Platz et Friedrichstraße 83 (Mitte).

Kaufhaus Schrill – *Bleibtreustraße 46 – S Savignyplatz – ☎ 882 40 48 – www.schrill.de – tlj sf ven. et dim. 12h-20h, sam. 11h-16h.* Vous pouvez trouver ici tout ce qui est *schrill* (voyant), par exemple dans le domaine des bijoux fantaisie, des perruques ou des cravates.

Lalic – *Bleibtreustraße 47 – S Savignyplatz – ☎ 881 97 62 – tlj sf dim. 11h-19h, sam. 11h-16h.* Quelque 50 orfèvres berlinois indépendants travaillent en collaboration avec Lalic et lui fournissent un très large choix de bijoux.

Levi's Flagship Store – *Kurfürstendamm 237 – Tram Kurfürstendamm – ☎ 88 55 38 98 – www.levi.com – tlj sf dim. 10h-20h, sam. 10h-16h.* Le Levi's Flagship Store propose, comme son nom l'indique, tout ce qui provient du monde de Levi's, du 501 à la toute dernière collection.

Louis Vuitton – *Kurfürstendamm 56-57 – S Savignyplatz + Tram Uhlandstraße – ☎ 882 52 72 – www.vuitton.com – tlj sf dim. 10h-19h, sam. 10h-16h.* Le nom Louis Vuitton est synonyme de bagages raffinés, élégants, soignés et exclusifs.

Mey & Edlich – *Kurfürstendamm 217 – S Savignyplatz + Tram Uhlandstraße – ☎ 885 43 75 – www.mey-edlich.de – tlj sf dim. 10h-20h, sam. 10h-16h.* Mey & Edlich propose, sur deux étages, de la confection raffinée femmes et hommes de marques célèbres ; et si avez envie de vous désaltérer, vous pourrez même profiter du petit bar du magasin.

Moda Mo – *Giesebrechtstraße 17 – Tram Adenauerplatz – ☎ 324 00 25 – tlj sf dim. 11h-19h, sam. 11h-16h.* Vous trouverez chez Moda Mo des chapeaux, des foulards, des sacs et bien d'autres choses encore, fabriqués par des créateurs du monde entier.

Niketown – *Tauentzienstraße 7b-c – S + Tram Zoologischer Garten, Tram Kurfürstendamm – ☎ 250 70 – www.nike.com/niketown – tlj sf dim. 10h-20h, sam. 9h-16h.* Niketown ou tous les accessoires du monde de Nike sur 3 500 m².

Planet – *Schlüterstraße 35 – S Savignyplatz – ☎ 885 27 17 – www.planetwear.de – tlj sf dim. 10h-20h, sam. 11h-16h.* Chez Planet la jeune génération s'habille pour la vie nocturne dans les clubs de la capitale.

Prada – *Kurfürstendamm 189 – Tram Adenauerplatz – ☎ 884 80 70 – tlj sf dim. 10h-19h, sam. 10h-16h.* Outre de beaux vêtements, on trouve aussi ici les sacs et chaussures qui vont avec, le tout de la marque italienne Prada.

Romanische Buchhandlung Andenbuch – *Goethestraße 69 – S Savignyplatz – ☎ 312 70 61 – andenbuch@compuserve.com – lun.-mer. 10h-19h, jeu.-ven. 10h-20h, sam. 10h-16h.* Cette librairie spécialisée met à votre disposition un grand choix d'œuvres littéraires provenant des pays de langues latines, à la fois des originaux et des traductions allemandes.

Schuhtick – *Tauentzienstraße 5 – Tram Wittenbergplatz – ☎ 214 09 80 – www.schuhtick.de – tlj sf dim. 10h-20h, sam. 10h-16h.* Des chaussures jeunes et originales. On trouve d'autres boutiques Schuhtick sur la Savignyplatz (Charlottenburg) et l'Alexanderplatz (Mitte).

Swatch – *Kurfürstendamm 17 – S + Tram Zoologischer Garten, Tram Kurfürstendamm – ☎ 886 07 75 – www.swatch.de – tlj sf dim. 10h-20h, sam. 9h30-16h.* Ici comme dans la boutique des arcades de la Potsdamer Platz, on peut trouver toute la collection de Swatch.

Veronika Pohle – *Schlüterstraße 46 – S Savignyplatz, Tram Uhlandstraße – ☎ 883 37 31 – tlj sf dim. 10h-19h, sam. 11h-16h.* Cette petite boutique colorée Veronika Pohle vous propose des collections de cette styliste de renom.

Yves Saint Laurent – *Kurfürstendamm 52 – Tram Adenauerplatz – ☎ 883 39 18 – www.ysl.com – tlj sf dim. 10h-19h, sam. 10h-16h.* Mode et accessoires de la rive gauche parisienne. Outre la boutique du Ku'damm, on trouve aussi un magasin Yves Saint Laurent dans le Quartier 206 des Friedrichstadtpassagen.

Loisirs et détente

Thermen am Europa-Center – *Nürnberger Straße 7 – S + Tram Zoologischer Garten, Tram Kurfürstendamm – ☎ 257 57 60 – www.thermen-aktuell.de.* Les Thermen am Europa-Center vous proposent un espace de remise en forme au-dessus des toits de Berlin avec, entre autres, un bassin d'eau thermale salée extérieur, des geysers, différents saunas (dont un bain de vapeur), un tepidarium (bain à température modérée), une salle de fitness et un solarium dans la verdure.

à la belle saison, d'apercevoir un lionceau ou des petits léopards.
En dessous des cages aux fauves, un souterrain mène à des vitrines qui abritent dans la pénombre, des lémuriens. En 2002, un nouvel enclos a été ouvert pour accueillir des pingouins. Prévoyez suffisamment de temps pour la visite du Jardin zoologique où il y a vraiment beaucoup à voir.

« Knautschke », le survivant...

La fin de la guerre fut un dur moment pour les pensionnaires du zoo qui nourrirent les Berlinois comme les arbres du Tiergarten les chauffèrent. Un écrivain (Stefan Reisner, *Stadtfront. Berlin West Berlin*, 1982) se souvint que son père lui ramena une bosse de chameau qui fondit dans la poêle. Mais l'hippopotame « Knautschke » eut plus de chance. Il s'immergea pendant les derniers jours du conflit et réapparut après les bombardements, devenant un héros.

découvrir

La balade commence au Nord du Kurfürstendamm, sur la Savignyplatz (Tram Savignyplatz). Si vous quittez la station de S-Bahn et que vous vous dirigez vers l'Ouest, vous atteignez la Walter-Benjamin-Platz et les Leibnizkolonnaden (voir ci-après « visiter »).

Savignyplatz★

Cette place verte qui entoure la Kantstraße est l'une des plus belles places aménagées dans le cadre du plan Hobrecht. Elle est située au centre d'un quartier apprécié pour ses magasins et ses lieux de sortie, non loin de deux universités (UdK et TU). En comparaison avec les *Mietskasernen* des quartiers ouvriers de Kreuzberg et du Prenzlauer Berg, plus à l'Ouest, les grands ensembles sont ici plus somptueux et leur porche d'entrée souvent très beau.

Kantstraße

Le **Stilwerk** *(Kantstraße/Uhlandstraße, voir Informations pratiques : « Achats »)* constitue un nouveau point d'attraction central. Ce centre commercial « design », construit en 1998 et 1999, est une réalisation germano-italienne. La façade du **Theater des Westens** (1895-1896, *Kantstraße 12,* **T**[8] *; voir Informations pratiques : « Spectacles »*) a été créée dans le style néobaroque. Des productions musicales y sont aujourd'hui présentées. Au Nord, dans la Fasanenstraße, on remarque la **Ludwig-Erhard-Haus (M**[16]**)**, qui abrite aujourd'hui la Chambre du commerce et de l'industrie, ainsi que la Bourse de Berlin. L'architecte britannique Nicholas Grimshaw a accolé un surprenant bâtiment à l'ancien immeuble de bureaux de la Hardenbergstraße, bâti en blocs de travertin et sur une structure en béton armé des années 1950, quadrillée de minces piliers. Ce bâtiment, dont la silhouette évoque un tatou, se base sur une construction de soutien apparente, composée de 15 arcs, plus élevés au milieu du bâtiment, lui donnant un aspect cannelé et s'adaptant ainsi également à la forme du terrain. Au niveau de la rue, ces arcs s'achèvent en blocs auxquels sont suspendus les étages. Le **Kant-Dreieck** *(Fasanenstraße 81/Kantstraße 155)* contraste largement avec cette construction : ce terrain triangulaire de l'Ouest du centre-ville fut construit par Josef Paul Kleihues au milieu des années 1990. L'ensemble est dominé par une tour de bureaux de onze étages aux reflets argent, surmontée d'une voile métallique ressemblant à un aileron de requin. La tour devait à l'origine compter un nombre supérieur d'étages mais le permis de construire ne fut pas délivré. Cette immense voile très lourde, qui peut s'agiter lorsque le vent souffle fort, a remplacé les étages non réalisés et forme un ravissant contraste avec la rigueur géométrique de l'édifice. Derrière les S-Bahnbögen de la Fasanenstraße se trouve une **synagogue** qui abrite le Centre de la communauté juive. Cet endroit hébergeait autrefois l'une des plus grandes synagogues de Berlin, un édifice aux trois immenses coupoles, aussi spectaculaire que la Nouvelle Synagogue de l'Oranienburger Straße. Cette synagogue inaugurée en 1912 ne survécut pas à la nuit de Cristal en novembre 1938 et ses ruines furent complètement rasées après la guerre. En 1959, un nouveau Centre de la communauté juive vit le jour, sur un projet de Dieter Knoblauch et Heinz Heise. Son entrée principale fait face à la porte de l'ancienne synagogue et deux saillies de sa façade ont été placées à côté comme monument commémoratif. Depuis 1987, un rouleau de la Thora stylisé se dresse sur le parvis.

Zoologischer Garten★★★ *(voir « découvrir »)*

Breitscheidplatz

Cette place, située entre l'église du Souvenir et l'Europa-Center, est un lieu de rendez-vous apprécié des musiciens et artistes de rue, qui attirent les curieux. Touristes, adeptes du roller ou skate-boarders s'y retrouvent également volontiers ; il s'y passe toujours quelque chose. À la fin du mois d'août, la fête bat son plein le long du Kurfürstendamm et de la Tauentzienstraße et cette place est précisément au cœur de l'événement. Entre deux stands de bijoux fantaisie et de chapeaux, on peut y manger des saucisses et des casse-croûtes internationaux. Il s'y tient également un beau marché de Noël.

Europa-Center

L'escalier entourant la « **Weltkugelbrunnen** » (« fontaine de la Sphère terrestre », également surnommée « la quenelle ») conduit à l'entrée de l'Europa-Center, une galerie marchande sur plusieurs étages (*voir également Informations pratiques : « Achats »*, beaucoup de gadgets pour touristes). La fontaine *L'horloge du temps qui passe*, au centre de l'atrium, sorte d'alambic vertical, a été baptisée, à cause du liquide phosphorescent qui y circule, « distributeur de jus de fruits ».

Ph. Gajic/MICHELIN

Église du Souvenir à travers la sculpture « Berlin ».

Tauentzienstraße

Cette rue, souvent appelée simplement « Tauentzien », est le prolongement du Ku'damm. C'est depuis cet endroit que l'on a la meilleure **vue**★ sur l'église du Souvenir, à travers la sculpture *Berlin*, deux gros maillons en aluminium, œuvre des époux Brigitte et Martin Matschinsky-Denninghoff, qui célèbre le 750e anniversaire de la ville. La principale attraction de la rue est toutefois le **KaDeWe**★ *(en direction de la Wittenbergplatz, voir aussi Informations pratiques : « Achats »)*, grand magasin chic construit en 1906-1907 dans un style sobre, inhabituel à l'époque, et plusieurs fois réaménagé depuis.

Kaiser-Wilhelm-Gedächtniskirche★★

9h-19h. Gratuit. ☎ 218 50 23 ; www.gedaechtniskirche.com

De l'église néoromane, construite entre 1890 et 1895, par **Franz Schwechten**, l'architecte de la gare d'Anhalt, et dédiée à l'empereur Guillaume Ier et au « jour de Sedan » *(Sedantag)*, ne subsiste que le clocher tronqué, la « dent gâtée » ou la « dent creuse », comme la surnomment familièrement les Berlinois. La nouvelle église et son clocher (le « rouge à lèvres » et le « poudrier », dans la même veine populaire), œuvres d'**Egon Eiermann** (1959-1961) forment, avec la ruine, un ensemble original qui est l'un des emblèmes de Berlin. Les vitraux bleus fabriqués à Chartres produisent un très bel effet, que ce soit à l'intérieur de l'église, où un grand Christ doré est suspendu, ou à l'extérieur, la nuit, lorsque le sanctuaire est éclairé du dedans. Le narthex de la vieille église possède des mosaïques montrant la généalogie des Hohenzollern (jusqu'au Kronprinz, fils de Guillaume II, et son épouse, à l'extrême droite) et une maquette du quartier et de l'église avant 1943, année où ils furent bombardés.

Depuis la Breitscheidplatz, suivre le Kurfürstendamm en direction de l'Ouest.

Neues Kranzler Eck

Kurfürstendamm/Kantstraße/Joachimsthaler Straße. L'espace qui entoure cet ensemble des années 1950, composé du **Café Kranzler** autrefois célèbre (un salon de thé, avec un bar à cocktails du même nom, existe toujours aujourd'hui dans la rotonde, avec son store rayé rouge et blanc si caractéristique, *voir « carnet pratique »*), de l'ancien magasin Bilka, où l'on peut aujourd'hui acheter des articles de sport, et du passage commercial à deux étages qui longe la Joachimsthaler Straße, a été durablement modifié par la construction d'un nouveau complexe par l'architecte Helmut Jahn, ajoutant une galerie commerciale pourvue de deux volières. Une tour effilée et vitrée de 16 étages, ainsi que deux autres bâtiments de neuf étages chacun, donnent à l'une des plus célèbres intersections de la ville un cachet complètement nouveau. Ce complexe achevé en 2000-2001 est toutefois très critiqué ; le *Berliner Zeitung* décrivait ainsi le Neues Kranzler Eck comme un « méfait étincelant de l'aménagement urbain ». Ce type d'architecture, que l'on accepte volontiers pour un projet tel que celui de la Potsdamer Platz, où un espace urbain complètement nouveau doit dans un premier temps être créé, est plutôt perçu comme dérangeant et peu judicieux ici, où il concerne un ensemble du centre-ville déjà existant. Un peu plus loin *(Kurfürstendamm/Joachimsthaler Straße)* le bureau Gerkan, Marg und Partner édifia le nouveau **Ku'damm Eck** au début du siècle, une fois l'ancienne construction de la fin des années 1960-début des années 1970 démolie.

Fasanenstraße

Cette belle rue, adresse de nombreuses boutiques de luxe, donne une idée du premier Kurfürstendamm, occupé par des villas ou des maisons particulières, avant même la construction des immeubles résidentiels de rapport. Au n° 23, dans la « **Literaturhaus** », jolie maison précédée d'un jardin, le Café Wintergarten est idéal pour faire une halte *(voir « carnet pratique »)*. Une librairie se trouve au sous-sol. L'entrée, à droite de la maison, permet d'accéder aux expositions temporaires organisées autour de thèmes littéraires. Le n° 24 héberge le **Käthe-Kollwitz Museum** (**M**[10], *voir « visiter »*). Au n° 25, remarquer la jolie **villa Griesbach**.
Si vous rejoignez le Kurfürstendamm, vous pouvez admirer aux n°s 207-208, dans le Ku'damm-Karree, l'exposition **The Story of Berlin** *(voir « visiter »)*.

visiter

Käthe-Kollwitz-Museum (M[10])

Tram *Uhlandstraße Fasanenstraße 24. Tlj sf mar. 11h-18h. Fermé 24 et 31 déc. 5€.* ☎ *882 52 10. www.kaethe-kollwitz.de*
Dans son œuvre, cette artiste (1867-1945) se révolte et exprime sa douleur contre la misère des classes sociales défavorisées. Ce musée aménagé sur quatre étages, issu de la collection de l'amateur d'art Hans Pels-Leusden, mort en 1993, comprend plus de 200 dessins et imprimés, ainsi que 15 sculptures, dont plusieurs autoportraits. Des expositions spéciales sont également consacrées à l'artiste.

The Story of Berlin

Tram *Uhlandstraße Kurfürstendamm 207-208/Angle de la Uhlandstraße.* ♿ *10h-20h (dernière entrée 18h). Fermé 24 déc. 9,30€ (incluant la visite guidée de l'Atomschutzbunker).* ☎ *88 72 01 00. www.story-of-berlin.de*

UNE ARTISTE ENGAGÉE

Après des études à Munich et dans la capitale allemande, **Käthe Schmidt** ne quittera que rarement Berlin. Son mari, le médecin **Karl Kollwitz**, avait ouvert un cabinet, qui était également un bureau de planning familial, dans la rue qui porte actuellement son nom à Prenzlauer Berg. Le spectacle de la misère donne lieu à des constats désespérés dans l'œuvre gravée de Käthe Kollwitz, l'une des plus importantes du réalisme allemand du 20e s. : *Les Piétinés, La Mort prélève son tribut, La Mère dans le lit de l'enfant mort*, ainsi que divers portraits. Membre de la Sécession berlinoise, elle sera nommée professeur à l'Académie des Beaux-Arts en 1919 et vivra à Berlin jusqu'en 1943. Son œuvre sculptée est presque entièrement détruite par la guerre. Évacuée à Moritzbourg, près de Dresde, elle s'y éteint le 22 avril 1945.

The Story of Berlin : installation pour rappeler l'autodafé de livres de 1933.

THE STORY OF BERLIN

L'histoire de la ville de Berlin est ici présentée sur quatre étages, dans son contexte national et international. Vous entreprenez ainsi un véritable voyage du Moyen Âge à nos jours, à grand renfort de technique et d'effets multimédias. Pour finir, vous visiterez un bunker de protection radiologique *(Atomschutzbunker)* original, réalisé dans les années 1970 et équipé d'installations logistiques perfectionnées, qui dispose d'une capacité de quelque 3 535 places et garantit l'approvisionnement de ses occupants pendant deux semaines.

Leibnizkolonnaden

Ⓢ *Savignyplatz. Walter-Benjamin-Platz entre la Leibnizstraße et la Wielandstraße.* Deux constructions parallèles en pans de bois munies d'arcades supportées par des colonnes, entre la Leibnizstraße et la Wielandstraße, entourent la Walter-Benjamin-Platz. Les deux ensembles en pierre des architectes Hans Kollhoff et Helga Timmermann sont divisés en unités de différentes tailles et se distinguent par la décoration de leurs façades qui demeurent toutefois très austères. Les formes monumentales de l'édifice et le manque d'espaces verts soulevèrent de vives critiques à l'égard de ce complexe controversé sur lequel trois investisseurs échouèrent avant son achèvement.

Lehniner Platz

Tram *Adenauerplatz.* La **Schaubühne★**, ancien cinéma *Universum* d'avant-guerre (1927-1928), fait partie du complexe d'habitation *Woga*, conçu par **Erich Mendelsohn**, et qui s'étend le long de la Cicerostraße. L'aménagement intérieur a été complètement revu. C'est maintenant l'une des scènes les plus célèbres de Berlin *(voir Informations pratiques : « Spectacles »)*. À partir de la Lehniner Platz, le Ku'damm s'assagit et devient une artère commerçante pour les habitants du quartier.

Rathenauplatz

Ⓢ *Halensee.* Le **Halensee** en est tout proche *(descendre sur 100 m la Halenseestraße en direction du Nord, trottoir de gauche)*. En 1904, les *Terrassen am Halensee* attirent du monde : on y danse, boit, écoute de la musique. Un **Lunapark** les remplace un peu plus tard, avec de multiples attractions. Le nom officiel, choisi en 1910, vient de l'opérette de Paul Lincke, *Frau Luna*. Les berges de ce lac sont connues parce que la majorité des gens s'y prélassent en tenue d'Adam et Ève. L'autre grand point de rendez-vous des naturistes est le Teufelssee *(voir Grunewald)*.

Moabit★

Moabit, l'un des quartiers ouvriers traditionnels de Berlin, offre au visiteur les facettes les plus diverses. À côté de portions de rues à l'allure presque villageoise, on trouve des réalisations particulièrement intéressantes du point de vue de l'architecture industrielle. Quant aux bouleversements urbanistiques entraînés par la réunification, ils n'ont pas épargné Moabit. Sur la rive Nord de la Spree, avec la gare de Lehrte, a vu le jour la future plaque tournante du trafic ferroviaire de la capitale. Et non loin de là, l'ancienne gare de Hambourg (Hamburger Bahnhof) attire les visiteurs avec ses collections d'art contemporain.

La situation

Mitte. Plan p. 145-146 GHJTU – Carte Michelin n° 33 H 7-12, J 7-12, K 9-11. Tram *9 Turmstraße, Birkenstraße,* Ⓢ *3, 5, 7, 9, 75 Lehrter Bahnhof.* Moabit est délimité, au Sud par les méandres de la Spree, à l'Ouest par le canal de raccordement de Charlottenburg, au Nord par le Westhafenkanal et les installations portuaires du même nom *(voir Wedding)* et à l'Est par le canal de navigation de Berlin-Spandau.
À voir dans les environs : Schloß CHARLOTTENBURG, FRIEDRICH-WILHELM-STADT, TIERGARTEN, WEDDING.

comprendre

Le nom de ce quartier se réfère à la région pauvre et montagneuse de Moab, à l'Est de la mer Morte, évoquée dans l'Ancien Testament. Moabit était une terre en friche non construite, située au Nord-Ouest de Berlin, qui fut ouverte à l'exploitation par les huguenots, qui y cultivèrent des vers à soie à partir de 1716. L'industrie de la soie connut alors un essor sous le règne de Frédéric II, cela grâce à ses subventions. Moabit était, vers 1850, le deuxième centre industriel de la capitale, la construction mécanique et l'industrie métallurgique constituant ses points forts : en 1852, les usines Borsig décidèrent de s'y installer *(voir Friedrich-Wilhelm-Stadt)* et employèrent quelque 1 100 ouvriers.

Hamburger Bahnhof – Museum für Gegenwart Berlin★★

Lehrter Bahnhof. Invalidenstraße 50-51. Tlj sf lun. 10h-18h, w.-end 11h-18h. 6€ (le billet à la journée est également valable dans tous les autres musées nationaux visités le même jour), gratuit 1er dim. du mois. ☎ 20 90 55 66. www.smb.spk-berlin.de

La **gare de Hambourg**, qui servit de modèle aux autres grandes gares berlinoises, est la seule survivante (1845-1847) du temps des pionniers du chemin de fer prussien. L'édifice massif, marqué par des formes caractéristiques du style classique tardif de Berlin, possède un corps central encadré de tours et de deux monumentales arcades cintrées, au-dessus desquelles s'articulent de fines arcades à piliers. Les locomotives pénétraient à l'époque dans la cour par cette entrée en arc en plein cintre, où des rails tournants les remettaient dans la position du départ. Remplacée par la gare de Lehrte, celle de Hambourg fut fermée au trafic des voyageurs dès 1884. Elle fut ensuite plusieurs fois réaménagée et agrandie, pour accueillir d'abord des logements et des administrations, puis le musée des Transports et des Chemins de Fer jusqu'à la Seconde Guerre mondiale. En 1984, le bâtiment, entre-temps délabré, de la Deutsche Reichsbahn (sous administration de la RDA) se retrouve sous la férule du sénat de Berlin-Ouest ; il est rénové et agrandi par **Josef Paul Kleihues** pour accueillir, depuis 1996, un intéressant musée sur la présentation de l'art contemporain (des ailes latérales prévues, seule la galerie Est a pu être réalisée jusqu'à aujourd'hui).

Adresse

Arminius-Markthalle – *Arminiusstraße 2 – Tram Turmstraße – ☎ 396 09 50 – tlj sf dim. 7h30-18h, ven. 7h30-19h, sam. 7h30-14h.* Ce marché des « années de fondation » *(Gründerzeit)*, classé monument historique, est le plus impressionnant marché couvert de Berlin. On peut y trouver, outre des produits alimentaires de base, diverses spécialités internationales.

La gare de Hambourg rassemble, outre l'exceptionnelle collection du **Dr. Erich Marx** (avec des œuvres d'artistes tels que Joseph Beuys, Robert Rauschenberg, Andy Warhol et Cy Twombly), les différentes œuvres d'art contemporaines des autres musées de Berlin (Nationalgalerie, Kupferstichkabinett, Kunstbibliothek et Kunstgewerbemuseum), qui purent ainsi être toutes réunies et présentées à un seul et même endroit. L'ambition de ce musée étant de s'intéresser au présent, il subit de perpétuels changements : les expositions temporaires se succèdent, sans oublier les nouvelles acquisitions qui complètent en permanence son fonds.

Le bâtiment de la gare de Hambourg est à lui seul une œuvre d'art grâce à **l'éclairage★★** imaginé par l'artiste **Dan Flavin** (1933-1996). Des tubes fluorescents bleus *(extérieur)* et verts *(intérieur)* donnent une double impression de majestuosité et d'intimité, qui correspond à la nouvelle affectation de la gare. À l'intérieur, le visiteur pénètre d'abord dans l'impressionnante halle à trois nefs, avec ses poutres métalliques apparentes, ancien hall de la gare qui offre aux œuvres d'art un cadre beau et spacieux. C'est ici que se retrouvent, dans un voisinage captivant, entre autres, un igloo de verre transpercé d'une table en métal de 25 m de long (à l'extrémité de laquelle se trouve un robinet) et pourvu de chiffres au néon, réalisé par **Mario Merz** (*La Goccia d'acqua*, 1987), une construction de dalles d'ardoise agencées en cercle de **Richard Long** (*Berlin Circle*, 1996), une composition à base de clous de **Günther Uecker** (*Westtor – vernagelt*, 1996) et quelques œuvres d'**Anselm Kiefer** ; on y voit en particulier sa *Volkszählung*, réalisée en 1991 à partir d'acier, de plomb, de petits pois et de photographies, mais également le véhicule de plomb, *Mohn und Gedächtnis* (1989).

L'**aile Ouest** est presque exclusivement consacrée aux œuvres de **Josef Beuys** (1921-1986), un artiste majeur de l'art allemand du 20e s. Au rez-de-chaussée sont présentées des œuvres telles que *Straßenbahnhaltestelle* (1976), *Hirschdenkmal* (1958-1982), *Unschlitt/Tallow*, une sculpture monumentale en suif qui fut créée en 1977 à l'occasion d'une exposition à Münster, *Richtkräfte* (1975), ou bien encore *Ende des 20. Jh.s* (1982-83) qui réunit 21 blocs de basalte. À l'étage, le visiteur découvre un ensemble de 456 dessins, *The Secret Block for a secret person in Ireland* (entre 1945 et 1976), un recueil factice, qui provoque les sens et initie le visiteur au processus de pensée de l'artiste, et qui s'est développé sur plusieurs années.

La **galerie Est** offre un espace vaste et lumineux aux œuvres de **Robert Rauschenberg**, précurseur du Pop Art, (*Pink Door*, 1954 ; *First Time Painting*, 1961 ; *The Frightened Gods of Fortune*, 1981) et **Cy Twombly** (*Empire of Flora*, 1961 ; *School of Fontainebleau*, 1960). La collection de tableaux d'**Andy Warhol** est infiniment variée. L'une de ses premières œuvres, *Do it yourself (Seascape)*, qui date de 1962, montre avec ironie la reproduction mécanique d'un motif. Les répétitions constituent le thème de *Twenty Jackies* (1964), *Double Elvis* (1963) et *Mona Lisa Four Times* (1978), ainsi que la célèbre *Campbell's Soup Can* (1965). *Ambulance Disaster* (1963) illustre le thème de la mort, motif récurrent dans l'œuvre d'Andy Warhol, et la transposition artistique de la violence inhérente à la vie quotidienne. Les autres artistes représentés dans ce **musée d'Art contemporain**, différents selon l'exposition, sont, entre autres, Nam June Paik, Wolf Vostell, John Cage, Roy Lichtenstein, Arnulf Rainer, Sigmar Polke, Georg Baselitz, A. R. Penck, Bill Viola, Gerhard Merz, Keith Haring, Jeff Koons et Rainer Fetting.

se promener

Alt-Moabit

Tram *Turmstraße. Sortie Alt-Moabit. Emprunter la rue du même nom vers l'Est.*

Alt-Moabit 90-103

Cette artère est bordée d'un étonnant patchwork architectural qu'il faut également voir du bord de la Spree, le long de laquelle une promenade a été aménagée. Le **Focus Teleport Berlin** réunit plusieurs sociétés ; les établissements en brique appartiennent à l'**ancienne laiterie Bolle**, principale source d'approvisionnement en lait de la ville du 19e s. jusqu'à la Seconde Guerre mondiale. À côté se trouve un impressionnant immeuble en « U », fait de granit rose et de verre, que l'on voit très bien du S-Bahn, en allant vers la Friedrichstraße. Il est essentiellement occupé par le **ministère de l'Intérieur**, le seul et unique ministère à avoir emménagé dans une construction nouvelle et à en être le locataire. La rive opposée est bordée de saules et de maisons bourgeoises du 19e s.

St-Johannis-Kirche

Le vaisseau simple de l'**église St-Jean**, réalisé par Schinkel, est presque méconnaissable sous les ajouts (principalement le clocher) de son élève Stüler et les agrandissements de la fin du 19e s.

Par la Kirchstraße, aller jusqu'au pont de Moabit (Moabiter Brücke ou « **Bärenbrücke** » : pont des Ours), d'où l'on a une vue intéressante sur le coude de la Spree et la Haus am Wasser.

Retourner jusqu'à l'église St-Jean. Une fois dans la rue Alt-Moabit, poursuivre vers l'Est, puis emprunter, à gauche, la Wilsnacker Straße et poursuivre jusqu'à la Turmstraße.

Neues Kriminalgericht (J1)

Turmstraße 91. On jouit de la meilleure vue sur le **Nouveau Tribunal**, imposant édifice érigé entre 1902 et 1906, depuis l'angle de la Rathenower Straße. Le **hall d'entrée** et l'**escalier★**, inspirés des grandes cages d'escalier des châteaux baroques, sont magnifiques. Derrière le tribunal, au Sud, prison panoptique, hérissée de barbelés, du 19e s.

Revenir sur ses pas, vers l'Est, toujours dans la Turmstraße.

On peut admirer, au **no 21**, les beaux bâtiments en brique de l'**hôpital de Moabit**.

La zone industrielle★

Tram *Turmstraße. Dans la Turmstraße, poursuivre vers l'Ouest.*

Escalier d'honneur du Nouveau Tribunal de Moabit.

Derrière l'Ottoplatz, avec la Bremer Straße, on entre dans la partie populaire de Moabit, presque villageoise. Le **marché couvert**, l'un des trois subsistant à Berlin *(voir « carnet pratique »)*, est une belle architecture de brique, ornée de terres cuites, dont les fenêtres en plein cintre évoquent les thermes romains. Dans la Waldenserstraße, au n° 31, foyer d'hommes célibataires d'avant 1914 ; au n° 27, école réalisée par Ludwig Hoffmann.

Suivre la Waldenserstraße jusqu'au croisement avec la Waldstraße, puis tourner à droite et obliquer à gauche dans la Wiclefstraße.

À partir de l'angle de la Wiclefstraße et de la Beusselstraße, où s'élève l'église de la Réforme, l'un de ces nombreux sanctuaires néogothiques en brique que compte Berlin, le visiteur traverse, par la Rostocker Straße, le **Beusselkiez**, quartier populaire qui a grandi autour de la Beusselstraße. **Sickingenstraße 7-8**, les logements sociaux construits avant 1900 ont un cachet Belle Époque étonnamment agréable et moderne, et comportent de nombreux balcons.

À l'angle de la Sickingenstraße et de la **Berlichingenstraße**, se dresse la fabrique d'ampoules électriques de la firme AEG en gothique de brique ; la perspective d'architecture industrielle de la Berlichingenstraße est particulièrement intéressante. À l'angle de cette dernière et de la Huttenstraße, se trouve la **fabrique de turbines de la firme AEG**★★ (AEG Turbinenfabrik), par Peter Behrens, chef de file du Werkbund. Elle a été allongée de 100 m en 1939 *(suivre la Huttenstraße en direction de l'Ouest)*. Wiebestraße 42-45, remarquer les bâtiments des **entreprises Löwe**, notamment la fabrique de fraiseuses *(longer la Wiebestraße vers le Sud jusqu'à l'intersection avec la Kaiserin-Augusta-Allee)*. Tout un paysage se construit le long de la Kaiserin-Augusta-Allee et sur les bords de la Spree, retrouvant un caractère bourgeois. Sur l'autre rive, on aperçoit la rotonde vitrée du **Centre de recherche des techniques de production** (1983-1986) qui fait partie de l'université technique.

La rue Alt-Moabit permet de regagner le point de départ de la balade.

La rive de la Spree entre le Sandkrugbrücke et le Lutherbrücke

Ⓢ *Lehrter Bahnhof.*

Hamburger Bahnhof – Museum für Gegenwart Berlin★★

Invalidenstraße 50-51 ; voir « visiter ».

Poursuivre dans l'Invalidenstraße en direction de l'Ouest.

Lehrter Bahnhof★

La liaison inaugurée en 1838 entre les résidences de Berlin et de Potsdam est la troisième liaison ferroviaire dans des régions allemandes. Dans les années qui suivent, la capitale prussienne est reliée à d'autres villes. La quasi-totalité de ces lignes se terminent dans une gare en cul-de-sac, située aux portes de la ville. Les 11 lignes ont été créées par des sociétés de capitaux privées, réunies et nationalisées en 1884 dans les Preußische Staatsbahnen. Dans la gare de Lehrte, on développa le trafic avec la mer du Nord et Hambourg – elle joua un rôle important pour les nombreux émigrants qui souhaitaient gagner Bremerhaven, puis poursuivre leur route vers le Nouveau Monde. Avec la division de la capitale qui suivit la Seconde Guerre mondiale, de nombreuses gares sévèrement détruites perdirent leur fonction et furent rasées. L'Est et l'Ouest choisirent de construire leurs propres structures ferroviaires, adaptées à leurs besoins respectifs. Même le bâtiment de la gare, qui se dressait autrefois fièrement à cet endroit, fut démoli dans les années 1950 – les avis sont aujourd'hui encore partagés quant à la nécessité de cette destruction.

La nouvelle **Berliner Hauptbahnhof** (gare centrale de Berlin) est actuellement en cours de construction à cet emplacement, son achèvement étant toutefois retardé depuis des années. L'objectif désormais visé est la Coupe du monde de football de 2006 qui se jouera en Allemagne – si le délai est respecté, la construction aura alors duré 10 ans. Le concept du système ferroviaire intègre le réseau de voies de Berlin et plus particulièrement le réseau urbain, inauguré en 1882, soit l'ensemble des rails de S-Bahn, – ceux du trafic suburbain et du trafic longue distance –, des centaines de courbes maçonnées à environ 9 m sous terre, qui serpentent jusqu'à aujourd'hui dans le centre-ville de Berlin entre Westkreuz et Ostkreuz et confèrent au paysage urbain un caractère particulier. Ces derniers devraient toutefois être déplacés de quelques mètres et complétés par un nouveau **tunnel ferroviaire** de 3,5 km de long et à 15 m de profondeur, sous le Tiergarten et la Spree. Les deux files de rails se rencontrent ici et doivent devenir le nœud principal du trafic ferroviaire d'Europe centrale. On prévoit un transit de 240 000 à 250 000 voyageurs par jour.

Les plans du nouveau bâtiment très lumineux qui accueillera la gare sur une superficie de 430 x 430 m, près du port d'Humboldt, ont été imaginés par Gerkan, Marg und Partner. Sa répartition en cinq étages se reflète dans son architecture, que des tronçons de voies traversent. Le hall des quais, en direction de l'Est et de l'Ouest

est interrompu en son milieu par un hall de gare, lui-même flanqué de glaces fixées en hauteur. Le hall des quais comme celui de la gare, se compose d'un **réseau grillagé en filigrane**, dont la réalisation est à la limite du « techniquement possible ». La ligne Est-Ouest du réseau urbain n'étant pas droite mais courbée et de largeur différente selon les endroits, la tâche des ingénieurs et des ouvriers du bâtiment fut rendue plus difficile. Les 8 500 segments de ce réseau ne sont ainsi pas complètement carrés, mais chacun d'entre eux diffère quelque peu en fonction de la courbure de la gare et doit donc être calculé, fabriqué et monté en conséquence. Il était à l'origine prévu de recouvrir d'un toit l'ensemble du hall des quais, sur toute sa longueur, soit 430 m, mais on décida en 2002 de réduire ce toit à 321 m, non pas pour des raisons de coût mais pour des raisons de temps, ce qui nuit toutefois à l'esthétique de l'ouvrage qui verra ainsi ses proportions modifiées.

En poursuivant l'Invalidenstraße ainsi que les Werftstraße et Lüneburger Straße, on accède à l'îlot de Moabit.

L'îlot de Moabit

À l'ancien emplacement d'une gare de marchandises – une zone utilisée avant la chute du Mur comme entrepôt de charbon et parc à ferraille – en prolongement du Band des Bundes (« ruban fédéral »), se trouve le plus important programme de construction (718 logements) du Bund dans le centre-ville de Berlin. Ce dernier se compose d'un ensemble d'habitations serpentant sur 320 m de long en bordure de l'eau, qui lui valut le surnom de « **Bundesschlange** » (serpent du Bund), et de plusieurs blocs d'immeubles édifiés en diagonale le long du viaduc du chemin de fer aérien. Il faut ajouter à cela une école, un jardin d'enfants et une salle de sport. Ce projet, imaginé pour les employés du Bund, fait partie des projets de constructions nouvelles, mal accueillis par les experts comme par les Berlinois.

Museumsinsel★★★

L'île des Musées

L'île des Musées est l'un des complexes muséaux les plus riches d'Europe. Les travaux qui s'y dérouleront jusqu'en 2010 visent à lui redonner son rayonnement international d'antan, brisé par les destructions de la Seconde Guerre mondiale. Premier projet du plan d'ensemble de l'île des Musées, la rénovation de l'Ancienne Galerie nationale (Alte Nationalgalerie) vient d'être achevée, pour reprendre ailleurs. En dépit des échafaudages visibles çà et là pendant quelques années encore, l'île des Musées est un site incontournable si vous visitez Berlin – une telle profusion d'œuvres d'art d'une si grande valeur est absolument époustouflante.

La situation

Mitte. Plan p. 148-149 OPY – Carte Michelin n° 33 K14. Ⓢ 3, 5, 7, 9, 75 Hackescher Markt, BUS 100 + 200 Lustgarten. Le premier dimanche du mois, l'entrée est gratuite pour les expositions permanentes des musées nationaux de Berlin, ce qui vaut également pour les collections de l'île des Musées.

L'entrée, valable toute la journée dans l'ensemble des musées nationaux, comprend un audiotour commentant les principales curiosités.

À voir dans les environs : ALEXANDERPLATZ, SCHLOSSPLATZ, SPANDAUER VORSTADT, UNTER DEN LINDEN.

comprendre

Passé... – L'idée de créer un musée pour y exposer les collections royales a germé dès la fin du 18e s. dans le courant des réformes prussiennes. Lors d'une allocution, **Aloys Ludwig Hirt** évoqua l'idée d'un musée d'art – un concept situé dans le droit fil de la tradition des lumières. En 1810, **Wilhelm von Humboldt** proposa d'exposer les œuvres d'art qui avaient échappé au pillage de Napoléon. Parallèlement, le roi annonçait qu'il prêtait au futur musée toutes les œuvres de sa collection personnelle. L'exposition publique des œuvres de retour de Paris aiguillonna l'entreprise. Si, dans un premier temps, on prévoyait de transformer l'Académie des Arts en musée, peu à peu, on prit la décision de construire un nouveau bâtiment, en face du château, sur un terrain jusqu'alors utilisé comme entrepôt par l'administration des Douanes en raison d'un sol marécageux. C'est à

Karl Friedrich Schinkel que revint cette tâche. Face au château, symbole de la monarchie par excellence, se dressait fièrement le musée, concept bourgeois s'il en est – et signe avant-coureur de l'importance qu'allait revêtir l'art dans l'éducation.

Dès l'ouverture du Musée royal en 1830, aujourd'hui devenu le **Vieux Musée** (Altes Museum), on savait qu'il faudrait tôt ou tard l'agrandir, ce qui se fit à l'instigation de **Frédéric-Guillaume IV**. Alors qu'il n'était que prince héritier, il voulut créer « un refuge pour les arts et les sciences » et en demanda la réalisation dès le début de son règne, en mars 1841, sur « ordre du cabinet ». Le **Nouveau Musée** (Neues Museum, 1841-1859), relié au Vieux Musée par une arche aujourd'hui disparue, fut le deuxième musée de l'île de la Spree. La Galerie nationale (Nationalgalerie), devenue l'**Ancienne Galerie nationale** (Alte Nationalgalerie), fut construite (1866-1876) pour abriter la collection de peintures de Wagener. Bien des années avant l'unification politique des Allemands au sein de l'Empire, ce musée réalisait l'unification des arts en devenant « l'écrin de la culture nationale » (Peter-Klaus Schuster). De nouveau, on fut bientôt confronté au manque de place, en dépit du déménagement des objets ethnologiques en 1873 (après la fondation de l'Empire, des fonds furent débloqués en vue de nouvelles acquisitions et de voyages d'études, qui enrichirent rapidement les collections). Si l'on envisagea de déménager les collections de sculptures et de peintures, l'idée fut abandonnée – une telle initiative aurait, en effet, mis un terme au principe de réunion géographique des différents cercles artistiques et culturels, auquel tenait fermement le directeur général des musées berlinois, **Richard Schöne** (1879-1905). C'est ainsi que l'on construisit, entre 1897 et 1904, sur la pointe Nord de l'île des Musées, le Kaiser-Friedrich-Museum (actuel Bode-Museum). Avec le **musée de Pergame** (Pergamonmuseum), le plus récent des cinq musées, achevé en 1930, un siècle de construction sur l'île sur la Spree s'achevait provisoirement. Ce complexe incomparable fut, jusqu'aux destructions de la Seconde Guerre mondiale, l'ensemble de musées le plus riche du monde.

ADRESSE

Deponie N° 3 – *Georgenstraße 5/S-Bahnbogen – S + Tram Friedrichstraße – ☎ 208 26 69 – à partir de 9h, w.-end à partir de 10h.* Sans cesse, le bruit des wagons résonne tel un roulement de tambour au-dessus des têtes : ce bistrot berlinois aux convives variés se situe dans une arcade du S-Bahn ! La décoration hétéroclite, telle qu'une calèche volante, se marie à merveille avec les vitrines des brocantes voisines. La carte propose des spécialités berlinoises, principalement des en-cas et quelques plats plus consistants.

... et avenir – En 1999, l'île des Musées fut inscrite au patrimoine mondial de l'Unesco. La même année, on adoptait le fameux **plan d'ensemble**, qui jetait les bases d'un remaniement en profondeur de l'île des Musées, au moyen de mesures d'assainissement, de restauration, de modernisation, de protection des monuments, le tout dans un esprit de gestion moderne des musées – la fin des travaux est prévue pour 2010. La « **promenade archéologique** », destinée à relier le rez-de-chaussée et les cours intérieures des différents édifices, est la clé de voûte du plan d'ensemble. Si les bâtiments conservent leur entrée d'origine, une entrée supplémentaire sera construite le long du Kupfergraben, devant le Nouveau Musée. On prévoit par ailleurs l'ouverture de toutes les cours de service situées entre les différents musées, pour renforcer l'unité de l'ensemble.

PATRIMONIO MUNDIAL • WORLD HERITAGE • PATRIMOINE MONDIAL

L'**ancienne galerie Nationale**, qui abrite les collections d'art du 19e s., est le premier musée à avoir été réorganisé conformément aux directives du plan d'ensemble. Quant au **musée Bode** (Bode-Museum), qui abritera des collections de sculptures, le cabinet des Médailles (Münzkabinett) et le Museum für Spätantike und Byzantinische Kunst (relatif à l'art de la fin de l'Antiquité et de la période byzantine), il est actuellement réaménagé d'après les plans de Heinz Tesar et de Christoph Fischer, l'achèvement des travaux étant prévu pour 2006. La fin des travaux au **Nouveau Musée** (Neues Museum), exécutés d'après les plans de David Chipperfield, est prévue pour 2009. Y seront abrités le musée de la Protohistoire et de la Préhistoire (Museum für Vor- und Frühgeschichte) et le Musée égyptien (Ägyptisches Museum). Vers 2008, le **musée de Pergame** (Pergamonmuseum, plans d'Oswald Mathias Ungers) et le **Vieux Musée** (Altes Museum, plans de Hilmer, Sattler et Albrecht) fermeront durant quelques années pour subir d'importants travaux. En plus de ses possessions actuelles, le musée de Pergame recevra les temples égyptiens, laissant ainsi au Vieux Musée davantage de place pour les collections de l'Antiquité.

découvrir

La balade commence au Lustgarten (BUS 100+200) entre la Spree, le Berliner Dom (voir Schlossplatz) et le Vieux Musée.

Altes Museum** (M[18])

Le **Vieux Musée**, édifice classique de **Karl Friedrich Schinkel**, annonce en grande pompe l'entrée de l'île des Musées. Ce superbe monument fut érigé entre 1824 et 1830 sur des fondations sur pieux, en raison de la qualité marécageuse du terrain, ancien fossé remblayé. Autrefois Musée royal, le Vieux Musée, qui fut le premier à exposer au public les œuvres d'art des collections royales, est l'un des plus anciens musées allemands. À l'origine, les œuvres de l'Antiquité étaient exposées au rez-de-chaussée et les peintures à l'étage. Suite aux graves dommages occasionnés par les bombardements et incendies de la Seconde Guerre mondiale, le musée ferma pour ne rouvrir qu'en 1966, après d'importants travaux.

Conçue à l'origine pour la Rotonde, une immense vasque de granit poli (6,90 m de diamètre, 76 tonnes) annonce les escaliers. Elle fut réalisée par **Christian Gottlieb Cantian**, tailleur de pierre de la cour, sur les plans de Schinkel, à partir d'un bloc erratique des monts Rauenschen Bergen, près de Fürstenwalde. Transport et réalisation furent de véritables tours de maître pour l'époque. Le portique du bâtiment en briques partiellement recouvertes, organisé en deux ailes, qui aligne ses 18 colonnes ioniques sur une façade de 87 m, dégage une image d'harmonie majestueuse et de perfection dans les proportions. Cet ensemble est couronné d'une série d'aigles de **Christian Friedrich Tieck** ainsi que de groupes de statues d'inspiration antique. Le visiteur est accueilli par deux groupes de bronzes représentant, l'un, le combat d'une amazone et d'une panthère, l'autre, une amazone affrontant un lion. L'ensemble culmine avec la **Rotonde**, pour laquelle Schinkel s'est inspiré du Panthéon romain. L'aspect imposant de l'édifice, accentué par les statues monumentales, ne saurait laisser présager l'articulation de l'ensemble autour d'une rotonde.

Autrefois ouvert, le vestibule, dissimulé derrière les colonnes de grès, douce transition entre l'extérieur et l'intérieur, est aujourd'hui fermé par une baie vitrée, qui nuit malheureusement à l'organisation de l'espace imaginée par Schinkel. Le vestibule donne accès aux escaliers dont la montée, de la pénombre de la première volée à l'exceptionnelle luminosité du sommet, offre une vue incomparable sur le Lustgarten (et autrefois sur le château). C'est ici que trône le **vase de Warwick**, cadeau du tsar Nicolas Ier. *Pour en savoir plus sur les objets des collections archéologiques (Antikensammlung), voir « visiter ».*

Longer par la droite le Vieux Musée.

Neues Museum (M[19])

Réalisé dans un style classique élégant par **Friedrich August Stüler**, l'élève de Schinkel, entre 1841 et 1859 – la première partie ouvrit en 1850 après une interruption due à la révolution de 1848 –, le deuxième musée de l'île des Musées est reconnu comme le chef-d'œuvre du maître. Pourtant, après les bombardements de la Seconde Guerre mondiale, ce superbe musée est resté pendant près d'un demi-siècle dans un état avancé de ruine. Au centre de la façade principale, l'avant-corps dominait légèrement l'ensemble. Un grand escalier desservait les trois étages. À l'époque, le Nouveau Musée abritait les collections égyptiennes, la collection de plâtres et le cabinet des Estampes (Kupferstichkabinett) dans des salles spécifiquement aménagées

H. Champollion/MICHELIN

en fonction des œuvres abritées (par des scènes à connotation mythologique ou historique, notamment). L'objectif était de présenter au visiteur l'histoire de l'humanité à l'aide de différents supports pour stimuler son implication personnelle et son intérêt.

Outre l'architecte Stüler, il convient de citer le théoricien de l'architecture Carl Bœtticher, l'industriel August Borsig et l'ingénieur Carl Wilhelm Hoffmann, car ce bâtiment était, lors de sa construction, le plus moderne de l'époque tant aux moyens mis en œuvre (machine à vapeur, pour enfoncer les pieux de fondation et soutenir la logistique de construction) qu'aux matériaux utilisés (poutres en fer usinées pour la charpente). Il s'agissait, non seulement d'appliquer les nouvelles techniques pour des raisons pratiques et économiques, mais aussi de faire évoluer l'architecture prussienne. Le Nouveau Musée incarnait à l'époque la construction métallique par excellence. L'écueil principal résidait dans les fondations (les travaux de terrassement durèrent à eux seuls 2 ans). En dépit de nombreuses études approfondies, il n'avait pas été relevé qu'à l'emplacement de l'aile Nord-Ouest du musée, les couches capables de recevoir les fondations se trouvaient à une profondeur plus importante que les autres – cette aile ne fut donc pas construite. Très tôt, des affaissements notables (jusqu'à 34 cm) furent remarqués, ainsi que des fissures murales. En dépit des mesures prises, ce processus ne put être enrayé. Là n'était pas la seule complication : en raison de l'affaissement des nappes phréatiques, les pieux de fondation destinés à accueillir d'autres bâtiments du cœur de la ville pourrissaient peu à peu.

Les bombardements alliés de 1941 et 1943 détruisirent une grande partie du musée, aujourd'hui devenu une **semi-ruine**. D'importants fragments du décor intérieur, sauvés *in extremis*, seront bientôt visibles. Ce n'est qu'au milieu des années 1980 que de nouvelles fondations purent être mises en place, grâce à la toute nouvelle technique du microperçage des pieux. Cette avancée technologique et sa mise en œuvre au Nouveau Musée permettent d'espérer une réouverture de l'édifice, qui ne saurait toutefois survenir avant 2009.

L'Ancienne Galerie nationale, sur l'île des Musées.

Alte Nationalgalerie*** (M20)

L'**Ancienne Galerie nationale** est consacrée à la peinture et à la sculpture du 19e s. C'est l'une des collections les plus importantes de l'époque, qui couvre une période allant de la Révolution française à la Première Guerre mondiale.

Les rénovations d'après la chute du Mur – Fin 1992, le professeur **H.G. Merz** fut chargé de la rénovation de l'Ancienne Galerie nationale. Après trois ans de travaux, le musée rouvrait ses portes en décembre 2001. C'est le premier bâtiment de l'île des Musées à avoir été rénové dans le cadre du plan d'ensemble. Le montant de l'opération (travaux de fondation, renouvellement des systèmes de climatisation et de sécurité, importants travaux de restauration et de stuc) est de 68,2 millions d'euros. Le concept architectonique sous-tendant la restauration préconisait le respect des diverses couches et vestiges apparents du bâtiment, leur conservation tant dans leur rôle esthétique que fonctionnel, et leur réintégration. Il faut également évoquer les ajouts contemporains, nécessités notamment par l'extension de la surface d'exposition.

L'édifice – Ce temple corinthien en grès rouge repose sur un podium. Au sommet du grandiose escalier double, domine une statue équestre de Frédéric-Guillaume IV (1886) d'Alexander Calandrelli, entourée de personnages représentant l'art, la religion, la philosophie et la poésie. Ceux des premières marches symbolisent l'enseignement de la sculpture et de la peinture, tandis que ceux du sommet illustrent la pensée de l'art et la technique artistique. Protectrice des arts et des artistes, Germania, les bras étendus, occupe le fronton. Elle est dominée par des personnifications féminines de la peinture, de la sculpture et de l'architecture. L'édifice est ceint d'un ruban portant le nom en lettres dorées de grands architectes, sculpteurs et peintres allemands, à commencer par Erwin von Steinbach, le constructeur de la cathédrale de Strasbourg. L'édifice est également entouré par un péristyle, dont une partie des colonnes a été utilisée pour la construction du musée de Pergame. Entre les colonnades et l'édifice proprement dit, sont exposées les premières œuvres du musée. Il s'agit de sculptures de différentes influences, donnant un avant-goût de la richesse des fonds artistiques du 19e s. conservés au Nouveau Musée. De **Reinhold Begas**, un des plus grands sculpteurs du Berlin wilhelminien, on peut admirer le groupe de personnages néo-baroque *Centaure et Nymphe* (1881-1886), qui contraste nettement avec la clarté formelle de la statue équestre du Berlinois **Louis Tuaillon**, *Amazone zu Pferde* (*Amazone à cheval*, 1885-1895), considérée comme l'une des plus grandes œuvres de son temps. Dans un autre registre, citons *Le Semeur* (1896) de **Constantin Meunier**, qui a choisi un simple paysan comme sujet artistique à part entière. *Le Lion* (1904) d'**August Gaul** symbolise la conception de l'art de la Sécession.

Pour des commentaires sur les œuvres exposées à l'intérieur du musée, voir « visiter ».

Contourner le Nouveau Musée et longer le Kupfergraben pour accéder au musée de Pergame.

Le musée Bode la nuit.

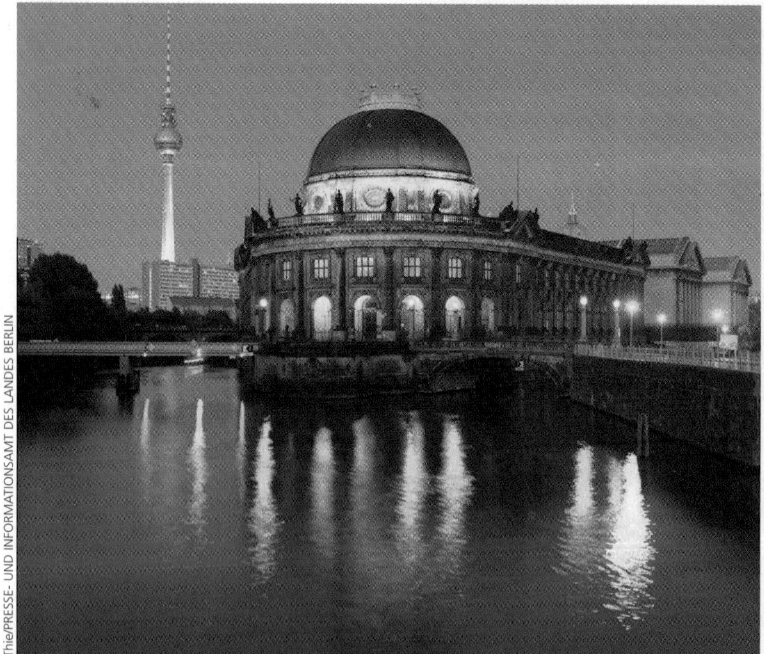

Thie/PRESSE- UND INFORMATIONSAMT DES LANDES BERLIN

Pergamonmuseum**

Édifié entre 1909 et 1930, d'après les plans d'**Alfred Messel**, qui mourut avant le début des travaux, et sous la direction d'un ami intime, **Ludwig Hoffmann**, le **musée de Pergame** est le plus récent de l'île. Dès 1907, Wilhelm von Bode avait entrevu la nécessité d'un bâtiment supplémentaire pour abriter les collections de plus en plus nombreuses du musée – le bâtiment provisoire du musée de Pergame, construit entre 1897 et 1899, était devenu inutilisable. L'objectif était ici de rassembler, sous un même toit, l'art allemand, antique et oriental. Ce projet s'articulait autour de la présentation exhaustive du trésor mis au jour dans ville grecque de Pergame, en particulier l'autel de Pergame (Pergamonaltar). Le musée de Pergame fut le premier musée d'architecture d'Europe, un concept fortement discuté à l'époque. À l'origine, le projet prévoyait une avenue le reliant à l'université Humboldt, accusant la vocation pédagogique du musée. Par ailleurs, Messel avait envisagé une colonnade au bord de l'eau, jamais réalisée, ce qui explique pourquoi la cour d'honneur est ouverte – manquement que le plan d'ensemble prévoit de réparer. Le bâtiment néo-classique, composé de trois ailes, est doté de pilastres doriques – on reconnaîtra ici la porte de Brandebourg comme source d'inspiration. Après les destructions subies au cours de la Seconde Guerre mondiale, le musée fut reconstruit entre 1948 et 1959. Un couloir d'entrée fut ajouté dans les années 1980. Le bâtiment abrite aujourd'hui le **musée d'Art islamique** (Museum für Islamische Kunst, *voir plus loin « visiter »*), le **musée des Antiquités proche-orientales** (Vorderasiatische Museum, *voir plus loin « visiter »*) et, comme le Vieux Musée, des fragments des **collections archéologiques** (Antikensammlung, *voir plus loin « visiter »*).

Continuer à longer le Kupfergraben jusqu'au Bode-Museum.

Bode-Museum**

Fermé jusqu'en 2006 pour travaux.

En dépit d'un emplacement peu favorable, à la pointe de l'île des Musées, coupé en deux par une voie de chemin de fer métropolitain laissant métros et autres trains traverser l'île des Musées – au plus grand étonnement des visiteurs –, l'architecte de la cour **Ernst von Ihne** a su exploiter l'asymétrie des lieux de manière à loger sur une surface réduite un nombre impressionnant de salles d'exposition aux volumes divers. Comme ce fut le cas au Nouveau Musée, les travaux ne furent pas dépourvus de difficultés liées à l'instabilité du sol berlinois (construction entre 1897 et 1904). L'édifice semble surgir fièrement de l'eau avec, à l'avant, semblable à la proue délicatement arrondie d'un navire, sept superbes voûtes. Le corps principal est constitué de colonnes et de pilastres surplombés d'une balustrade ornée de personnages. Les deux coupoles en cuivre dominent le paysage berlinois, la plus grande se trouvant au Nord, au-dessus de l'escalier principal, la plus petite au-dessus de l'escalier Sud. Avec une désinvolture toute impériale, le bâtiment tourne le dos aux autres musées. Le musée en lui-même était conçu, avec ses peintures, ses sculptures, son mobilier et ses objets d'art décoratif, comme une œuvre d'art totale, que confortait la disposition des salles tout à fait unique. Tant par le langage architectural néo-baroque que par l'arrangement intérieur, ce monument trahit le besoin de représentation de l'empire wilhelminien. Autrefois appelé Kaiser-Friedrich-Museum, ce musée fut, dans les années 1950, après sa reconstruction progressive, renommé musée Bode.

Le « pape des musées » de Berlin

Wilhelm Bode (1845-1929), « von » depuis 1914, est un historien d'art et un juriste. Il commence à travailler pour les musées de Berlin en 1872. En 1883, il est le premier directeur d'un département indépendant, celui des *Sculptures des époques chrétiennes*. Il acquiert des chefs-d'œuvre dans le but de présenter un panorama complet. Directeur de la galerie de Peinture (Gemäldegalerie) en 1890, il achète de façon tout aussi systématique. C'est le « condottiere » de la muséologie internationale : savant, expert, diplomate, le « pape des musées », il est à l'aise aussi bien à la cour et dans la noblesse que chez les banquiers. Il rédige de nombreux catalogues pour les plus grandes collections allemandes, publiques et privées. En tant que mécène, son modèle suscite de nombreuses donations et subventions. Il est directeur général des musées berlinois de 1904 à 1920.

visiter

Collections archéologiques (Antikensammlung) de l'Altes Museum** (M[18])

Tlj sf lun. 10h-18h. Le billet à la journée est également valable pour les autres bâtiments des musées nationaux visités le même jour, gratuit 1er dim. du mois. ☎ 20 90 55 66. www.smb.spk-berlin.de

À leur époque, les électeurs brandebourgeois collectionnaient déjà .les trésors de l'Antiquité classique. Ce n'est toutefois qu'avec l'achat d'une importante collection de l'archéologue romain Giovanni Pietro Bellori, en 1698, qu'on peut parler de création d'une véritable collection d'objets antiques, même s'il fallut attendre la fin du

18e s. pour que la maison royale se décide enfin à rassembler les divers objets datant de l'Antiquité dans le château de Berlin, ces derniers servant jusqu'alors bien plus à décorer châteaux et jardins. Grâce aux fouilles d'Olympie, Pergame, Samos, Milet et Priene en plus des nouvelles acquisitions, les collections archéologiques compteront parmi les plus importantes du monde. La séparation de l'Allemagne après la Seconde Guerre mondiale conduisit au partage de la collection. À l'Est de la ville, le musée de Pergame rouvrit en 1959 pour exposer les collections archéologiques restées à Berlin-Est. À l'Est de la ville, les œuvres, pour la plupart des objets artisanaux, furent présentées entre 1960 et 1995 dans le pavillon Stüler, en face du château de Charlottenburg (qui héberge actuellement la collection Berggruen).
Si le premier étage du Vieux Musée est réservé aux expositions, le rez-de-chaussée accueille les œuvres de petit format des collections archéologiques, l'architecture monumentale et les sculptures antiques étant exposées au musée de Pergame *(voir plus loin)*. Le cœur de la visite *(commencer par la droite)* bat autour de **l'histoire de l'art et de la civilisation grecque**. La Rome antique n'est représentée que par quelques pièces, tandis que l'art étrusque est la clé de voûte de la collection – mais ne sera visible qu'après une rénovation générale du bâtiment. La visite chronologique et topographique organisée en 30 sections s'ouvre sur la préhistoire hellénique avec les **idoles de marbre des Cyclades** aux formes abstraites et une collection de récipients (3e millénaire av. J.-C.), puis les cultures minœnne (Crète) et mycénienne **(personnages de bronze et de terre cuite)**, pour continuer avec des œuvres de l'époque dite « géométrique » (1100-700 avant J.-C.) – qui tient son nom des décorations ornementales strictes –, et se terminer sur l'époque archaïque (du 7e au 5e s. avant J.-C.). Du sanctuaire d'Olympie (où les premiers jeux furent organisés en 776 avant J.-C.), on admirera de nombreuses offrandes, sous forme de petits **personnages en bronze**, ainsi que des **armes**. Les sections de Samos (**Kouros** en marbre, **statue d'un buveur**, milieu du 6e s. avant J.-C.) et de Milet **(récipients)**, du monde commercial archaïque de Corinthe et d'Égine, de la ville-État archaïque de Laconie (Sparte), de Béotie et, pour finir, d'Athènes, une des villes majeures de l'Antiquité, sont consacrées à la Grèce classique. Y sont exposés de nombreux **vases et amphores**. La grande beauté de cette exposition réside principalement dans la clarté des motifs illustrés sur les vases qui renvoient à des thèmes variés.
La chronologie de la présentation est rythmée par des thèmes tels que le sport chez les Hellènes, les dieux, les héros, les fêtes et banquets, le sanctuaire. La collection de bijoux antiques exerce une fascination particulière. Dans les deux salles du trésor *(sections 8 et 20)*, on découvre en particulier le **trésor d'or** de Vettersfelde (vers 500 avant J.-C.) et celui de Tarente (3e s. avant J.-C.) ainsi que le **trésor d'argent de Hildesheim★★★** qui remonte à l'époque romaine. Le célèbre bronze dit du **« Jeune garçon implorant »★★**, exécuté vers 300 avant J.-C. à Rhodes, a retrouvé, dans l'axe de la Rotonde, la place qu'il occupait en 1830, à l'ouverture du musée. Des doutes subsistent aujourd'hui encore quant à l'identité du personnage représenté : on ignore s'il s'agit véritablement d'un jeune garçon en position de suppliant ou d'un dieu, Ganymède par exemple.
À partir de la section 23, la visite chronologique passe à la présence grecque en Italie, en mettant l'accent sur l'influence prédominante des Hellènes sur des villes telles que Tarente. Le **buste d'homme** en terre cuite, du 2e s. après J.-C. *(section 24)*, montre des traits indubitablement grecs, bien que la toge soit romaine. La visite enchaîne sur la période hellénistique (300 avant J.-C. à 30 après J.-C.), au cours de laquelle l'art et l'architecture s'épanouirent dans tout le pourtour méditerranéen. Les fouilles de Priene, en Asie mineure, qui mirent au jour de nombreux objets documentant la vie quotidienne, constituent un des points forts de l'ensemble. Parmi les pièces les plus intéressantes, citons le ***Tireur d'épine*** (2e s. après J.-C.). De cette époque, on retiendra également les **statues de marbre** (de Prométhée, d'Héraclès, d'Aphrodite et de personnages privés, notamment).
La visite enchaîne sur le département romain, dont les trois sections présentent notamment le buste en marbre de **Caïus Julius Caesar (Jules César)★★** (1er s. avant J.-C.), les **portraits de momie** (140 après J.-C.), les **sarcophages de Cafarelli et Rinuccini** et la **mosaïque** d'une **famille de Centaures combattant des animaux sauvages★**, ainsi qu'une mosaïque de la première moitié du 2e s., provenant de la villa d'Hadrien à Tivoli et exécutée d'après un original grec. La visite se termine en beauté sur la **Rotonde★**, véritable cœur architectonique du musée, aire de détente idéale, rehaussée d'une délicate polychromie. La salle s'articule autour d'un anneau de 20 colonnes corinthiennes, portant une galerie. Les 30 sculptures exposées sont des copies romaines d'originaux grecs. En 1830, à l'inauguration du musée, la même disposition avait été adoptée, mais pour d'autres sculptures.

Alte Nationalgalerie★★★ (M20)

10h-18h, jeu. 10h-22h. 6€ (le billet à la journée est également valable pour les autres bâtiments des musées nationaux visités le même jour), gratuit 1er dim. du mois. ☎ 20 90 55 66. www.smb.spk-berlin.de

La visite de l'**ancienne galerie Nationale** commence au troisième étage avec des œuvres romantiques et contemporaines de Goethe. Le deuxième étage retrace les courants artistiques dominant la période de 1850 à 1880 : idéalisme,

réalisme et impressionnisme. Au premier étage, outre les sculptures classiques, sont exposées des œuvres dont les plus récentes datent de la fin du 19e s.
Les murs de l'escalier central sont ornés d'une **frise d'Otto Geyer** : ce bas-relief illustre l'histoire de l'Allemagne par l'évocation de ses plus grandes aventures culturelles. Au chef germain Arminius succède la christianisation, puis le Moyen Âge, Charlemagne annonçant une longue succession d'empereurs, d'ecclésiastiques et de poètes. Le cœur du mur principal est consacré à la Réforme de Luther, suivie notamment de l'avènement de Gutenberg et de Dürer. Sur le mur suivant, Kant et Bach, entre autres illustres personnages, se côtoient au pied du trône de Frédéric le Grand. S'ensuivent les classiques allemands tels que Schiller, Goethe, Mozart et Beethoven, puis l'époque des guerres de libération avec Fichte, Hegel et les frères Humboldt. Malheureusement détruite, la quatrième partie de la frise, qui traite du présent d'alors, a été remplacée par une reproduction photographique. On remarquera les rois Louis Ier de Bavière et Frédéric Guillaume IV, fraternellement réunis sur un double trône en leur qualité de protecteurs des arts, entourés de personnalités munichoises (telles que Klenze, Kaulbach et Schwind) et berlinoises (telles que Schinkel, Stüler et Rauch) incarnant l'art allemand. La première volée de l'escalier abrite *Le chanteur Francisco d'Andrade en Don Giovanni de l'opéra de Mozart* (1912) de l'impressionniste **Max Slevogt** – y est représentée la scène du cimetière dans laquelle Don Juan invite le Commandeur décédé à souper. À l'entrée du deuxième étage, on peut admirer le *relief de Dionysos* (1890) d'**Adolf von Hildebrand**, dont la composition s'appuie sur celle des reliefs funéraires grecs : Ganymed a fait boire le dieu du Vin et s'amuse à le voir tituber. Un peu plus haut, on peut admirer le tableau monumental *Le Banquet de Platon* (1871-1974) d'**Anselm Feuerbach**, dont une partie illustre les plaisirs de la chair et l'autre symbolise le discours philosophique – avec, à la jonction des deux univers, tel un médiateur, l'hôte portant une couronne de laurier. Un peu avant le début du circuit, on peut admirer la ***tombe d'Alexander von der Mark*★** (1788-1790) de **Johann Gottfried Schadow**, la tombe d'un fils illégitime de Frédéric-Guillaume II, œuvre capitale du classicisme allemand.
***Les fresques de la Casa Bartholdy*★★** de **Peter Cornelius** (1816-1817, *Salle 3.02*), remarquable œuvre d'art du 19e s, comptent parmi les œuvres majeures de l'Ancienne Galerie nationale. Des artistes de Rome avaient fondé la confrérie de Saint-Luc, également connue sous le nom de **« groupe des Nazaréens »,** dont l'objectif était de pratiquer l'art comme une religion. Consul général de Prusse, Jacob Salomon Bartholdy leur passa commande de ces fresques. Ils choisirent l'histoire de Joseph comme thème de l'œuvre, qu'ils réalisèrent avec toute l'emphase artistique propre aux modèles italiens. Dans les années 1880, les fresques furent transportées à Berlin après des manipulations extrêmement minutieuses. Une salle fut spécialement aménagée dans la Nationalgalerie pour recevoir cette œuvre extraordinaire (d'autres œuvres de Nazaréens tels que **Julius Schnorr von Carolsfeld** et **Friedrich Overbeck** sont exposées en salle 3.14).
On oublie trop souvent que l'architecte **Karl Friedrich Schinkel** était un peintre de talent. La *salle 3.05* regroupe **la collection des œuvres de Schinkel★★**. L'architecture idéalisée de l'Antiquité ou de l'époque gothique, bercée dans un écrin de nature romantique est particulièrement visionnaire : *Antike Stadt auf einem Berg* (*Ville antique au sommet d'une montagne*, vers 1805-1807), *Église gothique sur un rocher au bord de la mer* (1815), *Mittelalterliche Stadt an einem Fluß* (*Ville moyenâgeuse au bord d'un fleuve*, 1815) et *Spreeufer bei Stralau* (*Rive de la Spree sur la presqu'île de Stralau*, 1817), une vue de Berlin.

« L'Abbaye dans une forêt de chênes » de Caspar David Friedrich.

La splendeur de l'Ancienne Galerie nationale trouve son point d'orgue dans la grande collection des œuvres de **Caspar David Friedrich★★★** *(Salle 3.06)*. On peut y admirer de nombreuses toiles célèbres telles que *Le Moine sur le rivage* (1808-1810) et *L'Abbaye dans une forêt de chênes* (1809-1810) qui se répondent l'une l'autre, des œuvres dans laquelle la nature constitue un événement à elle seule. La distance mystérieuse et l'absence de compromis de la composition en font une des œuvres clé du romantisme. Le visiteur aura également l'occasion d'admirer *Der einsame Baum* (*L'Arbre solitaire*, 1822), *Zwei Männer am Meer* (*Deux hommes au bord de la mer*, 1817), *Mann und Frau bei Betrachtung des Mondes* (*Un Homme et une femme observant la lune*, vers 1824) et *Le Watzmann* (1824-1825).

À souligner également les **peintures de l'artiste berlinois Carl Blechen★★** *(salles 3.07 et 3.08)* : *Felslandschaft mit Mönch* (*Le Moine aux rochers*, vers 1825) fait partie des compositions les plus marquantes de sa jeunesse romantique. On admirera également les différents tableaux de son voyage en Italie, tels que *Les Cascades de Tivoli* (vers 1832) et *Fischer auf Capri* (*Pêcheurs à Capri*, vers 1834). *Usine métallurgique à Neustadt-Eberswalde* (1830) figure parmi les premières représentations industrielles de l'histoire de la peinture allemande. C'est dans une œuvre de petit format, *Blick auf Dächer und Gärten* (*Vue sur toits et jardins*, vers 1835), effectuée à sa maturité, qu'il peut être pleinement considéré comme un « Menzel avant Menzel ». En s'opposant aux représentations de la nature pathétiques et idéalisées, il peint ici une vue réaliste d'un appartement de Friedrichstadt situé à proximité d'un quartier pauvre – une démarche artistique osée pour l'époque. La même salle abrite l'adorable statuette d'une *Jeune fille au repos* (1826) de Schadow, un corps de femme gracieux dont la délicatesse et la douceur de la peau sont rendues à merveille en dépit de la froideur du matériau. Ce fut le dernier marbre du grand maître.

Eduard Gärtner *(Salle 3.10)* était le peintre d'architecture le plus important de Berlin. Il est intéressant de comparer ses **vues de Berlin★★** extrêmement détaillées au Berlin d'aujourd'hui. *Unter den Linden* (1852) montre une vue de l'avenue, regard tourné vers l'Est, animée de personnages et de scènes – on constate à cette occasion tant la prédominance du château que sa fonction prépondérante au sein de l'ensemble architectural de la ville. *Ansicht der Rückfront der Häuser auf der Schloßfreiheit* (*Vue sur la façade des maisons de la Schloßfreiheit*, 1855) donne un aperçu de la vie des habitants, l'idylle quotidienne de l'époque Biedermeier. La rangée de maisons au bord de l'eau fut détruite, entre 1892 et 1895, sur ordre de l'empereur pour y ériger un monument national à la mémoire de son grand-père. La salle 3.13 expose des portraits et des paysages de **Ferdinand Waldmüller** ainsi que des œuvres de **Moritz von Schwind**.

La salle de la Coupole, qui annonce en beauté le deuxième étage, le « Piano Nobile », abrite les personnages néo-baroques de Begas. Ensuite, s'ouvre la salle des « Romains d'Allemagne » *(salle 2.01 et salle 2.05-2.06)*. On y retrouvera **Anselm Feuerbach** avec *Ricordo di Tivoli* (1866-1867), une représentation lyrique d'une idylle dans laquelle des enfants symbolisent l'innocence de l'état naturel, et **Arnold Böcklin** avec *Autoportrait avec la Mort jouant du violon* (1873) et ***L'Île des morts★*** (1883) – cette icône fascinante qui l'a rendu célèbre est considérée comme son chef-d'œuvre. *Die Ruderer* (*Les Rameurs*, 1873) de **Hans von Marées** est une étude des fresques de la Station Zoologique de Naples, qui illustre l'art de sa maturité. On y découvre le quotidien de l'environnement de la station biologique du jeune zoologiste allemand Anton Dohrn, qui a chargé l'artiste de décorer une des salles de la stations à des fins mondaines. *Stehender junger Mann* (*Jeune Homme debout*,1881-1884) est un marbre de Hildebrand, dont la souveraineté naturelle, dénuée d'affectation, marque un renouveau important des arts plastiques allemands.

La salle suivante est entièrement consacrée aux impressionnistes français *(salle 2.03)*. On remarquera notamment ***Le jardin d'hiver★★*** (1878-1879) d'**Édouard Manet**, très contesté à l'époque – jusqu'aux premières heures du 20e s., il fut considéré comme indécent en raison de sa connotation érotique, indéniable il est vrai. La scène représente, au cœur d'une végétation méridionale exubérante, deux amis du peintre, entre lesquels se devine une tension psychologique latente. Il ne faut pas manquer *Le Bouquet de lilas* (vers 1822) de Manet ni la petite sélection d'œuvres de **Paul Cézanne**, un paysage et deux natures mortes. **Auguste Renoir** est représenté par ***En été★*** (1868), un portrait de sa maîtresse de l'époque, Lise Tréhot, et ***Marronnier en fleurs*** (1881), dans lequel les teintes subtilement dégradées se fondent dans un tissu aux riches nuances de vert, de bleu et de rouge, évoquant à merveille l'ambiance printanière. ***Été★★*** (1874) de **Claude Monet** a été exécuté en été 1874, alors que Monet et ses amis cherchaient à parfaire leur style à Argenteuil. Dans cette toile, Monet capture d'une manière fascinante l'atmosphère d'une chaude journée d'été. ***Le Penseur★★*** (vers 1881-1883), œuvre lourde de sens, est une œuvre clé tant d'**Auguste Rodin** que de la sculpture moderne. De Rodin, on admirera également *L'Âge d'Airain* (1875-1876), bronze antérieur au *Penseur*.

Max Liebermann, nommé président de l'Académie prussienne des arts en 1933, est représenté dans l'Ancienne Galerie nationale par une douzaine de toiles *(Salle 2.13)*. ***La Grange à Lin à Laren***★★ (1887) illustre le thème du travail, à partir d'observations très précises. On peut y voir une critique sociale évidente, sans toutefois y déceler de connotation pathétique ou utopique. Le visiteur pourra également admirer les toiles de Liebermann, *Les Plumeuses d'oies* (1872) et *Selbstbildnis mit Sportmütze an der Staffelei* (*Autoportrait*, 1925). *Tischgebet – « Komm, Herr Jesu, sei unser Gast »* (*Le Bénédicité*, 1885) de **Fritz von Uhde** est intéressant en ceci que c'est la première œuvre naturaliste à avoir été abritée par la Nationalgalerie. La même salle abrite *La Danseuse* (1911-1912) de Georg Kolbe.

K. Göken/Nationalgalerie/PREUSSISCHER KULTURBESITZ

« La Danseuse » de Georg Kolbe.

Les salles 2.09 à 2.12 sont consacrées au réalisme allemand, avec notamment **Hans Thoma**, **Lesser Ury**, **Carl Spitzweg** et d'autres œuvres de von Slevogt. La Salle 2.14 expose des portraits de **Franz Lenbach**. Quant à **Wilhelm Leibl** et son cercle munichois, ils sont présentés dans les salles 2.07 et 2.08. Notons en particulier, parmi les toiles de Leibl illustrant la vie paysanne, la *Dachauerin – Mädchen mit schwarzem Kopftuch* (*Jeune Fille au fichu noir*, 1879). On y admirera également la *Mädchen auf dem Kanapee* (*La Jeune Fille au canapé*, 1872), une remarquable toile de jeunesse de **Wilhelm Trübner**, alors étudiant.

La grande salle du rez-de-chaussée abrite des fresques murales représentant des scènes de la Chanson des Nibelungen. Parmi les sculptures classiques exposées ici, citons le **groupe sculpté des princesses Louise et Frédérique de Prusse**★★★ (1795-1797) de Schadow, grande première puisque aucun artiste n'avait jusqu'alors réalisé de statue grandeur nature de deux personnages féminins. En dépit de la grande tendresse unissant les deux princesses se tenant par l'épaule, une différence de caractère est nettement perceptible. Cette statue est un hymne à la jeunesse, à la beauté, à la grâce – c'est une des plus grandes œuvres de l'époque. Outre d'autres œuvres de Schadow, on pourra admirer les travaux de **Rauch** et **Bertel Thorvaldsen**. Le réalisme est ensuite illustré par trois œuvres du paysagiste anglais **John Constable** ainsi que par des toiles de **Gustave Courbet**. ***La Vague***★ (1869-1870) marque une tentative de libérer la couleur du lien l'unissant au support de l'œuvre et à la forme des sujets. Dans la mer en colère, les contemporains ont également décelé le symbole du peuple révolté. *La Falaise d'Étretat après l'orage* (1869) est une autre œuvre remarquable.

Avant de passer à la salle suivante, ne manquez pas deux toiles de Meunier.

La salle 1.04 mène à une petite pièce, en attente de rénovation, dans laquelle des documents révèlent l'histoire mouvementée de l'Ancienne Galerie nationale *(voir ci-avant)* pour un saut passionnant dans l'histoire...

Le restant de l'étage est consacré à l'importante collection des **œuvres d'Adolph Menzel**★★★. La Nationalgalerie compte plus de 70 de ses œuvres, dont de nombreux portraits de Frédéric le Grand, qui marquèrent le regard que porta toute une génération sur le célèbre roi de Prusse. Ces toiles puisent leur origine dans le projet d'illustration du livre de Franz Kugler sur la vie de Frédéric le Grand. L'œuvre la plus connue de Menzel est indéniablement *Concert de flûtes de Frédéric II à Sans-Souci* (1850-1852, *Salle 1.05*) : le roi y donne, en l'honneur de sa sœur, la margravine Friederike von Bayreuth, un concert nocturne. Dans la salle 1.06, également consacrée à Menzel, il ne faut pas manquer une reproduction, à l'échelle inférieure, de *la statue équestre de Frédéric II de Prusse* (1853) du classique berlinois **Christian Daniel Rauch** (l'original trône sur l'avenue Unter den Linden, non loin du

« Groupe sculpté des princesses Louise et Frédérique de Prusse » de Johann Gottfried Schadow.

K. Göken/Nationalgalerie/PREUSSISCHER KULTURBESITZ

J. Anders/PREUSSISCHER KULTURBESITZ

« Le Souper au bal » d'Adolph Menzel.

forum Fridericianum). Parmi les autres œuvres majeures de Menzel, on peut admirer sa célèbre œuvre de jeunesse *Chambre au balcon* (1845) : ce paysage intérieur est très différent des tableaux Biedermeier de l'époque. *Berlin-Potsdamer Eisenbahn* (*Berlin-Potsdam*, 1847) illustre les transformations du paysage induites par la première voie ferrée prussienne – Berlin est simplement esquissé à l'arrière-plan ; de la topographie, l'observateur n'obtiendra que des informations fragmentaires. *Hinterhaus und Hof* (*Intérieur et Cour*, 1844) a pour thème le paysage urbain dans sa simplicité – ce mouvement qu'a initié Blechen *(voir ci-avant)*, Menzel le fait sien dans diverses réalisations *(toutes en salle 1.08)*. Il ne faut pas non plus manquer *Départ du roi Guillaume Ier pour l'armée, le 31 juillet 1870* (1871) et *Le Souper au bal* (1878, *tous les deux en salle 1.12*). On observera avec intérêt *le Laminoir* (1872-1875), qui atteste d'une parfaite maîtrise de l'étude et de la retranscription des détails *(salle 1.13)*. Pendant des semaines, l'artiste s'est renseigné sur les aspects techniques du laminoir dans une forge de Haute-Silésie et a réalisé de nombreuses esquisses, qui formèrent la base de ce témoignage historique grandiose de l'ère industrielle. Parmi les œuvres exposées du grand peintre historique **Anton von Werner** –, elle ne sont pas très nombreuses – la plus impressionnante est sans aucun doute *Im Etappenquartier vor Paris* (*Derniers Quartiers avant Paris*, 1894, *même salle*). C'est une réalisation tardive à partir d'une esquisse représentant une scène de l'automne 1870, au cours de laquelle des soldats allemands négligés prennent leurs aises dans un petit château français.

Les deux dernières salles *(salles 1.15 et 1.16)* traitent de la fin du 19e s. Un nouveau mouvement s'oppose à l'académisme traditionnel de peintres tels que von Werner. **Walter Leistikow**, représenté ici par *Grunewaldsee* (1895), fut l'un des chefs de file de la Sécession berlinoise. La fondation de la Sécession est souvent expliquée par le refus de cette œuvre majeure – que l'empereur rejeta au motif qu'il connaissait déjà Grunewald. On trouvera plusieurs œuvres de **Lovis Corinth**, également membre de la Sécession berlinoise, dont *Samson aveuglé* (1912), tableau en forme d'autoportrait, peint après une attaque d'apoplexie. *Le Péché* (vers 1912) de **Franz von Stuck** fut aussi célèbre que critiqué. Une version antérieure de cette toile fit sensation lors de l'exposition de la Sécession munichoise en 1893. De l'obscurité se détache le buste éclairé d'une femme nue – c'est une nouvelle conception du corps et du plaisir qui est ainsi représentée.

Pergamonmuseum★★★

10h-18h, jeu. 10h-22h. 6€ (le billet à la journée est également valable pour tous les autres bâtiments des musées nationaux visités le même jour), gratuit 1er dim. du mois. ☎ 20 90 55 66. www.smb.spk-berlin.de

Antikensammlung★★★ – Les œuvres des **collections archéologiques** du musée de Pergame sont rassemblées dans les trois grandes salles centrales, en début de visite, qui exposent des fragments architecturaux de monuments antiques, ainsi que dans l'aile Nord, où elles sont organisées par ordre chronologique. L'accent est mis sur l'art grec et romain. On peut y admirer l'évolution d'un millier d'années d'art antique sous l'angle de la représentation humaine.

Sitôt entré, le visiteur aperçoit le magnifique **autel de Pergame (Pergamonaltar)★★★**, une des œuvres les plus admirables de l'art hellénique.

La frise du soubassement, longue de 120 m et haute de 2,30 m – une des plus longues frises de la civilisation grecque préservée – fut réalisée sous Eumène II, vers 170 avant J.-C. Elle représente une **gigantomachie**, thème fréquent de l'art grec. Le combat des dieux olympiens contre la génération précédente, celle des Géants, nés de Gaïa (la Terre), représente celui de l'ordre contre le chaos. Il est aussi l'image du combat des habitants de Pergame contre les ennemis du royaume – il s'agit donc d'une œuvre de propagande à la gloire du roi. Dramatique, l'art mêle l'élan à la beauté romantique dans les corps tourmentés et sur les visages des Géants impitoyablement anéantis. Les groupes combattants bénéficient tous d'une grande originalité, tant dans le mouvement que dans les détails tels que les vêtements et la coiffure. Tandis que la frise occidentale fait partie intégrante de l'autel, les trois autres sont exposées sur les murs du musée. Derrière l'autel, un couloir relate l'histoire des fouilles et de la reconstitution de l'autel. Les parois de l'aire située en haut de l'escalier étaient ornées d'une frise plus petite, et pourtant moins bien conservée, contant l'histoire de **Télèphe**, fils d'Héraclès (Hercule) et fondateur mythique de Pergame. Les rois prétendaient en être les descendants. Ce mythe fondateur se retrouve dans les œuvres littéraires grecques et romaines. Il est très intéressant de comparer les deux frises, qui témoignent de l'éventail de l'expression de l'art hellénique : tandis que la frise des Géants représente plusieurs scènes dramatiques se déroulant simultanément, il s'agit ici d'une action linéaire qui se déroule dans le temps, telle une narration.

Après avoir admiré l'autel et quitté la salle par la droite, le visiteur accède à la salle de l'architecture romaine, dominée par la **porte du marché de Milet★★**. Construite en 120 après J.-C., elle formait, avec l'hôtel de ville et un nymphée, le cœur de la ville romaine (la maquette du centre de Milet, sur la terrasse, permet de situer ces différents monuments). La porte monumentale marquait l'accès au marché méridional de cette ville autrefois importante de la côte occidentale d'Asie Mineure. Témoin phare de l'architecture romaine, elle fut intégrée dans les fortifications byzantines sous l'empereur Justinien et détruite par un tremblement de terre en 1100. Au cœur de la pièce est exposée **une mosaïque représentant Orphée**, provenant d'une salle à manger d'une demeure privée de Milet. On pourra admirer d'autres **fragments d'architecture** issus du sanctuaire Jupiter Heliopolitanus, du Trajaneum et d'un tombeau romain.

Dans la salle de l'autel de Pergame, on prendra à gauche pour accéder à la **salle d'architecture hellénistique★★**. Il ne faut pas manquer les œuvres de Pergame, Méandre, Milet et Priène : la reconstitution du **propylon du temple d'Athéna★** (1re moitié du 2e s. après J.-C.) à deux niveaux – l'inscription sur l'entablement signifie : « Du roi Eumène à Athéna qui, seule, apporte la victoire » –, ainsi que d'autres **fragments d'architecture** de ce monument comme la frise et le chapiteau ; des **colonnes géantes du temple d'Artémis** (2e s.) ; la façade du temple de Zeus

Détail de l'autel de Pergame.

Les Attalides et Pergame

L'histoire du royaume des Attalides commence par une trahison. Les successeurs d'Alexandre le Grand (les **diadoques**) se disputent son héritage. L'un d'eux, Lysimaque, roi de Thrace, confie le trésor de l'État à Philetairos (282-263 avant J.-C.) en dépôt à Pergame. Celui-ci utilise l'argent pour asseoir sa propre domination. Il adopte un neveu, Eumène Ier, en 263 avant J.-C., et fonde la dynastie des **Attalides**. Eumène Ier et Attale Ier remportent des victoires sur les Séleucides (dynastie grecque, issue d'un autre diadoque, qui s'est établie en Syrie et en Asie Mineure) et les Gaulois, appelés aussi Galates. La principauté s'agrandit et Attale Ier prend le titre de roi. Un puissant État s'édifie en Anatolie, allié de Rome et zone tampon entre le royaume de Macédoine et l'empire des Séleucides. Pergame (dont le nom signifie « citadelle »), fut capitale royale, au centre d'un terroir riche et d'un État bien administré. Avides de gloire, les souverains Attalides édifièrent une acropole avec l'ambition de créer une nouvelle Athènes, foyer de la civilisation grecque en Asie Mineure. Fondée sur une colline de plus de 300 m, au pied de laquelle s'étend aujourd'hui la ville moderne de Bergama, la ville haute déployait des portiques selon la configuration du terrain, sur plusieurs niveaux aménagés en terrasses. L'autel dédié à Zeus et à Athéna se trouvait là, voisin de la bibliothèque de 200 000 rouleaux, rivale de celle d'Alexandrie. **Eumène II** (197-159 avant J.-C.) dut compter sur ses propres forces pour combattre les voisins bithiniens et galates qu'il vainc en 168 et 165 avant J.-C. L'autel est un souvenir de ses victoires. Le fils d'Eumène II, **Attale III**, lègue le royaume de Pergame à Rome, qui en fait la province d'Asie.

Sosipolis (2e s. après J.-C.) et des parties du **temple d'Athéna Polias** (4e s.). De là, on accède aux autres salles de la **collection d'antiquités gréco-romaines★★★** : le ***Lion au repos*** de Milet (vers 550 avant J.-C. ; *Salle 9) et la* ***Déesse debout de Berlin*** (vers 580 et 560 avant J.-C.), extraordinairement bien conservée – l'ancienne peinture est encore visible *(Salle 10)* – sont de beaux exemples de l'art de l'époque archaïque. La ***Déesse sur son trône★★*** de Tarente (vers 460 avant J.-C.) est vraisemblablement Perséphone, reine des Enfers. Le style de cette œuvre en fait le trait d'union entre les époques archaïque et classique *(Salle 11)*. De cette époque, le visiteur pourra admirer dans cette salle et dans la salle suivante de nombreux reliefs funéraires comme le ***Tombeau d'une femme***, un relief en marbre (vers 340-330 avant J.-C.) d'Athènes.

La salle 14 comporte des copies romaines d'autres sculptures antiques. Remarquons en particulier le **torse d'un doryphore★** (porteur de javelots), copie romaine d'un original grec de Polyclète (vers 440 avant J.-C.) et la statue d'une **amazone blessée** d'après un original du sanctuaire d'Artémis (440-430 avant J.-C.). La sculpture hellénistique réserve également au visiteur la **tête colossale** de Pergame (vers 200 avant J.-C.) et la **statue d'une jeune fille jouant aux osselets** *(salle 16)*, copie romaine d'un original hellénistique (2e s. avant J.-C.). Cette salle conduit à un petit cabinet coquet exposant des **monnaies antiques** et une **collection de médailles grecques, hellénistiques et romaines★** *(salle 17)*. Le cabinet des Médailles compte un demi million d'objets, qui ne pourront être présentés au public dans une exposition permanente exhaustive qu'après la réouverture du musée Bode.

La dernière salle *(salle 18)* de la visite expose des œuvres romaines, comme le **sarcophage de Médée★★** (milieu du 2e s.) et une **statue en bronze de Bacchus couronné** (milieu du 1er s.).

Vorderasiatisches Museum (Musée des Antiquités proche-orientales)★★ – *Dans l'aile Sud du musée de Pergame.* Les premiers objets assyriens parviennent en 1855 à Berlin pour y être exposés dans le Vieux Musée. La naissance d'une collection d'antiquités proche-orientales des musées royaux était intimement liée à l'évolution de l'assyriologie et aux premiers succès du philologue Grotefend en matière de déchiffrement de l'écriture cunéiforme. Fondé en 1899, le département du Proche-Orient, abrité dès 1926, dans l'aile Sud du musée de Pergame, devint un musée autonome en 1953 – les pièces envoyées en URSS après la Seconde Guerre mondiale furent restituées en 1958. Le fonds issu des fouilles allemandes effectuées à Uruk et Babylone entre 1888 et 1939 contribua largement à l'exceptionnelle qualité des collections, qui font du musée, au même titre que le Louvre et le British Museum, l'un des plus grands musées d'antiquités orientales avec ses 70 000 objets. Parmi les curiosités, on admirera les nombreuses reconstructions d'architecture monumentale.

L'exposition est axée sur les régions de Sumer, de Babylone, d'Assyrie, du Nord de la Syrie et de l'Est de l'Anatolie, c'est-à-dire l'Irak, la Syrie et la Turquie actuels, et donne un cliché de 6 000 ans d'histoire, de culture et d'art proche-orientaux. La majeure partie des tablettes et objets issus d'autres fouilles ne figurent toutefois pas dans l'exposition permanente.

Les deux pièces maîtresses du musée sont la **porte d'Ishtar** et la **voie processionnelle à Babylone★★★**, autour desquelles s'articulent les salles de l'exposition. Jusqu'à la fin du 19e s., Babylone, qui s'étendait sur les deux rives de l'Euphrate, est restée une ville peu fouillée, uniquement associée au cliché du vice, bien qu'elle fut autrefois le cœur d'un empire immense. Il a fallu attendre les fouilles commandées par les musées berlinois et la Deutsche Orient-Gesellschaft pour que Babylone soit élevée au titre de grande ville de l'Antiquité. Entre le 3e millénaire et 539 avant J.-C. (lorsque les Perses conquirent la région), la ville connut plusieurs phases d'épanouissement culturel.

Babylone était traversée par une voie sacrée de 250 m de long et 20 m de large (la reconstruction mesure 30 m de long sur 8 m de large), qui rejoignait **la porte d'Ishtar**, au niveau de l'enceinte septentrionale, dont seule une petite partie a été reconstruite ici. Une maquette de 1930 permet aux visiteurs de se faire une idée plus précise de l'ensemble. Cette porte tient son nom d'Ishtar, une des principales divinités babyloniennes, maîtresse du ciel, déesse de l'amour et patronne de l'armée, à qui était dédié un temple situé à proximité. Y défilait la procession de la fête du Nouvel An, célébration religieuse du premier jour de l'année dans l'ancienne Babylone. Les travaux entrepris par **Nabuchodonosor II** (605-562 avant J.-C.) ont entraîné la réédification de cet ensemble, avec des matériaux somptueux tels que des briques glaçurées. Le lion, dont les sculptures ponctuent la voie processionnelle, était l'animal sacré d'Ishtar. Des rangs de dragons, symbole de Marduk, dieu et patron de la ville, alternent sur la porte avec des rangées de taureaux, animal du dieu de l'orage Adad. De part et d'autre de la porte, deux fragments de paroi de la salle du trône ont été reconstitués. La reconstitution de ces œuvres d'art fut minutieusement exécutée à partir d'innombrables fragments minuscules, complétés par des briques fabriquées pour l'occasion. Des stèles assyriennes accompagnent le début et la fin de la voie processionnelle.

La porte d'Ishtar.

En salle 6 *(à gauche de la voie processionnelle)* sont exposés d'autres objets issus de Babylone, comme de nombreuses **tablettes** (écriture cunéiforme), des objets de petit format et des ustensiles ainsi qu'une **maquette de la ville**, dans laquelle on aperçoit le temple de Marduk. La petite salle voisine, la salle 7, expose quelques magnifiques objets mésopotamiens, dont des **décorations des palais** achéménides de Suse et de Persépolis. Le **relief d'un porteur de javelots** de la garde de Darius Ier est en briques glaçurées, les **reliefs avec porteurs d'offrandes** sont, eux, en calcaire. De l'autre côté, la salle 5 dévoile la culture sumérienne. On y découvrira les plus anciens **témoignages écrits** (4e millénaire avant J.-C.), des objets en pierre, en céramique et en métal, de petites sculptures ainsi que les **façades**★ (3e millénaire) du temple de la déesse Innon à Uruk : l'une est parée de mosaïques en cônes en divers matériaux, une autre est remarquable par ses extraordinaires reliefs en brique. La ville sumérienne d'Uruk, l'actuelle Warka irakienne, est née vers 4 500 avant J.-C. pour s'éteindre vers le 4e s. après J.-C.. Elle est mentionnée dans l'épopée de Gilgamesh et dans l'Ancien Testament, sous le nom d'Erech. D'autres pièces sont issues d'un site mis au jour entre 1969 et 1975 (Habuba Kebira), qui donne un petit aperçu de la vie quotidienne d'alors.

À côté de Babylone et Uruk, la troisième pièce maîtresse du musée est la ville d'**Assur** – l'actuelle ville irakienne de Kala'at Sherkat, au Nord du pays. Fondée au 3e millénaire avant J.-C., Assur obtint son indépendance aux mains de grands dirigeants dès le millénaire suivant et fut, pour une longue période, jusqu'au 7e s. avant J.-C. une puissance influente du Proche-Orient. Elle connut son âge d'or entre le 2e et le 3e siècle après J.-C., en tant que siège de gouvernorat – non pas comme capitale d'un puissant empire. Des **stèles assyriennes** de tailles variées et de diverses époques bordent le début et la fin de la voie processionnelle. La **stèle du roi Assarhaddon★**, devant lequel s'agenouillent deux personnages, le prince d'Égypte et le prince de Syrie (671 avant J.-C.), est particulièrement remarquable. La plupart des objets se trouvent dans les trois salles situées à droite de la voie processionnelle *(salles 10-12)*. Les pièces les plus anciennes sont des objets de **l'inventaire du temple** (vers 2 400 avant J.-C.). Les gros blocs de pierre situés au centre de la salle sont issus de fondations (13ᵉ s. avant J.-C.). Les vitrines abritent de petits objets en différents matériaux, qui témoignent des capacités artistiques et artisanales des Assyriens bien avant notre ère. Au mur des trois salles, on pourra admirer des **reliefs de palais** en albâtre, une grande partie d'entre eux est issue de la résidence royale de Nimrud – l'ancienne Kalkhu, alors capitale de l'Assyrie – du palais d'Assurnazirpal II (873-859 avant J.-C.). Ils représentent notamment des scènes de chasse au lion et des génies ailés. D'autres reliefs sont issus du palais de Sennachérib à Ninive (704-681 avant J.-C.). C'est une grande procession qui est ici représentée. La salle centrale est une **pièce de palais** reconstituée avec des statues monumentales de gardes (il s'agit de moulages, les originaux se trouvant au British Museum de Londres). On y découvrira également des **tablettes**. La dernière salle de cette section dévoile un **bassin rituel** destiné à la purification cultuelle, de l'époque du roi Sennachérib (7ᵉ s. avant J.-C.), qui se trouvait autrefois sur le parvis d'un temple d'Assur. Les parois extérieures représentent des divinités de l'eau, entourées de prêtres. Dans la salle 13, de taille plus modeste, on admirera des pièces de l'éphémère royaume oriental d'Urartu.

La grande salle située au bout de la voie processionnelle héberge la **collection de Syrie septentrionale et d'Asie Mineure**, une région dont la grande variété culturelle puise sa richesse dans la diversité des tribus et des groupes ethniques *(salle 2)*. Les vestiges d'un palais de la citadelle de Sam'al/Zincirli sont particulièrement remarquables. Ont été reconstruits des fragments de l'**entrée monumentale** et du **mur d'enceinte** de la citadelle de la ville-État, doté d'imposantes sculptures de lions en basalte (10ᵉ-8ᵉ s. avant J.-C.), dont la protection magique éloignait les mauvais esprits. Des orthostates représentent des créatures fabuleuses, des dieux, des cavaliers et des serviteurs. On ne manquera pas la **base de colonne** portée par des sphinges, sans oublier la **statue monumentale du dieu du temps Hadad**, portant des traces d'écriture alphabétique (au lieu de l'écriture cunéiforme habituelle), découverte à proximité de Sam'al. La plupart des autres pièces exposées sont issues du site de fouilles de Tell Halaf, parmi lesquelles on admirera l'impressionnante **statue d'oiseau** en basalte, un exemple remarquable de la statuaire de la région. On s'arrêtera devant les **panneaux** ornés de créatures audacieuses issues du palais du Temple. La salle voisine, la salle 1, abrite des moulages de plâtre du sanctuaire de Yazilikaya (14ᵉ-13ᵉ s. avant J.-C.), l'ancienne capitale hittite, réalisés en 1882.

Museum für Islamische Kunst★★ – *1ᵉʳ étage (accès par le Vorderasiatisches Museum dans l'aile Sud du musée de Pergame).*

C'est lors de l'inauguration du Kaiser-Friedrich-Museum, en 1904, que Wilhelm Bode fonda le département d'art islamique, officiellement à l'occasion d'un présent la façade du palais de Mschatta, que le sultan ottoman Abdülhamid II fit à l'empereur allemand. Il faut davantage chercher les origines véritables dans la fondation de tapis orientaux précieux du même Wilhelm Bode. Le fonds s'enrichit avec des fragments de la collection d'objets islamiques, issus des possessions de Friedrich Sarre (nommé directeur du département en 1921). Par la suite, la collection se dota du fruit de fouilles (la résidence du calife de Samarra en 1911-1913 et la résidence sassanide de Ctésiphon en 1928-1929 et 1931-1932). D'autres pièces furent l'objet de prêts à long terme de musées. En 1932, le département islamique se vit offrir des salles neuves plus appropriées dans le tout nouveau musée de Pergame. En dépit des mesures de protection et du transfert de nombreuses pièces, la guerre détruisit un grand nombre de tapis. En raison de la division de l'Allemagne, la collection fut répartie entre le musée de Pergame et le musée de Dahlem (1954). Huit ans après la réunification du fonds en 1992, les 16 salles du **musée d'Art islamique** purent montrer leur nouveau visage, au printemps 2000. Le plan d'ensemble de l'île des Musées prévoit le déménagement du musée dans l'aile Nord du musée de Pergame.

On peut y admirer l'art des peuples islamiques du 8ᵉ au 19ᵉ s. Ces œuvres, issues d'une région se déployant de l'Espagne jusqu'en Inde – l'accent étant mis sur le Proche-Orient –, couvrent toutes les disciplines des arts plastiques, de la décoration intérieure à l'artisanat d'art, en passant par l'art du livre. Les œuvres sont exposées chronologiquement, selon une logique géographique, et organisées autour de monuments clés. On remarquera notamment la magnifique **collection de tapis★** *(répartie dans plusieurs salles)* turcs, égyptiens, iraniens, indiens, caucasiens et espagnols, issue de la collection personnelle de Wilhelm Bode. Les œuvres de **céramique dorée**, partagées entre plusieurs salles, méritent également toute l'attention du visiteur, qui admirera en outre des **pièces d'orfèvrerie** incrustées d'or et d'argent et des **ivoires**. Les objets des fouilles de Samarra sont exposés en salle 3.

Samarra, ville abbasside sur le Tigre, fut détruite en 883, 45 ans à peine après sa fondation remontant à 838. Son architecture eut une influence considérable, comme en témoignent les **tentures murales** exposées. De la **mosquée de Maidan★**, à Kachan, en Iran (1226), on admirera le **mihrab**, niche indiquant la direction de La Mecque, qui se compose de 74 carreaux peints ; seules les colonnes font saillie *(salle 4)*. Le **mihrab de Konya★** (en Anatolie), mosaïque de faïence du troisième quart du 13e s., dévoile un décor réticulé orné d'étoiles à douze branches et de pentagones. Toujours en salle 5, on observera la finesse de l'exécution des **pupitres – ou** *rabla* – (13e s.). La salle 6 est remarquable notamment pour sa **coupole en bois★** (14e s.), qui portait autrefois une tour de l'Alhambra de Grenade. La précision dans l'exécution de la sculpture du bois, sa structure élaborée et la variété impressionnante de motifs sont représentatives du raffinement et de la maîtrise de l'art des Nasrides. Parmi les œuvres majeures du musée, on découvrira la superbe **façade du palais de Mschatta★★**. Le palais omeyade, situé à une trentaine de kilomètres au sud de la ville jordanienne d'Amman, fut vraisemblablement commencé au milieu du 8e s. pour rester inachevé en raison de l'assassinat de son maître d'œuvre, le calife al Walid II, avant d'être détruit peu de temps après par un tremblement de terre. Dotée d'une porte monumentale, la façade est ornée de sarments organisés autour d'une ligne brisée et de rosaces, d'animaux et d'êtres fabuleux. On ne manquera pas les sculptures de lions de la salle du trône de Mschatta et les fragments de statues.

La salle 9 abrite également les **reliefs de Ctésiphon★**, capitale de l'Empire perse sassanide (224-651). Les œuvres de cette époque comptent parmi les plus impressionnantes de l'art oriental. Elles sont considérées comme la source de la production artistique islamique. Les salles 10 et 11, à la lumière tamisée, abritent des objets de **l'art livresque★** islamique, dont une sélection de remarquables pages d'ouvrages indiens. La « **chambre d'Alep★★** » (1603) est un véritable joyau : il s'agit d'une tenture murale aux superbes motifs et aux couleurs magnifiques provenant d'une salle de réception d'une maison chrétienne de la ville syrienne d'Alep. C'est la plus ancienne tenture murale connue de ce type.

Nikolaiviertel★

Berceau de Berlin, le quartier St-Nicolas a été reconstitué autour de l'église du même nom, aux deux flèches caractéristiques, en 1987, pour le 750e anniversaire de la naissance de la ville. La rénovation du quartier St-Nicolas marque une prise de conscience de l'importance du patrimoine par les autorités de la RDA. De précieux témoignages du passé, tels que l'église du Vieux Cölln sur l'autre rive de la Spree ou les nombreuses constructions de la Fischerinsel (où des immeubles modernes ont été édifiés) ont été rasés, et cet essai de restitution du Vieux Berlin témoigne d'une politique moins amnésique. Il n'en reste pas moins que les maisons sont en partie constituées de dalles de béton et la reproduction des détails n'est pas toujours fidèle. Mais,

carnet pratique

Cafés, bistrots et bars

Café Ephraim's – *Spreeufer 1 – Tram Klosterstraße – ☎ 24 72 59 47 – à partir de 12h.* La perle des cafés du quartier St-Nicolas, avec du mobilier datant des « années de la fondation » *(Gründerzeit)* et une atmosphère agréable, ainsi que la possibilité de s'asseoir dehors, sur la rive de la Spree. Outre des spécialités berlinoises, vous pourrez y déguster des gâteaux et des tartes faites maison ; *voir également Informations pratiques : « Restauration ».*

Brauhaus Georgsbräu – *Spreeufer 4 – S + Tram Alexanderplatz, Tram Klosterstraße – ☎ 242 42 44 – à partir de 10h (hiver 12h).* Grande brasserie au mobilier sobre avec une immense terrasse d'été en bordure de la Spree. Les spécialités berlinoises, tout comme la bière brassée sur place, attirent les visiteurs dans cet endroit.

Mutter Hoppe – *Rathaustraße 21 – S + Tram Alexanderplatz, Tram Klosterstraße – ☎ 241 56 25 – à partir de 11h30.* Le quartier St-Nicolas compte un certain nombre de restaurants au parfum d'antan qui attirent les visiteurs (et pas seulement) de la capitale. Le Mutter Hoppe se distingue par ses représentations musicales dans le style des années 1920 et 1930 le week-end (ven.-sam.).

Otello – *Poststraße 28 – S + Tram Alexanderplatz, Tram Klosterstraße – ☎ 242 52 95 – à partir de 11h.* Situé au cœur du quartier St-Nicolas, accolé au restaurant Reinhard's (derrière le *Biergarten*), on trouve cette curieuse petite taverne. Les murs sont tapissés de partitions, tandis qu'au plafond pendent de nombreux accordéons.

contrairement aux espaces immenses de l'Alexanderplatz, on retrouve ici avec plaisir un réseau de petites rues plus humaines, où l'on s'arrête volontiers pour boire un café. La partie du Kupfergraben située entre le Spittelmarkt et la Märkische Ufer est également connue sous le nom de Friedrichsgracht, la Spree ayant été canalisée sous le règne du Grand Électeur avec l'aide d'ingénieurs hollandais.

La situation

Mitte. Plan p. 148-149 PQZ – Carte Michelin n° 33 K15, L15. Tram 2 Klosterstraße, Märkisches Museum, Spittelmarkt. La double ville médiévale de Berlin-Cölln s'étendait précisément à l'emplacement de l'actuel quartier St-Nicolas ainsi que sur l'île des Pêcheurs (Fischerinsel) qui le touche. Ce quartier est aujourd'hui délimité au Nord par les anciens bâtiments de représentation de Berlin-Est, entre la Schloßplatz et l'Alexanderplatz (*voir Alexanderplatz*). L'île des Pêcheurs constitue l'extrémité Sud de l'île de la Spree (Spreeinsel), qui se poursuit vers le Nord *via* la Schloßplatz jusqu'à l'île des Musées (Museumsinsel).

À voir dans les environs : ALEXANDERPLATZ, FRIEDRICHSHAIN, GENDARMENMARKT, KREUZBERG, MUSEUMSINSEL, SCHLOSSPLATZ.

comprendre

La révolution de 1848 – Les barricades des **18 et 19 mars 1848** se dressèrent au voisinage immédiat de la Brüderstraße. Le principal combat a lieu autour de l'**hôtel de ville de Cölln**. Bourgeois, artisans et ouvriers brandissent le drapeau **noir, rouge, or** sur les barricades. La troupe est contrainte de se retirer. Frédéric-Guillaume IV, qui a été obligé de se découvrir devant les victimes civiles (303 en tout) dans la cour du château, gagne Potsdam et ne reviendra que rarement à Berlin, « l'infidèle ». Les ouvriers fondent leurs propres associations. Le congrès des travailleurs allemands, qui a lieu à la fin de l'été, donne naissance à **Fraternité ouvrière**, première organisation syndicale nationale d'Allemagne. La situation économique se dégradant, les troubles persistent. À Vienne, la révolution est matée et le roi prussien décide alors de frapper fort : « L'abcès de Berlin doit être crevé. » Le **général Wrangel** applique l'état de siège : les libertés antérieures sont suspendues ; la cité est désarmée. Le roi octroie le 6 décembre une constitution, mais le suffrage censitaire favorise les notables et laisse de côté l'immense majorité des citadins.

se promener

Tram *Klosterstraße.*

Franziskaner-Klosterkirche (W)

De la basilique à trois nefs des 13e et 14e s., fondée en 1249 et détruite par les bombardements alliés, il ne reste que les murs qui constituent un cadre original pour des expositions de sculpture en plein air. Les ruines ont été protégées en 1951. L'église jouxtait le **« Cloître gris »** *(voir encadré)*. Deux chapiteaux du château de Berlin ont été placés dans le parc qui indique l'emplacement du couvent.

À côté des **ruines de l'église des Franciscains**, un **tribunal municipal** (J), de style néobaroque mêlé d'éléments Jugendstil, possède un magnifique **escalier★**. Dans la Littenstraße, on trouve encore des vestiges du **mur d'enceinte** médiéval de Berlin-Cölln.

Parochialkirche

Cette église baroque (début 17e s.) à plan centré comportant trois absides attend toujours d'être restaurée après sa destruction pendant la Seconde Guerre mondiale.

Le « Cloître gris » (Das Graue Kloster)

Gris, de la couleur de la robe des franciscains avec lesquels, au 13e s., les margraves entretenaient d'étroites relations. Un terrain leur est cédé près de l'enceinte berlinoise où ils érigent un cloître « gris » et une église en brique. Le cimetière accueille les dépouilles de nobles et de grands bourgeois. Après la Réforme et la sécularisation des biens du clergé catholique, les franciscains restent jusqu'à l'extinction de leur communauté (1571), ce qui permet à l'humaniste **Thurneisser** d'occuper les bâtiments du monastère, maintenant disparus, et d'y installer la première imprimerie de Berlin. En 1574, le **lycée du « Cloître gris »** y est fondé. Il sera prisé par la bourgeoisie berlinoise et accueillera maintes futures célébrités. Au 18e s., il est le point central des relations germano-russes et, pendant les guerres de libération (1813-1815), le professeur **Friedrich Ludwig Jahn**, le fondateur de la gymnastique *(voir Neukölln)*, y enseigna. L'établissement accueillit, entre autres, les jeunes Schinkel, Schadow, Schleiermacher et Bismarck.

À l'angle de la Parochialstraße et de la Klosterstraße, le **palais Podewil (V)**, édifié dans le style baroque, accueille aujourd'hui diverses manifestations.

Ambassade du royaume des Pays-Bas

Entre la Stralauer Straße et la Spree. Ce nouveau bâtiment de l'ambassade a été réalisé par l'architecte néerlandais avant-gardiste Rem Koolhaas sous la forme d'un cube de verre, en bordure de la Spree. La conception excentrique de la construction vise à éviter l'organisation traditionnelle d'un bâtiment en plusieurs étages superposés, et à les remplacer par un seul et unique niveau en plusieurs parties, reliées par une sorte de rue intérieure qui traverserait l'ensemble du bâtiment.

Molkenmarkt

Le « marché aux petits-laits » est la plus ancienne place de Berlin, née de l'intersection de deux rues près d'un passage sur la Spree. De là, la vue porte sur un ensemble de bâtiments de styles les plus variés : l'église St-Nicolas, le lanternon de la cathédrale, l'« hôtel de ville rouge » *(Rotes Rathaus)*, la tour de la Télévision et la « Maison de ville » *(Stadthaus)*, annexe de l'« hôtel de ville rouge » et dont la tour s'élève à 109 m. De là, on accède dans le quartier St-Nicolas proprement dit, à l'ombre de l'église du même nom.

Nikolaikirche★ (Q)

Le plus vieux monument encore existant de Berlin a été bâti aux alentours de 1230. De la basilique romane tardive à trois nefs, il ne reste que l'assise en pierre de la tour et le portail occidental. Le chœur gothique date de 1380, les nefs de l'« église-halle » *(voir Invitation au voyage : « ABC d'architecture »)* du 15e s. L'église fut restaurée entre 1876 et 1878 (elle y a gagné le double clocher) et reconstruite après les destructions causées par la guerre.

Pour en savoir plus sur l'intérieur, voir « visiter ».

Nikolaiviertel★

Zum Nußbaum était la plus vieille auberge de Berlin jusqu'à sa destruction en 1943. Construite à Cölln, Fischerstraße 21, en 1571, c'était un lieu fréquenté par Heinrich Zille et Otto Nagel. Elle a été restaurée en 1986-1987.

Le bâtiment de la **Knoblauchhaus★** (Maison Knoblauch, *Poststraße 23,* **M[21]**) fut édifié au 18e s. et modifié en style néoclassique au début du 19e s. Le musée présente l'histoire de la famille Knoblauch du 18e s. au début du 19e s. *(Description du Museum Knoblauchhaus/Stadtmuseum Berlin dans « visiter »).*

Ph. Gajic/MICHELIN

Le palais Ephraim.

Sur la Poststraße, vers le forum Marx-Engels, la maison *Zur Gerichtslaube,* au pignon Renaissance vert clair, occupe l'emplacement de l'ancien hôtel de ville de Berlin. Le **palais Ephraim★** *(Ephraim-Palais/Stiftung Stadtmuseum Berlin, Poststraße 16/angle du Mühlendamm,* **S**), aux élégants balcons rococo dorés, a été bâti pour le joaillier de la cour et directeur de la Monnaie **Nathan Veitel Ephraim**, l'un des rares Juifs à avoir exercé une fonction importante au temps de Frédéric le Grand. C'est, en fait, une totale reconstitution, située à 12 m de l'emplacement d'origine, le palais ayant été démoli en 1936 pour permettre l'élargissement du Mühlendamm. Les éléments décoratifs de la construction furent toutefois préservés et purent ainsi être intégrés au nouveau bâtiment *(Description du Stadtmuseum Berlin dans « visiter »).*

En face du palais Ephraim, le palais Schwerin côtoie la Nouvelle Monnaie bâtie par les nazis.

Mühlendamm

Au 13e s. s'élevait à cet endroit, à l'entrée de la ville, un péage formé par une digue de quatre moulins banaux. Le Mühlendamm doit son nom à l'**office du « Mühlenhof »** *(Amt Mühlenhof)*, chargé de gérer les moulins et les possessions du prince dans les environs de Berlin, mais aussi de veiller à l'approvisionnement de la cour en bois et en denrées. Il fallait donc entretenir les stocks (il y avait 400 personnes et

200 chevaux à nourrir !), abattre, brasser, tisser, faire venir les cuirs. Le directeur du Mühlendamm était un représentant du pouvoir ; la justice était rendue dans sa maison en cas de litiges entre paysans.

Après avoir franchi le pont du Mühlendamm (Mühlendammbrücke), on accède à l'île des Pêcheurs (Fischerinsel) via la Gertraudenstraße.

Breite Straße

La Breite Straße relie l'esplanade du Château (Schloßplatz) à l'île des Pêcheurs **(Fischerinsel★)**. À l'angle avec la Gertraudenstraße fut érigé un nouveau bâtiment commun pour héberger les grands syndicats de l'économie allemande : le DIHK, le BDI et le BDA. Sur cette artère se dressent également deux bâtiments rescapés : la **maison Ribbeck** (Ribbeckhaus), au n° 35 **(G)**, ornée de pignons à pinacles, est l'unique édifice de la Renaissance tardive restant à Berlin. Elle fut construite par Hans Georg von Ribbeck, conseiller de la Chambre du Prince Électeur et fut incorporée aux vieilles écuries voisines (**Alter Marstall**, aux n°s 36-37) en 1660. Ces dernières sont du premier style baroque. Le portail de la **Stadtbibliothek** (n°s 32-34, **B**) est timbré de la lettre *A* en différentes typographies et en différents alphabets.

Regagner la Gertraudenstraße.

Petriplatz

L'église St-Pierre *(Petrikirche)*, érigée vers 1237, fut reconstruite au milieu du 19e s. dans le style néogothique et possédait la tour la plus haute de Berlin. Ses ruines, encore importantes, furent l'une des victimes de l'urbanisme de la RDA.

Brüderstraße

La rue reliait le marché aux poissons de Cölln et le monastère des frères dominicains. Les barricades des **18 et 19 mars 1848** se dressèrent dans son voisinage immédiat. Au n° 13, la **Nicolaihaus** *(n° 13,* **F**), qui appartient au musée de la ville de Berlin (où n'ont lieu aujourd'hui que des expositions temporaires), a été érigée en 1674 et remaniée à partir de 1787 par Karl-Friedrich Zelter pour le libraire et éditeur **Christoph Friedrich Nicolai**. Sur la façade, sept plaques commémoratives

Un propagateur des lumières

Christoph Friedrich Nicolai (1733-1811) est le fils d'un libraire de Halle installé à Berlin au début du 18e s. Le jeune éditeur inaugure la tradition éditoriale berlinoise en soutenant la génération qui, à partir de 1750, avec Lessing et le philosophe juif Mendelssohn, fera de Berlin le centre allemand des lumières *(Aufklärung)*. Profitant du relâchement de la censure, il publie livres et revues, notamment les 110 numéros de la *Bibliothèque générale allemande*, qui rassemble les œuvres des grands auteurs de l'époque, à l'exception de Goethe. Il anime des cénacles scientifiques et littéraires dont le plus célèbre est le **Club du lundi**, fondé en 1749 dans un café élégant. Brüderstraße 13, adresse de sa librairie, est le centre culturel du Royaume. Nicolai joue un rôle important en défendant la langue allemande, soutenant l'initiative du comédien Franz Schuch qui ouvre, en 1764, le premier théâtre allemand à Berlin.

nous renseignent sur son importance dans le passé. Au fond de la cour *(porte de droite)*, bel **escalier classique**, dont les plans sont attribués à Schinkel et dont les peintures ont été restaurées. La **Galgenhaus** (« maison du Gibet »), au **n° 10**, dont le cœur date du 17e s., est ornée d'une délicate frise de rinceaux et percée de lucarnes en pavillon. La façade fut redécorée dans le style classique en 1805 (des expositions temporaires s'y déroulent également actuellement ; à l'intérieur, vous pouvez en profiter pour admirer l'un des rares escaliers en bois de l'époque baroque conservé en état).

À l'extrémité de la Brüderstraße, emprunter à gauche la Sperlingsgasse, puis prendre de nouveau à gauche dans la Friedrichsgracht.

Jungfernbrücke

Le boutiquier Blanchet, émigré huguenot, avait deux filles, dentellières habiles, qui vendaient leurs broderies sur le joli pont hollandais de Friedrichswerder, d'où le nom de **« pont des Vierges »**. Mais l'ouvrage actuel date de 1798 et demeure le plus ancien de Berlin. Les arches du pont sont en grès rouge ; la partie centrale se lève pour permettre le passage des bateaux. À cet endroit se trouvaient les moulins de la commune de Werder et des lavoirs.

En empruntant la Friedrichsgracht, la Scharrenstraße et la Kleine Gertraudenstraße, on rejoint la Gertraudenstraße. Traverser le Gertraudenbrücke.

« Nachtemmas »

De 1815 à 1850, la population de Berlin double, mais l'approvisionnement en eau et l'hygiène qui en résulte sont dignes de la fin du Moyen Âge. Fontaines et caniveaux sont insuffisants. Les déjections et les eaux sales sont jetées, la nuit, depuis les ponts, en particulier le Jungfernbrücke. Les femmes, les « Nachtemmas » (« les Emma de nuit »), accomplissaient cette tâche.

Gertraudenbrücke

La **statue** en bronze (1896) de la patronne des hôpitaux et des voyageurs se dresse au milieu du **pont de Ste-Gertrude**, près duquel se trouvait l'hôpital du même nom. De là, on jouit d'une vue d'ensemble sur les tours, où résident 5 000 personnes, qui occupent le Sud de l'île de la Spree, urbanisme qui se prolonge le long de la Leipziger Straße.

Spittelmarkt

On a bien du mal à reconnaître l'un des centres commerçants du Berlin d'avant-guerre dans la place actuelle. Il est prévu d'en revoir entièrement le plan. La fontaine de Spindler, de 1882, que l'on a baptisé, à cause de la couleur de son granit, la « fontaine en chocolat » *(« Schokoladenbrunnen »)*, est restée. « *Spittel* » est un diminutif pour « Hospital ». L'**hôpital de Ste-Gertrude** *(Gertraudenhospital)*, du 13e s., se trouvait devant la porte occidentale de l'enceinte médiévale de Cölln. Il suivait l'extension des remparts construits par Gregor Memhardt pour occuper, sur un bastion, l'emplacement de l'actuel Spittelmarkt. Lorsque ces ouvrages défensifs se révélèrent inutiles, plusieurs ponts furent jetés au-dessus des fossés en direction du quartier de Friedrichstadt. **Carl von Gontard** orna, à la fin du 18e s., celui conduisant à la **Leipziger Straße** de deux colonnades. Celle du Sud, la **Spittelkolonnade (E)**, a été remontée en 1980 à côté de son emplacement d'origine.

Wallstraße

Aux nos 61-65, sur la gauche, **Hermann-Schlimme-Haus**. Le bâtiment en face est le lycée de Cölln *(Cöllnisches Gymnasium)* qui compta, parmi ses élèves, **Alfred Wegener**, qui élabora, en 1912, la théorie de la dérive des continents. L'immeuble des nos 76-79, construit en 1912 et décoré de motifs en terre cuite, fut, entre 1945 et 1946, le siège du comité central du parti communiste (KPD) dirigé par Wilhelm Pieck.
On trouve dans les bâtiments scolaires du no 32 le **Museum für Kindheit und Jugend** (musée consacré à l'enfance et à la jeunesse), appelé également Schulmuseum (musée de l'École, **M23**). Il est dédié à l'histoire de la formation et de l'école du 16e s. à la première moitié du 20e s.

Köllnischer Park

Après l'élimination des fortifications du 17e s., le jardin de Splitgerbersche, futur Köllnischer Park, fut aménagé à cet endroit dans les années 1730. On y trouve la tour ronde en brique du **Wusterhauser Bär**, qui faisait autrefois partie des fortifications, transportée à cet endroit à la fin du 19e s. L'enclos aux trois ours bruns : Schnute, Maxi et Tilo, fut aménagé en 1928. Berlin avait à l'époque reçu en cadeau deux ours de la ville de Berne. Le parc est également orné des vestiges lapidaires d'un Hercule (combattant avec un lion), de putti et d'une jolie fontaine en terre cuite (fin du 19e s.). L'immeuble de l'AOK Berlin, qui borde le parc au Sud, devant la fosse aux ours, a été construit en 1931 par Albert Gottheiner.

Märkisches Museum★★

Cet ensemble *(voir Invitation au voyage : « ABC d'architecture »)*, composé de six parties s'articulant autour de deux cours intérieures, fut édifié entre 1899 et 1908 sur des plans de l'architecte de la ville, Ludwig Hoffmann, qui s'inspira de l'architecture de la période gothique et de la Renaissance développée dans la Marche de Brandebourg (en particulier l'église Ste-Catherine de Brandebourg et le château épiscopal de Wittstock). Devant l'entrée du **musée de la Marche** se dresse une copie de l'immense statue de grès du Roland de Brandebourg qui date de 1474 et symbolise les libertés et privilèges de la cité.

Description du musée, voir « visiter ».

Une fois arrivé sur la Märkischer Platz, retourner jusqu'à la Spree et suivre la Märkisches Ufer vers l'Ouest.

Märkisches Ufer

Le quai de la Marche de Brandebourg faisait partie du faubourg de Neukölln. La vue embrasse les tours de l'île des Pêcheurs. Entre les deux ponts (Inselbrücke et Roßstraßenbrücke), la succession des six maisons bourgeoises des 18e et 19e s. permet d'imaginer ce qu'était le paysage des deux rives avant-guerre. L'**Ermelerhaus (D)**, néoclassique, autrefois située dans la Breite Straße 11, a été reconstruite ici avec une très jolie façade.

visiter

Museum Nikolaikirche/Stadtmuseum Berlin★ (Q)

Tram *Klosterstraße. Nikolaikirchplatz.* ♿ *Tlj sf lun. 10h-18h. 1,50€ ; billet commun également valable pour les visites du palais Ephraim et de la Knoblauchhaus : 5€, gratuit mer.* ☎ *24 72 45 29. www.stadtmuseum.de*

En 1987, une annexe du musée de la Marche a élu domicile dans l'église St-Nicolas. On peut y admirer la splendeur baroque du portail d'entrée du caveau de l'orfèvre Daniel Mannlich, réalisé en 1701 par Andreas Schlüter, ainsi que la **chapelle**

funéraire★ du ministre des Finances de Prusse, Johann Andreas von Kraut, dessinée par l'élève de Schlüter, Johann Georg Glume. On y découvre également les maquettes de l'église primitive, celles des cités jumelles de Berlin et de Cölln en 1220-1230 et en 1450, la chapelle funéraire de Carl Constantin von Schnitter et de son épouse et le linge de table d'un couvent de cisterciennes de Zehdenick du début du 14e s. Il faut ajouter à cela des expositions temporaires et des concerts aux trois orgues historiques.

Museum Knoblauchhaus/Stadtmuseum Berlin (M21)

Tram Klosterstraße. Poststraße 23. Tlj sf lun. 10h-18h. 1€ ; billet commun également valable pour les visites du palais Ephraim et du musée de l'église St-Nicolas : 5€, gratuit mer. ☎ 27 57 67 33. www.stadtmuseum.de

On peut découvrir dans ce musée de la ville de Berlin une exposition consacrée à « l'habitation bourgeoise à l'époque Biedermeier » (salon, chambre, petit salon et bibliothèque), ainsi que d'autres expositions relatives à la vie et l'activité de la famille Knoblauch. L'un de ses membres, Eduard Knoblauch, fut par ailleurs l'architecte de la Nouvelle Synagogue *(voir Spandauer Vorstadt)*.

Museum Ephraim-Palais/Stadtmuseum Berlin (S)

Tram Klosterstraße. Poststraße 16. ♿ Tlj sf lun. 10h-18h. 3€ ; billet commun également valable pour les visites du musée de l'église St-Nicolas et de la Knoblauchhaus : 5€, gratuit mer. ☎ 24 00 21 21. www.stadtmuseum.de

Ce musée de la ville de Berlin présente ici sa collection de mode issue des fonds de l'ancien musée de Berlin, du musée de la Marche et de l'Institut de la mode de la RDA. L'exposition permanente a pour thème « Le chic berlinois. La mode de 1820 à 1990. »

Museum Kindheit und Jugend (M23)

Tram Märkisches Museum. Wallstraße 32. Tlj sf lun. et w.-end 9h-17h (dernière entrée 16h30). Fermé j. fériés. 2€. ☎ 275 03 83. www.berlin-kindheitundjugend.de

Ce **musée de l'Enfance et de la Jeunesse** du 19e s. à nos jours est installé à l'étage supérieur d'un bâtiment d'école érigé à l'époque de la RDA avec, entre autres, des tableaux historiques, des jouets et des vêtements scolaires. Le scriptorium permet de s'essayer aux anciens caractères avec des crayons d'ardoise et des plumes d'oie.

Märkisches Museum/Stadtmuseum Berlin★

Tram Märkisches Museum. Am Köllnischen Park 5. Tlj sf lun. 10h-18h. 4€, gratuit mer. ☎ 30 86 62 15. www.stadtmuseum.de

Pendant la durée des importants travaux de restauration entrepris, le musée présente dans l'exposition permanente « ...regardez cette ville ! » les différents aspects de l'histoire de la ville de Berlin.

Fondé comme « musée provincial de la Marche » en 1874 sur l'initiative de **Rudolf Virchow** *(voir Wedding)* et du conseiller municipal Ernst Friedel, ce musée de la Marche abrite à l'heure actuelle la Fondation des musées de la ville de Berlin, créée en 1995. Il présente, dans une perspective tout à la fois historique et culturelle, l'évolution de la ville de Berlin à travers le temps : partant des premières traces datant de la préhistoire, il s'attarde sur la fondation de la ville au tournant du 13e s., pour déboucher sur l'époque contemporaine.

Potsdamer Platz★★

Lieu mythique du Berlin de l'entre-deux-guerres, symbole de la métropole moderne, la place de Potsdam était à l'époque le carrefour le plus fréquenté d'Europe. En 1904 s'y croisaient 34 lignes de tramways – trafic incessant causant des milliers d'accidents et 150 morts en moyenne par an. C'est ici que furent implantés, en 1926, les premiers feux de signalisation d'Europe. Fortement endommagée lors de la Seconde Guerre mondiale, la place de Potsdam fut coupée en deux par le Mur pour être reléguée au rang de terrain vague. Après la réunification, les investisseurs ne se firent point attendre : de nouveaux quartiers riches, d'une architecture souvent spectaculaire, redonnèrent son lustre d'antan à la place retrouvée.

La situation

Mitte, Kreuzberg. Plan p. 146-147 JKV – Carte Michelin n°33 L 12-13, M12-13. S 1, 2, 25, 26 + Tram 2 Potsdamer Platz, Bus 200 Potsdamer Platz, Leipziger Straße/Wilhelmstraße.

Autrefois principal nœud de communication de la capitale, la place de Potsdam se remet de ses déboires historiques pour redevenir un des cœurs de Berlin. Le Kulturforum et le quartier du gouvernement sont accessibles à pied.

À voir dans les environs : KREUZBERG, KULTURFORUM, TIERGARTEN, QUARTIER DU GOUVERNEMENT, UNTER DEN LINDEN.

gastronomie, 20 % étant réservés aux logements. La Alte Potsdamer Straße est l'axe principal du quartier DaimlerChrysler – c'est une des rares rues anciennes à avoir été conservée, avec **ses vieux arbres**. Elle prend sa source derrière la **tour de signalisation**, un système de feux de circulation datant du milieu des années 1920, pour mourir à la Marlene-Dietrich-Platz. Deux immeubles en marquent le début. Le bâtiment de forme triangulaire, à la façade en terre cuite et en verre, est l'œuvre de Piano, évoqué plus haut. La bâtisse en brique vernissée est, elle, signée Hans Kollhoff (le toit est doté d'une **plate-forme** offrant une vue intéressante sur la place de Potsdam). Un peu plus loin, se dresse, sur la Alte Potsdamer Straße, la **Weinhaus Huth**, le seul bâtiment ayant survécu à la guerre et aux destructions d'après-guerre *(voir Informations pratiques : « Restauration »)*. C'est ici que se situe l'entrée du cœur commercial du complexe, les **Potsdamer Platz Arkaden** (les arcades de la place de Potsdam), une galerie commerciale de trois étages, également conçue par Piano *(voir Informations pratiques : « Achats »)*. L'architecte est également l'auteur des plans du **Musicaltheater** – où se déroule la Berlinale, le festival de cinéma de Berlin – et du casino **Spielbank** *(voir Informations pratiques : « Sortir »)*, qui se fait l'écho, tant par la forme que par la structure, de la façade de la Bibliothèque nationale, située derrière. Au Nord, la place est bordée d'un hôtel à la façade de grès rouge, signé de la main de José Rafael Moneo, un architecte espagnol. De l'autre côté, on accède au siège social de **DaimlerChrysler Service AG**, dont l'immeuble est couronné de l'emblème de la société (au sommet de la cheminée d'évacuation des gaz du tunnel de Tiergarten). L'alliage de la terre cuite et du verre refait son apparition, conférant au secteur son harmonie urbanistique. L'édifice abrite un **patio** monumental, ouvert au public et orné d'œuvres d'art. Le nouveau quartier est bordé à l'Est par la Linkstraße – remarquons les trois bâtiments de Sir Richard Rogers à la façade non conventionnelle, dotée notamment de tours d'angle.

De l'autre côté du futur parc Tilla-Durieux, implanté à l'emplacement de l'ancienne gare de Potsdam, trônent **les colonnades du parc**, un projet de l'investisseur A & T. Si le plan d'ensemble est de la main de Giorgio Grassi, d'autres bureaux ont participé à l'ouvrage (Schweger und Partner, Jürgen Sawade, Diener und Diener).

Sony Center★★

À l'inverse du quartier DaimlerChrysler, le Sony Center, conçu par un seul et unique architecte, est plus homogène, en dépit de variations dans les façades. Comme s'il couvait un trésor, ce complexe d'acier et de béton aux formes futuristes, dessiné par **Helmut Jahn**, révèle ses charmes de l'intérieur aux passants curieux (26 500 m², coût des travaux 770 millions d'euros). Y furent intégrés les éléments architecturaux de l'**Esplanade**, un ancien hôtel de luxe wilhelminien. À cet effet, la salle de l'Empereur, malgré ses plusieurs milliers de tonnes, fut déplacée en 1996 au cours d'une manœuvre extraordinaire. L'ancienne salle des petits-déjeuners fut séparée en deux : si deux murs conservent leur emplacement d'origine, les deux autres ainsi que le comptoir furent découpés en 500 morceaux et réemployés dans un pavillon de verre à usage gastronomique. Les sept bâtiments du complexe s'articulent autour d'un forum public. Cette grande place de 4 000 m², dotée d'une fontaine est abritée par un **chapiteau★★★** spectaculaire, véritable prouesse technologique. Les édifices voisins supportent un anneau massif d'où s'échappe un mât légèrement penché, maintenu par des câbles en acier. Le mât supporte le chapiteau ovale en verre et en fibre de verre recouverte de Teflon. Le Sony Center est dominé par le **BahnTower**, le nouveau siège social de la société de chemin de fer Deutsche Bahn AG, formant un charmant contraste avec les immeubles du quartier DaimlerChrysler. La Filmhaus (maison du Cinéma) héberge des institutions liées au cinéma, dont le **musée du Cinéma de Berlin** *(voir « visiter »)* qui déploie ses trésors sur deux étages.

Au Nord, le Sony Center enchaîne sur le **Lenné-Dreieck**, ancien *no man's land* encore en

L'architecture spectaculaire du Sony Center.

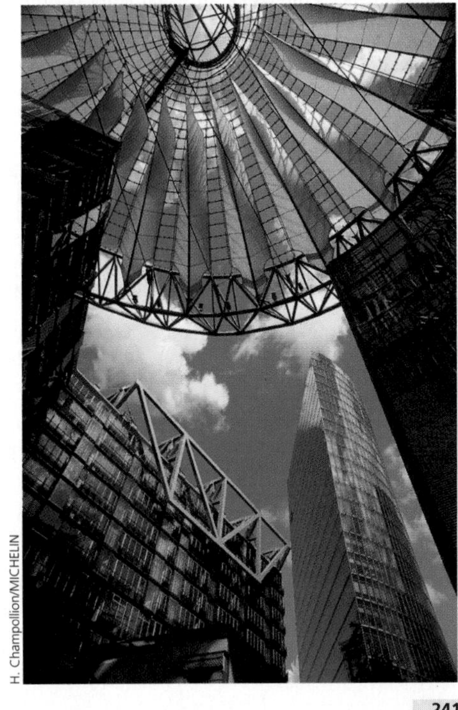

H. Champollion/MICHELIN

travaux. Aux deux immeubles-tours qui s'élèvent sont accolés deux bâtiments en longueur. Le lieu est clos par cinq édifices indépendants. Le plus grand investisseur du site est le millionnaire Otto Beisheim, fondateur de Metro.

Leipziger Platz

Contrairement à la place de Potsdam, la place de Leipzig, de plan octogonal, est le fruit d'un projet urbanistique conçu dans le cadre de l'agrandissement de la ville sur décision du Roi-Sergent, à l'époque baroque. Un ensemble homogène, fleuri en son centre, verra ici le jour. Les bâtiments des douze parcelles, édifiés par différents promoteurs et investisseurs, comprendront tous des arcades au rez-de-chaussée, des bureaux dans les étages centraux, les étages supérieurs étant réservés aux logements. L'exception qui confirme la règle est incarnée par le **Mosse-Palais**, terminé précocement, au centre de la face Nord de la place. La plus grande zone – où se trouvait autrefois le grand magasin Wertheim – se situe à l'angle Nord-Est de la place et s'étend en direction de la Wilhelmstraße, jusqu'en face du Bundesrat. Depuis début 2003, les 20 000 m² se transforment en un nouveau quartier – Sergej Tchoban est l'auteur de ce projet de onze immeubles et cours.

Jardins du Ministère

Au Nord de la place de Leipzig, dans la Straße In den Ministergärten. À l'époque où la Wilhelmstraße *(voir plus loin)* abritait le gouvernement, les jardins situés derrière le palais représentaient la voie la plus directe, à l'abri des regards indiscrets, entre le gouvernement et l'administration, où les hommes politiques et les fonctionnaires se rencontraient pour des discussions informelles. Après la chute du Mur, il fallut construire des représentations pour les 16 Länder. Certains Länder ayant déjà d'autres projets ailleurs ou d'autres biens immobiliers en vue, seuls cinq bâtiments ont été construits pour sept **représentations**. En direction de la place de Potsdam, on aperçoit la représentation de la Hesse ainsi que le bâtiment commun au Brandebourg et au Mecklembourg-Poméranie-Antérieure. Vers la porte de Brandebourg, se trouvent la représentation de la Sarre, de la Rhénanie-Palatinat et une autre double représentation, celle de la Basse-Saxe et du Schleswig-Holstein.

Bundesrat

Leipziger Straße 3-4. La construction d'un nouveau bâtiment pour la chambre des Länder, en face du Reichstag, comptait parmi les premiers plans esquissés lors de la chute du Mur. Pourtant, on se demanda longtemps si la chambre n'allait pas rester à Bonn. La décision de déménager à Berlin fut prise en 1996. Entre-temps, la politique de déménagement avait profondément changé : au lieu de nouveaux bâtiments, il fallait exploiter d'anciens bâtiments inutilisés. Le Bundesrat (Conseil fédéral) se décida pour l'ancienne Preußisches Herrenhaus (due à l'architecte Friedrich Schulze), une sorte de chambre haute du Parlement prussien, qui y a élu domicile depuis 1904. L'ensemble abrite également la Chambre des députés de Berlin (**Berliner Abgeordnetenhaus**, **P**[1]), la chambre basse, dans l'ancienne Diète prussienne. Il s'agit d'un bâtiment majestueux à trois ailes, s'ouvrant sur une cour d'honneur – élément destiné à souligner la prépondérance de la Herrenhaus sur la Abgeordnetenhaus. Si les différentes pièces ne furent pas restaurées dans leur état d'origine, on mit un point d'honneur à retrouver les structures utilitaires et la suite historique des salles : cour d'honneur, hall d'entrée, promenoir, salle plénière (nouvelle architecture). Le bâtiment put être investi, à la fin des travaux, en été 2000. On y siège, comme autrefois, le dernier vendredi de chaque mois.

Wilhelmstraße

Dans sa partie septentrionale, la noblesse prussienne y édifia de nombreux palais baroques, à la fin du 18e s. Plus tard, industriels et banquiers y acquirent des terrains pour construire des demeures à fonction représentative – les bâtiments ont été aménagés dans le style classique. En 1799, l'administration du « Groß-Canzler » fut transférée dans la Wilhelmstraße, ce qui marqua un tournant vers la nouvelle destinée de cette rue : celle d'abriter les bâtiments des pouvoirs publics. Suivit, en 1819, le ministère des Affaires étrangères de Prusse. De part et d'autre de la rue, les ministères s'enchaînaient, ainsi que la Chancellerie du Reich qui, peu avant la Seconde Guerre mondiale, fut agrandie en un temps record avec des matériaux somptueux. De 1871 à 1939, on s'interrogea sur les intentions de la Wilhelmstraße, comme on le fait aujourd'hui sur celles de la Maison Blanche. En raison de la concentration d'institutions de l'État sur ce site, les destructions occasionnées pendant la guerre furent particulièrement importantes – le peu ayant réchappé aux bombardements fut détruit, à quelques rares exceptions près, à l'époque de la RDA. Peu avant la fin du régime de la SED, la Wilhelmstraße fut dotée de nouvelles constructions.

De l'époque où la rue était celle des administrations, il reste une extension du ministère du Culte de Prusse à l'angle de la Behrenstraße (aujourd'hui occupée par le Bundestag) et l'ancien Geheimes Civilkabinett, le bureau d'où l'empereur gouvernait, de la Wilhelmstraße (*n° 54*, sous la république de Weimar, le maire de Cologne et président du Conseil d'État de Prusse y avait son domicile berlinois. Plus tard, l'état-major du NSDAP, d'abord sous Rudolf Hess, puis sous Martin Bormann, avait installé ses quartiers ; aujourd'hui s'y trouve le deuxième siège du **ministère de la Protection des consommateurs, de l'Alimentation et de l'Agriculture**).

À l'angle de la Leipziger Straße, Wilhelmstraße 97, le gigantesque bâtiment du **ministère de l'Air** *(Reichsluftfahrtministerium)*, où siégeait Hermann Goering, fut bâti de 1935 à 1936 sur les plans d'Ernst Sagebiel. Il demeure le principal bâtiment d'architecture nazie. Pendant la guerre, le groupe de résistance « **Orchestre rouge** » (Rote Kapelle), sous la direction de Harro Schulze-Boysen, y travailla ; mais tous ses membres furent exécutés en 1942. Après avoir été la « Maison des ministères » sous la RDA, utilisée de 1990 à 1994 par la Treuhandanstalt (l'établissement chargé de privatiser les entreprises de la RDA), le bâtiment abrite le ministère des Finances, certainement l'exploitation la plus spectaculaire et la plus contestée d'un ancien bâtiment – en 1992, on parlait encore de destruction. La façade est composée de 4 000 fenêtres ouvrant sur 2 400 bureaux, 17 escaliers et 6,8 km de couloirs.
Après le ministère des Finances, obliquer à droite dans la Niederkirchnerstraße.

Martin-Gropius-Bau★★

Niederkirchnerstraße 7. ♿ Tlj sf mar. 10h-20h. Horaires variables en fonction des expositions. 5 à 7€ selon l'exposition. ☎ 25 48 60. www.gropiusbau.de
Ce bâtiment néo-Renaissance (1877-1881) en brique, inspiré de l'Académie d'architecture de Schinkel, est orné d'une décoration très raffinée de céramiques, mosaïques et frises en pierre qui l'apparentent à un palais italien. C'est l'œuvre de **Martin Gropius**, le grand-oncle de Walter Gropius qui fut le chef de file du Bauhaus. Autrefois musée des Arts décoratifs, il était au cœur d'un quartier de musées (musée d'Ethnologie, bibliothèque des Arts plastiques) qui, aujourd'hui, ont disparu. La belle cour intérieure à loggias est couverte d'une verrière. Le bâtiment accueille de grandes expositions temporaires.
Au milieu de la rue passait le Mur. Aux n°s 3-5 de la Niederkirchnerstraße se trouvent la chambre des députés du Land de Berlin *(Abgeordnetenhaus von Berlin)*, sur le même site que le Bundesrat *(voir ci-avant)*. En face du Martin-Gropius-Bau, on observe quelques immeubles intéressants de l'IBA 1987, sur la Stresemannstraße, la Bernburger Straße *(n°s 22-26)* et la Dessauer Straße *(n°s 9-10)*.

Exposition « Topographie des Terrors » (S[1])

Niederkirchnerstraße 8 ; voir « visiter ».

visiter

Filmmuseum Berlin

Ⓢ + Tram Potsdamer Platz. Dans le Sony Center. Potsdamer Straße 2. ♿ Tlj sf lun. 10h-18h (jeu. 20h). 6€. ☎ 3 00 90 30. www.filmmuseum-berlin.de
Le **musée du Cinéma de Berlin** de la Deutsche Kinemathek déploie ses trésors sur deux étages, dans la Filmhaus. On y raconte l'histoire du cinéma allemand, de Skladanowsky à nos jours, à l'aide de costumes, d'accessoires, de caméras et d'autres outils, de mannequins, de photos et de documents, d'extraits de films et de points multimédias. L'exposition accorde un intérêt particulier aux pièces de l'héritage de **Marlene Dietrich**.

Exposition « Topographie des Terrors » (S[1])

Ⓢ + Tram Potsdamer Platz. Niederkirchnerstraße 8. Mai-sept. : 10h-20h ; oct.-avr. : 10h-18h ou jusqu'à la tombée de la nuit. Fermé 1er janv., 24 et 31 déc. Gratuit. ☎ 25 48 67 03. www.topographie.de
Sur le site de la « topographie de la terreur », qui s'étend entre la Prinz-Albrecht-Straße (actuelle Niederkirchner Straße), la Wilhelmstraße et l'Anhalter Straße, siégèrent, de 1933 à 1945, les différents ressorts du centre névralgique de la terreur nazie responsable des crimes commis en Allemagne comme partout en Europe. À deux pas du quartier gouvernemental s'étaient établies les instances dirigeantes de la police du IIIe Reich – la police secrète (*Geheime Staatspolizei* ou « Gestapo ») ; la Direction générale des SS (*Reichsführung SS*), les services de Sécurité de la SS et le « Service central de la Sécurité du Reich » *(Reichssicherheitshauptamt)*. Dans un espace assez restreint, se forma ainsi le véritable quartier gouvernemental de l'État policier national-socialiste. C'est ici que sévissaient les criminels passifs, les ultra-racistes et la violence glaciale de la bureaucratie. Il n'existe pas d'autres lieux qui aient connu une telle organisation de la terreur profonde et du crime omniprésent. Au sol, on devine les fondations des bâtiments autrefois utilisés par les SS et la Gestapo. L'exposition « Topographie des Terrors » – installée en plein air dans les restes de la Niederkirchnerstraße – a trait à l'histoire du quartier, des organismes de répression, du règne du national-socialisme pendant la guerre ainsi que du destin des personnes poursuivies pour des motifs politiques et racistes.
Les travaux de construction d'un **centre de documentation international ouvert sur la Topographie de la terreur** ont commencé pendant l'été 1997. La fin des travaux sur les plans de l'architecte suisse **Peter Zumthor** est prévue pour le 8 mai 2005, le cinquantième anniversaire de la fin de la Seconde Guerre mondiale. L'ouverture du nouveau bâtiment, le site de « Topographie des Terrors » sera de nouveau ouvert au public et intégré dans une perspective historique. Un vestige du Mur longe le site au Nord, qui sera intégré dans la future structure du site historique.

Prenzlauer Berg★★

Relativement épargné par la Seconde Guerre mondiale, le « Berlin de pierre », ancien quartier ouvrier devenu un haut lieu de la Scène, a conservé ses nombreux immeubles de rapport, les Mietskasernen, de l'ère wilhelminienne. À l'époque de la RDA, on ne rénova pas les bâtiments, qui tombèrent peu à peu en décrépitude. Derrière les façades délabrées, dans le désordre des arrière-cours, se développèrent des mouvements artistiques et intellectuels souterrains. Peu à peu, le Prenzlauer Berg est devenu le « Kreuzberg des années 1990 » en termes d'engagement politique, de culture alternative, de vie nocturne et de convivialité. Et elles existent toujours, ces arrière-cours abandonnées au charme désuet des photos noir et blanc, ces entrées miteuses à la peinture écaillée – mais elles se font de plus en plus rares, le train de la rénovation avançant inexorablement, rue par rue. Ce bouleversement n'est pas seulement visible dans l'évolution de l'infrastructure – un vieux bistrot passe le flambeau à un restaurant gastronomique italien – mais également dans la composition de la population.

La situation

Pankow. Plan p. 146-147 KLST – Carte Michelin no°33 E15, F 15-18, G 15-20, H 15-19, J16. Tram 2 Rosa-Luxemburg-Platz, Senefelderplatz, Eberswalder Straße, Schönhauser Allee, S 8, 41, 42 Landsberger Allee, Greifswalder Straße, Prenzlauer Allee, Schönhauser Allee. Le Prenzlauer Berg est traversé par trois voies principales : la Greifswalder Straße, la Prenzlauer Allee et la Schönhauser Allee. Les sites les plus vivants sont la Kollwitzplatz et la Helmholtzplatz.

À voir dans les environs : ALEXANDERPLATZ, FRIEDRICHSHAIN, SPANDAUER VORSTADT, WEDDING, LICHTENBERG, PANKOW, WEISSENSEE.

comprendre

La plus grande ville de *Mietskasernen* du monde – Le terme de *Mietskaserne* est apparu dans les années 1860 – il désigne les immeubles de rapport densément occupés, loués à la classe ouvrière. La marée humaine en quête de travail s'abattant sur la métropole industrielle et commerciale conduisit à une terrible crise du logement. La moitié de la population était en quête d'un toit. Au Nord, à l'Est et au Sud du centre-ville de Berlin, comme dans le Prenzlauer Berg, surgit de terre une couronne de quartiers ouvriers aux constructions serrées – le **« Berlin de pierre »** (Werner Hegemann). Bientôt, Berlin devint une des villes les plus densément peuplées du monde. La seule directive donnée en matière de construction, en 1853, fut la surface minimum des arrière-cours, calculée en fonction de la manœuvrabilité des pompes à incendie (5,34 m x 5,34 m). Aucune directive n'avait été donnée quant au nombre d'ailes et de bâtiments de fond de cour. Plus tard, on décida que la hauteur des immeubles ne devait pas dépasser la largeur de la rue, ou 22 m. Conseiller en charge de l'urbanisme, **James Hobrecht** élabora le **plan Hobrecht** (pour Berlin et ses environs, jusqu'à Charlottenburg), en 1859-1862, qui établit des directives en matière de construction massive de *Mietskasernen* (« casernes locatives »). Ce plan d'urbanisme intégrait une importante zone non construite de Berlin (plus ou moins de la taille de la couronne du S-Bahn) et posait les jalons d'une importante extension de la ville, à l'instar des travaux du baron Haussmann à Paris. Son plan prévoyait, outre des périphériques, couronnes et autres voies de délestage, la création de jardins. Dans un souci de respect des propriétés existantes,

M. Chaput/MICHELIN

Avant et après la rénovation.

carnet pratique

Pour les petites faims

Sowohlalsauch – *Kollwitzstraße 88 – Tram Senefelderplatz, Eberswalder Straße – ☎ 442 93 11 – à partir de 8h.* Situé à l'angle d'une rue du Prenzlauer Berg, non loin de la Kollwitzplatz, ce café propose des gâteaux, entre autres gourmandises. Jaune foncé, les murs sont ornés de motifs de Gustav Klimt.

Cafés, bistrots et bars

Voir également Informations pratiques : « Cafés, bistrots et bars ».

Anita Wronski – *Knaackstraße 26 – Tram Senefelderplatz, Eberswalder Straße – ☎ 442 84 83 – à partir de 9h, w.-end à partir de 10h.* Anita Wronski (le nom n'est pas indiqué en façade) est un café-bistrot attirant un public jeune et bigarré, du Prenzlauer Berg et d'ailleurs. Intérieur simple, dans les tons terre et jaune clair. Pour ceux qui n'ont pas la chance de trouver une place à l'extérieur – de tous les cafés du coin, il est celui qui retient le plus longtemps le soleil du soir – nous recommandons une table à l'intérieur, sur le balcon.

Entwederoder – *Oderberger Straße 15 – Tram Eberswalder Straße – ☎ 448 13 82 – à partir de 10h.* Entwederoder est le bistrot idéal pour se plonger dans l'atmosphère du Prenzlauer Berg. Il y règne une ambiance conviviale et familiale, tant la journée que le soir.

Gugelhof – *Knaackstraße 37 – Tram Senefelderplatz, Eberswalder Straße – ☎ 442 92 99 – à partir de 10h.* Gugelhof, brasserie alsacienne, propose des spécialités suisses, allemandes et françaises. C'est le lieu idéal pour apprécier la Kollwitzplatz.

Metzer Eck – *Metzer Straße 33 – Tram Senefelderplatz – ☎ 442 76 56 – www.metzer-eck.de – à partir de 16h, w.-end à partir de 18h.* Voilà quatre générations que ce bistrot, situé à l'angle d'une rue, passe de main en main. 1913 fut l'année de l'ouverture de la distillerie Vahlensteiner, devenue Metzer Eck au lendemain de la guerre – un moment de détente assuré pour les jeunes et les moins jeunes. Les photos au mur font revivre les bistrots berlinois de l'époque de l'Empire.

Pfefferberg – *Schönhauser Allee 176 – Tram Senefelderplatz – ☎ 44 38 31 15 – à partir de 16h, w.-end à partir de 13h.* Le Pfefferberg est abrité dans les murs usés au charme vieillot d'une ancienne brasserie. C'est le lieu de rendez-vous des alternatifs du Prenzlauer Berg. À l'occasion des spectacles musicaux nocturnes, vous devez vous acquitter d'un droit d'entrée. Il se peut que l'activité soit ralentie en raison de travaux de réaménagement.

Prater Biergarten – *Kastanienallee 7-9 – Tram Eberswalder Straße – ☎ 448 56 88 – à partir de 16h, w.-end à partir de 12h.* Très central tout en étant à l'abri des rumeurs de la ville : c'est l'immense Prater Biergarten, le plus ancien *Biergarten* de la ville. Le site compte une auberge et un bar à cocktails.

Schwarz Sauer – *Kastanienallee 13 – Tram Eberswalder Straße – ☎ 448 56 33 – à partir de 8h.* Pas un moment de répit pour cette petite salle et son comptoir carré autour duquel se pressent les convives, pour un café la journée ou un cocktail le soir.

Wohnzimmer – *Lettestraße 6 – Tram Eberswalder Straße – ☎ 445 54 58 – à partir de 10h.* Café-bar culte à l'angle d'une rue en face de la Helmholzplatz. Son nom, « le salon », en dit long : l'aménagement intérieur est constitué de meubles de salon divers et variés. On ne trouve pas toujours une place... C'est la rançon de la gloire !

Achats

Babe Berlin – *Husemannstraße 25 – Tram Senefelderplatz, Eberswalder Straße – ☎ 44 05 71 97 – tlj sf dim. 10h-19h30, sam. 10h-16h.* L'harmonie avec la nature : tel est le thème de prédilection de la mode masculine et féminine proposée dans ce magasin – en conséquence, ne sont utilisées que des matières naturelles.

Eisdieler – *Kastanienallee 12 – Tram Eberswalder Straße – ☎ 285 73 51 - www.eisdieler.de – tlj sf dim. 12h-20h, sam. 11h-18h.* Eisdieler est l'enseigne que portent cinq créateurs de mode, présentant tant la marque jeune et in que leurs propres lignes, toutes très différentes les unes des autres – autre boutique dans la Auguststraße 74 (Mitte).

Galerie Jeanne Koepp – *Kollwitzstraße 53 – Tram Senefelderplatz, Eberswalder Straße – ☎ 441 95 91 – www.jeanne-koepp-keramik.de – tlj sf dim. et lun. 13h-19h, sam. 12h-16h.* C'est ici que l'artiste qui a donné son nom à l'enseigne présente et commercialise ses propres créations.

Georg Büchner Buchladen – *Wörther Straße 16 – Tram Eberswalder Straße, Senefelderplatz – ☎ 442 13 01 – tlj sf dim. 10h-19h, sam. 10h-15h.* La librairie Georg Büchner est spécialisée dans la littérature germanophone de toutes les époques – on peut assister à des séances de lecture.

Schuhbar – *Wörther Straße 17-18 – Tram Eberswalder Straße – ☎ 44 35 58 62 – tlj sf dim. 11h30-20h, sam. 10h-16h.* Chaussures de designer – originales et confortables.

Scuderi – *Wörther Straße 32 – Tram Eberswalder Straße, Senefelderplatz – ☎ 47 37 42 40 – tlj sf dim. 11h-19h, sam. 10h-15h.* C'est dans cette petite boutique-atelier que des joaillières vendent leurs bijoux originaux, réalisés à partir de combinaisons inhabituelles de matériaux.

Thatcher's Store – *Kastanienallee 21 – Tram Eberswalder Straße – ☎ 24 62 77 51 – www.thatchers.de – tlj sf dim. 12h-20h, sam. 12h-16h.* La mode de cette marque berlinoise est une symbiose entre *Streetwear* et *Clubwear*. La boutique se trouve au fond de la cour, au deuxième étage. On trouvera une autre boutique dans les Hackesche Höfe.

MARCHÉS

Kollwitzplatz – Tram *Senefelderplatz, Eberswalder Straße – jeu. 12h-19h, sam. 9h-16h.* Le samedi, on trouvera toutes sortes d'étals tandis que le jeudi est réservé aux produits biologiques.

LOISIRS ET DÉTENTE

SSE im Europa-Sportpark – *Paul-Heyse-Straße 16 – S Landsberger Allee – ☎ 42 18 61 20 – www.bbb.berlin.de.* Cette piscine moderne dispose, en plus d'un bassin de 50 m, d'une pataugeoire et d'un bassin réservé aux personnes handicapées.

aucune obligation ne fut imposée quant à l'utilisation des parcelles du futur quartier en damier – on se contenta de tracer des rues rectilignes. Hobrecht partait du principe que les propriétaires fonciers prendraient en charge la mise en valeur de leurs biens, ce qui soulagerait les finances de l'État. Partant, les investisseurs immobiliers avaient tout intérêt à ce que leurs immeubles soient profonds et étroits, le poids fiscal du bien immobilier étant largement tributaire de la largeur de la façade : une partie du terrain était déduite de l'immeuble pour être consacrée à la rue, dont il fallait de surcroît financer la construction. Étant donné l'ampleur de la crise du logement et l'absence de plan d'exploitation des surfaces, le projet d'une construction dense ne pouvait qu'être rentable. Ces immeubles locatifs qui poussaient comme des champignons étaient tous dotés d'une façade au style ancien – souvent ajoutée à l'issue de la construction du corps du bâtiment. Ces superbes façades ouvraient généralement sur de nombreuses bâtisses de fond de cour, souvent utilisées à des fins professionnelles. Lieux de travail et d'habitation étaient imbriqués les uns dans les autres, des bâtiments de fond de cour et des remises pouvant abriter ateliers et manufactures. La médiocre qualité des matériaux, les conditions sanitaires déplorables, la surpopulation des logements (600 000 personnes vivaient à cinq ou plus dans la même pièce, avec souvent, en outre, des sous-locataires et « **Schlafburschen** » : compagnons de chambrée) et les loyers exorbitants créèrent une situation catastrophique tant en matière d'hygiène que, plus généralement, sur le plan social. Avant que les murs ne soient totalement secs, les *Mietskasernen* étaient mises sur le marché de la location, pour des loyers moins élevés que ceux des logements aux murs secs. Ce n'est qu'en 1925 que le nouveau règlement de construction se pencha sur le problème des *Mietskasernen.*

L'ascension de la social-démocratie – La tendance socialiste apparaît dès la fondation de l'Empire. Elle s'implante dans les quartiers ouvriers de Wedding, Friedrichshain, Prenzlauer Berg et remplace le courant libéral qui dominait la vie politique berlinoise, avec le soutien de la presse et de brillantes personnalités : le chirurgien **Rudolf Virchow**, farouche opposant à Bismarck, et l'historien Theodor Mommsen. En 1862, **Ferdinand Lassalle** présente à Berlin son programme pour l'amélioration de la condition ouvrière. L'année suivante, il est élu président de l'Association générale des Travailleurs allemands. Bismarck mène alors une double politique : il applique les **lois contre les socialistes**, entre 1878 et 1880, en prenant un attentat contre l'empereur comme prétexte, et, revirement typique de la politique du chancelier, il fait voter les lois sur l'assurance-maladie (1883), les accidents du travail (1884), la création des caisses de retraites, qui donnent à l'Allemagne une nette avance en Europe en matière de protection sociale. Ces lois sont destinées à enlever aux socialistes une partie de leur électorat, mais elles ne font que ralentir le mouvement : à la veille de la Première Guerre mondiale, les trois quarts du Reichstag sont aux mains du SPD. Celui-ci, en restant fidèle au message de la révolution de 1848, est partisan d'une transformation pacifique de la société wilhelminienne : le théoricien Eduard Bernstein parlera de « socialisme évolutionnaire ». Les idées socialistes, qui s'expriment dans le journal *Vorwärts (En avant)*, suscitent une vive réaction des milieux conservateurs et la dissidence d'une minorité révolutionnaire autour de Karl Liebknecht et de Rosa Luxemburg.

se promener

Tram *Rosa-Luxemburg-Platz. Traverser la Torstraße et suivre la Schönhauser Allee en direction du Nord.*

Schönhauser Allee

Au Moyen Âge déjà, cette voie reliait la porte de Spandau aux villages de Pankow et de Niederschönhausen ainsi qu'au château éponyme *(voir Pankow)*. Au Nord de la Danziger Straße, elle se métamorphose en rue commerçante très animée – une des plus importantes du Berlin-Est d'antan. Bien que ses années de gloire soient derrière elle, elle connaît une renaissance depuis l'ouverture d'un nouveau centre commercial, les arcades de la Schönhauser Allee.

Herz-Jesu*

Dans la Schönhauser Allee, prendre à gauche pour s'engager dans la Fehrbelliner Straße. À l'origine, la **communauté du Cœur de Jésus**, qui souhaitait s'investir sur la plan social et spirituel dans les nouveaux quartiers ouvriers, voulait une « église place » ouverte, située sur la Teutoburger Platz. Mais comme c'était souvent le cas en Prusse protestante, les sites étaient davantage accordés aux églises évangéliques – l'église de Sion, située à deux pas, en est un excellent exemple – lorsqu'ils étaient attribués et construits. C'est ainsi que l'on dut insérer l'église dans un espace vide d'un alignement d'immeubles de la Fehrbelliner Straße, sur un site en forme de L. C'est l'architecte Christoph Hehl de la Technische Hochschule qui fut chargé des travaux. Il dessina les plans de l'église inaugurée en 1898 et du presbytère situé tout près, ainsi que de l'école et de l'hospice intégrés à l'ensemble – on aperçoit les deux bâtisses depuis la Schönhauser Allee. À l'époque du national-socialisme, l'école abritait la Hilfswerk beim Erzbischöflichen Ordinariat, une œuvre qui s'engageait, sous la houlette de Margarete Sommer, en faveur des personnes persécutées en raison de leur appartenance non aryenne – jusqu'à cacher des Juifs dans la cave, vers la fin de la guerre.

De style néo-roman, la façade aux deux tours dépareillées est parée de calcaire coquillier de Hildesheim, les bordures étant en grès de Silésie. La décoration intérieure de l'église est l'une des plus belles de Berlin. Commencées par Friedrich Stummel en 1911, les peintures murales ont été achevées par Karl Wenzel en 1926-1928. Il s'agit d'un catéchisme illustré – il ne faut pas oublier la diaspora des catholiques de Berlin – qui, en langage imagé, coloré et voluptueux, illustre des personnages et des scènes des Saintes Écritures.

Jüdischer Friedhof*

Schönhauser Allee 23-25. Le bâtiment proche, en briques jaunes, devenu un commissariat de police, était autrefois une œuvre de charité pour personnes âgées de la communauté juive (construit par Carl Schwatlo en 1880-1883 et agrandi en 1887).

Ce **cimetière juif** a été inauguré en 1827, après la fermeture du cimetière de la Große Hamburger Straße, devenu trop petit. La densité de la végétation confère au lieu un charme profond. Les allées alternent avec les très nombreuses pierres tombales simples et sobres et les somptueux tombeaux des membres importants de la communauté. C'est ici que reposent en particulier le compositeur Giacomo Meyerbeer (1791-1864), le peintre Max Liebermann (1847-1935) et l'éditeur Leopold Ullstein (1826-1899).

Ph. Gajic/MICHELIN

Le cimetière juif du Prenzlauer Berg.

Kollwitzplatz*

Remonter la Schönhauser Allee vers le Nord, puis prendre la Wörther Straße, à droite.

Toujours animée, la place a toutefois conservé un caractère paisible. On sent l'atmosphère typique du Prenzlauer Berg, la coexistence de gens radicalement différents de toutes générations et classes sociales. C'est au Sud-Est, sur l'un des points culminants du quartier, l'ancienne Windmühlenberg (butte au moulin), que furent aménagées, en 1856, les premières installations d'eau de Berlin. Désaffecté, le **château d'eau** abrite maintenant des logements. Le *Dicker Hermann* (« le gros Hermann »), comme les Berlinois aimaient à l'appeler, a vu le jour en 1875-1876. Dans l'arrière-cour de la Rykestraße 53, s'élève la plus grande synagogue de Berlin et d'Allemagne, d'une capacité de 2 000 personnes. L'édifice en briques de style néo-roman a été construit en 1903-1904 par Johann Hoeniger et épargné par la nuit de Cristal et la guerre. À l'époque de la RDA, cette synagogue fut pendant longtemps la seule à la disposition de la petite communauté juive de Berlin-Est. Un peu plus loin, Prenzlauer Allee 227, le **musée du Prenzlauer Berg** acquit, début 2000, une ancienne école située à proximité du château d'eau. À intervalles réguliers s'y tiennent des expositions exceptionnelles consacrées au Prenzlauer Berg.

Depuis la Kollwitzplatz, prendre la Husemannstraße en direction du Nord, puis prendre à gauche, la Sredzkistraße.

Kulturbrauerei*

Schönhauser Allee 36-39 (entrée Knaackstraße ou Sredzkistraße). Autrefois un des plus grands centres de brasserie de Berlin, le Prenzlauer Berg est toujours ponctué de brasseries qui donnent au quartier son aspect si caractéristique. C'est ici que Franz Schwechten fit construire, entre 1886 et 1891, un complexe de brasseries semblable à une forteresse. Bien que quasiment intact, on n'y brasse plus la bière depuis des décennies. De même, les immenses caves de fermentation ne sont plus exploitées.

Dans la seconde moitié des années 1990, de nombreux bâtiments furent classés monuments historiques et rénovés pour être réutilisés à des fins diverses : restaurants, clubs, galeries et services, salle de concerts, complexe de cinémas et théâtre, hébergeant également la « Sammlung Industrielle Gestaltung » (Collection de Design industriel, *voir Informations pratiques : « Spectacles »*).

De l'électricité pour le Grand Berlin

La création du Groß-Berlin (Grand Berlin) en 1920 sous-tendait la concentration de l'approvisionnement en électricité de l'agglomération. C'est à cet effet que fut fondée, en 1923, la société d'électricité berlinoise BEWAG (Berliner Städtische Elektrizitätswerke Aktien Gesellschaft). Le concept énergétique mis au point impliquait la présence de plusieurs centrales et de dix transformateurs électriques, devant réduire le courant de 30 kV à 6 kV, avant de le régler sur les 220 V domestiques dans des stations plus petites. **Hans Heinrich Müller** est l'architecte d'un certain nombre de ces projets, dont les transformateurs électriques. Selon la taille de la station, il élaborait une composition harmonieuse à partir de bâtiments de taille différente ou de bâtiments isolés inoccupés, qui s'intégraient à merveille au paysage urbain.

visiter

Vitra-Design-Museum im Abspannwerk Humboldt

Ⓢ + Tram *Schönhauser Allee. Kopenhagener Straße 58.* ♿ *Tlj sf lun. 11h-20h (ven. 22h). 5,50€.* ☎ *4 73 77 70. www. design-museum-berlin.de*

Depuis quelques années, l'étroite salle de déphasage de l'ancien **transformateur électrique Humboldt** abrite une dépendance du **musée Vitra-Design**, qui s'est fait une véritable place dans le paysage des expositions berlinoises. Cet ancien transformateur électrique, construit en 1926 sur les plans de Hans Heinrich Müller, rappelle une forteresse médiévale – notamment par son poste d'observation en ellipse, trônant derrière une haute porte ogivale à deux battants.

St. Augustinus

Ⓢ + Tram *Schönhauser Allee. Dänenstraße, en face du transformateur électrique Humboldt.* Comme pour répondre au transformateur électrique Humboldt, juste en face, l'**église St-Augustin**, construite en 1927-1928 sur les plans de Karl Bachem, élance sa monumentale façade expressionniste vers les cieux berlinois – un édifice qui fit sensation à l'époque en raison de la modernité de son architecture. Voûtée, avec une entrée de lumière par le haut, la nef ouvre sur l'autel par un arc en plein cintre monumental. L'autel original de marbre noir est surprenant – une mosaïque représente saint Augustin et sainte Monique sous la Croix.

Gethsemanekirche

Ⓢ + Tram *Schönhauser Allee. Emprunter la Schönhauser Straße en direction du Sud, puis prendre à gauche, la Stargarder Straße.* À l'angle de la Stargarder Straße et de la Greifenhagener Straße, il faut remarquer les immeubles intéressants, ainsi que l'**église de Gethsémani** (August Orth, 1891-1893) de style transitoire rhénan, où se tenaient des services religieux commémoratifs et des veillées de paix contre le régime de la RDA, avant la chute du Mur.

Regierungsviertel★

Le Spreebogen (« coude de la Spree »), situé dans le Band des Bundes (« ruban fédéral »), au Nord-Est de la Porte de Brandebourg, rassemble les principales institutions parlementaires et gouvernementales. Là où le Mur séparait autrefois la ville en deux États qui appartenaient à des systèmes idéologiques différents, se décide aujourd'hui la politique de toute l'Allemagne.

La situation

Mitte. Plan p. 146-147 JU et p. 148-149 NY – Carte Michelin n° 33 K 11-13. S 3, 5, 7, 9, 75 Friedrichstraße, Lehrter Bahnhof, BUS 100 Platz der Republik, Reichstag. Il n'y a pas que le centre politique de la République qui soit installé ici. Avec la gare de Lehrte voit ici le jour, à proximité directe du quartier parlementaire et gouvernemental, la future principale plaque tournante du trafic de la capitale *(voir Moabit)*.

À voir dans les environs : FRIEDRICH-WILHELM-STADT, MOABIT, TIERGARTEN, UNTER DEN LINDEN.

comprendre

L'incendie du Reichstag – Dans la nuit du 28 février 1933, environ quatre semaines après la nomination d'Adolf Hitler au poste de chancelier du Reich, le Reichstag est en flammes. Les historiens discutent aujourd'hui encore sur l'auteur présumé de cet incendie, le communiste néerlandais Marinus van der Lubbe (à l'époque âgé de 24 ans) : a-t-il agi seul ou avait-il reçu des ordres ? Ou encore, les nazis eux-mêmes n'avaient-il pas orchestré cet incendie ? Van der Lubbe est en tout cas arrêté, alors qu'il se trouve encore dans le Parlement en feu, et condamné à mort. Les dirigeants national-socialistes en profitent alors pour mener une campagne anticommuniste de poursuite et arrêter arbitrairement les opposants au régime. Quelques jours plus tard (le 5 mars), des élections sont organisées au Reichstag. Un décret-loi du président du Reich Paul von Hindenburg (du 28 février) couvre ces arrestations et abolit parallèlement les principaux droits fondamentaux de la Constitution de Weimar. La base de la politique de la terreur nazie est alors en place. L'incendie, qui a détruit la salle plénière ainsi que des parties du dôme, amène le Reichstag à se réunir ensuite dans l'opéra Kroll tout proche (à l'origine un lieu d'agrément que l'on fit sauter en 1951). L'adoption de la loi des pleins pouvoirs, le 23 mars 1933, signifie la fin de l'existence du Reichstag en tant que parlement démocratique.

Le projet « Spreebogen » – Le Spreebogen a connu une histoire mouvementée. L'actuelle place de la République servait de champ de manœuvre au temps du « Roi-Sergent » et fut réaménagée, après 1840, d'après des plans de Peter Joseph Lenné pour devenir une place ornementale. À partir de 1867, elle porta le nom de place Royale (*Königsplatz*) et passait pour être l'une des adresses les plus raffinées de la capitale prussienne. Peu de temps après, la colonne de la Victoire y fut dressée et demeura au cœur de la place jusqu'en 1937. Elle se trouve aujourd'hui dans le Tiergarten. Avec l'installation de nombreuses ambassades et autorités, et, plus tard, du Reichstag (sur le côté Est de la place), un important centre politique et décisionnel vit le jour à l'ombre de la Wilhelmstraße *(voir Potsdamer Platz)*. Au Nord de ce centre, le très grand et très beau **Alsenviertel** fut aménagé durant la seconde

carnet pratique

Cafés, bistrots et bars

Die Eins – *Wilhelmstraße 67a – S Unter den Linden, S + Tram Friedrichstraße – ☎ 22 48 98 88 – à partir de 9h, dim. à partir de 10h.* Die Eins est situé en bordure directe de la Spree, dans le bâtiment du studio berlinois de l'ARD, et est surtout fréquenté, en raison de la proximité du quartier gouvernemental, par des personnalités du monde des médias et des employés du Bund.

Ständige Vertretung – *Schiffbauerdamm 8 – S + Tram Friedrichstraße – ☎ 282 39 65 – www.staendigevertretung.de – à partir de 11h.*...ou tout simplement abrégé en StäV, un établissement vivant, dans lequel on rencontre aussi bien des hommes politiques, des fonctionnaires du quartier gouvernemental et des personnalités du monde des médias que des natifs de la capitale, qui viennent déguster des boulettes (berlinoises) accompagnées de Kölsch (bière blanche) rhénane. Il fut fondé par deux gastronomes bonnois, à l'origine opposés au déménagement du gouvernement mais qui décidèrent ensuite, une fois la décision prise, d'importer à Berlin le mode de vie rhénan.

moitié du 19e s. Dans le cadre du projet Germania imaginé par Albert Speer, ce dernier est presque entièrement rasé (dans le coude de la Spree, la « halle du Peuple », de près de 300 m de haut, devait marquer le début du monumental axe Nord-Sud de la nouvelle « Germania »), et les raids aériens britanniques et américains et les combats de rue durant les derniers jours de la guerre en liquidèrent le reste – le quartier fut réduit en cendres. À côté du bâtiment du Reichstag, l'**ambassade de la Confédération helvétique**, que le palais municipal (Stadtpalais), construit en 1870 et élargi par la suite, acquit en 1919 (une extension fut ajoutée à l'ancien édifice à la fin des années 1990) dispose du bâtiment diplomatique le plus splendide de Berlin. Ce dernier est situé au cœur du quartier gouvernemental avec vue sur la Chancellerie fédérale et le Bundestag.

Le 9 septembre 1948, pendant le blocus, plus de 300 000 Berlinois manifestèrent devant les ruines du bâtiment du Reichstag : dans un discours devenu célèbre, le bourgmestre Ernst Reuter en appela avec insistance aux « peuples du monde » : « Regardez cette ville et reconnaissez que cette ville et ce peuple ne doivent pas et ne peuvent pas céder ! » Avec la construction du Mur, le Spreebogen se retrouve en périphérie de la ville, la région n'est pas développée urbanistiquement et est conservée pour les futures extensions du Parlement. Après la chute du Mur et la décision de faire de nouveau de Berlin la capitale de l'Allemagne, on décide d'installer le Parlement et le gouvernement dans le coude de la Spree et de rapprocher ainsi l'exécutif du législatif.

découvrir

La balade part de la place de la République et se poursuit entre le Reichstag et la Chancellerie.

Band des Bundes**

En 1993, un concours international fut lancé pour l'aménagement urbain du coude de la Spree. Des 800 propositions émergea le projet de « ruban fédéral » *(Band des Bundes)* d'1 km de long et de 100 m de large, imaginé par les architectes berlinois **Alex Schultes** et **Charlotte Frank**, une réinvention du plan de la ville dans ce secteur sous la forme d'un axe Est-Ouest. Ce ruban, qui concrétise dans l'espace la répartition des pouvoirs, s'étend du Kanzlergarten (jardin de la Chancellerie) à l'Ouest jusqu'au bâtiment de la Chancellerie fédérale, en enjambant la Spree, puis se poursuit jusqu'à la Paul-Löbe-Haus et, de nouveau en passant par dessus la Spree, s'achève à la Marie-Elisabeth-Lüders-Haus. Le projet d'origine avait prévu que ce « ruban urbain » se termine à la gare de Friedrichstraße, mais il n'aurait alors pas coïncidé avec les bâtiments existants. De plus, un forum des citoyens *(Bürgerforum)* avait été envisagé entre la Chancellerie et la Paul-Löbe-Haus, mais il ne fut finalement pas réalisé. Ce « vide » dans le ruban complique le projet qui s'avère difficile à mener à bien. Dans le cadre du plan de Schultes et Frank, un bâtiment nouveau devait aussi être construit pour le Bundesrat, en face du Reichstag, mais il n'en fut rien. Le Band des Bundes se lit symboliquement de deux manières différentes : il réunit, non seulement, les deux parties de la ville de Berlin divisée jusqu'en 1989, mais se met également en travers de l'axe Nord-Sud prévu par Speer.

Chancellerie** – La Chancellerie fédérale *(Bundeskanzleramt)* occupe sur un terrain de 44 000 m² la seule et unique construction nouvelle complète destinée au gouvernement fédéral *(Bundesregierung)* à Berlin (construction : septempbre 1997-avril 2001). Le bâtiment de 36 m de haut des architectes Axel Schultes et Charlotte Frank constitue, avec le jardin de la Chancellerie (Kanzlergarten), l'extrémité Ouest du « Band des Bundes ». La Chancellerie est installée dans un bâtiment à trois ailes, aménagé sur les deux rives de la Spree. Dans le coude de la Spree intérieur se trouve le bâtiment central, celui de la direction, qui héberge les bureaux du Chancelier et du directeur administratif de la Chancellerie, les bureaux des ministères d'État, les salles du cabinet ainsi que le centre d'information. À l'Est de ce premier bâtiment, une sorte de « cour d'honneur » abrite la sculpture en acier *Berlin* de l'artiste espagnol Eduardo Chillida. Les hôtes de l'État arrêtent leur voiture ici et pénètrent dans un vaste foyer clair où ils empruntent un escalier qui leur permet d'admirer la sculpture en bronze *Die Philosophin (La Philosophe)* de Markus Lüpertz. Le bureau du chancelier, installé au septième étage, mesure près de 145 m² et est pourvu de grandes et épaisses vitres de char en verre, qui permettent de jouir d'une vue agréable sur le Reichstag, la porte de Brandebourg, la Potsdamer Platz et le Tiergarten. Le bâtiment de la direction est entouré d'une aile Nord et d'une aile Sud, plus basses, occupées par les 370 bureaux de l'administration. Une fois la Chancellerie fédérale installée le 2 mai 2001, le déménagement du gouvernement de Bonn à Berlin était définitivement acquis.

Paul-Löbe-Haus – Ce bâtiment situé au Nord du Reichstag possède des cours extérieures vertes, ouvertes vers le Nord et le Sud, et les rotondes du comité, visibles de l'extérieur par les cours. Un hall à huit étages au toit quadrillé de verre traverse l'ensemble du complexe d'Ouest en Est. De grandes façades vitrées permettent, en outre, de jouir d'une vue dégagée sur la Spree. La Paul-Löbe-Haus (inaugurée en octobre 2001) a été aménagée d'après les plans de l'architecte munichois Stephan Braunfels et s'accorde parfaitement avec le « Band des Bundes » imaginé par Schultes et Frank. Cet immeuble de bureaux, qui porte le nom de l'ancien président du Reichstag Paul Löbe (1875-1967), est le lieu de travail des députés et des comités du Bundestag allemand. On trouve aussi dans les quelques 1 100 pièces du bâtiment les salles d'audition, de réunion et d'accueil des visiteurs, ainsi que les services scientifiques spécialisés.

H. Champollion/MICHELIN

Paul-Löbe-Haus.

Marie-Elisabeth-Lüders-Haus – La construction du bâtiment de la bibliothèque du Bundestag, d'environ 23 m de haut, qui devait être relié à la Paul-Löbe-Haus, située sur l'autre rive de la Spree, par un pont piétonnier public, commença dès 1998. Mais des difficultés durant la phase de grosse maçonnerie entraînèrent d'importants retards, de telle sorte que l'achèvement de la maison n'est aujourd'hui prévu que pour fin 2003. L'architecte Stephan Braunfels recourt ici à une structure dentelée régulière et entourée sur trois de ses côtés par des cours extérieures. Des façades vitrées et un toit en verre contrastent avec la dureté du béton brut de décoffrage. Le bâtiment reposant précisément sur une ancienne bande du mur, des morceaux du mur de Berlin doivent être intégrés à l'intérieur. La rotonde de la bibliothèque constitue la clé de voûte de la Marie-Elisabeth-Lüders-Haus : elle est, après Washington et Tokyo, avec environ 1,2 millions d'ouvrages et 11 000 périodiques, la troisième bibliothèque parlementaire du monde. Elle n'est toutefois pas accessible au public et uniquement réservée aux députés, fractions et collaborateurs du Bundestag allemand. L'édifice porte le nom de l'ancienne députée du Reichstag et future présidente d'âge du Bundestag Marie-Elisabeth Lüders (1878-1966).

Reichstag★★

♿ *Visite guidée 9h-17h, w.-end 10h-16h. Fermé 1er janv., 24-26 et 31 déc., lors des manifestations parlementaires spéciales. Gratuit. Informations ☎ 22 73 21 52. www.bundestag.de*

Après 23 ans de « provisorissimum », comme Bismarck appelait le lieu du congrès installé dans l'ancienne manufacture de porcelaine de la Leipziger Straße, le Reichstag put occuper en 1894 son propre bâtiment sur la Königsplatz. Dix ans après la pose de la première pierre, le bâtiment du Parlement de **Paul Wallot** était achevé. Le dôme d'acier et de verre faisait déjà sensation à l'époque. Sa construction donna lieu à de vives discussions entre l'architecte et l'empereur Guillaume II qui redoutait que l'édifice, et surtout son dôme, ne surclasse le château. Mais cela n'empêcha pas le plus grand bâtiment de la capitale impériale d'avoir une surface utile dérisoire et d'être jugé trop petit peu après son inauguration, en 1894. Être parlementaire à l'époque wilhelminienne était un statut ambigu, la réalité du pouvoir étant détenue par l'empereur et son chancelier ; Guillaume II appelait le Reichstag « la cage des singes impériaux ». Ce n'est qu'en 1916 qu'est ajoutée l'inscription « **Au peuple allemand** » (*« Dem Deutschen Volke »*). Cependant, malgré sa négation par le pouvoir exécutif, le Parlement devient un organe régulateur à ne pas sous-estimer. En dépit d'une fin tragique, les années 1920 ont souligné le rôle du bâtiment du Reichstag comme scène de la démocratie. Après avoir été détruit par « l'incendie du Reichstag », l'édifice fut utilisé pour des expositions de propagande et agrandi pendant la guerre pour la position de D. C. A. Après la Seconde Guerre mondiale, le bâtiment du Reichstag, criblé d'impacts d'obus, fut choisi par de nombreux photographes comme symbole de la chute de l'Allemagne nazie. Dans les années 1960, la ruine de Paul Baumarten fut reconstruite et servit à des fins parlementaires – le dôme, dynamité en 1954, ne fut pas reconstruit. Après l'accord quadripartite de 1971, le Bundestag allemand ne fut plus autorisé à se réunir à Berlin ; des comités et des fractions purent toutefois tenir conférence dans le Reichstag. Des congrès s'y tenaient également et une exposition permanente : « Interrogeons l'histoire allemande » y attira 12 millions de personnes, avant son transfert dans la cathédrale allemande (*voir Gendarmenmarkt*). En 1995, le Reichstag a été emballé par **Christo** et son épouse **Jeanne-Claude**. Pour réaliser ce **projet d'empaquetage** il fallut lutter avec acharnement pendant 23 ans avec les nombreux hommes politiques de Bonn et de Berlin-Ouest. Cette opération attira à l'époque plus de 5 millions de visiteurs.

Le réaménagement du Reichstag a été confié en 1993 à l'architecte britannique Sir **Norman Foster**. Un an plus tard, celui-ci présentait son projet articulé selon trois principes fondamentaux : respecter la spécificité du Parlement, tenir compte de l'histoire du bâtiment et créer un nouveau concept dynamique d'avenir. Ce nouveau Bundestag, qui correspond dans sa structure au bâtiment imaginé par Paul Wallot, fut pourvu, en 1999, d'un nouveau dôme en verre, non prévu à l'origine. Ce dernier, qui comprend une **plate-forme panoramique★★** *(Panorama-Plattform)* accessible aux visiteurs, est devenu, grâce à sa splendide illumination nocturne, un nouveau point de repère urbain et le symbole de l'Allemagne unifiée. *8h-24h. Gratuit. ☎ 22 73 21 52. www.bundestag.de*

Suivre la Scheidemannstraße en direction de l'Est.

Jakob-Kaiser-Haus

Ce projet de construction pour le Bundestag allemand fut achevé à l'automne 2001, sous la direction de cinq cabinets d'architectes, en face du Reichstag. Cette maison constitue l'extrémité Nord-Est de la Dorotheenstadt historique et prend modèle sur le Berlin classique avec sa structure en parcelles – trois bâtiments classés monuments historiques lui sont intégrés et rattachés : le palais du Président du Reichstag de Paul Wallot en face de l'entrée Est du Reichstag (sert au Bundestag et à la Deutsche Parlamentarische Gesellschaft à des fins de représentation), la chambre de la Technique *(Kammer der Technik)* ancienne maison de l'association des ingénieurs allemands *'Haus des Vereins Deutscher Ingenieure'*, ainsi que l'immeuble d'habitation et de commerce Dorotheenstraße 105. L'ouverture et la transparence sont au cœur de ce complexe qui se compose de huit maisons et de plus de 2 000 pièces. La Jakob-Kaiser-Haus héberge l'état-major de la fraction et ses salles de réunion, les députés, ainsi qu'une partie de l'administration du Bundestag. Des cafés et des boutiques animent la vie urbaine de la Wilhelmstraße. Un tunnel piétonnier (fermé au public) permet d'atteindre facilement et rapidement le bâtiment du Reichstag depuis la Paul-Löbe-Haus et, plus tard, la Marie-Elisabeth-Lüders-Haus. Jakob Kaiser (1888-1961) fut ministre des Questions allemandes de 1949 à 1957.

Suivre la Dorotheenstraße (le Dorotheenstraße 96 accueille le petit Robert-Koch-Museum, **M**[17]*) et tourner à gauche dans la Wilhelmstraße.*

ARD-Hauptstadtstudio

Wilhelmstraße/Reichstagsufer. À côté du quartier parlementaire et gouvernemental, un nouveau grand studio a vu le jour. À l'angle des Wilhelmstraße/Reichstagsufer le nouveau bâtiment du studio berlinois de l'ARD fut inauguré avec la première émission du *Bericht aus Berlin*, la veille de l'élection du Bundespräsident, en 1999. Les studios sont installés à l'étage supérieur. Le studio d'où est émis le *Bericht aus Berlin* est reconnaissable à sa grande fenêtre de coin qui donne sur le Reichstag.

Traverser la Spree et poursuivre à droite sur le Schiffbauerdamm.

L'immeuble d'angle des Luisenstraße/Schiffbauerdamm accueille la représentation berlinoise de RTL dans un ancien bâtiment d'une station électrique.

Bundespressekonferenz

Schiffbauerdamm 35-39. Cette nouvelle construction du Schiffbauerdamm fut officiellement inaugurée en mai 2000. En un temps record de 14 mois à peine, le lieu de travail des différents correspondants berlinois fut installé sur un terrain, où seul le mur de Berlin avait autrefois élu domicile. Le tracé du Mur apparaît d'une manière symbolique dans le sol en pierre naturelle légèrement différent dans l'entrée, coiffée d'un toit de verre et décorée d'arbres et d'une fontaine. Le projet du bâtiment a été imaginé par le couple d'architectes Johanna et Gernot Nalbach, établi à Berlin. Quelque 800 bureaux, salles de réunion et de conférence, ainsi qu'un club de presse avec un restaurant et un bistrot, sont aménagés à cet endroit. Sa clé de voûte est la salle de presse avec vue sur la Chancellerie et le Reichstag.

Schloßplatz

Alors que les travaux de construction commencés après la chute du Mur sont déjà achevés dans de nombreux endroits de Berlin, ils vont seulement commencer ici. Avec la décision du Bundestag allemand, le 4 juillet 2002, de reconstruire le château de Berlin, ont été posées les bases d'un autre immense projet de construction en plein cœur de la capitale. Le calme est donc loin d'être revenu dans le centre-ville.

La situation

Mitte. Plan p. 148-149 PYZ – Carte Michelin n° 33 K14, L14. Ⓢ *3, 5, 7, 9, 75 Hackescher Markt,* Tram *2 Spittelmarkt,* Ⓢ *3, 5, 7, 9, 75 +* Tram *2, 5, 8 Alexanderplatz,* Bus *100 + 200 Lustgarten.* L'esplanade du Château (Schloßplatz), au centre de l'île de la Spree (Spreeinsel) est le lien Nord-Sud entre l'île des Musées *(voir Museumsinsel)* et l'île des Pêcheurs (Fischerinsel, *voir Nikolaiviertel*). Vers l'Est elle se poursuit par le ruban du Marx-Engels-Forum et de l'Alexanderplatz *(voir Alexanderplatz).*

À voir dans les environs : ALEXANDERPLATZ, GENDARMENMARKT, MUSEUMSINSEL, NIKOLAIVIERTEL, UNTER DEN LINDEN.

comprendre

Histoire du château – *Voir l'illustration dans Invitation au voyage : « Une ville aux multiples facettes ».* Le **château de Cölln**, construit sur l'île de la Spree (Spreeinsel), était la résidence la plus ancienne des Hohenzollern. Son origine remonte au 15e s., lorsque le margrave **Frédéric II**, dit **« Dent de Fer »** pose la première pierre le 31 juillet 1443. Lors de l'émeute de 1448, le chantier de construction est inondé, mais la demeure est inaugurée en 1451 en grande pompe.

Le château acquiert un aspect véritablement princier sous le règne de l'Électeur **Joachim II** (1535-1571) qui le fait agrandir et embellir sur le modèle des châteaux de Saxe. **Caspar Theiß** dote l'édifice d'une cour carrée, de tours d'angle, de toits à pignons (l'escalier en colimaçon était une reprise de celui, fameux, de Torgau). L'édifice est ensuite réaménagé et agrandi à plusieurs reprises. Il se compose, à la fin du 17e s., d'une juxtaposition peu harmonieuse de bâtiments de différents styles. Entre 1698 et 1716, le château est remanié et uniformisé par **Andreas Schlüter**, dans un premier temps, puis par Eosander. Le nouvel édifice devient représentatif de l'absolutisme centralisé de l'époque baroque. Le dôme de la chapelle est élevé vers 1850 par Stüler.

Après la Première Guerre mondiale et la fin de la monarchie, le château est transformé en musée des Arts décoratifs (1921) ; mais le public aura peu de temps pour admirer les intérieurs somptueux, témoins de cinq siècles d'histoire de l'art. Le château est, en effet, très endommagé lors des attaques aériennes de 1944 et 1945, et sa destruction est décidée en 1950 par les autorités de la RDA.

Les débats sur l'esplanade du Château – À partir de juin 1993, un échafaudage métallique recouvert d'une toile peinte, façade en trompe-l'œil conçue par une artiste française, a donné, pendant quelques semaines, l'illusion que le château existait toujours, pour promouvoir l'idée de sa reconstruction et en juger sur pièces. Depuis la chute du Mur, on discute avec énergie sur l'avenir de cette esplanade située en plein cœur de Mitte. Les lieux sont occupés par le palais de la République depuis 1976, désamianté depuis quelque temps et dont l'entretien complique plus encore les débats relatifs à l'esplanade du Château.

Les avis sur l'aménagement de cette place hautement symbolique du point de vue politique et sur celui du quartier même de Mitte sont aussi nombreux que les protagonistes eux-mêmes. Avec sa décision, le Bundestag est finalement allé dans le sens des partisans d'une reconstruction du château, conduits par **Wilhelm von Boddien** (à la tête de l'Association de soutien du château de Berlin). Si les citoyens firent preuve de scepticisme à l'égard du château pendant des siècles – la résidence des Hohenzollern était également qualifiée de « citadelle » froide, triste et repoussante – les partisans d'une reconstruction, non pas « critique » mais fidèle à l'original, sont aujourd'hui nombreux.

ADRESSE

The Coffeeshop im Auswärtigen Amt – *Werderscher Markt 1 –* Tram *Hausvogteiplatz – ☎ 018 88 17 17 25 – à partir de 8h, w.-end à partir de 10h.*
Ce *coffee shop* clair, qui propose quelques *bagels*, sandwichs et *muffins*, se trouve dans l'extension du ministère des Affaires étrangères – juste à côté de la cour vitrée de grand style accessible au public. Si on a peu de chance de voir le ministre des Affaires étrangères en personne, il n'est pas rare d'y rencontrer ses collaborateurs.

La **commission d'experts « Historische Mitte Berlin »**, dirigée par **Hans Swoboda**, ancien conseiller municipal viennois chargé de la Construction, aujourd'hui député européen SPÖ, recommanda en 2001, d'ériger sur l'esplanade du Château un bâtiment de la taille de l'ancien château détruit. Il s'agissait d'appliquer la solution urbanistique trouvée par les architectes Schlüter et Eosander à la charnière des 17e et 18e s. – c'est-à-dire de faire précisément du grand édifice du château un segment de pont entre les deux bras de la Spree, dans le prolongement diagonal des Linden, devenant un point de référence essentiel pour tous les autres édifices construits à proximité jusqu'en 1945. Bien que le vote de la commission relatif à la faisabilité d'un projet architectural nouveau n'essuya pas de refus, les façades baroques des côtés Nord, Ouest et Sud, ainsi que la Schlüterhof, importante du point de vue artistique et historique, furent reconstruites d'après les modèles anciens. On ne put toutefois pas recréer entièrement la décoration intérieure autrefois grandiose des différentes pièces. On envisage, par ailleurs, de conserver la façade Est sur la Spree du palais de la République et de l'intégrer au nouvel édifice, de même que la Volkskammersaal à l'importante signification historique.
Le complexe de bâtiments ainsi réalisé pourrait être utilisé par la Fondation du patrimoine culturel prussien (Stiftung Preußischer Kulturbesitz), qui devrait exposer ici ses collections d'œuvres d'art extra-européennes. La Bibliothèque centrale et nationale (Zentral- und Landesbibliothek) devrait également y présenter son fonds et l'université Humboldt ses collections scientifiques. Il faut ajouter à cela plusieurs salles et auditoriums, des surfaces d'exposition, ainsi que des établissements de restauration. Mais la question du financement du projet reste encore à éclaircir.

se promener

Lustgarten

À l'emplacement de cette vaste esplanade se trouvait autrefois, annexé au château, le **jardin privé du Prince Électeur** *(Kurfürstlicher Lustgarten)* qui occupa diverses fonctions au fil de son histoire, à la fois jardin potager et jardin d'agrément, mais aussi champ de manœuvres et place de défilé. En 1999, il fut de nouveau aménagé en parc, d'après un projet de Schinkel remanié.

H. Champollion/MICHELIN

La cathédrale de Berlin.

Berliner Dom*

♿ *Avr.-sept. : 9h-20h (jeu. 22h), dim. 12h-20h ; oct.-mars : 9h-19h, dim. 12h-19h (dernière entrée 1h av. fermeture). 5,10€. ☎ 20 26 91 52. www.berliner-dom.de*

La cathédrale de Berlin est l'ancienne cathédrale et église de la cour des Hohenzollern, érigée entre 1894 et 1905 dans le style de la Renaissance italienne, d'après les idées de l'empereur Guillaume II et le projet de l'architecte de cathédrales Julius Carl Raschdorff. Elle devait alors servir d'église principale et représentative du protestantisme. La cathédrale fut sévèrement endommagée pendant la Seconde Guerre mondiale et reconstruite à partir de 1975 avec un aspect extérieur légèrement modifié. On choisit ainsi d'ériger un dôme et des tours plus petits et plus simples. Le magnifique **intérieur**★★ abrite la somptueuse église de prédication (Predigtkirche), le baptistère et l'église des mariages (Traukirche) de la paroisse, ainsi que la **crypte des Hohenzollern**. Remarquer surtout la décoration classique issue de l'édifice précédent (Karl Friedrich Schinkel, Friedrich August Stüler, Christian Daniel Rauch), l'orgue de 1904, ainsi que les mosaïques et les peintures sur verre d'Anton von Werner. Parmi les monuments funéraires, on admire principalement celui en bronze de l'Électeur Jean Cicéron de l'atelier Vischer de Nuremberg et le cercueil d'apparat du Grand Électeur et de son épouse, réalisé par Johann Arnold Nering, ainsi que celui du premier couple royal prussien, Frédéric Ier et Sophie-Charlotte, œuvre d'Andreas Schlüter.

En gravissant le dôme (environ 50 m de haut), on jouit d'une vue superbe sur les édifices des environs.

Palast der Republik (Z)

Ce bâtiment avait été conçu comme un centre culturel agrémenté de cafés et d'espaces de loisirs. La chambre du peuple de la RDA, Parlement est-allemand, s'y réunit également jusqu'en 1990. Cet édifice autrefois renommé de la RDA fut érigé à partir de 1973 sous la direction de l'architecte Heinz Graffunder en un temps record d'à peine 32 mois. Des artisans et des soldats de la NVA affluèrent de toute la République et travaillèrent sans relâche afin que cet immense palais de marbre soit achevé en temps et en heure, pour le IXe congrès du SED, en mai 1976. En raison de sa décoration et en référence au président du Conseil d'État de la RDA, Erich Honecker, on s'en moqua également en le surnommant le « magasin de luminaires d'Erich ». Après la chute du Mur, on constata que le bâtiment était contaminé par l'amiante. On prit alors la décision de le raser, mais les protestations furent nombreuses et on procéda finalement à une simple élimination de l'amiante. L'avenir du **palais de la République** se décidera maintenant dans le cadre des plans relatifs à la reconstruction du château – une grande partie du palais devrait alors vraisemblablement disparaître *(voir « comprendre »)*.

Neuer Marstall (Z1)

Angle Schloßplatz et Breite Straße.

Ces **écuries** monumentales, qui faisaient autrefois face au château pour former la Schloßplatz, possédaient tout un système mécanique pour monter les chevaux. Elles pouvaient en abriter 300.

Staatsratsgebäude (Z2)

Schloßplatz 1. Après que le château eut été dynamité, les autorités de la RDA firent intégrer à la façade du nouvel édifice du Conseil d'État (1962-1964) le portique du portail IV (en grande partie une copie) du château avec son balcon, d'où Karl Liebknecht avait proclamé la république socialiste le 9 novembre 1918. Les atlantes qui le supportent ont été réalisés par **Balthasar Permoser**, le sculpteur du Zwinger de Dresde. Le chancelier établit provisoirement son siège à cet endroit, entre 1999 et 2001, jusqu'à l'achèvement de la Chancellerie dans le coude de la Spree (Spreebogen, *voir Regierungsviertel*).

Traverser le canal de la Spree en direction de l'Ouest.

Auswärtiges Amt

Werderscher Markt 1. Le **ministère des Affaires étrangères** occupe deux grands bâtiments reliés par un souterrain. La plus grande partie de l'édifice fut réalisée entre 1934 et 1940 d'après un projet du directeur de la construction de la Reichsbank, Heinrich Wolff, pour agrandir le bâtiment initial de la banque. Ce fut la première grande construction des nationaux-socialistes et, à l'époque, de loin le plus grand bâtiment de la capitale du Reich. L'édifice marque le passage des modernes des années 1920 – à travers un plan qui suit le tracé du canal de la Spree et de la Kurstraße, ainsi que la division horizontale des fenêtres – aux futures constructions monumentales des nazis, telles que le ministère de l'Air du Reich (Reichsluftfahrtministerium, *voir Potsdamer Platz : « Wilhelmstraße »*). En 1958, il fut repris et remanié par le **comité central du SED** ; un an plus tard le Politbüro, véritable pouvoir de la RDA, y emménagea. D'autres travaux de modernisation s'y déroulèrent après la fin de l'ère Ulbricht dans les années 1970. Après les premières élections libres à la chambre du peuple le 18 mars 1990, les députés obtinrent leurs bureaux dans ce bâtiment désormais appelé **« maison des Parlementaires »**. Suite à la fermeture du Palais de la République en raison de problèmes d'amiante, la Chambre du peuple s'y réunit jusqu'à sa dissolution, la veille de la réunification. C'est également ici qu'elle donna son accord sur le **traité d'unification** entre la République fédérale et la République démocratique le 20 septembre 1990 à une majorité de deux tiers. Le bâtiment fut ensuite réorganisé par Hans Kollhoff. Il s'agissait de respecter le bâtiment existant en tenant compte des différentes phases historiques de sa construction, dans les années 1930, 1950 et 1970. L'ancienne salle des coffres fut transformée en un centre de conférence et les énormes coffres utilisés pour stocker les réserves d'or et de devises de la Reichsbank – trois étages sous terre – abritent désormais les archives.

Le **nouvel édifice** « compact » du jeune duo d'architectes berlinois Müller et Reimann a été érigé sur l'emplacement inoccupé de la place du Marché (Werderscher Markt). On remarque les trois grandes cours vitrées qui se détachent de la masse de l'édifice. Celle située au Nord forme une entrée accessible au public – une paroi en verre s'étend sur toute la façade Nord, pour « ouvrir » le ministère sur la ville ; l'intérieur et l'extérieur se confondent ainsi. Une cour d'honneur s'étend jusqu'à l'ancien bâtiment, du côté Est et, jusqu'au canal de la Spree, a été aménagée une terrasse intérieure plantée d'arbres, la **Stadtloggia**.

H. Champollion/MICHELIN

Le nouveau bâtiment du ministère des Affaires étrangères.

Le ministère des Affaires étrangères de l'ex-RDA, qui lui fait face au Nord, a été démoli. Sur son emplacement sera reconstruite la fameuse **Académie d'architecture** (*Bauakademie*, 1831-1836), que l'on doit à Schinkel – on ignore encore quelle sera l'utilisation du bâtiment. Un angle de cet important ouvrage de construction du point de vue architectural et historique a symboliquement déjà été construit. Il constitue l'une des œuvres architecturales majeures du 19e s. grâce à la combinaison de trois éléments : sa fonctionnalité stricte, sa technologie novatrice qui mettait en œuvre conjointement fer et brique dans toutes leurs possibilités techniques et esthétiques, et son ornementation en terre cuite.

Friedrichswerdersche Kirche★ (M22)

Tlj sf lun. 10h-18h. 3€, gratuit 1er dim. mois. ☎ 20 90 55 66. www.smb.spk-berlin.de

La première église sur la place du Marché datait de 1700. Pour sa reconstruction, Schinkel avait proposé plusieurs variantes : classique ou néogothique. Le néogothique, dont c'est la première apparition à Berlin, prévalut. L'intérieur de l'édifice est polychrome : les voûtes sont peintes (briques, nervures), ainsi que les pierres des piliers, en faux marbre ; les tribunes et la chaire sont en bois ; l'abside est ornée de vitraux, décorés d'après des projets de Schinkel. L'église abrite, entre autres, un département de documentation consacré à son architecte Karl Friedrich Schinkel. Des panneaux explicatifs donnent des détails sur ses principales réalisations berlinoises : le **Vieux Musée**, l'**Académie d'architecture**, l'élégante École d'artillerie sur l'avenue Unter den Linden, le Packow, hôtel des impôts, et les projets non réalisés comme la Bibliothèque d'État et le **grand magasin sur l'Unter den Linden** (1827). Les jolies **terres cuites★** qui ornaient l'Académie d'architecture, d'une élégance et d'une finition parfaites, les statues murales mythologiques, imaginées par Schinkel pour le salon de thé de l'appartement du prince héritier dans le château de Berlin, ainsi que le portail de l'église elle-même, montrent que tous les détails, dans l'œuvre de Schinkel, concourent à la beauté de l'architecture.

Non loin de là, l'Ancienne Galerie nationale présente une partie de sa vaste collection de sculptures. Des œuvres des sculpteurs du classicisme de 1780 à 1860 (parmi lesquelles des travaux de Rauch, Tieck et Schadow) expliquent le développement indépendant de la sculpture berlinoise à cette époque. Les petites sculptures classiques que l'on aperçoit sur l'ancienne tribune d'orgue complètent cette exposition.

Schöneberg★

Moins bourgeois que ses voisins de l'Ouest, Wilmersdorf et Charlottenbourg, Schöneberg est un quartier assez étendu qui présente plusieurs centres d'animations. La communauté homosexuelle de Berlin a élu domicile au Nord du quartier entre la Wittenbergplatz et la Nollendorfplatz. Un peu plus au Sud, la Winterfeldplatz et la Goltzstraße accueillent un grand nombre de cafés et de boutiques à la mode. Tout à fait au Sud, Friedenau est un havre résidentiel à côté d'une importante rue commerçante.

La situation

Tempelhof-Schöneberg. Plan p. 144-145 HJXY et p. 300-301 BUV - Carte Michelin n° 33 N 9-11, P 9-11, R 9-12, S 9-11, T8-11, U 8-11, V 10-11. Tram *1, 2, 12, 15 Wittenbergplatz, Nollendorfplatz,* Tram *2, 12 Bülowstraße,* Tram *4 Nollendorfplatz, Viktoria-Luise-Platz, Bayerischer Platz, Rathaus Schöneberg, Innsbrucker Platz,* Tram *7 Bayerischer Platz, Eisenacher Straße, Kleistpark, Yorckstraße,* Tram *9 Bundesplatz, Friedrich-Wilhelm-Platz, Walter-Schreiber-Platz,* S *1 Friedenau,* S *1, 2 Yorckstraße,* S *1, 41, 42, 46, 47 Schöneberg,* S *2, 26 Priesterweg,* S *2, 26, 41, 42, 46, 47 Papestraße,* S *41, 42, 46, 47 Bundesplatz, Innsbrucker Platz.* Le carrefour autoroutier de Schöneberg est l'un des principaux nœuds du trafic au Sud de Berlin. La rue principale (Hauptstraße), au Nord et Nord-Ouest de Schöneberg, entre l'église paroissiale (Dorfkirche) et le Kleispark, est très commerçante.

À voir dans les environs : KURFÜRSTENDAMM, KREUZBERG, KULTURFORUM, TEMPELHOF, TIERGARTEN, WILMERSDORF, STEGLITZ.

comprendre

Des débuts modestes - Mentionné pour la première fois en 1264, « Sconenberghe » est acheté pour Joachim Ier et administré par le Mühlenhof dans le quartier de St-Nicolas. Au début du 19e s., Schöneberg est un lieu d'excursion ; les établissements de bains abondent le long de la Potsdamer Chaussee et du Schafgraben, qui deviendra le Landwehrkanal. L'essor du chemin de fer (la première ligne Berlin-Potsdam passe en 1838 à travers les prés communaux) conditionnera le développement du village.

Les nouveaux quartiers de l'Ouest - Fuyant la ville industrielle, les classes aisées s'installent devant la porte de Potsdam et au-delà du Landwehrkanal, qui marque la frontière avec Berlin, amorçant l'extension de la capitale vers l'Ouest. Pendant les « années de fondation » *(Gründerjahre)*, de gros propriétaires et des promoteurs peu scrupuleux se lancent dans une spéculation effrénée, exemple suivi par des agriculteurs qui vendent leurs terres à prix d'or. Les « **paysans millionnaires** » *(Millionenbauern)* de Schöneberg se font bâtir d'imposantes villas dans le tout nouveau « quartier bavarois » et à Friedenau. Artistes, écrivains, scientifiques suivent.

Un mélange de « casernes locatives » et de petites entreprises, surtout concentrées au Sud, caractérise l'urbanisation de Schöneberg, qui est un quartier de fonctionnaires et de militaires et qui obtient le statut de ville en 1898. Schöneberg et Friedenau sont incorporés dans le Grand Berlin en 1920.

Ph. Gajic/MICHELIN

L'église paroissiale de Schöneberg.

Le palais des sports : des Six Jours à la déclaration de la « guerre totale » - Lieu de rencontres sportives durant les années 1920 (on y applaudit avec frénésie les **Six Jours cyclistes**, largement retransmis à la radio), le **palais des sports** de la Potsdamer Straße est aussi un lieu de meetings politiques qui vibre, au début des années 1930, des appels enflammés des tribuns. Les communistes succèdent parfois

carnet pratique

Pour les petites faims

Café Berio – *Maaßenstraße 7 – Tram Nollendorfplatz – ☎ 216 19 46 – www.berio.de – à partir de 8h.* Le Berio est un café clair à deux étages, situé entre la Nollendorfplatz et la Winterfeldtplatz, avec de nombreuses chaises et tables de bistrot installées sur le trottoir. Outre un grand choix de gâteaux, vous pourrez également y déguster des petits plats.

Cafés, bistrots et bars

Voir également Informations pratiques : « Cafés, bistrots et bars ».

Café M – *Goltzstraße 33 – Tram Nollendorfplatz, Eisenacher Straße – ☎ 216 70 92 – à partir de 8h, ven.-dim. à partir de 9h.* Le Café M, avec son mobilier réduit à l'essentiel, est le rendez-vous des gens décontractés – et ce depuis les années 1980.

Sidney – *Winterfeldtstraße 40 – Tram Nollendorfplatz – ☎ 216 52 53 – à partir de 9h.* Grand café-bistrot au mobilier plutôt simple. Depuis les places en terrasse, on jouit d'une belle vue sur l'agitation de la Winterfeldtplatz les jours de marché.

Achats

Groopie deluxe – *Goltzstraße 39 – Tram Eisenacher Straße, Nollendorfplatz – ☎ 217 20 38 – www.groopiedeluxe.com – tlj sf dim. 11h-19h, sam. 11h-16h.* Cette boutique de mode jeune et branchée vend surtout des vêtements et des marques de Berlin, Hambourg et Cologne.

Herz + Stöhr – *Winterfeldtstraße 52 – Tram Nollendorfplatz – ☎ 216 44 25 – www.herz-stoehr.de – tlj sf dim. 11h-19h, sam. 11h-16h.* Ces deux créatrices de mode se consacrent aux vêtements pour femmes avec pour ambition principale de « faire plaisir ».

Hirschmann – *Maaßenstraße 12 – Tram Nollendorfplatz – ☎ 215 95 44 – tlj sf dim. 10h-20h, sam. 10h-16h.* Chez Hirschmann, à deux pas de la Winterfeldtplatz, vous pouvez trouver des vêtements pour femmes, pour la journée comme pour la nuit.

Luccico – *Goltzstraße 34 – Tram Eisenacher Straße – ☎ 691 32 57 – www.luccico.de – tlj sf dim. 12h-20h, sam. 11h-16h.* Chez Luccico – également représenté Neue Schönhauser Straße 18 (Mitte) et Zossener Straße 32 (Kreuzberg) – on trouve des collections de chaussures modernes et classiques de grande qualité.

Oxford & Co – *Akazienstraße 18 – Tram Eisenacher Straße – ☎ 78 71 73 10 – tlj sf dim. 10h-20h, sam. 10h-16h.* Chez Oxford & Co, vous trouverez des chaussures d'excellente qualité pour femmes et pour hommes. Ses autres boutiques vous accueillent Pariser Straße 20 (Wilmersdorf) et Rosenthaler Straße 37 (Mitte).

Schwermetall – *Winterfeldtstraße 50 – Tram Nollendorfplatz – ☎ 23 63 91 83 – tlj sf dim. et lun. 11h-19h, sam. 11h-16h.* Le nom de ce magasin (« métal lourd ») est trompeur ; chez Schwermetall on ne trouve pas des décorations en ferraille destinées aux motards, mais de petites et délicates œuvres d'art en métal précieux.

Vivaverde – *Motzstraße 28 – Tram Nollendorfplatz – ☎ 213 33 61 - www.vivaverde.de – tlj sf dim. 10h-18h, sam. 10h-14h.* Chez Vivaverde, tous les vêtements, pantalons, pull-overs et barboteuses, sont réalisés à base de fibres naturelles non traitées chimiquement.

Marchés

Großer Trödelmarkt – *John-F.-Kennedy-Platz – Tram Rathaus Schöneberg – w.-end 8h-16h.* Le week-end se déroule le Grand Marché aux puces (Großer Trödelmarkt) sur la place située devant la mairie de Schöneberg.

Winterfeldtplatz – *Tram Nollendorfplatz – mer.-sam. 8h-14h.* Le marché de Winterfeldt fait partie des plus appréciés de Berlin. Les jours de marché, la place située devant l'église St-Mathias est occupée par près de 300 étals et il y règne une ambiance chamarrée.

Détente et loisirs

Stadtbad Schöneberg – *Hauptstraße 39 – S Schöneberg, Tram Rathaus Schöneberg – ☎ 780 99 30 – www.bbb.berlin.de.* Le bassin de la piscine municipale de Schöneberg mesure 25 m de long (température de l'eau 28 °C) ; elle possède, en outre, une pataugeoire réservée aux petits enfants et une zone réservée à ceux qui ne savent pas nager, ainsi qu'un plongeoir de 3 m, un bassin extérieur, de grands tobbogans, un bain à remous, un bassin d'eau salée et un sauna (payant).

à un discours de Hitler. Les bagarres sont monnaie courante. C'est dans une salle comble, remplie de partisans triés sur le volet, que **Joseph Goebbels**, à la tête du ministère de la Propagande et de l'Information, prononça un discours destiné à remonter le moral de la population le 18 février 1943.

À la question : « Voulez-vous la guerre totale ? », répondit une tempête de « Oui ! ». Deux années plus tard, Berlin et l'Allemagne toute entière étaient en ruine.

se promener

Bayerisches Viertel

Tram *Viktoria-Luise-Platz.* Aux alentours de 1900, la Compagnie foncière berlinoise, le plus gros promoteur immobilier à Schöneberg, négocie avec les banques, coopère étroitement avec l'administration municipale pour déterminer le tracé des routes et s'occupe de la construction des immeubles, contrairement aux autres investisseurs fonciers. Elle imagine le « **Quartier bavarois** » avant de poursuivre ses activités à

Wilmersdorf où elle construit encore plus somptueusement. Des maisons cossues, où habitaient nombre d'universitaires juifs (et, parmi eux, Albert Einstein), ne subsiste que la **Viktoria-Luise-Platz** qui a conservé des façades 1900-1910. Le reste du quartier est disloqué. Un réseau de larges rues (Innsbrucker Straße) est bordé d'immeubles de l'après-guerre.

Poursuivre par la Münchener Straße et la Westarpstraße jusqu'à la Bayerischer Platz, puis jusqu'à l'hôtel de ville, via la Salzburger Straße.

Rathaus Schöneberg (R4)

L'imposant bâtiment gouvernemental fut construit entre 1911 et 1914 pour le quartier de Schöneberg, alors indépendant. Il fut le siège du bourgmestre régnant du sénat de Berlin-Ouest et de la Chambre des députés jusqu'en 1990 (l'exécutif de la ville a désormais rejoint l'« hôtel de ville rouge », *voir Alexanderplatz*, tandis que la Chambre des députés occupe l'ancienne Chambre des députés prussienne, *voir Potsdamerplatz*). Dans cette tour de 81 m de haut est suspendue, depuis 1951, la cloche de la liberté (Freiheitsglocke) offerte par les Américains. L'hôtel de ville de Schöneberg est devenu célèbre le 26 juin 1963 lorsque le président des États-Unis **John F. Kennedy** y prononça depuis son balcon la fameuse phrase : « Tout homme libre, où qu'il vive, est citoyen de Berlin. Et, en tant qu'homme libre, je dis ces mots avec fierté : *Ich bin ein Berliner.* »

Dalmas/SIPA PRESS

Kennedy à Berlin.

Poursuivre par la Dominicusstraße puis obliquer à gauche dans la Hauptstraße.

Dorfkirche

Hauptstraße 46. À côté de l'**église paroissiale**, le cimetière abrite des tombes de « paysans millionnaires ». L'édifice frédéricien qui héberge l'église fut érigé entre 1764 et 1766 et reconstruit, en grande partie fidèlement au bâtiment d'origine (au moins extérieurement) après les destructions de la Seconde Guerre mondiale. Deux bâtiments plus loin, on peut visiter le **musée de la Jeunesse** *(voir « visiter »).*

visiter

Wittenbergplatz

Tram *Wittenbergplatz.* Alfred Grenander, architecte d'un grand nombre de stations de métro dans les années 1910-1920, a construit celle de Wittenbergplatz (1911-1913) qui fut la première station souterraine. Le bâtiment, de style classique, est la porte des nouveaux quartiers de l'Ouest, dont l'essor et l'opulence sont symbolisés, immédiatement en face, par le grand magasin « **Kaufhaus des Westens** » ou **KaDeWe★**, qui marque la frontière avec le quartier du Kurfürstendamm *(voir ce nom).*

St. Matthäus-Kirchhof

S + Tram *Yorckstraße. Großgörschenstraße 12-14.* Dans le cimetière St-Mathieu, qui porte le même nom que l'église *(voir Kulturforum)* et qui lui appartient, règne une atmosphère propice à la méditation. Il est situé en plein cœur de l'« **île Rouge** », coincée entre des voies de S-Bahn et celles, aujourd'hui désaffectées, de la gare d'Anhalt. L'île fut appelée ainsi en raison du vote communiste de ses habitants ouvriers durant l'entre-deux-guerres. On voit dans l'architecture du cimetière elle-même que la région située autour de l'église St-Mathieu était autrefois très riche, même si quelques tombes furent déplacées à Stahnsdorf, à la périphérie Sud de Berlin, dans le cadre du projet Germania des nationaux-socialistes. Jusqu'à leur exhumation par les SS, les conspirateurs du 20 juillet 1944 y étaient également enterrés. La tombe la plus célèbre est aujourd'hui celle des frères Grimm *(plan des principales tombes à l'entrée).*

Kleistpark

Ce petit parc fut le premier jardin botanique de la ville (1679), avant son déménagement à Dahlem. Il s'ouvre sur la Potsdamer Straße par les colonnes royales réalisées par Gontard en 1780, qui ornaient autrefois le **Pont royal**, près de l'Alexanderplatz, et qui furent transportées ici en 1910. Le parc sert d'écrin de verdure à l'imposant

tribunal (1909-1913, **J**) néo-baroque. Bien que le vrai Tribunal du peuple soit installé sur la Potsdamer Platz, les **procès-simulacres de Freisler** se sont déroulés ici. Ce tribunal abrita aussi, de 1945 à 1990, le Conseil de contrôle des quatre puissances alliées, et c'est là que fut signé l'accord quadripartite.

Jugendmuseum

Ⓢ *Schöneberg. Hauptstraße 40-42. Mer.-jeu. 15h-18h, dim. 14h-18h. Fermé vac. été berlinoises. Gratuit.* ☎ *75 60 61 63.*

Ce musée de Schöneberg attire les enfants et les jeunes. Dans la « villa des millionnaires », un édifice des « années de la fondation » (Gründerzeit), situé dans le cœur historique du village, des salles d'exposition et des ateliers invitent à découvrir, entre autres, l'histoire de Schöneberg. Dans la « chambre aux Merveilles » le musée devient son propre thème : les 8-14 ans et tous ceux qui sont restés jeunes apprennent ici, accompagnés par des professeurs du théâtre et des spécialistes du musée, des choses étonnantes sur l'art de la collection et de la préservation, sur la découverte et la recherche, ainsi que sur la lecture des vestiges et l'art d'exposer. Il faut ajouter à cela quelques expositions temporaires sur des thèmes historiques et actuels – les jeunes sont également invités à participer.

Natur-Park Schöneberger Südgelände*

Ⓢ *Priesterweg.* Le système des gares en cul-de-sac avait impliqué de vastes installations de manœuvre dans la ville – les critiques contemporains de la république de Weimar, tels que Werner Hegemann, dénoncèrent alors ces « abcès dans l'estomac de Berlin ». En 70 ans, Schöneberg Südgelände était devenu un lieu de manœuvre et un emplacement pour accueillir un atelier de réparation pour les chemins de fer du Reich. Après la Seconde Guerre mondiale, ces installations furent peu à peu abandonnées, en raison de la division du pays et de la ville. La nature a depuis « reconquis » mètre par mètre ce terrain de 18 ha. Entre les installations de chemin de fer abandonnées et les innombrables files de rails, un paysage boisé et varié a vu le jour en quelques décennies à peine, avec une impressionnante diversité de faune et de flore. Il est classé site naturel protégé depuis 1999. Il est impressionnant de constater la rapidité avec laquelle une région, autrefois sans arbre ni arbuste, une fois abandonnée par les hommes, peut se transformer en un paysage forestier sauvage et romantique riche en espèces. Plusieurs chemins, dont certains sous forme de passerelles métalliques, sillonnent ce parc naturel, en longeant les vestiges des chemins de fer, tels que des hangars à locomotives, un château d'eau, une plate-forme tournante et des voies ferrées.

Ceciliengärten*

Ⓢ *Friedenau, Innsbrucker Platz.* Une place et un jardin tout en longueur, orné de deux belles statues de Georg Kolben, agrémentent ce très beau lotissement (1924-1926) composé de maisons à deux étages, à encorbellements et à loggias. Certaines entrées ont la forme d'un arc outrepassé avec un treillage en terre cuite. Chaque appartement était équipé d'une cuisine et d'une salle de bains ; un deux-pièces mesurait 72 m^2.

Spandauer Vorstadt**

Entre l'Oranienburger Straße et l'Hackescher Markt, bat le cœur du « Nouveau Berlin ». Comptant parmi les plus anciens de la ville, tant par son tracé que par son architecture, le quartier est sorti de sa longue léthargie à la chute du Mur pour être, depuis, le théâtre d'une animation permanente. Des façades délabrées aux murs criblés de balles et couverts de graffitis, des institutions culturelles juives chaperonnées par le dôme doré de la Nouvelle Synagogue, des cafés, des bars et des restaurants en abondance, des cours et arrière-cours restaurées : le visiteur est la proie de surprises incessantes, qui pourront l'entraîner jusqu'au petit matin, le quartier offrant l'une des vies nocturnes les plus riches et les plus animées de la ville.

La situation

Mitte. Plan p. 146-147 OPXY et *p. 148-149 KLTU – Carte Michelin n° 33 G14, H 13-14, J 13-15, K 14-15.* Ⓢ *1, 25, 26 Oranienburger Tor,* Ⓢ *3, 5, 7, 9, 75 Hackescher Markt,* Ⓢ *41, 42, 46, 47, Nordbahnhof,* Tram *2 Rosa-Luxemburg-Platz,* Tram *6 Oranienburger Tor,* Tram *8 Bernauer Straße, Rosenthaler Platz, Weinmeisterstraße.* Le Spandauer Vorstadt s'étend de la Spree à la Torstraße qui, au Nord, ouvre sur le Rosenthaler Vorstadt. Le Spandauer Vorstadt est l'un des quartiers préférés des Berlinois qui aiment sortir. À la tombée de la nuit, des prostituées arpentent toutefois les trottoirs de l'Oranienburger Straße.

À voir dans les environs : ALEXANDERPLATZ, FRIEDRICHSHAIN, MUSEUMSINSEL, PRENZLAUER BERG, SCHLOSSPLATZ, WEDDING.

carnet pratique

Pour les petites faims

Barcomi's Deli – *Sophienstraße 21/Sophie-Gips-Höfe – S Hackescher Markt, Tram Weinmeisterstraße – ☎ 28 59 83 63 – à partir de 9h, dim. à partir de 10h.* Café spacieux et lumineux dans l'esprit new-yorkais situé dans les Sophie-Gips-Höfe, entre la Sophienstraße et la Gipstraße. Les nombreuses variétés de café proviennent de sa propre brûlerie, située au Bergmannstraße 21 (Kreuzberg). On peut commander des tartes salées, des sandwiches, des salades et des gâteaux.

Cafés, bistrots et bars

Voir également Informations pratiques : « Cafés, bistrots et bars ».

Aedes – *Hackesche Höfe/Rosenthaler Straße 40-41 – S Hackescher Markt, Tram Weinmeisterstraße – ☎ 285 82 75 – www.cafe-aedes.de – à partir de 10h.* Le café se situe en plein cœur des Hackesche Höfe. De la petite terrasse, on profite de l'animation de cette ville miniature, érigée au rang de lieu culte. À l'intérieur, une lumière diffuse filtre à travers une baie vitrée pour éclairer l'intérieur moderne, dominé par un comptoir massif en béton.

Gambrinus – *Linienstraße 133 – Tram Oranienburger Tor – ☎ 282 60 43 – à partir de 12h, dim. à partir de 15h.* Petit bistrot rustique et authentique à la berlinoise, datant du 19e s., pour contenter les petites faims qui vous tenaillent. Notons les nombreuses photos aux murs documentant l'ancien Berlin. Carte pleine d'humour... pour les germanophones !

Hackbarth's – *Auguststraße 49a – Tram Weinmeisterstraße – ☎ 282 77 06 – à partir de 9h.* Ce café-bar doté d'un comptoir en angle se trouve à un carrefour tranquille du Spandauer Vorstadt, loin du bruit de l'Oranienburger Straße. Parmi les convives, on trouve surtout des étudiants, des artistes et des personnalités du monde des médias.

Keyser Soze – *Tucholskystraße 33 – S Oranienburger Straße – ☎ 28 59 94 89 – à partir de 9h.* Café-bar aux larges ouvertures, très à la mode, idéal pour observer la faune du Mitte – lorsqu'il fait beau, on s'en donnera à cœur joie depuis l'extérieur. On remarquera l'étonnant mur lumineux orange, derrière le très long comptoir.

Schwarzenraben – *Neue Schönhauser Straße 13 – S Hackescher Markt, Tram Weinmeisterstraße – ☎ 28 39 16 98 – à partir de 10h.* Ce bistrot italien très branché, fréquenté par les artistes et le monde de la mode et du spectacle, occupe l'ancien Café du peuple de l'Empire. En été, il faut profiter du jardin apaisant ; en hiver, on se réchauffera dans le caveau Engelspalast à l'ambiance années 1920.

Achats

Adidas Originals Store – *Münzstraße 13-15 – Tram Weinmeisterstraße – ☎ 27 59 43 81 – www.adidas.com – tlj sf dim. 11h-20h, sam. 11h-16h.* Le premier magasin Adidas d'Europe se trouve bien sûr à Berlin. On y trouvera tous les produits de la marque aux trois bandes.

Artificium Kunstbuchhandlung – *Rosenthaler Straße/Hackesche Höfe 40-41 – S Hackescher Markt, Tram Weinmeisterstraße – ☎ 30 87 22 80 – 10h-21h, ven. 10h-23h, sam. 10h-24h, dim. 11h-19h.* Située dans les Hackesche Höfe, cette librairie très stylée offre des horaires étendus qui font le bonheur de nombreux bibliophiles. Grand choix de livres sur les arts, l'architecture et la photographie.

Authentics Shop/Galerie – *Neue Schönhauser Straße 19 – S Hackescher Markt, Tram Weinmeisterstraße – ☎ 28 09 92 92 – www.authentics-shop.com – tlj sf dim. 12h-20h, sam. 11h-16h.* Salle d'exposition et de vente d'objets pour la maison réalisés par de grands designers internationaux.

Barfuss oder lackSCHUH – *Oranienburger Straße 89 – S Hackescher Markt, Tram Weinmeisterstraße – ☎ 28 39 19 91 – tlj sf dim. 11h-20h, sam. 10h-18h.* Cette boutique offre 400 modèles de chaussures, des plus classiques aux plus modernes. Une autre boutique se trouve Knesebeckstraße 86 (Charlottenburg).

British Shop – *Sophienstraße 10 – S Hackescher Markt, Tram Weinmeisterstraße – ☎ 28 59 93 07 – www.british-shop.net – tlj sf dim. 11h-19h, sam. 11h-16h.* Ce magasin de produits britanniques (cadeaux, porcelaine et objets pour la maison) est très représentatif du raffinement anglais.

Buchladen im Kunsthof – *Oranienburger Straße 27/Kunsthof – S Oranienburger Straße, Tram Oranienburger Tor – ☎ 281 33 76 – lun. 13h-20h, w.-end 11h-20h ; en été, aussi dim. 11h-17h.* Dans cette petite librairie située dans une cave du Kunsthof, tout tourne autour de Berlin. Divers auteurs d'ouvrages sur Berlin proposent des visites thématiques de la ville dans le cadre des Berliner Autoren Führungen (visites des auteurs berlinois).

DOM – *An der Spandauer Brücke 8 – S Hackescher Markt, Tram Weinmeisterstraße – ☎ 28 09 83 67 – www.dom-ck.com – tlj sf dim. 11h-20h, sam. 10h-16h.* La surprenante façade de DOM, ornée de centaines de plaquettes argentées, révèle un large éventail d'objets divers et variés pour la maison, des plus beaux aux plus kitsch. Une autre boutique se trouve dans les Friedrichstadtpassagen.

Essenbeck – *Auguststraße 72 – S Oranienburger Straße – ☎ 28 38 87 25 – www.essenbeck.de – tlj sf dim. 12h-20h, sam. 12h-18h.* Essenbeck propose des marques connues mais également de la mode de sylistes (encore) inconnus de Berlin et d'ailleurs.

GB – *Auguststraße 77-78 – S Oranienburger Straße, Tram Oranienburger Tor – ☎ 28 39 01 03 – tlj sf dim. 10h-20h,* *sam. 12h-16h.* GB pour « Guido Bednarz », un styliste de mode féminine et masculine intemporelle.

Hotel – *Oranienburger Straße 8 – Ⓢ Hackescher Markt, Oranienburger Straße – ☎ 28 87 94 70 – tlj sf dim. 11h-20h, sam. 11h-18h.* C'est ici que les gens dans le vent dénichent des articles de mode qui ne manquent pas de faire fureur.

Katharina Siegwart – *Oranienburger Straße 27/Kunsthof – Ⓢ Oranienburger Straße, Tram Oranienburger Tor - ☎ 28 38 45 95 – tlj sf lun. 12h-19h, w.-end 12h-16h.* Les chapeaux pleins de style de Katharina Siegwart existent en version paille, feutre, laine et cuir. Si vous ne dénichez pas chapeau à votre tête chez Katharina, vous ne le trouverez nulle part ailleurs !

Lisa D – *Hackesche Höfe/Rosenthaler Straße 40-41 – Ⓢ Hackescher Markt, Tram Weinmeisterstraße – ☎ 282 90 61 - www.lisad.com – tlj sf dim. 12h-18h30.* Située dans les Hackesche Höfe, Lisa D réalise et commercialise des vêtements féminins pleins de fantaisie – elle organise régulièrement des défilés de mode spectaculaires.

Oona – Galerie für Schmuck – *Auguststraße 26 – Ⓢ Hackescher Markt, Tram Weinmeisterstraße - ☎ 28 04 59 05 – www.oona-galerie.de – tlj sf dim. et lun.14h-19h, sam. 13h-18h.* Cette galerie expose les bijoux les plus divers, parfois extravagants, et les propose à la vente.

Respectmen – *Neue Schönhauser Straße 14 – Ⓢ Hackescher Markt, Tram Weinmeisterstraße – ☎ 283 50 10 – tlj sf dim. 12h-20h, sam. 11h-16h.* Mode masculine avant-gardiste et élégante. En face (*Neue Schönhauser Straße 6*), on trouvera la mode féminine.

Retro – *Oranienburger Straße 13-14 – Ⓢ Hackescher Markt, Tram Weinmeisterstraße - ☎ 28 09 77 03 – tlj sf dim. 12h-20h.* Cette boutique propose tant des vêtements classiques pour les hommes soucieux de leur image que des vêtements décontractés à la mode.

Schmuckwerk – *Rosenthaler Straße 40-41/Hackesche Höfe – Ⓢ Hackescher Markt, Tram Weinmeisterstraße – ☎ 281 31 14 – tlj sf dim. 12h-18h30.* Située au cœur des Hackesche Höfe, cette boutique est spécialisée dans le travail des pierres précieuses.

To die for – *Neue Schönhauser Straße 10 – Ⓢ Hackescher Markt, Tram Weinmeisterstraße – ☎ 28 38 68 34 -tlj sf dim. 12h-20h, sam. 12h-18h.* C'est ici, chez To die for, que les trentenaires branchés de Berlin se fournissent en vêtements à la mode.

Trippen – *Rosenthaler Straße/ Hackesche Höfe 40-41 – Ⓢ Hackescher Markt, Tram Weinmeisterstraße – ☎ 28 39 13 37 – www.trippen-shoes.com – tlj sf dim. 12h-20h, sam. 10h-17h.* Décrire les chaussures de Trippen ? De confortables sabots en bois au design avant-gardiste.

Zeppelin – *An der Spandauer Brücke 7 – Ⓢ Hackescher Markt, Tram Weinmeisterstraße - ☎ 4 22 30 78 – tlj sf dim. 11h-19h, sam. 10h-18h.* Pour elle et lui, Zeppelin propose tant de la mode berlinoise qu'internationale.

MARCHÉS

Flohmarkt am Arkonaplatz – *Arkonaplatz – Tram Bernauer Straße – dim. 10h-16h.* Plus petit que ses congénères, à tendance alternative, le marché aux puces de l'Arkonaplatz est unique en son genre.

LOISIRS ET DÉTENTE

Stadtbad Mitte – *Gartenstraße 5 – Ⓢ Nordbahnhof, Tram Zinnowitzer Straße - ☎ 30 88 09 10 – www.bbb.berlin.de.* Construite il y a 70 ans et dotée d'une magnifique architecture de verre, la piscine municipale de Mitte, dans le Rosenthaler Vorstadt, est l'une des plus traditionnelles et des plus belles de la ville. Elle offre des bassins de 50 m (température de l'eau : 28 °C).

Schmuckwerk, au cœur des Hackesche Höfe

H. Champollion/MICHELIN

comprendre

Histoire – À la fin du 17e s., le terrain s'étendant au pied du Spandauer Tor n'était pas bâti, à l'exception d'une métairie de l'Électeur, de quelques jardins et de petites exploitations agricoles. L'Oranienburger Straße est issue d'un ancien chemin vicinal, également voie militaire conduisant à la citadelle de Spandau – qui a donné son nom au quartier : Spandauer Vorstadt. En 1672, on y inaugurait le premier cimetière juif. En 1691 et 1698, Sophie-Charlotte, la seconde épouse du Prince Électeur Frédéric III, offrit à des favoris de la maison princière 27 parcelles à bâtir sur les rives de la Spree, tandis que d'autres furent vendues à des promoteurs. En 1705, une palissade, intégrée par la suite aux remparts de la ville, fut érigée le long de la

Linienstraße pour délimiter le Spandauer Vorstadt. À l'emplacement actuel du Monbijoupark, trôna, dès 1706, un château de plaisance. La première pierre de la Sophienkirche fut posée en 1712. S'est constitué au fil des ans un véritable dédale de rues qui subsiste encore de nos jours, en dépit de la décision prise, en 1716, de tracer les rues au cordeau. Le Spandauer Vorstadt ne répond pas à un plan urbanistique élaboré, comme c'est le cas de la Friedrichstadt, quartier organisé en damier. Au milieu du 18e s., on détruisit les remparts de la ville – c'est ainsi que naquit l'Hackescher Markt. Les fossés de la ville ayant attendu l'avènement de l'omnibus en 1882 pour être comblés, le quartier, même après son intégration au Vieux Berlin, conserva une certaine originalité. Le caractère particulier du Spandauer Vorstadt, principalement forgé au cours du 18e s., se distingue par une structure sociale et religieuse mélangée. On y trouvait des immeubles bourgeois comme des bâtiments des services postaux. De même que les riches côtoyaient les pauvres, il existait une grande tolérance religieuse entre les juifs, les catholiques et les protestants. L'industrialisation, née à deux pas (Chausseestraße), peupla le quartier – le prix du terrain augmenta, des immeubles de rapport (les fameuses « *Mietskasernen* », les casernes locatives) et des arrière-cours virent le jour.

Le Scheunenviertel – L'ancien « quartier des Granges » se trouvait dans la partie Est du Spandauer Vorstadt et non, comme on le croit souvent, autour du très vivant Hackescher Markt et de la Oranienburger Straße, à l'Ouest du quartier. En 1672, une ordonnance relégua les granges à l'extérieur des remparts, vers l'actuelle Rosa-Luxemburg-Platz. Elles donnèrent leur nom à un faubourg mal famé, le « Scheunenviertel » ou « quartier des Granges » qui, au 19e s., devint l'un des quartiers les plus pauvres de la ville, synonyme de misère sociale. C'est là qu'affluèrent les populations juives d'Europe de l'Est, souvent misérables, main-d'œuvre immigrée ou qui fuyait les pogroms de l'Est. Pour beaucoup de ces « Juifs de l'Est » *(Ostjuden)*, vêtus de noir, le quartier des Granges était le terminus du périple qui devait les mener en Amérique. Au 20e s., la population juive augmenta au point d'imprégner l'ambiance du quartier dans son ensemble. Il ne s'agissait pas d'un ghetto mais d'un creuset des couches défavorisées et des bas-fonds de la ville. Le quartier des Granges a été rasé au début du 20e s. pour être reconstruit. Pourtant, la réputation de la ville demeura : avec les nouveaux habitants, s'installèrent les tripots, trafics en tout genre, et autres maisons de passe dans les rues environnantes, jusqu'à la Rosenthaler Straße. Mais la Seconde Guerre mondiale et ses bombardements, l'Holocauste et l'urbanisation finirent par avoir raison du quartier des Granges.

se promener

Arrière-cours et témoignages de la culture juive

La promenade commence au Hackescher Markt (Ⓢ Hackescher Markt).

Hackesche Höfe★★

Entrée Rosenthaler Straße 40-41 et Sophienstraße 6. En face de la station de S-Bahn Hackescher Markt (1882) joliment restaurée, se trouve l'entrée principale des Hackesche Höfe, le plus grand ensemble de cours du Spandauer Vorstadt, mais aussi le plus beau et le plus connu, fascinant entrelacs de huit arrière-cours aux fonctions précises, aux dessins et aux caractères très différents. Après destruction complète de trois immeubles, la construction de cet ensemble, situé entre la Rosenthalerstraße et la Sophienstraße, fut lancée en 1906. Avec une séparation nette entre les zones d'habitation, d'artisanat, de commerce et de culture, ce complexe se montre très différent des arrière-cours du 19e s. Comme le Spandauer Vorstadt, les Hackesche Höfe tombèrent dans l'oubli après 1945, même si elles furent utilisées à plusieurs reprises. Après la chute du Mur, elles furent redécouvertes pour être restaurées à grands frais dans les années 1994-1996. Si la façade néobaroque n'a pas été restaurée, les cours ont retrouvé leurs multiples fonctions d'origine. Appartements et bureaux côtoient ainsi de nombreuses boutiques, une librairie, une agence de location de vélos, des restaurants, des salles de cinéma, un théâtre de variétés et des galeries. Pensée dans des formes issue du Jugendstil par August Endell, la première cour, dotée d'une **façade magnifique★**, est la plus belle de toutes. La cage d'escalier de gauche (même cour) est également remarquable. Fin 2002, les **Rosenhöfe** ont été ouvertes dans la continuité des Hackesche Höfe.

Haus Schwarzenberg

Rosenthaler Straße 39. À quoi ressemblaient les complexes de cour du Spandauer Vorstadt juste après la chute du Mur ? Il suffit pour cela de se promener à proximité des Hackesche Höfe et de poser son regard sur la Haus Schwarzenberg, dont l'état de ruine étonnamment pittoresque contraste totalement avec les différentes institutions culturelles alternatives occupant les lieux. Dans l'arrière-cour, on peut visiter une antenne du Musée juif l'atelier pour malvoyants d'Otto Weidt *(voir « visiter »)*.

Alter jüdischer Friedhof

Dans l'Oranienburger Straße, à droite, au début de la Große Hamburger Straße **(X)**. L'histoire des Juifs de Berlin est marquée par de nombreuses expulsions, les dernières n'étant pas si anciennes, prenant souvent la forme de pogroms. Après l'exécution du maître des monnaies Lippold et l'expulsion de tous les Juifs en 1573, la vie juive s'éteignit à Berlin jusqu'en 1671. Le renouveau fut marqué par un édit du Grand Électeur : on autorisa la venue et l'implantation de 50 Juifs viennois argentés. Derrière la protection accordée à ces persécutés pointaient des intérêts économiques. Un an plus tard, le premier cimetière juif était inauguré – mais resta la seule institution communautaire pendant des décennies. Ce n'est qu'au début du 18e s. que la première synagogue put ouvrir – dans la Heidereutergasse *(voir Alexanderplatz)*. Autour du cimetière, surtout aux 18e et 19e s. ouvrirent de nombreuses institutions : cette partie du Spandauer Vorstadt devenait le cœur de la vie juive. En 1827, le cimetière fut fermé, puis détruit sur ordre de la Gestapo en 1943. C'est aujourd'hui un parking. La mémoire du philosophe **Moses Mendelssohn** (1729-1786) est honorée par un monument funéraire, le seul à avoir été restauré. Une stèle commémorative sobre a été posée à la mémoire d'un hospice pour personnes âgées, utilisé comme lieu de rassemblement par la Gestapo. De là, les Juifs de Berlin étaient acheminés vers les gares (comme la gare de Grunewald), puis déportés vers les camps de la mort, à l'Est. Des 160 000 juifs qui habitaient à Berlin en 1933, 55 000 connurent ce terrible sort et 90 000 purent quitter le Reich à temps. Rares furent ceux qui purent survivre à Berlin. Autrefois surnommée « rue de la tolérance » en raison de la cohabitation d'institutions juives, catholiques et protestantes, la Große Hamburger Straße devint, de par l'existence de ce camp de rassemblement, une des adresses les plus redoutées de la capitale du Reich. Le groupe sculpté, situé à côté de la stèle commémorative, de Will Lammert, est une ébauche d'un travail non réalisé pour le camp de concentration des femmes de Ravensbrück, au Nord de Berlin.

Datant de la première période de construction du quartier, les bâtiments d'en face, aux nos 17 et 19a, sont les plus anciens du Spandauer Vorstadt.

Monbijoupark

Rien ne subsiste du château construit par Eosander et habité notamment par la princesse Sophie-Dorothée, épouse du Roi-Sergent. Il fut détruit pendant la guerre. En 1960, les ruines furent déblayées pour laisser place à un sympathique petit parc déroulant sa verdure jusqu'à la Spree.

Kunsthof (K5)

Oranienburger Straße 27. Avec ses édifices néoclassiques et néo-Renaissance aux airs de palais italiens (construits entre 1840 et 1866), le Kunsthof, doté de galeries, boutiques, et autres bistrots, est un ensemble parfaitement conservé d'une grande beauté. La zone, longtemps restée vide et tombant peu à peu en déliquescence après la chute du Mur, fut rénovée par la société Kunsthof et des partenaires financiers entre 1996 et 1998. On témoigna le plus grand respect aux vieilles pierres pour les conserver dans la mesure du possible. Grâce à l'utilisation d'une sorte de glacis, les façades offrent un délicat aspect vieilli laissant entrevoir leur histoire en transparence. L'escalier de fonte en colimaçon de la deuxième aile de l'Est vaut le détour.

Neue Synagoge★

Oranienburger Straße 28-30. **Eduard Knoblauch** *(voir Nikolaiviertel : « Knoblauchhaus »)* est l'architecte de la **Nouvelle Synagogue**. Après une longue étude de projet, les travaux commencèrent en 1859 et l'inauguration fut célébrée en 1866. Le langage des formes exceptionnel symbolise la nouvelle conscience de la bourgeoise (réformée) de Berlin. Tandis que la façade et une grande partie de la synagogue sont de style mauresque de l'Alhambra, la coupole rappelle l'architecture indienne. Cette synagogue, autrefois la plus belle et la plus grande (3 200 places) de Berlin, survécut au pogrom de la nuit du 9 novembre 1938 sans trop de dommages. Elle doit ce sort particulier à l'intervention du responsable du secteur, Wilhelm Krützfeld, qui empêcha les SA de procéder à une destruction complète et qui alerta les pompiers. La synagogue souffrit énormément des bombardements de 1943. Il fallut attendre 1989 pour que débute sa reconstruction. Six ans plus tard, l'édifice fut inauguré sous le nom de **Centrum Judaicum** *(voir « visiter »)*. Toutefois

« La Nuit de cristal »

Le **9 novembre 1938**, un vaste pogrom à l'échelle nationale est organisé après l'assassinat, à Paris, d'un secrétaire de l'ambassade d'Allemagne par un jeune Juif polonais désespéré. Les magasins sont dévastés, les synagogues incendiées, un grand nombre de Juifs maltraités et même assassinés. Le flot des personnes arrêtées vient grossir les rangs des internés du camp de **Sachsenhausen**, ouvert deux ans plus tôt près d'Oranienbourg. Dans les jours qui suivent, on oblige les Juifs à balayer les trottoirs jonchés d'éclats de verre.

l'édifice n'a été que partiellement restauré – seule la façade (les pierres plus claires indiquent les parties réparées) avec l'inscription en hébreu : « Ouvrez les portes! Qu'elle entre, la nation juste qui observe la fidélité. » (Isaïe, 26:2), l'entrée, située juste derrière, et la coupole structurant l'espace ont été reconstruites.

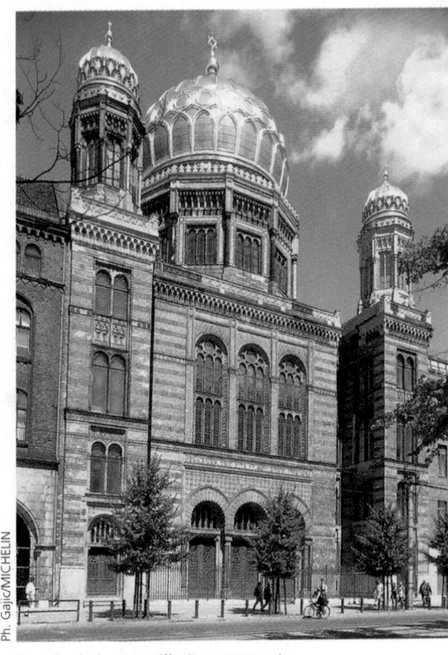
Ph. Gajic/MICHELIN

Façade de la Nouvelle Synagogue.

Heckmannhöfe* (K²)

Oranienburger Straße 32 - Auguststraße 9. La famille Heckmann était une dynastie d'entrepreneurs opérant dans le monde entier. Après la chute du Mur, les descendants rénovèrent et transformèrent la propriété, détenue par la famille depuis 1905. Depuis, une ribambelle d'adorables boutiques et de petits restaurants ont surgi pour former un charmant ensemble mêlant habitations, arts et commerces. À l'inverse de la première cour, sombre, des *Mietskasernen* de l'Oranienburgerstraße, d'époque (1887), la deuxième cour est claire et spacieuse et invite à la rêverie. Outre d'anciennes remises et de nouveaux garages, on trouvera l'ancienne écurie de briques vernissées, datant de 1858 (avec médaillon à la tête de cheval, sur la façade Sud) – c'est le plus ancien bâtiment de l'ensemble. L'immeuble à la façade de style classique tardif, situé à l'angle de l'Auguststraße et de la Tucholskystraße, date de 1872.

Ehemaliges Postfuhramt*

Oranienburger Straße 35-36 (à l'angle de la Tucholskystraße). Un relais de poste s'élevait déjà à cet endroit au début du 18e s. Jusqu'à ce qu'une utilisation durable lui soit définitivement attribuée, ce bâtiment magnifique de Carl Schwatlo (1875-1881), de style classique tardif propre aux successeurs de Schinkel, reçoit des expositions temporaires. Le corps de la bâtisse est en briques vernissées rouges et jaunes, décoré de terre cuite autour des fenêtres. On remarquera les médaillons de personnalités de l'Antiquité jusqu'au 19e s. ayant joué un rôle dans l'histoire de la poste et des communications, comme Hérodote, Marco Polo, Gutenberg, Christophe Colomb, von Taxis, Galvani, Franklin, von Siemens. L'entrée dotée d'une porte monumentale est surmontée d'une coupole octogonale à tambour. La cour abrite les écuries qui accueillaient autrefois 250 chevaux.

Tacheles

Oranienburger Straße 54-56 ; voir Informations pratiques : « Spectacles ». Né au lendemain de la chute du Mur, ce haut lieu de la scène culturelle alternative occupe un passage en ruine du début du 20e s. Suite à l'échec de ce projet, AEG y implanta, dans les années 1920, une sorte de magasin spécialisé exposant les dernières innovations techniques. Partiellement détruite pendant la guerre ou dynamitée peu après, la bâtisse a été utilisée jusqu'à la chute du Mur. Des artistes, qui occupèrent les ruines pour en faire un **centre artistique et culturel**, en empêchèrent la démolition programmée. Après des années d'incertitude et de nombreuses manifestations de solidarité avec le Tacheles, sa conservation est assurée – des mesures de rénovation ont même été prises. Au cours des années à venir, l'environnement du Tacheles changera de visage. Le propriétaire de la zone, le groupe Fundus, projette de créer un quartier dans le style « New Urbanism » – un projet très controversé.

Auguststraße

La Auguststraße, tracée au cordeau, qui relie l'Oranienburger Straße et la Rosenthaler Straße, a troqué son visage misérable contre une enfilade de galeries diverses et variées. Contrairement à l'axe principal de l'Oranienburger Straße, l'Augustraße est assez calme. Une balade fera découvrir au promeneur la variété et l'éclectisme du Spandauer Vorstadt.

Ph. Gajic/MICHELIN

L'ancienne poste de l'Oranienburger Straße.

Kunst-Werke

Auguststraße 69. Cette demeure de deux étages datant de 1794, dont les escaliers ont été conservés, fut édifiée pour un chambellan du roi. L'aile fut ajoutée dans les années 1820 et l'ensemble complété par un bâtiment de style Gründerzeit. Dans le cadre des rénovations entreprises après la chute du Mur, Dan Graham inséra un pavillon de verre pour y établir un restaurant. Ce pavillon offre de nombreuses expositions intéressantes, comme la Biennale de Berlin.

Prendre à droite la Große Hamburger Straße, et, au niveau de la clinique Ste-Hedwig, prendre la Sophienstraße, à gauche.

Sophienstraße*

Cette charmante petite rue est bordée de maisons restaurées des 18e et 19e s. aux superbes façades. Elle offre, au Sud-Ouest, une jolie vue sur le chevet de la Sophienkirche et le jardin qui l'entoure. La **Sophienkirche** (1712-1734, **Y**) possède un élégant clocher baroque. L'intérieur, dans le même style, bien que rénové en 1892, est sobre. Au plafond, admirer la belle cartouche, bordée d'une nimbe, ainsi que les galeries. C'est ici qu'est enterré l'historien **Leopold von Ranke**. *Mai-sept. : mer. 15h-18h, sam. 15h-17h, dim. 9h-13h. Gratuit. ☎ 308 79 20. www.sophien.de*

Aux nos 18-18A, double portail d'entrée dans le style néo-Renaissance de l'**Association des artisans berlinois** (Berliner Handwerker Verein) ; remarquer la frise.

Vie culturelle et discriminations

Au 18e s., les persécutions directes, comme au Moyen Âge ou à la Renaissance, ont disparu, mais les règlements généraux de Frédéric-Guillaume Ier et de Frédéric II imposent un droit réduit. Les Israélites ne peuvent entrer à Berlin que par la porte de Rosenthal. La communauté juive constitue 2 % de la population. L'activité professionnelle de ses membres se limite aux secteurs financier et manufacturier. Ils sont assujettis à des taxes et à des impôts divers et risquent l'expulsion. Mais les financiers et entrepreneurs juifs s'installent dans le paysage économique, en pleine mutation, du Berlin des Lumières : **Ephraim** est responsable de la frappe des monnaies *(voir Nikolaiviertel : « Palais Ephraim »)* ; **Itzig** est le fournisseur des armées royales. Les salons des juives fortunées, comme Henriette Herz ou Rahel Levin, sont très courus. Les premières réactions empreintes d'envie apparaissent contre « la grande influence » des israélites.

Sophie-Gips-Höfe

Sophienstraße 20-21/Gipsstraße 12. Ce complexe de logements et d'ateliers industriels (machines à coudre, chaînes de bicyclettes puis instruments médicaux) du dernier tiers du 19e s. fut repris, après la chute du Mur, par les collectionneurs Erika et Rolf Hoffmann et minutieusement rénové. La bâtisse organisée tel un passage, avec trois cours intérieures, présente sur 2 500 m² leur collection d'art contemporain qui, sur demande préalable, est ouverte au public le samedi

(☎ 28 49 91 21. *www.sophie-gips.de*). Ils ont réintroduit le concept de communion entre les lieux d'habitation et de travail – les ateliers industriels ont aujourd'hui cédé la place à des restaurants, des petits commerces et des services ainsi qu'une station de radio. Hormis une nouvelle construction sur la Gipsstraße, le cœur de la structure a été conservé. La rénovation devant tenir compte des événements historiques marquant le vécu de la pierre, d'anciennes couches de peinture et de crépi ainsi que des éclats de grenade de la guerre ont été conservés. Les cours et les passages ont été arrangés par divers artistes.

On rejoint les Hackesche Höfe pour enchaîner sur la Neue Schönhauser Straße.

Ehemaliges Volkskaffeehaus

Neue Schönhauser Straße 13. Cet édifice surprenant, qui abrite aujourd'hui un café très prisé, l'**ancien Café du peuple**, a été construit en 1890-1891 par Alfred Messel pour la Volksspeisehallen Aktien Gesellschaft. Les pauvres de la ville pouvaient s'y restaurer contre quelque menue monnaie. Ce bâtiment, comportant une face à fonction représentative et deux cours, fut conçu dans l'esprit de la Renaissance allemande. La façade s'articule autour d'une balustrade, d'une saillie et d'un fronton décoratif. Le bistrot, qui se trouvait au rez-de-chaussée, séparait à l'époque les hommes des femmes, mesure visant à mettre un frein à la prostitution. Après la faillite déclarée à la fin de la Première Guerre mondiale, ce restaurant respectable fut rebaptisé Café Dalles dans les années 1920, un bouge mal famé où se côtoyaient les bas-fonds de la ville. Puis s'y installa, temporairement, un cinéma.

Regagner la Rosenthaler Straße et poursuivre vers le Nord.

C'est aux croix noires se découpant dans l'ombre des arbres que l'on reconnaît **le cimetière de la Garnison** (Kleine Rosenthaler Straße, **K**[4]) datant du début du 18e s. Ce cimetière, où sont enterrés de nombreux chefs militaires, offre une série de monuments funéraires, dont de superbes croix en fonte.

Depuis la Kleine Rosenthaler Straße, prendre la Linienstraße, à gauche, jusqu'à la Koppenplatz.

Koppenplatz

La Große Hamburger Straße débouche sur la Koppenplatz verdoyante, où commence l'Ackerstraße. Ici, à portée de vue de l'ancien château Monbijou, se trouvait, depuis le début du 18e s. un cimetière de pauvres. Nivelé au milieu du 19e s., ce cimetière avait été construit par le maire Christian Koppe. Érigé à la mémoire de Koppe, le monument de Stüler a été intégré à la façade d'une nouvelle construction. Au cœur de la place elle-même, trône un impressionnant **monument à la mémoire des citoyens juifs du Spandauer Vorstadt déportés et assassinés**. Sur une plaque métallique, on peut lire un poème de Nelly Sachs illustré par une table immense et deux chaises – l'une renversée, l'autre devant la table, légèrement de biais, comme si celui qui l'occupait venait de partir. Le monument porte le nom descriptif de *« Der verlassene Stuhl hinter dem leeren Tisch vor dem umgestürzten Stuhl » (La chaise que l'on vient de quitter, devant une table vide, devant une chaise renversée)*. L'ensemble frappe par sa simplicité et la clarté du message : la mise en scène, réalisée avec des moyens simples, retrace la manière dont les gens ont été arrachés à leur quotidien. Demeure le désordre, symbole de l'histoire de cette époque, qui ne peut être effacé des mémoires en remettant simplement les chaises à leur place. Par son éternité et son intemporalité, ce monument évoque la confrontation permanente des esprits avec l'histoire allemande.

Ackerstraße

L'Ackerstraße relie la Koppenplatz à l'église St. Sebastian am Gartenplatz de Wedding. En 1751, Frédéric le Grand avait fait construire des maisons pour les travailleurs saisonniers du Vogtland, qui rentraient chez eux en hiver. On espérait ainsi les faire rester à la saison froide pour qu'ils réinjectent leur argent dans le circuit économique prussien. Le long de la Bergstraße, de l'Ackerstraße et de la Brunnenstraße (entre l'Invalidenstraße et l'actuelle Torstraße), furent construites quatre rangées de 15 maisons à un étage. À l'époque déjà, sous le nom de « Neu-Vogtland » (Nouveau Vogtland), le quartier bénéficiait d'une réputation douteuse, qui ne fit que s'aggraver au fil des ans. Même rebaptisés **Rosenthaler Vorstadt**, l'Ackerstraße et ses rues adjacentes demeurèrent synonymes de quartier pauvre de Berlin. Il ne subsiste rien des constructions anciennes. Dans la seconde moitié du 19e s., on construisit des *Mietskasernen* dans l'Ackerstraße ; nombre d'entre elles ont été récemment rénovées. Une balade permettra de jolies découvertes. Il faut jeter un coup d'œil dans les cours, curiosité difficile à satisfaire, les portes étant de plus en plus souvent fermées.

Prendre l'Invalidenstraße, à droite, et la suivre jusqu'au carrefour avec la Brunnenstraße.

Elisabethkirche

Invalidenstraße 4. L'**église Ste-Élisabeth** est l'une des églises de faubourg de Schinkel (1835). Elle a été édifiée dans le cadre d'un programme de construction d'églises orchestré par l'État. Le mot d'ordre était de construire bon marché mais

H. Champollion/MICHELIN

Le théâtre Volksbühne.

spacieux, pour accueillir le plus d'ouailles possible. Incendiée en 1945, l'église resta longtemps à l'état de ruine. Il est souhaitable que l'avenir réserve une quelconque utilité à cet édifice.

Synagogue Beth Zion

Brunnenstraße 33. L'unique synagogue privée de Berlin encore existante (il y en avait plusieurs dizaines avant 1933) est blottie au fond d'une arrière-cour, abandonnée aux intempéries depuis 1992. Fondée par l'association Beth Zion, un groupe de quelque 500 Juifs orthodoxes, issus de Pologne pour la plupart, qui se constituèrent leur propre centre, la synagogue fut inaugurée en 1910. Le Rosenthaler Vorstadt comptait, parmi sa population, de nombreux Juifs, notamment parce que la porte de Rosenthal, située à l'emplacement actuel de la Rosenthaler Platz, est longtemps restée la seule porte par laquelle les Juifs étaient autorisés à pénétrer dans la ville. En raison de sa proximité des habitations, l'extérieur de la synagogue n'a pas été complètement détruit lors de la nuit de Cristal, contrairement à l'intérieur. À l'époque de la RDA, la façade extérieure aux étonnantes fenêtres fut reconstruite – cette inscription en hébreu fut même ajoutée : « Voici la porte de l'éternité, qu'emprunteront les justes » –, bien qu'on y installa des bureaux de la société VEB Kosmetik. L'avenir de cette ancienne église n'a pas encore été décidé – cas grandement compliqué par la question du droit de la propriété.

De la Brunnenstraße prendre à droite la Veteranenstraße et longer le Volkspark am Weinberg jusqu'au carrefour de la Fehrbelliner Straße. De là, aller tout droit en direction de la Zionskirchplatz.

Zionskirche

Zionskirchplatz. Suite à une tentative d'attentat contre le roi Guillaume Ier de Prusse, le 14 juillet 1861, le roi décida de patronner la communauté de Sion, fondée en 1864, et fit de l'église de Sion une église votive. Cet événement, doublé des obligations financières engagées par le roi auprès de l'église de Sion pour son entretien, illustre le lien permanent et à double sens liant le Trône et l'Autel. August Orth, dont l'éventail des réalisations s'étend des chemins de fer aux monuments religieux, est l'architecte de cette église inaugurée en 1873. Édifiée sur le point culminant de Berlin, l'**église de Sion** est visible de loin. L'extérieur alterne carreaux de céramique rouges et briques jaunes, entre autres couleurs. L'élément architectural dominant est l'arc en plein cintre. La structure de l'édifice comprend un clocher de 67 m de haut, la nef, de faible dimension, à deux travées, le transept et ses croisillons saillants, le chœur imposant et les absides. De gros moyens ont été investis dans la restauration de cette église, la plupart passant dans de nécessaires travaux de sécurisation. L'espace intérieur n'en est pas moins dans un triste état. À l'époque de la RDA, le presbytère, situé à proximité, abritait la Umweltbibliothek – un lieu de réflexion sur la RDA. En novembre 1987, la Stasi s'est emparée de ces espaces religieux et emprisonna de nombreux dissidents. Une plaque commémorative et un torse sculpté célèbrent la mémoire de Dietrich Bonhoeffer, qui y travailla pour une courte période, en 1931-1932.

Rosa-Luxemburg-Platz

Tram *Rosa-Luxemburg-Platz.* C'est dans ce quartier que les sociaux-démocrates, désireux de rapprocher l'art théâtral des masses, créèrent le **théâtre Volksbühne★** *(voir Informations pratiques : « Spectacles »).* L'association comptera 70 000 adhérents, mais c'est le public juif qui reçut le mieux cette initiative. Ce « théâtre populaire » attira des metteurs en scène prestigieux dans l'entre-deux-guerres. Le bâtiment édifié sur les plans d'Oskar Kaufmann fut reconstruit après la guerre sous une forme simplifiée. Les bâtiments d'habitation avec boutiques furent dessinés dans les années 1920 par Hans Poelzig – parmi eux, le **cinéma Babylon** *(voir Informations pratiques : « Spectacles »).*

Karl-Liebknecht-Haus

Kleine Alexanderstraße 28. Dans le sillage de l'assainissement du quartier des Granges, ce bâtiment modeste, qui accueille la **maison de Karl Liebknecht**, fut érigé en 1911-1912 à la demande de l'industriel Rudolph Werth. En 1926, le KPD acheta l'immeuble, y installa son quartier général, autrefois situé Rosenthaler Straße 38, et le baptisa Karl-Liebknecht-Haus. Occupé, et ce bien avant l'incendie du Reichstag, le QG fut fermé le 1er mars 1933. Le bâtiment fut rebaptisé Horst-Wessel-Haus et transformé en siège administratif – s'y installèrent notamment l'administration des finances prussienne qui joua un rôle peu glorieux dans l'aryanisation des biens juifs, et la direction des SA de Berlin-Brandenbourg. En 1947, la maison fut donnée, par l'administration militaire soviétique, au SED nouvellement créé, qui, dans les années 1950, déplaça le comité central dans l'ancienne Reichsbank, près du Werderschen Markt (actuel ministère des Affaires étrangères). Y est abrité, à côté du monument commémoratif en souvenir de Thälmann (1950-1990), le siège de l'Institut du marxisme-léninisme. En mai 1990, la direction du PDS et du Land de Berlin y emménagèrent – l'histoire de la maison de Karl Liebknecht semble être à jamais intimement liée à celle des partis.

visiter

Blindenwerkstatt Otto Weidt

S *Hackescher Markt. Rosenthaler Straße 39. 12h-20h (w.-end à partir de 11h). Fermé j. fériés juifs mobiles, 2 déc. 1,50€.* ☎ *28 59 94 07. www.blindes-vertrauen.de*
L'arrière-cour de la maison Schwarzenberg abrita, de 1939 à 1945, l'atelier de brosses d'Otto Weidt, un **atelier pour malvoyants** dans lequel Otto Weidt, lui-même malvoyant, employait de nombreux Juifs, s'engageant corps et âme pour leur cause. Weidt se livra à un marché noir de balais et de brosses, qui lui permit de se procurer les finances nécessaires à la corruption de la police, de la Gestapo et des autorités. En automne 1942, il réussit même à faire libérer un groupe arrêté par la Gestapo et envoyé au centre de la Große Hamburger Straße, ce qui sauva la vie de quelques-uns d'entre eux. Dans son livre, *Ich trug den gelben Stern (Je portais l'étoile jaune)*, la journaliste et écrivain Inge Deutschkron explique comment Weidt s'est battu pour lui sauver la vie, à elle et à d'autres Juifs. Cet ancien atelier est aujourd'hui une **antenne du Musée juif** – la cave, dans laquelle Weidt cachait des Juifs, se visite également.

Centrum Judaicum

S *Oranienburger Straße. Oranienburger Straße 28-30.* ♿ *Mai-août : dim.-lun. 10h-20h, ven. 10h-17h ; sept.-avr. : tlj sf sam. 10h-18h, ven. 10h-14h. Fermé j. fériés juifs mobiles. 3€ (exposition permanente).* ☎ *88 02 83 16. www.cjudaicum.de*
La façade richement décorée de la Nouvelle Synagogue dévoile un vaste espace libre – au sol toutefois, on devine le plan de l'édifice d'antan. L'abside est suggérée par quelques colonnes métalliques. Une paroi en verre protège le mur intérieur. Le rez-de-chaussée abrite une exposition sur l'histoire de la synagogue, son architecture, sa restauration (fragments d'architecture, objets de culte). Le premier étage accueille des expositions temporaires consacrées à l'histoire des Juifs de Berlin.

Tempelhof

Une commanderie des templiers a donné son nom à Tempelhof. Sous la protection des chevaliers du Temple, les paysans s'installent à Mariendorf et Marienfelde qui tiennent leur nom de la Vierge Marie, patronne de l'ordre. En 1800, le Sud berlinois n'est pas encore colonisé : un chemin, bordé de peupliers et d'auberges, mène alors au village de Tempelhof. Ce dernier est aujourd'hui devenu le quartier type d'une grande ville, rythmé par le bruit des avions de l'aéroport de Berlin-Tempelhof.

La situation

Tempelhof-Schöneberg. Plan p. 300-301 CUV - Carte Michelin n° 33 S 12-14, T12-15, U 12-15, V 12-16, W 11-15. Tram *6 Platz der Luftbrücke, Paradestaße, Tempelhof, Alt-Tempelhof, Kaiserin-Augusta-Straße, Ullsteinstraße, Westphalweg, Alt-Mariendorf,* S *41, 42, 46, 47 Tempelhof,* S *2 Attilastraße, Marienfelde.* Bien que Tempelhof s'étende en grande partie de chaque côté du S-Bahnring de Berlin, il est toutefois rattaché au centre-ville, plusieurs des curiosités décrites ici se situant encore « du côté du centre » et relativement près du Ring.

À voir dans les environs : KREUZBERG, SCHÖNEBERG, NEUKÖLLN, STEGLITZ.

comprendre

« L'insulaire espère obstinément/Que son île refera partie du continent. » – Cette phrase d'une chanson de Klaus Günter Neumann, ancien artiste du cabaret Die Katakombe, résume la situation de Berlin pendant la durée du **blocus** imposé par les Soviétiques à partir du 24 juin 1948. Les accords ne réglaient les conditions d'accès aux secteurs occidentaux de la capitale que par voie aérienne. Trois couloirs étaient autorisés, à hauteur et largeur fixes. Les Soviétiques tirèrent avantage de l'absence de textes sur les accès terrestres et fluviaux de la ville. Dès le 25 juin, les États-Unis mirent au point l'opération Vittles (« Victuailles ») sous **Lucius Clay** – la faisabilité de cette entreprise audacieuse jusqu'ici unique fut vérifiée par le Britannique Rex Waite – et établirent un **pont aérien** d'avions américains et britanniques. Il sauva la ville de la famine, mais celle-ci crut revivre la fin de la guerre avec son couvre-feu, ses restrictions, ses courses à pied ou à vélo. Dans la ville assiégée, les Alliés deviennent des amis – on surnomme alors leurs véhicules de transport les « bombardiers de friandises » *(Rosinenbomber)* –, et la RFA, qui vient d'être créée, s'ancre dans le camp de l'Occident. Le pont aérien continue jusqu'au 30 septembre 1949. Sont alors desservis les aéroports de Tempelhof et Tegel, l'aérodrome de Gatow et également la Havel avec des avions amphibies. Jusqu'à 300 appareils participent au pont aérien, entrant par les couloirs Nord et Sud et ressortant par les couloirs centraux. Un avion décollait et atterrissait alors toutes les 90 secondes à Berlin. En 462 jours, l'opération aura permis l'acheminement de plus d'un million de tonnes de charbon en 277 246 vols, près de 500 000 tonnes de vivres, d'une centrale électrique en pièces détachées *(voir Spandau : « Siemensstadt »)* et l'exportation de produits *Made in blockaded Berlin.*

> **ADRESSE**
>
> **Café Olé** – *Viktoriastraße 10-18 –* Tram *Ullsteinstraße - ☎ 75 50 31 20 - à partir de 10h.* Le coquet Café Olé est situé sur le vaste terrain du centre culturel de l'UFA-Fabrik. Les gâteaux et plats servis sont pour la plupart préparés à base de produits biologiques.

découvrir

Tram *Platz der Luftbrücke.*

Ehem. Verbandshaus der Deutschen Buchdrucker

Dudenstraße 10. Cet **ancien immeuble des Imprimeurs allemands**, avec sa partie habitation et son bâtiment réservé à l'imprimerie, construit entre 1924 et 1926 d'après des plans de Max Taut et Franz Hoffmann, marque le début de la Nouvelle Objectivité. Le bâtiment se distingue par son apparence dépouillée. Les architectes ont choisi d'utiliser les cadres de béton de cette construction en béton armé pour en structurer la façade.

Platz der Luftbrücke

Sur la **place du Pont aérien**, le **monument du Pont aérien** *(Luftbrückendenkmal)* – surnommé la « fourche de la faim » *(« die Hungerharke »)* – rappelle la période du blocus. Les trois couloirs aériens sont représentés d'une manière symbolique. À l'occasion du premier anniversaire du pont aérien, Ernst Reuter baptise le rond-point situé devant l'aéroport de Tempelhof de son nom actuel. Au n° 6, dans une partie de la préfecture de police, est installé le **musée de la préfecture de Police** *(voir « visiter »).*

Flughafen Tempelhof*

La plaine de Tempelhof était autrefois une place d'armes de l'armée prussienne. Dès 1909, le premier avion décolla de Tempelhof, lorsque les frères Wright présentèrent leur nouvelle invention à Berlin. L'aéroport, inauguré en 1923, devint le premier carrefour aérien d'Europe. Entre 1936 et 1941, Ernst Sagebiel construisit un nouvel aéroport, qui devait être un élément essentiel de la capitale du Reich Germania, imaginée par Speer. Cette gigantesque installation, articulée autour de tours à escalier, d'une longueur de 1 230 m, se réfère à l'axe du monument de Kreuzberg et dispose d'une surface utile de 242 000 m². Pendant la division de l'Allemagne, l'aéroport de Tempelhof fut occupé par les troupes américaines. Jusqu'à l'achèvement de l'aéroport de Tegel, la circulation aérienne civile se déroula en outre à Tempelhof. Après la chute du Mur, il fut de nouveau ouvert aux vols de ligne. L'aéroport de Tempelhof devrait être complètement fermé à l'avenir, la date précise de sa fermeture étant fonction de l'avancée des plans du grand aéroport de Schönefeld.

Suivre le Tempelhofer Damm vers le Sud et prendre la Paradestraße, à hauteur de la station de métro du même nom.

Siedlung Neutempelhof

Les immeubles bourgeois du début du siècle qui bordent la Manfred-von-Richthofen-Straße, rue commerçante, correspondent au premier type d'habitat prévu pour les « champs de Tempelhof » *(Tempelhofer Feld).* La **cité-jardin de Neu-Tempelhof** grandit après la Première Guerre mondiale (1920-1928). Elle offre un saisissant contraste avec la Dudenstraße : c'est la campagne !

visiter

Polizeihistorische Sammlung

Tram *Platz der Luftbrücke. Platz der Luftbrücke 6, installé dans la préfecture de Police (Polizeipräsidium), au milieu de l'aile l'Ouest de l'aéroport. L'entrée du musée se situe juste à côté du poste de police, dans le Foyer.* ♿ *Lun.-mer. 9h-15h. Fermé j. fériés. Gratuit.* ☎ *69 93 50 50. www.polizei.berlin.de*

Ce petit **musée de la Préfecture de Police** offre une documentation complète sur l'histoire de la police à Berlin : uniformes, armes et instruments de travail de la police. Dès 1890, est inauguré à Berlin le premier musée criminel d'Europe dans la préfecture de Police prussienne royale. Le bâtiment, situé sur l'Alexanderplatz, est toutefois entièrement détruit en mars 1945. D'importants documents, dossiers et objets particulièrement intéressants sont à jamais perdus pour le musée. Les expositions se multiplient par la suite et après des années de collection, en 1988, un important fonds d'uniformes, de documents, de photos, d'armes et d'instruments techniques voit le jour, permettant l'aménagement de ce musée. Du point de vue historique et chronologique, le fonds du musée n'est toujours pas entièrement organisé et il ne cesse, par ailleurs, de s'agrandir.

Ehem. Reichspostzentralamt* (E³)

Tram *Tempelhof. Ringbahnstraße 130.* L'imposante façade expressionniste de l'**ancienne poste centrale du Reich** (1925-1928, Karl Pfuhl d'après un projet d'Edmund Beisel) est habillée de différents modèles de briques violettes. Le front de rue tout en longueur est égayé par des ailes en saillie ainsi que par deux constructions en forme de tour.

L'imprimerie Ullstein.

H. Champollion/MICHELIN

Ullstein-Druckhaus* (Z)

Tram *Ullsteinstraße Mariendorfer Damm 1-3.* Le **port de Tempelhof** (Hafen Tempelhof) offre un paysage industriel dominé par les bâtiments de l'**imprimerie Ullstein**. Cette forteresse de briques rouges (1925-1926, Eugen Schmohl) fut érigée pour abriter le bâtiment de représentation (avec un beffroi de 77 m de haut) de la plus grande maison d'édition de journaux et de magazines de l'époque. La luxueuse façade cache une construction extrêmement moderne pour l'époque.

Heimatmuseum Tempelhof (M[34])

Tram *Alt-Mariendorf. Alt-Mariendorf 43. Mer. 15h-18h, dim. 11h-15h. Fermé j. fériés, vac. scol. Gratuit. ☎ 75 60 61 63.*

Le petit **musée d'Histoire locale** fut aménagé en 1960, à l'étage supérieur de l'ancienne école du village de Mariendorf de 1873. Les principaux thèmes de l'exposition concernent actuellement (un nouveau concept d'exposition est en cours de préparation) le développement de la ville et son histoire quotidienne, avec pour thèmes : « la vie villageoise », « la culture bourgeoise », « l'aéroport central de Berlin-Tempelhof », « se souvenir et ne pas oublier 1933-1945 ». Au rez-de-chaussée se trouve la « petite galerie » où se succèdent des expositions temporaires.

Marienfelde*

Ⓢ *Marienfelde.* Marienfelde est un village-rue bien préservé, où se suivent villas et fermes. Simple et attachante dans son enclos-cimetière, l'**église paroissiale**, de style roman tardif, en granit, est la plus vieille de Berlin (vers 1220). L'édifice – d'abord érigé comme une église de l'ordre des Templiers – était, comme de nombreuses autres églises médiévales de la région, conçue comme une église fortifiée et servait également de refuge en cas d'attaque.

Erinnerungsstätte Notaufnahmelager Marienfelde – *Marienfelder Allee 66-80. Tlj sf lun. et mar. 12h-17h. Fermé 1er janv., Noël. Gratuit. ☎ 90 17 33 25. www.enm-berlin.de*
Les fuites et passages de l'Est vers l'Ouest furent pendant longtemps au cœur de l'histoire allemande. Pour beaucoup, le **camp d'admission d'urgence** ouvert en 1953, à Marienfelde, fut synonyme de « nouveau départ ». 1,35 million de citoyens de l'ex-RDA y furent admis jusqu'en 1990, ravitaillés par des services d'Allemagne fédérale et alliés ; leur départ en République fédérale fut également organisé depuis cet endroit. Le mouvement de fuite est au cœur de l'exposition, ainsi que ses raisons sous-jacentes, la vie quotidienne au camp – avec l'original d'un logement de réfugiés – et son organisation, de même que le début d'une « nouvelle vie » à l'Ouest.

Tiergarten**

Autrefois aux portes de Berlin, le Tiergarten est devenu un poumon vert au cœur de la ville. Tous ceux qui aiment à respirer l'air frais y trouveront leur bonheur. Le Tiergarten réunit des pelouses, des surfaces boisées, des allées calmes, des chemins sinueux, des étangs et des petits lacs. En juillet défile ici, tous les ans, la quasi légendaire Love Parade. Mais le Tiergarten possède également une signification politique importante. Au Nord de la rue du 17-Juin se trouve, en effet, le siège du Bundespräsident et au Sud, le tout récent quartier des ambassades de la capitale réunifiée, avec quelques constructions nouvelles particulièrement intéressantes.

La situation

Mitte. Plan p. 145- GHJUV – Carte Michelin n° 33 K10, L 9-12, M10-11. Ⓢ *3, 5, 7, 9, 75 Bellevue, Tiergarten, Zoologischer Garten,* Ⓢ *1, 2, 25, 26 Unter den Linden,* Tram *1, 2, 4, 12, 15 Nollendorfplatz,* Tram *1, 12, 15 Kurfürstenstraße,* Tram *2 Bülowstraße,* Tram *2, 12 Ernst-Reuter-Platz,* Tram *2, 9, 12 Zoologischer Garten,* Tram *9 Hansaplatz,* BUS *100 Lützowplatz, Nordische Botschaften/Adenauer-Stiftung, Großer Stern, Schloß Bellevue, Haus der Kulturen der Welt, Platz der Republik,* BUS *200 Corneliusbrücke, Nordische Botschaften/Adenauer-Stiftung, Hildebrandstr.* La promenade dans le Tiergarten est plaisante le jour. Une fois la nuit tombée, la prostitution devient toutefois la principale activité exercée le long de la rue du 17-Juin. Si vous êtes venu à Berlin en voiture, vous pourrez vous garer ici gratuitement pendant la journée, à quelques pas des curiosités du centre-ville de la capitale.

À voir dans les environs : Schloß CHARLOTTENBURG, KULTURFORUM, KURFÜRSTENDAMM, MOABIT, POTSDAMER PLATZ, REGIERUNGSVIERTEL, SCHÖNEBERG, UNTER DEN LINDEN.

comprendre

Vers 1650, au bout de l'avenue **Unter den Linden**, aménagée à la même époque, la forêt située à l'Ouest de Berlin, enclose pour la chasse sous **Joachim Ier** (1499-1535), est transformée en réserve sauvage, entourée d'une palissade et peuplée de cerfs et de coqs de bruyère. Le premier aménagement en jardin commence à la fin du 17e s. sous l'Électeur Frédéric III, parallèlement à la construction du château de Charlottenburg.
Frédéric II veut faire du Tiergarten un « parc d'agrément pour la population ». Le jardin est alors transformé en parc paysager par le jardinier de la cour **Sello** (Lenné poursuivra son œuvre dans la première moitié du 19e s.) et devient un but d'excursion. En 1740, deux huguenots obtinrent l'autorisation d'y installer des tentes pour offrir des rafraîchissements en été. Des kiosques à musique, manèges et balançoires côtoient les guinguettes et constituent la première « promenade » de Berlin, où se mêlent nobles et bourgeois. En mars 1848, les tentes sont, pendant six jours, le foyer de l'agitation révolutionnaire.
Durant les deux redoutables hivers qui suivirent la Seconde Guerre mondiale, le Tiergarten, déjà très endommagé, subit des coupes claires de la part des Berlinois à la recherche de bois de chauffage et fut utilisé pour cultiver des produits alimentaires. Ceci explique que les arbres soient aujourd'hui encore relativement jeunes - les premières mesures de reboisement furent prises en 1949.
Depuis 1996, la **Love Parade** défile dans le Tiergarten (qui a remplacé le Kurfürstendamm où fut organisée cette manifestation entre 1989 et 1995). En 1999, année de tous les records, 1,5 million de « fous de techno » avaient afflué à Berlin pour la fameuse parade. En 2002, on ne comptait toutefois « que » quelque 400 000 « ravers » qui tenaient à assister à la « plus grande party du monde ».

carnet pratique

Pour les petites faims

Café Buchwald – *Bartningallee 29 – Ⓢ Bellevue, Tram Hansaplatz – ☎ 391 59 31 – à partir de 9h, dim. à partir de 10h.* Cet agréable café-pâtissier quelque peu démodé est situé en bordure du Tiergarten (à la frontière avec Moabit), sur la rive de la Spree. La bûche *(Baumkuchen)* est la spécialité de la maison.

Cafés, bistrots et bars

Bar am Lützowplatz – *Lützowplatz 7 – Tram Nollendorfplatz – ☎ 262 68 07 – www.baramluetzowplatz.com – à partir de 14h.* Dans ce célèbre bar à cocktails, qui fait partie des meilleurs de la ville, on peut déguster, outre d'excellents cocktails, une sélection impressionnante de champagne. L'*happy hour* de 19h, qui dure jusqu'à 21h, compte parmi les plus longues de la ville.

Café am Neuen See – *Lichtensteinallee 1 - Ⓢ Tiergarten – ☎ 254 49 30 – à partir de 10h.* Le Café am Neuen See, situé dans le Tiergarten, attire les hôtes chic des *Biergarten* de la ville. Les quelque 1 000 clients trouvent place sur des bancs.

Café Einstein – *Kurfürstenstraße 58 – Tram Nollendorfplatz, Kurfürstenstraße - ☎ 261 50 96 – à partir de 9h.* Même si le célèbre Café Einstein, installé dans la villa de la vedette de cinéma Henny Porten, est un peu éloigné du Tiergarten, le plus beau des cafés berlinois « à la viennoise » mérite bien une visite. Dans les agréables salles du rez-de-chaussée et dans le jardin, on vous servira de tout, de la simple boisson au plus curieux des cocktails. On peut également y déguster les pâtisseries maison. On trouve un autre Café Einstein depuis quelques années sur l'avenue Unter den Linden 42 (Mitte).

Café Hardenberg – *Hardenbergstraße 10 – Tram Ernst-Reuter-Platz - ☎ 31 266 44 – à partir de 9h.* Ce grand café, la plupart du temps bruyant, attire un public chamarré d'étudiants en provenance des deux universités voisines – l'université technique (Technische Universität) et l'université des beaux-arts (Universität der Künste).

Harry's New York Bar – *Lützowufer 15 - Tram Nollendorfplatz – ☎ 254 78 86 33 - www.esplanade.de – à partir de 12h.* Un bar à cocktails américain classique de classe royale. Il se trouve dans le Grand Hotel Esplanade (dans le hall à droite). Au son du piano, se réunissent ici des hommes d'affaires pour discuter des cours de la Bourse, et parfois même, des célébrités. Ils ne sont pas les seuls à avoir l'embarras du choix parmi 180 cocktails.

Schleusenkrug – *Müller-Breslau-Straße – Ⓢ + Tram Zoologischer Garten – ☎ 313 99 09 – à partir de 11h, w.-end à partir de 10h.* Les trois terrasses du Schleusenkrug sont situées entre le zoo et l'écluse du Landwehrkanal. Cet ancien local plutôt traditionnel, datant de plus d'un demi-siècle, est aujourd'hui fréquenté par un public bigarré de tous âges en été.

Achats

Ave Maria – *Potsdamer Straße 75 – Tram Kurfürstenstraße, Bülowstraße - ☎ 262 12 11 – www.avemaria.de – tlj sf dim. 12h-19h, sam. 12h-15h.* Bien que l'Ave Maria ne soit pas situé juste à côté du Tiergarten, il ne faut pas oublier de mentionner son grand choix d'objets religieux et profanes.

Le Nord du Tiergarten

Hansaviertel*

Tram *Hansaplatz.* Jusqu'à la Seconde Guerre mondiale se trouvait ici un quartier d'habitation huppé des « années de la fondation » *(Gründerzeit)* dont le nom fait référence à la « société de mise en valeur hanséatique ». Aujourd'hui, les habitations individuelles en bande continue et les immeubles-tours de ce quartier modèle (1 300 logements pour 3 500 habitants), tous différents et noyés dans la verdure, ont été imaginés à l'occasion de l'exposition internationale d'architecture IBA 1957 par 53 architectes originaires de 13 pays différents, sous la direction d'Otto Bartning. 36 des 45 constructions furent érigées entre 1956 et 1958. Y participèrent, entre autres, le Finlandais Alvar Aalto, le Brésilien Oscar Niemeyer, le Français Pierre Vago, l'Italien Luciano Baldessari, le Danois Arne Jacobsen, Walter Gropius des États-Unis, ainsi que les Allemands Werner Düttmann, Max Taut, Paul Baumgarten, Egon Eiermann et Hans Schwippert – outre la zone d'exposition proprement dite, furent également construites la Kongreßhalle par Hugh Stubbins *(voir « visiter », Haus der Kulturen der Welt)* et l'unité d'habitation par Le Corbusier *(voir Messegelände : « Le-Corbusier-Haus »).* L'Interbau, qui reprend les principes de Hans Scharoun, obéit au concept : « Vivre au cœur de la ville dans la lumière, l'air et le soleil ». Il faut également replacer ce projet dans le contexte de la « guerre froide de l'architecture » ; il devait, en effet, servir de contre-modèle à la monumentale Stalinallee, symbole de l'urbanisme moderne *(voir Friedrichshain).* Le quartier fut ainsi doté d'équipements modernes : deux églises, une école, un jardin d'enfants, un petit centre commercial, un cinéma, une bibliothèque, un théâtre et l'**Académie des arts** (Akademie der Künste, **Q**[1]). L'angle du Hanseatenweg offre un point de vue intéressant sur les tours bordant la Bartningallee. Le **jardin anglais*** *(Englischer Garten)* est très joli : des sentiers y serpentent autour de l'étang, au milieu des bambous et des fleurs. Il conduit à proximité du parc du **château de Bellevue**.

Ph. Gajic/MICHELIN

« L'Else dorée » sur la colonne de la Victoire.

Schloß und Park Bellevue

Là où les jardiniers français avaient autrefois planté des mûriers, von Boumann érigea, à partir de 1785, pour le plus jeune frère de Frédéric le Grand, le prince August Ferdinand, un édifice à trois ailes de style classique tardif qui fut une fois encore remanié au 19e s. En 1938-1939, il fut réaménagé par Paulgarten. Après avoir remédié aux destructions de la guerre, le Bundespräsident fit du **château de Bellevue** son siège berlinois en 1959. En raison du statut quadripartite, aucun acte officiel de fonction ne devait toutefois être réalisé dans cet endroit. Depuis 1994 (le bureau du Bundespräsident fut le premier organe constitutionnel à transférer son siège à Berlin), il abrite désormais le siège permanent du Bundespräsident. Les huit salles de représentation se trouvent à l'étage supérieur de l'édifice central. Les statues du pignon triangulaire représentent la Chasse, la Pêche et l'Agriculture et rappellent ainsi les origines rurales des environs du château.

Bundespräsidialamt

Spreeweg 1. À côté du château de Bellevue fut érigé en 1998 un bâtiment en forme d'ellipse à quatre étages pour héberger l'administration du président de la République fédérale, « l'oval office » ou « œuf du président » des architectes Gruber + Kleine-Kraneburg. Il s'agit de la seule construction nouvelle à avoir vu le jour au Nord du Tiergarten mais qui occupe discrètement l'arrière-plan. Le granit poli vert-noir de la façade est en parfaite harmonie avec les couleurs du parc paysager.

Le Spreeweg permet d'accéder à la rue du 17-Juin et à la colonne de la Victoire (Siegessäule).

Siegessäule★

Avr.-oct. : 9h30-18h30, w.-end 9h30-19h ; nov.-mars : 9h30-17h30. Fermé 23-24 déc. 2,20€. ☎ 86 39 85 60.

La **place de la Grande-Étoile** (Großer Stern), vers laquelle convergent cinq allées, a été créée dans le cadre de l'aménagement du Tiergarten au 18e s. La **colonne de la Victoire** (Siegessäule) de 67 m de haut, décorée de pièces d'artillerie dorées issues du butin de guerre, fut érigée sur l'ancienne place Royale (Königsplatz), en face du Reichstag, pour célébrer les victoires prussiennes de 1864, 1866 et 1871, puis déplacée en 1938 sur la place de la Grande-Étoile (Großer Stern), dont le rayon fut largement agrandi à cet effet. Elle servait de relais optique à l'axe triomphal Est-Ouest de la future Germania nazie qui partait de l'Unter den Linden vers le parc des expositions. L'allégorie qui surmonte la colonne de la Victoire est également surnommée **« l'Else dorée »** (« Goldese ») par les Berlinois – elle mesure 8,30 m de haut, pèse 35 t et a été réalisée par Johann Heinrich Strack. Elle fut rendue célèbre par le film de Wim Wenders, *Les Ailes du désir*. Son ascension est fatigante (285 marches), mais elle offre un **panorama★★** exceptionnel sur l'horizon de l'Est et de l'Ouest berlinois, la Potsdamer Platz, Moabit, le quartier de la Hanse *(Hansaviertel)* et Kreuzberg. En novembre 2002, un **musée** a ouvert ses portes dans la colonne de la Victoire, dont l'exposition présente l'histoire des capitales européennes à travers leurs monuments.

L'Hofjägerallee permet d'accéder au Sud du Tiergarten et au nouveau quartier berlinois des ambassades.

Pour en savoir plus sur les autres curiosités situées au Nord du Tiergarten, à l'Est de la colonne de la Victoire, en direction du quartier gouvernemental (Regierungsviertel), voir « visiter ».

Le quartier des ambassades

BUS 100 Lützowplatz. La balade commence à l'angle des Klingelhöferstraße et Corneliusstraße

Le triangle du Tiergarten est un nouveau quartier de la capitale, aménagé autour d'un espace vert et situé entre les Rauchstraße, Stülerstraße, Corneliusstraße et Klingelhöferstraße ; il fut construit à la fin des années 1990. Là où il n'y eut pendant longtemps qu'un champ en friche après la guerre, on trouve aujourd'hui un quartier « structurant » de la capitale, entre la partie Ouest du centre-ville et le Tiergarten, ainsi que le quartier diplomatique.

CDU-Bundesgeschäftsstelle

Klingelhöferstraße 8. En bordure du Landwehrkanal, se trouve le **bureau national de la CDU** ; inauguré en 2000 (les plans ont été imaginés par le bureau Petzinka, Pink et Partner). Au-dessus d'un socle habillé de travertin s'élève un hall vitré (une sorte de jardin d'hiver de grand style, qui assure des fonctions de régulation pour la température et le bruit), lui-même intégré à un autre bâtiment au plan semblable à celui d'une coque de bateau. Les grandes surfaces vitrées servent malheureusement trop souvent (mais on le comprend aussi aisément) de panneaux surdimensionnés pour des affiches politiques, ce qui modifie naturellement l'impression globale que l'on a du bâtiment.

En face se trouve les **archives du Bauhaus** *(voir « visiter »)*.

Ambassade mexicaine★★

Klingelhöferstraße 3. Le triangle interfonctionnel du Tiergarten constitue le prolongement du quartier diplomatique. À côté du bureau de la CDU, on trouve des constructions, entre autres occupées par les représentations diplomatiques de Malaisie, de Malte et du Luxembourg. De cet ensemble de la ville, répondant à un concept architectural relativement homogène, émerge le nouveau bâtiment de l'**ambassade mexicaine**, réalisé par Teodoro Gonzales de

Entrée de l'ambassade mexicaine.

H. Champollion/MICHELIN

León et Francisco Serrano, architectes du pays. Si l'édifice s'intègre à l'ensemble, il s'en démarque également par une réalisation volontaire – un exemple qui prouve que des directives strictes en matière de construction ne sont pas forcément synonymes d'une architecture ennuyeuse et insignifiante. Le cube se fond parfaitement dans l'ensemble et recourt parallèlement à des formes modernes et innovantes. L'ambassade mexicaine se distingue avant tout par sa façade, qui se compose de deux constructions lamellaires ressemblant à des rideaux qui partiraient en diagonale de la gouttière et descendraient jusqu'au niveau de la rue, l'entrée du bâtiment se trouvant au milieu. Il s'agit d'un dialogue réussi entre la sobriété voulue par le Berlin des années 1990 et une monumentalité qui prend sa source dans l'histoire de la construction mexicaine depuis l'époque précoloniale. Les 40 lamelles sont en béton de marbre (composé de ciment blanc et de marbre de Thuringe) et la surface travaillée avec des marteaux pneumatiques. Les blocs de marbre furent cassés, ce qui explique les reflets légèrement scintillants.

Ambassades nordiques*

Rauchstraße 1. Près de l'ambassade mexicaine, le complexe des **ambassades nordiques** occupe un autre remarquable bâtiment récent. Les cinq pays scandinaves ont emprunté une nouvelle voie, aussi bien en matière d'organisation que d'architecture. La fusion de leurs sièges d'ambassades berlinois, et par là même la délégation de leurs droits de souveraineté durement acquis dans le domaine diplomatique à une institution commune – un nouveau pas sur l'échiquier diplomatique – eut également des répercussions architecturales. Le concept global du projet fut élaboré dans le cadre d'un concours de niveau européen par le bureau austro-finlandais Berger & Parkinnen Wien. Un ruban ondulant formé de lamelles de cuivre souples entoure l'ensemble de la construction. Les secrétariats propres à chacune des ambassades, qui épousent la forme du ruban de lamelles à l'intérieur, ont été imaginés par cinq architectes différents, découverts lors des concours nationaux. Leur taille et leur emplacement reflètent grossièrement les proportions réelles et la situation géographique de chacun des pays. Le noyau de l'édifice est constitué par le « **Felleshus** », accessible au public, qui englobe les salles d'exposition communes, une salle d'accueil et de conférence, un restaurant, ainsi que les services consulaires.

Poursuivre dans la Tiergartenstraße.

Ambassade de la république d'Italie

Tiergartenstraße 21a-23. La plus grande ambassade du quartier diplomatique était et demeure encore à ce jour celle de la représentation diplomatique d'Italie, érigée entre 1938 et 1941 pour ce partenaire politique autrefois très proche de l'alliance. Ce projet de construction faisait partie de la « réorganisation de Berlin, capitale du Reich », qui impliquait également un vaste réaménagement des ambassades. L'architecte avait construit un édifice monumental à trois ailes qui rappelle les palais de la Renaissance italienne. Après la guerre, seule une aile continua à être utilisée comme consulat et la plus grande partie de l'édifice resta en ruine. Ce n'est qu'au moment du déménagement dans la capitale que le bâtiment fut de nouveau entièrement reconstruit et restauré par Vittorio de Feo à la fin des années 1990. Non loin de là, le long de l'Hildebrandstraße, une maison d'habitation de l'Empire fut aménagée pour accueillir l'**ambassade d'Estonie**. La République baltique occupe ainsi un bâtiment qui se trouve en sa possession depuis 1923.

Ambassade du Japon

Tiergartenstraße 24-25. Il n'est pas étonnant qu'un autre bâtiment nouveau ait été construit en face de l'ambassade d'Italie pour héberger l'ambassade du Japon, autre allié de l'Empire allemand (architecte Ludwig Moshamer). L'édifice actuel est une reconstruction complète de l'immeuble colossal revêtu de calcaire érigé dans le cadre de l'IBA 87 – à l'époque conçu comme centre germano-japonais. Une nouvelle chancellerie fut aménagée pour l'ambassade le long de l'Hiroshimastraße.

Ambassade de la république d'Inde* (A[3])

Tiergartenstraße 16-17. Les architectes du bureau allemand Léon Wohlhage Wernik ont édifié, sur un terrain étroit, un ensemble architectural d'inspiration indienne en utilisant des matériaux de construction originaires du sous-continent. L'édifice rectangulaire, pourvu de dalles en pierres de taille sableuses, rougeâtres et travaillées en relief, est clairement articulé selon ses différentes fonctions. Sur les terrains en friche alentours, d'autres bâtiments devraient être construits pour accueillir, entre autres, l'ambassade d'Afrique du Sud.

Ambassade de la république d'Autriche

Tiergartenstraße 12-14. Lorsque l'on arrive du centre-ville et du Kulturforum *(voir Kulturforum)*, l'ambassade d'Autriche marque le début du quartier diplomatique. Trois bâtiments imbriqués les uns dans les autres symbolisent par leur aménagement différent les diverses fonctions du siège de l'ambassade. On remarque particulièrement le bâtiment, élancé et habillé de plaques de cuivre patinées, situé à l'angle des Tiergartenstraße et Stauffenbergstraße. Les plans de l'édifice ont été élaborés par l'architecte avant-gardiste autrichien Hans Hollein. Le long de la Stauffenbergstraße, on trouve le nouveau bâtiment de l'ambassade de la République arabe d'Égypte.

Suivre la Stauffenbergstraße, passer devant le mémorial de la Résistance allemande (voir « visiter ») et rejoindre la rive du Landwehrkanal.

Shellhaus*

Reichpietschufer 60-62. La structure de la façade, ondulante et graduée, donne à cet immeuble (1930-1931), l'un des plus importants immeubles de bureaux de la république de Weimar, un effet dynamique. On raconte que l'architecte **Emil Fahrenkamp** dut effectuer 324 visites auprès des services de l'Urbanisme pour faire accepter ses plans. Il s'agit d'un des premiers immeubles berlinois possédant une ossature en acier. Un peu plus loin en longeant le Landwehrkanal, on aperçoit le second siège du **ministère de la Défense** (*Reichpietschufer 74-76* – il fait partie d'un vaste complexe auquel appartient également le **mémorial de la Résistance allemande, M⁹**). Le bâtiment fut érigé entre 1911 et 1914 pour héberger le ministère de la Marine du Reich (Reichsmarineamt) et fut l'un des derniers bâtiments administratifs du Reich impérial. De 1919 à 1935, le ministère de la Défense y élut domicile, relayé par le ministère de la Guerre avec le haut commandement de la Marine, de la Wehrmacht et de l'Armée. Une immense extension fut alors érigée dans la Bendlerstraße (actuelle Stauffenbergstraße), le fameux « Bendler-Block ».

Stiftung Preußischer Kulturbesitz (H)

Von-der-Heydt-Straße 16. En 1947, la dissolution de l'État de Prusse par le Conseil de contrôle interallié posa un problème délicat : fallait-il répartir les collections entreposées à l'Ouest entre les différents Länder, héritiers légaux de l'État prussien ? La question fut finalement résolue par la loi de 1957 qui prévoyait la création d'une fondation de droit public ayant son siège à Berlin. Cette dernière hérita du nom et des collections de la Prusse et comprend les instituts berlinois suivants : la Bibliothèque nationale, les musées nationaux de Berlin, l'Institut national de recherche en musicologie qui englobe le musée des Instruments de musique, les Archives nationales secrètes et l'Institut ibéro-américain.

La fondation fit agrandir les musées de Dahlem, bâtir la Nouvelle Galerie nationale de Mies van der Rohe, aménager le Musée égyptien de Charlottenburg et mena une politique active d'acquisition d'œuvres d'art et de recherche. Depuis la réunification allemande, elle se consacre au regroupement des collections et instituts séparés.

Elle constitue le complexe d'institutions culturelles le plus vaste d'Allemagne et a son siège administratif dans la **villa Von-der-Heydt**, construite dans le style néoclassique entre 1860 et 1862.

visiter

Haus der Kulturen der Welt* (V¹)

BUS *100 Haus der Kulturen der Welt.* ♿ *Tlj sf lun. 10h-21h. Fermé 24-26 et 31 déc. Gratuit.* ☎ *39 78 70. www.hkw.de*

L'ancienne **halle des Congrès** (*Kongreßhalle*), surnommée « l'huître enceinte » (*« Schwangere Auster »*), est un cadeau des Américains pour l'exposition internationale

« L'huître enceinte ».

Ph. Gajic/MICHELIN

d'architecture Interbau *(voir Hansaviertel)*, dont la construction audacieuse fut accueillie avec enthousiasme. Son toit, qui semble flotter et qui ne repose que sur deux piliers, s'est effondré en 1980, et a été reconstruit en 1987 pour le 750ᵉ anniversaire de Berlin. Le **bronze** (1956), au milieu du bassin, est une œuvre de Henry Moore. Rebaptisée en 1989 **Maison des cultures du monde**, c'est aujourd'hui un forum pour la rencontre des arts et cultures occidentales et non occidentales, et il s'y tient de nombreuses manifestations. À côté, on peut apercevoir un élégant **carillon**, inauguré en 1987 pour la fête anniversaire de la ville. On peut l'entendre tous les jours à 12h et 18h.

Sowjetisches Ehrenmal

BUS *100 Platz der Republik,* S *Unter den Linden. Sur l'avenue du 17-Juin, non loin de la porte de Brandebourg.*

Le marbre et le granit de ce monument, inauguré le 7 novembre 1945, anniversaire de la révolution d'Octobre, ont été extraits des ruines de la chancellerie d'Adolf Hitler, détruite par les bombes. Les deux chars T34 que l'on aperçoit furent les premiers à pénétrer dans Berlin en 1945. Ce **mémorial soviétique** a été érigé en souvenir des 20 000 soldats tombés pour la libération de Berlin. Bien que le monument soit situé dans la zone d'occupation britannique, où plus de 2 500 soldats de l'Armée rouge ont trouvé la mort, les Soviétiques furent autorisés à y accéder à tout moment, transformant la région en une enclave extraterritoriale.

BAUHAUS-ARCHIV BERLIN

Les archives du Bauhaus.

Bauhaus-Archiv★ (Museum für Gestaltung)

BUS *100 Lützowplatz. Klingelhöferstraße 14.* ♿ *Tlj sf mar. 10h-17h. 5€.* ☎ *254 00 20. www.bauhaus.de*

Ce bâtiment, érigé entre 1971 et 1978 d'après des plans remaniés – à l'origine prévus pour un musée à Darmstadt – de Walter Gropius par Alexander Cvijanovic, est plus un centre de recherche qu'un musée. Une exposition permanente et des expositions temporaires rappellent la nature et les représentants du mouvement du Bauhaus, né en 1919 à Weimar et qui s'installa par la suite à Dessau et à Berlin.

La résistance allemande

Jusqu'en 1938, de nombreuses personnes ont risqué leur liberté pour distribuer journaux clandestins et tracts et venir en aide aux prisonniers évadés. Les églises, en tant qu'institutions, résistent moins que des individus isolés ou de petits groupes, surtout de gauche (cellules du parti communiste). Le jeune social-démocrate **Willy Brandt** dirige pendant quelques mois une organisation qui sera démantelée en 1939. La plupart des résistants sont arrêtés, exécutés à la prison de Brandebourg (où un millier d'entre eux succomberont pendant la guerre) ou à celle de Plötzensee.

Berlin est au cœur du système répressif. La population demeure passive et les succès diplomatiques d'avant-guerre confortent le régime.

Des noyaux d'opposition se forment dans l'armée, l'administration, l'aristocratie prussienne. L'« **Orchestre rouge** », fondé par l'officier Harro Schulze-Boysen et le haut fonctionnaire Arvid Harnack, envoie des renseignements secrets à Moscou ; le **Cercle de Kreisau**, du comte Yorck von Wartenburg, mouvement d'inspiration chrétienne et socialiste, est à l'origine de l'attentat manqué contre Hitler perpétré par le comte Claus von Stauffenberg. La répression est terrible : 7 000 arrestations, 2 000 exécutions.

Gedenkstätte Deutscher Widerstand (M[9])

BUS 200 Hildebrandstraße, Stauffenbergstraße 11-13. 9h-18h (jeu. 20h), w.-end 10h-18h. Fermé 1er janv., 23-26 et 31 déc. Gratuit (visite guidée gratuite dim. à 15h). ☎ *26 99 50 00. www.gdw-berlin.de*

Le **mémorial de la Résistance allemande** est installé à Berlin, sur le lieu historique de l'attentat manqué du 20 juillet 1944 dans l'ancien État-Major de l'armée - le centre des complots contre Hitler. La nuit même, le colonel Claus Schenk comte de Stauffenberg, le général Friedrich Olbricht, les lieutenants-colonels Albrecht Ritter Mertz von Quirnheim et Werner von Haeften furent exécutés dans la cour intérieure du Bendler-Block. La rue fut rebaptisée Stauffenbergstraße en leur souvenir en 1955. Le mémorial de la Résistance allemande est un lieu de souvenir, un centre de documentation et de recherche. Il s'agit de montrer comment les individus et les groupes ont fait face à la dictature national-socialiste de 1933 à 1945. Une **exposition** très complète *(2e étage, 1re porte à gauche dans la cour)* évoque la résistance contre le national-socialisme dans toute son ampleur et sa diversité. Des expositions temporaires et des manifestations, ainsi que des publications variées complètent la visite.

Unter den Linden★★

L'avenue Unter den Linden (« sous les tilleuls »), les Champs-Élysées de Berlin, n'était à l'origine qu'un étroit chemin partant du château de la ville en direction de l'Ouest, créé en 1573 sur l'initiative de l'Électeur Johann Georg. Frédéric-Guillaume, le Grand Électeur, le renforça en 1647 et y planta six rangées de noyers et de tilleuls. Sous Frédéric le Grand, le chemin céda la place à une avenue prestigieuse, enrichie du Forum Fridericianum, avant de devenir, sous l'Empire, une rue commerçante très animée. La chaussée étant trop étroite pour les retraites au flambeau et les défilés, les nationaux-socialistes abattirent les vieux arbres trouble-fêtes. Aujourd'hui, la fièvre de la construction continue de sévir tant à l'Ouest d'Unter den Linden, autour de la Pariser Platz, qu'à l'Est de l'avenue, autour de la Schloßplatz (suite à la décision du Bundestag de reconstruire le château). On flâne, on musarde à loisir le long de cette belle avenue, replantée après la guerre - même si Unter den Linden n'est plus l'avenue commerçante qu'elle fut jadis.

La situation

Mitte. Plan p. 148-149 NOPYZ - Carte Michelin n° °33 K 13-14, L 13-14. Ⓢ *1, 2, 25, 26 Unter den Linden, Friedrichstraße,* Tram *6 Friedrichstraße, Französische Straße,* BUS *100 + 200 S-Unter den Linden, Unter den Linden/Glinkastraße, Unter den Linden/Friedrichstraße, Staatsoper.* Unter den Linden est le plus grand axe de circulation Est-Ouest de l'arrondissement de Mitte.

À voir dans les environs : ALEXANDERPLATZ, FRIEDRICH-WILHELM-STADT, GENDARMENMARKT, MUSEUMSINSEL, NIKOLAIVIERTEL, POTSDAMER PLATZ, REGIERUNGSVIERTEL, SCHLOSSPLATZ, SPANDAUER VORSTADT.

comprendre

Histoire du catholicisme berlinois de la Réforme à Frédéric II le Grand – Après la Réforme, qui culmina en 1539, la vie catholique à Berlin s'éteignit peu à peu. Le 17e s. vit l'apparition d'embryons d'accompagnements spirituels secrets, organisés par les jésuites. À l'issue de la guerre de Trente Ans, lorsque des puissances catholiques envoyèrent leurs légations dans la ville de résidence prussienne, on célébra un office religieux catholique dans la chapelle des représentations concernées. Au début du 18e s., on se mit à tolérer la fréquentation de catholiques berlinois. L'étape suivante vers la constitution d'une communauté catholique est intimement liée à l'histoire de l'armée prussienne. De plus en plus de soldats étant recrutés dans les régions catholiques, on autorisa à Potsdam, puis à Berlin, la présence de prêtres catholiques dans l'armée. C'est en 1719 que fut inaugurée la première chapelle catholique à Berlin (dans un bâtiment de fond de cour de la Krausenstraße). Ensuite, on toléra la pratique religieuse d'ouvriers liégeois, appelés en Prusse en 1722, qui eurent à disposition leur propre prêtre. Cette situation juridiquement floue, ouverte aux exceptions, prit brutalement fin sous Frédéric le Grand.

Les deux guerres de Silésie ont vu l'expansion non seulement de la Prusse, mais aussi des catholiques. En dépit de son rapport extrêmement amer et cynique à l'égard de la religion, Frédéric le Grand était avant tout un esprit pragmatique et un homme politique réaliste, qui jugea opportun d'accorder à ses sujets la liberté de culte. Le roi de Prusse estima donc raisonnable, pour des raisons d'État, d'autoriser les catholiques à construire une église dans un lieu à valeur représentative. L'objectif était principalement de rallier la noblesse à la cause des Hohenzollern – et d'éviter qu'elle ne tourne son regard vers Vienne. Le choix de dédier l'église du Forum Fridericianum *(voir plus loin)* à sainte Edwige, la sainte patronne de la Silésie, est également dicté par des raisons politiques.

Le Tränenpalast – Le « palais des larmes » était le surnom de la gare de Friedrichstraße, lieu de passage pour les visiteurs venus de l'Ouest : longues formalités et séparations douloureuses sont restées gravées dans les mémoires. Transformé en centre culturel, cet ancien hall d'enregistrement accueille des manifestations diverses. La ligne de métro U-6, qui sillonnait les quartiers occidentaux de Wedding et de Kreuzberg en traversant des « stations fantômes », surveillées et murées, s'arrêtait à la gare de Friedrichstraße, comme le S-Bahn Nord-Sud. C'est ici que le chemin de fer métropolitain de Bahnhof Zoo avait son terminus – le prolongement de la ligne vers l'Est se heurtait à un mur, celui de la gare. Bien que la gare de Friedrichstraße (et l'ensemble du poste frontalier) se trouvât en plein cœur de Berlin-Est, on pouvait y prendre une correspondance pour le réseau de transport urbain de la partie occidentale de la ville.

se promener

La visite commence à la porte de Brandebourg et conduit jusqu'au pont du Château (Schloßbrücke).

Brandenburger Tor**

Symbole de Berlin et de la Prusse comme de l'Allemagne divisée, puis unifiée, la **porte de Brandebourg** fut construite par **Carl Gotthard Langhans**, entre 1789 et 1791, sur le modèle des Propylées de l'Acropole d'Athènes. Avec ses cinq arches, l'édifice est surmonté du ***Quadrige*** de **Johann Gottfried Schadow** (1795), mené par une Victoire qui a retrouvé en 1989, après quelques polémiques, son aigle et sa croix de fer. Ces attributs guerriers ont été dessinés par Schinkel, à la demande du roi Frédéric-Guillaume III, pour célébrer, en août 1814, à la fin des guerres de libération, le retour du *Quadrige* que Napoléon avait fait venir à Paris. La couleur de grès naturel de la porte de Brandebourg a servi de norme à la reconstruction de la Pariser Platz. À l'origine, pourtant, la porte de Brandebourg avait été peinte en blanc, puis dans les tons beiges. Elle fut repeinte plusieurs fois au cours de son histoire, puis une dernière fois dans les années 1950. Depuis, la porte de Brandebourg ne possède plus de couleur particulière.

« Unter den Linden » (1853) de Eduard Gaertner. De gauche à droite : l'université, l'ancien château,

J. Anders/Nationalgalerie/PREUSSISCHER KULTURBESITZ

Pariser Platz

La Pariser Platz, de conception carrée comme en témoigne son surnom, **Quarrée**, construite dans le cadre de l'extension de la ville à l'époque baroque, dans les années 1730, était autrefois le « salon de Berlin ». Les constructions baroques furent uniformisées dans le style classique, durant la seconde moitié du 19e s. Fort endommagées, la plupart furent détruites, les unes après les autres, après la Seconde Guerre mondiale. Au moment de la chute du Mur, les ruines de l'Académie des arts constituaient les uniques traces du passé architectural du site. Dans les années 1990, Berlin établit un cahier des charges aux directives contraignantes en vue de la reconstruction de la Pariser Platz, visant à lui rendre sa fonction d'accès majestueux au centre historique. Il s'agissait de la doter de bâtiments en pierre naturelle, au soubassement reconnaissable, et de trouver un équilibre entre les murs et les ouvertures, dans l'esprit de la « reconstruction critique ». Le principe était de mettre l'accent sur l'unité de la place plutôt que sur l'individualité des bâtiments, ce qui donna lieu à des débats animés et au « conflit architectural berlinois » *(voir Invitation au voyage : « Le plus grand chantier du monde »)*.

La Pariser Platz a également un passé et un avenir de siège d'ambassades. Tant l'**ambassade de la République française** au Nord que l'**ambassade des États-Unis d'Amérique**, en projet, à l'angle Sud-Ouest, sont liées à la place par un passé commun. À l'angle de la Wilhelmstraße, près de l'hôtel Adlon *(voir plus loin)* trône déjà l'**ambassade du Royaume-Uni**. La Porte de Brandebourg est flanquée de deux palais qui se font écho (**Haus Liebermann** et **Haus Sommer**) de Josef Paul Kleihues, conçus avant la publication du cahier des charges officiel. Les bâtiments respectent les volumes, la hauteur, la structure de la façade de ceux d'origine ancêtre (Friedrich August Stüler, 1845), tout en disposant, à l'intérieur, d'un étage de plus.

L'exception à la règle fut accordée à l'architecte Günter Behnisch pour la construction de l'**Académie des arts**, au Sud de la place. Les restes de l'ancien bâtiment ont été intégrés et rendus visibles au moyen d'une façade vitrée (au lieu de la façade de pierre qui ne pouvait être interrompue que par des fenêtres). Sous le IIIe Reich, c'est Albert Speer, inspecteur général des Bâtiments, qui avait pris en charge sa construction – il souhaitait y développer les concepts et modèles à venir.

Le **siège de la DZ Bank★★** est une création intéressante de la Pariser Platz. Frank Gehry, un architecte californien d'avant-garde, en est le concepteur. Il a réussi à respecter les normes imposées tout en conférant au bâtiment une grand individualité, créant ainsi une tension architecturale captivante. Les normes en matière de façade sont respectées, tout en étant repensées – les fenêtres en saillie alternent avec des piliers en pierre pour conférer à l'ensemble un caractère monumental et

l'opéra et le monument de Frédéric II.

volontaire. Spectaculaire, la conception des espaces intérieurs exprime toute la puissance créative et artistique de Gehry, avec leur atrium qu'éclaire une coupole de verre. Le cœur de l'ensemble est constitué par une sorte de corps biomorphe (abritant un auditorium), visible depuis l'entrée.

Hôtel Adlon

Neuf décennies après son inauguration, un des plus grands hôtels du monde a retrouvé son emplacement historique, non loin de la porte de Brandebourg. L'Adlon a survécu à la guerre comme par miracle, jusqu'à ce qu'un incendie le détruise dans la nuit du 2 au 3 mai 1945, pour n'épargner qu'une aile. Rien ne restait de l'éclat d'antan. Dans l'éventualité d'une reconstruction de l'hôtel, la veuve de Louis Adlon avait transmis le droit de préemption à la société hôtelière Kempinski. C'est après la chute du Mur que ce vœu devint réalité. Aujourd'hui comme hier, le palace héberge des personnalités du monde de la culture, de la science, de l'économie et de la politique. Y ont notamment séjourné Charlie Chaplin, Albert Einstein, Theodore Roosevelt et Thomas Mann. C'est ici que descendirent, récemment, le président américain George W. Bush, le sultan du Brunei, ainsi que les pop-stars Kylie Minogue et Bryan Adams, qui avaient, pour l'occasion, choisi une suite de luxe.

Les deux bâtiments d'en face, dans la Wilhelmstraße, sont utilisés par les députés du Bundestag. L'ancien édifice situé à l'angle de la Behrenstraße, un des rares de l'ancienne rue du gouvernement à avoir survécu *(voir Potsdamer Platz)*, était une extension du ministère du Culte de Prusse (1903). La nouvelle construction Unter den Linden abritait le ministère de l'Éducation populaire de RDA (1964), longtemps dirigé par Margot Honecker.

Ambassade de Russie (A[1])

Unter den Linden 63-65. Construit à l'origine pour l'Union soviétique, ce bâtiment stalinien (1950-1953) s'élève à l'emplacement du palais qui abritait l'ambassade de Russie depuis 1837. Occupant une grande partie du bloc, l'ensemble monumental s'ouvre sur la rue par une cour d'honneur.

Schadowhaus (C[2])

Schadowstraße 10-11. Cette maison de style classique, construite en 1805 et surélevée d'un étage en 1851, fut la demeure du sculpteur **Johann Gottfried Schadow** qui réalisa les stucs de la façade. Depuis 2001, le monument abrite le Bundestag. Le bloc situé entre la Schadowstraße, Unter den Linden et la Neustädtische Kirchstraße est occupé par un édifice des années 1960, érigé pour le ministère du Commerce extérieur de RDA, avant d'être transformé, après la réunification, en bureaux pour les députés du Bundestag.

Carrefour Unter den Linden/Friedrichstraße

S + Tram *Friedrichstraße ou* Tram *6 Französische Straße.* En 1825, **Johann Kranzler**, confiseur de la cour d'origine autrichienne, s'établit à ce carrefour. Son café (désormais sur le Kurfürstendamm) devint rapidement le lieu de rendez-vous du Tout-Berlin. **Theodor Fontane**, grand amateur de pâtisseries, le fréquentait. Ce carrefour de Dorotheenstadt fut très animé pendant l'entre-deux-guerres. S'y trouvent aujourd'hui d'élégants magasins. La **Maison de la Suisse** a traversé la guerre sans dommage.

La porte de Brandebourg.

Staatsbibliothek Preußicher Kulturbesitz★ (B²)

Unter den Linden 8. Fondée en 1661 par le Grand Électeur, la **Bibliothèque nationale prussienne** fut déplacée par Frédéric II, qui l'avait enrichie, dans le bâtiment incurvé du Forum Fridericianum *(voir plus loin)*. La nouvelle Bibliothèque royale (ainsi qu'elle fut baptisée en 1918, avant de devenir la Bibliothèque nationale prussienne de 1919 à 1945, puis la Bibliothèque nationale allemande de 1954 à 1991) a été construite sur les plans de von Ihne, architecte de la cour et concepteur du musée Bode, dans le même style pompeux, entre 1903 et 1914. En cours de rénovation, ce bâtiment historique disposera bientôt d'une nouvelle salle de lecture. La petite cour intérieure intimiste vaut le coup d'œil.

Deutsche Guggenheim (Q²)

Unter den Linden 13-15. 11h-20h (jeu. 22h). 3€, gratuit lun. ☎ 2 02 09 30. www.deutsche-guggenheim-berlin.de

Après la chute du Mur, la Deutsche Bank racheta un immeuble qui lui avait appartenu autrefois, situé à l'angle d'Unter den Linden et de la Charlottenstraße. L'ancien édifice néobaroque, à la façade de grès rouge, datant de 1891, et la maison d'angle de 1925 furent rénovés et réaménagés – la partie en retrait fut surélevée de deux étages, puis dotée d'une façade de verre. Y est hébergée une dépendance du musée Guggenheim proposant très régulièrement de petites expositions dont la richesse compense la modestie.

On admirera, à côté, la façade coquette de l'ancienne **maison des Gouverneurs (G²)**, dans la Rathausstraße, transportée ici après la guerre. Autrefois résidence du gouverneur, cet édifice abrita le tribunal municipal dès 1808.

Reiterdenkmal Friedrichs II★ (D¹)

Un monument était déjà prévu du vivant du monarque. **Schinkel** dessina maints projets sur l'Unter den Linden ou près du château. La **statue équestre de Frédéric II** fut commandée à **Christian Daniel Rauch**, élève de Schadow, en 1836, mais le monument ne fut achevé qu'en 1851. Il servit d'exemple pour tous les monuments ultérieurs (qui gagnèrent en taille comme celui de Guillaume Ier, devant le portail principal du château, que les Berlinois nommèrent : « l'empereur dans la fosse aux lions »). La sculpture équestre (13,50 m de haut) est entourée de statues – généraux et dignitaires au premier plan, artistes et érudits à l'arrière-plan. De 1951 à 1980, Frédéric, sur son destrier, connut un exil à Potsdam. En 2000, après restauration, il retrouva son emplacement d'origine.

Forum Fridericianum ★★ (Bebelplatz)

Cet ensemble important, partiellement inachevé, trouve son origine dans un plan urbanistique de Frédéric II, réalisé dans le cadre des projets de construction entrepris sous son règne. Le Forum Fridericianum (également appelé Friedrichsforum ou Lindenforum) devait conférer à la monarchie prussienne un rayonnement artistique et scientifique européen sans précédent.

Ph. Gajic/MICHELIN

carnet pratique

Cafés, bistrots et bars

Café LebensArt – *Unter den Linden 69a – Ⓢ Unter den Linden - ☎ 229 00 18 – à partir de 7h, w.-end à partir de 9h.* Café et pâtisserie, qu'on retrouvera également dans la Mehringdamm/Yorckstraße à Kreuzberg. Le LebensArt est idéal pour observer, derrière un succulent café et une bonne pâtisserie, l'activité débordante de l'avenue Unter den Linden.

Café de France – *Unter den Linden 62 – Tram Unter den Linden – ☎ 20 64 13 90 – à partir de 9h, w.-end à partir de 10h.* Lorsqu'il fait beau, les tables font de l'œil aux passants depuis le trottoir de l'avenue Unter den Linden. Pour ceux qui préfèrent l'intérieur, on y accède par un grand escalier – l'élégante représentation de Peugeot ne peut passer inaperçue avec son comptoir rouge. On peut y déguster des en-cas ainsi que des plats dignes de ce nom.

Operncafé – *Unter den Linden 5 – Bus 100+200 Staatsoper – ☎ 20 26 83 – www.opernpalais.de – à partir de 9h.* Dans ce palais reconstruit après la guerre (aujourd'hui connu sous le nom de « Opernpalais »), on trouvera, outre l'Operncafé, empreint d'une nostalgie toute berlinoise, d'autres restaurants ainsi qu'une spacieuse terrasse estivale. Un buffet de plusieurs mètres propose d'appétissants gâteaux et tartes faits maison.

Theodor Tucher – *Pariser Platz 6a – Ⓢ Unter den Linden – ☎ 22 48 94 64 – à partir de 9h.* Theodor Tucher se trouve au pied de la porte de Brandebourg, à mi-chemin entre le café (offrant une vue extraordinaire sur la Pariser Platz), le salon littéraire (manifestations littéraires et beau choix de livres) et le petit restaurant (spécialités berlinoises). On peut se laisser tenter par une place ombragée dans la cour intérieure, par la terrasse de la Pariser Platz, par le confort du rez-de-chaussée ou par le comptoir envahi par les livres – que choisit le président américain George W. Bush lors de sa visite à Berlin en 2002.

Achats

Berlin Story – *Unter den Linden 10 - Ⓢ + Tram Friedrichstraße – ☎ 20 45 38 42 - www.berlinstory.de – 10h-19h.* Cette boutique occupant l'ancien Hôtel de Rome offre un choix immense de livres sur Berlin. Dans le « cinéma » de la maison, on passe un film autoproduit de 25mn, en cinq langues, sur les curiosités et l'histoire de la ville.

Bürgelhaus – *Friedrichstraße 154 – Ⓢ + Tram Friedrichstraße – ☎ 20 45 26 95 - www.buergelhaus.de – tlj sf dim. 10h-20h.* Bürgelhaus abrite non seulement une boutique d'objets en céramique bleue et blanche de Thuringe au sous-sol, mais aussi un atelier de poterie et un restaurant.

Kulturkaufhaus Dussmann – *Friedrichstraße 90 – Ⓢ + Tram Friedrichstraße – ☎ 202 50 – www.kulturkaufhaus.de – tlj sf dim. 10h-22h.* Outre plusieurs étages de livres, Dussmann offre un large éventail de CD, de films, de logiciels et de tout ce qui a trait, de près ou de loin, à la culture. En outre, on peut assister à d'intéressantes lectures d'auteurs.

Meißener Porzellan Unter den Linden – *Unter den Linden 39 – Ⓢ Unter den Linden – ☎ 22 67 90 28 – tlj sf dim. 10h-19h, sam. 10h-16h.* Ce sont de magnifiques porcelaines de Chine et de superbes objets de Meißen que vous pouvez admirer et acheter ici, ainsi qu'au Kurfürstendamm 26a (Charlottenburg).

Marchés

Berliner Antikmarkt – *Georgenstraße/S-Bahnbögen – Ⓢ + Tram Friedrichstraße – tlj sf mar. 11h-18h.* Une soixantaine d'antiquaires proposent leurs produits sur 3 000 m² répartis dans plusieurs arcades de S-Bahn.

Berliner Kunst- und Nostalgiemarkt – *Am Kupfergraben – Ⓢ + Tram Friedrichstraße – w.-end 11h-17h.* On trouvera, sur ce marché aux puces situé en face de l'île des Musées, de nombreuses œuvres d'art et tout un « bric-à-brac ».

Conçu par Knobelsdorff, qui prévoyait l'aplanissement des fortifications, le site, généreusement construit de part et d'autre de l'avenue, devait comporter un opéra, un bâtiment destiné à l'Académie des sciences et un château avec une cour d'apparat. Seul l'opéra fut construit selon les plans initiaux, le roi étant de plus en plus attiré par la ville résidentielle de Potsdam. La bibliothèque a été construite à la place de l'Académie des sciences, sur un emplacement plus petit que prévu. Le château fut remplacé par un palais pour le frère du roi, le prince Henri de Prusse. L'angle Sud-Ouest vit l'édification de l'église Ste-Edwige. Friedrich Nicolai avait dit du forum, autrefois nommé « Opernplatz », dans sa description de Berlin de 1786, qu'il s'agissait d'une des plus belles places du monde. Les modifications entreprises depuis lors brisèrent l'équilibre de l'espace et des volumes. Au 19e s., l'ensemble fut complété par un palais impérial et un bâtiment de la Dresdner Bank. Au 20e s., l'opéra fut agrandi tant en hauteur qu'en largeur et la banque fut surélevée de plusieurs étages. C'est la cathédrale Ste-Edwige qui pâtit le plus de ces transformations, qui la privèrent de son espace vital. Ces travaux provoquèrent une levée de boucliers chez les spécialistes, qui y virent une injure à « la dignité architecturale de la plus grande place de Berlin ». En 1994, Micha Ullman réalisa la **« Versunkene Bibliothek »** (bibliothèque engloutie) sur le trajet souterrain du tramway, qui passait autrefois sous la place. Cette salle aux étagères vides, que l'on peut observer derrière des vitres, commémore l'autodafé du 10 mai 1933.

Staatsoper Unter den Linden★ (T[17]) – *Voir Informations pratiques : « Spectacles ».* L'**opéra national Unter den Linden** est la seule construction du projet d'origine à avoir été réalisée (1741-1743) d'après les vues du souverain, qui entretenait sur sa cassette personnelle « les plus belles voix, les meilleurs danseurs », selon Voltaire. Ce temple d'architecture palladienne est le premier théâtre lyrique des pays germaniques à avoir été construit en dehors d'une demeure princière. L'inauguration de l'opéra de **Knobelsdorff**, dédié à Apollon et aux muses, eut lieu avant l'achèvement des travaux, en 1743, dans la boue et le froid, avec une représentation de *César et Cléopâtre* de Carl Graum, à laquelle participa le claveciniste **Carl Philipp Emanuel Bach**, fils de Jean-Sébastien. L'opéra fonda la tradition musicale de Berlin. L'orchestre pouvait être relevé et la salle utilisée comme salle de bal. L'édifice au portique corinthien caractéristique connut diverses transformations : les premières furent entreprises en 1787, et ce n'est qu'à cette époque qu'on équipa l'opéra de chaises. La deuxième transformation fit suite à l'incendie de 1843, puis il y en eut une autre en 1926. Pendant la Seconde Guerre mondiale, on entreprit la reconstruction de l'opéra, endommagé par les bombardements. Après une nouvelle destruction, une reconstruction radicale fut enfin entreprise dans les années 1950.

« LÀ OÙ ON BRÛLE LES LIVRES, ON FINIRA PAR BRÛLER LES HOMMES. » (HEINRICH HEINE)

Une plaque rappelle l'autodafé du **10 mai 1933** – des étudiants brûlèrent 20 000 livres « non allemands » arrachés aux bibliothèques et aux librairies. Le feu ayant du mal à partir, les pompiers arrosèrent le bûcher de pétrole ! Les étudiants firent la chaîne pour jeter les livres dans les flammes, dans les *hourras*, alors qu'un héraut déclamait les noms des auteurs concernés et ce qui leur était reproché. Après Marx et Kautsky, vinrent les noms de 19 écrivains parmi lesquels Heinrich Mann et Erich Kästner, Sigmund Freud, Werner Hegemann, Theodor Wolff, Erich Maria Remarque, Alfred Kerr, Kurt Tucholsky et Karl von Ossietzky. La bibliothèque de l'Institut de sexologie et le portrait du docteur Magnus Hirschfeld furent également brûlés. À minuit, Goebbels arriva et prononça un discours sur l'émergence d'un monde nouveau.

Alte Bibliothek★ – L'**Ancienne Bibliothèque** royale (1780) s'élève à l'emplacement prévu pour l'Académie. Le bâtiment à la façade incurvée (la « commode », disent les Berlinois) est aujourd'hui occupé par l'université Humboldt. À la demande du roi, l'architecte Georg Christian Unger reprit un projet pour l'aile Michael (Michaelertrakt) de la Hofburg de Vienne (signé Fischer von Erlachs). Si la réplique berlinoise vit le jour un siècle avant l'original viennois, ce dernier est bien plus majestueux. L'**Altes Palais** (Vieux Palais) flanque la bibliothèque, sur la façade orientée vers les Linden. De style classique, le bâtiment fut construit entre 1834 et 1837 sur les plans de Carl Ferdinand Langhans, à l'attention du futur Guillaume Ier, qui y résida en tant qu'empereur. De l'important bâtiment, on ne reconstruisit, après la guerre, que la façade sur l'avenue et on remit à neuf l'intérieur pour le mettre à la disposition de l'université Humboldt.

St.-Hedwigs-Kathedrale★ (F[1]) – Les travaux de l'**église Ste-Edwige** commencèrent en 1747. Tant le terrain – un ancien bastion, ce qui explique la position de biais de l'église par rapport à la place – que les matériaux furent offerts par le roi. L'édifice se trouvant à proximité du Forum Fridericianum, le plus grand projet royal de Berlin, Frédéric II suivit de près les plans du projet et livra quelques esquisses rappelant le Panthéon de Rome. On raconte à ce sujet une anecdote : c'est à l'aide d'une tasse renversée que le roi aurait expliqué qu'il souhaitait une coupole pour la cathédrale. L'absence d'archives suffisantes à ce sujet ne permet pas de nommer

L'opéra Unter den Linden et la cathédrale Ste-Edwige.

l'architecte de cet édifice, mais il semblerait qu'il s'agisse de Knobelsdorff. Les travaux furent conduits par Johann Boumann. En raison de difficultés financières et de désaccords entre Frédéric et le Vatican, les travaux durent attendre 1773 pour être terminés.

Les reliefs du fronton représentent des scènes bibliques : l'Annonciation, Jésus au mont des Oliviers, la Descente de croix, la Résurrection et l'Ascension.

La cathédrale traversa trois grandes transformations : à la fin du Kulturkampf (Max Hasak, 1887) – le fronton fut doté de l'adoration des Rois –, lorsque Berlin fut élevé au rang d'évêché en 1930 et que l'église devint la **cathédrale Ste-Edwige** (Clemens Holzmeister, 1932) et, enfin, à l'issue des destructions de la Seconde Guerre mondiale. En 1952, on érigea dans un premier temps la coupole, constituée de 84 blocs de béton armé. C'est Hans Schwippert qui fut chargé de l'aménagement intérieur, aux allures modernes, dont le rapport aussi remarquable qu'inhabituel à l'espace du bâtiment central est toujours contesté. Il transforma la cathédrale en église double (1963) par l'intégration de l'ancienne crypte. Il réunit les parties inférieure et supérieure de l'église par un **autel** commun orienté vers le cœur de l'édifice. Une des chapelles de l'église inférieure abrite la petite chambre du trésor de l'archevêché de Berlin (on y admirera tant de superbes œuvres d'art, comme une statuette reliquaire de sainte Edwige – 1513, gothique flamboyant –, que des objets à valeur historique, tels qu'une croix pectorale de l'évêque de Berlin portant le symbole de la division de Berlin).

La **banque**, dominant la cathédrale avec un étonnant manque d'égard, fut construite dans les années 1880 pour la Dresdner Bank et plusieurs fois agrandie et surélevée.

Humboldt-Universität – *Unter den Linden 6.* Dirigés par Boumann d'après les plans de Knobelsdorff, les travaux du palais du prince Henri, frère de Frédéric II, commencèrent en 1748 pour ne s'achever qu'en 1766. La première université berlinoise y emménagea en 1810. Elle portait alors le nom du roi Frédéric-Guillaume. Le philosophe **Johann Gottlieb Fichte** en fut le premier recteur ; une cinquantaine de professeurs y donnèrent des cours : le juriste Savigny, les philosophes Schleiermacher, puis Hegel, l'historien Ranke pour lesquels s'enflammèrent les étudiants, comme le jeune Schopenhauer. L'université se développa surtout après 1815 et bénéficia d'une grande indépendance. Ses professeurs donnèrent un élan au patriotisme allemand. Le bâtiment, qui compte trois parties, fut transformé à deux reprises au cours du 19e s. Entre 1913 et 1920, Ludwig Hoffmann ajouta deux ailes au Nord du corps principal. Le campus abrite plusieurs **monuments** dédiés à des érudits. Les frères Wilhelm et Alexander Humboldt accueillent les étudiants et les visiteurs à l'entrée Unter den Linden.

Neue Wache*

Le **Nouveau Corps de garde** est le monument officiel de la RFA à la mémoire des victimes de la guerre et de la tyrannie. Le bâtiment fut construit de 1816 à 1818, sur ordre de Frédéric-Guillaume II, d'après les plans de **Schinkel** qui, avec quatre décrochements d'angle, voulut lui donner la forme d'un camp romain. Les Victoires de l'entablement, en zinc, sont l'œuvre de Johann Gottfried Schadow. Le bâtiment comportait deux étages (comme le montrent les fenêtres sur les côtés) et abrita la garde royale jusqu'en 1918. En 1931, il devint un monument « à la mémoire des soldats tombés durant la Première Guerre mondiale ». Restauré en 1960, il fut le mémorial « des victimes du fascisme et du militarisme » (le passage des gardes au pas de l'oie était connu des touristes). À partir de 1969, il abrita la dépouille d'un soldat inconnu mort sur le champ de bataille et celle d'un déporté non identifié décédé dans un camp de concentration. Une reproduction agrandie de la sculpture de Käthe Kollwitz, *La Mère et son fils mort,* se dresse au milieu d'un vide impressionnant.

Palais am Festungsgraben

Am Festungsgraben 1. Le Nouveau Corps de garde et la petite châtaigneraie masquent un palais discret, le Palais am Festungsgraben, situé au cœur d'un édifice frédéricien des années 1750, qui servit de logement au ministre des Finances prussien dès 1787. La discrétion et l'élégance typiques de l'école de Schinkel remontent aux profondes restructurations de 1863-1864. Ce palais abrite entre autre le **Museum Mitte von Berlin**.

Maxim-Gorki Theater

Am Festungsgraben 2. L'**Académie de chant** *(Singakademie)* fut fondée en 1791 par le claveciniste virtuose Carl Fasch. Son élève, Karl Friedrich Zelter, loge la chorale dans le gracieux bâtiment réalisé d'après les esquisses de Schinkel et fait redécouvrir l'œuvre de Bach sous la baguette de **Felix Mendelssohn Bartholdy**. En 1848, l'Académie abritera, dans une atmosphère houleuse, les travaux de la nouvelle Assemblée nationale de Prusse. Le **théâtre Maxim-Gorki**, construit en 1952, présente principalement des pièces d'auteurs russes du 20e s. *(voir Informations pratiques : « Spectacles »).*

Deutsches Historisches Museum★★

Unter den Linden 2. Fermé pourtravaux jusqu'en 2004. ☎ *20 30 40. www.dhm.de*
Ornée de belles sculptures, repeinte en rose pâle *(voir Invitation au voyage : « ABC d'architecture »)*, la façade du plus beau monument baroque de Berlin abrita l'arsenal prussien, transformé en 1877 en panthéon doté d'un musée des armes. Depuis la chute du Mur, l'édifice appartient au service du **musée de l'Histoire allemande**. La construction d'un **arsenal** était prévue dès 1688 pour commencer en 1695 et se terminer en 1706 (pour l'extérieur) et 1730 (pour l'intérieur). Les plus grands architectes participèrent au projet : Jean de Bodt, Martin Grünberg, Johann Arnold Nering et Andreas Schlüter (il sculpta les 22 **mascarons★**, représentant des visages de guerriers mourants). En 2002, l'architecte sino-américain **I. M. Pei**, rendu célèbre par la Pyramide du Louvre, mit un point final à une extension, la **Schauhaus**, destinée à des expositions temporaires.

Kronprinzenpalais★ (H¹)

Unter den Linden 3. Le **palais du Prince Héritier** doit son nom aux héritiers du trône royal puis impérial, qui l'utilisèrent comme résidence. Construit au milieu du 17ᵉ s. pour un fonctionnaire de la cour, l'édifice, assez simple à l'origine, n'a cessé d'être transformé et agrandi. Philipp Gerlach lui conféra ses accents baroques en 1732-1733. Johann Heinrich Strack ajouta un étage, 125 ans plus tard. La jonction de l'étage supérieur est étonnante : les travaux de Heinrich Gentz (1810-1811) offrirent un accès direct du Palais du Prince-Hériter au **Prinzessinnenpalais** (palais des Princesses) tout proche (*Oberwallstraße 1-2*, **G¹**, aujourd'hui Operncafé, *voir « carnet pratique »*), que Frédéric-Guillaume III fit construire en 1811 pour ses trois filles. C'est ici que le dernier empereur allemand, Guillaume II, vit le jour en 1859. Les Hohenzollern y vécurent jusqu'à l'abolition de la monarchie. Les deux palais furent gravement endommagés au cours de la Seconde Guerre mondiale pour n'être reconstruits, de fond en comble, qu'en 1963-1964 pour l'un et en 1968-1969 pour l'autre, par Richard Paulick. On ajouta, à l'arrière du palais du Prince Héritier, un des portails de l'Académie d'architecture de Schinkel. À l'époque de la RDA, le Conseil des ministres utilisa l'édifice pour recevoir les invités de marque. C'est le 31 août 1990 que l'édifice entra dans l'Histoire – c'est en effet ici que fut signée l'unification de l'Allemagne.
Jusqu'en mai 2003, les lieux abritaient les expositions temporaires du musée de l'Histoire allemande.

L'Operncafé du palais des Princesses.

Schloßbrücke★

Le **pont du Château** est une œuvre (1821-1824) de **Schinkel**, remplaçant le « pont des Chiens » en bois. Les parapets en fonte de la fonderie royale sont dotés de tritons et d'hippocampes aux déliés d'arabesques. Le groupe de personnages en marbre, plus grands que nature, représente des guerriers dirigés par des déesses (1847-1857). Ils furent réalisés par plusieurs sculpteurs sur des esquisses de la main de Schinkel. Après avoir été déplacés à Berlin-Ouest pendant la guerre, ils retrouvèrent leur place en 1981.

Wedding

« Wedding la rouge », le bastion des communistes, vieux quartier ouvrier, est, comme Kreuzberg, le Prenzlauer Berg, Friedrichshain et Neukölln, l'un des quartiers populaires de Berlin et l'un des plus intéressants à parcourir pour ceux qui souhaitent découvrir la ville au quotidien. Entre 1945 et 1990, Wedding fit partie du secteur d'occupation français et constitua, comme Kreuzberg, une sorte de poste avancé du secteur occidental vers l'Est.

La situation

Mitte. Plan p. 145-146 GHJKS - Carte Michelin n° 33 D 8-14, E 7-14, F 8-14, G 9-14. Tram 6 Reinickendorfer Straße, Wedding, Leopoldplatz, Seestraße, Rehberge, Tram 8 Bernauer Straße, Voltastraße, Gesundbrunnen, Pankstraße, Tram 9 Amrumer Straße, Leopoldplatz, Nauener Platz, Osloer Straße, S 41, 42, 46, 47 Nordbahnhof, Wedding, S 1, 2, 8, 25, 26, 41, 42, 46, 47 Gesundbrunnen, S 1, 25, 26 Humboldthain. Avec les anciens arrondissements de Tiergarten et de Mitte, Wedding constitue, depuis 2001, le nouveau grand arrondissement berlinois de Mitte. La Müllerstraße est l'artère commerçante principale, surtout entre la Leopoldplatz et la Seestraße. La zone est survolée en permanence par les avions qui décollent de l'aéroport de Tegel tout proche.

À voir dans les environs : FRIEDRICH-WILHELM-STADT, MOABIT, PRENZLAUER BERG, SPANDAUER VORSTADT, PANKOW, REINICKENDORF, SPANDAU.

comprendre

Les forces alliées de l'Ouest à Berlin (1945-1990) – Après la conférence de Paris (1954), les Alliés limitent leur intervention à Berlin-Ouest pour des raisons de sécurité, même si leur autorité est préservée jusqu'en 1990 (le retrait des troupes après la réunification n'est décidé qu'en 1994). Les troupes occidentales avaient deux prérogatives particulières : le préfet de Police de Berlin et ses adjoints ne pouvaient être nommés sans l'assentiment des Alliés, et seuls les militaires alliés pouvaient chasser dans les forêts berlinoises. Ils avaient également la liberté de circuler dans la ville entière : l'armée française, qui avait son quartier principal à Wedding, patrouillait ainsi tous les jours à Berlin-Est, comme les Britanniques et les Américains, tandis que l'Armée rouge patrouillait à Berlin-Ouest. Sur environ 6 000 Français, civils et militaires du GMB (gouvernement militaire de Berlin), 2 700 hommes appartenaient à la troupe, dont 1 500 appelés cantonnés dans le quartier Napoléon (qui, auparavant, s'appelait caserne **Hermann-Goering** et porte aujourd'hui le nom de caserne Julius Leber). La plupart ont toutefois vécu en circuit fermé avec leurs familles durant leurs années de service à Berlin.

Pour en savoir plus sur les alliés occidentaux, visiter le musée des Alliés (voir Dahlem).

carnet pratique

Cafés, bistrots et bars

Deichgraf – *Nordufer 10 – Tram Amrumer Straße – ☎ 453 76 13 – à partir de 9h.* Ce café-bistrot situé en bordure du canal de navigation de Berlin-Spandau possède un beau *Biergarten*.

Détente et loisirs

Erika-Heß-Eisstadion – *Müllerstraße 195 – Tram Reinickendorfer Straße – ☎ 45 75 55 55.* L'Erika-Heß-Eisstadion n'est ouverte qu'en hiver (patinoires intérieure et extérieure). Possibilité de louer des patins à glace sur place.

se promener

La balade à travers ce quartier se déroule en quatre étapes, autour des stations de métro Leopoldplatz, Amrumer Straße, Rehberge et Pankstraße.

À partir de la station de métro Leopoldplatz

Alte Nazarethkirche

Nazarethkirchplatz. Très modeste, l'**Ancienne Église de Nazareth** possède l'élégante simplicité de l'art de Schinkel. C'est l'une des quatre églises de faubourg imaginées par l'architecte dans les arrondissements Nord de Berlin à la demande de l'État. Construite entre 1832 et 1835, elle possède une nef mais pas de clocher. Pour décorer la façade, Schinkel a pris modèle sur des formes de l'art roman d'Italie du Nord. Depuis la construction de la Nouvelle Église de Nazareth wilhelminienne dans la Schulstraße, l'édifice n'est plus utilisé pour les offices.

Longer la Müllerstraße vers le Sud.

…in qui mène … l'emprunter … u terminus

…ur les ins- …et impor- …viaux de …bâtiment

…autre de …ostraße, …s nos 250 …kolonie, …duisent … la par-

…s plus … vice- …ise de …stitut …ée et …nain), …cipes …) de …ssai- …on- …ne.

…toires Schering

…politique constante de recherche a transformé la petite …lée en 1851 dans la Chausseestraße en une firme mondiale. …domicile dans le quartier de Wedding. Le groupe pharmaceu… la première pilule contraceptive d'Europe sur le marché en …s anciennes sociétés berlinoises et est le seul groupe mondial …ville malgré les deux guerres mondiales, le blocus de Berlin, la … etc. Au siège berlinois travaillent quelques 6 000 employés, …e entier. Le **Firmenmuseum** se visite sur rendez-vous *(voir*

…ion de métro Reinickendorfer Straße, obliquer à droite dans la

LE FONDATEUR D'UN EMPIRE PHARMACEUTIQUE

…rich Schering (1824-1889) naquit à Prenzlau (Marche d'Ucker/*Uckermark*, au Nord-…ité qui abritait la plus vieille pharmacie patentée d'Allemagne (1305), la « Pharmacie …*heke)*. Schering termina ses études de pharmacien à Berlin, en pleine révolution de

… une pharmacie, Chausseestraße (où s'installent bien des entrepreneurs à la même …se du nom de la vieille officine de sa ville natale. Il y ouvre un laboratoire de chimie qui …graphie. Schering est un précurseur et se fait connaître par la qualité de ses produits. …de produits chimiques, Fennstraße, à l'emplacement actuel du siège social, et, en 1868, …dateurs de la Société allemande de chimie. Durant la guerre franco-prussienne, il est …sionner l'armée en médicaments, tâche dont il s'acquitte remarquablement. Sa société …été par actions. Mais il ne profite guère des fruits de son travail, car sa santé décline dès

… aussi préoccupé du bien-être de ses employés, créant une fondation bien avant les pre-… de protection sociale.

…werk Scharnhorst (W[1])

…e 16-26. Le bâtiment du **transformateur Scharnhorst**, érigé en 1927-…rouve derrière le siège social de l'entreprise pharmaceutique Schering. …ie que les transformateurs Humboldt et de nombreux autres ouvrages …struction du fournis-…électricité BEWAG *(voir …auer Berg)*, l'édifice fut …sé par Hans Heinrich …er. La **façade★**, en zigzag, …rend l'un des motifs préfé-… de l'expressionnisme en …rigeant en symbole de …lectricité.

Ph. Gajic/MICHELIN

L'Ancienne Église de Nazareth.

…partir de la station de …métro Amrumer Strasse

…niversitätsklinikum Rudolf …irchow

…ugustenburger Platz 1. La …onstruction de cet **hôpital**, au …ournant du siècle et dans un quartier déshérité, est le résultat de la politique hygiéniste et sociale commencée par Bismarck. La **cour d'honneur★** (Brunnenhof) est néobaroque. Des bâtiments modernes remplacent les pavillons (l'hôpital fut détruit à 75 % pendant la guerre) le long de l'allée centrale.

Lotissement Amrumer Straße 10-2

Ce lotissement fut construit entre 1924 et 1928 à l'instigation de la société Primus. L'architecte responsable du projet était le Berlinois Albert Gessner (1868-1953) – un réformateur de la construction de logements locatifs en ville. Au lieu des façades tristes et serrées, il construisit, entre autres, fidèle à une nouvelle conception architecturale, ce lotissement qui embrasse un grand jardin sur lequel donnent les appartements à encorbellements et à loggias.
Amrumer Straße 32 est installé le **musée du Sucre** (M[14], *voir « visiter »*).

À partir de l'Amrumer Straße, obliquer à gauche dans la Seestraße. Le chem au port de l'Ouest (Westhafen) étant toutefois très loin, il est recommandé plutôt le tramway (ligne 24 à partir des Seestraße/Amrumer Straße jusqu Virchow-Klinikum) pour écourter le temps de marche.

Westhafen★

Depuis le pont de la Seestraße, on jouit d'un intéressant point de vue tallations portuaires du **port de l'Ouest** aménagées entre 1914 et 1927. tant port industriel et marchand, autrefois l'un des plus grands ports l'Empire allemand, se situe au point d'intersection de trois canaux. Le **administratif** surplombe les trois bassins.

À partir de la station de métro Rehberge

Le quartier « de l'Afrique » et celui « de la Grande-Bretagne », de part et la Müllerstraße, offrent des rues et des perspectives intéressantes. La To bordée de maisons très simples, conduit à la **Kolonie Togo** (entrée entre et 25p ou entre les n°s 106 et 105 de la Müllerstraße) qui entoure une *Laube* ensemble de jardins ouvriers. Les Dubliner Straße et Edinburger Straße co au **Schillerpark**, dont les jardins en terrasses, à l'aspect fortifié, dominen tie Sud.

Poursuivre l'Otawistraße vers l'Ouest pour accéder à l'Afrikanische Straße.

RUDOLF VIRCHOW

Médecin, hygiéniste, anthropologue, politicien et libéral, **Rudolf Virchow** (1821-1902) est l'un grands chercheurs et professeurs de son temps. Il termine ses études à Berlin et accède au poste recteur de la Charité *(voir Friedrich-Wilhelm-Stadt)* à 25 ans. Ayant participé à la révolution bourge 1848, il est obligé de quitter Berlin ; il y revient en 1856, déjà reconnu internationalement. Il dirige l' de pathologie de l'université. Son influence sur la politique d'hygiène de la capitale, ville surpeu sous-équipée jusque dans les années 1970 (le premier hôpital municipal ouvre en 1874 à Friedrich est décisive. Il planifie le système de canalisations avec l'urbaniste **James Hobrecht** et répand les pri de l'hygiène municipale par de nombreuses conférences. Membre du magistrat (le conseil municip Berlin, il participe à la fondation de grands hôpitaux et fait planter des arbres le long des rues pour nir l'air.

Après en avoir visité dans le monde entier, **Robert Koch**, qui découvrit le bacille de la tuberculose r naissait que l'hôpital de son confrère surpassait tous les autres sur le plan de l'architecture et de l'hyg

Lotissement Afrikanische Straße 15-41

Il fut construit entre 1926 et 1927 d'après des plans de Mies van der Rohe et se de modèle pour l'architecture sans fioritures de la Nouvelle Objectivité. Les faça sont exclusivement structurées autour des fenêtres. L'équipement des appa ments avec salle de bains et cuisine signifiait une avancée importante pour logements sociaux de l'époque.

Volkspark Rehberge★

Une vaste prairie s'étend au milieu de ce grand espace de verdure. On peut y v des sangliers, des biches et des volailles (dont des faisans) dans des enclos gril gés.

À partir de la station de métro Pankstrasse

La pureté des lignes de l'architecture de Schinkel est reconnaissable dans l'**églis St-Paul** (*St-Pauls-Kirche*, 1828-1835), scandée de pilastres corinthiens – une autr église de faubourg érigée avec l'Ancienne Église de Nazareth, l'église St-Jean e l'église Ste-Élisabeth, dans le cadre du même programme national de constructio d'églises.

À partir de la Prinzenallee, prendre à droite dans la Badstraße.

Un Mercure orne le centre de la belle façade Jugendstil du **Luisenbad** *(Badstraße 35-36)* ; la **Luisenhaus** *(Badstraße 38-39)* est un immeuble en briques vernissées multicolores. De beaux immeubles modernes construits pour l'IBA 1987, aux lignes courbes dynamiques, font du carrefour entre la Schwedenstraße, la Koloniestraße, et la Badstraße et ses vieux bâtiments en briques, un site intéressant de Berlin.

Suivre la Gropiusstraße.

Amtsgericht Wedding★

Cet ouvrage architectural érigé entre 1901 et 1906, compte parmi les plus imposants bâtiments judiciaires de Berlin. Prendre le temps d'examiner l'**escalier★** néo-gothique, enchevêtrement extraordinaire de voûtes flamboyantes (liernes, tiercerons), de rampes gothiques et de clés de voûte pendantes, selon le même schéma qu'au tribunal de Moabit *(voir Moabit)*. Belle vue sur le bâtiment, depuis le jardin attenant donnant sur la Pankstraße.

« Gesundbrunnen » : la « Fontaine de la santé »

La présence d'une source d'eau ferrugineuse détermina, en 1757, le **Dr. Heinrich Wilhelm Behm**, pharmacien de la cour, à proposer la fondation d'un établissement thermal. Comprenant un parc, l'établissement s'étendait entre les actuelles Osloer-, Prinzen-, Pank- et Thurneysser Straße et la Panke. Behm voulait transformer le chemin qui menait à la fontaine, future **Badstraße**, en allée prestigieuse. Il y investit toute sa fortune, fort du soutien du roi. En 1808, la **reine Louise** donne son accord pour que l'établissement fraîchement rénové prenne son nom. C'est une station élégante, de nouveau étendue et embellie dans les années 1920 (maquette au musée d'Histoire locale de Wedding) et un lieu d'excursion, en été, pour les familles bourgeoises. On s'y restaure dans les auberges ; on déguste le lait dans les laiteries. Lorsque Wedding commence à s'industrialiser, dans les années 1950, le Luisenbad et ses environs deviennent des lieux de distraction pour les ouvriers et la petite bourgeoise. Après 1860, l'urbanisme des *Mietskasernen* englobe l'établissement.

Depuis la Pankstraße – le n° 47 héberge le Musée d'Histoire locale de Wedding (Heimatmuseum Wedding), voir ci-après « visiter » – poursuivre vers la droite et suivre la Badstraße ainsi que son prolongement, la Brunnenstraße, ou emprunter le métro, ligne 8, jusqu'à la station Gesundbrunnen.

Volkspark Humboldthain*

Ce parc agréable et tranquille a été, tout comme celui de Friedrichshain *(voir Friedrichshain)*, aménagé sur une colline de décombres, au pied de laquelle s'étend une roseraie (à l'Est). Les restes du bunker de la défense anti-aérienne, construit par Speer au début de 1941, ont été coulés dans le béton et constituent un mur d'escalade. Au sommet, un belvédère aménagé offre une **vue**** intéressante sur la ville, à un endroit où l'Est et l'Ouest s'imbriquaient.

Ph. Gajic/MICHELIN

Le tribunal de Wedding.

Ehem. AEG Gebäude*

Au Sud du Volkspark Humboldthain. En 1887, la Société allemande Edison (Deutsche Edison-Gesellschaft) donne naissance à la Générale d'électricité allemande (Allgemeine Deutsche Electricitäts-Gesellschaft). Les ateliers de production des Schlegelstraße/Chausseestraße étant devenus trop petits, des bâtiments industriels déjà existants et des terrains vierges sont rachetés à Wedding. L'ancien **domaine industriel d'AEG** *(entre les Brunnenstraße, Voltastraße, Hussitenstraße et Gustav-Meyer-Straße)* est construit à partir du début des années 1890, entre autres par Franz Schwechten et Peter Behrens. Depuis l'arrêt de la production dans les années 1980, quelques bâtiments furent détruits mais de nouvelles constructions (de Josef Paul Kleihues) furent parallèlement érigées. L'entrée néogothique (qui existe toujours), surnommée la **porte des fonctionnaires** de Schwechten, se trouve dans la Brunnenstraße. Les bâtiments de la **Voltastraße** s'étendent sur 300 m de long : la **Kleinmotorenfabrik** (usine de petits moteurs, 1910-1913, *n°s 8-9*) et la **halle de montage des grandes machines** (1912 ; *angle des Voltastraße et Hussitenstraße*) ont été conçues par Behrens et sont des hauts lieux de l'architecture industrielle berlinoise.

Faire le tour par la Hussitenstraße et la Gustav-Meyer-Straße pour voir le reste des bâtiments (usine haute tension) et la cour.

À l'angle de la Max-Urich-Straße *(prolongement de la Voltastraße)* et de l'Ackerstraße, entrer dans les trois cours de la **fabrique de petits appareils*** (*AEG Apparatefabrik*), bâtiment construit entre 1887 et 1893 par Franz Schwechten, l'architecte de l'église du Souvenir *(voir Kurfürstendamm)*, qui n'a pas tout à fait renoncé aux ornements historicisants.

Regagner la Hussitenstraße et suivre la direction du Sud.

Hussitenstraße 4-5★

Ces immeubles étonnants (1907) illustrent chacun, le long de trois cours successives (à l'origine, il y en avait six pour 1 000 personnes), un style différent : néoroman, néogothique en brique (partie la plus belle, la mieux préservée), néo Renaissance. L'ensemble des six cours devait à l'origine représenter l'évolution de l'histoire architecturale berlinoise.

Bernauer Straße

Pendant les décennies où Berlin était divisé, les postes-frontières coupaient de nombreuses rues en deux parties ; le tracé de la rue était soit interrompu brutalement par le Mur, soit parallèle aux façades des maisons, comme dans le cas de la Bernauer Straße, qui devint l'un des symboles de la ville divisée. La Bernauer Straße était une rue tout à fait normale, bordée de *Mietskasernen*. Lorsque les frontières de l'arrondissement furent déplacées en 1920, dans le cadre de l'agrandissement de l'agglomération berlinoise, on y appliqua le principe administratif ordonnant que la rue et ses deux trottoirs fassent partie d'un même arrondissement (Wedding dans le cas présent) et que le bord des maisons serve de frontière avec l'arrondissement voisin (Mitte ici). Lorsque les arrondissements furent répartis entre les Alliés, la Bernauer Straße et les maisons situées au Nord furent intégrées au secteur français, et celles du côté Sud au secteur soviétique. Lors de la construction du mur, les façades du Sud de la Bernauer Straße servirent ainsi de frontière. Les images dramatiques montrant des individus sautant des fenêtres des *Mietskasernen* – pour accéder ainsi à l'Ouest – ont fait le tour du monde, tout comme la fuite, immortalisée en film et photos, du jeune soldat de la RDA, âgé de 19 ans, Conrad Schumann *(angle Bernauer/Ruppiner Straße)*. La Bernauer Straße fut également l'objet de spectaculaires projets de tunnels – l'un d'entre eux fut même filmé par une équipe de cameramen d'une chaîne de télévision américaine. Les *Mietskasernen* vidées et murées matérialisèrent d'abord la frontière, avant d'être démolies pour qu'il ne reste que leur rez-de-chaussée. Les restes de maisons formaient alors le Mur proprement dit, avant que ces derniers ne disparaissent également pour être remplacés par le « Grenzmauer 75 », composé d'éléments de mur préfabriqués.

La Bernauer Straße abrite de nos jours le **Gedenkstätte Berliner Mauer**, (Monument du mur de Berlin), un **centre de documentation** et la **chapelle de la Réconciliation★**. Ce monument très controversé est un petit morceau (70 m de long) de frontière reconstruit avec un bout de mur devant et derrière et entouré de hauts murs d'acier. L'idée était que le visiteur comprenne comment le mur divisait la ville en deux à travers les reflets sur les murs – un effet pas vraiment réussi. En face, l'ancienne maison paroissiale de l'église de la Réconciliation héberge le **centre de documentation** *(voir « visiter »)*.

La **chapelle de la réconciliation★** constitue le troisième élément de l'ensemble. Jusqu'en 1985, une immense église wilhelminienne avec un haut clocher (1894) occupait cet endroit, qui, au beau milieu de la « bande de la mort » – et donc inaccessible –, ne fut plus utilisé après 1961. Lors de l'aménagement des postes-frontières, l'ancienne église de la réconciliation fut dynamitée par la RDA – afin de laisser la place à un champ de tir libre entre deux tours de garde. Seuls l'autel et les cloches furent conservés. Après l'ouverture du Mur, la paroisse récupéra son « terrain de mur » avec une obligation d'utilisation sacrée. D'après les plans des architectes Rudolf Reitermann et Peter Sassenroth, la nouvelle chapelle de la Réconciliation fut érigée dans le chœur de l'ancienne église de la Réconciliation ; elle fait aujourd'hui partie des églises les plus intéressantes de Berlin.

La chapelle de la Réconciliation.

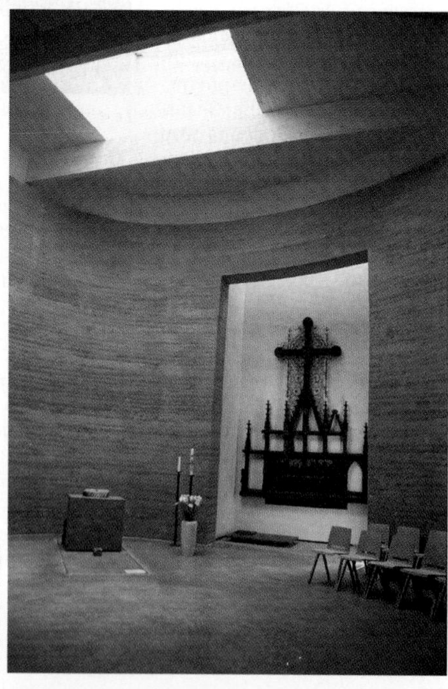

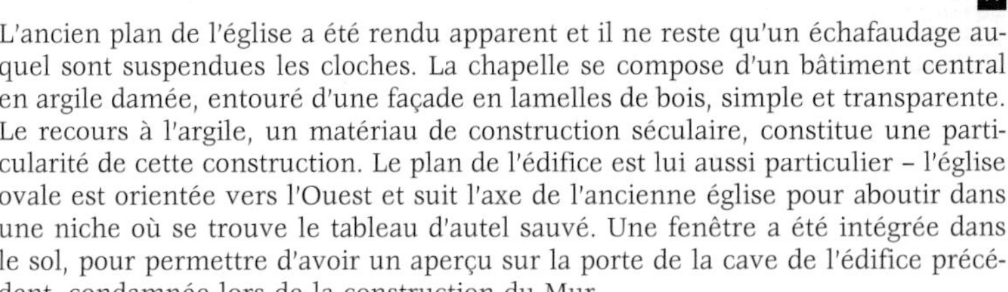

L'ancien plan de l'église a été rendu apparent et il ne reste qu'un échafaudage auquel sont suspendues les cloches. La chapelle se compose d'un bâtiment central en argile damée, entouré d'une façade en lamelles de bois, simple et transparente. Le recours à l'argile, un matériau de construction séculaire, constitue une particularité de cette construction. Le plan de l'édifice est lui aussi particulier – l'église ovale est orientée vers l'Ouest et suit l'axe de l'ancienne église pour aboutir dans une niche où se trouve le tableau d'autel sauvé. Une fenêtre a été intégrée dans le sol, pour permettre d'avoir un aperçu sur la porte de la cave de l'édifice précédent, condamnée lors de la construction du Mur.

visiter

Schering Firmenmuseum

Tram *Wedding. Müllerstraße 170. Lun.-jeu. 10h-17h sur demande. Gratuit.* ☎ *46 81 24 04. www.schering.de*

L'histoire du groupe pharmaceutique Schering, âgé de plus de 150 ans, et mondialement connu, est ici racontée à l'aide d'emballages de médicaments, de laboratoires, de préparations et de bien d'autres choses encore.

Zuckermuseum (M[14])

Tram *Amrumer Straße, Amrumer Straße 32 ; au 3e étage de l'Institut de l'industrie sucrière. Tlj sf ven. et sam. 9h-16h30, dim. 11h-18h. Fermé 1er mai, 24-25 et 31 déc. 2,30€.* ☎ *31 42 75 74. www.dtmb.de/zucker-museum*

Qu'est-ce que le sucre ? La réponse se trouve dans ce petit **musée du Sucre** qui commence par présenter la composition chimique du sucre, le processus de la photosynthèse et l'assimilation du sucre par l'organisme. L'histoire de cette denrée de base est d'abord celle de l'exploitation des sucres naturels : sirop d'érable, miel et surtout canne à sucre, qui entraîna l'économie des plantations et l'esclavage. La lointaine Prusse ne dédaigna pas tremper dans le commerce triangulaire, puisque les vaisseaux de la Brandenburgische-Afrikanische Kompanie transportèrent 30 000 esclaves vers les Caraïbes en s'appuyant sur la forteresse de Großfriedrichsburg, sur la côte de l'actuel Ghana. L'essor de la betterave à sucre au début du 19e s. marque l'entrée dans la phase de production industrielle, nécessitant une abondante main-d'œuvre saisonnière, comprenant femmes et enfants, jusqu'en plein 20e s. Souvent originaires de Saxe, on les appelait *Sachsengänger*.

De nombreux instruments, des pièces d'orfèvrerie (sucriers, corbeilles et pinces à sucre), l'évocation de produits dérivés, dont l'alcool, complètent l'enseignement sur ce produit essentiel.

Heimatmuseum Wedding

Tram *Pankstraße, Pankstraße 47, 1re porte à gauche dans la cour. Mar.-mer. 10h-16h, jeu. 12h-18h, dim. 11h-17h. Fermé 1er janv., 3 sem. en juil. et août, 24-26 et 31 déc. 1,50€.* ☎ *45 75 41 58.*

Ce petit musée abrite une reconstitution de la cuisine, de la chambre, où traînent les jouets des enfants, d'un intérieur ouvrier, de la laverie commune équipée des premières machines à laver hydrauliques et mécaniques (qu'on ne trouvait que dans les meilleurs immeubles) et d'une salle de classe. La visite se poursuit au premier étage par l'évocation du secteur français d'occupation, de l'entrepreneur Schering, de l'AEG du Luisenbad.

Dokumentationszentrum Berliner Mauer

Tram *Bernauer Straße, Bernauer Straße 111.* ♿ *Tlj sf lun. et mar. 10h-17h. Gratuit.* ☎ *464 10 30. www.berliner-mauer-dokumentationszentrum.de*

L'histoire du mur de Berlin et de la ville divisée dans le contexte international est ici présentée à l'aide de moyens multimédias. Des points audio permettent d'écouter des rapports originaux d'émetteurs radio de Berlin-Ouest et Berlin-Est, ainsi que des interviews de témoins. On peut également prendre place à l'un des ordinateurs pour y consulter des documents photographiques, cinématographiques, audio et écrits. Vous pouvez par ailleurs découvrir un certain nombre de documents et présentations graphiques et visuels. La fenêtre panoramique vous permettra de comprendre la signification toute particulière de la fin de la guerre froide pour les Berlinois.

Wilmersdorf★

Wilmersdorf, particulièrement apprécié par les artistes au début du 20e s., possède, certes, peu de monuments historiques, mais des maisons cossues dans des rues ombragées qui donnent à la partie Ouest de Berlin son allure de ville-jardin.

La situation

Charlottenburg-Wilmersdorf. Plan p. 144-145 EFGXY et p. 300-301 BU - Carte Michelin n° 33 N 9, P 7-9, R 6-7, S 5-6, T5-6. Tram 1 Spichernstraße, Hohenzollernplatz, Fehrbelliner Platz, Heidelberger Platz, Tram 7 Fehrbelliner Platz, Tram 9 Spichernstraße, S 41, 42, 46, 47 Hohenzollerndamm, Heidelberger Platz. L'Hohenzollerndamm, presque parallèle au Kurfürstendamm, est l'artère principale de Wilmersdorf, sa plus grande rue commerçante étant, en revanche, l'Uhlandstraße.

À voir dans les environs : KURFÜRSTENDAMM, SCHÖNEBERG, DAHLEM, GRUNEWALD.

comprendre

Au début du 19e s., Wilmersdorf est, avec Schöneberg, le lieu d'excursion favori des Berlinois qui s'y rendent à pied ou en *Kaleschwagen*, calèche tirée par quatre chevaux et contenant de six à douze personnes, pour y pique-niquer dans la nature. On trouve les tables et les chaises dans les auberges ; on observe les animaux de la ferme et l'on fait un tour de cheval. À la fin du siècle, Wilmersdorf est connu pour ses lieux de distraction : le Tanzpalast, sur les bord du Wilmersdorfersee (petit lac, aujourd'hui disparu, qui bordait le village au Sud), attirait 2 000 visiteurs par jour ; la jeune société accourait aux soirées du mercredi, ainsi qu'aux bals de Schmargendorf.

carnet pratique

Cafés, bistrots et bars

Voir également Informations pratiques : « Cafés, bistrots et bars ».

Jimmy's Diner – *Pariser Straße 41 – Tram Hohenzollernplatz – ☎ 886 06 07 - à partir de 12h.* On aperçoit de loin l'enseigne « Jimmy's Diner » éclairée au néon vert et rouge, depuis l'angle des Pariser Straße et Sächsische Straße. Il s'agit du plus ancien établissement américain de ce type dans la ville et il fait également partie des meilleurs, notamment grâce à son personnel jeune et dynamique.

Manzini – *Ludwigkirchstraße 11 – Tram Hohenzollernplatz – ☎ 885 78 20 – www.manzini.de – à partir de 8h.* Le noble bistrot Manzini d'inspiration française, à l'élégance froide, est un classique de Wilmersdorf, fréquenté par une clientèle chic et intellectuelle, voire parfois par des célébrités. On y apprécie surtout les *risotti* et l'*afternoon tea*.

Weyers – *Pariser Straße 16 – Tram Hohenzollernplatz – ☎ 881 93 78 – à partir de 8h.* Ce café-restaurant à l'intérieur clair, décoré dans le style des années 1980 avec des murs blancs et des miroirs, dispose à l'extérieur d'une belle terrasse de 200 places donnant sur la Ludwigkirchplatz (interdite aux voitures !).

Marchés

Hohenzollernplatz – *Tram Hohenzollernplatz – Mer.-sam. 8h-13h.* Devant l'église, sur l'Hohenzollernplatz, on peut trouver des produits alimentaires simples et plus élaborés qui satisferont tous les gourmands.

Loisirs et détente

Sommerbad Wilmersdorf – *Forckenbeckstraße 14 – S + Tram Heidelberger Platz – ☎ 897 74 11 – www.bbb.berlin.de.* La piscine d'été de Wilmersdorf est une agréable piscine à ciel ouvert avec un bassin de 50 m, un autre réservé à ceux qui ne savent pas nager et un dernier prévu pour les tout-petits, ainsi qu'une aire de jeux destinée aux enfants.

Horst-Dohm-Eisstadion – *Fritz-Wildung-Straße 9 – S + Tram Heidelberger Platz – ☎ 824 10 12.* La patinoire (uniquement ouverte en hiver) propose un plateau et un anneau de glace. Il est possible de louer des patins sur place.

se promener

Depuis la station de métro Spichernstraße, on accède à la Ludwigkirchplatz via la Pariser Straße.

Ludwigkirchplatz★

Un beau quartier de Wilmersdorf entoure la petite église **St. Ludwig**, l'une des rares églises catholiques à se trouver seule sur une place et non pas, comme par exemple l'Herz-Jesu *(voir Prenzlauer Berg)* et de nombreuses autres églises, entourée de

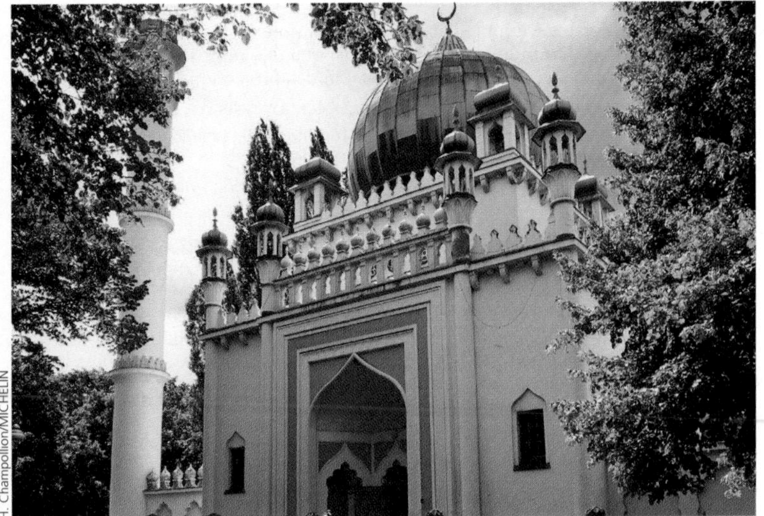

H. Champollion/MICHELIN

La mosquée Ahmadiyya.

maisons, voire reléguée dans une arrière-cour. Cet édifice d'August Menken, inauguré en 1897, fut dédié au politicien centriste Ludwig Windthorst, un grand opposant de Bismarck à l'époque du combat culturel. Ce quartier offre de multiples possibilités de passer un moment agréable dans de bons établissements : bars, restaurants, buvettes *(Imbiß)*, cafés. L'été, il est très agréable de flâner le long des rues ombragées jusqu'à l'Olivaerplatz : la Pfalzburger Straße, l'Emser Straße, la Pariser Straße.

Poursuivre jusqu'à l'intersection de la Fasanenstraße et du Hohenzollerndamm.

Kirche am Hohenzollernplatz*

Hohenzollerndamm 202-203. En raison de son architecture en brique et de son aspect massif, on surnomme ironiquement cette **église de la place Hohenzollern** (inaugurée en 1933) la « centrale électrique de Dieu ». On remarque particulièrement son revêtement en partie strié de briques vernissées et son entrée, ogive entre deux cylindres d'une grande pureté de lignes, sur la Nassauische Straße. Cette ogive est également un élément structurant de l'intérieur sobre de cette église.

Portail de l'église de la Ste-Croix.

M. Chapuis/MICHELIN

Il faut concevoir l'église de la Hohenzollernplatz comme une œuvre d'art globale. C'est pourquoi des expositions d'art contemporain et des séances de lectures de poèmes y sont régulièrement organisées, ainsi que des représentations théâtrales mettant en scène des groupes indépendants ou des projections de films.

Fehrbelliner Platz

Elle devait être une sorte de forum sous le régime nazi. Les bâtiments en hémicycle de cette époque subsistent au Sud.

Poursuivre dans la Barstraße, puis obliquer à droite dans la Berliner Straße.

Ahmadiyya-Moschee

Brienner Straße 7-8. Cette mosquée construite entre 1924 et 1928 d'après les plans de l'architecte berlinois K. A. Hermann ne peut pas passer inaperçue avec son dôme, ses minarets et ses créneaux. Il s'agit d'une des rares mosquées reconnaissables en tant que telle. Des dizaines d'autres mosquées, la plupart situées à Kreuzberg, Neukölln et Wedding, sont, en effet, installées dans des bâtiments sur cour ou au beau milieu de parcs d'activités et donc uniquement repérables à leur enseigne « Camii ». La **mosquée Ahmadiyya** est également un centre d'information islamique. Elle est ouverte pour la prière du vendredi.

Depuis la Berliner Straße, regagner l'Hohenzollerndamm.

Russische Kathedrale

Hohenzollerndamm 166. La **Cathédrale russe** a été inaugurée lorsque l'importante communauté des exilés de la révolution d'Octobre avait déjà largement fui le nazisme et Berlin. C'est toujours le siège (et, à ce titre, une cathédrale) de l'évêque orthodoxe pour l'Europe centrale.

Kreuzkirche★

Hohenzollerndamm 130a. L'église de la Ste-Croix est l'une des plus belles églises expressionnistes de Berlin (1927-1929). Elle possède un curieux **portail** en forme de pagode recouvert de carreaux émaillés bleus. La tour est séparée de la nef polygonale.

Rathaus Schmargendorf

Berkaer Platz 1, depuis l'Hohenzollerndamm obliquer à gauche dans la Berkaer Straße. L'ancienne « *Margrefendorf* » (c'est-à-dire *Mark Grafendorf*), mentionnée en 1275, possède un splendide **hôtel de ville** où alternent les bandes de briques rouges et le crépi blanc en un plaisant contraste, bon exemple de reprise du gothique en brique de la Marche de Brandebourg.

Treptow : Molecule Man et vue sur la ligne d'horizon de Berlin.

Arrondissements extérieurs

RÉPERTOIRE DES RUES ET SITES DE BERLIN

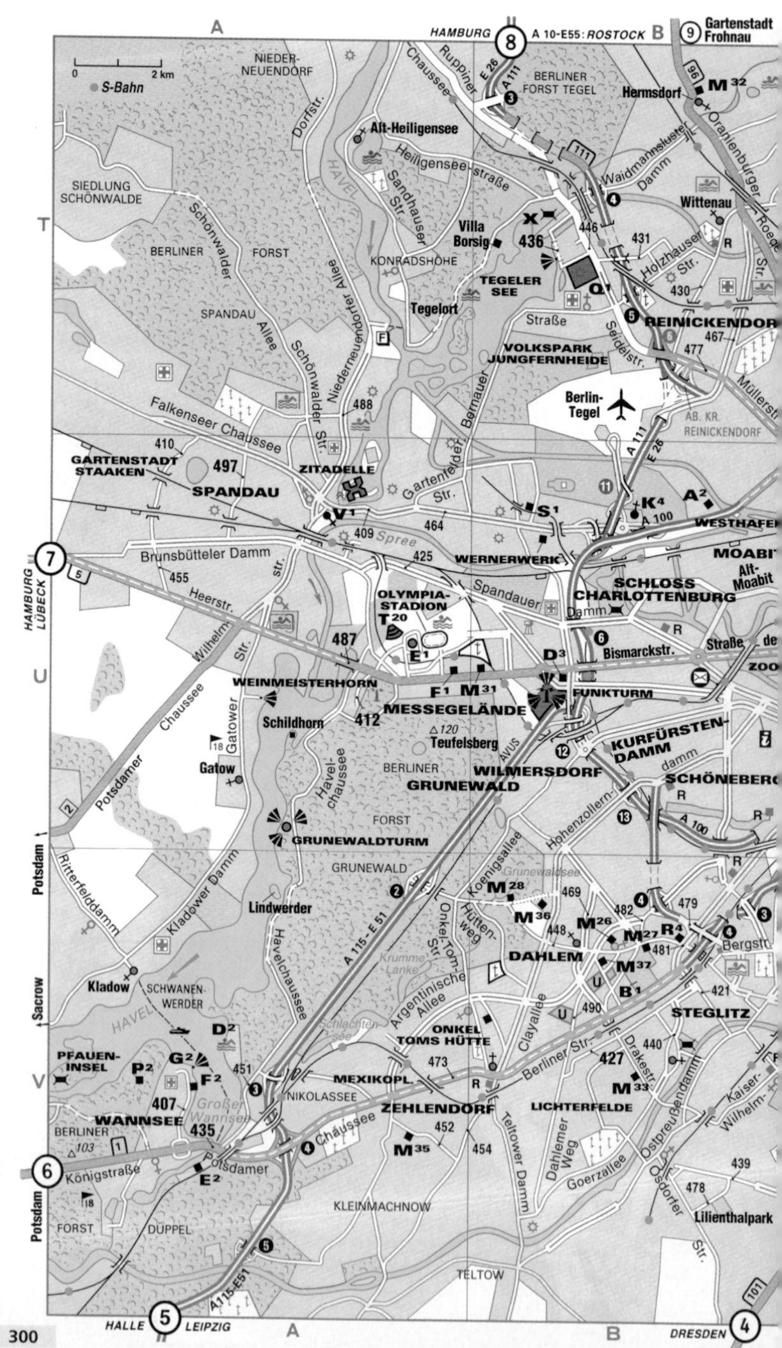

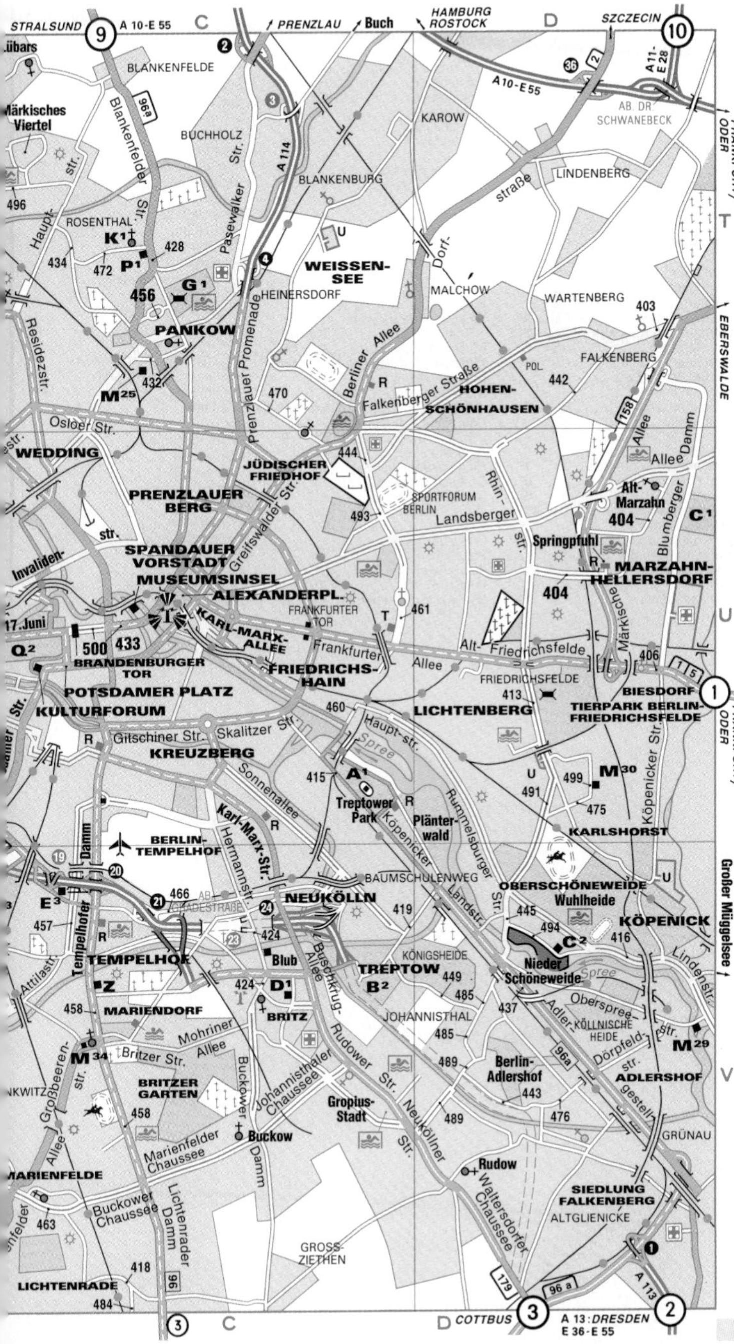

STRALSUND
A 10-E 55
PRENZLAU
Buch
HAMBURG ROSTOCK
SZCZECIN
BLANKENFELDE
Märkisches Viertel
BUCHHOLZ
KAROW
AB. DR. SCHWANEBECK
LINDENBERG
BLANKENBURG
FRANKFURT/ ODER
ROSENTHAL
WEISSEN-SEE
HEINERSDORF
MALCHOW
WARTENBERG
PANKOW
EBERSWALDE
FALKENBERG
HOHEN-SCHÖNHAUSEN
WEDDING
JÜDISCHER FRIEDHOF
SPORTFORUM BERLIN
Alt-Marzahn
PRENZLAUER BERG
Springpfuhl
MARZAHN-HELLERSDORF
SPANDAUER VORSTADT
MUSEUMSINSEL
ALEXANDERPL.
FRANKFURTER TOR
17. Juni
KARL-MARX-ALLEE
BRANDENBURGER TOR
FRIEDRICHS-HAIN
FRIEDRICHSFELDE
POTSDAMER PLATZ
KULTURFORUM
LICHTENBERG
BIESDORF
TIERPARK BERLIN-FRIEDRICHSFELDE
KREUZBERG
Treptower Park
Plänterwald
KARLSHORST
BERLIN-TEMPELHOF
BAUMSCHULENWEG
OBERSCHÖNEWEIDE
Wuhlheide
NEUKÖLLN
KÖPENICK
Großer Müggelsee
TEMPELHOF
KÖNIGSHEIDE
TREPTOW
Nieder Schöneweide
MARIENDORF
BRITZ
JOHANNISTHAL
KÖLLNISCHE HEIDE
BRITZER GARTEN
Berlin-Adlershof
ADLERSHOF
Gropius-Stadt
Buckow
GRÜNAU
MARIENFELDE
Rudow
SIEDLUNG FALKENBERG
ALTGLIENICKE
GROSS-ZIETHEN
LICHTENRADE
COTTBUS
A 13: DRESDEN E 36-E 55

Dahlem★★

Ancien domaine seigneurial s'étendant à perte de vue, Dahlem passa aux mains de l'État prussien en 1841. Au début du 20e s., ce terrain fut largement exploité pour faire de Berlin une ville de sciences et de culture d'envergure internationale. À la même époque, Dahlem se transformait en faubourg résidentiel noyé dans la verdure. Aujourd'hui, les musées de Dahlem offrent une immersion dans les arts et les cultures du monde. Partez à la découverte des cinq continents sans plus attendre !

La situation

Steglitz-Zehlendorf. Plan p. 300-301 BV - Carte Michelin n° 33 V 5-7, W 5-7. Tram *1 Podbielskiallee, Dahlem-Dorf, Oskar-Helene-Heim.* Dahlem n'est qu'à deux pas du centre de Steglitz et de Zehlendorf. La Bundesstraße 1 (route nationale 1) mène directement à Wannsee et à Potsdam.

À voir dans les environs : SCHÖNEBERG, WILMERSDORF, GRUNEWALD, STEGLITZ, ZEHLENDORF.

comprendre

Dahlem est un centre scientifique et de recherche de renom. L'université y a reçu 50 ha au début du 20e s. sur lesquels s'installèrent des instituts de recherche. Berlin possédait, dans les années 1920, la plus forte concentration mondiale de scientifiques de haut niveau. Les physiciens Max Planck, Albert Einstein, Max von Laue, les chimistes Emil Fischer et Fritz Haber y travaillaient, aidés par la Société de l'empereur Guillaume (Kaiser Wilhelm Gesellschaft), destinée à encourager les sciences. Fondée en 1948, la Freie Universität (université libre) occupait alors plusieurs bâtiments - aujourd'hui encore, de nombreux instituts et UFR sont éparpillés dans tout Dahlem.

> **Adresse**
> Luise - *Königin-Luise-Straße 40 -* Tram *Dahlem-Dorf - ☎ 8 41 88 80 - www.luise-dahlem.de - à partir de 10 h.* Tout récemment rénovée, la Luise, agrémentée d'un grand *Biergarten*, est le lieu de détente privilégié des étudiants de l'université libre toute proche, comme des visiteurs des musées de Dahlem.

découvrir

Museen Dahlem - Kunst und Kulturen der Welt

Édifié par Bruno Paul sur l'initiative de Wilhelm Bode, sur un terrain mis à disposition par les domaines royaux de Dahlem, le musée de l'Arnimallee n'était à l'origine qu'une partie d'un ensemble muséal plus vaste destiné aux collections asiatiques. Commencé en 1914, le musée ne fut pas achevé et servit comme magasin. Après la Seconde Guerre mondiale, l'ancien bâtiment accueillit les œuvres des musées nationaux restées dans la partie Ouest de la ville. Entre 1964 et 1973, un nouvel édifice moderne et fonctionnel fut construit dans la Lansstraße - qui abrite aujourd'hui également l'entrée principale. En dépit d'une confusion passagère due à l'imbrication de constructions d'époques différentes, on s'oriente aisément, à l'aide des dépliants fournis au guichet, dans cet exceptionnel dédale culturel.

Après le transfert de la galerie des Peintures au Kulturforum - la collection des sculptures a également déménagé pour s'installer au musée Bode - et la réunion des fonds du musée d'Art islamique dans le musée de Pergame, les espaces d'exposition ainsi libérés sont consacrés aux collections du Musée d'Ethnographie, du musée d'Art de l'Extrême-Orient et du musée d'Art indien. Ces trois musées, avec le musée des Cultures européennes *(voir plus loin)*, portent aujourd'hui le nom officiel de **Museen Dahlem - Kunst und Kulturen der Welt** (musées de Dahlem - arts et cultures du monde).

Le musée d'Ethnographie, le musée d'Art de l'Extrême-Orient et le musée d'Art indien sont aujourd'hui réunis dans le **complexe de Dahlem** (**M**[37] ; *à la sortie de la station de métro Dahlem-Dorf, prendre l'Iltisstraße, à droite. L'entrée du musée se trouve sur la Lansstraße).* ⓘ *Tlj sf lun. 10h-18h, w.-end 11h-18h. 3€, gratuit 1er dim. du mois. L'entrée comprend un audiotour sous forme de CD commentant les principales curiosités de tous les musées de ce complexe. ☎ 20 90 55 66. www.smb.spk-berlin.de*

Ethnologisches Museum★★★

Le cabinet d'art des rois de Prusse contenait déjà de nombreux objets provenant de cultures extra-européennes. Ils furent réunis, en 1829, dans une première « collection ethnographique » et présentés en 1850 au Nouveau Musée de l'île des Musées. Le

musée d'Ethnographie en tant que tel ne fut fondé qu'en 1873 par Adolf Bastian et logé dans un bâtiment voisin du Martin-Gropius-Bau, au cœur de Berlin. En raison des ravages de la guerre, les pièces rescapées ou déplacées dans la partie Ouest de la ville furent présentées dans les anciens bâtiments des dépôts de Dahlem, à partir de 1950. De nombreux objets, passés en RDA, principalement au Musée d'Ethnographie de Leipzig, furent restitués à Berlin après la chute du Mur.

Les collections du musée d'Ethnographie comptent parmi les plus belles d'Europe et, avec ses 500 000 témoignages ethnographiques, parmi les plus importantes. Y sont rassemblés, conservés et exposés des témoins culturels des sociétés préindustrielles, principalement de sociétés non européennes. L'idée était de donner une vue d'ensemble sur la culture des peuples « sans histoire » vivant sur les autres continents – autrefois, on ne considérait pas comme de l'art les pièces exposées. Ces fonds ont été constitués, surtout pour l'Océanie, dans le sillage des expéditions coloniales allemandes. Le musée comporte aujourd'hui les collections suivantes : Afrique, archéologie américaine, ethnologie américaine, Europe, Orient musulman, Asie de l'Est et du Nord, Asie du Sud et du Sud-Est, Océanie et Australie et ethnomusicologie. Toutefois, tous ces thèmes ne disposent pas de salles d'exposition permanente. Bien qu'il existe un espace suffisant pour exposer durablement ces collections, l'activité est quelque peu réduite suite au *Schloßplatzdebatte (voir Schlossplatz)*, un débat animé concernant l'éventuel transfert des collections ethnographiques en face de l'île des Musées. De plus, en raison des travaux de rénovation, certaines salles pourraient être provisoirement fermées.

Abteilung Amerikanische Archäologie (Alt-Amerika, département d'archéologie américaine – Amérique précolombienne)★★★ – *L'accès à ces extraordinaires trésors de la civilisation précolombienne se situe à droite du grand hall d'entrée (en face de l'entrée du musée d'Art indien).* Une grande salle héberge les cultures de Mésoamérique – région comprenant aujourd'hui le Mexique (hormis les territoires septentrionaux), le Guatemala, le Belize, le Salvador, les régions occidentales du Honduras, le Nicaragua et le Costa Rica. Le visiteur est accueilli par les **sculptures de pierre de Bilbao★★★** (vers 900 après J.-C.), œuvres de la culture Cotzumalguapa (Guatemala), parvenues à Berlin en 1881. Les pièces les plus volumineuses sont huit stèles à la base desquelles, pour sept d'entre elles, un être humain gravé lève le regard vers une divinité, chaque fois différente ; on peut aussi y découvrir une scène de sacrifice humain. Les stèles sont séparées par des sculptures de têtes humaines et animales. Cette section compte également des orthostates horizontaux et verticaux de petite taille. Les vitrines suivantes sont consacrées à la culture maya, avec des **reliefs** (500-900 après J.-C.) de l'époque classique et des **statues** (vers 600 avant J.-C.) préclassiques rares. Les inestimables **personnages en dorite★** de culture La-Venta (900-400 avant J.-C.) comptent parmi les objets les plus importants de la phase préclassique. Cette culture fut largement impliquée dans le développement de la civilisation méso-américaine (de l'artisanat à l'architecture). La section suivante est consacrée aux cultures du Mexique occidental avec de nombreuses **céramiques** et **statues d'argile**. Le visiteur admirera ensuite des objets de la culture Teotihuacán **(fresques)**, de la culture côtière du centre du golfe du Mexique (avec une inestimable **collection de sculptures★** d'une grande richesse typologique de la culture Tajín), de la culture de Monte Albán et des Zapotèques avec des **orthostates** et **des récipients**, des Huaxtèques (admirer l'**orthostate** ornée d'une scène de pénitence) et de la culture Mixteca-Puebla de la période historique postclassique du Mexique (vers 1350-1520 après J.-C.). Cette section est notamment remarquable par ses **porte-encensoirs à l'effigie de divinités**. Au fond de la salle, peu avant la section consacrée à l'Océanie, s'ouvre la grande section dédiée à la culture aztèque, avec, notamment, de magnifiques **sculptures en pierre★**.

À gauche, on accède au département des Indiens d'Amérique du Nord *(voir plus loin)*. La première salle mène, après quelques marches, à la mystérieuse **Chambre d'or★★★** (suite de la visite du département **d'archéologie américaine**) rassemblant de superbes objets de culte, notamment, et des parures en or. Les objets sont issus des trois grandes régions qui connurent l'apogée de l'orfèvrerie précolombienne : le Pérou et la Bolivie, les Andes colombiennes jusqu'au Costa Rica ainsi que le Guatemala et le Mexique. Consacrées à l'Amérique du Sud, les salles suivantes exposent de nombreuses offrandes funéraires et des pièces de textiles du Pérou ancien, qui disposait déjà, en 1000 avant J.-C., d'une culture très évoluée – la dernière grande phase culturelle de cette région si intéressante, celle des Incas, prit fin en 1532-1533 dans le sillage destructeur des conquêtes espagnoles.

Les Indiens d'Amérique du Nord – Du mythe à la modernité – Cette exposition permanente inaugurée en 1999 *(deux entrées depuis la grande salle consacrée à la Mésoamérique – le département d'archéologie américaine)* comprend tant des objets ethnographiques des nombreuses cultures indiennes que des pièces telles que des œuvres d'art indiennes modernes ou des objets actuels – l'accent est également mis sur les conditions de vie actuelles des Indiens d'Amérique du Nord. Pour éclairer la diversité indienne, l'exposition est organisée en cinq sections régionales : la prairie et les plaines, le Sud-Ouest, la Californie, la côte Nord-Ouest et l'Arctique. Y sont exposés des vêtements en cuir brodés, des peaux de bison peintes, des bijoux en argent, des céramiques, des paniers décoratifs, des bateaux, des ustensiles du quotidien et des masques de chamans. Une autre section est consacrée aux questions soulevées par l'imaginaire lié à la culture indienne ainsi qu'aux clichés, tant positifs que négatifs, qui en résultent.

STAATLICHE MUSEEN ZU BERLIN

Catamarans du département de l'Océanie du musée d'Ethnographie.

Abteilung Südsee (Département de l'Océanie)★★ – C'est en quittant la première salle du département d'archéologie américaine qu'on accède aux collections océanienne et australienne d'une richesse et d'une diversité inouïes, réparties sur deux étages. Les nombreuses vitrines sont organisées selon une logique géographique. Parmi les œuvres majeures, citons les collections de Sepik, du golfe de Papouasie et de Nouvelle-Irlande, **la représentation de la divinité Sope de Nukuoro**, **le manteau de plumes du roi Kamehameha Ier** d'Hawaii, les éventails **O Atea** des îles Marquises et **l'habit cérémoniel de deuil** de Tahiti. Les objets de grande taille de la section consacrée à la maison et au bateau sont particulièrement impressionnants. Des îles Palau (Micronésie occidentale), on admirera la **maison du club des hommes de Belau**★ à l'architecture élaborée et au sens artistique raffiné. Ces clubs, qui rassemblaient des hommes du même âge y séjournant jour et nuit, jouaient un grand rôle social, politique et juridique dans les villages. Les **catamarans**★, que l'on peut admirer du premier étage, proviennent de Tonga, Samoa, Tuvalu, Kiribati et d'Australie. Au 1er étage, une nouvelle galerie est consacrée à l'art contemporain d'Océanie, point fort des acquisitions réalisées depuis les années 1980, avec des peintures, des sculptures sur bois, des objets en terre cuite et de la vannerie.

Abteilung Afrika (Département africain)★★ – Le premier étage expose une magnifique sélection des fonds africains du musée. Ces pièces, autrefois propriété du musée d'Ethnologie, constituèrent, dans les années 1910, une source d'inspiration fondamentale pour les expressionnistes allemands. Le département africain a bénéficié du gain de place occasionné par le transfert d'autres musées. Outre l'ancienne collection ethnologique, ce département abrite une exposition permanente intitulée **Afrika – Kunst und Kultur** (Afrique – Art et culture). Ces deux expositions sont organisées selon une logique géographique.

La « nouvelle » exposition permanente s'ouvre sur l'Afrique occidentale, avec, notamment, des objets de sociétés agraires et des œuvres urbaines et de la cour d'Ife (ville sainte des Yoruba au Nigeria) – ses points forts sont les **statuettes en terre cuite**★ – et du Bénin (ancien royaume, aujourd'hui province du Niger) avec ses **reliefs en bronze et en laiton**★★ très élaborés, uniques dans l'art africain. Les savanes du Cameroun, avec les superbes **masques** et **sculptures** royales (19e s.) de Kom ainsi que les fragments de palais en bois du Gabon et ses **reliquaires**★ de Fang et Kota, marquent le passage à l'Afrique centrale. De cette région, on retiendra notamment les **figurines magiques à l'effigie des ancêtres, masques utilisés**

lors des cérémonies initiatiques ainsi que des **ustensiles** notamment du Congo (du royaume du Kuba, du peuple des Pende, des Mangbetu, des Luba). Le voyage se termine en Afrique orientale à l'art de laquelle l'Occident s'intéresse de plus en plus depuis quelques années.
L'« ancienne » exposition permanente, qui prend la suite, vise à témoigner de la diversité des traditions – l'accent étant mis sur l'Afrique occidentale. Le premier complexe est axé sur l'Afrique du Nord et les Berbères, dont on remarquera **les bijoux en argent**. La grande région culturelle ensuite abordée est le Soudan : les **vêtements exposés** témoignent de l'influence de la religion sur l'habit. Suivent la Haute-Guinée, avec d'autres objets d'Ife et du Bénin (avec de nombreux autres reliefs en laiton ainsi que des ivoires), le delta du Nil, les régions côtières et enfin les savanes du Cameroun.

Abteilung Ostasien (Département de l'Extrême-Orient)★ – Le troisième étage de l'exposition abrite les arts populaires d'Extrême-Orient, qui s'organisent en deux grandes sections géographiques : le Japon et la Chine. En 1999, la donation de Hannelore Großmann d'une importante collection d'objets de la culture quotidienne et festive du Japon constitua un enrichissement unique dans l'histoire du musée d'Ethnographie, en particulier pour la période contemporaine. Bientôt, ces 4 000 objets seront dévoilés au fil d'expositions temporaires. Parmi les objets chinois, on remarquera les lampes destinées aux fêtes du nouvel an, des représentations de la déesse Guayin, un temple familial, des outils agricoles, des modèles de navire. Le visiteur pourra admirer la reconstitution d'une pièce à vivre et d'une chambre, ainsi qu'un théâtre d'ombres et des marionnettes.

Abteilung Musikethnologie (Département d'ethnomusicologie) – Très tôt, la musique occupa une part non négligeable des activités du musée – on citera notamment 100 000 prises de son archivées. On peut sélectionner des documents sonores historiques depuis le terminal *MusikWeltkarte (planisphère musicale)*. Des pièces d'Asie et d'Afrique du Nord issues de la collection d'instruments de musique extra-européens, unique en Allemagne, *(dernier étage, près du département de l'Extrême-Orient)* sont exposées dans deux salles.

Museum für Indische Kunst★★

Les premiers objets du **musée d'Art indien** actuel furent acquis aux enchères en 1806. Jusqu'en 1963, année qui marqua l'inauguration du musée d'Art indien, les œuvres issues du sous-continent faisaient partie des collections ethnographiques du musée d'Ethnologie, installé à Dahlem après la guerre. Ce n'est qu'en 1971 que les salles d'exposition purent être installées dans le complexe de musées. En automne 2000, le musée rouvrait ses portes après des années de rénovation et de restructuration muséologique. La collection comporte 20 000 objets d'époques et de styles différents – 400 œuvres d'art et documents sont exposés dans de nouveaux espaces à l'éclairage spécifiquement étudié. L'exposition permanente est organisée en trois secteurs : le sous-continent indien, l'Asie du Sud-Est et la route de la Soie – avec l'Inde, bien sûr, mais aussi le Pakistan, l'Afghanistan, le Sri Lanka, le Népal, le Tibet, Myanmar et le Viêtnam.
Le musée trouve son point d'orgue dans la **collection de Turfan★★** avec ses peintures murales, ses statues, ses textiles et ses écrits ainsi que le lieu de culte intitulé « Grotte de la colombe à l'anneau ». Cette collection est le résultat de fouilles de quatre expéditions royales prussiennes à Turfan (1902-1914) dans le Turkestan oriental, en Asie centrale, au Nord de la route de la Soie. Ces œuvres d'art uniques en leur genre sont représentatives de la vie culturelle et religieuse de cette région, marquée par le bouddhisme, au cours du 1er millénaire de notre ère. Parmi les œuvres clés, citons les **statuettes religieuses★** en terre cuite, pierre, bronze et bois, dont l'exceptionnelle qualité témoigne tant de l'évolution iconographique que de sa diversité d'expression. Les sections consacrées à **l'artisanat** ainsi qu'à la **peinture miniature** offrent de magnifiques spécimens de l'art indien.

Museum für Ostasiatische Kunst★

C'est par arrêté ministériel qu'en 1906, la collection d'art de l'Extrême-Orient devint un département indépendant des musées royaux de Prusse. Après le musée Islamique, ce fut le deuxième musée de l'Empire allemand consacré à l'art extra-européen. Le fonds fut constitué par l'acquisition des collections du marchand d'art Hayashi Tadamasa, après son décès. La collection fut complétée par la suite pour donner lieu, en 1924, à la première exposition dans le Martin-Gropius-Bau. La Seconde Guerre mondiale apporta ici aussi son lot de malheurs : une grande partie de la collection fut expédiée en Union soviétique (elle est actuellement visible à l'Ermitage de Saint-Pétersbourg) – aucun autre musée berlinois ne souffrit autant du pillage... Après la guerre, une collection extrême-orientale fut constituée au musée de Pergame, sur l'île des Musées, dans la partie Est de la ville et, pour la partie Ouest, à Dahlem, où une nouvelle exposition permanente fut inaugurée en 1970. Depuis 1992, les deux parties de la collection furent réunies dans le **musée d'Art de l'Extrême-Orient**, qui a rouvert ses portes en automne 2000 avec une surface d'exposition doublée. Entre-temps, la collection s'était largement enrichie grâce à de nouvelles acquisitions, des prêts et la mise à disposition de parties de la collection de Klaus F. Neumann, un marchand d'art résidant à Tokyo.

L'exposition permanente présente tous les genres artistiques de Chine, du Japon, de Corée et, depuis peu, du Vietnam. La visite s'ouvre sur l'archéologie chinoise (superbement annoncée par la **hache de cérémonie**, à l'entrée) et enchaîne sur deux salles consacrées à la peinture chinoise. L'artisanat chinois est présenté dans deux salles, la plus grande étant dominée par le **trône impérial au paravent** du 17e s. De la petite pièce abritant l'artisanat chinois des Song aux Ming (du 10e au 17e s.), on accède aux céramiques du Viêtnam et de Corée et aux arts appliqués japonais. S'ensuit l'art graphique japonais et deux salles consacrées à la peinture japonaise. De là, le visiteur fera une petite incursion dans la salle des arts religieux d'Extrême-Orient, dominée par le thème du bouddhisme, notamment dans la peinture et la sculpture. De la salle de peinture japonaise, on peut également accéder à la salle consacrée à l'art du thé japonais, dans laquelle est reconstituée une **salle de thé japonaise**, pouvant être utilisée pour la cérémonie du thé. Enfin, on peut admirer les objets de la collection de Klaus F. Neumann.

Museum Europäischer Kulturen (Musée des Cultures européennes)★ (M26)

Dans la Lansstraße, prendre la Takustraße à gauche, puis la Königin-Luise-Straße à droite, puis de nouveau à gauche dans la rue Im Winkel. Im Winkel 6-8. ♿ Tlj sf lun. 10h-18h, w.-end 11h-18h. 3€. ☎ 20 90 55 55. www.smb.spk-berlin.de

C'est Virchow lui-même qui fut à l'origine de la fondation en 1889 du musée du Folklore et des Arts populaires allemands. Après la Seconde Guerre mondiale, un deuxième musée des Arts et Traditions populaires fut créé dans la partie Ouest de la ville. La fusion des deux a été réalisée en 1992 dans les bâtiments du musée de Dahlem.

Le musée rassemble des objets documentant les traditions populaires du 16e s. à nos jours. Les salles, toutes réaménagées, ont rouvert au public en été 1999. Un programme d'expositions de grande envergure est proposé (expositions exceptionnelles, journées culturelles familiales, marché de Pâques et de Noël). *Le circuit de la visite commence à l'étage supérieur.*

Armoire peinte de Haute-Autriche (1843).

Muk/Museum Europäischer Kulturen/PREUSSISCHER KULTURBESITZ

1er étage – Placée sous le signe des « Contacts culturels en Europe », l'exposition permanente s'articule autour du thème de la fascination exercée par l'image. Elle montre l'évolution de la réception des images : partant des splendides images des œuvres d'art religieuses, elle explore le domaine des images imprimées servant de modèles aux peintures murales et aux meubles, pour déboucher sur les biens de consommation de masse et le flot d'images actuel.

Rez-de-chaussée – L'image est d'abord présentée ici à la lumière des trois religions monothéistes que sont le judaïsme, le christianisme et l'islam. L'accent est ensuite mis sur le rôle social joué par la religion aux 19e et 20e s. L'ensemble est mis en perspective par le truchement d'images en provenance d'autres cultures.

visiter

Station de métro Dahlem-Dorf

Cette station de métro a été bâtie (1912-1913), selon le désir de Guillaume II, dans le style « pittoresque » d'une ferme à colombages.

Freilichtmuseum Domäne Dahlem/Stadtmuseum Berlin★

Tlj sf mar. 10h-18h. 2€, gratuit mer. ☎ 66 63 00 00. www.domaene-dahlem.de

Depuis la station de métro, on aperçoit, de l'autre côté de la Königin-Luise-Straße, le pignon et le crépi aux tons orangés d'une maison de maître édifiée en 1560, qui compte parmi les plus anciennes maisons d'habitation de Berlin. Dans cet ensemble classé monument historique, une perspective totalement inattendue s'ouvre au visiteur qui pénètre au cœur d'un village médiéval et découvre d'anciens corps de ferme et la dernière parcelle de champs s'étendant sur 15 ha : un bout de l'histoire de l'agriculture berlinoise. Le **domaine de Dahlem**, qui appartient désormais à la **Fondation des musées de la ville de Berlin**, est à la fois un domaine agricole en exploitation et un musée consacré à l'histoire de l'agriculture et des techniques agricoles, ainsi qu'à celle de l'évolution villageoise et de l'alimentation à Berlin. Les jeunes visiteurs pourront se distraire avec des jouets d'époque dans une pièce qui leur est réservée.

Dans ses étables et ses enclos, le domaine abrite un large éventail d'animaux domestiques : des vaches, des cochons, des moutons et des poules, mais aussi des chèvres, des chevaux, des poneys et même des abeilles. Les champs produisent des plantes fourragères et des fruits typiques de la région. Et c'est dans le magasin du domaine que l'on retrouve l'ensemble de cette production : impossible de trouver des produits plus frais !

L'artisanat occupe une place de choix dans le quotidien du musée. L'impression à l'indigo, la poterie ainsi que la ferronnerie réalisée dans la forge du domaine fonctionnent comme des petites entreprises autonomes tandis que des volontaires bénévoles se chargent des activités liées à la filature, au tissage, à la peinture et à l'apiculture.

La résistance des églises sous le IIIe Reich

Dès les premières mesures d'aryanisation, le pasteur de la paroisse de Dahlem, **Martin Niemöller**, fonde une ligue d'opposition cléricale, le Pfarrenotbund, embryon de la future « Église confessante » (Bekennende Kirche). Niemöller est aussitôt arrêté et déporté, mais la paroisse de Dahlem restera un foyer de contestation. De nombreux religieux protestants et catholiques périrent dans les camps de concentration (Bonhoeffer, Delp, Lichtenberg), d'autres survécurent (Grüber, Niemöller). La résistance des catholiques grandit après l'interdiction des associations de jeunesse et le transfert de leurs membres dans les jeunesses hitlériennes. Presse, émissions radiophoniques, établissements confessionnels sont interdits ou fermés. Le curé de Sainte Hedwige proteste, prête assistance aux Juifs et dénonce les crimes commis contre les aliénés mentaux. Il meurt lors de son transfert à Dachau.

St. Annen-Kirche

La petite **église Ste-Anne** du 14e s., de style gothique, est fermée en dehors des offices. On pourra admirer de superbes fresques médiévales illustrant la légende de sainte Anne.

Prendre la Königin-Luise-Straße vers l'Est jusqu'à la Königin-Luise-Platz ou, à la station de métro Dahlem-Dorf, prendre le BUS 183 ou X83 jusqu'au Botanischer Garten.

Les serres du Jardin botanique.

Ph. Gajic/MICHELIN

Botanisches Museum★ (M[27])

♿ *10h-18h. Fermé 24 et 31 déc. 1€. ☎ 83 85 01 00. www.bgbm.org/bgbm*

Le **Musée botanique**, qui bénéficie d'une bibliothèque publique comptant plus de 160 000 ouvrages, vise à offrir un aperçu de l'histoire des végétaux de diverses époques géologiques et climatiques au fil d'une exposition didactique. Dioramas et modèles expliquent, par exemple, la reproduction des végétaux. Sont également détaillés les plantes utiles, comme les champignons comestibles, mais aussi leurs congénères vénéneux. On pourra aussi admirer des offrandes funéraires de plantes de l'Égypte ancienne.

Botanischer Garten★★ (B[1])

♿ *Mai-juil. : 9h-21h ; avr. et août : 9h-20h ; sept. : 9h-19h ; nov.-janv. : 9h-16h ; fév. : 9h-17h ; mars et oct. : 9h-18h. Fermé 24 et 31 déc. 4€. ☎ 83 85 01 00. www.bgbm.org/bgbm*

Le premier **Jardin botanique** fut aménagé à l'emplacement du Lustgarten *(voir Schlossplatz)*, puis déplacé à la fin du 17e s. par le « Grand Électeur » dans le village de Schöneberg, à l'endroit de l'actuel Kleistpark. Entre 1887 et 1910, il est réorganisé sous un éclairage scientifique et de nouveau implanté à Dahlem.

Ce jardin extraordinaire offre une profusion et une variété fascinantes d'arbres, de plantes et d'arbustes des cinq continents (22 000 espèces), équivalent végétal du Jardin zoologique. Une multitude de chemins serpentent sous le couvert des bois, autour de petites collines, dans des vallées réduites ; un pavillon japonais se cache dans la partie « Asie ». La promenade se prolonge par un arboretum. Les **serres★★** (1906-1907), d'où l'on a une belle vue d'ensemble sur le jardin *(café et boutique dans le passage du rez-de-chaussée)* semblent sorties de l'imagination d'un milliardaire excentrique. Elles sont un autre monde, succession labyrinthique de dômes de verre alternativement grands et petits, abritant des plantes magnifiques provenant des zones climatiques tropicales ou arides. Le visiteur passe de l'étang aux nénuphars géants, des orchidées, des plantes carnivores et des forêts de bambous luxuriantes aux cactus.

Albrecht-Thaer-Weg

Tram *Podbielskiallee, puis remonter la Schorlemerallee vers le Nord-Est.*

Ce chemin traverse le terrain de la faculté d'agronomie de l'université Humboldt, hébergeant également des instituts de l'université technique et de l'université libre. L'arrangement non achevé de Heinrich Straumer (1921-1929) offre une vue charmante, avec ses maisons en brique et sa verdure, qui font tout le charme champêtre de Dahlem. Un peu plus loin, **Schorlemerallee 7-23**, les amateurs d'architecture de la république de Weimar peuvent admirer un **lotissement modèle**, construit en trois parties (1925-1928) par Wassili et Hans Luckhardt ainsi qu'Alfons Anker.

AlliiertenMuseum

Tram *Oskar-Helene-Heim, Clayallee 135.* ♿ *Tlj sf mer. 10h-18h. Gratuit ☎ 8 18 19 90. www.alliiertenmuseum.de*

Le **musée des Alliés** a pour objectif de retracer le demi-siècle (jusqu'en 1994) de présence des Alliés de l'Ouest – la France, l'Angleterre et les États-Unis –, « passés du statut d'occupants à celui d'amis » et de documenter les événements historiques ainsi que la vie quotidienne à Berlin-Ouest. L'Outpost-Theatre et le Maj. Arthur D. Nicholson Jr. Memorial Library, un cinéma et une bibliothèque des forces de protection américaines, trônent au cœur de l'ensemble. Les bâtiments du musée constituent eux-mêmes des témoins de l'Histoire. Des objets très volumineux sont exposés, comme le poste-frontière de Checkpoint Charlie, un wagon militaire français de la ligne Berlin-Strasbourg et une arme britannique de type Hastings.

Waldfriedhof Dahlem

Tram *Oskar-Helene-Heim, puis* BUS *111 Am Waldfriedhof.*

Dans le **cimetière de Dahlem**, endroit retiré, reposent le poète Gottfried Benn, la femme sculpteur Renée Sintenis et le peintre Karl Schmidt-Rottluff.

Grunewald★★

Le pavillon de chasse construit par l'Électeur Joachim II au lieu dit « Zum Grunen Wald » a donné son nom à la forêt la plus vaste de Berlin et au quartier qui la borde au Nord-Est, qui passe pour être le plus résidentiel de la ville. Autour de petits lacs, le long d'allées ombragées, se succèdent les villas cossues. La forêt de Grunewald, agrémentée de lacs où l'on peut se baigner, est un merveilleux lieu d'excursion pour se rafraîchir l'été ou se balader au milieu des pins et des feuillus.

La situation

Charlottenburg-Wilmersdorf, Steglitz-Zehlendorf. Plan p. 300-301 ABUV – Carte Michelin n° 33 N 1-2, P 1-2, R 1-4, S 1-4, T1-4. Ⓢ *7 Grunewald,* Ⓢ *1, 7 Wannsee,* Ⓢ *9, 75 Olympiastadion,* Ⓢ *41, 42, 46, 47 Hohenzollerndamm.* L'autoroute AVUS, inaugurée en 1921, première autoroute allemande, doublée par la ligne de S-Bahn, traverse la forêt de part en part.

À voir dans les environs : KURFÜRSTENDAMM, WILMERSDORF, DAHLEM, MESSEGELÄNDE, SPANDAU, WANNSEE, ZEHLENDORF.

comprendre

AVUS – La première autoroute d'Allemagne est aussi la première piste de course automobile. D'abord à usage privé, elle est créée par l'**Automobil-Verkehrs- und-Übungsstraße GmbH** (dont les initiales donnent AVUS), en 1909, pour tester les véhicules. L'autoroute est inaugurée en 1921. Elle est tout de suite vouée aux records, notamment ceux des marques allemandes. **Fritz von Opel** réalise, lors de la première course, une moyenne de 128,24 km/h et ce n'est qu'en 1958 que l'on pourra dépasser le record de 261 km/h déjà établi avant la guerre. Le Grand Prix d'Allemagne est instauré en 1926. Dix ans plus tard, la piste sert au marathon des Jeux olympiques. Des courses de voitures de sport allemandes continuèrent d'y être organisées jusqu'en 1996.

carnet pratique

Cafés, bistrots et bars

Forsthaus Paulsborn – *Hüttenweg 90 - BUS 115 Pücklerstraße à partir de la* Ⓢ *Hohenzollerndamm, puis suivre la Pücklerstraße vers l'Ouest – ☎ 818 19 10 – www.forsthaus-paulsborn.de – tlj sf lun. à partir de 11h.* Cet établissement de style wilhelminien, idéalement situé en bordure du lac de Grunewald, à proximité du pavillon de chasse, est apprécié des visiteurs – on ne peut toutefois pas l'atteindre directement avec les transports en commun.

Wirtshaus Schildhorn – *Straße am Schildhorn 4a – BUS 218 station Schildhorn à partir de la* Ⓢ *Wannsee – ☎ 305 31 11 – www.wirtshaus-schildhorn.de – à partir de 12h.* Ce traditionnel local d'excursion (avec son propre embarcadère), construit en plusieurs étapes à partir de 1865 dans une anse de la Havel, possède un agréable *Biergarten* à l'ombre de châtaigniers majestueux.

découvrir

Les lacs★★

On ne se baigne guère dans le petit **lac de Grunewald** (Grunewaldsee). **Krumme Lanke** offre en revanche des plages aménagées bondées et de beaux points de vue sur ses rives boisées. Le lac le plus agréable pour la baignade est le **Schlachtensee★**. Une plage aménagée se trouve à proximité de la station de S-Bahn Ⓢ *Schlachtensee*, mais il est préférable de s'installer dans les sous-bois. Sans le bruit du S-Bahn, on pourrait presque oublier que l'on se trouve en ville. Le petit « **lac du Diable** » (Teufelssee) est, avec l'Halensee, le second grand rendez-vous des naturistes à Berlin.

La **Havel** est sillonnée de bateaux de plaisance et de voiliers. L'été, le long de la rive, chaque petit coin de sable est occupé par des baigneurs.

visiter

Villenviertel Grunewald★

Ⓢ *Grunewald. Depuis la place de la gare de Grunewald, longer l'Auerbacher Straße et obliquer à gauche dans la Douglasstraße.* On trouve surtout des villas intéressantes dans la calme **Douglasstraße**. L'ambassade d'Afrique du Sud fait face à la maison

Flechtheim *(nº 12)*, témoignage de la Nouvelle Objectivité et qui fut la demeure du chef de la diplomatie du IIIe Reich, Ribbentrop, peu avant la Seconde Guerre mondiale. Au bout du **Gottfried-von-Cramm-Weg**, la **villa Konschewski** (1922-1923 ; *nos 35-37*) est une somptueuse demeure avec une façade inspirée de l'esthétique rococo. On remarque d'autres bâtiments intéressants dans la Hagenstraße, jusqu'au Wildpfad, la Brahmsstraße *(nos 4-10, The Ritz Carlton Schloßhotel)*, sur le Seebergsteig, où un castel néogothique *(nº 23)* fait l'angle avec l'Hubertusbader Straße, et surtout, dans la Kronberger Straße.

L'ORIGINE DE L'EXPRESSIONNISME

En juin 1905, quatre étudiants en architecture de l'École technique supérieure de Dresde : Fritz Bleyl, Erich Heckel, **Ernst Ludwig Kirchner** et **Karl Schmidt-Rottluff**, tous autodidactes (à l'exception de Kirchner qui avait suivi les cours d'une école d'art à Munich) et férus de peinture, fondent le mouvement **Die Brücke** (« Le Pont »). Ils signent leur premier manifeste, gravé par Kirchner, en 1906 : « Comme les jeunes qui portent en eux l'avenir, nous voulons conquérir la liberté d'agir et de vivre en nous opposant aux forces sclérosées du passé. Tous ceux-là sont des nôtres qui expriment spontanément et de façon authentique ce qui les pousse à créer. »
Les artistes du mouvement expérimentent diverses techniques : la gravure (où se distingua le Suisse Cuno Amiet), la peinture sur vitrail (Karl Schmidt-Rottluff), la tapisserie et le tissage. Leurs statues et leurs meubles en bois s'inspirent des arts « primitifs » africains et polynésiens. En 1906, **Emil Nolde** et **Max Pechstein** demandent leur adhésion. Attirés par le dynamisme de Berlin, Kirchner et ses amis quittent Dresde en 1911 et sont soutenus par la galerie Fritz Gurlitt et par le critique d'art **Herwarth Walden** dans sa revue *Der Sturm*. Ils trouvent à Berlin de nouveaux thèmes : spectacle de la rue, cabarets, théâtres, cirques, lieux d'élégance et de plaisir. Le groupe se sépare en 1913. En 1938, 608 œuvres de Schmidt-Rottluff, considérées comme de l'« art dégénéré », sont retirées des musées allemands.

Brücke-Museum★ (M36)

BUS 115 Finkenstraße à partir de la S Hohenzollerndamm. Bussardsteig 9. ♿ Tlj sf mar. 11h-17h. Fermé 24 et 31 déc. 4€. ☎ 831 20 29. www.bruecke-museum.de

Ce **musée du mouvement Die Brücke**, construit en 1967 dans une forêt de pins et de bouleaux, possède une architecture fonctionnelle. La surface d'exposition est réduite, mais laisse une place aux sculptures sur bois. Le legs de **Karl Schmidt-Rottluff**, qui s'est éteint à Berlin-Ouest en 1976, et les 1 000 œuvres offertes par Erich Heckel constituent l'essentiel du fonds qui est exposé à travers des expositions temporaires *(sélection ci-après donnée sous réserves)*. Le musée possède également une belle collection de cartes, aquarellées ou coloriées, que les peintres du mouvement Die Brücke envoyaient à leurs parents ou amis, notamment l'égérie de Karl Schmidt-Rottluff, **Rosa Schapire**. Celle-ci collectionna ses œuvres et publia le premier catalogue de son œuvre gravée, à Berlin, en 1924.

On remarque : *Le Christ aux outrages* (1909) et *Vacanciers* (1911) d'Emil Nolde ; des Rottluff d'avant 1914 (*Femme rêvant*, 1912) ; *Le Bateau de pêche* (1913) de Max Pechstein et surtout *Scène de rue à Berlin* (1913) de Ernst Ludwig Kirchner ; *Tübingen* (1920) et *Deux Baigneuses* (1921) de Erich Heckel.

« Scène de rue à Berlin » (1913) de Ernst Ludwig Kirchner.

R. März/BRÜCKE MUSEUM

Jagdschloß Grunewald★ (M28)

BUS 115 Pücklerstraße à partir de la station S Hohenzollerndamm, puis suivre la Pücklerstraße vers l'Ouest. Am Grunewaldsee. De mi-mai à mi-oct. : tlj sf lun. 10h-17h. 2€. ☎ (0331) 969 42 02. www.spsg.de

Ce **pavillon de chasse** occupe un endroit charmant, au bord du lac de Grunewald. Seuls la tour et l'escalier en colimaçon qu'elle abrite remontent à l'époque de la construction de Caspar Theiß (vers 1542). Entre 1669 et 1701, Nering et Grünberg remanièrent l'édifice

H. Champollion/MICHELIN

Le pavillon de chasse de Grunewald.

dans le style baroque. Le petit musée possède de nombreuses **œuvres**★★ de **Lucas Cranach l'Ancien** (1472-1553), exposées dans des pièces au charme rustique : neuf scènes du retable de la Passion, provenant de la cathédrale de Berlin, des portraits de Princes Électeurs *(Joachim Nestor, Joachim II)*, le diptyque d'Adam et Ève et la gracieuse *Nymphe à la source*, très beaux exemples de nus. On remarquera également la série de portraits d'empereurs romains qui compte un *César* de Rubens. Le long bâtiment domestique qui fait face au pavillon abrite une collection d'armes et d'objets ayant trait à la chasse.

Teufelssee et Teufelsberg

Ⓢ *Grunewald. Emprunter le chemin de Schildhorn en direction de l'Ouest.* La « montagne du Diable » *(Teufelsberg)*, dont le versant Nord est un domaine skiable très apprécié, est aussi un sommet où l'on trinque à l'occasion de la Saint-Sylvestre. C'est un « *Mont Klamott* », colline constituée de décombres (25 millions de m³) causés par les bombardements alliés, l'une des neuf érigées à Berlin après la guerre et la plus haute (120 m). Une ancienne station radar américaine la surmonte.

Grunewaldturm★

BUS *218 à partir de la station* Ⓢ *Olympiastadion (au Nord) ou* Ⓢ *Wannsee (au Sud). Vous pouvez également atteindre la tour de Grunewald en parcourant la forêt du même nom via le Schildhornweg et l'Havelchaussee. De 10h à la tombée de la nuit. 1€. ☎ 300 07 30. www.grunewaldturm.de*

Construite en l'honneur de l'empereur Guillaume Iᵉʳ (on l'appelle aussi Kaiser-Wilhelm-Turm), cette tour néogothique de briques rouges sert de belvédère. À son sommet, le **panorama**★★★ sur la Havel, de Spandau à Potsdam, est de toute beauté. On a peine à croire que l'immense forêt de Grunewald, d'où émerge le Teufelsberg, fasse partie du Grand Berlin. On découvre la ville au loin, dominée par la tour de l'Alexanderplatz et celle de la Radio. À gauche du Teufelsberg, on distingue très bien l'unité d'habitation Le Corbusier et, entre les deux, une tour rouge, d'apparence médiévale, qui est le château d'eau de l'Akazienallee. Mais c'est au Sud que s'ouvre la perspective la plus romantique : la Havel, ses berges boisées, ses îles, serpente jusqu'à Potsdam, dont on voit, minuscule, le dôme de l'église St-Nicolas.

Dans la tour et dans ses environs, plusieurs restaurants, dont un particulièrement beau avec jardin, sont à votre disposition.

Köpenick★

Köpenick est aujourd'hui une jolie ville, qui conserve un caractère bien distinct de Berlin. La présence du Großer Müggelsee et de vastes étendues boisées, qui étaient le « poumon vert » de l'ancien Berlin-Est, en fait toujours un lieu de promenade très apprécié.

La situation

Treptow-Köpenick. Plan p. 300-301 DV - Carte Michelin n° 33 T/W 21-26. Ⓢ *3 Köpenick, Hirschgarten, Friedrichshagen,* Ⓢ *8, 46 Grünau.* Tout comme Havel, Wannsee et Grunewald, Dahme, le Müggelsee et la forêt de Köpenick constituent un lieu de repos idéal et tout proche.

À voir dans les environs : LICHTENBERG, MARZAHN-HELLERSDORF, TREPTOW.

Le Großer Müggelsee.

comprendre

Les origines slaves – Avec Spandau, Köpenick était l'un des deux établissements slaves importants de la région de Berlin. Le site, des îles au confluent de la Spree et de la Dahme, se prêtait merveilleusement à la défense. L'île du Château *(Schloßinsel)* avait déjà été occupée au néolithique. Une forteresse y est construite vers 825. Ce sera un foyer de la colonisation slave, jusqu'au 12e s., et son centre politique.

Le « capitaine de Köpenick » – Né en 1849 à Tilsit, **Wilhelm Friedrich Voigt**, apprenti cordonnier, quitte très jeune sa province natale pour Berlin. Il survit en commettant divers larcins qui lui valent de passer la moitié de sa vie en prison. Il en sort à 56 ans, achète aussitôt un manteau et, morceau par morceau, se constitue un uniforme complet d'officier de la Garde. Ainsi vêtu, le 16 octobre 1906, il prend le commandement de deux pelotons de garde sur le terrain de tir de Plötzensee, les conduit en train à Köpenick, arrête, « au nom de sa Majesté », le bourgmestre à l'hôtel de ville et se saisit des caisses contenant environ 4 000 RM (le Reichmark était la monnaie de l'époque). Il est arrêté peu de temps après et condamné à quatre ans de prison. Entre-temps, il est devenu une figure très populaire. 24 heures après l'événement, des feuilles et des caricatures circulent ; la presse internationale commente le fait. La satire publique cloue au pilori la « mentalité de sujet » *(Untertanengeist)* et le respect prussien de l'uniforme. Une firme de Heidelberg proposa même d'« emprunter » le prisonnier Voigt pour 150 000 RM, pendant trois mois, pour le montrer au public. Gracié par le Kaiser en 1908, il sort de prison sous les acclamations de la foule et se produit en spectacle au Berliner Panoptikum, vend des cartes, signées de sa main, le montrant en uniforme de capitaine, entreprend une tournée à New York. Fortune faite (on évalue le montant des dons à 40 000 RM), il se retire au Luxembourg où il finit ses jours en 1922. Le dramaturge **Gerhart Hauptmann** utilisera cette histoire, qui inspira également une tragi-comédie de **Carl Zuckmayer** *(Der Hauptmann von Köpenick)*, pour dénoncer l'esprit d'obéissance.

carnet pratique

CAFÉS, BISTROTS ET BARS

Bräustübl – *Müggelseedamm 164 – Tram 60 et 61 Müggelseedamm/Bölschestraße à partir de S Friedrichshagen – ☎ 645 57 16 – www.braeustuebl.de – à partir de 12h.* Cette brasserie berlinoise a élu domicile dans un débit de boissons rustique d'autrefois. On s'assoit dans l'une des agréables salles ou dans le *Biergarten*.

Schrörs am Müggelsee – *Josef-Nawrocki-Straße 16 – Tram 60 et 61 Müggelseedamm/Bölschestraße à partir de S Friedrichshagen – ☎ 64 09 58 80 – www.schroers-online.de – à partir de 11h.* C'est sans aucun doute d'ici que l'on jouit de la plus belle vue sur le Müggelsee.

DÉTENTE ET LOISIRS

Strandbad Grünau – *Sportpromenade 5 – Tram 68 à partir de S Grünau ou S Köpenick (station Strandbad Grünau) – ☎ 648 35 76 – www.bbb.berlin.de.* À proximité du parcours de régate de Grünau, en bordure de Langer See, à Köpenick.

Strandbad Müggelsee – *Fürstenwalder Damm 838 – Tram 61 à partir de S Friedrichshagen (station Strandbad Müggelsee) – ☎ 648 77 77 – www.bbb.berlin.de.* Plage de sable avec guérites, pelouses et eau rafraîchissante ; sur la plage du Müggelsee, on peut facilement oublier l'agitation de la grande ville.

découvrir

S Köpenick, puis Tram 62, 68 ou BUS 169 Schloßplatz Köpenick.

Kunstgewerbemuseum★★ (M[29])

Dans le château de Köpenick. Renseignements, ☎ 266 29 02. www.smpk.de/kgm

Il s'agit du plus ancien **musée des Arts décoratifs** d'Allemagne (fondé en 1867) et qui a l'avantage sur son homologue du Kulturforum d'être logé dans le **château de Köpenick**. Ce château occupe l'ancien emplacement d'une forteresse qui se trouvait déjà là à l'époque slave. L'édifice actuel fut construit entre 1677 et 1681 pour le prince de la cour Frédéric (futur roi Frédéric Ier) par Rutger van Langervelt et Johann Arnold Nering en remplacement d'un autre château précédemment détruit. Ce bâtiment rectangulaire situé en bordure des rives de la Dahme, avec son annexe hébergeant une galerie, est le plus ancien château de Berlin préservé en état.

Entrer dans la cour.

L'**église réformée** du château (1683-1685, *sur la gauche*), bâtie par Johann Arnold Nering, est le premier bâtiment religieux à plan centré du Brandebourg.

Lorsqu'il rouvrira ses portes, ce musée des Arts décoratifs concentrera ses expositions sur les arts décoratifs d'Europe du Nord des 17e et 18e s. Les pièces exposées et les salles du château seront alors en parfaite symbiose. Une fois la restauration achevée, les 29 plafonds en stuc richement décorés pourront, eux aussi, être de nouveau admirés.

L'hôtel de ville de Köpenick.

H. Champollion/MICHELIN

Vieille ville

Baignée par la Dahme, elle est dominée par la tour de l'**hôtel de ville★**, l'un des plus beaux de l'agglomération berlinoise, bâti entre 1901 et 1904 dans le style gothique de brique de la Marche et orné de briques vernissées de différentes couleurs. En traversant le pont Lange Brücke (belle vue sur les clochers de la vieille ville), et en continuant sur l'Oberspreestraße jusqu'aux n°s 173-181, on peut admirer l'intéressant bâtiment de l'**ancien Dorotheen-lyzeum** (1928-1929), l'une des principales œuvres de Max Taut.

visiter

Großer Müggelsee★★

Sa forme ovale et le relief doucement ondulé du Müggelberg donnent aux rives du Großer Müggelsee un aspect paisible. Ce lac compte parmi les plus beaux de Berlin. Dans la forêt municipale de Köpenick, qui jouxte le lac, les possibilités de balade sont nombreuses. Depuis la **Müggelturm** *(que l'on atteint avec le BUS 169, par exemple à partir de l'esplanade du château de Köpenick)*, au Sud du lac, on jouit d'un vaste **panorama★★** sur les lacs et la forêt.

Museum im Wasserwerk Friedrichshagen★

S Friedrichshagen, puis Tram 60 Wasserwerk Friedrichshagen. Müggelseedamm 307. Mars-oct. : tlj sf lun. et mar. 10h-16h, w.-end 10h-17h ; nov.-févr. : tlj sf lun. et mar. 10h-15h, w.-end 10h-16h. Fermé 1er janv., 24-26 et 31 déc. 2,50€. ☎ 86 44 76 95. www.bwb.de

Ce **musée de la Centrale hydraulique de Friedrichshagen**, situé en bordure directe du Müggelsee, est installé dans l'ancienne salle des machines à puiser B de la vieille centrale hydraulique. L'ensemble, qui ne fonctionne plus depuis 1979, est classé monument historique. Il fut érigé dans le style gothique de brique de la Marche d'après des plans de l'architecte municipal Richard Schulze et commença à fonctionner en 1893, constituant ainsi la troisième centrale hydraulique de la ville. Berlin bénéficia alors, à partir de ce moment-là, d'un approvisionnement garanti en eau propre potable. Dans la première moitié du 19e s., les conditions d'hygiène étaient toutefois encore catastrophiques dans la ville : les eaux souterraines, vraiment bonnes et disponibles en quantité, étaient de plus en plus polluées par les eaux usées des rues sales. Le typhus et le choléra, maladies causées par le manque d'hygiène, touchaient régulièrement la population. Sous la pression d'un médecin politiquement engagé, Rudolf Virchow (1821-1902), on commença à construire un système de canalisation souterrain à Berlin en 1878 (dont se chargea James Hobrecht). On peut aujourd'hui découvrir dans le musée ces témoignages historiques de l'approvisionnement en eau et de la canalisation d'écoulement de la ville. On remarquera surtout la salle des machines à vapeur, conservée dans son état d'origine, avec trois machines datant de 1893. Les amateurs de technique pourront également visiter une autre salle des machines datant des années 1920. D'anciennes pompes et conduites sont également exposées, ainsi que des documents relatifs aux effets de la Seconde Guerre mondiale sur les installations de distribution d'eau et le recours à des travailleurs de force à cette époque. Outre l'exposition permanente, on peut également visiter dans ce musée de nombreuses expositions temporaires et même assister à des concerts.

Oberschöneweide★ *(voir Treptow)*

Grünauer Wassersportmuseum/Stadtmuseum Berlin

S Grünau, puis Tram 68 Regattatribünen. Regattastraße 191. ♿ Sam. 14h-16h30. Gratuit. ☎ 674 40 02. www.stadtmuseum.de

Le bâtiment du **musée des Sports nautiques de Grünau/musée de la ville de Berlin** est un ancien pavillon d'été d'une villa Jugendstil construite au tournant du siècle. L'exposition permanente présente, à l'aide de quelque 200 pièces, l'histoire des sports nautiques avec plusieurs « actualisations » thématiques, par exemple relatives au parcours des régates olympiques de 1936, ou une sélection des différents parcours de régates allemands.

Lichtenberg

Le village de Lichtenberg, fondé vers 1230 (la petite église paroissiale subsiste toujours, isolée au milieu des immeubles modernes, sur la Möllendorfstraße), avait gardé son aspect rural, à la fin du 19e s., au milieu d'un vaste quartier industriel et ouvrier. Après les destructions de la Seconde Guerre mondiale, d'immenses ensembles de logements sans âme virent le jour, faisant aujourd'hui de Lichtenberg l'un des quartiers les plus « gris » de Berlin. Il offre néanmoins l'agrément du zoo de Berlin-Friedrichsfelde et du château de Friedrichsfelde. Enfin, Lichtenberg possède également quelques curiosités pour les amateurs d'histoire.

La situation

Lichtenberg. Plan p. 300-301 DUT – Carte Michelin n° 33 K 23-24, L 23-24, M24-26, N 24-26, P 24-26, R 24-26 ; DT. Tram 5 Tierpark, Lichtenberg, Magdalenenstraße, S 3 Karlshorst, S 5, 7, 75 Lichtenberg, S 8, 41, 42 Landsberger Allee. La réforme des arrondissements de 2001 a réuni Lichtenberg et l'arrondissement de Hohenschönhausen, fondé en 1985-1986, dans le nouveau grand arrondissement de Lichtenberg.

À voir dans les environs : FRIEDRICHSHAIN, PRENZLAUER BERG, MARZAHN-HELLERSDORF, WEISSENSEE.

visiter

Tierpark Berlin-Friedrichsfelde*

Tram Tierpark ou S Karlshorst, puis Tram 26, 27, 28 Tierpark. Am Tierpark 125. ♿ De 9h à la tombée de la nuit. 9€. ☎ 51 53 10. www.tierpark-berlin.de

Le **Parc zoologique de Berlin-Friedrichsfelde** passe pour être l'un des plus grands d'Europe (160 ha). De vastes enclos, de grandes étendues d'eau et diverses maisons d'animaux (Alfred-Brehm-Haus pour les tigres et les oiseaux tropicaux, la maison des pachydermes pour les éléphants, rhinocéros, lamantins et hippopotames nains, ainsi que la maison des colibris et crocodiles) abritent plus de 9 000 animaux de plus de 1 000 espèces différentes. Dans la ferme des serpents, on peut actuellement découvrir le plus vaste ensemble de serpents venimeux dans un terrarium européen.

Museum Schloß Friedrichsfelde/Stadtmuseum Berlin – *Dans le parc zoologique. Visite uniquement accessible aux visiteurs du parc zoologique. Tlj sf lun. 10h-18h (nov.-févr. 17h). 0,50€, gratuit mer. ☎ 66 63 50 35. www.stadtmuseum.de*

Le **château de Friedrichsfelde** date de la fin du 17e s. et fut remanié en 1719 pour prendre son aspect actuel. On peut admirer, dans le salon du Parc et dans le salon de réception, mais également dans diverses autres salles, de précieuses tentures murales du 18e s. qui proviennent de différents châteaux et demeures seigneuriales de la Marche de Brandebourg. L'art et les arts décoratifs des 17e au 19e s. sont également présentés dans ce **musée du Château de Friedrichsfelde/musée de la ville de Berlin** (tableaux, mobilier, porcelaines, argenterie, faïences). La **salle de concerts*** est l'un des meilleurs exemples de décor néoclassique à Berlin.

Deutsch-Russisches Museum Berlin-Karlshorst (M30)

S Karlshorst, puis Bus 396 ou Tram Tierpark, puis Bus 396. Zwieseler Straße 4. ♿ Tlj sf lun. 10h-18h. Fermé 24 et 31 déc. Gratuit. ☎ 50 15 08 10. www.museum-karlshorst.de

La signature de la capitulation sans condition de l'Allemagne nazie face à l'Union soviétique, le 8 mai 1945, eut lieu dans une salle, gardée en l'état, de cette maison, anciennement casino des élèves de l'École de génie militaire de la Wehrmacht. L'état-major de la 5e armée d'intervention soviétique s'y installa le 23 avril 1945. Après 1945, c'est le tour de diverses instances militaires de la zone d'occupation soviétique. Le **Musée germano-russe de Berlin-Karlshorst**, qui y est aujourd'hui installé, évoque, par de nombreux uniformes, photos, cartes, armes, les années tragiques de la guerre et les innombrables victimes civiles, travailleurs de force et expulsés.

Deutsch-Russisches Museum Berlin-Karlshorst

La signature de la capitulation sans condition le 8 mai 1945.

Städtischer Zentralfriedhof Friedrichsfelde

S + Tram Lichtenberg. Gudrunstraße.

Cet ancien **cimetière communal** ouvert en 1881 devient le **mémorial des socialistes** à l'époque de la RDA à travers les défilés de masse organisés chaque année devant les tombes des socialistes (avec les tombes de Karl Liebknecht et Rosa Luxemburg, Wilhelm Pieck, Otto Grotewohl, Walter Ulbricht et d'autres dirigeants politiques du SED), un véritable lieu de pèlerinage. Ce monument à l'origine érigé en 1926 pour Rosa Luxemburg et Karl Liebknecht par Mies van der Rohe fut

détruit par les nationaux-socialistes et ne fut pas reconstruit après la Seconde Guerre mondiale. À sa place, fut érigé en 1951 le mémorial des socialistes, à l'entrée du cimetière, qui attire de nombreux pèlerins tous les ans en janvier à l'occasion de l'anniversaire de la mort de Rosa Luxemburg. On trouve, en outre, d'autres personnalités importantes dans ce cimetière, telles que Käthe Kollwitz ou Otto Nagel.

Forschungs- und Gedenkstätte Normannenstraße

Tram Magdalenenstraße. Accès par la Frankfurter Allee, puis la Ruschestraße. ♿ Sur demande 11h-18h, w.-end 14h-18h. 3€. ☎ 553 68 54. www.stasimuseum.de

Le 15 janvier 1990, des manifestants prennent d'assaut le siège du ministère de la Sûreté de l'État – onze mois plus tard est fondé le **centre de recherche et mémorial de la Normannenstraße**. Cet ensemble se compose de plusieurs bâtiments. L'exposition occupe le premier d'entre eux. Les salles de travail et les bureaux administratifs du chef de la Stasi Erich Mielke, préservés dans leur état d'origine, sont au cœur de cette exposition ; il faut ajouter à cela des « thèmes clés », tels que les aspects du système politique de la RDA, le ministère de la Sûreté de l'État et la résistance et l'opposition en RDA. Dans un bâtiment voisin, on peut découvrir les impressionnantes archives centrales de la Stasi – un dossier personnel existait pour un habitant sur quatre *(des visites guidées sont proposées à intervalles réguliers).*

Gedenkstätte Hohenschönhausen

S Landsberger Allee, puis Tram 15 Freienwalder Straße. Suivre la Freienwalder Straße en direction de l'Est. Genslerstraße 66. Visite guidée (2h) 11h, 13h, w.-end également 15h. Fermé certains j. fériés. Gratuit. ☎ 98 60 82 30. www.stiftung-hsh.de

Après la Seconde Guerre mondiale, la puissance d'occupation soviétique érigea dans une ancienne grande cuisine du salut public national-socialiste (Nationalsozialistische Volkswohlfahrt) un camp collectif de passage, le **« camp spécial n° 3 »**. Une fois ce camp liquidé, la maison d'arrêt soviétique centrale fut aménagée à son emplacement, dans la zone d'occupation soviétique. Au printemps 1951, le ministère de la Stasi reprit cette prison pour en faire son institution de détention centrale en RDA, qui fut au fil du temps plusieurs fois agrandie et remaniée. L'histoire de la prison de Hohenschönhausen fut marquée par la persécution des opposants politiques. Après avoir eu largement recours à la violence physique au début – comme, par exemple, diverses méthodes de torture utilisant de l'eau –, on lui préféra par la suite des méthodes plus psychologiques – telles que l'isolement ou l'incertitude : aucun détenu ne savait où il serait transféré.

Marzahn-Hellersdorf

La cité de Marzahn, qui se prolonge, à l'extrême Est de Berlin, par celle de Hellersdorf, rassemble une population équivalente à celles, additionnées, de Ulm et de Bamberg (environ 150 000 habitants). Cette cité-satellite fut construite à partir de 1976 autour d'un ancien cœur de village et s'étend sur 5 km de long. Les immeubles en Plattenbau (dalles de béton), les espaces verts sans vie, l'absence de point central, de place publique créent un univers gris et triste. Ces nouvelles constructions offraient toutefois un niveau de confort nettement supérieur à celui des anciennes Mietskasernen insalubres du 19e s., nombreuses à l'époque de la RDA dans le Prenzlauer Berg et à Friedrichshain (avec des chauffages au charbon et parfois des toilettes installées dans les cages d'escalier). Les travailleurs soumis aux migrations pendulaires (Pendler) trouvaient et trouvent aujourd'hui encore le nécessaire dans cette cité-dortoir : piscines, cliniques, crèches, écoles, centres commerciaux, cinémas. Et on peut même découvrir quelques curiosités intéressantes au beau milieu de ce désert de béton.

La situation

Marzahn-Hellersdorf. Plan p. 300-301 DU – Carte Michelin n° 33 F/K 26. S 5 Biesdorf, Mahlsdorf, S 7 Marzahn. Marzahn et Hellersdorf comptent parmi les arrondissements les plus récents de Berlin, dont on tint compte dans les années 1970 et 1980 pour répondre au besoin en logement à Berlin-Est. La promenade de Marzahn (Marzahner Promenade, en face de la station de S-Bahn Marzahn) rassemble des commerces et les principaux équipements publics (piscine, bibliothèque municipale).

À voir dans les environs : KÖPENICK, LICHTENBERG.

Alt-Marzahn

Ⓢ *Marzahn, puis* BUS *192, 195, 291 Alt-Marzahn.*

Le village médiéval de Marzahn, qui accueillait sous Frédéric II des colons du Palatinat, accuse un fort contraste avec les immeubles fraîchement rénovés situés à quelques mètres de là. Le clocher aux pignons à redents de l'église, construite à la fin du 19e s., domine la place en amande de cet *Angerdorf* typique. Le moulin est une reconstitution de ceux qui parsemaient la campagne alentour. Dans le cimetière (Marzahner Friedhof) est enterré le plus célèbre des espions procommunistes, **Günter Guillaume**.

H. Champollion/MICHELIN

Le saisissant contraste de Marzahn.

Handwerks- und Friseurmuseum/Stadtmuseum Berlin – *Alt-Marzahn 31. Tlj sf lun. 10h-18h. 2€, gratuit mer. ☎ 541 02 31. www.stadtmuseum.de*

Dans une ancienne ferme, le **musée de la Coiffure** rassemble les instruments du barbier, du perruquier, du dentiste (ou, plutôt, de l'arracheur de dents). Le barbier, qui faisait office de médecin-chirurgien, était considéré comme un artisan qui soignait blessures, maladies de peau, fractures. Il fallait de deux à quatre ans d'études et de quatre à sept ans de compagnonnage pour être barbier. Celui-ci fut distingué du médecin en 1843. Les bains publics étaient nombreux au Moyen Âge et déclinèrent après 1500. Les professions citées précédemment sont à l'origine du coiffeur pour homme qui apparaît au milieu du 19e s. Remarquer les vitrines où sont exposés des flacons de parfum, des peignes, des ornements de chevelure. Le **décor Jugendstil★** (1901) du salon de coiffure de François Haby est exclusivement composé de pièces originales créées par **Henry van de Velde**.

Un espion au plus haut niveau

Pendant des années, **Günter Guillaume**, venu de Berlin-Est en 1956 pour s'installer en République fédérale, travailla en étroite collaboration avec **Willy Brandt** et fournit alors toutes sortes de renseignements à la Stasi. Il était en effet capitaine des Services spéciaux est-allemands et fut démasqué par le témoignage d'un transfuge. Responsable de la chute du chancelier en 1974, il sera condamné à 13 ans de réclusion pour haute trahison, puis échangé en 1981 contre des prisonniers politiques d'Allemagne de l'Est. Il décèdera en 1995 à Berlin.

La vie des corporations du Vieux Berlin est présentée dans un vaste grenier appartenant aux écuries de cette même ferme qui abrite le **musée de l'Artisanat**. Les enseignes, les emblèmes et les boutiques nous renseignent sur les coutumes souvent un peu rudes des compagnons et des maîtres. La collection spéciale de serrures et de clés – parmi lesquelles celles des portes de la ville de Berlin – informe les visiteurs sur les techniques de fermeture et l'artisanat des serrures au fil des siècles.

Le coiffeur le plus « in » de Berlin

À la fin du 19e s., les salons de coiffure indépendants pour dames n'existent pas ; la coiffure se fait à domicile. **François Haby** se rend de Königsberg à Berlin en 1880 et devient le coiffeur le plus célèbre de la capitale, le fournisseur de la cour. Dans son salon se rencontrait le grand monde qui donnait le ton au Berlin impérial. Il crée pommades et slogans publicitaires comme la crème à raser : *Wach auf* ! (« Réveille-toi ! »), le shampooing pour dames : *Ich kann so nett sein* (« Je peux être si gentille »). C'est avec l'onguent *Es ist erreicht !* (« Ça y est ! ») que François Haby raidissait les moustaches du Kaiser qui ne pouvait se passer de son coiffeur, même en voyage. Le salon de la Mittelstraße a été décoré sur une esquisse de l'architecte belge **Henry van de Velde**, un maître de l'Art nouveau. Il comprenait douze places pour les hommes et sept pour les femmes. À moitié détruit pendant la Seconde Guerre mondiale, le salon de la Mittelstraße ne continua pas moins d'ouvrir jusqu'en 1964, date à laquelle le bâtiment fut abattu.

Erholungspark Marzahn (C')

S Marzahn, puis BUS 195 Erholungspark Marzahn. Eisenacher Straße. ♿ De 9h à la tombée de la nuit. 1,50€. ☎ 54 69 80. www.erholungspark-marzahn.de.

« La coulée verte », avec un **jardin chinois** d'une grande expressivité, est limitée, à l'Est, par la Wuhle. De la colline du Kienberg (101 m), point le plus haut du parc, **vue★** panoramique sur Marzahn et Hellersdorf. C'est une vision étrange : un océan de béton et des barres formant un labyrinthe. Lorsque le mauvais temps cache la tour de l'Alexanderplatz, on perd Berlin de vue.

Biesdorf

S Biesdorf. Traverser le parc du château vers le Sud.

Biesdorf-Nord, c'est le Marzahn bourgeois, pavillonnaire. La famille Siemens y acquit un château construit par Martin Gropius et Heino Schmieden en 1868 en bordure de l'ancien village pour le baron de Rüxleben. De la tour, **Werner von Siemens** réussit ses premières expériences de télégraphe sans fil, et il utilisa le parc paysager pour conduire les essais de train électrique.

Gründerzeitmuseum

S Mahlsdorf, puis Tram 62 Alt-Mahlsdorf. Hultschiner Damm 333. Visite guidée (1h) mer. et dim. 10h-18h. Fermé 25-26 déc. 4,10€. ☎ 567 83 29. www.gruenderzeitmuseum.de

Le **musée des Années de fondation** a été aménagé dans la **Gutshaus Mahlsdorf**, construite vers 1780 et remaniée à partir de 1869 en une villa classique. Derrière le bâtiment se trouve un **parc** réaménagé d'après des modèles historiques. Ce musée, aujourd'hui exploité par une association de promotion, fut inauguré en 1960 par Lothar Berfelde, mieux connu sous le nom de **Charlotte von Mahlsdorf** (1928-2002), une personnalité aux multiples facettes, qui fut distinguée en 1992 de la Croix du Mérite. L'exposition permanente présente plusieurs pièces de la bourgeoisie des années de fondation entièrement aménagées (après 1871), ainsi qu'une cuisine avec buanderie et une chambre de bonne. Au centre de ce musée, on remarquera l'aménagement original d'une auberge, incluant une chambre de prostituée du célèbre **bistrot demi-mondain** « **Mulackritze** » du quartier des Granges (Scheunenviertel, fermé en 1951), un souvenir du « Milljöh » (milieu) berlinois.

Messegelände★

À l'Ouest de l'arrondissement de Charlottenburg-Wilmersdorf on trouve, avec le parc des expositions et les installations construites pour les Jeux olympiques de 1936, deux endroits qui mêlent architecture historique et contemporaine. Le parc des expositions, utilisé depuis 1914, fut complété dans les années 1970 par l'ICC (Centre international des congrès) ; le stade olympique sera largement modernisé d'ici à la Coupe du monde de football de 2006.

La situation

Charlottenburg-Wilmersdorf. Plan p. 144-145 EVX et p. 300-301 ABU – Carte Michelin n° 33 K 1-2, L/M1-4, N 3-4. Tram 2, 12 Messe Nord/ICC, Kaiserdamm, Theodor-Heuss-Platz, Neu-Westend, Olympiastadion, S 9, 75 Messe Süd, Heerstraße, Olympiastadion, S 41, 42, 46, 47 Westkreuz, Messe Nord/ICC. Les deux endroits prévus pour les rassemblements de masse à Berlin Ouest, le parc des Expositions et le stade olympique, sont naturellement bien reliés au réseau de transports en commun.

À voir dans les environs : Schloß CHARLOTTENBURG, KURFÜRSTENDAMM, WILMERSDORF, GRUNEWALD, SPANDAU.

comprendre

La ville des expositions – Dans les années 1920, Berlin est la plus grande ville commerciale du continent européen, le centre du progrès industriel. Elle compte 4,3 millions d'habitants, dont 840 000 employés et 1,7 million d'ouvriers. Les entreprises y sont plus nombreuses que dans le Bade et le Wurtemberg réunis. Les édiles ont alors l'idée d'organiser des foires, non pas générales, comme à Leipzig, mais par branche. Ainsi naît, entre autres, en 1924 la **Foire internationale de l'industrie radiophonique** (Internationale Funkausstellung) qui est actuellement, tous les deux ans, l'une des plus grandes foires de matériel électronique et audiovisuel du monde. En 1924 fut également décidée la construction d'une tour de 138 m de haut, la tour de la Radio.

Ph. Gajic/MICHELIN

Tour de la Radio.

La Foire de Berlin fait aujourd'hui partie des dix sociétés de foire qui réalisent le plus grand chiffre d'affaires du monde et dispose, si on inclut sa toute dernière extension (1999), de 160 000 m² de halls. Pour plus de 2 millions d'individus du monde entier, la foire de la capitale est chaque année un important point de rendez-vous d'affaires : les principales manifestations sont, outre l'Internationale Funkausstellung (Exposition internationale de la radio), l'**ITB** (Internationale Tourismus-Börse, Bourse internationale du tourisme), la **semaine verte internationale de Berlin**, l'**ILA** (Internationale Luft- und Raumfahrtausstellung Berlin-Brandenburg, exposition internationale de l'aéronautique et de la navigation astronautique de Berlin-Brandebourg) et la **bautec** (Internationale Baufachmesse Berlin, foire internationale de la construction de Berlin). Il faut ajouter à cela plus de 500 congrès et réunions qui se déroulent dans l'Internationales Congress Centrum (ICC, *voir ci-après*), auquel on accède via un pont de trois étages qui le relie à la foire.

Les Jeux olympiques de 1936 – Les **XIes Jeux olympiques d'été** se déroulèrent pendant quinze jours à Berlin, à partir du 1er août 1936. Goebbels avait demandé aux Berlinois d'être « plus charmants que les Parisiens, meilleurs vivants que les Viennois, plus volubiles que les Romains, plus cosmopolites que les Londoniens, plus pratiques que les New-Yorkais ». La ville est nettoyée, restaurée, pavoisée. La propagande antisémite est mise en sourdine. Berlin voulait être une ville « comme les autres » sous un régime « respectable ». Elle fut une ville « propre », placée sous haute surveillance policière, purgée des opposants éventuels et des asociaux. Les Jeux, auxquels participèrent 49 pays, furent un succès et permirent à la cinéaste **Leni Riefenstahl** de filmer *Les Dieux du stade*, « hymne à la beauté et à la force », qui montra le sport sous un jour inédit. Les victoires du coureur amé-

> **ADRESSE**
> **Olympia Schwimmstadion** – *Olympischer Platz* – Ⓢ + Tram *Olympiastadion* – ☎ *30 06 34 40* – *www.bbb.berlin.de.* À proximité immédiate du stade olympique se trouve la piscine, qui servit également pour les Jeux olympiques d'été de 1936. En plus d'un bassin de 50 m de long et d'une zone réservée à ceux qui ne savent pas nager, elle possède un endroit prévu pour le plongeon. En raison des importants projets de construction concernant le stade olympique, il se peut que la piscine d'été soit temporairement fermée.

ricain **Jesse Owens** aux 100, 200, 4 × 100 mètres et au saut en longueur irritent Hitler qui refuse de le saluer. L'Allemagne reçoit le plus grand nombre de médailles, ce qui renforça le préjugé dominateur d'une jeunesse étroitement embrigadée. Mais la manœuvre de séduction ne réussit qu'à moitié. Si certains journaux français crièrent au pacifisme d'Hitler, un journaliste du *New York Times* releva « le plus grand coup de propagande de l'Histoire ». Les Jeux de 1936 furent pour Hitler, qui venait de remilitariser la Rhénanie, une habile opération de construction du « mythe » nazi, une démonstration de sa popularité auprès des masses et un gage donné de respectabilité internationale.

se promener

Autour de la tour de la Radio

Theodor-Heuss-Platz

Tram *Theodor-Heuss-Platz.* La place, située dans l'axe Est-Ouest de Berlin, a été aménagée au sommet d'une colline, le plus haut point de Charlottenburg. La perspective, immense, du Kaiserdamm porte jusqu'à la Colonne de la Victoire *(voir Tiergarten)*, et, au-delà, jusqu'à l'« hôtel de ville Rouge » et la tour de la Télévision de l'Alexanderplatz. Au centre de la place, *Obélisque bleu*. Le banquier Heinrich Mendelssohn, pressentant, à la fin des années 1920, la valeur d'un investissement immobilier en ce lieu, fit construire sur le côté Sud de la place, la **maison de l'Allemagne** (Deutschlandhaus), dans laquelle fut installé le premier studio de télévision en 1936, et la **maison de l'Amérique** (Amerikahaus). Sur cette dernière, l'échafaudage métallique servait à porter une enseigne géante, marquant le rôle nouveau joué par la publicité dans le visage de la métropole.

Poursuivre dans la Masurenallee.

Haus des Rundfunks★ (D 3)

Masurenallee 9-14. S'annoncer au gardien à l'entrée.

La **maison de la Radio** de **Hans Poelzig**, la première d'Allemagne (1929-1930), est revêtue de briques vernissées et possède un très beau **hall★** Art déco orné d'une statue de Georg Kolbe : *Grande Nuit (Große Nacht)*.

Messegelände★

La partie centrale qui donne sur l'Hammarskjöldplatz, l'« *Herrenhalle* » (1940), rythmée par des piliers et flanquée de deux ailes basses, est l'œuvre de **Richard Ermisch**. Les souvenirs de la Nouvelle Objectivité se mêlent au caractère monumental de l'architecture du IIIe Reich.

Funkturm★ – Depuis 1962, la **tour de la Radio** (1924-1926), également surnommée le « *Langer Lulatsch* » ou « grand flandrin », a cédé son rôle d'antenne émettrice au mât de la Scholzplatz, qui mesure 230 m. Elle n'est plus utilisée que par la police et les pompiers. Cette structure métallique conçue par Heinrich Straumer est étonnamment légère (400 t ; la charpente de la tour Eiffel en pèse 7 000) et occupe une très petite surface (20 × 20 m). La radio émit pour la première fois en Allemagne, à partir de Berlin et, plus précisément, de la maison Vox, rue de Potsdam, le 29 octobre 1923. Sous le IIIe Reich, la radio était le moyen de propagande le plus efficace des nazis. La première mondiale de la télévision eut lieu à Berlin en 1931 *(pour en savoir plus sur la vue depuis la tour de la Radio, voir « visiter »)*.

Internationales Congress Centrum Berlin (ICC) – *En face de la tour de la Radio, de l'autre côté du Messedamm.*

Hall de la maison de la Radio.

Ph. Gajic/MICHELIN

Cet investissement onéreux a permis à la ville de se hisser au 6e rang mondial parmi les villes organisatrices de congrès. Le **Centre international de congrès** a été érigé entre 1973 et 1979 (architectes Ursulina Schüler-Witte et Ralf Schüler). La sculpture devant l'entrée principale, *Alexandre devant Ecbatane* est l'œuvre (1980) du Français Jean Ipoustéguy.

Autour du stade olympique

Le-Corbusier-Haus★ (F1)

S Olympiastadion. Flatowallee 16.

Il faut traverser cet immeuble d'habitation construit entre 1956 et 1958 pour aller dans le jardin et voir la façade de l'autre côté. L'étagement différent des balcons peints de couleurs vives y introduit une variété.

Poursuivre par la Flatowallee et la Trakehner Allee jusqu'à l'Olympischer Platz, à l'Est du stade olympique.

Friedhof Heerstraße

Entrée par la Trakehner Allee près de la maison de l'administration du cimetière. Les tombes de ce beau cimetière, calme et boisé, sont disposées en terrasses autour d'un plan d'eau.

Olympiastadion★

C'est de la tour du Carillon *(voir ci-après)* que l'on a la meilleure vue sur le stade en ciment armé, où 120 000 spectateurs pouvaient prendre place. De conception harmonieuse, il est jugé « trop petit » par le Führer qui aurait préféré de la pierre, matériau plus noble.

On accède au stade par une vaste allée qui bute sur deux tours. Des statues monumentales représentent les idéaux nazis. L'architecte **Werner March** a habilement tiré parti de la configuration du terrain pour enterrer le stade qui paraît de faible hauteur à l'extérieur (17 m). S'y s'ajoutent 12 m au-dessous du niveau du sol. Derrière le bâtiment, se trouvait le **champ de Mai** (Maifeld) où 500 000 personnes pouvaient écouter les discours du Führer.

Dans le cadre du réaménagement prévu pour la Coupe du monde de football de 2006 qui aura lieu en Allemagne, le stade, rénové et modernisé, sera complètement repensé et disposera de 76 000 places assises supplémentaires. Les travaux devraient être achevés en juin 2004.

Glockenturm (E1)

À l'extrémité Ouest du champ de Mai. ♿ Avr.-oct. : 9h-18h. 2,50€. ☎ 305 81 23. www.glockenturm.de

Vaste étendue gazonnée, le champ de Mai est dominé par cette **tour du Carillon** de 76 m de haut, dont la cloche de 4,5 t porte l'inscription : « J'en appelle à la jeunesse du monde. » Le **panorama★★** sur la ville *(visite en ascenseur)* est très

Nuit d'été dans la Waldbühne.

Thie/PRESSE- UND INFORMATIONSAMT DES LANDES BERLIN

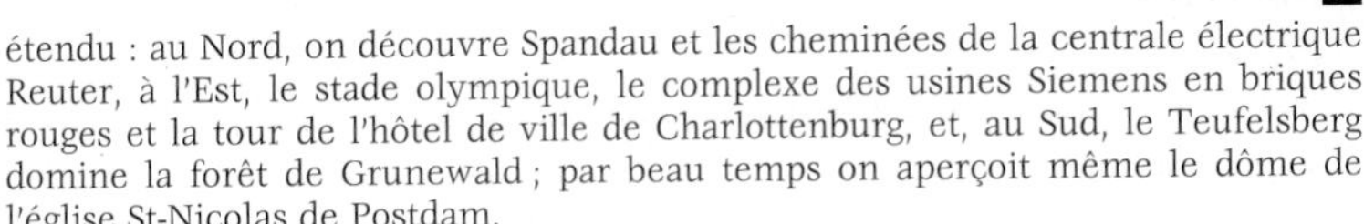

étendu : au Nord, on découvre Spandau et les cheminées de la centrale électrique Reuter, à l'Est, le stade olympique, le complexe des usines Siemens en briques rouges et la tour de l'hôtel de ville de Charlottenburg, et, au Sud, le Teufelsberg domine la forêt de Grunewald ; par beau temps on aperçoit même le dôme de l'église St-Nicolas de Postdam.

Waldbühne (T[20])

Au Nord-Ouest de la tour du carillon. Construite sur le modèle des théâtres antiques, dans le cadre du complexe olympique des Jeux de 1936, la Waldbühne est, depuis la guerre, un haut lieu de l'été culturel berlinois. Elle se signale au regard par le vélum qui en protège la scène depuis 1982 *(voir également Informations pratiques : « Spectacles »).*

visiter

Funkturm*

Ⓢ *Messe Nord/ICC. Entrée sur l'Hammarskjöldplatz en face de la maison de la Radio (voir plus haut), à gauche de l'Herrenhalle. Gagner le jardin d'été en traversant le bâtiment.* ♿ *Tlj sf lun. 10h-23h. Fermé 1er janv., 24 déc. 3,60€.* ☎ *30 38 29 96. www.capital-catering.de*
Après une montée silencieuse en ascenseur (un restaurant occupe le premier étage, *voir Informations pratiques : « Restauration »*), le **panorama*****, depuis la plate-forme (125 m), sur l'agglomération berlinoise est exceptionnel. On distingue :

- Au **Nord**, les bâtiments rouges de Siemensstadt.
- Au **Sud**, la forêt de Grunewald, percée par l'autoroute rectiligne **Avus**. Pour se donner une idée de l'étendue de cette forêt, il suffit de penser que la tour de transmission sur le Schäferberg, à Wannsee, au Sud, en marque la fin. On distingue, au **Sud-Ouest**, l'observatoire du Teufelsberg, la Havel et la vue porte (plate-forme à l'air libre) jusqu'à l'île des Paons *(Pfaueninsel).*
- À l'**Ouest**, le stade olympique et l'unité d'habitation Le Corbusier.
- À l'**Est**, la masse compacte de l'ICC, la coupole du château de Charlottenbourg et son parc, le Tiergarten, l'église du Souvenir, le centre historique de Berlin et la tour de la Télévision, située sur l'Alexanderplatz.

L'ascension au sommet de la tour de la Radio est également le meilleur moyen de voir la *Deutschlandhalle* de 1935 et le **parc des Expositions**. Les différents halls, 26 en tout, s'ordonnent autour du jardin d'été *(Sommergarten).* La forme curieuse de la **maison de la Radio** permettait d'isoler du bruit de la rue les trois grands studios d'enregistrement.

Georg-Kolbe-Museum (M[31])

Ⓢ *Heerstraße. Depuis l'Heerstraße, emprunter à droite la Sensburger Allee. Sensburger Allee 25.* ♿ *Tlj sf lun. 10h-17h. Fermé 24 et 31 déc. 5€.* ☎ *304 21 44. www.georg-kolbe-museum.de*
Cette ancienne maison, et atelier, du sculpteur Georg Kolbe (1877-1947) abrite ses travaux ainsi que des sculptures réalisées par d'autres sculpteurs allemands du 20e s. Sculptures grandeur nature de Kolbe dans le jardin.

Neukölln

L'ancienne commune de Rixdorf, à laquelle on a rattaché les villages de Britz, Rudow et Buckow, a été rebaptisée en 1912. Ce fut tout de suite une cité-dortoir, à la croissance exponentielle : 90 000 habitants en 1900, 200 000 neuf ans plus tard. Ses habitants, en majorité des ouvriers et des employés, s'entassaient dans des logements dont près de la moitié n'avaient qu'une seule pièce. L'arrondissement resta pourtant éloigné de la fébrilité du Berlin de l'entre-deux-guerres. Neukölln est aujourd'hui encore un quartier ouvrier (avec une nombreuse communauté turque) et le plus peuplé de Berlin, quelque peu à l'écart et un soupçon provincial.

La situation

Neukölln. Plan p. 300-301 CUV – Carte Michelin n° 33 R 15-18, S 15-19, T16-20, U 16-20, V16-20, W16-19. Tram *7 Hermannplatz, Rathaus Neukölln, Karl-Marx-Straße, Neukölln, Grenzallee, Blaschkoallee, Parchimer Allee, Britz-Süd, Johannisthaler Chaussee, Lipschitzallee,* Tram *8 Hermannplatz, Boddinstraße, Leinestraße, Hermannstraße,* Ⓢ *41, 42, 46, 47 Hermannstraße, Neukölln.* La Karl-Marx-Straße et la Sonnenallee sont les artères principales de Neukölln.
À voir dans les environs : KREUZBERG, TEMPELHOF, TREPTOW.

carnet pratique

Cafés, bistrots et bars

Café Rix – *Karl-Marx-Straße 141 – Tram Karl-Marx-Straße – ☎ 686 90 20 – à partir de 10h.* Grand choix de spécialités internationales. Ce café, qui propose également des places dans sa cour, est installé dans une salle de plus de 120 ans ; il abrite également la galerie Neukölln, ainsi que des salles réservées à toutes sortes de manifestations culturelles.

Détente et loisirs

Blub Badeparadies – *Buschkrugallee 54 – Tram Grenzallee – ☎ 606 60 60 – www.blub-berlin.de.* Pour les amateurs d'eau, Blub possède un bassin extérieur ouvert toute l'année, ainsi qu'une piscine à vagues, un toboggan de 120 m, une « crazy river », un jardin et une aire de jeux d'eau. Vous pouvez également profiter (en payant) d'un sauna, d'un solarium et d'une salle de remise en forme.

se promener

Hermannplatz

Tram *Hermannplatz.* Ce carrefour très animé rassemble de nombreux commerces. Inauguré en 1929, le magasin Karstadt était considéré comme le summum de l'architecture moderne à l'américaine.

Volkspark Hasenheide

C'est dans ce parc aménagé par Lenné, et dont le nom signifie « lande aux lièvres », que **Friedrich Ludwig Jahn** entraîna à partir de 1811 ses jeunes disciples à pratiquer la gymnastique (monument à l'angle Nord-Ouest, 1872). Après la Seconde Guerre mondiale, la « Rixdorfer Höhe » émergea des décombres.

Poursuivre jusqu'à la Karl-Marx-Straße via la Flughafenstraße.

Turnvater Jahn

L'initiative de **Friedrich Ludwig Jahn** (1778-1852), alliant culture physique, formation morale et patriotisme, rencontra un succès immédiat auprès de la jeunesse lycéenne et estudiantine. Le terrain d'exercice, équipé de divers agrès, était d'une grande simplicité. Les « gymnastes » s'y forgeaient une robuste identité allemande purgée de toute influence étrangère. La **Ligue allemande**, fondée en 1810 par Jahn, comptait une petite centaine de membres recrutés parmi les « gymnastes » et œuvra, à partir de 1812, au renversement de l'alliance entre la France et la Prusse. En 1813, Jahn sera capitaine dans le plus célèbre des corps francs, celui du général berlinois **von Lützow**, qui se fera d'ailleurs décimer. Mais ce patriotisme est suspect pour le pouvoir : la section berlinoise de la corporation des étudiants est dissoute ; le terrain de l'Hasenheide est fermé en 1819. Jahn, soupçonné de menées subversives, est incarcéré jusqu'en 1824, bien que son ami E.Th.A. Hoffmann ait prouvé son innocence. Il est placé sous surveillance policière jusqu'en 1841.

Karl-Marx-Straße

Tram *Rathaus Neukölln.*

C'est la plus grande artère de Neukölln, ainsi qu'une rue commerçante très animée. On y trouve l'**hôtel de ville** (Rathaus), l'**opéra de Neukölln** (Neuköllner Oper, n°s 129-135, *voir Informations pratiques : « Spectacles »*) et le **musée des Marionnettes** (Puppentheater-Museum, n° 135, *voir « visiter »*), qui rassemble des figures du folklore et des légendes allemandes.

Poursuivre dans la Richardstraße via le Herrnhuter Weg.

« Böhmisches Rixdorf »

Tel un décor de théâtre, l'ancien village de **Rixdorf** est un pâté de maisons villageoises et de granges compris entre la Richardstraße et la Kirchgasse. Une importante communauté de tisserands protestants originaires de Bohême vint s'y installer en 1737. Une statue de Frédéric Ier orne une jolie placette (Richardplatz), au Nord de laquelle se trouve la vieille **église de Bethléem** (*Richardplatz 22* ; début du 15e s., extérieur baroquisé en 1755).

Revenir sur la Karl-Marx-Straße et prendre la direction du Sud vers la Jonasstraße.

Körnerpark

Ce joli parc a été aménagé (1912-1916) dans une carrière de graviers. L'excavation, de 5 à 7 m par rapport au niveau des rues avoisinantes, explique la présence de terrasses et d'escaliers qui évoquent les jardins baroques italiens. Une orangerie borde le parc.

Puppentheater-Museum

Tram *Karl-Marx-Straße. Karl-Marx-Straße 135.* ♿ *Tlj sf sam. 9h-16h, dim. 11h-17h. 2,60€.* ☎ *687 81 32. www.puppentheater-museum.de*

On peut admirer ici des marionnettes de théâtre faisant appel à toutes sortes de techniques (marionnettes à main, à ficelles, etc.) et originaires d'Europe, d'Afrique et d'Asie. L'histoire du théâtre de marionnettes berlinois constitue l'un des points forts de la collection, rassemblée ici depuis 1970. Mais ce musée ne s'en tient pas à la théorie, souvent fastidieuse : plusieurs manifestations et bien évidemment des représentations de théâtre de marionnettes sont également proposées. Ce musée ne devrait pas intéresser que les enfants.

Britz*

Tram *Blaschkoallee.* Ce quartier de la périphérie possède un très bel exemple de lotissement des années 1920 (1925-1927). Le long de la Fritz-Reuter-Allee et dans le fameux « **Hufeisensiedlung** »** **(D** [1]**)**, ensemble de plus de 1 000 logements sociaux en forme de fer à cheval conçu par **Bruno Taut**, les jardinets, la hauteur humaine des maisons, les variations de couleurs et de formes correspondent au principe « lumière, air, soleil » édicté dans les années 1920. Plus à l'Ouest, le petit **château de Britz** (Schloß Britz), ancienne résidence du comte de Hertzberg, qui signa, pour le compte de la Prusse, la paix qui mit fin à la guerre de Sept Ans, se trouve derrière la roseraie.

H. Champollion/MICHELIN

Dans le « Hufeisensiedlung ».

Britzer Garten*

Tram *Lipschitzallee, puis* BUS *144 Britzer Garten ; les chiens et les vélos ne sont pas autorisés.* ♿ *De 9h à la tombée de la nuit. 2€.* ☎ *700 90 60. www.britzer-garten.de*

Ce grand parc naturel de 90 ha a été aménagé à l'occasion des Floralies de 1985. C'est un lieu de promenade agréable, où l'on peut se prélasser et disposer des chaises qui sont sur les pelouses. Nature et art des jardins, aires de jeux et vastes pelouses, architecture et art, lacs et collines *(vue sur les quartiers Sud de Berlin)* font la variété de ce jardin.

Gropiusstadt

Tram *Lipschitzallee. Poursuivre via la Lipschitzallee dans la Fritz-Erler-Allee.* Ce grand ensemble de tours de formes diverses, noyées dans la verdure et entremêlées de maisons individuelles, a été conçu d'après une idée architecturale de Walter Gropius, toutefois largement modifiée lors de la réalisation. Quelque 50 000 personnes habitent dans ces tours construites entre 1960 et 1973, en plusieurs étapes. Il s'agit d'un exemple représentatif de l'urbanisme de l'époque qui visait à construire de grands immeubles à la périphérie de la ville – une politique menée tant à l'Est qu'à l'Ouest, comme on peut, par exemple, le constater à Marzahn.

Pankow★

Pankow fut vraisemblablement fondé durant les premières décennies du 13e s., à la place d'une ancienne cité slave ; il est mentionné pour la première fois en 1311. La vallée de la rivière Panke (Panketal), voie de communication contrôlée par les margraves, a donné son nom au village. En 1370, il est acheté par Berlin-Cölln et donné en fief. Le Prince Électeur Jean Cicéron (qui règne de 1486 à 1499), accaparé par des conflits répétés, se fait bâtir une retraite à Pankow, au cœur d'une forêt de chênes où il peut donner libre cours à sa passion de la chasse. La bourgeoisie berlinoise du 19e s. y construit ses résidences d'été. Relativement épargné par la guerre, Pankow accueillit nombre de membres dirigeants de la RDA et d'écrivains, tels qu'Erich Honecker et Udo Lindenberg, qui y fit allusion dans sa chanson « Sonderzug nach Pankow » (train spécial pour Pankow).

La situation

Pankow. Plan p. 300-301 CT – Carte Michelin n° 33 A 12-16, B 13-16, C/D 14-16, E16. Tram *2 Vinetastraße, Pankow,* S *2, 26 Pankow, Pankow-Heinersdorf.* Avec Weißensee et Prenzlauer Berg, Pankow constitue depuis 2001 l'un des nouveaux grands arrondissements.

À voir dans les environs : PRENZLAUER BERG, WEDDING, REINICKENDORF, WEISSENSEE.

se promener

Gesundheitshaus

Grunowstraße 8-11. Très proche de la station de S-Bahn Pankow, la **Maison de la santé publique** fut construite (1926-1928), dans un style expressionniste tardif, au milieu d'un quartier ouvrier qui grandit de part et d'autre de la Florastraße.

En poursuivant la Florastraße vers l'Ouest, on accède, au niveau du quatrième croisement vers le Sud, au **musée d'Histoire locale de Pankow★** situé dans la Heynstraße (**M**[25], *voir « visiter »*). Au Nord, la Neue Schönhauser Straße conduit à la Breite Straße.

Breite Straße

Elle constitue le cœur historique de Pankow. Le pâturage public qui accueille l'**Ancienne Église paroissiale** conduit à l'Ouest jusqu'à l'hôtel de ville. Cette église fut fondée vers 1230 par des moines cisterciens. Stüler y accola une église néogothique à deux tours. Puis, vers 1900, un narthex et un portail sont venus compléter l'ensemble.

Depuis l'hôtel de ville, poursuivre vers l'Ouest en empruntant la Wilhelm-Kuhr-Straße.

Bürgerpark

Theodor Killisch, baron von Horn, acquit son titre de noblesse de la République de Saint-Marin. Devenu un riche industriel et fondateur du *Journal de la Bourse (Börsenzeitung)*, il fit aménager le parc à partir de 1868, l'agrémentant de plantes rares (qu'il fit déterrer par la suite pour orner sa propre résidence), pagodes, pavillons et d'un « château de souris » pour les cochons d'Inde et les souris blanches. Il ne reste que le portail d'entrée néo-Renaissance (le baron est enterré dans le caveau familial à côté) et le gracieux **pavillon à musique**, où se rassemblent les promeneurs. Le parc est traversé par la Panke et abrite *(à l'Ouest)* une volière avec des paons, des faisans et des chèvres.

Wohnanlage Grabbeallee

Sortie au Nord-Est du parc. La Paul-Francke-Straße, voie privée, dessert ce **lotissement de la Grabbeallee**, construit par Paul Mebes entre 1908 et 1909. Ce complexe réunit 174 appartements répartis dans 27 immeubles à trois étages. Il s'agit d'une sorte de petite cité-jardin, qui représente une avancée importante dans l'évolution de la maison locative au lotissement. Les façades sont animées par des encorbellements, des pignons, des baies vitrées donnant sur des loggias superposées.

Tourner à l'Est dans le **Majakowskiring**, allée en O qui dessert un lotissement où séjournèrent, à l'époque de la RDA, de nombreux hommes politiques (Wilhelm Pieck, premier président, et Otto Grotewohl, premier chef de gouvernement), artistes et écrivains.

Schloß Niederschönhausen (G[1])

Accès par le Majakowskiring et l'Ossietzkystraße. Ne se visite pas. Cette ancienne résidence d'une famille de chevaliers fut aménagée à partir de 1693 par Nering et en 1704 par Eosander en un grand château avec un parc. C'est dans cet endroit que fut « reléguée » l'épouse de Frédéric II. Après qu'il eut été dévasté par les Cosaques,

Une épouse infortunée

Frédéric II n'avait guère d'inclination pour les femmes. **Élisabeth-Christine de Brunswick-Bevern** (son portrait, par Antoine Pesne, est conservé au château de Charlottenburg, *voir ce nom*), née en 1715, fut choisie par le « Roi-Sergent » pour son fils après que d'autres projets matrimoniaux avec la famille royale de Grande-Bretagne eurent échoué. Le mariage fut célébré en juin 1733 à Wolfenbüttel. Les époux vécurent d'abord séparés et ne se rejoignirent qu'à partir de 1736 à Rheinsberg. Mais, dès son accession au trône (1740), Frédéric II fait don du domaine de **Schönhausen** à son épouse. À partir de cette date, Élisabeth-Christine vivra à Schönhausen (au château de Berlin en hiver), et Frédéric II à Potsdam. Elle n'est plus invitée aux fêtes de famille, mais les princes étrangers, les diplomates ou les artistes doivent lui rendre leurs devoirs. La reine se consacra jusqu'à sa mort (1797) à son domaine. Elle fonda une colonie *(Kolonie Schönholz)*, où les colons de Bohême devaient entretenir le « Plant de la reine » *(Königin-Plantage)* en échange d'une terre et d'une maison ; elle fonda une école pour les enfants. Son château est ravagé pendant la guerre de Sept Ans. Le jardin sera transformé en parc à l'anglaise par Lenné en 1828-1831.

Boumann procéda à la reconstruction du château et à son extension dans les années 1760. Il fut ensuite la demeure de fonction de Wilhelm Pieck entre 1949 et 1959, puis servit d'hôtel pour les hôtes illustres de la RDA.

visiter

Heimatmuseum Pankow★ (M[25])

S + Tram *Pankow. Heynstraße 8. Entrée dans le vestibule ; sonner au 1er étage. Mar. et jeu. 10h-18h, dim. 10h-17h30. Fermé j. fériés. Gratuit. ☎ 481 40 47.*

La maison (1900) du fabricant de rotin Fritz Heyn sert de cadre à ce musée. Bâtie dans le style baroque et rococo, cette demeure cossue fut endommagée en 1943 et la façade simplement recouverte d'un crépi anodin. L'**intérieur**, où les deux filles Heyn vécurent jusqu'en 1972, a toutefois subsisté. Il témoigne à merveille du style *Gründerzeit*, chargé, nouveau riche, le bourgeois voulant se donner des airs de châtelain. Les plafonds richement moulurés, les poêles énormes, le tic-tac d'une vieille horloge, les murs peints (il y a même les portraits des filles, en médaillons, sous la corniche du salon !) dégagent une atmosphère surannée qui n'est pas sans charme. La pièce d'angle est un exemple typique de *Berliner Zimmer*, l'appartement se poursuivant sur la cour. Une pièce d'un intérieur ouvrier est également reconstituée. Le musée retrace l'histoire de personnalités ou de bâtiments intéressants du quartier : le mathématicien **Paul Nipkow** (1860-1940) qui découvrit le principe de la télévision (à une époque où sa découverte passa malheureusement inaperçue) ; Rheinhold Bunger, l'inventeur de la bouteille thermos ; la fabrique de cigarettes Garbaty. Des petites expositions temporaires didactiques sont régulièrement organisées.

Maria-Magdalenen-Kirche★ (K[1])

Tram *53 Platanenstraße (à partir de la station de S-/U-Bahn Pankow, en direction de Rosenthal Nord). Platanenstraße 20-21.*

L'**église catholique Ste-Marie-Madeleine** (1929-1930) est l'un des sanctuaires expressionnistes de la ville. Cet édifice en briques vernissées de style basilique muni de chapelles latérales fut imaginé par Felix Sturm. La tour transversale rectangulaire est flanquée d'escaliers qui s'élancent en diagonale. Les reliefs en terre cuite que l'on aperçoit au-dessus du portail ont été exécutés en 1930 par W. Halhuber et représentent l'apparition du Christ devant Marie-Madeleine le matin de Pâques.

Höllanderhaus★ (P[1])

Platanenstraße 115. À l'angle de la Dietzgenstraße. Ravissante maison aux pignons en bois sculpté et au beau jardin Biedermeier du 19e s.

Höllanderhaus.

Ph. Gajic/MICHELIN

Reinickendorf

L'urbanisation de Reinickendorf a suivi le développement du chemin de fer du Nord. Le « Nord de fer » (« Der eiserne Norden »), surnom autrefois donné à Reinickendorf, se spécialisa dans les machines-outils et s'étendit de plus en plus avec les avancées de l'industrialisation. En 1920, des villages prospères de l'agglomération berlinoise sont annexés par cet arrondissement situé en périphérie de la ville. À côté des témoins de l'architecture industrielle, on découvre ainsi les « cœurs » de ces villages et, en particulier, le lac de Tegel, un endroit bien rafraîchissant l'été, qui mérite une visite.

La situation

Reinickendorf. Plan p. 300-301 ABT – Carte Michelin n° 33 A 1-11, B 1-12, C 1-13, D 1-8, E2-6. On peut atteindre Reinickendorf par la terre (Ⓢ *1, 25, 26,* Tram *6, 8, Autoroute 111*), l'eau (Havel et lac de Tegel) et l'air (aéroport de Berlin-Tegel).

À voir dans les environs : Schloß CHARLOTTENBURG, WEDDING, PANKOW, SPANDAU.

comprendre

Les débuts de la colonisation – La présence humaine est très ancienne à Reinickendorf. Les sites de Lübars, Tegel, Waidmannslust, Hermsdorf et Wittenau sont occupés dès l'âge du bronze (1100 av. J.-C.). On a retrouvé un champ de tombes et les traces d'un village à Waidmannslust datant des migrations germaniques (5e s.).

Aéroport de Berlin-Tegel – Les aéroports de Berlin ont la particularité d'être assez centraux. C'est le cas, bien sûr, de Tempelhof, mais aussi de Tegel, aménagé sur un ancien champ de tir qui, au début du 20e s., voit s'envoler et atterrir les dirigeables du **comte Zeppelin**. En 1931, le professeur Oberth, avec l'aide de Wernher von Braun, y expérimenta les premières fusées. La fonction d'aéroport apparut avec le blocus de Berlin en 1948-1949, au début duquel il fut aménagé en 3 mois à peine. Tegel était le principal aéroport de la partie Ouest de la ville depuis le milieu des années 1970 et il est aujourd'hui le plus important de Berlin. **Schönefeld**, l'ancien aéroport de Berlin-Est, doit toutefois être agrandi et assurer l'ensemble du trafic aérien berlinois.

découvrir

Autour du lac de Tegel★★

Alt-Tegel

Tram *Alt-Tegel.* Le carrefour de la Berliner Straße, de la Gorkistraße et d'Alt-Tegel est très commerçant. **Alt-Tegel** est une voie piétonne bordée de cafés, de restaurants et agrémentée d'une double rangée d'arbres.

Tegeler Hafen★

La zone résidentielle du **port de Tegel** *(au Nord et parallèle à la rue Alt-Tegel)* fut aménagée dans le cadre de l'**IBA 1987** par l'équipe d'architectes de Charles Moore, John Ruble et Robert Yudell. Les constructions post-modernes possèdent, en partie, des cours qui ressemblent à des cloîtres enfermant des jardins. L'eau et la nature sont partout présentes. Remarquer la **bibliothèque Humboldt** *(Karolinenstraße 19)* qui fait également partie du projet IBA et qui se reflète dans le Tegel Fließ.

Tegeler See★★

Ne pas manquer la **Greenwichpromenade★** ou, plutôt, suivre le bord du lac qui offre une jolie **vue★**. Le lac de Tegel est le plus étendu (408 ha, 4 km de long) de Berlin après le grand Müggelsee. Un embarcadère y a été aménagé. Une croisière sur le **Tegeler See** dure en moyenne 2h (compter 4-5h jusqu'au centre-ville de Berlin ou jusqu'à Wannsee). Elle permet de découvrir, sur l'autre rive, la **villa Borsig** néo-baroque (1908-1910), installée à l'ombre des arbres, ainsi que la **plage** aménagée de Tegel *(Freibad Tegeler See)*. Le bateau effectue un parcours intéressant au Sud du lac, au milieu des petites îles, et à l'entrée du cours de la Havel, à l'approche de **Tegelort**, jalonné de petites maisons au bord de l'eau, de pontons, de bateaux à voile et de cafés-restaurants. La centrale électrique du cours supérieur de la Havel *(Kraftwerk Oberhavel)* et sa haute cheminée apparaît, dans un secteur plus sauvage de la rivière, à la hauteur de l'**Heiligensee**.

Schloß Tegel* (X)

Mai-sept. : visite guidée (45mn) lun. 10h, 11h, 15h, 16h. Fermé j. fériés. 8€. ☎ 434 31 56. schlosstegel@t-online.de

Le petit château de Tegel, qui date de la Renaissance (on entre dans la partie qui correspond à cette période) a été élargi et remanié par **Schinkel** entre 1820 et 1824 à la demande de **Wilhelm von Humboldt**. L'architecte a conservé le corps de bâtiment du 16e s. mais il a ajouté quatre tourelles d'angle rectangulaires décorées de pilastres et de figures des dieux des vents, inspirées de la tour des Vents d'Athènes. L'intérieur classique est très clair et sobre, et les pièces, austères, peintes de couleurs tendres.

La **bibliothèque** était la salle de travail de **Wilhelm von Humboldt**. Les deux torses féminins appartiennent à un groupe des trois Grâces rapporté de Grèce par un officier napoléonien.

L'**escalier** est orné de peintures très raffinées de Schinkel (remarquer la loggia au premier étage). Le **salon bleu** était autrefois orné de nombreux tableaux. Le **salon des Antiques** a abrité la première collection d'œuvres antiques ouverte au public avant l'inauguration du Vieux Musée *(voir Museumsinsel)*. Wilhelm von Humboldt supervisa la restitution des objets dérobés par Napoléon en Italie. Le pape le remercia en offrant la **tête de Méduse Rondanini**. Trois petits reliefs de marbre ont retrouvé leur place après la chute du Mur. Dans le **cabinet de travail**, statue d'Adélaïde von Humboldt, en Psyché (1810), par **Rauch**.

Alt-Heiligensee

À partir d'Alt-Tegel, on y accède via l'Heiligenseestraße. BUS *133 Alt-Heiligensee.*

Ce **pittoresque petit village** avec ses arbres anciens séduit le visiteur par ses bâtiments historiques, sa verdure, ses rues aux vieux pavés et une jolie église entourée de son cimetière.

Pour se baigner dans l'Heiligensee, emprunter le BUS *324 jusqu'à la plage de l'Heiligensee.*

se promener

Borsigwerke (Q1)

Tram *Borsigwerke. Berliner Straße 27.*

August Borsig, le « roi de la locomotive » *(voir Friedrich-Wilhelm-Stadt)*, ouvre à Tegel une nouvelle usine qui compte 4 800 ouvriers et 500 employés en 1898 (largement détruite pendant la Seconde Guerre mondiale, puis reconstruite). La **tour Borsig*** *(Borsigturm)*, immeuble administratif de onze étages (converti en centre d'affaires), est le premier gratte-ciel de Berlin (1922-1924) ; elle inspirera celle de la maison Ullstein *(voir Tempelhof)*. Les fenêtres à lancettes et la silhouette en zigzag du sommet sont des détails expressionnistes. On peut voir l'ensemble des bâtiments depuis la sortie de métro au début de l'Ernststraße. En 1999, un **centre commercial et de loisirs** a ouvert ses portes ; il propose à la fois des magasins, des restaurants et des lieux de détente et de loisirs.

Emprunter l'Ernststraße et passer au-dessus des voies de chemin de fer par la passerelle métallique. Prendre, à droite, la Räuschstraße.

La tour Borsig.

Ph. Gajic/MICHELIN

Arbeiterkolonie Borsigwalde

Les logements sociaux construits pour les employés des usines Borsig constituent la première **cité ouvrière** de Berlin (1899-1900). Le style est encore historicisant : de jolis pignons Renaissance, en gothique de brique ou à colombages alternent sur les façades.

Prendre à droite dans l'Holzhauser Straße, puis obliquer à gauche dans la Wittestraße.

Russischer Friedhof

Wittestraße. Les bulbes et les toits peints en bleu de la chapelle Sts-Constantin-et-Hélène, de rite orthodoxe russe, font de ce **cimetière russe** ouvert en 1893 l'un des plus étonnants de Berlin, avec le Mohammedanischer Friedhof, cimetière musulman ouvert en 1866 à Neukölln. Y sont enterrés, entre autres, le ministre de la Guerre de Nicolas II qui signa la déclaration de guerre de 1914 et le père de Nabokov. On peut y voir également un monument à la mémoire du compositeur Mikhaïl Glinka, père d'Eisenstein et « de la musique russe », mort à Berlin en 1857.
Revenir au métro en empruntant la Wittestraße en direction du Nord-Ouest.

visiter

Alt-Reinickendorf

Tram *Paracelsusbad,* S *Alt-Reinickendorf.*
La petite église paroissiale en pierre brute date du 15ᵉ s. Une tour sobre et recouverte d'un crépi fut ajoutée à la façade Ouest au début du 18ᵉ s.
Un peu plus au Sud, après avoir traversé la Lindauer Allee, le long de l'Aroser Allee, on peut admirer l'élégante **« Ville blanche »** (**Weiße Stadt**, 1929-1931) de Bruno Ahrends, Wilhelm Büning et Otto Rudolf Salvisberg. Chacun de ces architectes réalisa une des parties de la cité, composition urbanistique réussie de près de 1 300 unités d'habitation. Elles cédèrent alors la place, sous la direction du conseiller municipal en charge de la construction Martin Wagner, à un type d'habitation entièrement nouveau dans le style du Bauhaus, caractérisé par des habitations en berceau, des rangées de maisons en éventail, des crépis lisses et des éléments structurants multicolores.

Alt-Wittenau

Tram *Rathaus Reinickendorf. En empruntant l'Eichborndamm en direction du Nord, on atteint Alt-Wittenau.*
La petite église entourée d'arbres, au clocher recouvert de tavaillons, compose un tableau charmant. Elle fut construite au 15ᵉ s. en pierre brute, puis plusieurs fois remaniée par la suite.

Alt-Lübars★

S *Waidmannslust, puis* BUS *222 Alt-Lübars.* Lübars est le plus joli village rural. Son histoire remonte à 750 ans et il est noyé dans la nature (nous vous recommandons une balade le long du Tegeler Fließ, au Nord du cœur du village). Le vieux centre du village est idyllique : des fermes sans étage s'alignent autour d'une place allongée et de la petite église paroissiale.

ADRESSE

Alter Dorfkrug Lübars – *Alt-Lübars 8 –* S *Waidmannslust, puis* BUS *222 Alt-Lübars –* ☎ *40 20 84 00 – www.alter-dorfkrug.de.*
L'Alte Dorfkrug est une auberge confortable de style maison de campagne possédant son propre *Biergarten*.

Alt-Hermsdorf

S *Hermsdorf. Via la Wachsmuthstraße, puis à droite dans la Berliner Straße.* La charmante place devant l'église paroissiale transforme cet ancien village en coin de campagne. Le **musée d'Histoire locale★** (Heimatmuseum Reinickendorf, *Alt-Hermsdorf 35,* **M**[32]) est l'un des mieux aménagés de Berlin. Il offre de belles reconstitutions d'établis (le charpentier, le menuisier, le relieur, le cordonnier, le sellier, le forgeron), des dioramas et, entre autres, la reconstitution d'une tente de chasseurs de rennes. Dans la cour, derrière la maison, ont été reconstituées des maisons, aux toits de chaume tombant jusqu'à terre, d'un village germanique des 2ᵉ et 3ᵉ s. : la maison où l'on filait et tissait, la réserve, la maison d'habitation qui abrite aussi l'étable. À l'étage, est présentée l'histoire des quartiers de Reinickendorf. L'exposition « Habiter et vivre à Reinickendorf » présente une ancienne salle de classe, une chambre de chasseur, ainsi qu'un salon Biedermeier. ♿ *Tlj sf lun. et mar. 10h-18h. Gratuit.* ☎ *404 40 62.*

Gartenstadt Frohnau★

S *Frohnau.* Conçue dans l'entre-deux-guerres, la **cité-jardin de Frohnau** est harmonieuse. Elle possède deux centres : la Zeltingerplatz en arc de cercle et la place devant la gare, surmontée d'une tour (1909-1910) avec restaurant, de S-Bahn. Edelhofdamm 54, à l'Est de la gare de S-Bahn, au sommet d'une butte plantée de pins, est établie depuis 1957 une communauté bouddhique du Sri Lanka. La maison qui l'abrite fut construite entre 1922 et 1924, à l'instigation du médecin berlinois Paul Dahlke pour la communauté bouddhique qu'il avait lui-même formée. Elle comprend un temple *(se déchausser à l'entrée)* et une bibliothèque, donnant sur le jardin et l'autel fleuri par une baie vitrée. *9h-12h, 14h-18h sur demande. Gratuit, offrande recommandée.* ☎ *401 55 80.*

Spandau★

Spandau, comme sa jumelle Köpenick, fait partie de ces quartiers de Berlin qui ont gardé un caractère spécifique, fruit d'une longue histoire. Ceux qui s'intéressent à l'architecture industrielle trouveront également ici les installations de la Siemensstadt berlinoise. Au Sud, la Havel séduit avec ses possibilités en matière d'excursions et de balades.

La situation

Spandau. Plan p. 300-301 AU - Carte Michelin n° 33 E1, F 1-6, G1-5, H 1-4. Tram *7 Siemensdamm, Rohrdamm, Paulsternstraße, Zitadelle, Altstadt Spandau, Rathaus Spandau,* S *9, 75 Rathaus Spandau.* La Potsdamer Chaussee, Bundesstraße 2, permet d'accéder rapidement en voiture aux curiosités de cette capitale du Land de Brandebourg.

À voir dans les environs : Schloß CHARLOTTENBURG, GRUNEWALD, MESSEGELÄNDE, REINICKENDORF, WANNSEE, POTSDAM.

comprendre

Une origine slave – Les îles, formées par les bras multiples de la Havel à l'embouchure de la Spree, constituèrent des positions défensives dès l'âge de la pierre. Un gué détermina l'emplacement de la cité qui fut colonisée par les Slaves au 8e s. Elle était la capitale du district *(Gau)* de **Stodor** et devint un centre culturel et économique important, contrôlant la voie d'eau et la route commerciale menant, au Sud de la Spree, à Köpenick et reliant Magdebourg à Kiev.

La colonisation – Ses premiers effets, sous **Otton Ier**, conduisent au soulèvement des Slaves en **983** et à la destruction du bourg. Rebâti au 11e s., il compte 250 habitants.

Un acte de donation mentionne Spandau pour la première fois en **1179**. À cette date, le margrave de la Marche du Nord, **Albert l'Ours**, a conquis le Brandebourg et la colonisation germanique fait de grands progrès dans le bassin de la Spree.

La forteresse des Princes – La route commerciale se déplace au Nord, empruntant l'actuel Nonnendamm, et traverse Berlin qui éclipse rapidement Spandau. Mais la forteresse est un des lieux de séjour favoris des margraves ascaniens. La **Juliusturm** est construite au début du 13e s. ; le trésor et les archives y sont déposés. On lui adjoint, dans la seconde moitié du 14e s., un édifice palatial *(Palas)* dans la construction duquel on emploie des pierres tombales juives. L'empereur Charles IV y séjourne et le *Grand Livre foncier (Landbuch)* qu'il fait rédiger mentionne que tous les moulins de Berlin, source importante de revenus pour le margrave, sont administrés à Spandau.

Le prince Hohenzollern **Joachim II** fait construire une nouvelle **forteresse** entre 1560 et 1583. Le retrait des troupes françaises en 1813 est une catastrophe : 3 000 hommes se retranchent dans la forteresse, qui est assiégée pendant deux mois par les troupes russo-prussiennes. Ville et forteresse sont violemment bombardées.

L'empire Siemens – Ernst Werner Siemens (« von » Siemens à partir de 1888) fait partie de cette génération d'entrepreneurs, formés dans les écoles techniques, qui succède aux fondateurs de l'industrie berlinoise issus du milieu artisanal. Il fonde, avec le mécanicien **Johann Georg Halske**, en 1847, une firme d'installation de lignes télégraphiques. Après avoir découvert le principe de la dynamo, il électrifie, en 1881, le premier tramway à Lichterfelde *(voir Steglitz)*, puis le chemin de fer et le métro. L'électro-industrie est née et devient, avec la mécanique et les activités métallurgiques, le 3e pilier de l'économie berlinoise. L'entreprise **Siemens & Halske** se diversifie dans les ampoules, la télégraphie, la télécopie et s'installe, au tournant du siècle, entre Charlottenburg et Spandau. En 1913, toute la zone, qui couvre 2 000 ha, est appelée **« Siemensstadt »**. Une ligne de S-Bahn est spécialement financée par l'entreprise pour la desservir. Ce grand centre industriel fut épargné pendant la guerre, car certaines sociétés américaines y avaient des intérêts. Aujourd'hui, Siemens a toutefois son siège à Munich.

Le dauphin de Hitler – Né et élevé en Égypte, **Rudolf Hess** est un compagnon de la première heure d'Hitler, avec lequel il participe au putsch de Munich. Le Führer le désigne comme son deuxième successeur attitré, après Goering, en 1939. En mai 1941, il s'envole secrètement vers la Grande-Bretagne pour tenter, semble-t-il, de conclure une paix séparée. Son avion s'écrase en Écosse. Prisonnier, il sera condamné par le tribunal de Nuremberg à la réclusion à perpétuité. Incarcéré à la prison militaire de Spandau (désormais rasée et remplacée par un centre commercial), dans le secteur britannique, sa captivité dure 42 ans ; il se suicide en 1987.

Zitadelle*

Tram *Zitadelle, sortie Zitadellenweg. Emprunter le boulevard Am Juliusturm sur 200 m vers l'Ouest. La forteresse en briques rouges et son portail apparaissent derrière les arbres, sur la droite.*

En 1559, les villes de la Marche de Brandebourg doivent payer entre 14 000 et 20 000 thalers pour la construction d'une nouvelle forteresse ; des briqueteries sont installées à proximité. Les travaux commencent sous la direction de Christian Römer, auquel succède l'ingénieur italien **Francesco Chiaramella da Gandino**, qui avait été employé par la république de Venise, et s'achèvent avec le comte Rochus zu Lynar en 1583. La forteresse, exemple de citadelle de la Renaissance, est l'ouvrage de défense le plus moderne de la région, ce qui ne l'empêche pas d'être occupée par les Suédois pendant la guerre de Trente Ans. Pendant celle de Sept Ans (1756-1763), alors que les Autrichiens campent devant Berlin, la reine et la margravine de Bayreuth, la sœur préférée de Frédéric II, y trouvent refuge avec l'argenterie royale. Un **fronton** curviligne armorié orne l'entrée.

Stadtgeschichtliches Museum Spandau – Depuis 1992, l'exposition permanente sur l'histoire de la ville est installée dans l'arsenal qui date du milieu du 19e s. *Entrée immédiatement à droite ; monter au 1er étage. Tlj sf lun. 9h-17h, w.-end 10h-17h. Fermé 1er janv., 1er mai, 3 oct., 24-25 et 31 déc. 2,50€. ☎ 354 94 42 97.*

Il y a autant à lire qu'à voir : collection de casques prussiens, planches et maquettes illustrant l'évolution du système fortifié – du *Burg* médiéval (la forteresse est reconstituée dans son état de la seconde moitié du 15e s.) au système bastionné conçu par les ingénieurs italiens –, ustensiles, céramiques, armes et documents, cartes, évocation de la faune (chouettes, faucons et martres ont élu domicile dans la forteresse) et de la flore. Un moulin manuel est reconstitué, le moulin à eau étant inconnu à l'Est de l'Elbe vers 1200 : il produisait une farine grossière, qui, avec les débris de meule, blessait le palais et abîmait les dents.

La citadelle de Spandau.

Ph. Gajic/MICHELIN

La **Juliusturm** a été construite en brique sur un socle de granit et sa couronne en étain, réalisée d'après un projet de Schinkel, fut ajoutée en 1838. Elle servit de réduit défensif, puis de prison jusqu'en 1876. Son premier prisonnier fut le chevalier-brigand **Dietrich von Quitzow**. La bien-aimée de Joachim II, emprisonnée sur l'ordre de son fils, la femme d'un ministre de la Guerre disgracié du « Roi-Sergent » qui, deux jours par semaine, était privée de nourriture, de lit et de lumière (sa captivité dura un an), un serviteur de Frédéric II qui en empoisonna le chocolat pendant la guerre de Sept Ans (un autre, qui eut la même idée, passa 23 ans dans une cellule sombre) et même Friedrich Ludwig Jahn, le père de la gymnastique, connurent le même sort. De 1874 à 1919 l'argent français des réparations reçu après la guerre franco-allemande de 1870-1871, le « trésor de guerre du Reich », fut entreposé dans la Juliusturm. À la sortie du musée, on peut monter à la tour par un escalier hélicoïdal : **vue★** sur le centre historique de Spandau dominé par la tour de l'église St-Nicolas et celle de l'hôtel de ville.

La cour de la forteresse, bordée de bâtiments du 19e s. (l'un d'eux abrite une collection de canons historiques, *se renseigner à la caisse du musée*), sert de cadre à des manifestations temporaires. La promenade le long des douves, vers l'Ouest, permet de voir le **bastion du Roi**, très intéressant. Le **bastion de la Reine** constitue un témoignage particulier de l'histoire juive : 70 tombes datant de 1244 à 1474, découvertes lors des fouilles de Palas.

se promener

Spandauer Altstadt★

Tram *Altstadt Spandau. Suivre le boulevard Am Juliusturm folgen ; juste après le pont, prendre à droite la Behnitzstraße.* Joachim II commença la construction des écluses en 1556. Du fait de la proximité de la citadelle, elles ne permettent le passage, entre le canal Hohenzollern et le cours inférieur de la Havel, qu'à des navires de gabarit moyen. Le vieux Spandau offre un visage plein de charme. De vieilles maisons, de part et d'autre de la Carl-Schurz-Straße, bordent l'artère commerçante de la cité. L'**Ackerbürgerhaus** *(Kinkelstraße 35, à l'angle de la Ritterstraße)*, appelée aussi Wendenschloß, qui date de 1681 et qui a été reconstruite dans les années 1960, l'hôtel Benn *(Ritterstraße 1a)* et la maison voisine *(Ritterstraße 1, à l'angle de la Carl-Schurz-Straße)* sont de vieilles demeures à colombages. Dans une autre maison, sur la place de la Réforme *(Reformationplatz)*, vécut le physicien **Ernst Ludwig Heim** entre 1776 et 1783. Sur cette même place s'élève l'**église St-Nicolas★** (St. Nikolai-Kirche, **V**¹), en gothique de brique, dont la tour, coiffée d'un clocher baroque, fut pendant longtemps la plus haute de la Marche de Brandebourg. Le monument de Joachim II, devant le portail, rappelle que c'est dans cette église qu'il se convertit à la Réforme luthérienne... et ses sujets avec lui. À côté de la maison d'Heim, derrière une vitrine, une excavation permet de voir un puits à usage privé de l'époque de Frédéric II, installation autrefois courante dans les auberges. ♿ *Avr.-nov. : tlj sf ven. 12h-16h, sam. 11h-15h, dim. 14h-16h ; déc. : uniquement w.-end. Gratuit. ☎ 333 56 39. www.ekibb.de*

La place du Marché est le centre de la cité ; un peu plus loin se dresse l'**hôtel de ville** (Rathaus Spandau) dans un style imposant et raide. Spandau reçut son statut de ville en 1230, avant Berlin.

Siemensstadt★

Tram *Paulsternstraße.* Tout comme Borsig *(voir Reinickendorf)*, Siemens fit également construire pour ses employés une ville modèle à côté des ateliers de

Ph.Gajic/MICHELIN

Le Wernerwerk.

production. Elle a été sans cesse agrandie depuis la fin du 19e s. À proximité immé diate, se trouve le charmant Volkspark Jungfernheide, qui fait déjà partie d Charlottenburg-Wilmersdorf *(voir ci-après).*

Les installations industrielles

Suivre la Nonnendammallee en direction de l'Est.

Kraftwerk Reuter – Cette immense centrale électrique aux trois cheminées sem blables fut construite par Siemens dans les années 1930. Fortement endommagé pendant la guerre, puis démontée, puis détruite, elle fut reconstruite, car les auto rités militaires la jugèrent indispensable pour alimenter Berlin-Ouest en électricité Tout son équipement fut transporté par avion pendant le blocus.

On trouve ensuite côte à côte la **Schaltwerk** (centrale des commutateurs *Nonnendammallee 104)*, le premier building industriel d'Europe imaginé par **Han Hertlein** (1926-1928), le **Bereich Antriebs-, Schalt- und Installationstechni** (commandes, manœuvres et installations, *en face, Nonnendammallee 72)*, les **bâti ments administratifs** *(Nonnendammallee 101)* réalisés par Friedrich Blume (1910 1913, puis agrandis par Hertlein), la **Röhrenwerk** (tuyauterie, *Rohrdamm 88, angl Nonnendammallee)* et le **Wernerwerk★** *(emprunter le Wernerwerkdamm et longe l'Ohmstraße)*. Ce vaste complexe de bâtiments, assemblage de masses rectangu laires en briques rouge sombre, est dominé par la **tour de l'horloge** (70 m) d l'usine des appareils de mesure.

Großsiedlung Siemensstadt★ (S1)

Les usines Siemens employaient 50 000 personnes. Un terrain était libre au Sud d la Jungfernheide et la firme allait construire une nouvelle ligne de métr *(Siemensbahn)*. Recommandés par **Martin Wagner**, des architectes du group d'avant-garde Der Ring (L'anneau), parmi lesquels **Walter Gropius**, Hugo Häring Otto Bartning et **Hans Scharoun**, sont choisis pour dresser les plans d'un nouvea lotissement, construit entre 1929 et 1932. Ce « lotissement du Ring » s'étend entre l Jungfernheideweg, la Goebbelstraße et l'Heckerdamm. Outre des ouvriers de usines Siemens, on trouvait aussi parmi les habitants des artistes et des journalistes

Volkspark Jungfernheide★

La Jungfernheide fut une réserve de chasse jusqu'au début du 19e s., puis un ter rain d'exercice et un champ de tir. La commune de Charlottenburg en acquier 208 ha en 1908 alors que la ville ne l'entoure pas encore. L'aménagement com mence après la Première Guerre mondiale, en même temps que le lotissement d Nord de Charlottenbourg. C'est un parc très agréable, avec une pelouse central dominée par un **château d'eau** (1926) et un plan d'eau de 7,5 ha, où évoluent bai gneurs et bateaux pneumatiques. On peut faire le tour du bassin et aller dans l'île reliée à la rive, au Nord et au Sud, par deux ponts en bois, et qui est une véritabl réserve naturelle. Plusieurs bâtiments avaient été prévus, dont une bibliothèque e une salle de conférence. Lors de l'aménagement du parc, il s'agissait de lier culture et loisirs, ce qui correspondait à l'esprit du 20e s. L'architecte du parc, **Erwin Barth** (1880-1933), directeur des jardins de Charlottenburg puis du Grand Berlin, participa au réaménagement de nombreux espaces verts qui se distinguent encore aujourd'hui par leur beauté.

visiter

Lotissement de la Zeppelinstraße*

BUS *130, 237 Falkenseer Chaussee/Zeppelinstraße à partir de* S + Tram *Rathaus Spandau.* Ce lotissement étonnant (1926) décline tout le répertoire de l'ornementation expressionniste : oriels, encorbellements et fenêtres triangulaires, motifs en zigzag, le tout polychrome. Le carrefour avec la **Falkenseer Chaussee** semble tout droit sorti d'un film. Il s'agit bien d'un décor, car la conception des logements reste traditionnelle.

Gartenstadt Staaken*

BUS *237 Gartenstadt Staaken à partir des* S + Tram *Rathaus Spandau.* La cité conçue par Paul Schmitthenner, entre 1913 et 1917, est la réponse aux *Mietskasernen*, sombres et surpeuplées, de la fin du 19e s. Les 298 maisons individuelles et les 148 maisons familiales furent à l'origine construites pour les ouvriers et employés des usines d'armement de Spandau. Le lotissement fut ensuite agrandi dans les années 1920 par Carl Dedeler et au début des années 1930 par Hans Hertlein. Des rues courbes, de petites maisons basses derrière lesquelles se cachent des jardinets *(Am Langen Weg)*, des demeures à pignons inspirées du modèle hanséatique, en brique *(Heidebergplan)* ou recouvertes de crépi et précédées de petites volées d'escalier (*Zwischen den Giebeln*, qui signifie « entre les pignons »), renforcent l'idée de petite communauté idyllique, mais repliée sur elle-même. La décoration des maisons rappelle le quartier hollandais de Potsdam. La place de l'église est simple et invite à la méditation ; ce cadre idyllique est toutefois perturbé par le bruit des trains et des avions.

Weinmeisterhorn

BUS *135 Weinmeisterhornweg à partir des* S + Tram *Rathaus Spandau. Suivre la rue Scharfe Lanke en direction du Sud.* Un belvédère aménagé sur une dune offre une belle **vue*** sur la Havel : on distingue l'observatoire du Teufelsberg et, émergeant de la forêt de Grunewald, la tour du même nom. En descendant la pente au Sud, poursuivre la promenade le long de la Havel ; remarquer, sur la droite, une maison conçue par Hans Scharoun *(Höhenweg 19)*. On peut poursuivre la balade jusqu'à Alt-Kladow, où se trouve le terminus du bus 135.

Steglitz*

Quartier résidentiel, Steglitz possède quelques rues bordées de villas qui sont parmi les plus charmantes et agréables de Berlin. Le curieux « Bierpinsel », installé dans une tour champignon rouge (1972-1976), qui abrite plusieurs restaurants (Schloßstraße 17), est une sorte de symbole du quartier.

La situation

Steglitz-Zehlendorf. Plan p. 300-301 BCV – Carte Michelin n° 33 U 7-9, V 7-10, W 6-10. S *1 Feuerbachstraße, Rathaus Steglitz, Botanischer Garten, Lichterfelde-West,* Tram *9 Schloßstraße, Rathaus Steglitz.* La Schloßstraße de Steglitz, qui se prolonge par la Rheinstraße, l'Hauptstraße et la Potsdamer Straße, et conduit directement à la Potsdamer Platz, est très commerçante autour de l'hôtel de ville.

À voir dans les environs : SCHÖNEBERG, TEMPELHOF, WILMERSDORF, ZEHLENDORF.

comprendre

10 000 ans avant J.-C., des mammouths, bisons, rhinocéros, dont les ossements ont été exhumés lors de l'excavation du canal du Teltow, paissaient sur le plateau du même nom, attirant des groupes de chasseurs qui s'y installèrent. Les restes d'un village de l'âge du bronze (1100-100 avant J.-C.) ont également été mis au jour. Une fontaine à offrandes était aménagée dans une souche de chêne évidée. On y a retrouvé plusieurs centaines de petits récipients en argile remplis de miel, de céréales, d'épices. L'âge du fer a laissé un champ d'urnes germaniques des 2e et 3e s. après J.-C. Le village-rue fut mentionné pour la première fois en 1375. En 1920, Lichterfelde, Lankwitz, Südende et Steglitz (qui, avec 93 000 habitants, était le plus gros village de Prusse) sont réunis en un seul arrondissement du Grand Berlin.

Wrangelschlößchen

Tram *Schloßstraße. Schloßstraße 19.* Le général Wrangel, surnommé « Papa Wrangel », qui remit de l'ordre dans Berlin après la révolution de 1848, avait coutume de passer l'été dans ce **petit château**, construit en 1804 pour Karl Friedrich von Beyme. C'est une œuvre néoclassique d'**Heinrich Gentz** et le seul témoignage conservé à Berlin de l'architecture prérévolutionnaire inspirée de Claude-Nicolas Ledoux et d'Étienne Louis Boullée. La célèbre Monnaie de Gentz, autrefois sur le Werderscher Markt a, en effet, disparu.

Rathaus Steglitz

S + Tram *Rathaus Steglitz.* L'hôtel de ville de Steglitz est un bon exemple d'architecture néogothique, fidèle dans ses formes aux constructions médiévales en brique d'Allemagne du Nord. Il fut construit à la fin du 19e s. en 18 mois à peine par les architectes Heinrich Reinhardt et Georg Süßguth, à l'endroit même qui avait déjà accueilli au 13e s. le premier hôtel de ville. Les briques rouges avaient alors une valeur représentative, et c'est pourquoi elles décorent la façade du bâtiment. Pour des raisons de coût, des pierres ocre, meilleur marché, furent utilisée pour le côté cour. À l'angle de la Schloßstraße et de la Grunewaldstraße, se dresse une tour massive, richement décorée au sommet par des encorbellements, de petites tours, des créneaux et des niches. Les rues derrière l'hôtel de ville possèdent quelques belles maisons Jugendstil (décor végétal et animalier).

Lichterfelde*

S *Lichterfelde-West.* La première ligne de chemin de fer Berlin-Potsdam (1837-1838) ignora le village jusqu'à ce que **Johann Carstenn** y fonde une colonie de villas (1865). On construisit alors la petite gare dans le style d'une villa italienne. En mai 1881, **Werner Siemens** fit à Lichterfelde-Ost le premier essai au monde de tramway électrique.

Sorti de la gare, on se trouve devant un charmant décor d'opérette composé par le West-Bazar (1897) et des maisons ornées de pignons à colombages, de tourelles et d'épis de faîtage. Les rues ombragées, bordées de villas, comme la **Curtiusstraße** et ses rues adjacentes, sont ravissantes. La Drakestraße, qui part de l'angle droit de la Curtiusstraße en direction du Sud-Ouest, abrite le **musée d'Histoire locale** (**Museum Steglitz**, au n° 64a, **M**[33]) qui présente la naissance et le développement des quartiers de Steglitz, Lichterfelde, Lankwitz et Südende, ainsi que des expositions temporaires. *Lun. 16h-19h, mer. 15h-18h, dim. 14h-17h. Fermé 1er janv., vac. été Berlin, 24 et 31 déc. Gratuit. ☎ 833 21 09. www.heimatverein-steglitz.de*

L'église paroissiale *(après le musée en empruntant la Dürerstraße et la Ringstraße ; sur le Hindenburgdamm)*, du 14e s., a été agrandie pour la dernière fois entre 1939 et 1941. Son clocher est en bois. La **Gutshaus Lichterfelde** de style classique, située à proximité (*Hindenburgdamm 28*, fin 18e s.), à partir de laquelle s'est développée la « colonie de villas » de Lichterfelde, a également été surnommé *Carstenn-Schlößchen* (« Petit château Carstenn », aujourd'hui Kindertagesstätte) en raison de son ancien propriétaire.

Devant la gare de Lichterfelde-West.

Ph. Gajic/MICHELIN

Treptow

Dès 1261, Berlin et Cölln possédaient ici de grandes portions de terre, qui furent encore étendues en 1433 avec l'acquisition supplémentaire de la propriété de l'ordre de Tempelhof. L'arrondissement de Treptow, relativement grand, possède un certain nombre d'espaces verts avec la Königsheide, le Plänterwald, le Treptower Park, ainsi que plusieurs autres jardins de taille plus modeste. Il dispose en outre à Niederschöneweide (qui formait autrefois avec Oberschöneweide à Köpenick la plus grande zone industrielle fermée de Berlin-Est) de vastes centres de production industriels, dont certains demeurent toutefois inutilisés depuis la réunification. À l'avenir Adlershof, actuellement en voie de construction, devrait devenir un important centre économique et scientifique.

La situation

Treptow-Köpenick. Plan p. 300-301 CDUV – Carte Michelin n° 33 P 18-19, R 19-22, S/T^{20}-22, U 21-24, V 21-V25, W 20-26. Ⓢ *8, 9, 41, 42 Treptower Park,* Ⓢ *8, 9 Plänterwald,* Ⓢ *8, 9, 46, 47 Baumschulenweg, Schöneweide, Betriebsbahnhof Schöneweide, Adlershof,* Ⓢ *47 Oberspree,* Ⓢ *8, 46 Grünau.* Ce quartier tout en longueur situé entre Neukölln et Köpenick s'étend le long de la Spree et de la Bundesstraße 96a, du Nord au Sud.

ADRESSE

Eierschale Zenner – *Alt-Treptow 14-17 –* Ⓢ *Treptower Park, Plänterwald -* ☎ *533 73 70 - www.eierschalezenner.de - à partir de 10h.* Le Eierschale, installé dans le traditionnel local d'excursion Zenner, possède un énorme *Biergarten* situé en bordure de la Spree. Le soir, on y entend souvent de la musique live (*oldies*, jazz, country).

À voir dans les environs : FRIEDRICHSHAIN, KREUZBERG, KÖPENICK, NEUKÖLLN.

découvrir

Ⓢ *Treptower Park.*

Molecule Man

Au beau milieu de la Spree, non loin du complexe d'immeubles des **Treptowers**, le Molecule Man (Jonathan Borofsky, 1999), un groupe de personnages de 30 m de haut, surgit de l'eau. Les trois personnes qui sont réunies symbolisent la rencontre des trois quartiers de Treptow, Kreuzberg et Friedrichshain.

Treptower Park

L'idée de ce parc communal remonte aux débuts de l'ère industrielle, lorsque la population urbaine ne cessait de croître et que l'on commençait à percevoir les effets négatifs des logements de masse. Le Treptower Park fut le troisième parc national (après Friedrichshain et Humboldthain), aménagé pour les Berlinois entre 1876 et 1888 d'après des projets de Gustav Meyer. Après que la grande exposition industrielle (une sorte d'exposition universelle) s'y tint entre 1894 et 1896, il retrouva son aspect d'origine. Au début du 20e s., il devint un important point de rassemblement pour les sociaux-démocrates. August Bebel et Karl Liebknecht y évoquèrent en 1911 le danger croissant d'une guerre.

Durant la Seconde Guerre mondiale, le parc fut ravagé. L'aire de jeu céda la place entre 1946 et 1949 à un vaste **mémorial soviétique★** (**A**[1], *Sowjetisches Ehrenmal*), un monumental ensemble stalinien qui rappelle les sacrifices consentis par l'Armée rouge. Cet édifice presque sacré aux dimensions impressionnantes est accessible de tous les côtés – par la Puschkinallee et Am Treptower Park – on accède toutefois aux entrées principales via deux portails qui conduisent au parvis et à la statue assise de la « mère patrie ». Des soldats agenouillés et des drapeaux stylisés en marbre rouge (provenant de la chancellerie d'Hitler) encadrent l'entrée du cimetière tout en longueur qui conduit à un tumulus. À cet endroit se dresse une effigie surdimensionnée de soldat tenant un enfant dans ses bras, tout en brisant la croix gammée avec son épée. La mosaïque du socle est à la gloire de l'URSS et de l'Armée rouge. Les textes sur les bas-reliefs, respectivement en allemand et en russe, et qui rappellent les grands épisodes de la guerre, sont de Staline lui-même. Le cimetière abrite les tombes de quelque 5 000 soldats ; les plaques en relief couvertes de scènes de guerre représentent les différentes républiques soviétiques.

Une sortie permet d'atteindre, derrière le tumulus, l'étang aux Carpes (Karpfenteich) et de poursuivre en direction de l'Est vers l'île de la Jeunesse.

Insel der Jugend

Un charmant pont entre deux tours relie la petite **île de la Jeunesse** à la terre ferme. Les deux cheminées géantes appartiennent à la **centrale électrique de**

Klingenberg, construite dans les années 1920 en prévision de l'électrification du S-Bahn. Elle a été implantée sur les bords de la Spree pour en tirer les eaux de refroidissement et avoir son propre port de livraison de charbon.
Si vous le désirez, vous pouvez poursuivre la balade à partir d'ici, le long de la promenade de la Spree, à travers le parc de **Plänterwald** *(une fois au bout, vous accédez via la Baumschulenstraße à la station de S-Bahn Baumschulenweg).*

visiter

Arboretum (B[2])

Ⓢ *Baumschulenweg, puis* Ⓑ *270 Baumschulenstraße/Königsheideweg. Späthstraße 80-81.* L'institut de Biologie de l'université Humboldt est établi dans la maison de Franz Späth, qui y vécut de 1874 à 1913 et dont l'exploitation horticole, fondée en 1720, se développa à partir de 1864 sur les prairies entre Alt-Treptow et Johannisthal. L'école d'arboriculture *(Späthsche Baumschule)* fut fondée la même année. Elle donna son nom au Baumschulenweg et un coup de fouet à son urbanisation. La promenade intéressera surtout les botanistes.

Niederschöneweide

Ⓢ *Oberspree.* Aux alentours de l'actuelle station Oberspree est fondée, à la fin du 18e s., une colonie appelée *Auf der Schönen Weide* (« Sur les beaux pâturages ») ; vingt personnes y habitent en 1858. L'industrialisation transforme les deux rives de la Spree. L'agencement des bâtiments du lotissement Spreesiedlung (1930-1932 ; *Hainstraße*) et la promenade au bord du fleuve sont remarquables. On découvre le paysage industriel imposant de l'autre rive, à Oberschöneweide.

Oberschöneweide★

Ⓢ *Schöneweide puis* Tram *67 Wilhelminenhofstraße/Edisonstraße ou Rathenaustraße.*
Pour la première fois en 1697, un four à goudron fut appelé *« Bey der Schönen Weyde »* sur la Spree. Dans le dernier tiers du 19e s., une importante zone industrielle vit le jour à cet endroit. À partir de ce moment, on distingua alors Niederschöneweide, sur la rive gauche de la Spree *(aujourd'hui à Treptow)* et Oberschöneweide, appartenant à Köpenick, l'une des régions industrielles les plus intéressantes de Berlin, autour de laquelle s'est développé un nouveau quartier avec ses propres infrastructures. Nombre des **installations industrielles★**, des monuments dominants de l'époque industrielle, construits à partir de 1889 – l'AEG y transférait autrefois une partie de sa production, dans la région située entre la Wilhelminenhofstraße et la Spree –, sont toutefois inoccupés aujourd'hui. De l'époque du Reich impérial à celle de la RDA, des milliers d'individus affluèrent ici tous les jours pour travailler dans les usines en brique ocre. Depuis la chute du Mur, ils ne sont plus que quelques-uns, expliquant que le quartier se débat aujourd'hui pour survivre – beaucoup évoquent ironiquement l'« Oberschweineöde » (le désert d'Oberschwein).
Parmi les nombreux bâtiments intéressants, on remarquera plus particulièrement : l'ancienne **usine des établissements allemands Niles** *(Wilhelminenhofstraße 83-85)* avec son bâtiment administratif, sa halle de montage et sa salle des grands transformateurs ; l'**entreprise de câbles Oberspree** *(Wilhelminenhofstraße 76-77,* ce terrain accueille également la villa de l'industriel Rathenau), où l'on peut découvrir, sous une épaisseur impressionnante, trois décennies d'architecture industrielle et, enfin, l'ancienne **centrale électrique Oberspree** *(Wilhelminenhofstraße 78)* avec sa salle des turbines, sa salle des machines à vapeur et son transformateur. Dans l'Ostendstraße 1-4, à l'angle de la Wilhelminenhofstraße, s'élève d'une tour l'**entreprise WF★ (C[2])** de Peter Behrens, construite dans le style de la Nouvelle Objecti-

Le hall de l'usine WF à Oberschöneweide.

H. Champollion/MICHELIN

vité. L'édifice fut érigé entre 1914 et 1917 pour la Nationale Automobilgesellschaft (qui faisait partie de l'AEG). À l'époque de la RDA, se trouvait ici l'ancien siège de la plus importante entreprise de matériel audiovisuel, la Werk für Fernsehelektronik (on remarque le *WF* de l'enseigne au sommet de la tour). Simple mais très représentatif, le **hall**★ *(s'adresser au gardien pour le visiter)* se présente comme une haute cour à arcades sous une verrière.

Wissenschafts- und Wirtschaftsstandort Berlin-Adlershof

Ⓢ *Adlershof.* Entre Johannisthal et Adlershof, grandira jusqu'en 2004 sur 76 ha, autour d'un vaste parc, une ville scientifique, destinée à être la plus grande d'Europe : la **technopole de Berlin-Adlershof**. Ce pôle de développement comprendra les instituts économiques et de recherche de la plupart des grandes entreprises allemandes (200 sociétés et 14 instituts scientifiques y sont déjà installés), des studios, des ateliers, des entreprises de pointe (chimie, électronique, technologies médicales), le département des sciences naturelles de l'université Humboldt et le synchrotron BESSY II. 30 000 chercheurs y travailleront et un quartier d'habitation est prévu pour 15 000 habitants.

Siedlung Falkenberg★

Ⓢ *Grünau. Akazienhof, Am Falkenberg, Gartenstadtweg.* En 1906, le « Deutsche Gartenstadtbewegung », mouvement allemand des cités-jardins, inspiré du modèle anglais, vit le jour. L'idée était de lier la construction des villes à la question sociale et s'opposait directement à la ville des *Mietskasernen* (casernes locatives), jugée inhumaine. Dans la cité-jardin, on voyait la possibilité de construire des maisons individuelles financièrement abordables et à l'architecture intéressante. Le **lotissement de Falkenberg**, imaginé par **Bruno Taut** et construit entre 1913 et 1915 – mais inachevé en raison de la guerre – fut la première cité-jardin de Berlin ; le maître d'œuvre était la « Gemeinnützige Baugenossenschaft Gartenstadt Groß-Berlin », Coopérative de construction d'utilité publique de la cité-jardin du Grand Berlin. Les multiples couleurs de ces sobres maisons individuelles et maisons en série à deux étages, noyées dans la nature, donnèrent à ce lotissement le gentil surnom de « lotissement boîte de couleurs » (Tuschkastensiedlung). Il s'agissait de la première fois que l'on utilisait les couleurs dans des constructions de masse.

Wannsee★★

Dans cet arrondissement, les villas sont nombreuses et les possibilités de promenade dans la nature se partagent entre la forêt et les premiers maillons de la chaîne des parcs et des châteaux royaux entourant Potsdam. Vous pouvez aussi tout simplement y venir pour vous baigner.

La situation

Steglitz-Zehlendorf. Plan p. 300-301 AV – Carte Michelin n° 33 AV. Ⓢ *1, 7 Nikolassee, Wannsee.* La belle région du Wannsee, propice à la détente, située entre un bras de la Havel, le Grand Wannsee, et la Düppelwald, est un lieu touristique très apprécié. À partir de cet endroit, on peut également atteindre rapidement les curiosités de Potsdam.

À voir dans environs : GRUNEWALD, ZEHLENDORF, POTSDAM.

comprendre

Heinrich von Kleist (1777-1811) et la crise romantique – À la fin du 18e s., les rouages de la société frédéricienne sont bloqués : la noblesse monopolise les postes intéressants et l'absence d'université prive la jeunesse berlinoise de tout débouché. Celle-ci se tourne vers l'irrationnel, le mysticisme, qui sont d'ailleurs en vogue à la cour. Les jeux de hasard se répandent tandis que prolifèrent magnétiseurs, guérisseurs, illuminés et autres prophètes. La jeune élite bourgeoise, en mal de reconnaissance, s'oriente vers la littérature. En octobre 1810, **Heinrich von Kleist** devient chroniqueur des faits divers au journal du soir *Berliner Abendblätter*. Ce sont les premiers reportages du genre à Berlin et ils lancent le journal. Ami du chef et réorganisateur de la police, **Justus Gruner**, Kleist recueille une information de première main. En novembre 1811, on repêche, dans les eaux du Petit Wannsee, les corps du dramaturge et de son amie Henriette Vogel, qu'il a entraînée dans la mort.

La « solution finale de la question juive » – 160 000 Juifs allemands vivaient à Berlin dans la première moitié du 20e s., principalement à Wilmersdorf, Charlottenburg et dans le quartier de Mitte. Ils étaient actifs dans l'industrie, le commerce, les professions libérales. Dès le 1er avril 1933, ils sont progressivement exclus de la vie économique ; en 1935, les **lois de Nuremberg** les privent de leurs droits civiques et leur interdisent la fréquentation des salles de spectacle, des plages. Ceux qui choisissent l'exil sont dépossédés de tous leurs biens (notamment les nombreux appartements des quartiers résidentiels de l'Ouest). Le 9 novembre 1938 (ils sont encore 140 000 à Berlin), c'est la **nuit de Cristal** *(voir Spandauer Vorstadt)*, surnom qui lui fut donné par les nazis. À partir de 1941, la survie de la communauté est aléatoire : il est impossible de quitter l'Allemagne et le port de l'étoile jaune est imposé. Les déportations massives commencent avant même la **conférence de Wannsee**. Le premier convoi part le 18 octobre de la gare de **Grunewald**. Le 20 janvier 1942, 15 représentants haut placé des SS, du NSDAP et de divers ministères (sous la présidence du chef du bureau central de la Sécurité du Reich, Reinhard Heydrich) se rencontrent à Wannsee afin de coordonner l'organisation de la déportation et l'élimination en masse des Juifs européens. Adolf Eichmann rédige le protocole issu du résultat de cette rencontre pour la « solution finale de la question juive », qui entraînera l'élimination systématique de 11 millions d'individus avec une étroitesse d'esprit bureaucratique et un sang-froid inhumain difficiles à imaginer.

carnet pratique

Cafés, bistrots et bars

Loretta am Wannsee – *Kronprinzessinnenweg 260* – Ⓢ *Wannsee* – ☎ *803 51 56* – *www.loretta.de* – *à partir de 10h.* Le Loretta am Wannsee propose, outre un grand et magnifique *Biergarten*, une aire de jeu pour les enfants, des tables de ping-pong et un minigolf.

Wirtshaus Moorlake – *Moorlakeweg 6* – *BUS 216 Moorlake à partir de* Ⓢ *Wannsee* – ☎ *805 58 09* – *www.moorlake.de* – *à partir de 10h (été), 11h30 (hiver).* Le très ancien Wirtshaus Moorlake, avec sa grande terrasse estivale presque à même l'eau, fut construit en 1840 par Persius, élève de Schinkel, pour accueillir une maison forestière de style bavarois. Les Hohenzollern l'utilisèrent d'abord pour des excursions de chasse, puis il servit de relais postal, avant d'être transformé en local d'excursion à la fin du 19e s. ; *voir également Informations pratiques : « Restauration ».*

Détente et loisirs

Strandbad Wannsee – *Wannseebadweg 25* – Ⓢ *Nikolassee (si le temps est propice à la baignade, le bus A 5 conduit directement à la plage, sinon prévoir quelques minutes de marche)* – ☎ *803 56 12* – *www.bbb.berlin.de.* Le Wannsee propose une grande plage de sable et une vaste forêt pour se balader. On trouve également sur place des cabines pour se changer, des terrasses, une promenade couverte et des magasins. Les visiteurs sont toujours nombreux *(les animaux domestiques et les postes de radio sont toutefois interdits).*

découvrir

Strandbad Wannsee** (D 2)

À partir de la station de S-Bahn Nikolassee, emprunter le Wannseebadweg. Voir également « carnet pratique ».

Les aménagements de cette grande plage sur la Havel, ouverte en 1907, sont un exemple accompli d'architecture de la Nouvelle Objectivité (1929-1930). Le sport et la santé faisaient partie des préoccupations sociales de la république de Weimar. Martin Wagner, conseiller en charge de l'urbanisme, et Richard Emisch entendaient lier les exigences fonctionnelles à un lieu agréable de détente conçu pour toute la population berlinoise. Les bâtiments ne sont malheureusement plus en très bon état aujourd'hui – les moyens disponibles pour les travaux de rénovation nécessaires sont largement insuffisants.

Wannsee est la plus grande plage intérieure d'Europe. Avec ses guérites et son sable, on pourrait presque se croire à la mer. Si vous séjournez pendant un certain temps à Berlin, ne manquez pas d'y aller au moins une fois pour vous rafraîchir et reprendre des forces.

se promener

Par beau temps on peut entreprendre une grande balade à pied (ou à vélo) à partir de la station de S-Bahn Wannsee, qui vous conduira, en passant par l'île aux Paons (Pfaueninsel), jusqu'au Glienicker Brücke, à la frontière avec Potsdam. Vous pouvez faire demi-tour à plusieurs reprises, mais les curiosités sont nombreuses en cours de route, rendant la balade particulièrement agréable. Vous pouvez aussi, bien évidemment, si vous le préférez, atteindre les différentes curiosités directement en empruntant les transports en commun.

Henkelm/ARCHIV

Plage de Wannsee.

Am Grossen Wannsee

Kleistgrab (E²)

Descendre le Kronprinzessinnenweg depuis la station de S-Bahn ; traverser la Königstraße et s'engager, un peu sur la gauche, dans la petite Bismarckstraße.

La tombe d'Heinrich von Kleist, stèle gravée du nom du poète, est extrêmement simple.

Non loin de là se trouvait, du vivant de Kleist, un hôtel où Henriette Vogel et lui passèrent les dernières heures précédant leur mort volontaire.

Regagner la Königstraße, traverser le Wannseebrücke et prendre à droite la Straße am Großen Wannsee.

Cette rue courbe et ombragée est bordée de villas cossues (et de nombreux clubs d'aviron) :

- Koloniestraße 3, à l'angle de Am Großen Wannsee : villa où travailla le peintre **Max Liebermann** (inscription sur l'entablement). En face, Am Großen Wannsee 39-41, on aperçoit une autre villa remarquable.
- Petit castel en briques jaunes au n° 52.
- **Nos 56-58, mémorial de la conférence de Wannsee** (Haus der Wannsee-Konferenz, **F²**, *voir « visiter »*).

Heckeshorn★ (G²)

À côté de l'embarcadère, un petit promontoire agrémenté d'une terrasse offre un **point de vue★** agréable sur le Großer Wannsee et la plage du même nom. Le **lion de Flensbourg**, ville du Schleswig-Holstein, au Nord de l'Allemagne, commémore une victoire danoise lors de l'affaire des duchés en 1864. Le lion de Wannsee en est une copie.

La promenade le long de la Havel (Uferpromenade) est fréquentée le week-end. Si vous aimez marcher, elle permet également d'atteindre l'île aux Paons.

Pfaueninsel★★

Depuis la station de S-Bahn Wannsee avec le BUS 216 Pfaueninsel. On atteint l'île par un service de bac. Voir le plan Potsdam et environs, p. 350-351.

L'île aux Paons était auparavant « l'îlot aux Lapins ». **Frédéric-Guillaume II** (1786-1797), surnommé « le Gros » par les Berlinois, et que Frédéric II, son oncle, n'aimait pas à cause de ses débauches, fit construire ici, en 1794, le petit **château★** *(voir « visiter »)*, entièrement en bois, à l'apparence d'une fausse ruine, pour abriter son idylle avec la belle **Wilhelmine Enke**, fille d'un joueur de cor de chasse. L'anoblissement de la favorite, qui devient comtesse de Lichtenau, suscite les sarcasmes de la population. Mais le château ne sera terminé que l'année de la mort du roi.

Parc★★

Frédéric-Guillaume III se contentait ordinairement des châteaux déjà existants, mais il fit réaménager le parc en profondeur par Lenné et Fintelmann, entre 1816 et 1834. Transformé en jardin à l'anglaise, parsemé d'éléments architecturaux, l'île fut également peuplée d'animaux exotiques *(voir Kurfürstendamm : « Zoologischer garten »)*. Un *Palmarium*, grande serre à l'architecture orientalisante (dont l'intérieur est représenté par deux tableaux de Carl Blechen, que l'on peut actuellement admirer dans le Nouveau Pavillon, près du château de Charlottenbourg) en était le bâtiment le plus étonnant.

Ph. Gajic/MICHELIN

L'île aux Paons.

Le domaine comprend : la maison suisse ; la charmante **laiterie gothique★** (Meierei), à la pointe Nord-Ouest de l'île (vue sur la forêt et la tour de Grunewald, le Teufelsberg), fausse ruine qui fait alterner le crépi blanc et les contreforts en briques rouges ; le porche original du mausolée de la reine Louise ; la **maison des Chevaliers**, bâtie par Schinkel, qui réemploya la façade, acquise par le roi, d'une demeure gothique de Dantzig (et qui servit à la reconstitution de la maison d'origine après 1945).

Au centre du parc, une volière abrite des faisans dorés, de Colchide, des aras, des cacatoès ; quant aux paons, ils se promènent librement.

Reprendre le bac et monter le Nikolskoer Weg.

Nikolskoe★

Le sentiment religieux d'une princesse de Prusse lui fit désirer entendre les cloches dans cet endroit, au sommet d'un vallon qui réserve une **échappée★** sur la Havel. Ainsi naquit la gracieuse **église St-Pierre-et-St-Paul**. Charlotte, fille de Frédéric-Guillaume III, épousa le tsar Nicolas Ier. Le roi offrit au couple une maison, construite en bois dans un style proche de celui de la colonie Alexandrovna *(voir Potsdam)*. Baptisée « À Nicolas » *(Nikolskoe)*, elle abrite aujourd'hui le restaurant **Blockhaus Nikolskoe** *(voir Informations pratiques : « Restauration »)*, très fréquenté à la belle saison. De sa terrasse, l'on jouit d'une très belle **vue★★** sur l'île aux Paons et la Havel.

En poursuivant le Nikolskoer Weg, on atteint le Volkspark Klein-Glienicke.

En descendant vers la Havel, on arrive dans la crique de **Moorlake**, lieu de baignade prisé.

Volkspark Klein-Glienicke★★

À partir de la station de S-Bahn avec le BUS *116 Schloß Glienicke* **(P²)**. *Voir également le plan de Potsdam et environs, p. 350-351.*

Existe-t-il un domaine plus délicieux que celui de Klein-Glienicke ? Le parc, alpin et sombre au Nord, devient italien et clair au Sud, parsemé de petits châteaux simples et de fabriques raffinées. C'est l'un des meilleurs exemples de l'art de **Peter Joseph Lenné**.

Le village de Klein-Glienicke est mentionné pour la première fois en 1375 sous le nom de *Parva Glinik* (en slave : « lieu de grès » ou « terre argileuse ») dans le *Landbuch* de l'empereur Charles IV (14e s.). Situé en face du pavillon de chasse de l'Électeur Frédéric-Guillaume, transformé en hôpital militaire sous le « Roi-Sergent », il devient, en 1816, le domaine du chancelier von Hardenberg. En 1824, le domaine est acquis par le prince Charles, frère de Frédéric-Guillaume III, qui fait aménager le parc par Lenné. La cour du prince et de sa femme, une princesse de Saxe-Weimar qui fut l'élève de Goethe, est un milieu ouvert aux artistes. Outre Schinkel et Lenné, elle accueille le naturaliste et voyageur Alexandre de Humboldt, l'architecte Ludwig Persius, qui dirigea les travaux du château en étroite collaboration avec **Schinkel**, le sculpteur Christian Daniel Rauch, et les peintres Carl Begas et Franz Krüger.

La promenade le long de la Havel permet de découvrir, au Nord, la partie sauvage. Elle comprend la **porte des Chasseurs** (Jägertor), bâtie dans le style Tudor (1828), et le **« pont du Diable »** (Teufelsbrücke), lancé entre deux rochers. Un peu plus loin, la sobre **« Maschinenhaus »** introduit le goût italien. Sortir du domaine et s'approcher de la Havel pour voir la façade du **casino★★** (**C**, *plan Potsdam et environs*), autrefois maison de billard : avec ses terrasses, ses pergolas et ses deux avant-corps qui rythment la façade, c'est l'une des plus exquises créations de Schinkel. La décoration de l'intérieur est antiquisante. Depuis la berge, **vue★** romantique sur le Pfingstberg et les tours du belvédère. La « **Grande Curiosité★** » (Große Neugierde, **D**, *plan Potsdam et environs*), élégante rotonde (1834) pour prendre le thé, est portée par 18 colonnes corinthiennes en fonte (remarquer le détail des balustrades dorées). Elle offre une **vue★** splendide sur le parc et le château de Babelsberg *(voir Potsdam)*. La quiétude du parc est toutefois un peu troublée par le trafic de la route qui relie Berlin à Potsdam par le pont de Glienicke.

L'architecte des jardins royaux de Prusse

Peter Joseph Lenné (1789-1866) descend d'une vieille famille d'horticulteurs du roi, originaire de Bonn. Avec Schinkel, il changea le visage de Berlin pendant la première moitié du 19e s., non seulement en tant que créateur de jardins (et on lui en doit beaucoup à l'intérieur même de la ville), mais aussi en tant qu'urbaniste. Son chef-d'œuvre reste la transformation du paysage de **Potsdam**, expérience qu'il révèle dans son *Plan pour l'embellissement des environs de Potsdam* (1833). Lenné embellit pendant un demi-siècle les rives de la **Havel**, créant de nouvelles allées, ordonnant la plantation de feuillus, l'aménagement des prés, rattachant les jardins aux rivières et aux champs environnants. Grâce à son intervention, le « seigneur des panoramas » établit un lien optique entre les parcs du Nouveau Jardin (Neuer Garten), de Babelsberg, de Sacrow, de Klein-Glienicke et de l'île aux Paons. Fonctionnaire de l'État depuis 1816, Lenné fonde en 1824 les premières écoles d'arboriculture et d'horticulture dans le « Parc sauvage » *(Wildpark)* de Potsdam. Il est nommé directeur général des Jardins royaux en 1854.

Le **château de Glienicke★** est sobre, dans le style classique, avec ses volets verts (devant, gracieuse fontaine de la Cruche cassée). La **fontaine des Lions** embellit la vue du château depuis la rue. Noter les fragments d'antiquités encastrés dans les murs de la cour intérieure, et qui proviennent de la collection du prince Carl, et le raffinement des détails néo-grecs, même pour la **maison du portier** (Pförtnerhaus, **K**, *plan Potsdam et environs*), ornée de caryatides. La grille de l'entrée Sud-Est du parc est gardée par deux griffons dorés.

Traverser la Königstraße.

Ph. Gajic/MICHELIN

Portail des Griffons.

Glienicker Brücke★

C'est le fameux « pont aux espions », ouvrage d'art métallique construit en 1905-1907 qui marquait la frontière entre l'Est et l'Ouest. Les deux blocs y échangeaient leurs agents secrets pendant la guerre froide. Un pont de bois existait depuis 1660, reliant l'île de Potsdam au village de Glienicke.

Jagdschloß Glienicke

Ce bâtiment néo-Renaissance abrite aujourd'hui une école du **pavillon de chasse de Glienicke**. Depuis le jardin, au bord de la Havel, **vue★** sur le château de Babelsberg, Potsdam, le pont de Glienicke et, juste en face, des logements construits en 1995 qui, par leur mauvaise intégration au site, ont fait couler des flots d'encre.

visiter

Haus der Wannsee-Konferenz

À partir de la station de S-Bahn Wannsee avec le BUS *114 Haus der Wannsee-Konferenz. Am Großen Wannsee nos 56-58.* ♿ *Exposition : 10h-18h. Médiathèque : tlj sf w.-end 10h-18h. Fermé 1er janv., Ven. saint, lun. de Pâques, Pentecôte jusqu'à. 14h, Ascension, 3 oct., 24-26 et 31 déc. Gratuit.* ☎ *805 00 10. www.ghwk.de*

Dans cette villa, érigée sur la Havel entre 1914 et 1915 par l'industriel Ernst Marlier, se déroula la conférence de Wannsee le **20 janvier 1942** *(voir « comprendre »)*. Elle est aujourd'hui un lieu de souvenir et abrite une école. Une exposition permanente informe sur le destin des victimes, mais également sur les méfaits et l'organisation des crimes national-socialistes.

Lustschloß auf der Pfaueninsel★

À partir de la station de S-Bahn Wannsee avec le BUS *216 Pfaueninsel. On atteint l'île par un service de bac. Avr.-oct. : visite guidée (30mn) tlj sf lun. 10h-17h. 3€.* ☎ *(0331) 969 42 02. www.spsg.de*

La passerelle reliant les deux tours de ce **château de plaisance** sort de la Fonderie royale. L'**intérieur★**, achevé en 1795, d'une simplicité élégante mêlée à une pointe d'exotisme (voir le salon de thé), n'a pas changé depuis 1840. Le rez-de-chaussée était réservé à la famille royale, le premier étage au séjour du roi. On visite également la chambre de la reine Louise qui aimait beaucoup séjourner sur l'île aux Paons.

Weißensee

La Berliner Allee, grande rue commerçante, est la principale artère de Weißensee qui doit son nom au lac éponyme (Der Weiße See : « le lac blanc »). À côté du plus grand cimetière juif d'Europe, on trouve encore ici, principalement regroupés autour du Weißenseepark, quelques coins charmants qui méritent vraiment le détour.

La situation

Pankow. Plan p. 300-301 CDTU – Carte Michelin n° 33 E 17-20, F 19-20, G 19-20. Tram *2, 3 Albertinenstraße (à partir des* S + Tram *Alexanderplatz).* Si vous voyagez en voiture à partir du centre-ville, empruntez la Bundesstraße 2, qui porte le nom de « Berliner Allee » à Weißensee. À partir de là, vous pouvez atteindre rapidement les curiosités décrites ci-après.

À voir dans les environs : PRENZLAUER BERG, LICHTENBERG, PANKOW.

se promener

À partir de la Berliner Allee, obliquer dans l'Herbert-Baum-Straße, où se trouve l'entrée du cimetière juif.

Jüdischer Friedhof★

Kopfbedeckung erforderlich. Après la fermeture du cimetière devenu trop petit de la Große Hamburger Straße, dans le Spandauer Vorstadt, la commune aménagea un deuxième lieu de sépulture dans l'actuelle Schönhauser Allee du Prenzlauer Berg. Le (troisième) cimetière juif, le plus grand d'Europe avec 115 000 tombes, fut inauguré à Weißensee en 1880. La promenade, souvent émouvante, dans cette nécropole parfois quelque peu laissée à l'abandon, permet de découvrir des tombes de styles très divers, allant de l'historicisme du 19e s. au cubisme de Walter Gropius. Y reposent des scientifiques de renom, des artistes, des hommes d'affaires et des hommes politiques.

Regagner la Berliner Allee et poursuivre vers l'Est jusqu'au croisement avec les Albertinenstraße et Pistoriusstraße.

Pistoriusstraße

Un peu au Nord de la Pistoriusstraße, Berliner Allee 109, la petite pharmacie Flora-Apotheke donne l'impression de se trouver dans un village en plein cœur de la ville. Le **musée d'Histoire locale** (Stadtgeschichtliches Museum Weißensee, *n° 8*) organise régulièrement des expositions temporaires relatant, avant tout, l'histoire de l'arrondissement. Sur la Mirbachplatz, se dresse la tour isolée en néogothique de brique de l'**église de Béthanie** (1900-1902). *Stadtgeschichtliches Museum Weißensee : mar. 10h-16h, mer.-jeu. 12h-18h, dim. 14h-18h. Fermé j. fériés. Gratuit.* ☎ *925 01 10. www.kulturamt-weissensee.de*

Woelckpromenade

En partant de l'église de Béthanie et en regagnant la Pistoriusstraße, on atteint rapidement, sur la gauche, un parc qui s'ouvre sur le petit étang de **Kreuzpfuhl**. En face, une école imposante domine les saules de la rive, composant un beau tableau. Un peu plus au Nord, à l'extrémité de la Woelckpromenade, les **logements sociaux★** que l'on aperçoit ont été bâtis en briques sombres en 1908.

À partir de là, on peut entreprendre une agréable balade dans le **Weißenseepark**.

Le Seeweg, la Berliner Allee et la Falkenberger Straße permettent d'accéder à la Trierer Straße.

Lotissement de la Trierer Straße 8-16

Le choix des couleurs de ces logements sociaux bariolés, érigés en 1926 par Bruno Taut, remonte à un projet de l'artiste expressionniste **Karl Schmidt-Rottluff** datant de 1919.

H. Champollion/MICHELIN

Le clocher de l'église de Béthanie.

Zehlendorf

Cet arrondissement étendu du Sud-Ouest de la ville, relativement épargné par les destructions de la Seconde Guerre mondiale, se distingue par sa diversité et son environnement naturel. Il s'agit de l'une des plus belles zones résidentielles avec ses rues bordées de villas. Zehlendorf s'étend à la fois sur la forêt de Grunewald, le Wannsee et Dahlem (voir ces noms).

La situation

Steglitz-Zehlendorf. Plan p. 300-301 ABV – Carte Michelin n° 33 ABV. Ⓢ *1 Zehlendorf, Mexikoplatz,* Tram *1 Onkel Toms Hütte.* Le cœur commerçant de la ville s'étire le long du Teltower Damm, dans le prolongement de la Clayallee.

À voir dans les environs : DAHLEM, GRUNEWALD, STEGLITZ, WANNSEE.

Adresse

Café Anneliese – *Herbergerweg 2 –* Ⓢ *Zehlendorf – ☎ 84 50 97 58 – tlj sf lun. à partir de 9h, dim. à partir de 10h.* Le Café Anneliese est installé ici depuis 1934. Les excellents gâteaux et tartes proposés sont préparés d'après des recettes d'autrefois.

visiter

Dorfkirche Zehlendorf

Ⓢ *Zehlendorf. Angle Potsdamer Straße/Clayallee.*

L'**église paroissiale évangélique de Zehlendorf**, érigée en 1768, le cimetière qui lui appartient, le « chêne de la Paix » (Friedenseiche) planté en 1871 et le **musée d'Histoire locale** (Heimatmuseum Zehlendorf, expositions temporaires), aménagé dans l'ancienne école datant de 1828, composent un tableau idyllique. *Lun. et jeu. 16h-19h. Fermé juil.-août, j. fériés. Gratuit. ☎ 802 24 41. www.heimatmuseum-zehlendorf.de*

Onkel-Toms-Hütte★★

Tram *Onkel Toms Hütte. Onkel-Tom-Straße (en direction de l'Argentinische Allee).* Ce grand lotissement de la « **case de l'oncle Tom** », situé dans un cadre idyllique, est le projet le plus multiforme de ce genre dans les années 1920. Il fut réalisé en plusieurs étapes entre 1926 et 1932, d'après les plans de **Bruno Taut**, **Hugo Häring** et **Otto Rudolf Salvisberg**. La station de U-Bahn, qui comprenait un centre commercial, une poste et un cinéma, fait également partie du projet. Aucune rangée de maisons (celles-ci sont toutes à taille humaine, avec deux à quatre étages), ne ressemble à une autre : chaque ensemble se différencie, en effet, par la couleur de ses murs (le concept de Taut en matière de couleur fut repris dans les années 1980). Flâner dans les rues de cette cité-jardin, qui offrait un logement à 15 000 personnes, est une expérience surprenante.

S-Bahnhof Mexikoplatz*

Ⓢ *Mexikoplatz.* Cette station de S-Bahn (1904-1905), en forme d'œuf dans son coquetier, est la plus originale de Berlin. Les bâtiments qui bordent la Mexikoplatz ont été construits par Otto Kuhlmann entre 1905 et 1910.

Museumsdorf Düppel/Stadtmuseum Berlin (M[35])

À partir de la station de S-Bahn Mexikoplatz BUS *211 jusqu'à l'arrêt Clauerstraße.* ♿ *De mi avr. à fin oct. : jeu. 15h-19h, dim. et j. fériés 10h-17h. 2€.* ☎ *802 66 71. www.dueppel.de*

Les maisons aux toits de chaume épais, tombant presque jusqu'à terre, du **village-musée de Düppel,** ouvert en 1975, donnent une idée des conditions de vie dans un village de la Marche de Brandebourg au 13e s. Au printemps, lorsque les arbres sont en fleur, le tableau est charmant. Les intérieurs sont très rustiques, mais ils contiennent tout ce qui permet la vie domestique et le travail artisanal : meules, métiers à tisser, céramiques, âtre recouvert d'un couvre-feu métallique. Des gens animent l'atelier de poterie ou entretiennent le jardin potager. Les animaux de la ferme : bœufs (on peut faire un tour dans une charrette attelée), sangliers et marcassins, chèvres, béliers, moutons, complètent le tableau et réjouiront les enfants. On peut, en outre, acheter sur place du pain artisanal et de l'hydromel.

Ph. Gajic/MICHELIN

La station de S-Bahn Mexikoplatz.

Château et terrasses de Sans-Souci

Potsdam

RÉPERTOIRE DES RUES ET SITES DE POTSDAM

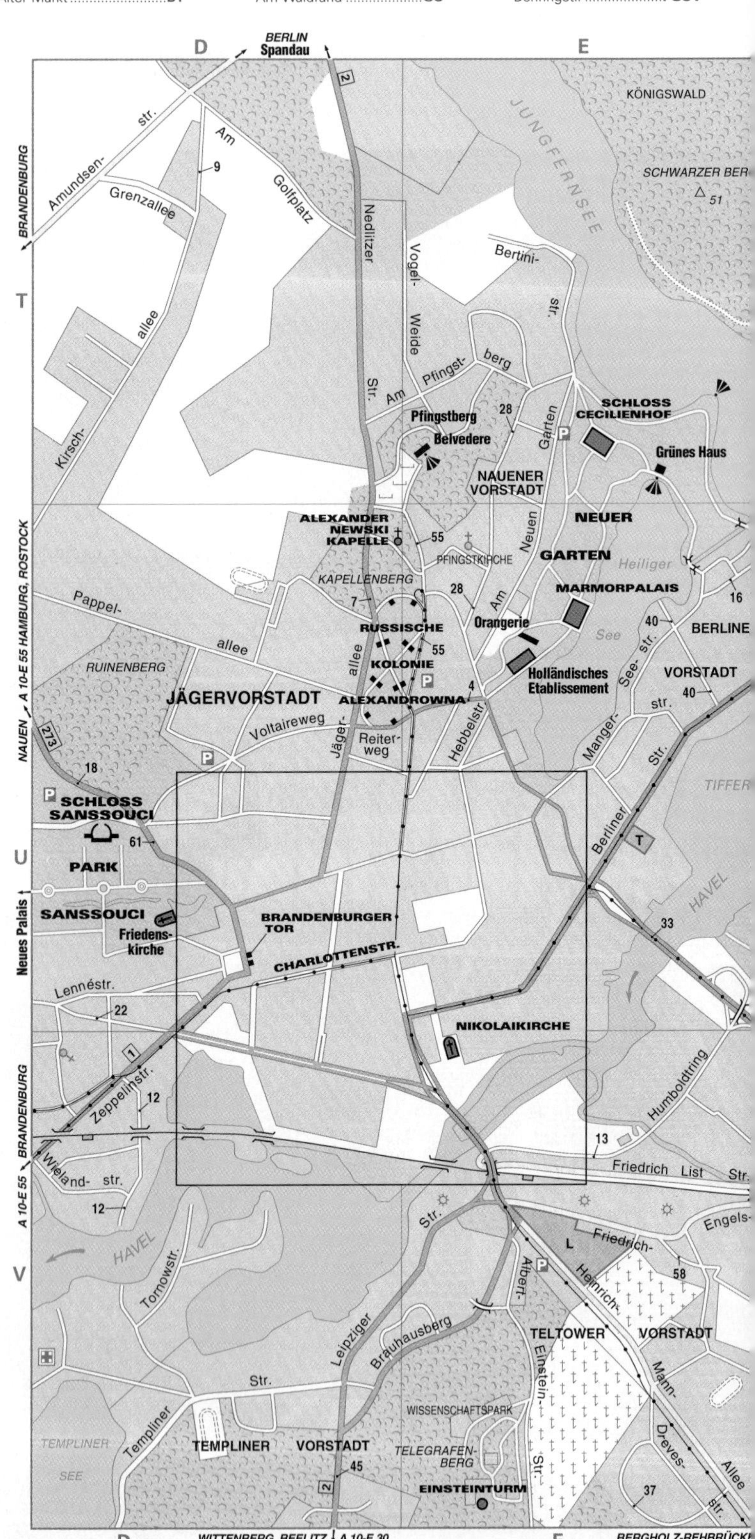

Benkerstr. .... BX 15	Charlottenstr. .... ABXY	Friedrich-Ebert-Str. .... BXY
Benzstr. .... FV	Domstr. .... GU	Friedrich-Engels-Str. .... EFV
Berliner Str. .... BXY EFU	Dortustr. .... AXY	Fritz-Zubeil-Str. .... FV
Bertinistr. .... ET	Drevesstr. .... EV	Garnstr. .... FV
Böcklinstr. .... EU 16	Ebräerstr. .... BY 21	Gartenstr. .... FGV
Bornstedter Str. .... DU 18	Feuerbachstr. .... DU 22	Glienicker Brücke .... FU
Brandenburger Str. .... ABXY	Fontanestr. .... GV 24	Goethepl. .... FV 27
Brauhausberg .... DEV	Französische Str. .... BY 25	Goethestr. .... FGV
Breite Str. .... ABY	Freyapl. .... GU	Gregor-Mendel-Str. .... AX

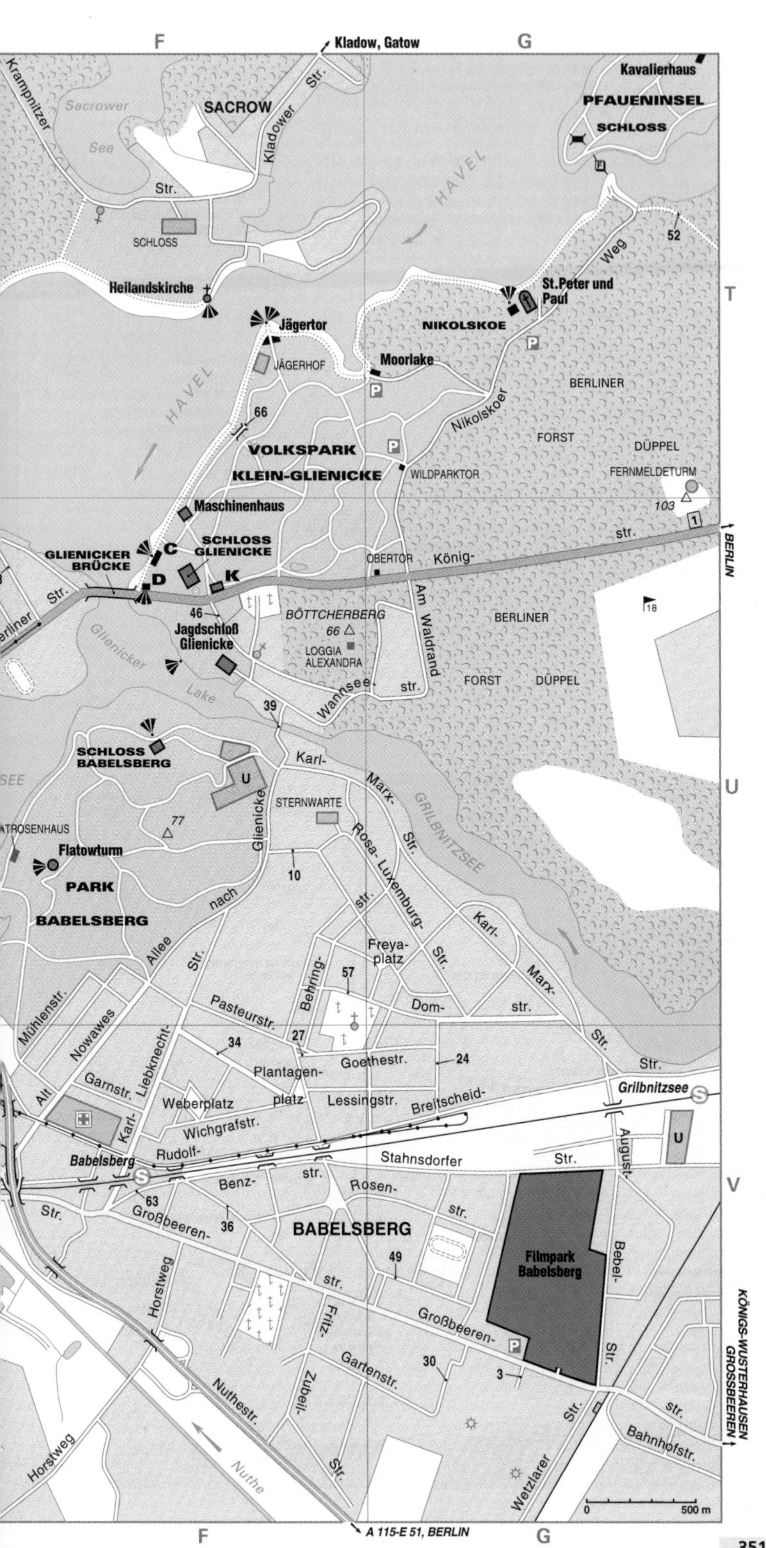

Grenzallee ... DT
Großbeerenstr. ... FGV
Große Weinmeisterstr. ... ETU 28
Grünstr. ... GV 30
Gutenbergstr. ... ABX
Hans-Thoma-Str. ... BX
Hebbelstr. ... EU BX
Hegelallee ... ABX
Heinrich-Mann-Allee ... EV
Hermann-Elflein-Str. ... AX 31
Horstweg ... FV
Humboldtbrücke ... EU 33
Humboldtring ... EV
Jägerallee ... AX DU
Jägerstr. ... BX
Karl-Gruhl-Str. ... FV 34
Karl-Liebknecht-Str. ... FUV
Karl-Marx-Str. ... FGUV
Kiezstr. ... AY
Kirschallee ... DT
Kladower Str. ... FT
Königstr. ... GU
Kopernikusstr. ... FV 36
Krampnitzer Str. ... FT
Kunersdorfer Str. ... EV 37
Kurfürstenstr. ... BX
Lange Brücke ... BY
Lankestr. ... FU 39
Leiblstr. ... BX
Leipziger Str. ... DEV
Lennéstr. ... DU
Lessingstr. ... FGV
Lindenstr. ... AXY
Ludwig-Richter-Str. ... EU 40
Luisenpl. ... AY 42
Mangerstr. ... EU
Menzelstr. ... FU 43
Michendorfer
Chaussee ... DV 45
Mittelstr. ... BX
Mövenstr. ... FU 46
Mühlenbergweg ... AX 48
Mühlenstr. ... FUV
Nedlitzer Str. ... DT
Neumannstr. ... GV 49
Nikolskoer Weg ... GT
Nuthestr. ... FV
Pappelallee ... DU
Pasteurstr. ... FUV
Pfaueninselchaussee ... GT 52
Plantagenpl. ... FV
Platz der Einheit ... BY 54
Puschkinallee ... EU 55
Reiterweg ... DU
Rosa-Luxemburg-Str. ... FGU
Rosenstr. ... FGV
Rudolf-Breitscheid-Str. ... FGV
Scheffelstr. ... FU 57
Schlaatzstr. ... EV 58
Schloßstr. ... BY 60
Schopenhauerstr. ... AXY DU 61
Schulstr. ... FV 63
Seestr. ... EU
Sierfertstr. ... BY 64
Stahnsdorfer Str. ... FGV
Templiner Str. ... DV
Teufelsbrücke ... FT 66
Tornowstr. ... DV
Vogelweide ... ET
Voltaireweg ... DU
Wannseestr. ... FGU
Weberpl. ... FV
Weinbergstr. ... AX
Wetzlarer Str. ... GV
Wichgrafstr. ... FV
Wielandstr. ... DV
Wilhelm-Staab-Str. ... BY 67
Yorckstr. ... ABY
Zeppelinstr. ... AY DU

Alexander-Newski-Kapelle ... DU
Altes Rathaus ... BY
Babelsberg ... FV
Belvedere (Pfingstberg) ... ET
Brandenburger Tor ... AXY
Ehemalige Hauptwache ... AY B
Einsteinturm ... EV
Filmpark Babelsberg ... GV
Flatowturm ... FU
Friedenskirche ... DU
Gatow ... GT
Gotische Bibliothek ... BX
Große Neugierde ... FU D
Grünes Haus ... ET
Heilandskirche ... FT
Hiller-Brandtsche Häuser ... AY M[1]
Holländisches
Etablissement ... EU
Holländisches Viertel ... BX
Jagdschloß Glienicke ... FU
Jägertor (Potsdam) ... AX
Jägertor (Volkspark Klein-
Glienicke) ... FT
Jägervorstadt ... DU
Kasino ... FU C
Kavalierhaus ... GT
Kladow ... FT
Marmorpalais ... EU
Marstall
(Filmmuseum Potsdam) ... BY
Maschinenhaus ... FU
Militärwaisenhaus ... AY
Moorlake ... GT
Moschee
(Pumpwerk Sanssouci) ... AY
Nauener Tor ... BX
Neuer Garten ... ETU
Neues Palais ... DU
Nikolaikirche ... BY
Nikolskoe ... GT
Orangerie ... EU
Park Babelsberg ... FU
Park Sanssouci ... DU
Pfaueninsel ... GT
Pfingstberg ... ET
Pförtnerhaus ... FU K
Russische Kolonie
Alexandrowna ... DU
Schloß Babelsberg ... FU
Schloß Cecilienhof ... ET
Schloß Glienicke ... FU
Schloß Pfaueninsel ... GT
Schloß Sanssouci ... DU
Spandau ... DT
St. Peter und Paul ... GT
Volkspark
Klein-Glienicke ... FT
Winzerhaus ... AX

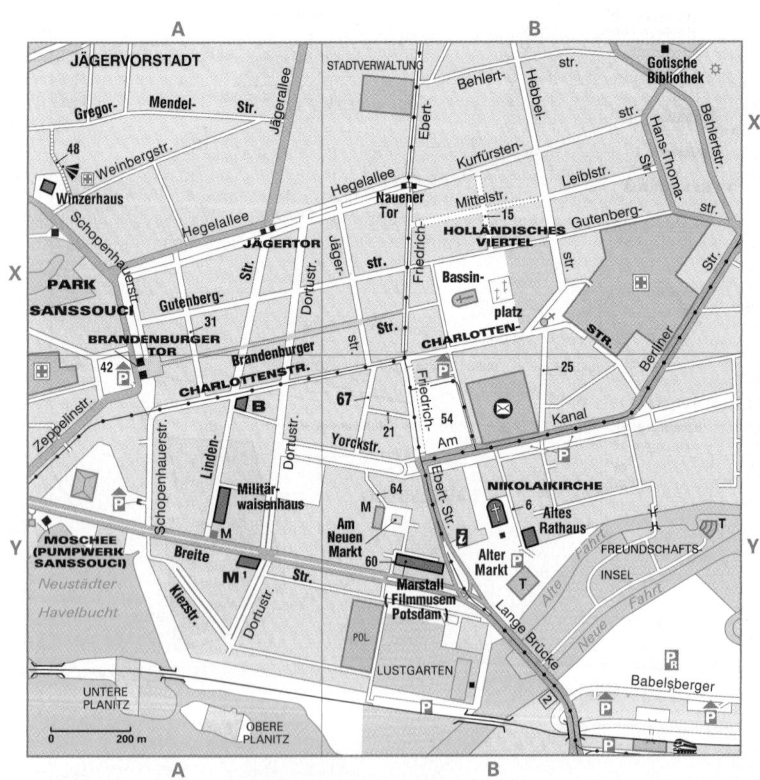

Potsdam★★★

Petit village de pêcheurs, plus ancien que Berlin, d'origine slave, ville de garnison et de la noblesse, résidence royale, Potsdam est aujourd'hui la capitale du Land de Brandebourg et son histoire présente de multiples facettes. Elle est bâtie dans un site lacustre idyllique cerné de forêts sombres : « La région de Potsdam est bien belle. L'on y trouve des allées devant la plupart des portes de la ville ; s'en éloignant, l'on trouve souvent, près des cours d'eau, des forêts, des collines boisées et des vignes. Certains des monts avoisinants offrent les panoramas les plus divers et les plus jolis sur la ville, la Havel, très large en cet endroit, sur les lacs, les villages et les parcs, forêts, châteaux et édifices royaux, construits en grande partie sur de petites collines » (Christoph Friedrich Nicolai). Tous les souverains prussiens embellirent la cité. Peu avant la chute de Berlin et la fin de la guerre, un bombardement britannique détruisit toutefois le centre-ville. Certains vestiges, tels que l'église de la Garnison (où fut mise en scène par les nationaux-socialistes, le 21 mars 1933, « jour de Potsdam », la révérence du chancelier du Reich Hitler devant le président Hindenburg, symbole de « l'alliance de l'ancienne et de la nouvelle époque »), furent éliminés par le régime de la RDA pour des raisons idéologiques. Potsdam mérite toutefois aujourd'hui encore une visite, notamment pour ses superbes parcs et châteaux situés à quelques pas du centre-ville et inscrits au patrimoine mondial de l'Unesco depuis 1990.

Babelsberg héberge, en outre, un centre de l'industrie cinématographique, qui faisait autrefois concurrence à Hollywood et qui regagna une importance internationale après la réunification.

La situation

137 500 habitants. Plans p. 350-351 et p. 352 Cartes Michelin n° 542 I/J23 et n° 544 I/J23.
Ⓢ *7 Potsdam Hbf.* Si vous arrivez en voiture à Berlin par la Bundesstraße 1, vous atteindrez facilement toutes les curiosités importantes de Potsdam décrites ci-après. La Fondation des châteaux et jardins prussiens de Berlin-Brandebourg (Stiftung Preußische Schlösser und Gärten Berlin-Brandenburg) propose pour 15€ un billet journalier Premium **(Premium-Tageskarte)**, valable durant deux jours consécutifs et permettant de visiter à Potsdam le parc et le château de Sans-Souci (Park und Schloß Sanssouci), le Nouveau Jardin (Neuer Garten), la « mosquée » (Moschee de la ville et le parc de Babelsberg. Vous pourrez également utiliser ce ticket pour visiter le parc et le château de Charlottenburg, l'île aux Paons (Pfaueninsel), le Volkspark Klein-Glienicke, le pavillon de chasse (Jagdschloß) de Grunewald, ainsi que plusieurs châteaux du Brandebourg. Renseignements après de la Stiftung Preußische Schlösser und Gärten Berlin-Brandenburg, ☎ (0331) 96 94-0, www.spsg.de. Vous ne pouvez vous procurer ce billet qu'à la caisse du château de Sans-Souci. Il est également possible d'acheter à la caisse des différentes curiosités mentionnées plus haut un billet journalier « simple » pour 12€, qui permet de visiter toutes les curiosités ci-dessus, à l'exception du château de Sans-Souci.
🅱 *Friedrich-Ebert-Straße 5, 14467 Potsdam, ☎ (0331) 27 55 80. www.potsdamtourismus.de*
À voir dans les environs : WANNSEE.

comprendre

Les goûts simples du « Roi-Sergent » – Frédéric-Guillaume Ier préfère Potsdam à Berlin. Il transforme la ville en une « caserne ornée », selon l'expression de Chateaubriand, et la ceint d'un rempart. Chaque jour, il assiste, devant le château de la Ville, en compagnie de son fils, à la parade de sa garde. Il aime voir défiler ses « grands gars » *(Lange Kerls)* qu'il appelle ses « chers enfants bleus », à cause de leurs uniformes bleu de Prusse, et qui devaient mesurer 1,83 m au minimum. À Potsdam, ou dans le château de Berlin, il réunit un *Tabakscollegium*, « société du soir » où, autour d'une grande table rustique, les convives discutent en fumant, en buvant de la bière et en mangeant du fromage. Pour la bière, ils se servaient dans un hanap géant équipé d'un robinet, exposé au musée des Arts décoratifs de Köpenick *(voir Köpenick)*. Un mois avant sa mort, le roi déclare : « Adieu Berlin ; je veux mourir à Potsdam ! »

Frédéric II : un souverain despote éclairé – Né à Berlin le 24 janvier 1712, le jeune Frédéric fut en butte à l'hostilité de son père, qui voulait l'éduquer à la spartiate, alors qu'il était attiré par les livres et, surtout, par la musique et la danse.

L'hostilité se changea en haine et Frédéric résolut de s'enfuir en Angleterre (1730). Trahi au dernier moment et interné à la forteresse de Küstrin, il fut contraint d'assister à la décapitation de son complice et ami, Katte. Le « Roi-Sergent » songea à faire exécuter son fils. Il l'obligea à travailler comme simple employé à la chambre des Guerres et des Domaines de Küstrin, puis lui donna le commandement d'un régiment à Neu-Ruppin, où il fit la connaissance, parmi les officiers, de l'architecte, peintre et décorateur **Georg Wenzeslaus von Knobelsdorff**. Le prince épousa en 1733, sans enthousiasme, la princesse Élisabeth de Brunswick-Bevern, entra en correspondance avec Voltaire à partir de 1736, se fit initier à la franc-maçonnerie. En vrai Hohenzollern, il sacrifia tout aux intérêts de l'État et s'appuya sur l'armée prussienne. À mesure que la fin de son père approchait, Frédéric se rallia à ses vues en matière d'organisation administrative et militaire. Le château de **Rheinsberg**, à 80 km au Nord de Berlin, fut aménagé selon ses vœux. Le prince héritier y passa des jours heureux, pratiquant la philosophie, la musique, la danse et le jeu, collectionnant avec prédilection les toiles d'**Antoine Watteau** (1684-1721) et de ses élèves : Nicolas Lancret (1690-1745), Jean-Baptiste Pater (1695-1736) et reconstituant, avec une petite cour, le monde de rêve des *Fêtes galantes*. Il monta sur le trône le 31 mai 1740.

J. Anders/Nationalgalerie PREUSSISCHER KULTURBESITZ

« Le concert de flûte de Frédéric le Grand au Sans-Souci » (1850-1852) d'Adolph Menzel.

Malgré ces douloureux souvenirs d'enfance, le nom de Potsdam reste indissolublement lié à la personne de **Frédéric II**, qui métamorphosa cette « triste Sparte » en une « Athènes resplendissante », selon les dires de **Voltaire**. Le philosophe, avec lequel Frédéric correspond depuis 1738 alors qu'il n'était que prince héritier, séjourne à Potsdam de 1750 à 1753. Les relations avec le roi sont cordiales puis orageuses. La brouille s'envenime en 1752, lorsque Voltaire prend parti contre le mathématicien **Maupertuis**. Il est autorisé à quitter Berlin pour une cure à Plombières. Hors d'atteinte, il écrit d'autres pamphlets, mais subit « l'avanie de Francfort », ville dans laquelle il est retenu plus d'un mois par un envoyé de Frédéric venu réclamer les poésies du roi de Prusse que le philosophe avait l'intention de publier. La correspondance reprit longtemps après. En signe de réconciliation, le roi commanda à la Manufacture de porcelaine de Berlin le buste de Voltaire.

Frédéric-Guillaume IV : un roi mécène – Fils aîné de la reine Louise, Frédéric-Guillaume IV est confronté aux grands problèmes politiques du 19e s. : industrialisation, misère sociale, question nationale, aspiration à un État constitutionnel. Le « romantique sur le trône » a des idées très conservatrices et traite Berlin d'« infidèle » après la révolution de 1848.

Son attitude est beaucoup plus constructive en matière d'art. Il collectionne les livres depuis son enfance, apprécie le rococo frédéricien, fait acheter par son père les tableaux de Caspar David Friedrich et lance le projet de l'île des Musées.

Carnet pratique

CAFÉS, BISTROTS ET BARS

Café Heider – *Friedrich-Ebert-Straße 29 - ☎ (0331) 270 55 96 – à partir de 8h, sam. à partir de 9h, dim. à partir de 10h.* Ce café le plus traditionnel de Postdam est situé près de la porte de Nauen. Vous pourrez choisir entre les confortables salles de style « vieux Berlin » et la terrasse à ciel ouvert.

Restaurant-Café Drachenhaus – *Maulbeerallee 4 – ☎ (0331) 505 38 08 – www.cafe-drachenhaus.de – été : à partir de 11h, hiver : tlj sf lun.* Le Drachenhaus, ressemblant à une pagode, construit au 18e s. pour le vigneron du roi dans le parc de Sans-Souci, est situé sur le versant Sud de la Klausberge et abrite un restaurant-café avec deux salles et deux terrasses.

Wiener Restaurant und Café – *Luisenplatz 4 – ☎ (0331) 967 83 14 – à partir de 8h, dim. à partir de 10h.* Ce restaurant-café viennois à deux étages avec *Biergarten* est situé un peu plus loin, face à la version postdamienne de la porte de Brandebourg, à proximité immédiate du parc de Sans-Souci (entrée par la grille verte).

Alors qu'il n'était que prince héritier, il rêvait de faire de Potsdam, dans la continuité du plan de **Peter Joseph Lenné** *(voir Wannsee : « Volkspark Klein-Glienicke »)*, un ensemble artistique mêlant harmonieusement paysage et architecture.
Il fit compléter les parcs déjà réalisés et réaménagea celui de Sacrow. Il mourut le 1er janvier 1861, dans l'aile des Dames du château de Sans-Souci, des suites d'une syphilis.

La conférence de Potsdam – Préparée par les précédentes conférences de Téhéran (28 novembre-1er décembre 1943) et de Yalta (4-11 février 1945), elle se déroula dans le grand salon de réception du château de Cecilienhof, du 17 juillet au 2 août 1945. **Winston Churchill** (qui sera remplacé par Clement R. Attlee après la victoire des travaillistes en Angleterre) et **Harry S. Truman** (Franklin D. Roosevelt venait de décéder en avril) se rencontrèrent à Potsdam dès le 15 juillet. Du fait d'un léger accident cardiaque, **Joseph V. Staline** arriva avec un jour de retard. Comme il craignait les vols en avion, il parcourut l'Est de l'Allemagne en wagon blindé, selon un itinéraire tenu secret, mais gardé, à chaque kilomètre, par des Groupes de soldats ! Le chef du Kremlin pouvait se permettre ce retard. Il était le seul des « trois Grands » de Téhéran et de Yalta encore en place ; il avait en face de lui des interlocuteurs encore peu rompus aux affaires et qui avaient accepté d'évacuer les régions à l'Est de l'Allemagne (Thuringe, Saxe) qu'ils avaient libérées, mais qui faisaient partie de la zone d'occupation soviétique. La conférence décida des frontières entre l'Allemagne et la Pologne, de l'établissement d'un conseil de contrôle et d'une ***Kommandantur*** alliés, du problème des réparations et de la comparution devant les tribunaux des criminels de guerre. Les traités étaient parsemés de termes comme « démocratique », « pacifique », « dans le respect du droit », mais le nombre de points abordés ne donnait pas une impression de clarté et laissait nombre d'incertitudes qui seront exploitées, selon les occasions, pendant la guerre froide.

découvrir

Park Von Sanssouci★★★

À la sortie de S-Bahn Potsdam Hauptbahnhof (terminus de la Ⓢ 7), le BUS *695 dessert en 20mn environ toutes les curiosités du parc de Sans-Souci.*

Le **parc de Sans-Souci** (290 ha) est un domaine enchanteur. Dès l'entrée, la succession de petits jardins apporte le charme de la variété. La mise en situation pittoresque de bâtiments divers qui se dévoilent à l'improviste au détour d'une allée, près d'un étang, au sommet d'une colline, la découverte de jardins secrets, réguliers à la française, d'un parc à l'anglaise accentuent le ravissement de ce domaine qui compte de très nombreuses curiosités.

« Am Obelisk »

Les hiéroglyphes de l'**obélisque** (1748) sont purement décoratifs. Les grilles du portail d'entrée respectent, par leurs dimensions, l'échelle modeste du château. L'allée principale, majestueuse, mesure 2,5 km et s'étend jusqu'au Nouveau Palais.

Friedenskirche

À gauche, après l'entrée de l'obélisque.

Une jolie vue accueille le visiteur, dès l'entrée du parc, car tout l'art, à Potsdam, est d'avoir su lier intimement les édifices à la nature.
Le chevet de l'**église de la Paix** (1844-1854), son campanile, la colonnade et le petit dôme du mausolée de l'empereur Frédéric III se reflètent dans l'étang.

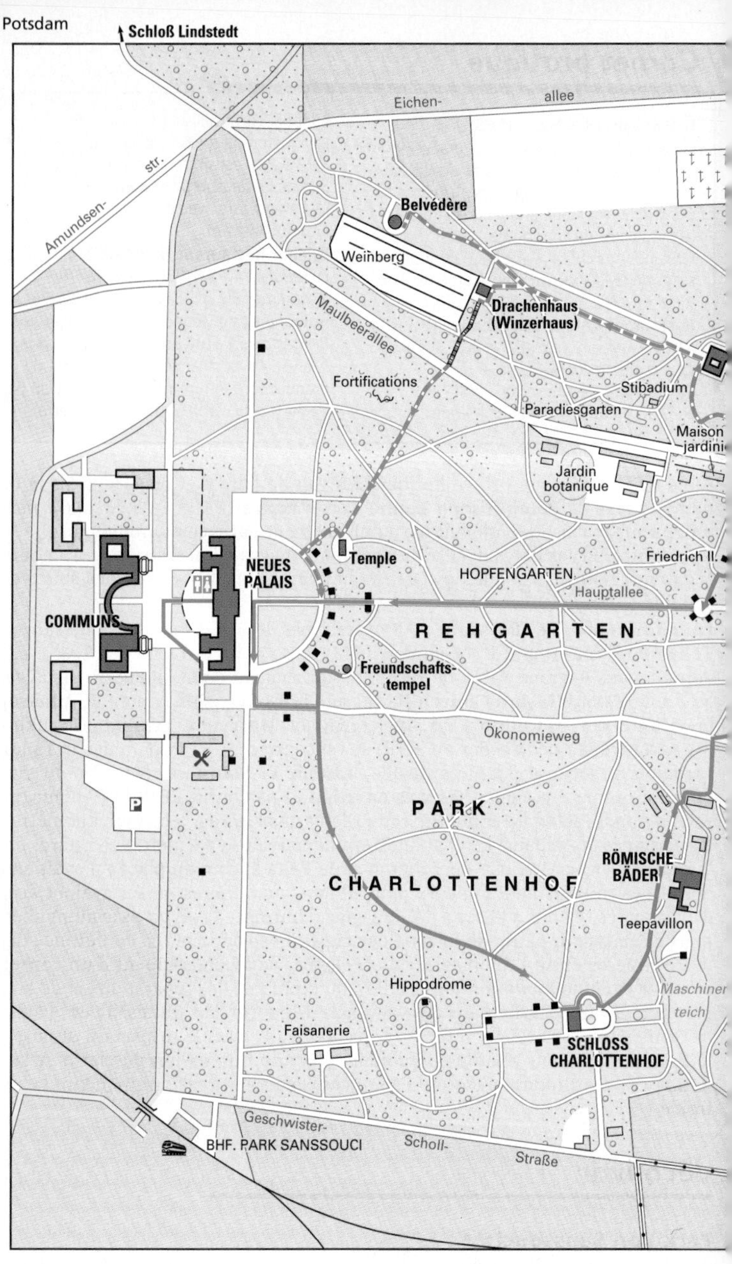

Frédéric-Guillaume IV admirait le style des basiliques paléochrétiennes (c'est-à-dire remontant aux premiers temps du christianisme). Cette église, inspirée de St-Clément de Rome, lui sert de sépulture. Ce n'est pas le seul souvenir de l'Italie, puisque l'abside est ornée d'une magnifique **mosaïque**★ (12e s.) de Murano, île de la lagune vénitienne. Remarquer les colonnes du baldaquin surmontant l'autel et les copies de chandeliers antiques. Le **mausolée** abrite les gisants de l'empereur Frédéric III, qui ne régna que trois mois (de mars à juin 1888) entre Guillaume Ier et Guillaume II, de son épouse et, depuis, 1995, le sarcophage du « Roi-Sergent ». À travers le cloître, jolie vue sur le jardin de Marly, varié et intime, conçu par Lenné. Le long des bâtiments italianisants qui bordent l'église de la Paix au Sud, l'allée Am Grünen Gitter (« aux grilles vertes » qui, élégantes, ferment l'allée) conduit à un point de **vue**★★ très majestueux sur les terrasses où s'élève le château de Sans-Souci.

Neptungrotte

C'est le dernier travail (1751-1757) de Knobelsdorff qui ne le vit pas achevé (il mourut en 1753). La fontaine de la **grotte de Neptune**, tapissée de coquillages dans le goût baroque, ne fonctionna qu'au 19e s.

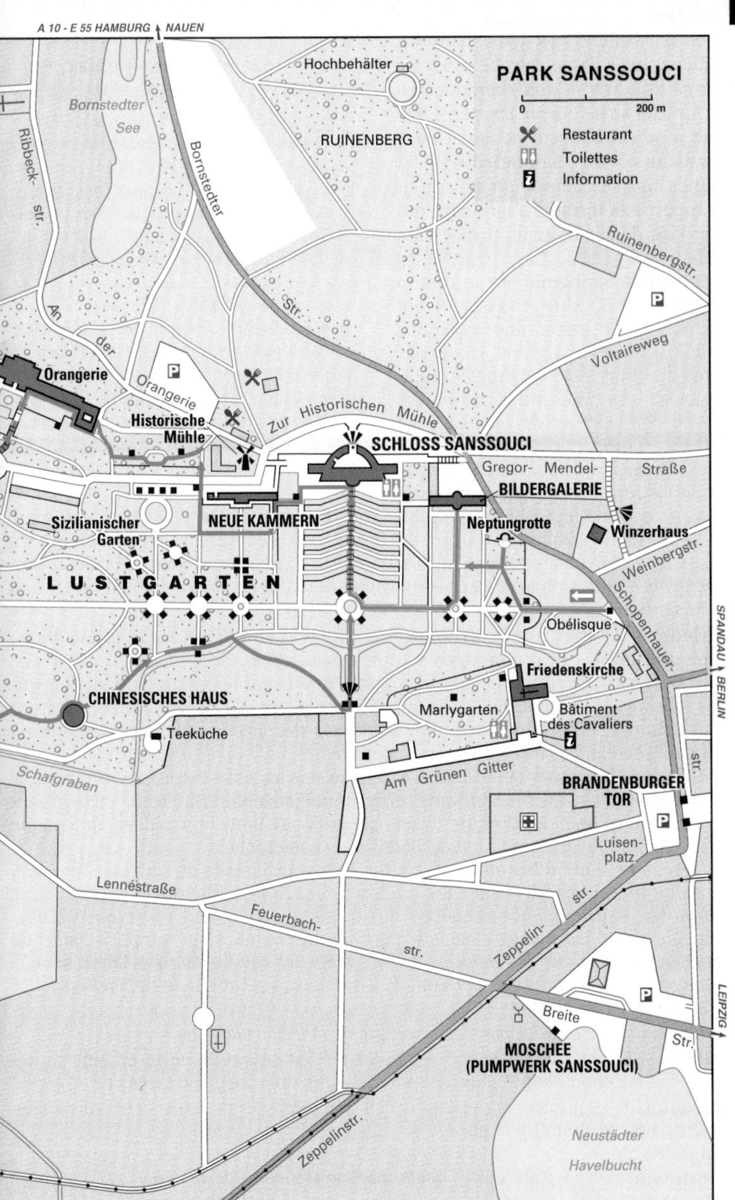

Bildergalerie*

De mi-mai à mi-oct. : tlj sf lun. 10h-17h. 2€. ☎ (0331) 969 42 02. www.spsg.de

La construction (1755-1763) de la **galerie de Tableaux** fut terminée par **Johann Gottfried Büring** qui remplaça Knobelsdorff comme architecte du roi.

C'est l'un des premiers musées d'Allemagne, car il a été créé uniquement pour abriter une collection de tableaux. Il abrite 124 œuvres de maîtres italiens, flamands et hollandais (Caravage, Guido Reni, Rubens, Van Dyck), toutes achetées par Frédéric II. Jolie vue, en contrebas, sur le Jardin hollandais.

Schloß Sanssouci***

Avr.-oct. : visite guidée (40mn) tlj sf lun. 9h-17h ; nov.-mars : tlj sf lun. 9h-16h. 8€. ☎ (0331) 969 42 02. www.spsg.de

À gauche de l'allée, surgit la vision de ce château dominant les six terrasses où alternent des serres et des espaliers soutenant les vignes. C'est en se promenant à cheval sur le Wüster Berg que **Frédéric II**, séduit par la vue sur la ville et les collines avoisinantes, décida d'agrandir le jardin modeste laissé par son père. De 1744 à 1747, il ordonne le déblaiement et le creusement de terrasses semi-circulaires.

Le roi ne voulait pas d'un nouveau Versailles, mais d'une retraite modeste réservée aux arts et aux réunions privées amicales. Il fournit les plans lui-même à son architecte et ami **Georg Wenzeslaus von Knobelsdorff**, et demanda que le château fût en retrait par rapport à la terrasse supérieure qui devint l'un de ses lieux de promenade favoris.

Le château de Sans-Souci est vraiment le domaine de Bacchus et de la joie de vivre. Le roi y mène une existence simple : il se lève très tôt, traite des affaires de l'État, déjeune frugalement, lit et joue de sa chère flûte traversière (il est le compositeur de plus de cent sonates), accompagné au clavecin par **Carl Philipp Emanuel Bach**, fils de Jean-Sébastien. Il soupe en petit comité. Ces « soupers philosophiques » que le roi, despote éclairé, affectionne, réunissent, dans la salle de Marbre, de fins esprits s'exprimant exclusivement en français. Les conversations y sont fort libres. Les années qui précèdent la guerre de Sept Ans sont les plus heureuses du règne de Frédéric II. Le château est rempli d'invités : diplomates, philosophes, artistes ou écrivains.

Le retour du « Grand Frédéric »

C'est au sommet de son vignoble, sur la plus haute terrasse de Sans-Souci, que Frédéric II désirait être enterré. Sa dépouille et celle de son père, placées dans la crypte de l'église de la Garnison, furent évacuées en 1943 pour éviter leur destruction lors des bombardements. Elles furent déposées dans le château familial de Hohenzollern, dans le Jura souabe. Elles reviendront en 1991 dans un wagon ayant appartenu à Guillaume II. 50 000 personnes se recueillirent devant les sarcophages. Frédéric-Guillaume Ier est enterré dans le mausolée de l'empereur Frédéric III ; Frédéric II repose enfin, selon son souhait, près de ses chiens, dans un caveau construit de son vivant sur la terrasse de son palais (plaque funéraire à côté de l'exèdre Est).

Extérieur – Le parc a été réaménagé au 19e s. par le grand paysagiste **Peter Joseph Lenné**. De beaux groupes sculptés des frères Adam et de Jean-Baptiste Pigalle *(Vénus* et *Mercure attachant sa sandale)* entourent le bassin, au pied des terrasses, dont le jet d'eau s'élève à 38 m. Des perspectives s'ouvrent vers la Maison de thé chinoise, le moulin historique au-dessus des arbres, les faîtes dorés de la galerie de Tableaux et des Nouvelles Chambres.

Depuis la terrasse supérieure, la vue est gâtée par les tours bâties au temps de la RDA. Bacchantes et satires souriants, ornent gracieusement la façade, accentuant la légèreté de celle-ci. Remarquer aussi les petits pavillons en treillage, de chaque côté du château, avec l'emblème du Soleil qui se décroche.

Dans l'élégante **cour d'honneur**, autrefois entrée principale du château, la colonnade en hémicycle paraît suspendue au-dessus des arbres. Elle offre une vue sur le **« mont des Ruines »** (Ruinenberg), qui dissimule un grand réservoir. Celui-ci devait alimenter les pièces d'eau du parc, et lui-même était rempli à l'aide de pompes actionnées par des moulins à vent. Mais, les canalisations éclatant sous la pression de l'eau, et faute de personnel compétent, les fontaines de Sans-Souci se turent au temps de Frédéric II.

Les salles suivantes sont visibles dans le cadre de la visite guidée :

Vestibule – Décor élégant et sobre, gris et or (les dessus-de-porte en stuc représentent des bacchanales). Plafond peint par le Suédois Johann Harper en 1746.

Petite galerie – Peintures françaises du 18e s. de Pater et de Lancret et, sur la cheminée, bustes de Frédéric II et de son frère Henri.

Bibliothèque – Accessible seulement par un couloir, c'est la pièce la plus intime du château, en forme de rotonde. Elle contient 2 200 ouvrages d'auteurs français. Les très belles boiseries en bois de cèdre sont ornées de bronzes dorés ; le Soleil resplendit au plafond.

Chambre et cabinet de travail de Frédéric II – Le décor de cette pièce a été modernisé par Frédéric-Guillaume II dans le style néoclassique. Portraits de la famille royale et table de Frédéric II, ainsi que le fauteuil dans lequel il mourut.

Salon de Musique – C'est l'un des chefs-d'œuvre du rococo germanique et la pièce préférée de Frédéric II. Sur les murs, peintures de Pesne sur le thème des *Métamorphoses*

Laubenpavillon avec emblème du soleil

Ph. Gajic/MICHELIN

d'Ovide. Un tableau d'**Adolf von Menzel** représente Frédéric II jouant de la flûte traversière dans ce salon.

Salle d'audience – Plafond réalisé par Pesne *(Zéphir et Flore)* ; tableaux de Coypel et de Van Loo *(Médée et Jason)*.

Salle de Marbre – C'est là, dans ce lieu ouvert sur la terrasse par de grandes portes-fenêtres et coiffé d'un dôme, qu'avaient lieu les « soupers philosophiques » donnés par Frédéric II (en hiver, les convives se réfugiaient dans le vestibule, équipé d'une cheminée). Le pavement en marbre de Silésie et de Carrare est splendide. On remarque la statue de Richelieu du Bernin et le buste de Charles XII de Suède, admiré par Frédéric, de Jacques-Philippe Bouchardon. Des figures allégoriques en stuc *(La Musique, L'Architecture, L'Astronomie, La Peinture)* et un treillage doré ornent le plafond. Statues d'*Apollon* et de *Vénus* par **François-Gaspard Adam** (1710-1761).

Chambres d'hôtes – Les lits paraissent petits dans les alcôves, mais ils mesurent entre 2 m et 2,20 m. La « chambre de Voltaire » est délicieuse : les murs sont jaunes avec des oiseaux, des fleurs et des fruits (que l'on cultivait en grand nombre à Sans-Souci) peints « au naturel » ; on y voit la réplique du buste du philosophe par Houdon (1774). Voltaire aurait séjourné au château de la Ville.

Damenflügel (Aile des Dames)

De mi-mai à mi-oct. : w.-end 10h-17h. 2€. ☎ (0331) 969 42 02. www.spsg.de
Frédéric-Guillaume IV fit de Sans-Souci sa résidence d'été sans toucher aux appartements de Frédéric le Grand. Il fit construire par Persius, au début de son règne, deux ailes très sobres et s'installa dans les chambres d'hôtes de l'aile Ouest. La **chambre du Rêve** (Traumzimmer), qui était apparue au roi dans un songe, fut décorée selon la description qu'il en fit.

Neue Kammern★ (Nouvelles chambres)

♿ De déb. avr. à mi-mai : w.-end 10h-17h ; de mi-mai à mi-oct. : tlj sf lun. 10h-17h. 2€. ☎ (0331) 969 42 02. www.spsg.de
L'ancienne orangerie, construite sur les plans de Knobelsdorff en 1747, fut transformée en appartements pour les invités du roi entre 1771 et 1775 par **Georg Christian Unger**. Quand les portes cintrées sont ouvertes, c'est la plus belle enfilade de pièces de Potsdam. La décoration rococo est claire et élégante : la salle à manger ronde avec le buffet et les vases sur consoles ; la **galerie d'Ovide★**, dont les boiseries dorées, inspirées des *Métamorphoses* du poète latin, sont d'un érotisme étonnant ; la salle de Jaspe ornée de bustes provenant du château de Berlin (les marbres viennent de Silésie). Les chambres d'hôtes sont ornées de *Vues* de Potsdam que le roi avait spécialement commandées. Les précieux panneaux en bois marqueté de la troisième chambre d'invités représentent des fleurs et des fruits.

Ph. Gajic/MICHELIN

Vue sur les nouvelles chambres et le Vieux Moulin.

Historische Mühle

Ce **Vieux Moulin** est le sujet d'une anecdote célèbre qui illustre à merveille le sens de l'État de Frédéric II. Le cliquetis du moulin agaçait le roi. Il essaya de convaincre le meunier de cesser son activité ou de quitter l'endroit. Les bonnes paroles, les dédommagements, les menaces : rien n'y fit. Frédéric intenta un procès au meunier et le perdit : « Dans les tribunaux, ce sont les lois qui doivent parler et le roi qui doit se taire. »

Sizilianischer Garten

Cet ensemble charmant composé par le **Jardin sicilien** est agrémenté de tonnelles, balustrades, statues, parterres et de différentes essences d'arbres (palmiers, agaves, bigaradiers).

Orangerie

♿ *De mi-mai à mi-oct. : visite guidée tlj sf lun. 10h-17h. 3€. ☎ (0331) 969 42 02. www.spsg.de*

Le projet fut dessiné par Frédéric-Guillaume IV, et inspiré, pour le corps central, des villas de la Renaissance italienne, comme la villa Médicis à Rome. Elle est plus belle vue de loin, dans la perspective du jardin et du double escalier, que de près, où son gigantisme (la façade mesure 330 m de long) laisse une impression de froideur. Les appartements du tsar Nicolas Ier et de sa femme, sœur du roi de Prusse, sont somptueux, notamment la **salle de Malachite**, qui appartient à l'appartement de la tsarine. Mais la **salle des Raphaël★**, qui expose 47 copies des œuvres les plus célèbres de ce maître, est plus originale et correspond au goût du 19e s. en matière d'aménagement de musée.

Les curiosités décrites dans le paragraphe ci-dessous, de moindre importance, figurent en pointillés verts sur le plan. Elles sont destinées au visiteur moins pressé.

Drachenhaus

Cette petite pagode (seize dragons en cuivre doré ornent le faîte du toit) du **pavillon des Dragons** abrite désormais un restaurant-café *(voir « carnet pratique »)*. Elle a été bâtie en 1770, par Karl von Gontard, à proximité du vignoble planté l'année précédente sur le versant Sud de la colline *(Drachenberg)*. C'était la maison du vigneron.

Belvedere

Cet édifice charmant et aérien, restauré après de longues années d'abandon, est la dernière construction, bâtie sur la hauteur du Klausberg, du Potsdam de Frédéric II (1770-1772). Celui-ci n'en fut pas pleinement satisfait. Avant d'arriver au Nouveau Palais, l'on passe devant le **Temple antique** (Antikentempel) qui devait abriter une partie des collections du roi.

Neues Palais★★

Grand tour : avr.-oct. tlj sf ven. 9h-17h ; nov.-mars visite guidée tlj sf ven. 9h-16h. 5€, avec visite guidée 6€. ☎ (0331) 969 42 02. www.spsg.de

Frédéric II voulait montrer au monde que la Prusse, sortie victorieuse de la guerre de Sept Ans (1757-1763), n'était nullement éprouvée par ce long conflit. Cette « fanfaronnade », comme la qualifiait le souverain, qui donna ainsi du travail à des milliers d'artisans, est le plus grand palais de Potsdam. Le **Nouveau Palais** était destiné à recevoir des membres de la famille royale. Bâti dans un rococo qui commençait à dater (et qu'il avait choisi déjà « cinquante ans trop tard » selon Voltaire), mais que Frédéric II aimait, c'est une construction extravagante et affétée. L'obsession de ne pas passer inaperçu est poussée ici à son paroxysme, conformément à la devise qu'on peut lire sur le fronton principal où l'aigle porte : « Non Soli Cedit » (« Il ne le cède pas au Soleil »). Tout, dans ce bâtiment, est ostentatoire : les 428 sculptures, le dôme central, surmonté des trois Grâces portant la couronne de Prusse, les **communs★** (1766-1769), œuvre de Jean Laurent Le Geay et de Karl von Gontard, qui sont peut-être la partie la plus réussie de l'ensemble. On y logeait le personnel et les cuisines, et ils composent un décor de fête exubérant destiné, aussi, à masquer des marécages. On imagine très bien **Guillaume II** et sa cour en train de parader aux abords du château qu'il fit aménager (les lampadaires et les rampes d'accès datent de son époque), installant l'électricité dans les pièces grandioses et inconfortables. C'était, jusqu'en 1918, sa résidence préférée.

Visite – *On ne visite, au rez-de-chaussée et au 1er étage, que les appartements de l'aile Nord.*

La **grotte** (Muschelsaal) offre un curieux décor de murs incrustés de coquillages, de minéraux, de coraux et de verre. Le château, contrairement à la tradition baroque et selon la volonté de Frédéric II, est dépourvu de grand escalier d'apparat et comprend quatre escaliers modestes qui desservent les appartements princiers. Dans les chambres, à l'étage, remarquer les boutons pour appeler les domestiques : *Bettfrau* (domestique préposée au lit), *Kammerfrau* (femme de chambre), *Garderobefrau* (domestique chargée de la garde-robe), *Schneiderin* (tailleur). Deux très belles peintures d'enfants d'Antoine Pesne ornent la chambre de damas vert : *Le Prince Auguste-Ferdinand de Prusse en costume de hussard* et *Le Prince Henri de Prusse*. La **salle de marbre** (Marmorsaal), occupant la hauteur de deux étages et décorée de grands tableaux de peintres français du 18e s., est impressionnante : le sol est une marqueterie de marbre, comme dans la grotte.

Le **théâtre** *(accessible lors des représentations)*, bâti sur un dessin de Knobelsdorff pour une salle similaire dans le château de ville, possède un décor gracieux, blanc et or, avec des Hermès supportant les arcades du balcon et des colonnes en forme de palmiers encadrant la scène. Frédéric II n'occupait pas de loge, mais une place au 3e rang de l'orchestre.

Après avoir vu le **temple de l'Amitié** (Freundschaftstempel, 1768), dédié à la sœur chérie de Frédéric II, Wilhelmine, margravine de Bayreuth, morte dix ans plus tôt, le visiteur parvient au château de Charlottenhof. Si l'on dispose d'un peu de temps, l'on peut voir le charmant jardin de l'Hippodrome, qui offre une perspective sur le château de Charlottenhof, et la faisanerie construite dans le style d'une villa italienne.

Ph. Gajic/MICHELIN

Le Nouveau Palais

Schloß Lindstedt

Bien qu'en dehors du domaine de Sans-Souci (Lindstedter Chaussee ; *prendre le chemin à gauche*), ce petit château, construit entre 1858 et 1860 à la demande de Frédéric-Guillaume IV qui voulait y passer sa vieillesse, n'est pas très éloigné du Nouveau Palais. C'est une curiosité mineure, mais jolie pour son jardin, conçu par Lenné, son péristyle et son portique. Le bâtiment, asymétrique, étend ses bras comme pour multiplier les points de vue variés sur la nature.

Schloß Charlottenhof*

De mi-mai à mi-oct. : visite guidée (45mn) tlj sf lun. 10h-17h. 4€. ☎ (0331) 969 42 02. www.spsg.de

Le nom du **château de Charlottenhof** vient d'une précédente propriétaire. Le prince héritier, futur Frédéric-Guillaume IV, le reçut en cadeau de Noël en 1825 et il l'appelait son « Siam » (ancien nom de la Thaïlande). L'achat de cette terre par la couronne permit l'extension du parc de Sans-Souci. **Peter Joseph Lenné** en fit un splendide parc à l'anglaise, vaste pelouse parsemée de boqueteaux. Le petit château néo-classique (1826) est une création complexe et raffinée de **Schinkel** et de son élève Persius, destinée à servir de résidence d'été au prince et son épouse, une princesse bavaroise. Une jolie vue sur le dôme du Nouveau Palais et le parc s'offre depuis l'hémicycle, autrefois tendu d'une toile blanc et bleu, couleurs de la Bavière. Une pergola à l'italienne court entre l'hémicycle et le château en bordure d'un jardin.

Visite – L'intérieur, à l'échelle humaine, s'inspire des peintures de Pompéi. Des fenêtres en verre coloré laissent le grand vestibule dans la pénombre ; on remarquera l'élégance de la fontaine, sortie de la fonderie royale, et de la balustrade qui ne faisait pas partie de la décoration d'origine. Les meubles (fauteuils, bureau de la princesse héritière, table d'apparat de la salle à manger) ont été dessinés par Schinkel. La **salle à manger**, aux niches repeintes en rouge sur ordre du prince, est la plus belle pièce, la **« chambre de la tente »** *(Zeltzimmer)*, réservée aux dames d'honneur de la princesse, la plus originale.

Römische Bäder

De mi-mai à mi-oct. : tlj sf lun. 10h-17h. 3€. ☎ (0331) 969 42 02. www.spsg.de

Dans l'harmonie d'un parc aux essences diverses apparaît cet ensemble composite des **thermes romains**, conçu par **Schinkel** et exécuté par son élève Persius de 1829 à 1844. Une maison de campagne italienne, où résidait le jardinier chargé de réaliser l'aménagement des jardins de Lenné, est réunie par un jardin, des arcades, une pergola à des thermes antiques et à un temple romain : « diverses pensées idylliques [...] devaient s'y combiner au sein d'un style pittoresque et former un groupe d'objets architecturaux diversifiés qui se fondraient agréablement avec la nature environnante » (Schinkel).

L'**intérieur*** des thermes est d'un grand raffinement : statues, mosaïques, mobilier métallique gracile, peintures murales ornent le sol et les murs, percés pour créer l'effet illusionniste propre à l'architecture romaine. Le **vestibule** (la grande baignoire en jaspe vert est un cadeau du tsar Nicolas Ier) précède l'**atrium** et son *impluvium*, bassin central recueillant les eaux de pluie, et le **caldarium**, orné de la mosaïque d'Alexandre conservée au musée de Naples et de caryatides précédant la piscine creusée en forme de niche. On ne se baignait jamais dans ces thermes qui étaient un souvenir de l'Italie que le prince héritier avait visitée en 1828. Par la pergola couverte de vigne vierge, on gagne le **pavillon de thé** en forme de temple, salle unique, bleue, d'une sobriété exquise, regardant vers l'étang et le jardin...

Chinesisches Haus★★

Toute dorée après sa restauration, cette **Maison chinoise** est une « folie » telle qu'on les aimait au 18e s., inspirée d'un pavillon du parc du château de Lunéville, et conçue par Johann Gottfried Büring, l'architecte de la galerie de Tableaux. De ravissants petits cabinets s'ouvrent sur la salle ronde, ornée de peintures « chinoises » ; des consoles rocailles supportent des porcelaines ; un mandarin trône sous un parasol au faîte du toit. Le portique de colonnes en forme de palmiers, près desquelles sont assis des personnages exotiques grandeur nature, qu'on croirait avoir été figés, est l'élément le plus fascinant de cet extraordinaire ensemble.

découvrir

Le centre-ville★★

Les soldats étant logés chez les habitants, le roi offrait les maisons, et la ville grandit par adjonction d'îlots de maisons régulières de style baroque. Le centre historique ne s'est pas relevé du bombardement de 1945 et des immeubles modernes anonymes ont remplacé de nombreux témoignages du passé. Depuis 2001, la décision de reconstruire le château sur la place du Vieux Marché a toutefois été prise – les travaux ont déjà commencé sur le portail Fortuna.

Depuis le terminus de la Ⓢ 7 Potsdam Hauptbahnhof, se diriger vers le grand dôme de l'église St-Nicolas.

Alter Markt

Juste après le , un fragment de colonnade est tout ce qui reste de l'ancien **château** (Stadtschloß), résidence du « Grand Électeur » remaniée par Knobelsdorff et où séjourna peut-être Voltaire. L'hôtel Mercure indique son emplacement. Avec l'église St-Nicolas et l'hôtel de ville, le portail du château formait l'élégante **place du Vieux Marché**, au cœur de la ville. Elle est marquée par un obélisque.

L'**église St-Nicolas**★ (Nikolaikirche, *voir Invitation au voyage : « ABC d'architecture »*) est une œuvre de Schinkel remaniée par ses élèves (la précédente église brûla en 1795). Persius éleva le dôme, équivalent du Panthéon, entre 1843 et 1849, et les quatre tourelles d'angle. Le **vieil hôtel de ville** (Altes Rathaus, *Am Alten Markt 1-2*) est surmonté d'une statue dorée d'Atlas.

Poursuivre par la Friedrich-Ebert-Straße et la Charlottenstraße jusqu'à la Bassinplatz.

Bassinplatz

Mozart résida, au début de l'année 1789, au **n° 10** de cet alignement de maisons de style hollandais. Derrière l'église catholique néo-romane, se dissimule l'église française du 18e s. à dôme aplati *(au fond de la place, à l'Est)*.

Holländisches Viertel★

Le « **quartier hollandais** » fut construit pour les artisans hollandais que Frédéric-Guillaume avait fait venir à Potsdam. Se placer à l'angle de la Benkertstraße et de la Mittelstraße pour admirer l'alignement caractéristique des maisons de ce quartier.

Regagner la Friedrich-Ebert-Straße et poursuivre en direction du Nord.

Maison chinoise, groupe de personnages préparant le thé.

Ph. Gajic/MICHELIN

Nauener Tor

La **porte de Nauen** est l'une des premières constructions néogothiques d'Europe (1755). Derrière, imposant bâtiment du gouvernement *(Regierungsgebäude)* au dôme vert-de-gris.

On peut, de là, également gagner la colonie russe Alexandrovna (Russische Kolonie) et le mont de la Pentecôte (Pfingstberg) ou continuer la promenade vers le Nouveau Jardin (Neuer Garten, voir « visiter »). Vers l'Ouest, on accède à la Jägertor.

Maisons du quartier hollandais.

Jägertor

La **porte des Chasseurs** (1733), située à l'extrémité de la Lindenstraße, est la plus ancienne de Potsdam. De là, on accède au faubourg du même nom.

Jägervorstadt★

Ce **faubourg des Chasseurs** est un quartier de villas aux façades raffinées. Elles sont nombreuses dans la **Gregor-Mendel-Straße** : villa Siemens aux n°s 21-22 et, en face, curieuse villa Jugendstil. Une rue en escalier (Mühlenbergweg) offre une vue sur le centre de Potsdam (St-Nicolas, le Telegrafenberg). La **Weinbergstraße** possède de belles villas de style antiquisant, comme la villa Thieck (maintenant *Haus der Technik*, 1843-1846), à l'angle de la Schopenhauer Allee. En face, remarquer la **maison de vigneron sur le Mühlenberg** (Winzerhaus auf dem Mühlenberg, Gregor-Mendel-Straße 25).

Pour continuer la visite de la ville, rejoindre la Brandenburger Straße.

Brandenburger Straße

Piétonne, c'est l'artère commerçante de la vieille ville, marquée, à l'Ouest, par la **porte de Brandebourg★** (Brandenburger Tor), construite par Karl von Gontard et son élève Georg Christian Unger (1743-1799, *voir également Park Von Sanssouci : « Neue Kammern »*).

Au carrefour avec la Friedrich-Ebert-Straße, obliquer vers la droite et continuer vers l'Ouest via la Charlottenstraße.

Charlottenstraße★

Ses belles façades baroques en font la plus jolie rue de la ville ; le **n° 41** a également été bâti par Unger.

Ehemalige Hauptwache (B)

À l'angle de la Lindenstraße et de la Charlottenstraße. Les arcades de cet **ancien corps de garde** reposent sur des colonnes toscanes jumelées. La Lindenstraße se poursuit, au Nord de la Charlottenstraße, par une jolie suite de maisons à un étage.

Lindenstraße

Remarquer, au début de la rue, le bel **orphelinat militaire** baroque (Militärwaisenhaus, *Dortustraße 36*).

Breite Straße

Le long de cette rue de représentation, se dressait l'**église de la Garnison** (Garnisonkirche) dont la tour de 80 m de haut abritait un célèbre carillon, que l'on a reconstruit en 1991 dans la Dortusstraße.

En suivant la Breite Straße vers l'Ouest, on accède à la **Moschee★**, ancienne usine hydraulique (Pumpwerk) de Sans-Souci, décorée dans le style mauresque *(voir « visiter »)*.

Depuis la Breite Straße, on peut se diriger vers la **Kietzstraße**, bordée de maisons à un étage, caractéristiques de Potsdam, puis dans la Dortusstraße aux belles façades anciennes, et regagner enfin la Breite Straße.

Hiller-Brandtsche Häuser (M[1])

Breite Straße 26-27. Les deux bâtiments des **maisons Hiller Brandt** furent construits par Georg Christian Unger en 1769. Ils abritent, avec un troisième bâtiment *(Breite Straße 8-12)* le **musée municipal (Potsdam-Museum)**, consacré à l'histoire de la ville.

Marstall

Schloßstraße 15. Le bâtiment baroque orné de beaux trophées qui abrite les **écuries**, construites en 1685, est le plus ancien de la ville. Après d'importants travaux de rénovation à la fin des années 1970, il abrite aujourd'hui le **musée du Cinéma de Potsdam**★ (Filmmuseum, *voir « visiter »*).

Contourner les écuries et emprunter la Schloßstraße, puis la Siefertstraße.

Am Neuen Markt

Cette petite place du « **Nouveau Marché** » donne une idée de ce qu'était le vieux Potsdam. Les maisons à un étage, ainsi que la remise aux carrosses *(à l'Ouest, au n° 9)*, qui abrite aujourd'hui le musée de l'Histoire prussienne et brandebourgeoise, ont été soigneusement restaurées.

Depuis le Nouveau Marché, regagner l'Ancien Marché et retourner ainsi au point de départ de la visite.

visiter

Dans le centre-ville

Filmmuseum Potsdam★

Schloßstraße 15. ♿ *10h-18h. 6€.* ☎ *(0331) 27 18 10. www.filmmuseum-potsdam.de*

Les vastes collections de ce **musée du Cinéma de Potsdam** couvrent plus de 90 ans d'histoire cinématographique et filmographique. Depuis 1981, des expositions relatives à la télévision et au cinéma sont également proposées. Le cinéma attenant diffuse des films en rapport avec les expositions. Vous pourrez également y revoir des classiques du cinéma, ainsi que de grands films internationaux.

Moschee★ (Pumpwerk Sanssouci)

Zeppelinstraße 176. De mi-mai à mi-oct. : visite guidée (30mn) w.-end 10h-17h. 2€. ☎ *(0331) 969 42 02. www.spsg.de*

Frédéric II n'avait jamais pu faire fonctionner les fontaines de Sans-Souci. Frédéric-Guillaume IV imagina un pavillon « dans le genre d'une mosquée turque avec un minaret pour cheminée ». La « **Mosquée** » (Die Moschee, 1841-1843) est un mélange étonnant, et très réussi, de l'art et de l'industrie. L'intérieur est aussi surprenant que l'extérieur : la machinerie de la **pompe à vapeur** (Wasserwerk), construite par la fonderie Borsig, est dissimulée derrière des arcs polylobés, sous une coupole éclairée de moucharabiehs et des voûtes décorées de motifs mauresques.

Ph. Gajic/MICHELIN

Intérieur de la « Mosquée » (Pumpwerk Sanssouci).

Le Neuer Garten

Au Nord du centre-ville. Voir Plan Potsdam et environs, DETU.

Neuer Garten★★

Aménagé à la fin du 18e s., autour de l'Heiliger See, par Lenné pour Frédéric-Guillaume II, qui se passionnait pour les jardins anglais, le **Nouveau Jardin** devint le domaine du dernier prince héritier (1882-1951) et de son épouse Cécile de Mecklembourg-Schwerin. Le jardin est parsemé de fabriques : l'**Établissement néerlandais** (Holländisches Etablissement), où logeait la domesticité ; l'**Orangerie**, dissimulée derrière une maison (Damenhaus) de l'établissement néerlandais et bordée par un joli jardin ; la **Pyramide**, qui servait à l'origine de glacière ; les cuisines, que Langhans a cachées sous l'aspect d'une ruine antique juste à côté du **palais de Marbre**★ (Marmorpalais). Celui-ci, résidence d'été de Frédéric-Guillaume II, bâti (1787-1791) par Karl von Gontard et aménagé par Carl Gotthard Langhans, est en cours de restauration. C'est l'un des premiers bâtiments néoclassiques de la région de Berlin. Les appartements royaux, admirablement meublés, et les salons peuvent être visités. On sera séduit par la salle de concerts, qui offre sur trois côtés de belles échappées sur le lac, et par le cabinet oriental. Depuis la « **Maison verte** », vue sur le lac, le palais de Marbre et l'église St-Nicolas. Au Nord du lac, au bord de la Havel (Quapphorn), la **vue★★**, d'une calme beauté, s'étend du campanile carré, noyé dans la verdure, de l'église de Sacrow et du château de l'île aux Paons jusqu'au parc de Klein-Glienicke (le casino, le pont de Glienicke, *voir Wannsee*) et à la tour de télécommunication du Schäferberg.

Schloß Cecilienhof★

♿ *Avr.-oct. : tlj sf lun. 9h-17h ; nov.-mars : visite guidée tlj sf lun. 9h-16h. 4€. ☎ (0331) 969 42 02. www.spsg.de*

Cet immense cottage, pourvu de 176 chambres, fut construit durant la Première Guerre mondiale pour le prince héritier Guillaume et son épouse Cécile dans le style « cottage anglais » (1914-1917). En 1945, le **château de Cecilienhof** fut au cœur de l'actualité internationale : c'est en effet ici que se tint la célèbre conférence de Postdam, du 17 juillet au 2 août *(voir « comprendre »)*. On visite le cabinet privé de la princesse héritière, décoré comme une cabine de navire, la salle de travail des délégations russe, américaine et britannique, le salon de réception, ainsi que l'ancienne salle de conférences, dont la table ronde, d'un diamètre de 3,05 m, fut fabriquée à Moscou. Les autres salles abritent le Schloßhotel Cecilienhof depuis 1960.

Gotische Bibliothek

Bâtie de 1792 à 1794 dans le style gothisant, la **Bibliothèque gothique** servait à Frédéric-Guillaume II de belvédère et de bibliothèque privée. Fortement endommagée par les bombes aériennes de la Seconde Guerre mondiale, elle tomba peu à peu en ruine. Ces vestiges furent finalement démolis et l'édifice d'origine reconstruit. Depuis 1998, le temple de la Lecture (Lesetempel) se reflète désormais dans l'eau et produit le même effet romantique que son prédécesseur.

Russische Kolonie Alexandrowna★

Frédéric-Guillaume III fit construire ces charmantes maisons en bois sculpté sur le modèle des villages russes. Les douze derniers chanteurs d'un chœur militaire fondé pendant les guerres napoléoniennes y logeaient. Au sommet du Kapellenberg, la **chapelle Alexandre-Newski★**, dédiée à la mémoire du défunt tsar Alexandre Ier, a été joliment restaurée.

Pfingstberg

Le **belvédère** à deux tours du **mont de la Pentecôte** était encore, il y a quelques années à peine, une ruine au milieu de la végétation. L'une de ses tours fut toutefois – après avoir été largement rénovée – rendue accessible au public à l'occasion des Floralies d'avril 2001. Ce belvédère fut construit par Frédéric-Guillaume IV, à partir de 1849, pour offrir aux visiteurs une **vue★★** sur presque tous les parcs environnants et le centre de Potsdam, dominé par le dôme de St-Nicolas et entouré de verdure. On distingue, depuis le portique du petit **temple de Pomone** (1800), situé un peu en contrebas, première création architecturale de Schinkel qui l'exécuta à l'âge de 19 ans, la Maschinenhaus et le casino du parc de Klein-Glienicke *(voir Wannsee)*.

Sacrow

Au Nord-Est du centre-ville. Voir Plan Potsdam et environs, FT.

Parc et château font partie des jardins et des châteaux royaux de Potsdam. Le nom est d'origine slave et signifie « derrière le buisson ». Il est mentionné pour la première fois dans le *Landbuch* de l'empereur Charles IV (14e s.). En 1773, des jardins y entouraient une maison domaniale. Un plan d'embellissement du parc est exécuté par **Peter Joseph Lenné** à partir de 1842, en ménageant des axes visuels vers Glienicke, Potsdam, la Flatowturm de Babelsberg.

L'**église du Sauveur** (Heilandskirche) fut construite, sur ordre de Frédéric-Guillaume IV, par Ludwig Persius entre 1841 et 1844. On la voit mieux depuis la berge opposée du parc de Klein-Glienicke *(voir Wannsee)*. De ce côté de la Havel, elle mérite bien son surnom : « le navire. » Le roi et sa suite y allaient presque chaque dimanche assister à la messe. Un témoignage de l'époque rapporte que « les grands seigneurs arrivaient habituellement en bateau sur le bassin bleu de la Havel, comme les habitants de Potsdam qui se rendaient presque toujours à l'église en gondoles ou en barques ».

Volkspark Klein-Glienicke★★

Au Nord-Est du centre-ville. Voir Plan Potsdam et environs, FGTU. Description, voir WANNSEE.

Babelsberg★

À l'Est du centre-ville. Voir Plan Potsdam et environs, FGUV.

Schloß Babelsberg

Avr.-oct. : tlj sf lun. 10h-17h ; nov.-mars : visite guidée w.-end 10h-16h. 2€. ☎ (0331) 969 42 02. www.spsg.de

Frédéric-Guillaume III avait longuement hésité avant d'offrir le terrain, vierge encore de toute construction, à son fils cadet Guillaume, le futur empereur. L'épouse de celui-ci, la princesse Augusta de Saxe-Weimar avait, comme sa sœur Marie, reçu une excellente éducation et aimait les châteaux anglais. La première demeure néogothique a été conçue par Schinkel en 1833, puis agrandie. Le goût de la maîtresse de maison pour les décors chargés entraîna une brouille avec l'architecte qui préférait les décors clairs, ouverts sur le paysage, comme celui de la **salle à manger** octogonale, qui deviendra salon de thé. Il n'assista pas à la fête d'inauguration en 1835. Le château fut agrandi après 1840, Guillaume devenant prince héritier, avec un architecte correspondant mieux aux désirs du couple princier.

Il faudra encore compter quelques années pour que le **château de Babelsberg** soit de nouveau entièrement accessible : un échafaudage est toujours appuyé à la façade, les fontaines sont sèches et l'immense terrasse obstruée. Mais il est toutefois intéressant de venir dès aujourd'hui à cet endroit, d'où l'on jouit d'une vue splendide sur les prairies du château, situées en contrebas de la Havel, et sur le pont de Glienicke (Glienicker Brücke). Si vous optez pour la visite guidée, vous devrez chausser les énormes pantoufles en feutre que l'on vous prêtera à l'entrée. Vous pourrez découvrir ensuite les parties déjà restaurées : le couloir d'entrée, le vestibule, les salles de réception et de travail, ainsi que la bibliothèque.

Park★★

Le parc, conçu par **Lenné** à flanc de coteau, est romantique, traversé de sentiers sinueux, parsemé de fabriques néogothiques et historicisantes, telles la salle des machines (Maschinenhaus), le Petit Château (Kleines Schloß, qui abrite aujourd'hui un café), la maison des Matelots *(Matrosenhaus)*, ou la galerie du Tribunal (Gerichtslaube, transférée ici depuis l'ancien hôtel de ville du quartier berlinois St-Nicolas), qui servait de salon de thé. Depuis la **Flatowturm**, on jouit d'une vue sur le centre-ville de Potsdam, mais aussi sur les immeubles qui défigurent son paysage urbain.

Filmpark Babelsberg

♿ *De mi-mars à déb. nov. : 10h-18h. 15€. ☎ (0331) 721 27 55. www.filmpark.de*

Dans le **Filmpark Babelsberg**, installé sur les terrains des anciens studios de l'UFA et de la DEFA, on peut découvrir pour la première fois l'envers du décor, de cinéma et de télévision, et même observer les équipes de production en plein travail. Les **numéros de cascades** sont particulièrement époustouflants : vous pourrez assister à des courses poursuites, des combats, des carambolages, des feux et des sauts d'une hauteur vertigineuse. Vous compléterez votre visite par des films mettant en scène des animaux, une rue du Western, la découverte du « monde de l'horreur », un cinéma dynamique et une simulation de submersion dans un sous-marin, de quoi ne pas vous ennuyer ! Les plus petits visiteront les *jardins du petit Muck* et le *monde merveilleux de Janosch*.

La **Caligarihalle** et le Filmkabinett exposent des accessoires et des décors de productions réalisés à Babelsberg. À visiter également, le Gläsernes Studio (studio de verre), qui permet de découvrir un atelier de marionnettes et le studio du film ***Le Petit Marchand de sable*** *(Das Sandmännchen)*, inspiré d'un conte d'Andersen et diffusé à la télévision de la RDA en 1959. Il accompagne aujourd'hui encore tous les enfants au moment d'aller se coucher.

« Le Petit Marchand de sable »

FILMPARK BABELSBERG

Le **restaurant Prinz Eisenherz** vous fait revivre les banquets de chevaliers du Moyen Âge et vous permet d'assouvir votre faim et votre soif. Des repas gastronomiques sont également proposés certains soirs.

Teltower Vorstadt

Au Sud-Est du centre-ville. Voir Plan Potsdam et environs, EV.

Einsteinturm★

Entrer dans le « Wissenschaftspark Albert Einstein » (entrée Albert-Einstein-Straße) et s'annoncer auprès du gardien dans sa guérite. Suivre les flèches « Einsteinturm ». Compter 5 à 10mn de marche.

Depuis l'observatoire du Soleil, sur le Telegrafenberg, on aperçoit cette construction expressionniste aux formes volontaires (1919-1924) d'**Erich Mendelsohn** *(voir Kreuzberg « Mossehaus »)*, qui informe sur la théorie de la relativité d'Einstein – d'où son nom. Jusqu'à la Seconde Guerre mondiale la **tour Einstein** était le plus important télescope solaire du monde.

Notes

Notes

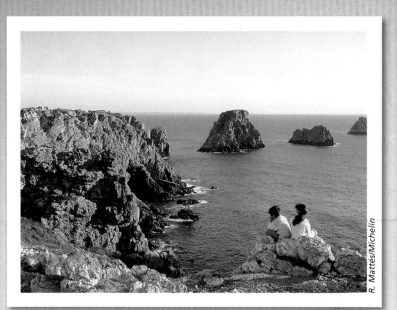

Index

Forum Fridericianum .... Curiosité, localité
Schadow (Johann Gottfried) .... Personnalités ou notions décrites dans le texte ou expliquées dans les Informations Pratiques ou les Carnets Pratiques.

46, avenue de Breteuil – 75324 Paris Cedex 07
☎ 01 45 66 12 34
www.ViaMichelin.fr
LeGuideVert@fr.michelin.com

Manufacture française des pneumatiques Michelin
Société en commandite par actions au capital de 304 000 000 EUR
Place des Carmes-Déchaux – 63 Clermont-Ferrand (France)
R.C.S. Clermont-Fd B 855 200 507

Dépôt légal octobre 2003 – ISBN 2-06-710504-3 – ISSN 0293-9436
Printed in France 01-05/3.1

Compogravure : NORD COMPO, Villeneuve-d'Ascq
Impression et brochage : I.M.E., Baume-les-Dames

Conception graphique : Christiane Beylier à Paris 12e
Maquette de couverture extérieure : Agence Carré Noir à Paris 17e

Parution 2005